Märchenwelten

Yoko Maki

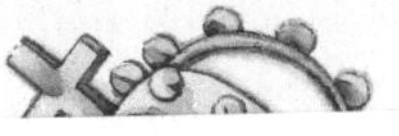

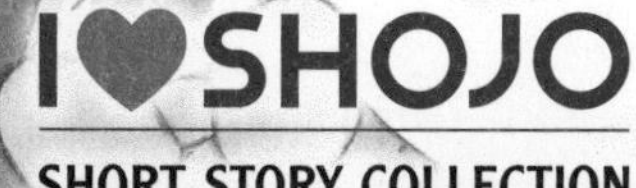

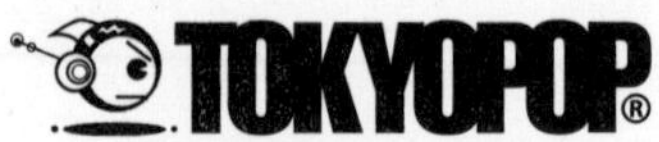

TOKYOPOP GmbH
Hamburg

TOKYOPOP
1. Auflage, 2020
Deutsche Ausgabe/German Edition

Aus dem Japanischen von Lasse Christian Christiansen
und René Paulesich

YOKO MAKI RENAI MONOGATARISHU

First published in Japan in 2015 by SHUEISHA Inc., Tokyo.
German translation rights in Germany, Austria and
German-speaking Switzerland arranged by SHUEISHA Inc.
through VME PLB SAS, France

Redaktion: Natalie Tonak, Franziska Kahl
Lettering: Vibrant Publishing Studio
Herstellung: Alina Kronenberg, Britta Philipp
Druck und buchbinderische Verarbeitung:
CPI – Clausen & Bosse GmbH, Leck
Printed in Germany

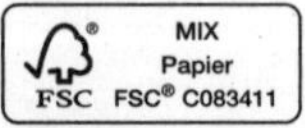

Wir achten auf die Umwelt.
Dieses Produkt besteht aus FSC®-zertifizierten
und anderen kontrollierten Materialien.

ISBN 978-3-8420-6111-8

www.tokyopop.de

Märchenwelten

Yoko Maki

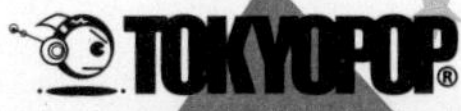

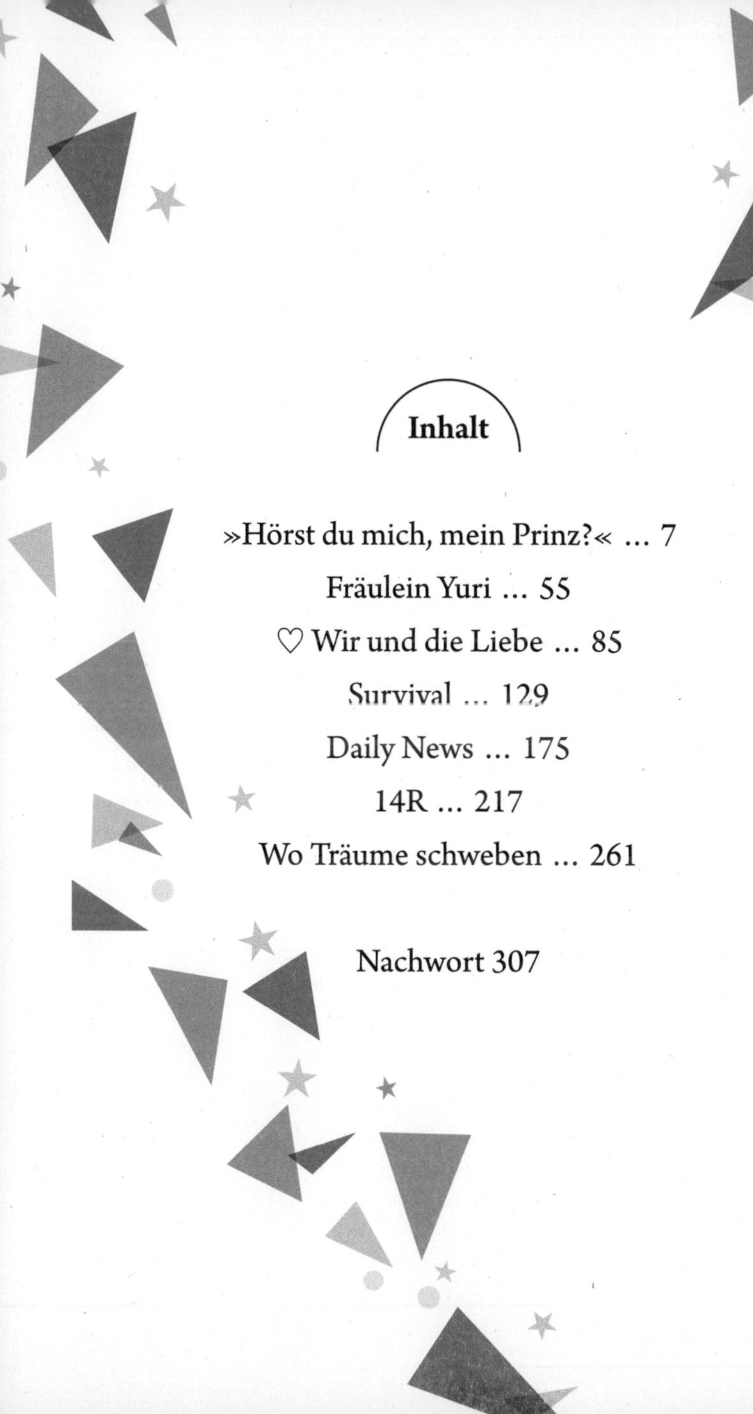

Inhalt

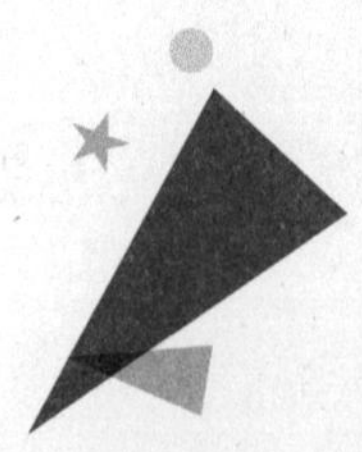

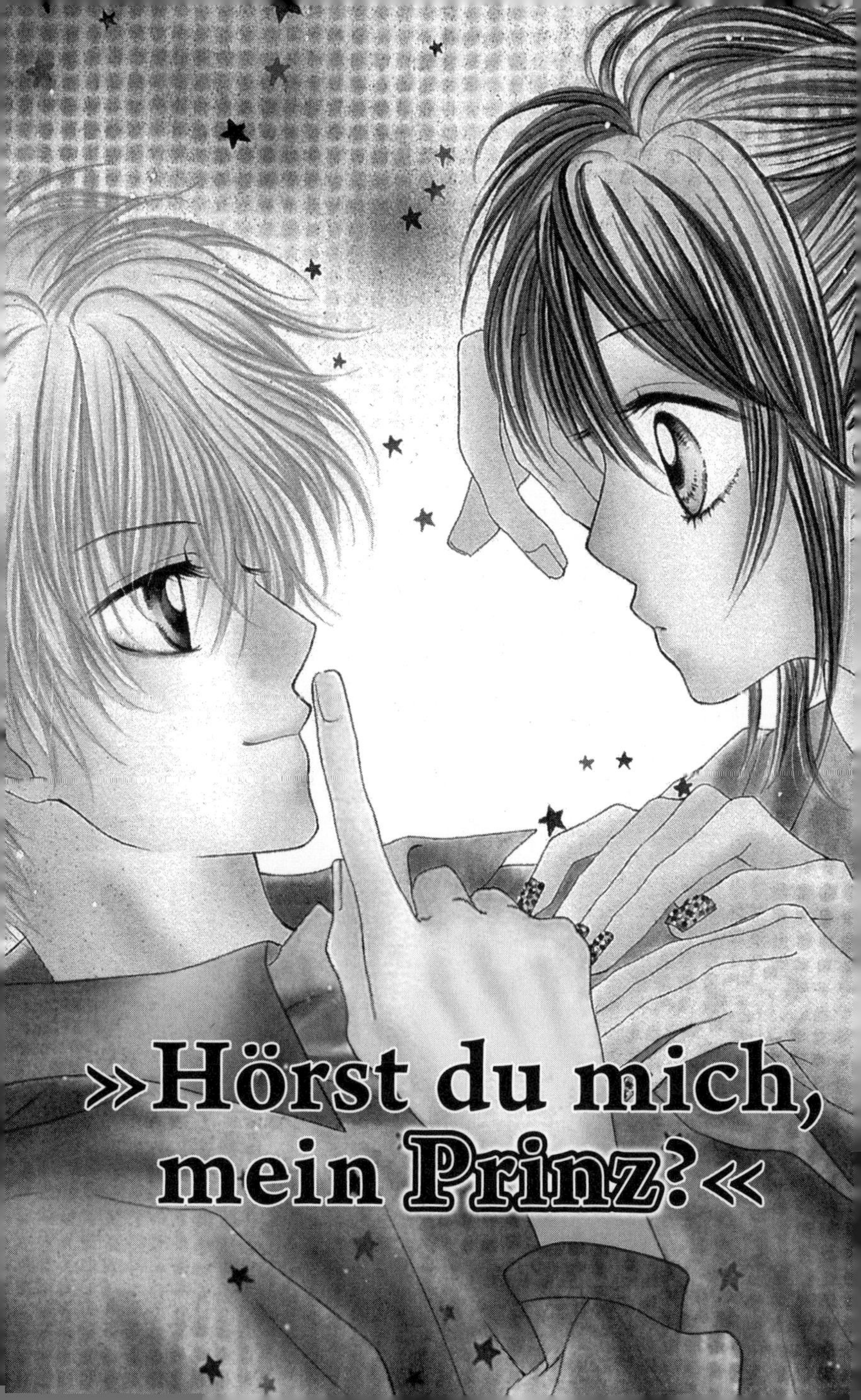
»Hörst du mich, mein Prinz?«

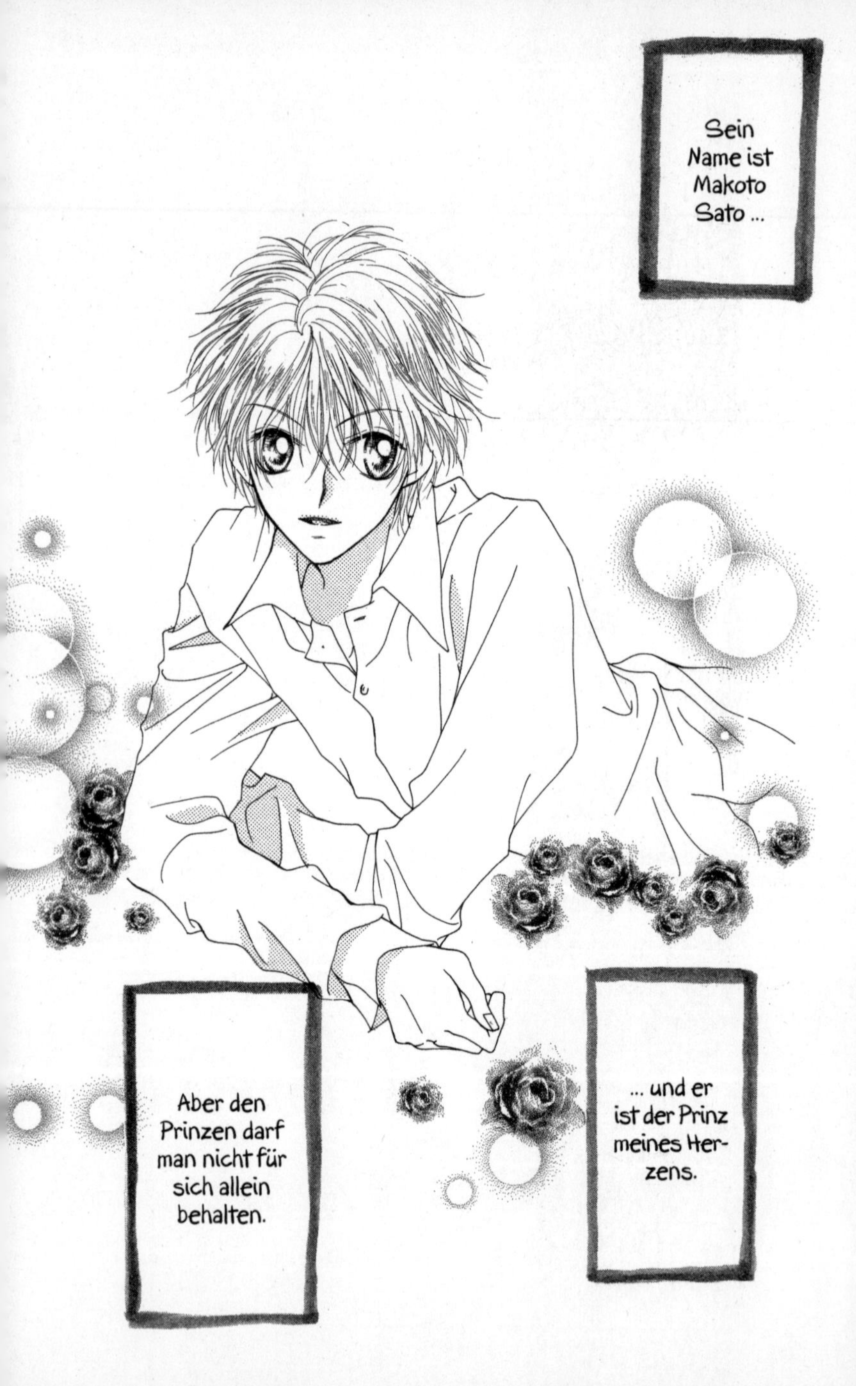
Sein Name ist Makoto Sato ...
... und er ist der Prinz meines Herzens.
Aber den Prinzen darf man nicht für sich allein behalten.

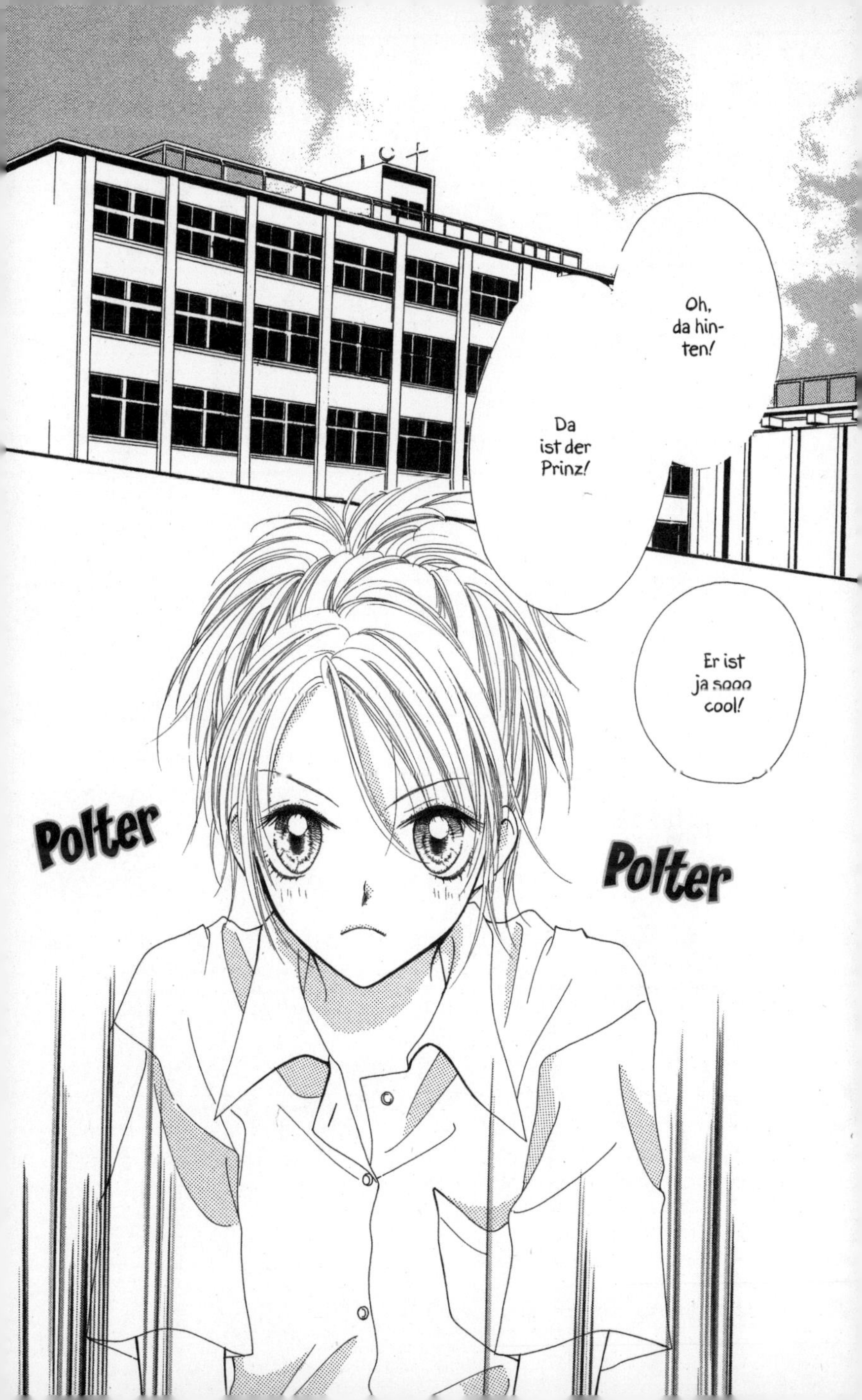
Oh, da hinten!
Da ist der Prinz!
Er ist ja sooo cool!
Polter
Polter

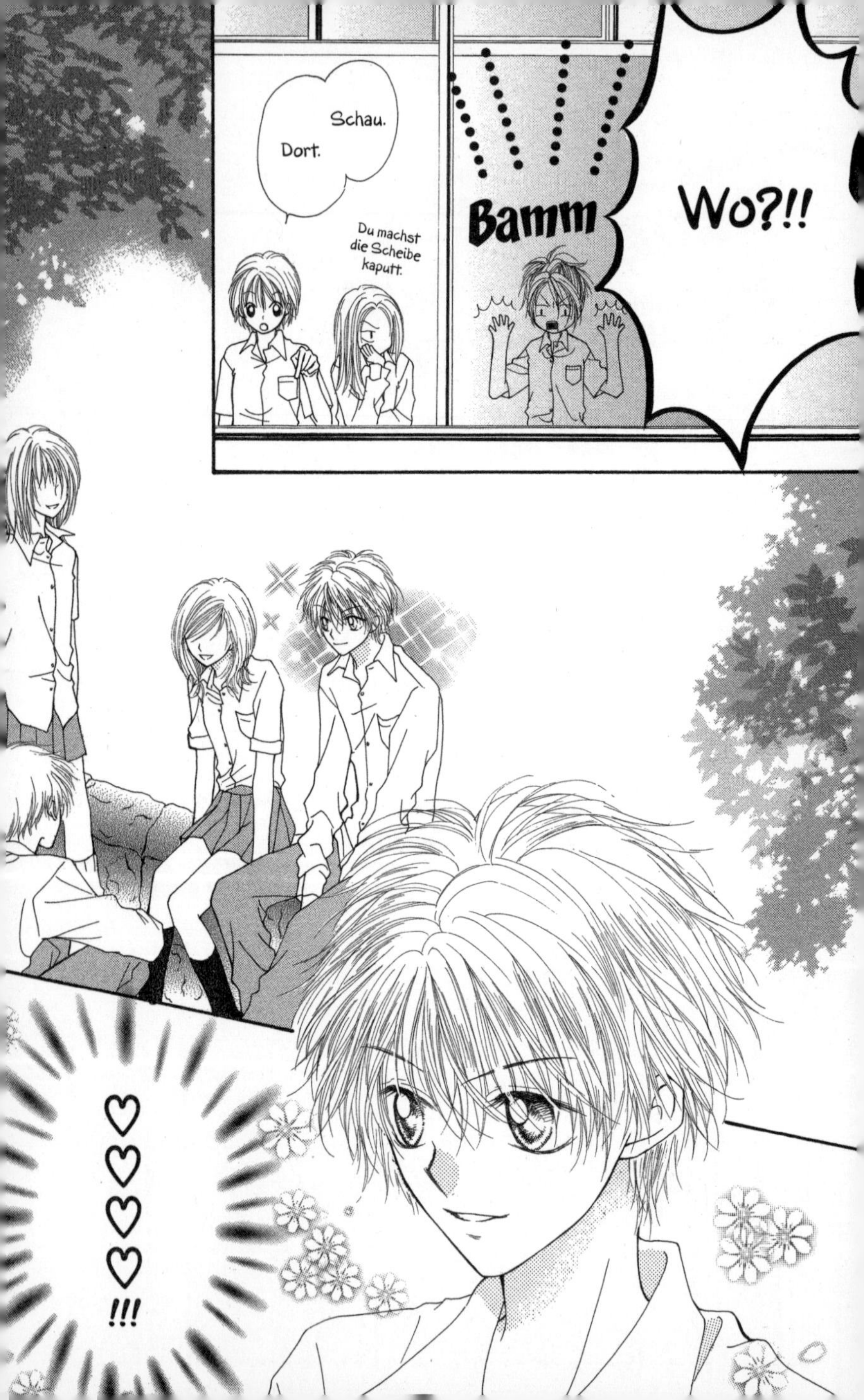
Wo?!!
Bamm
Schau.
Dort.
Du machst die Scheibe kaputt.
♡♡♡♡!!!

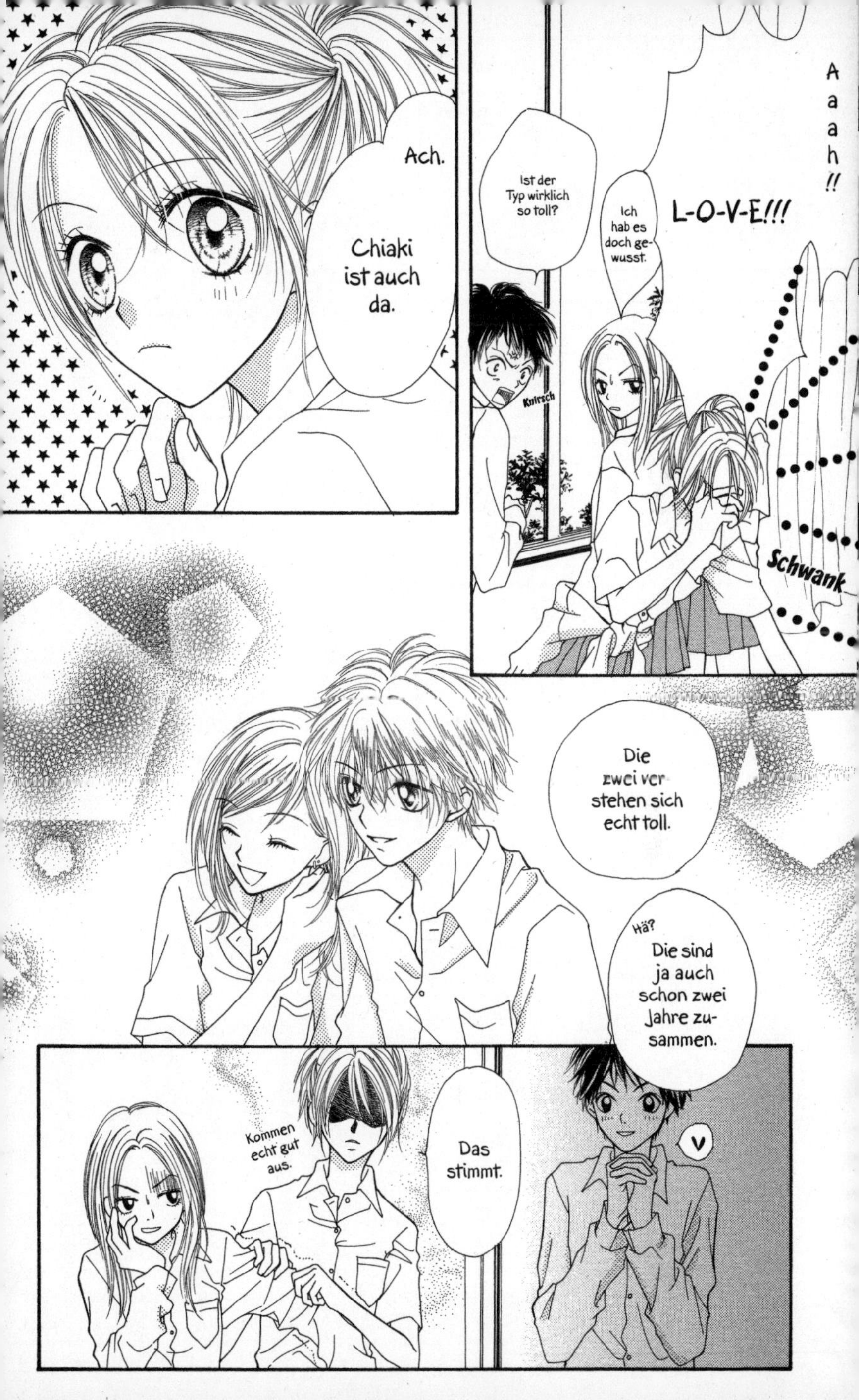

Aaah!!
L-O-V-E!!!
Ich hab es doch gewusst.
Ist der Typ wirklich so toll?
Knirsch
Schwank
Ach.
Chiaki ist auch da.
Die zwei verstehen sich echt toll.
Hä?
Die sind ja auch schon zwei Jahre zusammen.
Das stimmt.
Kommen echt gut aus.

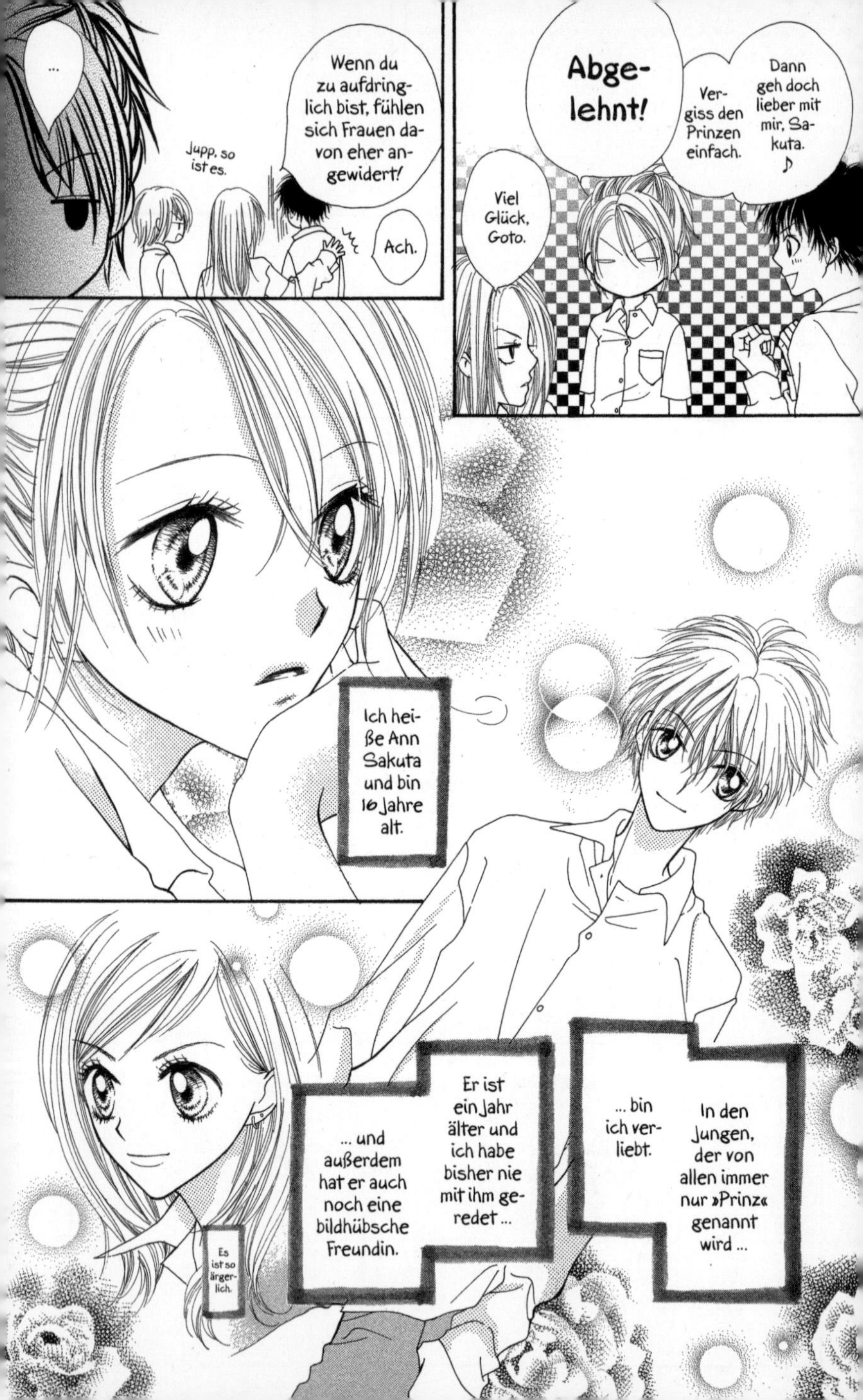
Dann geh doch lieber mit mir, Sakuta. ♪
Vergiss den Prinzen einfach.
Abgelehnt!
Viel Glück, Goto.
Wenn du zu aufdringlich bist, fühlen sich Frauen davon eher angewidert!
Ach.
Jupp, so ist es.
...
Ich heiße Ann Sakuta und bin 16 Jahre alt.
In den Jungen, der von allen immer nur »Prinz« genannt wird ...
... bin ich verliebt.
Er ist ein Jahr älter und ich habe bisher nie mit ihm geredet ...
... und außerdem hat er auch noch eine bildhübsche Freundin.
Es ist so ärgerlich.

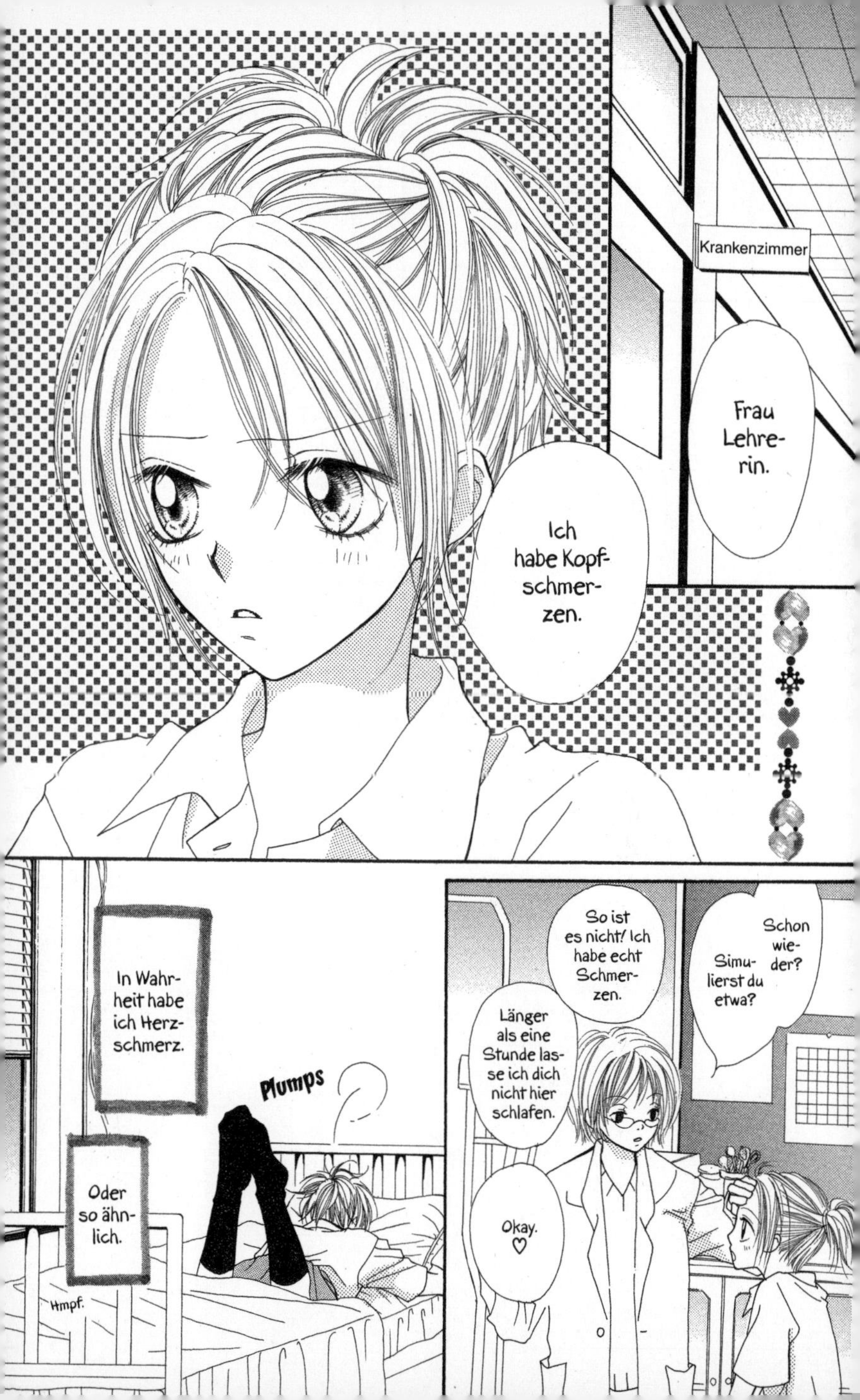
Krankenzimmer
Frau Lehrerin.
Ich habe Kopfschmerzen.
Schon wieder? Simulierst du etwa?
So ist es nicht! Ich habe echt Schmerzen.
Länger als eine Stunde lasse ich dich nicht hier schlafen.
Okay. ♡
In Wahrheit habe ich Herzschmerz.
Plumps
Oder so ähnlich.
Hmpf.

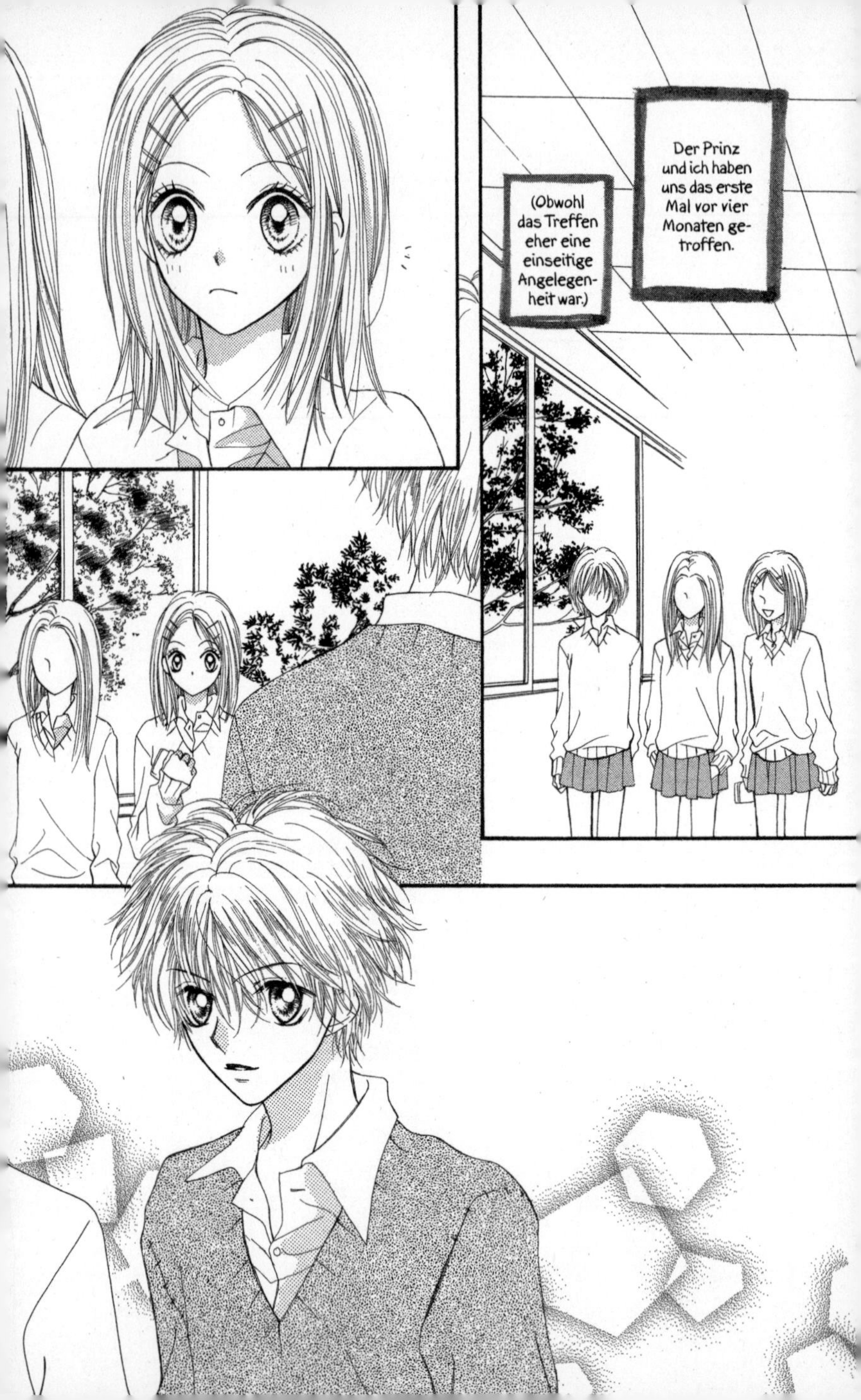
Der Prinz und ich haben uns das erste Mal vor vier Monaten getroffen.
(Obwohl das Treffen eher eine einseitige Angelegenheit war.)

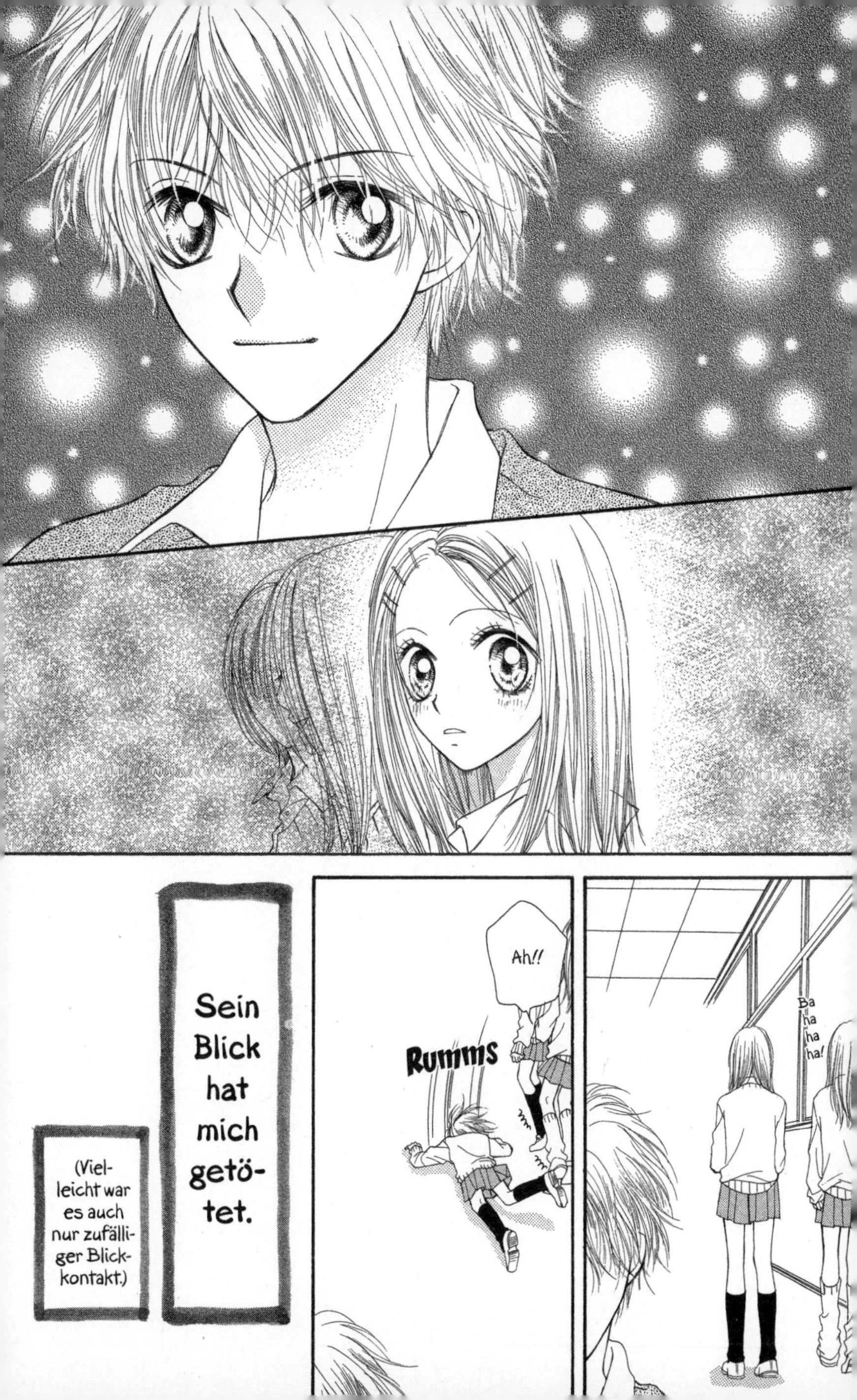

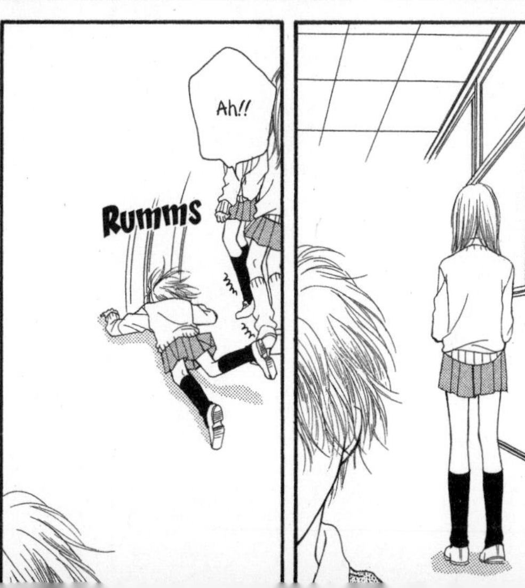

Sein Blick hat mich getötet.

(Vielleicht war es auch nur zufälliger Blickkontakt.)

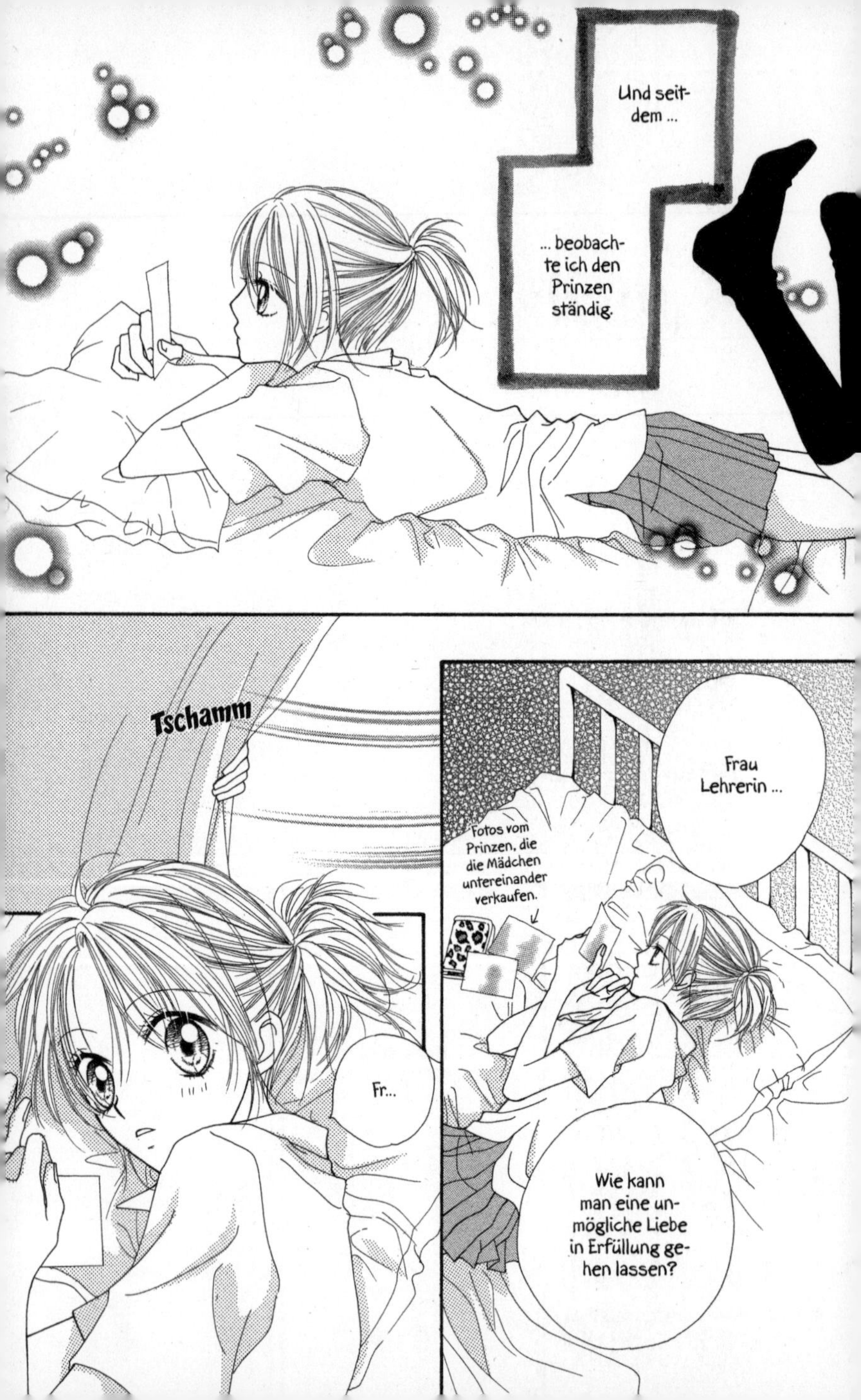
Und seit-
dem ...
... beobach-
te ich den
Prinzen
ständig.
Frau
Lehrerin ...
Fotos vom
Prinzen, die
die Mädchen
untereinander
verkaufen.
Wie kann
man eine un-
mögliche Liebe
in Erfüllung ge-
hen lassen?
Tschamm
Fr...

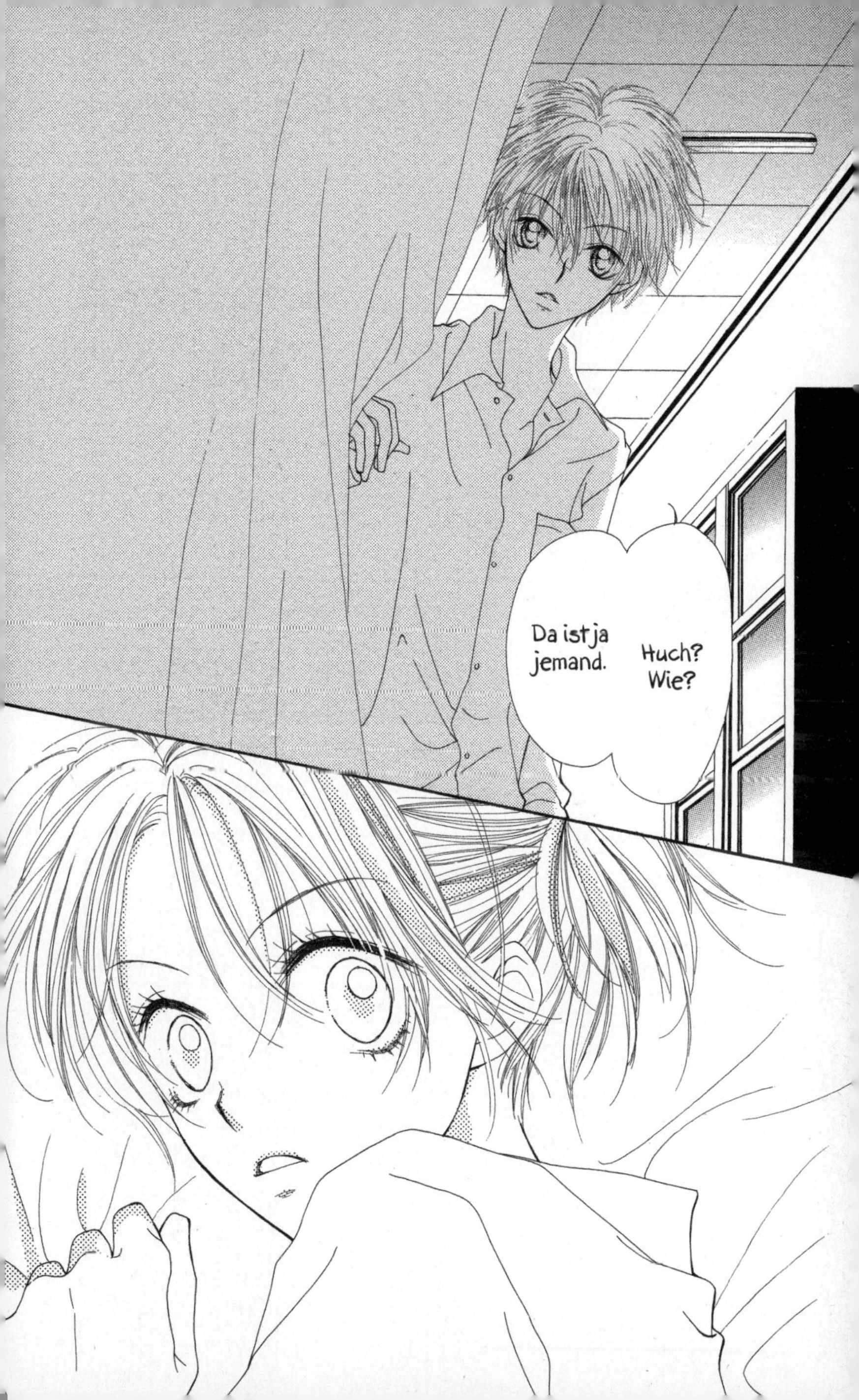
Huch? Wie?
Da ist ja jemand.

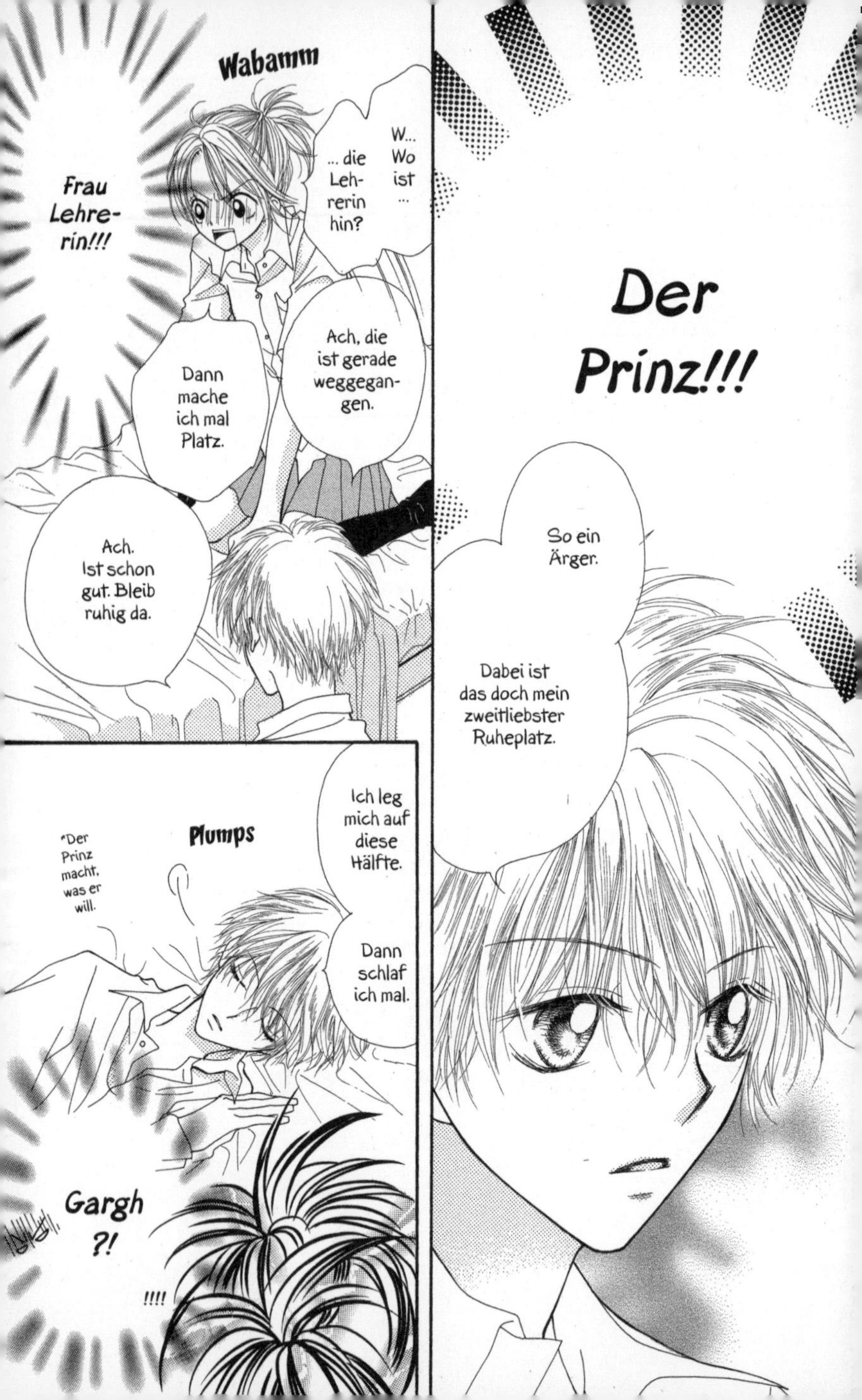
Der Prinz!!!
So ein Ärger.
Dabei ist das doch mein zweitliebster Ruheplatz.
Wabamm
W... Wo ist ...
... die Lehrerin hin?
Frau Lehrerin!!!
Ach, die ist gerade weggegangen.
Dann mache ich mal Platz.
Ach. Ist schon gut. Bleib ruhig da.
Ich leg mich auf diese Hälfte.
Dann schlaf ich mal.
Plumps
*Der Prinz macht, was er will.
Gargh ?!
!!!!

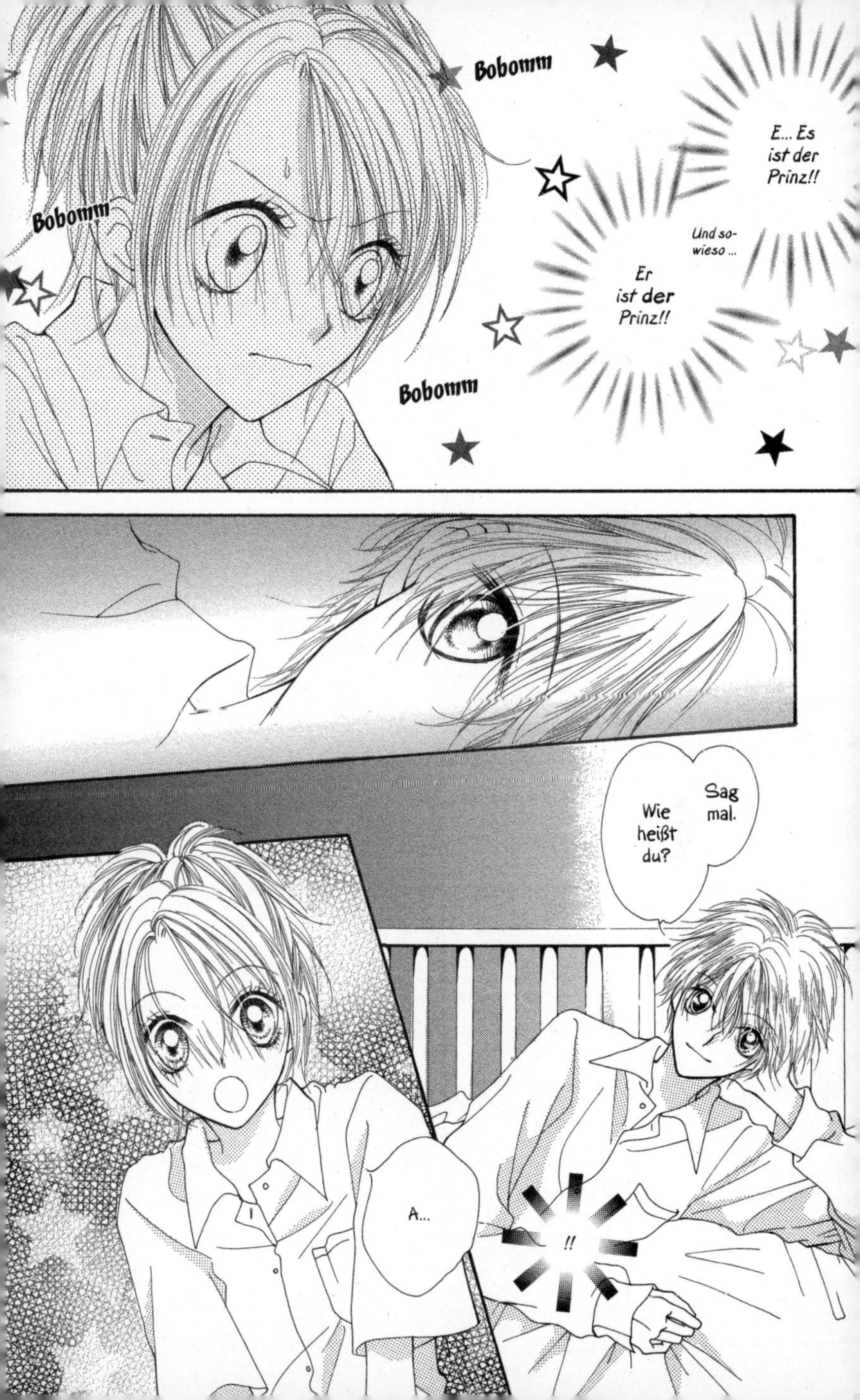
E... Es ist der Prinz!!
Und sowieso ...
Er ist der Prinz!!
Bobomm
Bobomm
Bobomm
Sag mal.
Wie heißt du?
!!
A...

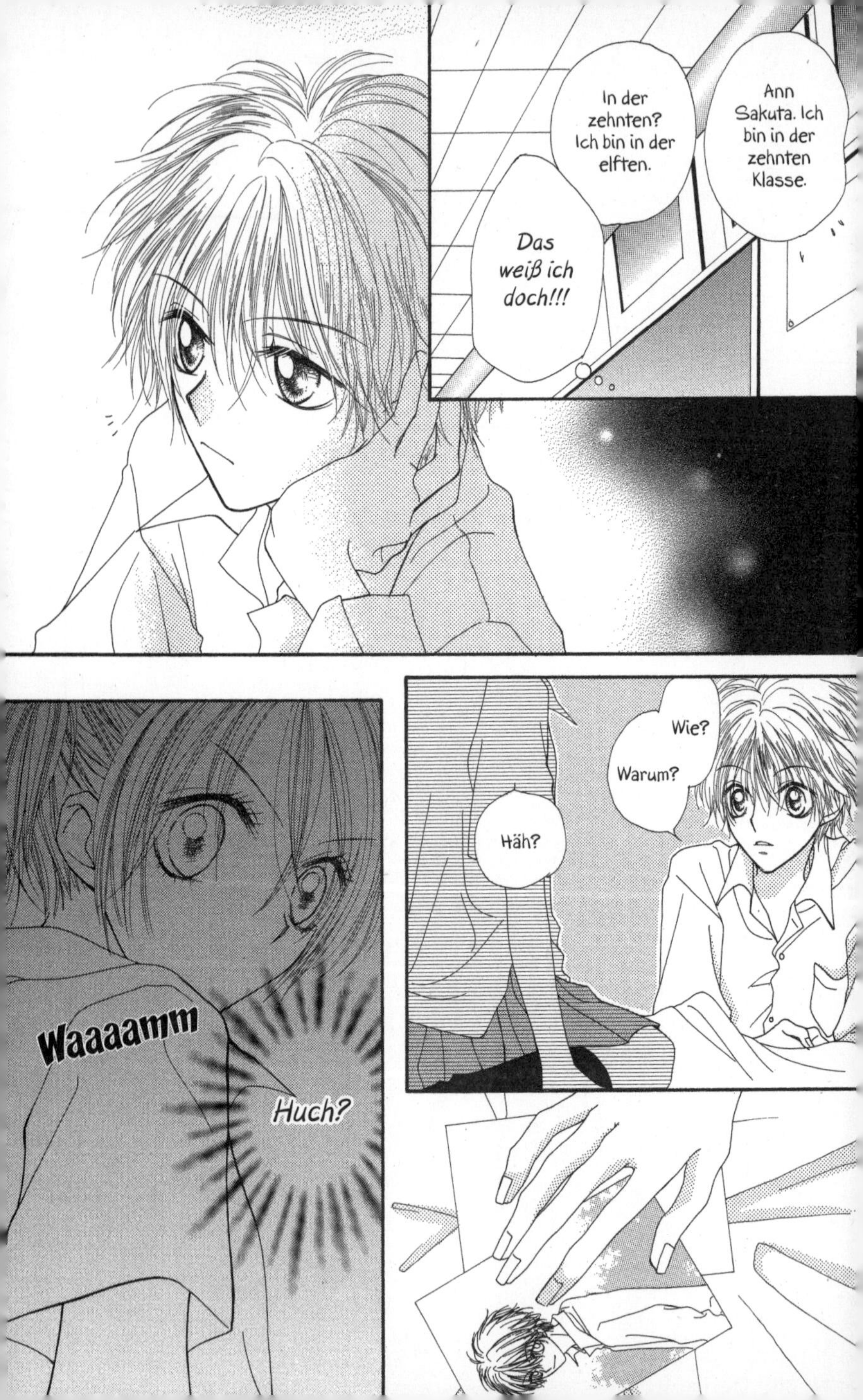
Ann Sakuta. Ich bin in der zehnten Klasse.
In der zehnten? Ich bin in der elften.
Das weiß ich doch!!!
Wie?
Warum?
Häh?
Waaaamm
Huch?

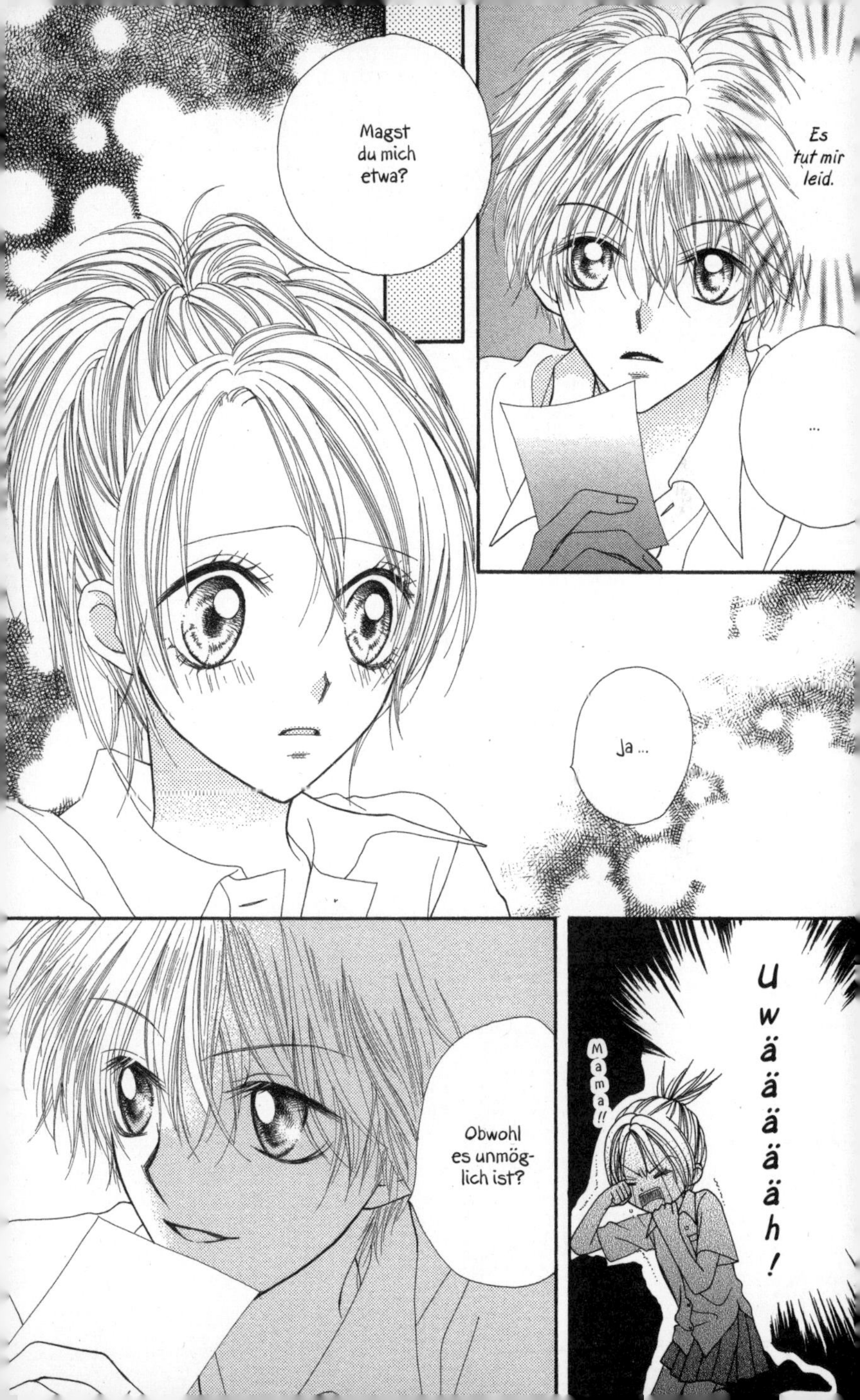
Es tut mir leid.
...
Magst du mich etwa?
Ja ...
Obwohl es unmöglich ist?
Uwäääääh!
Mama!!

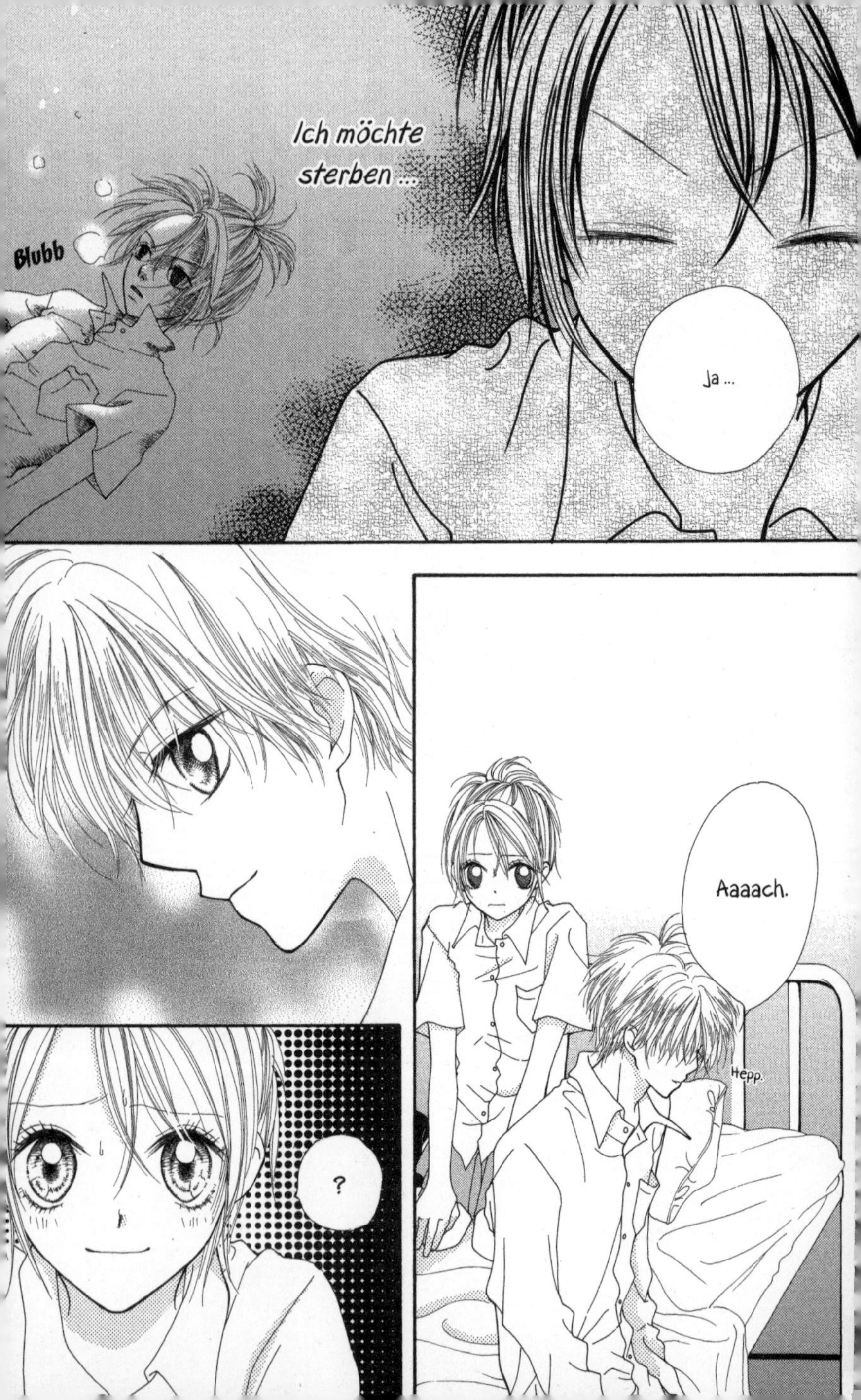
Ja ...
Ich möchte sterben ...
Blubb
Aaaach.
Hepp.
?

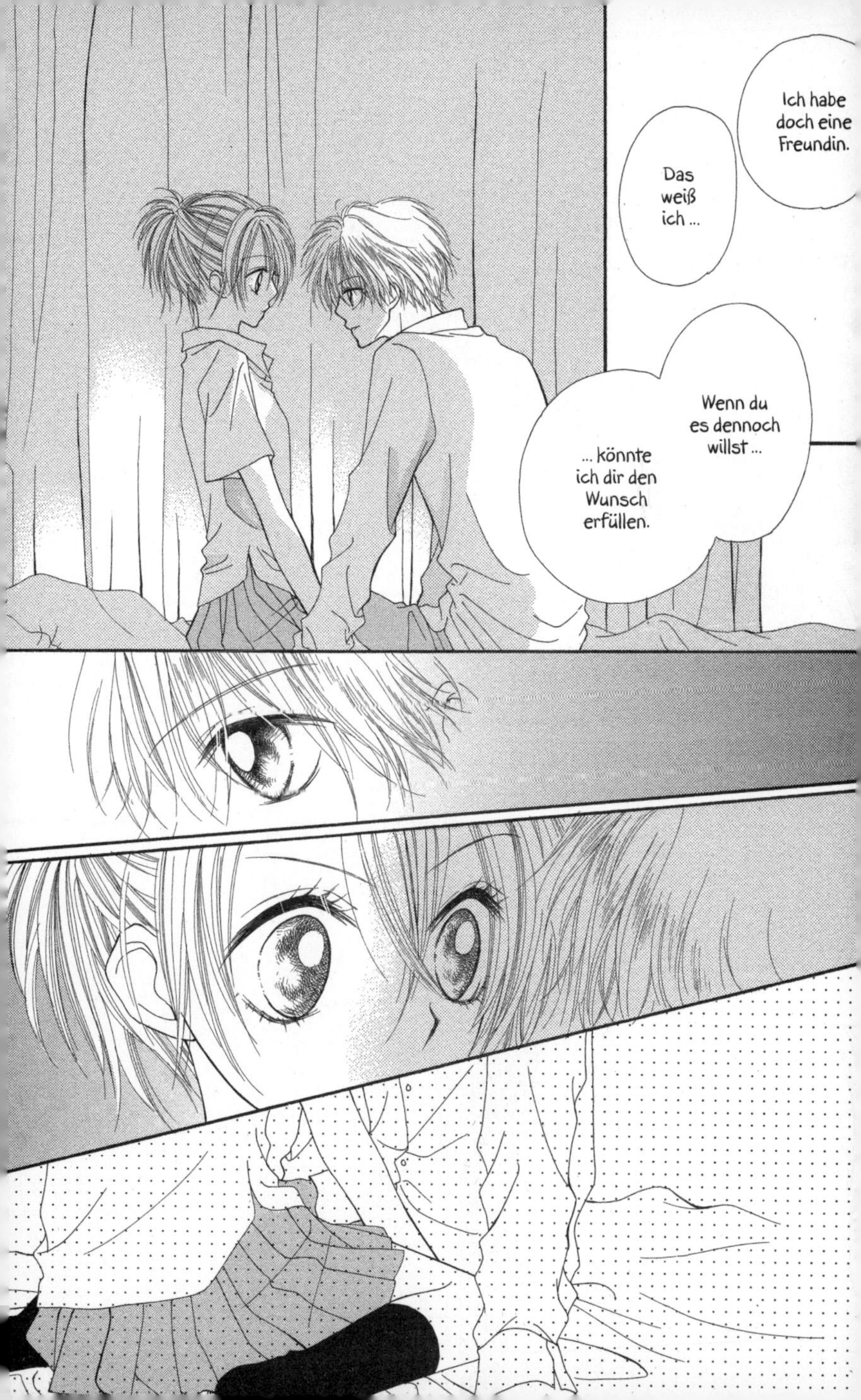
Ich habe doch eine Freundin.
Das weiß ich ...
Wenn du es dennoch willst ...
... könnte ich dir den Wunsch erfüllen.

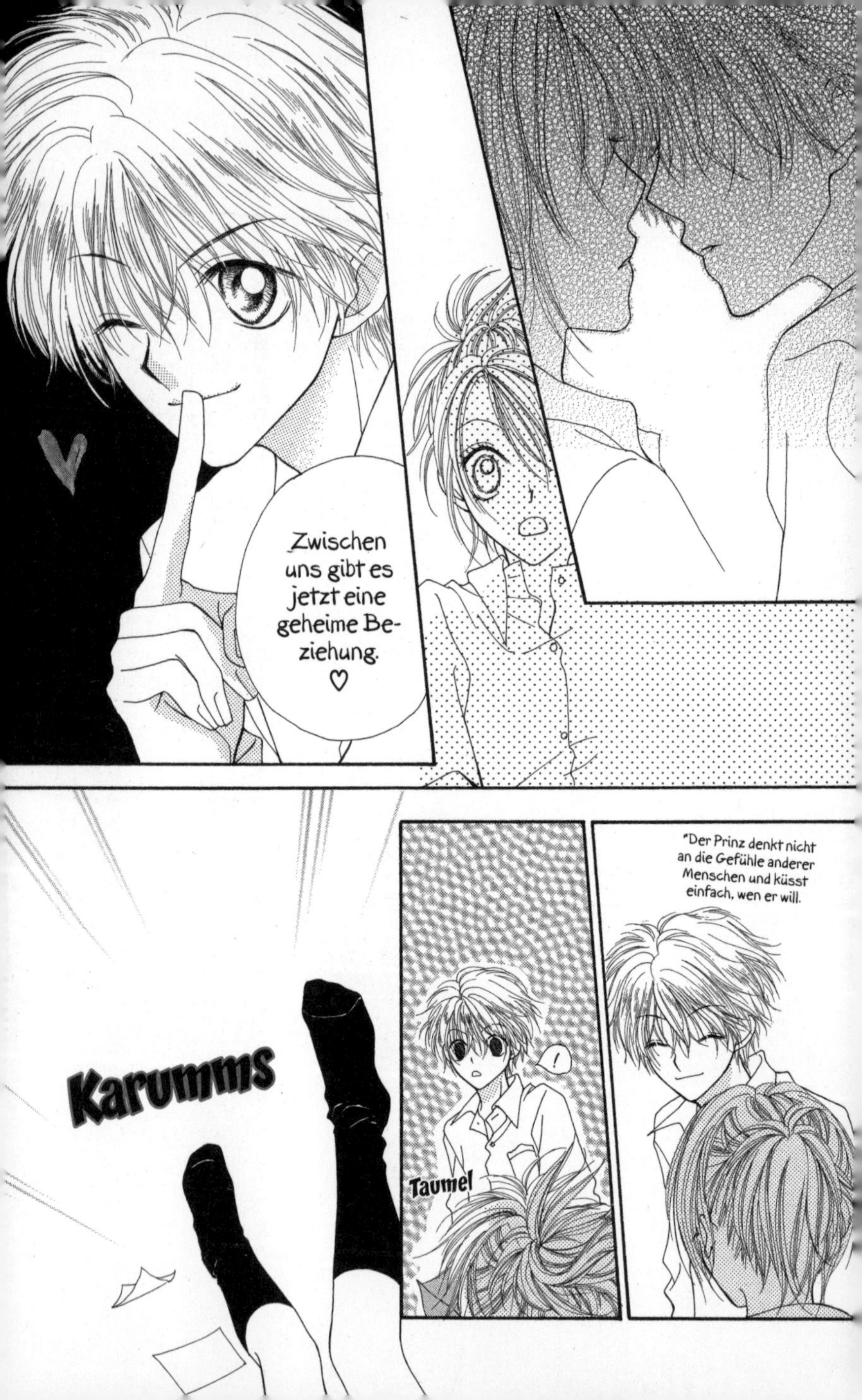
Zwischen uns gibt es jetzt eine geheime Beziehung. ♡
Karumms
*Der Prinz denkt nicht an die Gefühle anderer Menschen und küsst einfach, wen er will.
!
Taumel

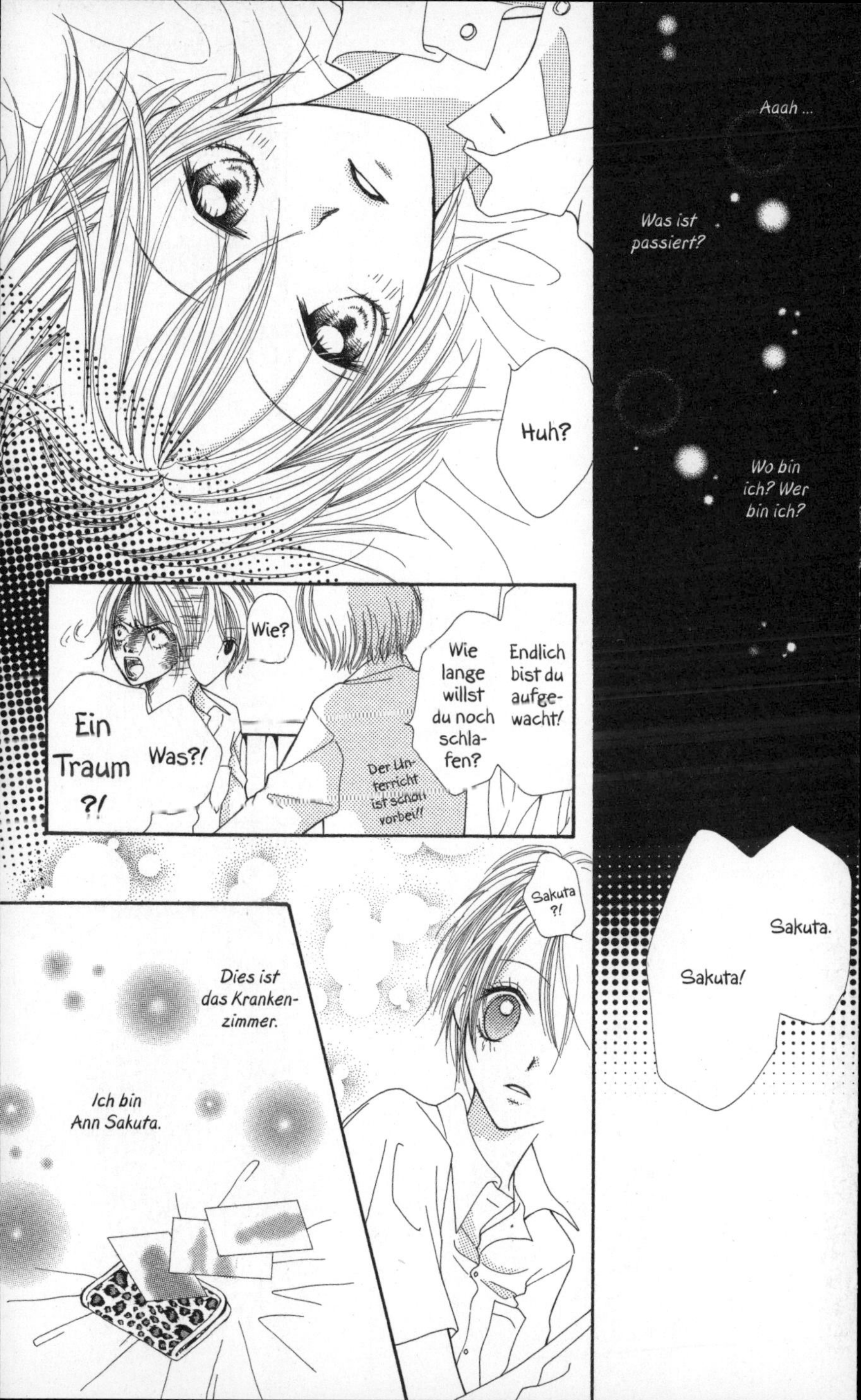
Aaah ...
Was ist passiert?
Wo bin ich? Wer bin ich?
Huh?
Endlich bist du aufgewacht!
Wie lange willst du noch schlafen?
Der Unterricht ist schon vorbei!!
Wie?
Was?!
Ein Traum ?!
Sakuta.
Sakuta!
Sakuta ?!
Dies ist das Krankenzimmer.
Ich bin Ann Sakuta.

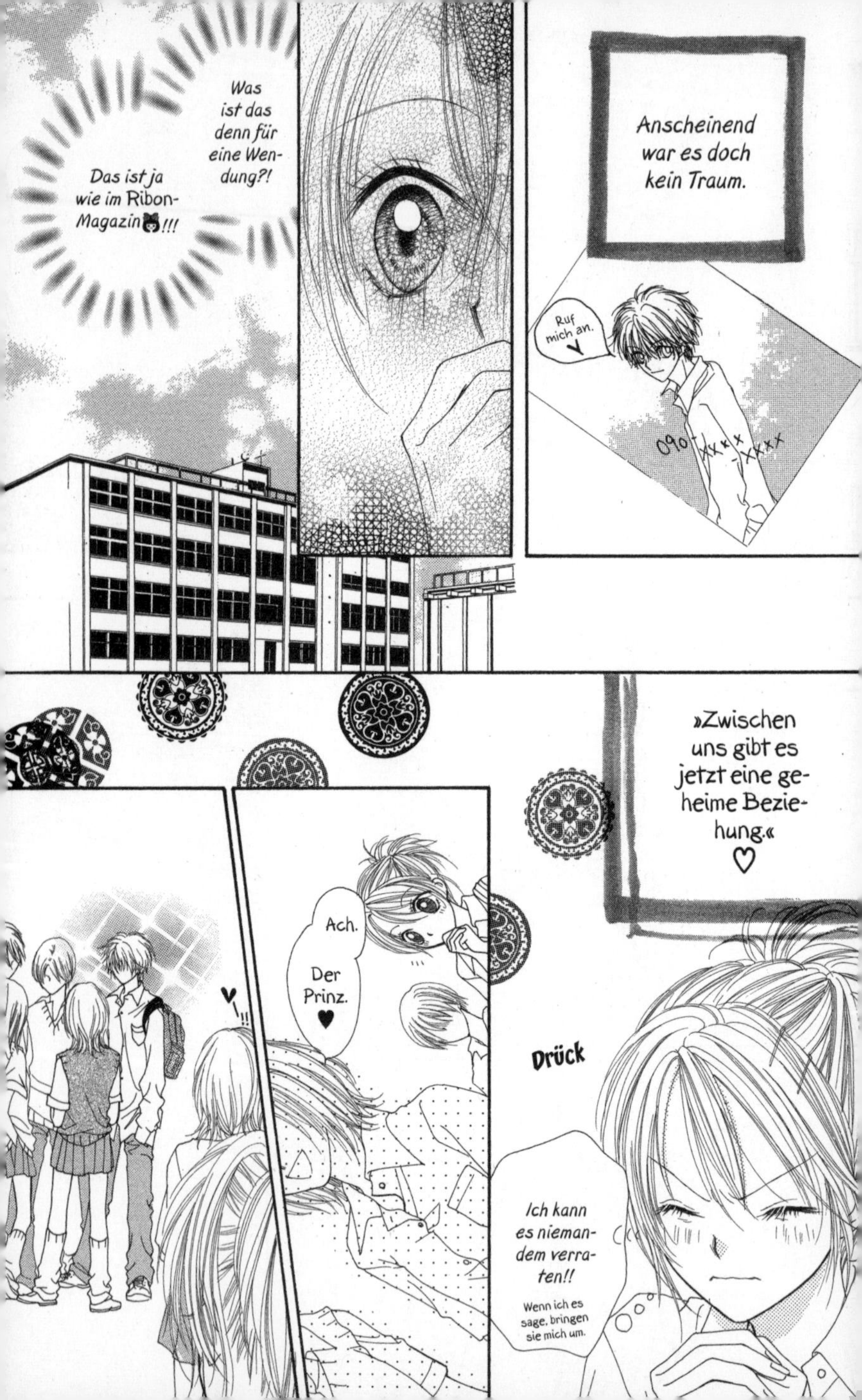

Anscheinend war es doch kein Traum.
Ruf mich an. ♥
090-xxxx-xxxx
Was ist das denn für eine Wendung?!
Das ist ja wie im Ribon-Magazin!!!
»Zwischen uns gibt es jetzt eine geheime Beziehung.« ♡
Drück
Ich kann es niemandem verraten!!
Wenn ich es sage, bringen sie mich um.
Ach.
Der Prinz. ♥
♥!!

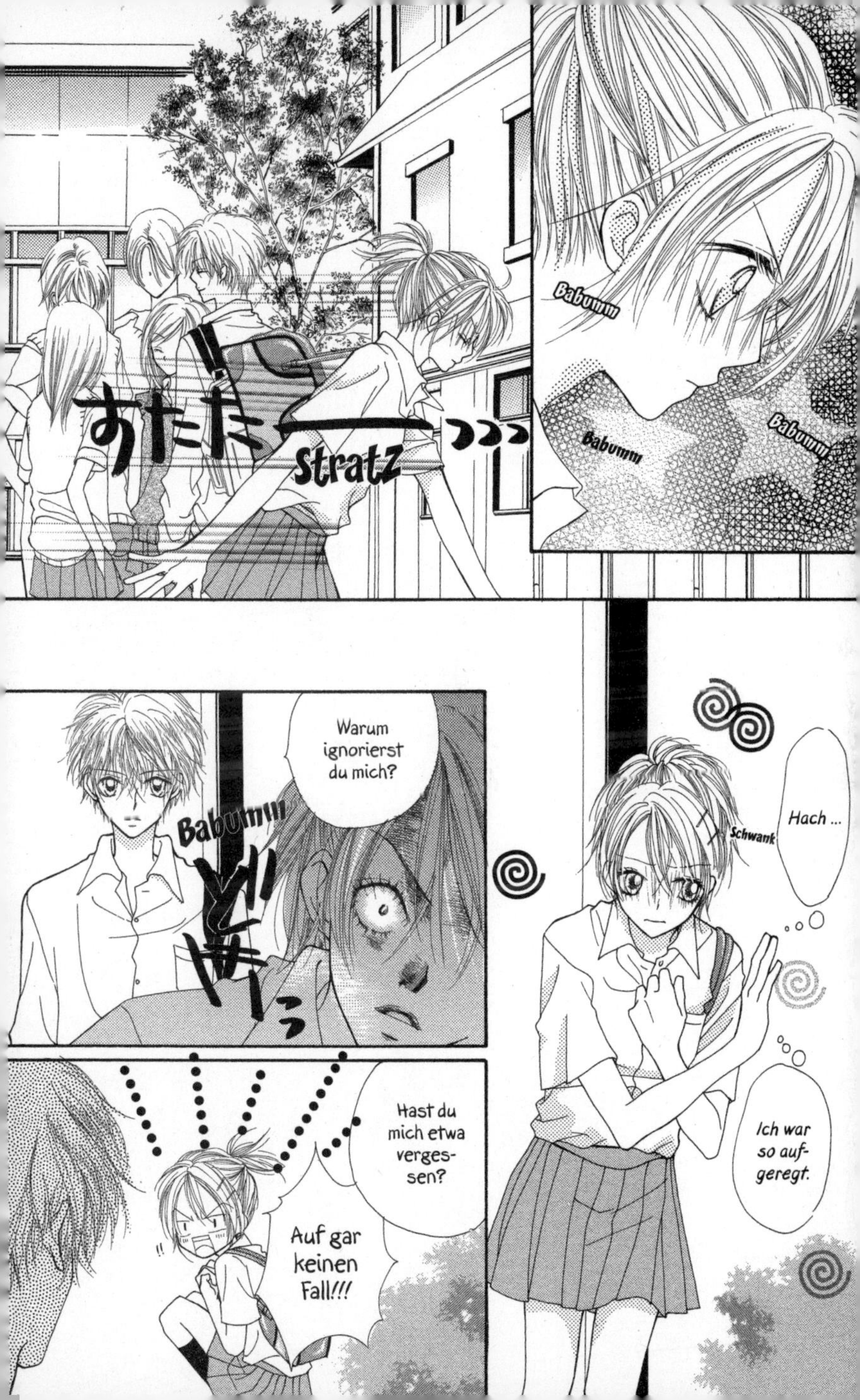
Babumm
Babumm
Babumm
おたた——っっっ
Stratz
Hach ...
Schwank
Ich war so auf-geregt.
Warum ignorierst du mich?
Babumm
Hast du mich etwa verges-sen?
!!
Auf gar keinen Fall!!!

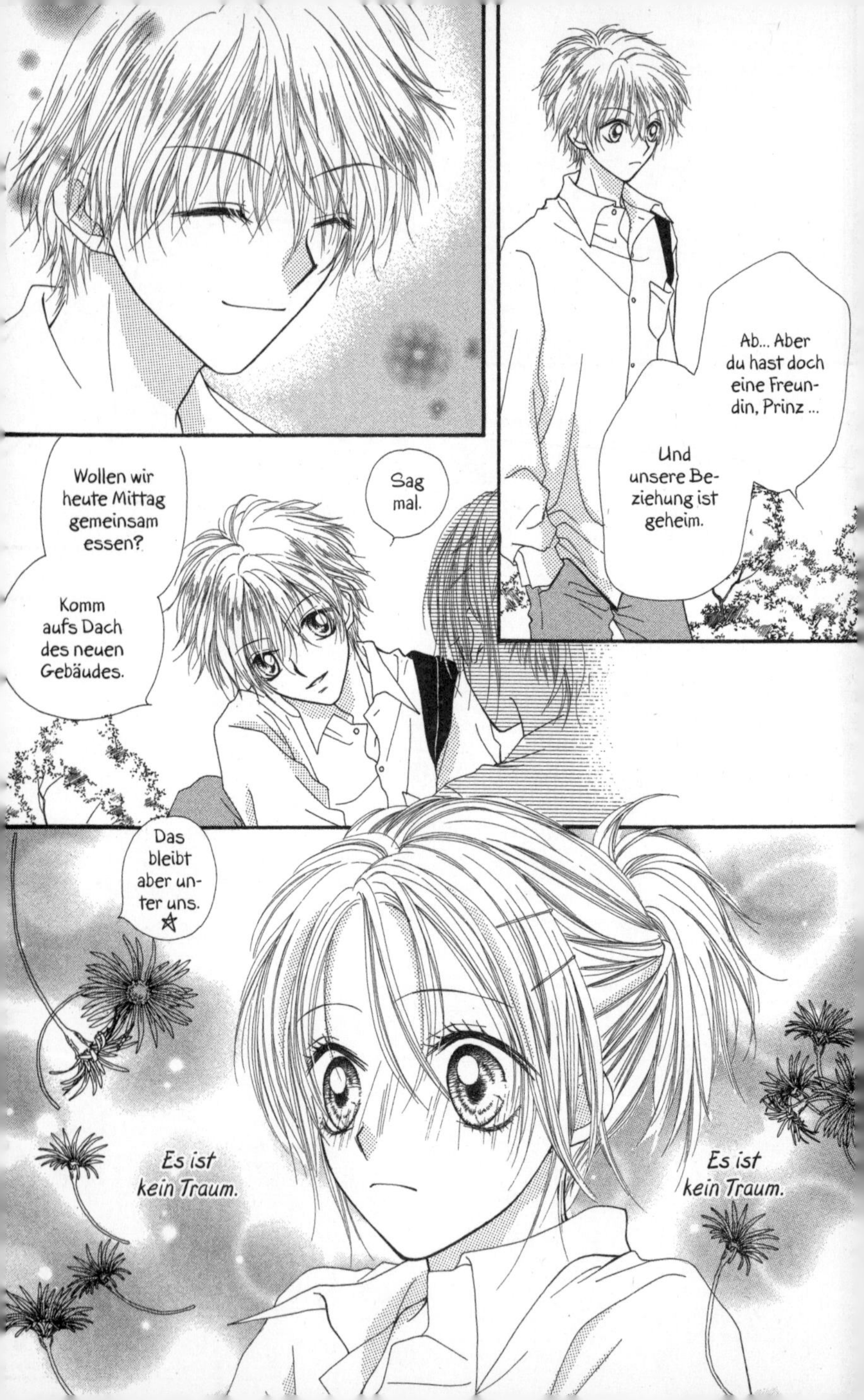
Ab... Aber du hast doch eine Freundin, Prinz ...
Und unsere Beziehung ist geheim.
Sag mal.
Wollen wir heute Mittag gemeinsam essen?
Komm aufs Dach des neuen Gebäudes.
Das bleibt aber unter uns. ☆
Es ist kein Traum.
Es ist kein Traum.

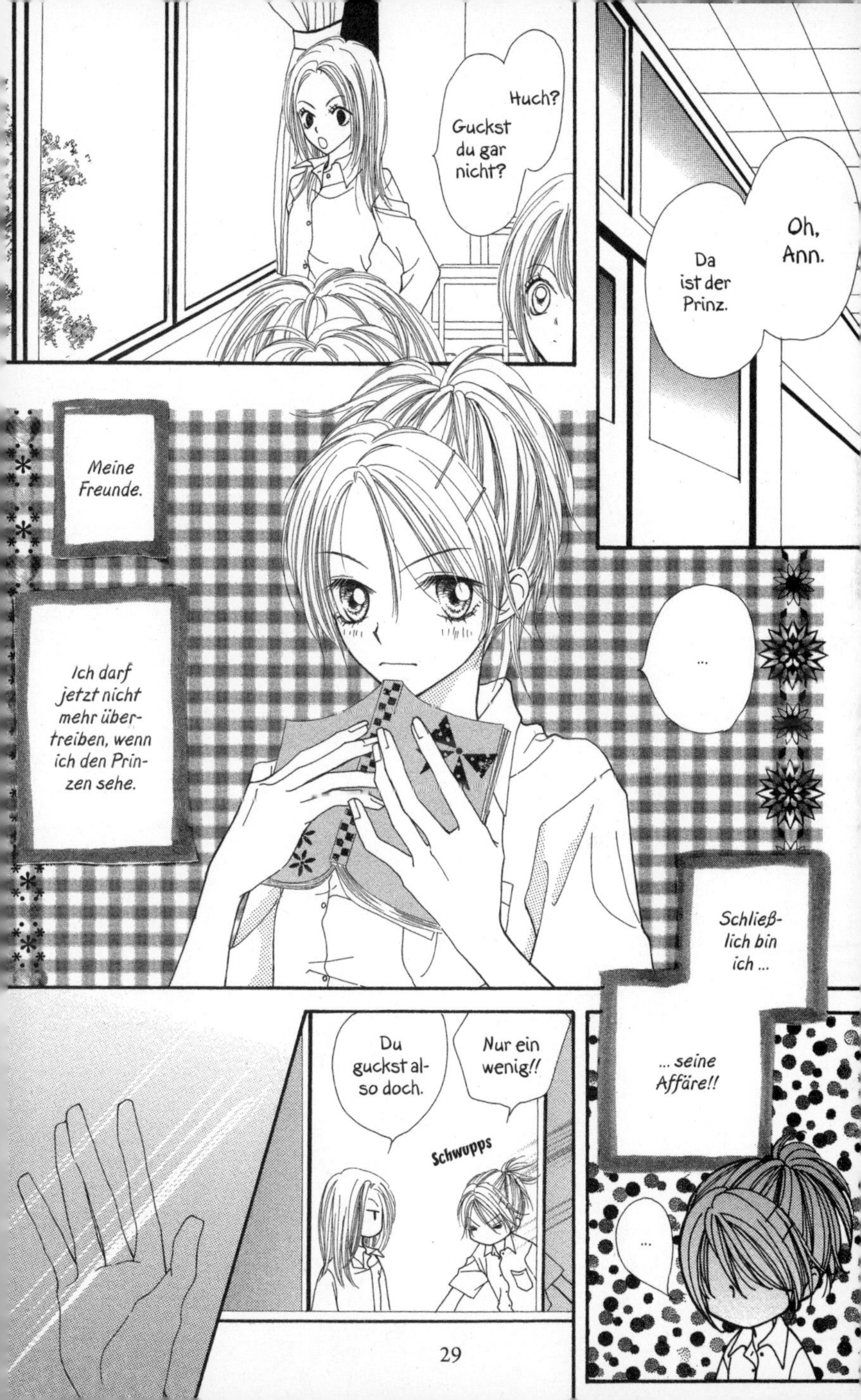
Oh, Ann.
Da ist der Prinz.
Huch? Guckst du gar nicht?
...
Meine Freunde.
Ich darf jetzt nicht mehr übertreiben, wenn ich den Prinzen sehe.
Schließlich bin ich ...
... seine Affäre!!
...
Du guckst also doch.
Nur ein wenig!!
Schwupps

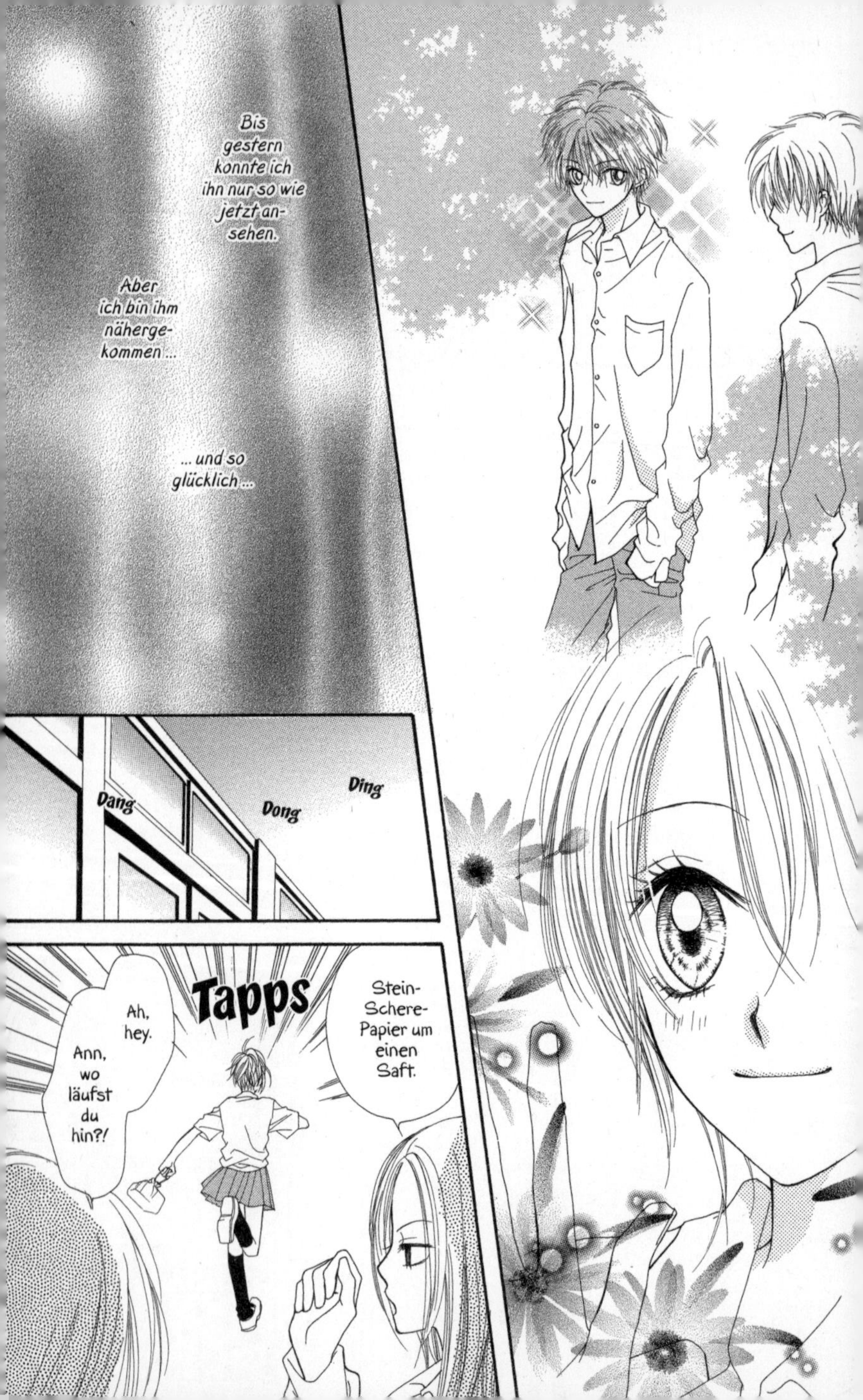
Bis gestern konnte ich ihn nur so wie jetzt ansehen.
Aber ich bin ihm nähergekommen ...
... und so glücklich ...
Ding
Dong
Dang
Tapps
Stein-Schere-Papier um einen Saft.
Ah, hey.
Ann, wo läufst du hin?!

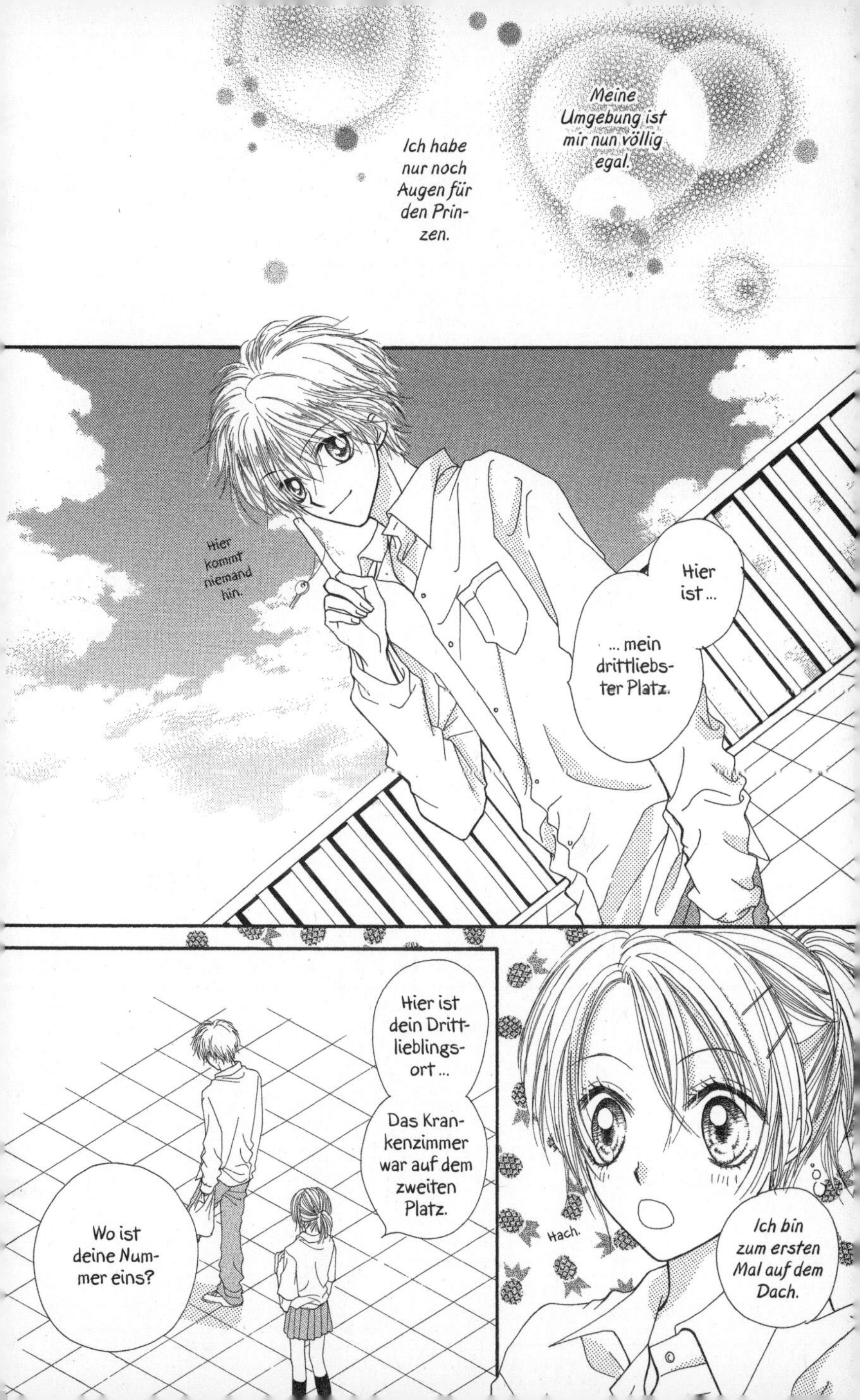
Meine Umgebung ist mir nun völlig egal.
Ich habe nur noch Augen für den Prinzen.
Hier ist ...
... mein drittliebster Platz.
Hier kommt niemand hin.
Ich bin zum ersten Mal auf dem Dach.
Hach.
Hier ist dein Drittlieblingsort ...
Das Krankenzimmer war auf dem zweiten Platz.
Wo ist deine Nummer eins?

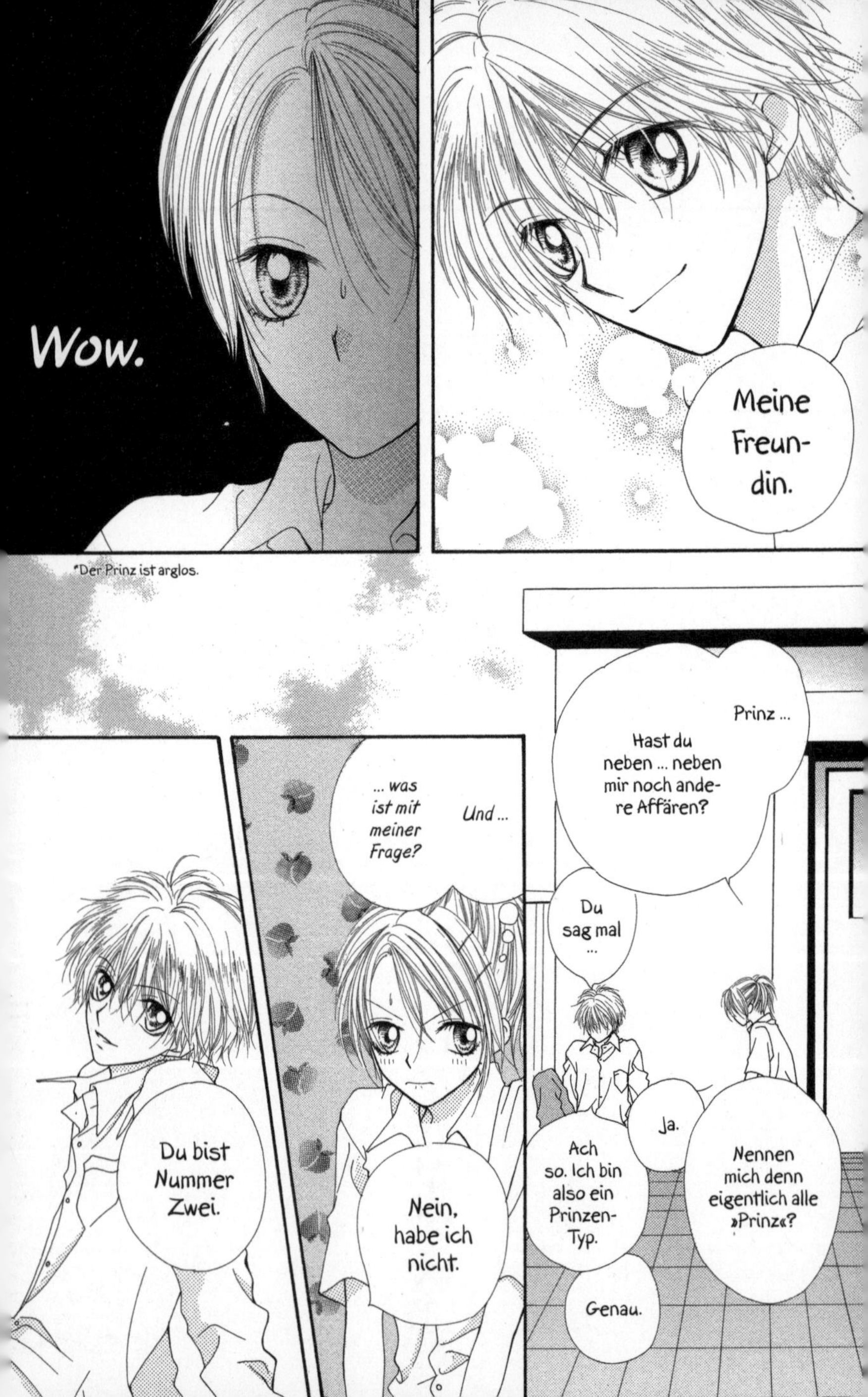
Meine Freundin.
Wow.
*Der Prinz ist arglos.
Prinz ...
Hast du neben ... neben mir noch andere Affären?
Du sag mal ...
Nennen mich denn eigentlich alle »Prinz«?
Ja.
Ach so. Ich bin also ein Prinzen-Typ.
Genau.
Und ...
... was ist mit meiner Frage?
Nein, habe ich nicht.
Du bist Nummer Zwei.

Nummer Zwei ...
Dann haben die Mädchen auch eine Rangliste.
Und ich auf dem zweiten Platz.
Ich bin so froh ...
Hä?!
Prinz?!!
Mayo
Hä? Krass.
Das bleibt geheim, ja?
Das sollte ich online posten.
Wi... Wie bitte?!
Magst du etwa Mayonnaise auf Banane?
Mampf
Mampf
Der Prinz mag also Banane mit Mayonnaise? ♥
Das merke ich mir.

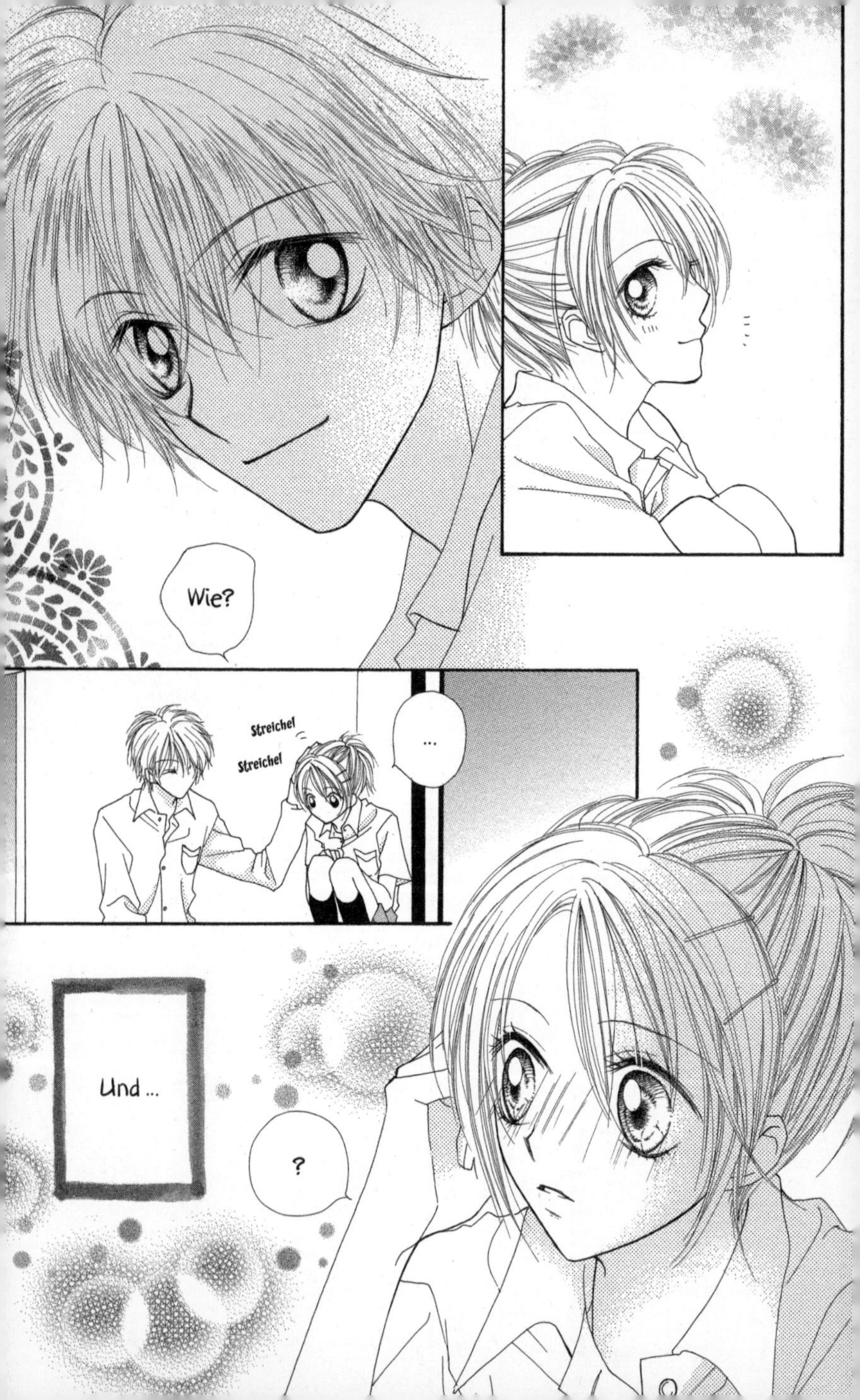
Wie?
…
Streichel
Streichel
?
Und …

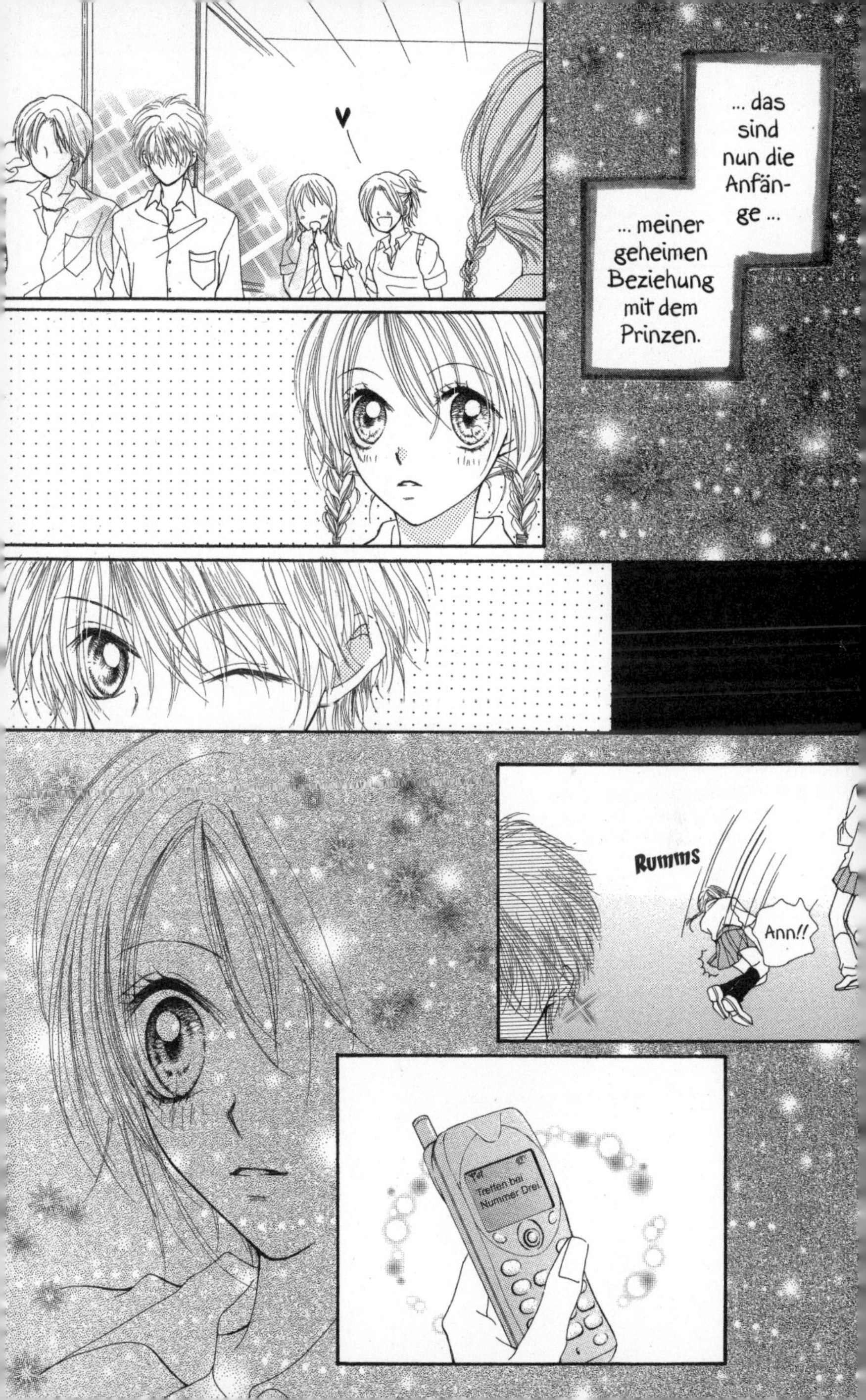
... das sind nun die Anfänge ...
... meiner geheimen Beziehung mit dem Prinzen.
Rumms
Ann!!
Treffen bei Nummer Drei.

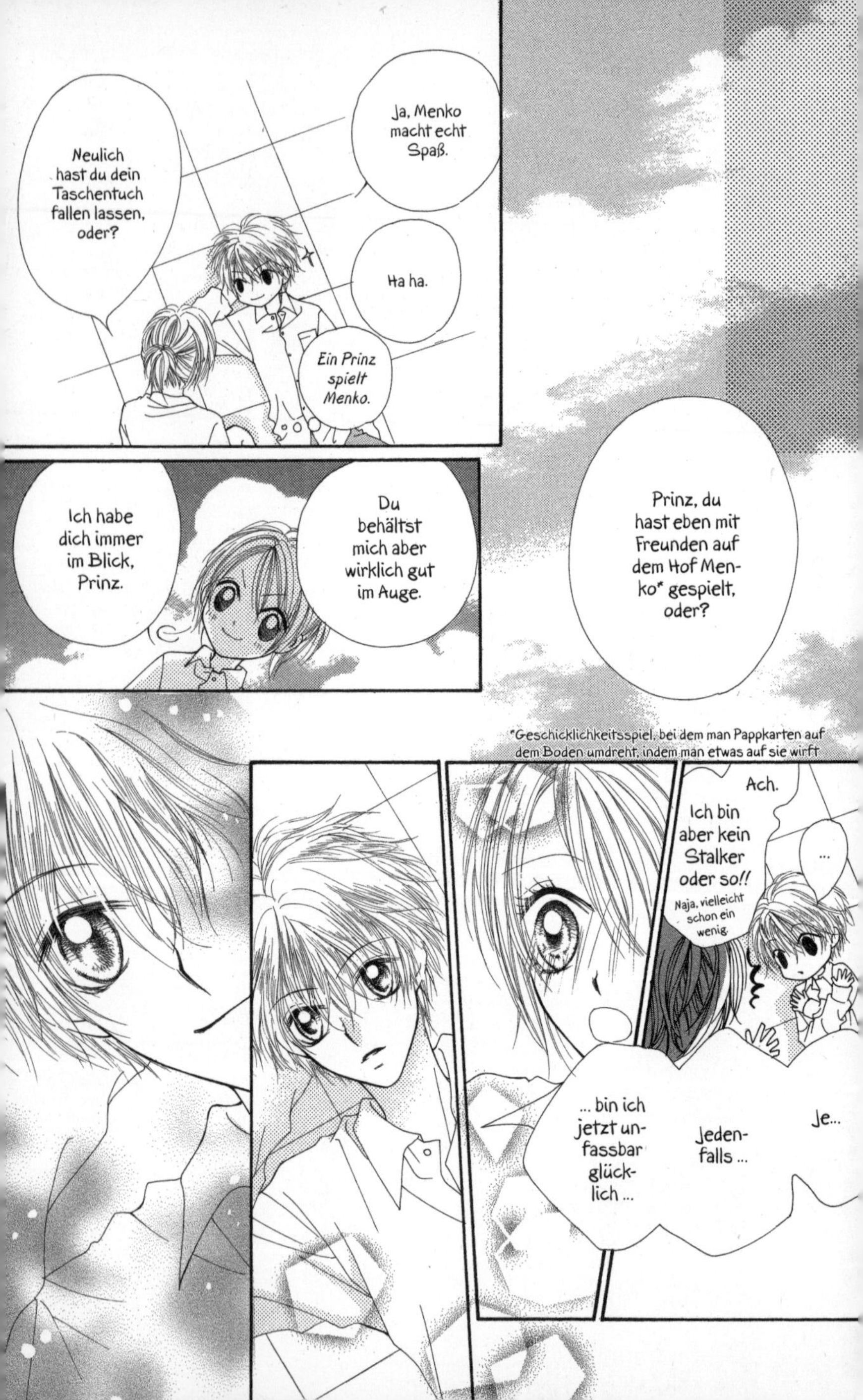

*Geschicklichkeitsspiel, bei dem man Pappkarten auf dem Boden umdreht, indem man etwas auf sie wirft

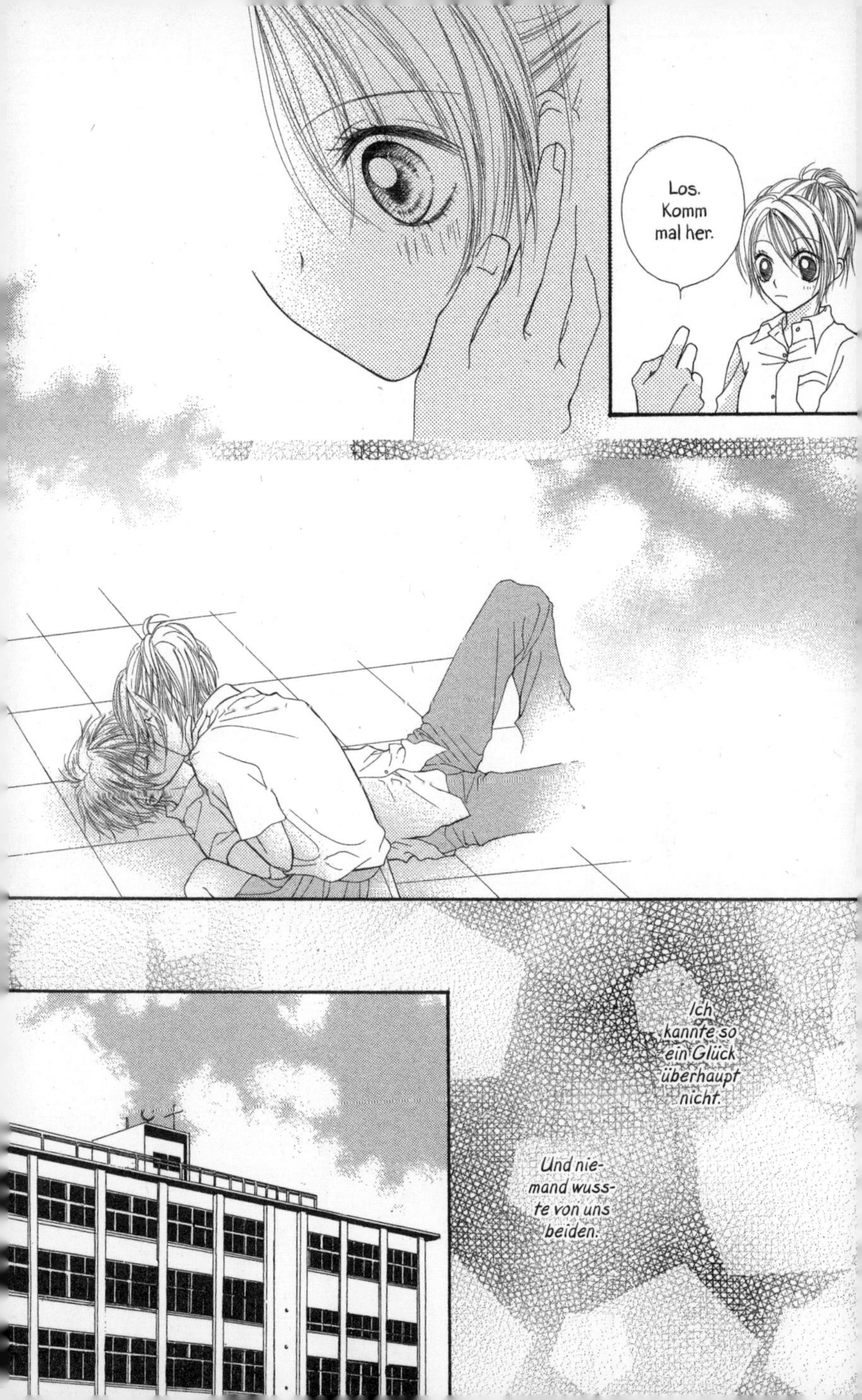
Los. Komm mal her.
Ich kannte so ein Glück überhaupt nicht.
Und niemand wusste von uns beiden.

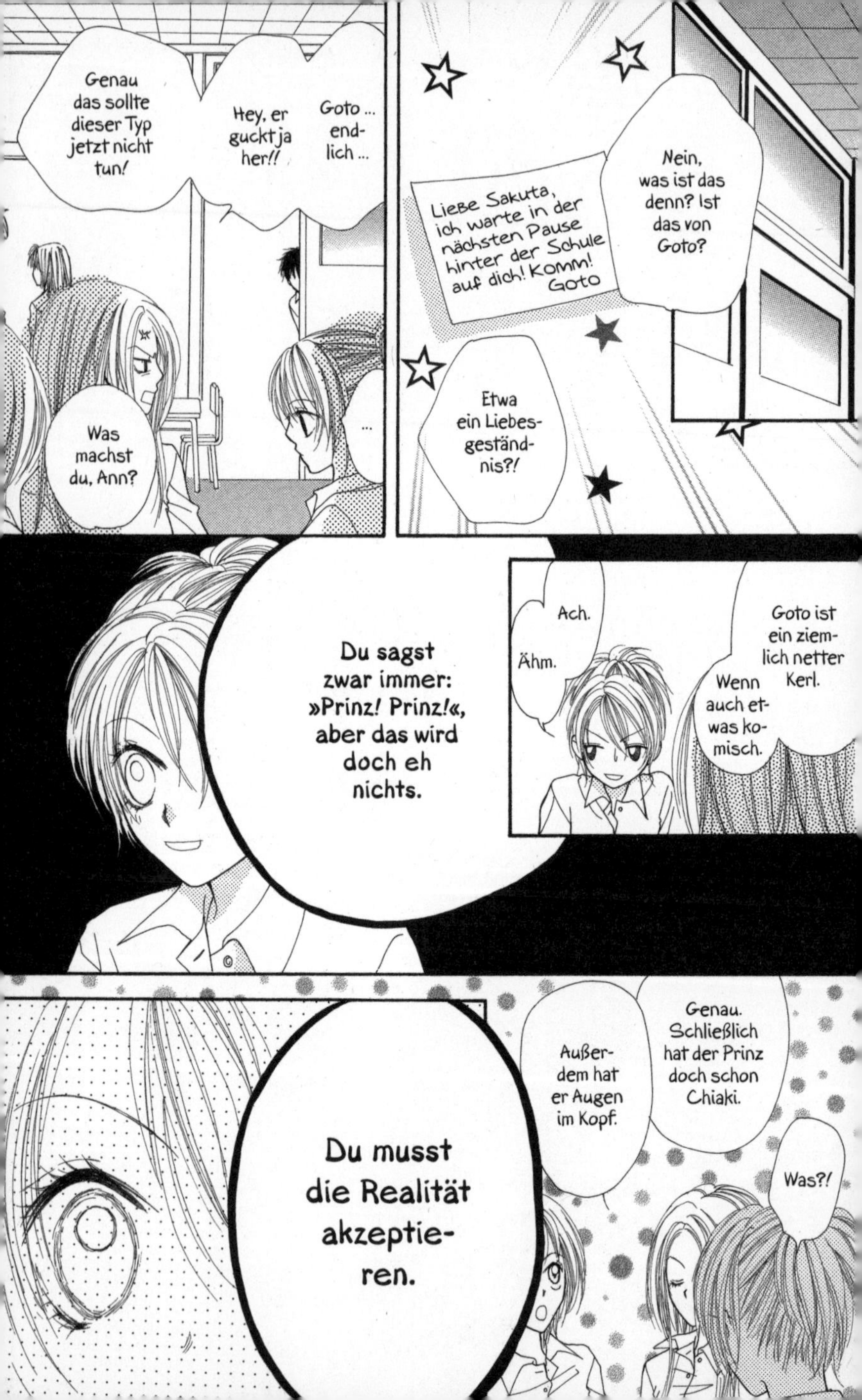
Liebe Sakuta,
ich warte in der
nächsten Pause
hinter der Schule
auf dich! Komm!
Goto
Nein, was ist das denn? Ist das von Goto?
Etwa ein Liebesgeständnis?!
Goto ... endlich ...
Hey, er guckt ja her!!
Genau das sollte dieser Typ jetzt nicht tun!
...
Was machst du, Ann?
Goto ist ein ziemlich netter Kerl.
Wenn auch etwas komisch.
Ach.
Ähm.
Du sagst zwar immer: »Prinz! Prinz!«, aber das wird doch eh nichts.
Genau. Schließlich hat der Prinz doch schon Chiaki.
Außerdem hat er Augen im Kopf.
Was?!
Du musst die Realität akzeptieren.

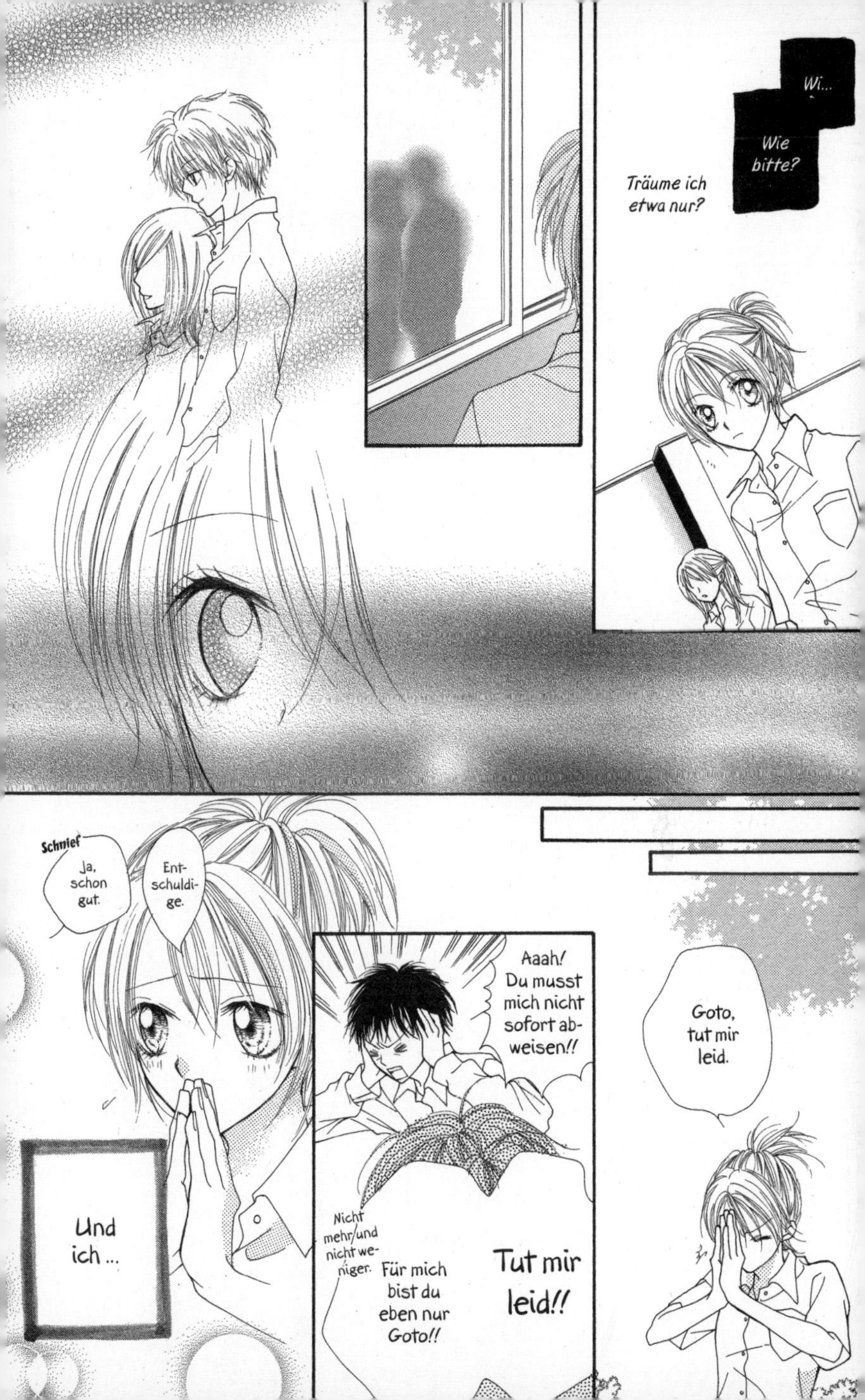
Wi...
Wie bitte?
Träume ich etwa nur?
Goto, tut mir leid.
Aaah! Du musst mich nicht sofort abweisen!!
Tut mir leid!!
Für mich bist du eben nur Goto!!
Nicht mehr und nicht weniger.
Ent-schuldi-ge.
Ja, schon gut.
Schnief
Und ich ...

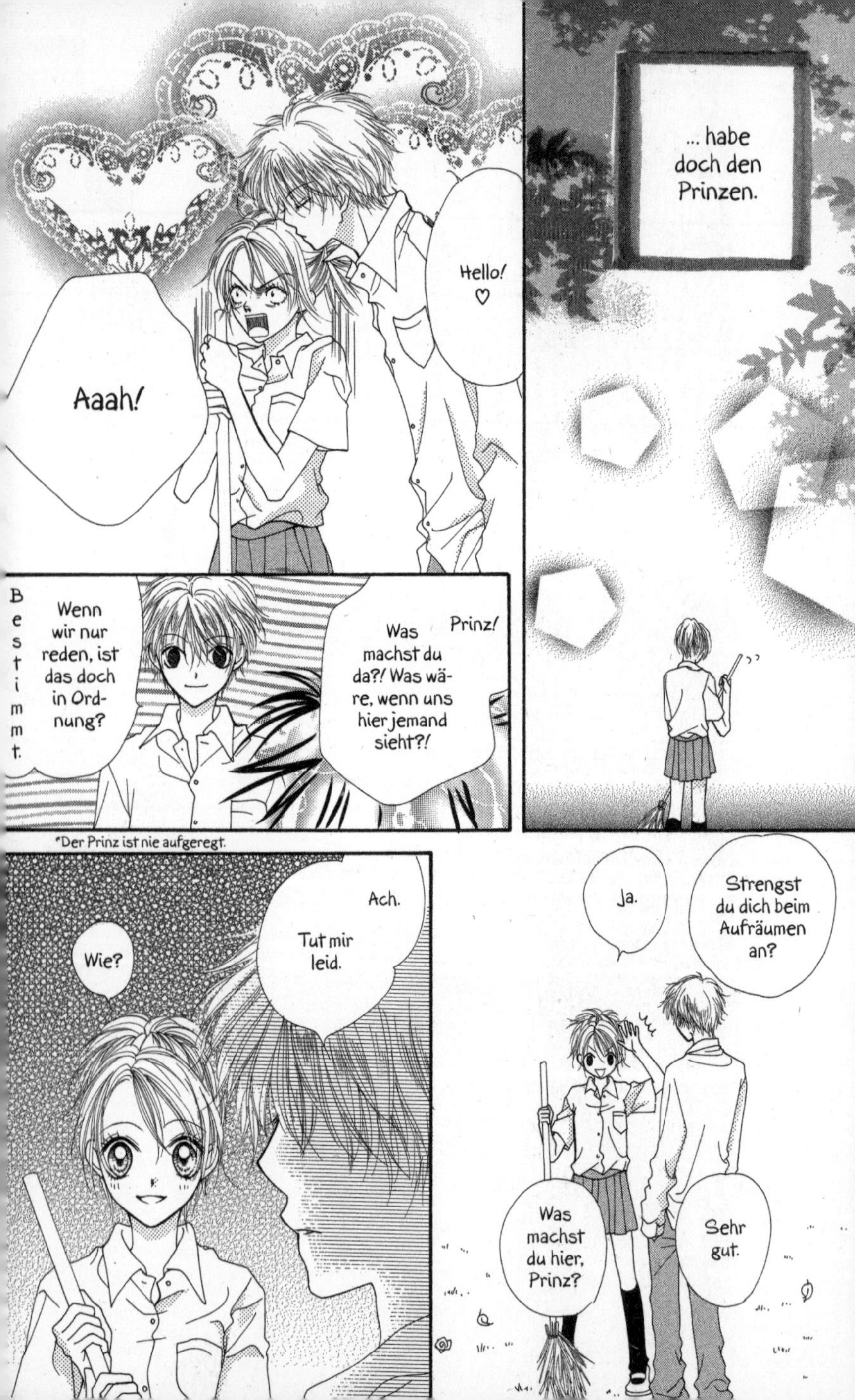

*Der Prinz ist nie aufgeregt.

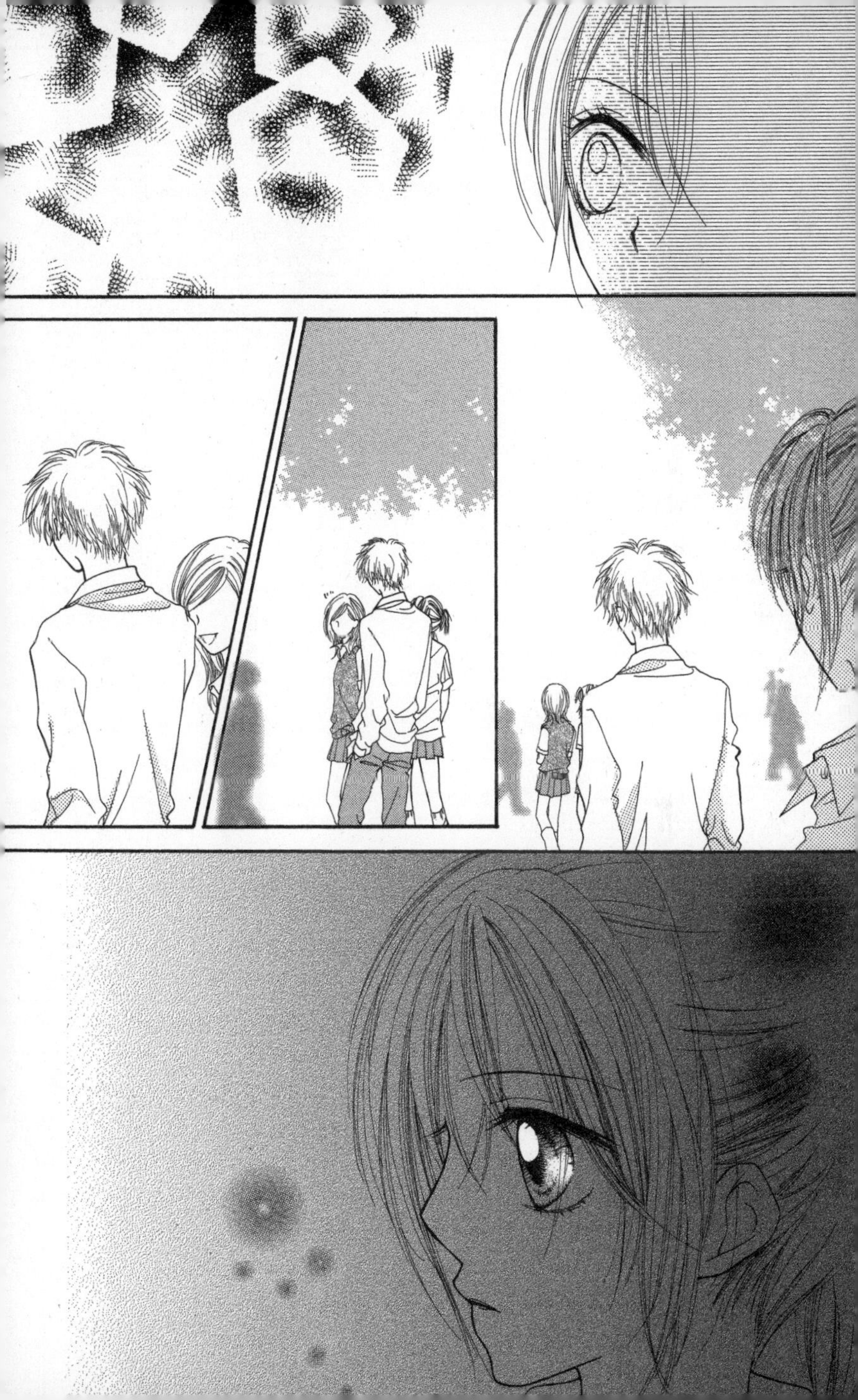

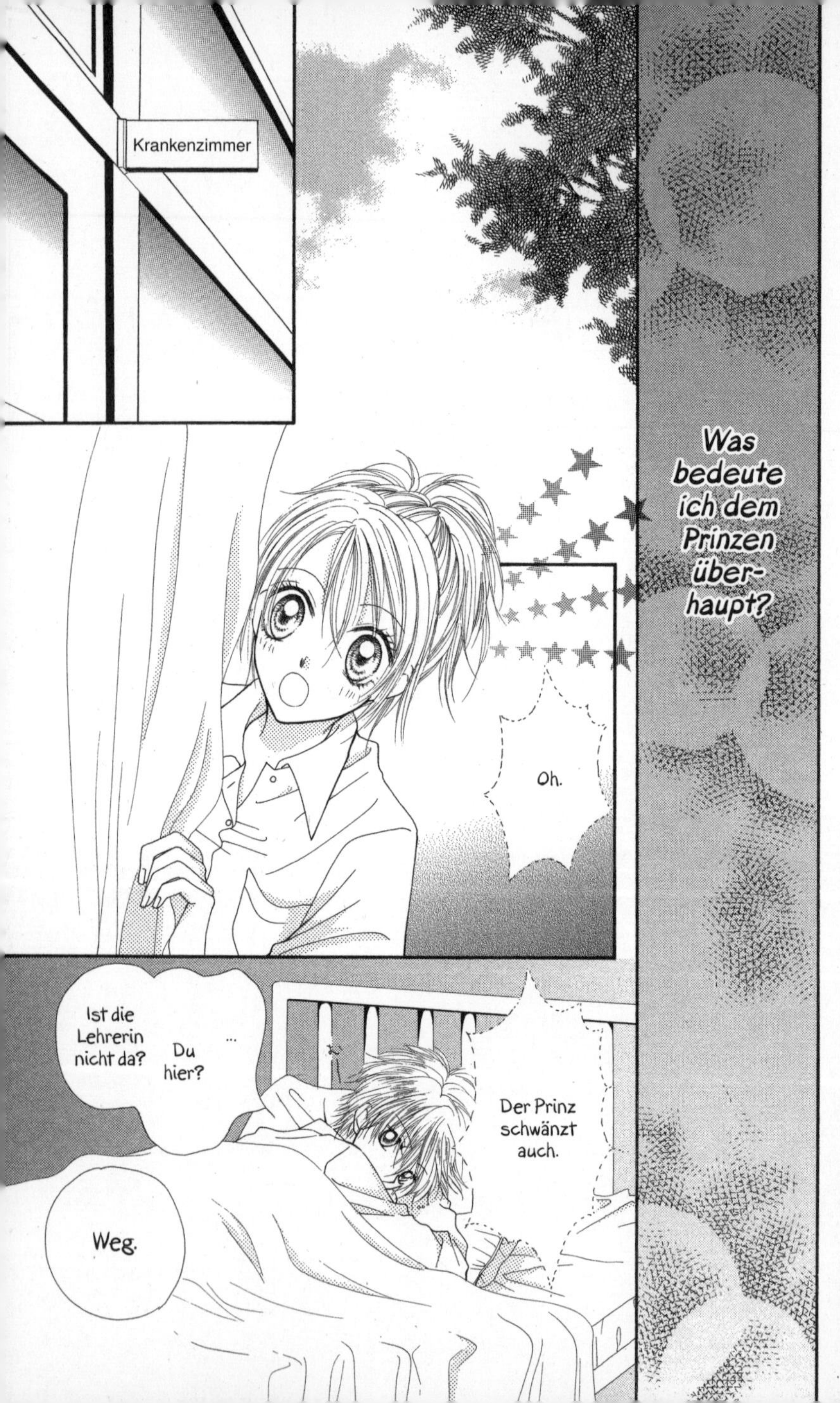
Krankenzimmer
Was bedeute ich dem Prinzen überhaupt?
Oh.
Der Prinz schwänzt auch.
...
Du hier?
Ist die Lehrerin nicht da?
Weg.

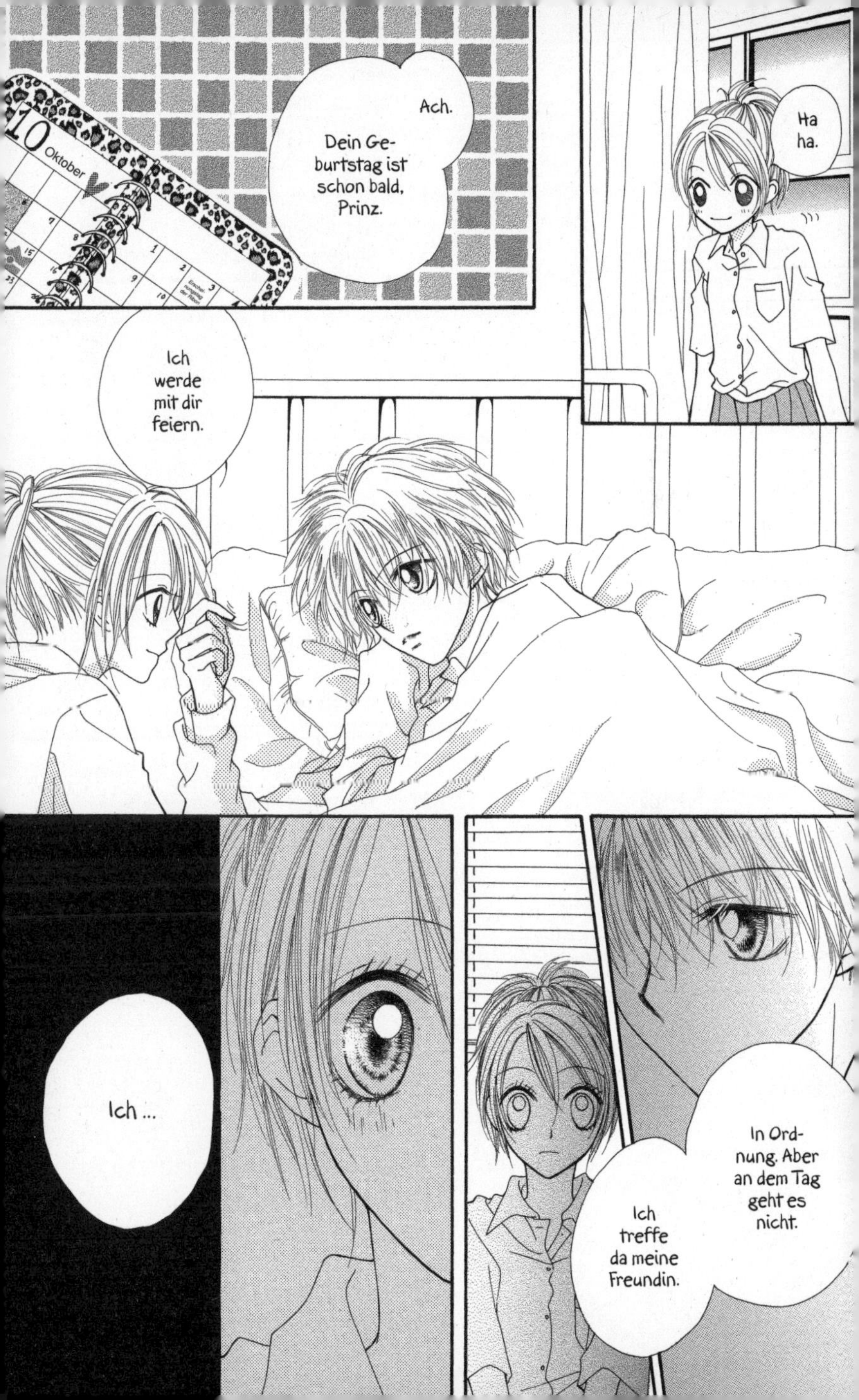
Ha ha.
10 Oktober
Ach. Dein Geburtstag ist schon bald, Prinz.
Ich werde mit dir feiern.
In Ordnung. Aber an dem Tag geht es nicht.
Ich treffe da meine Freundin.
Ich ...

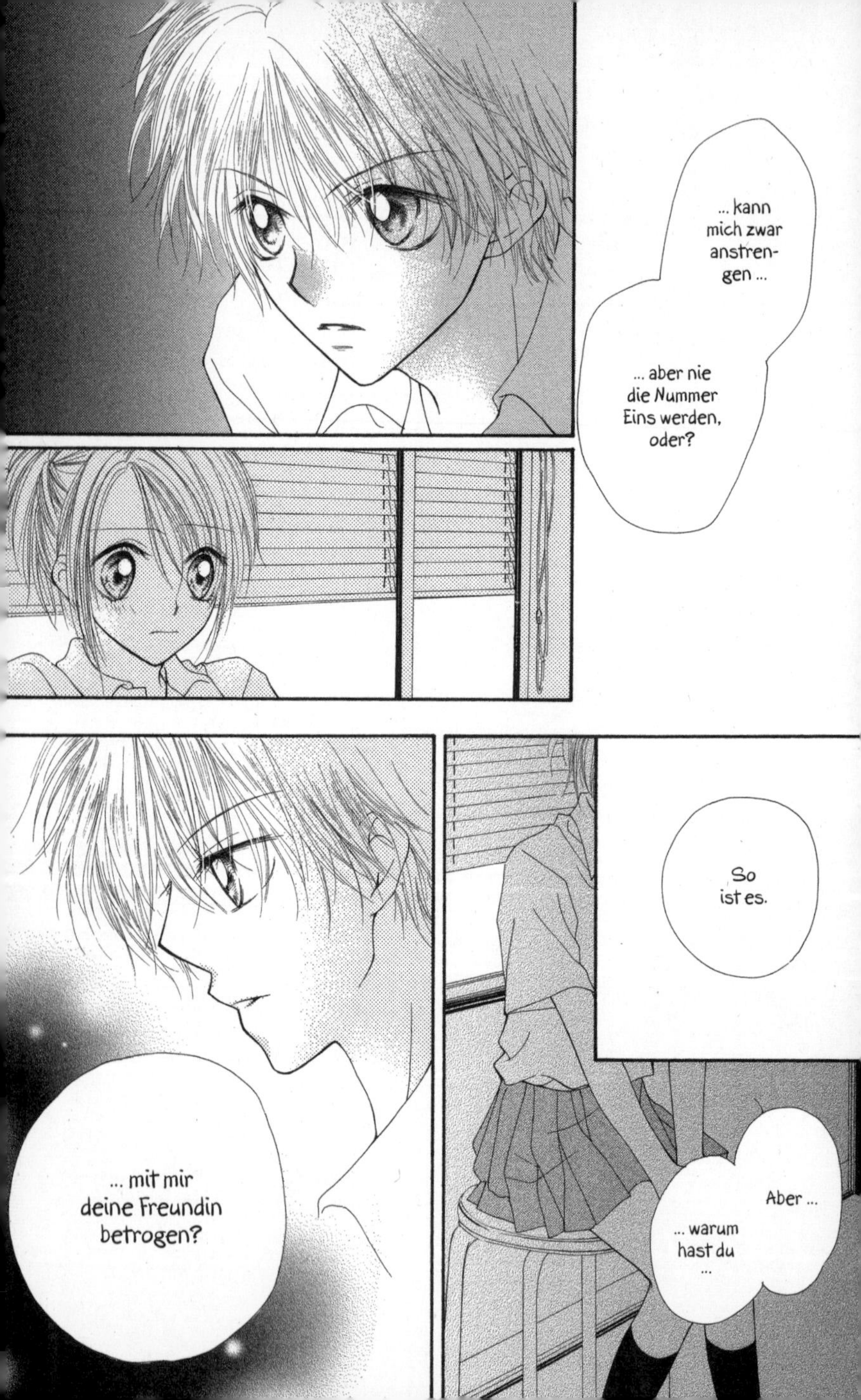
... kann mich zwar anstrengen ...
... aber nie die Nummer Eins werden, oder?
So ist es.
Aber ...
... warum hast du ...
... mit mir deine Freundin betrogen?

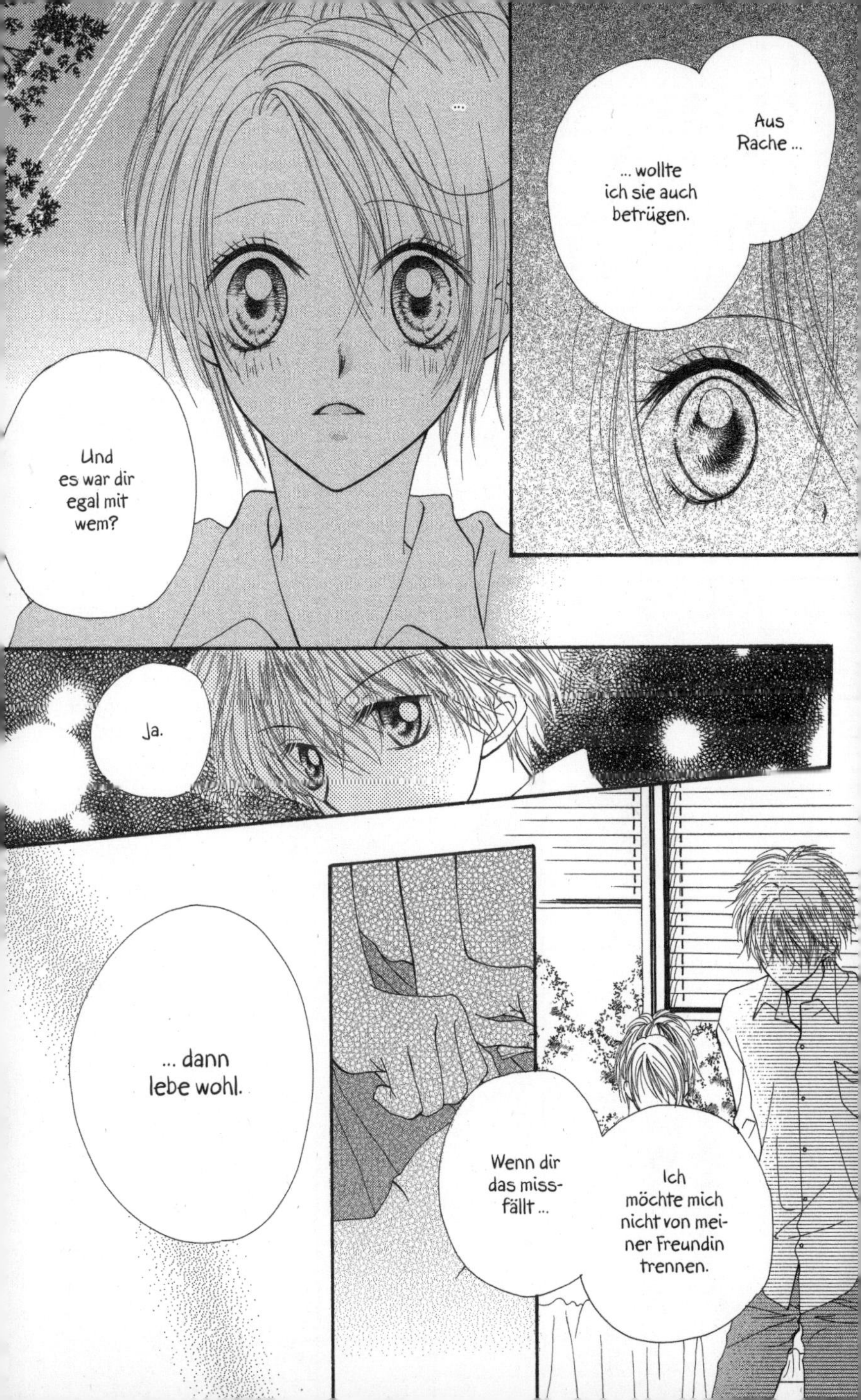

Aus Rache ...
... wollte ich sie auch betrügen.
...
Und es war dir egal mit wem?
Ja.
Ich möchte mich nicht von meiner Freundin trennen.
Wenn dir das missfällt ...
... dann lebe wohl.

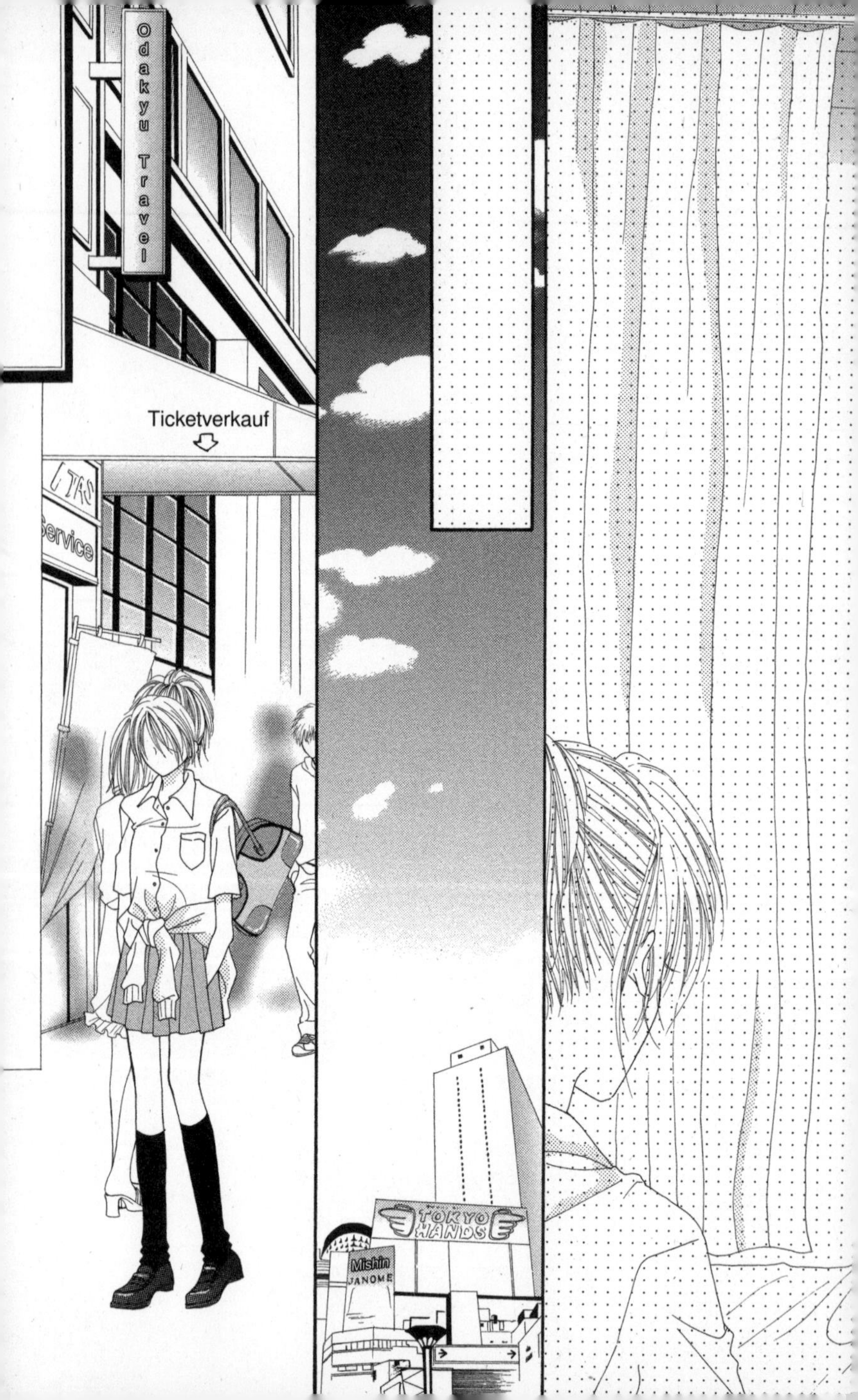
Odakyu Travel
Ticketverkauf
Service
TOKYO HANDS
Mishin
JANOME

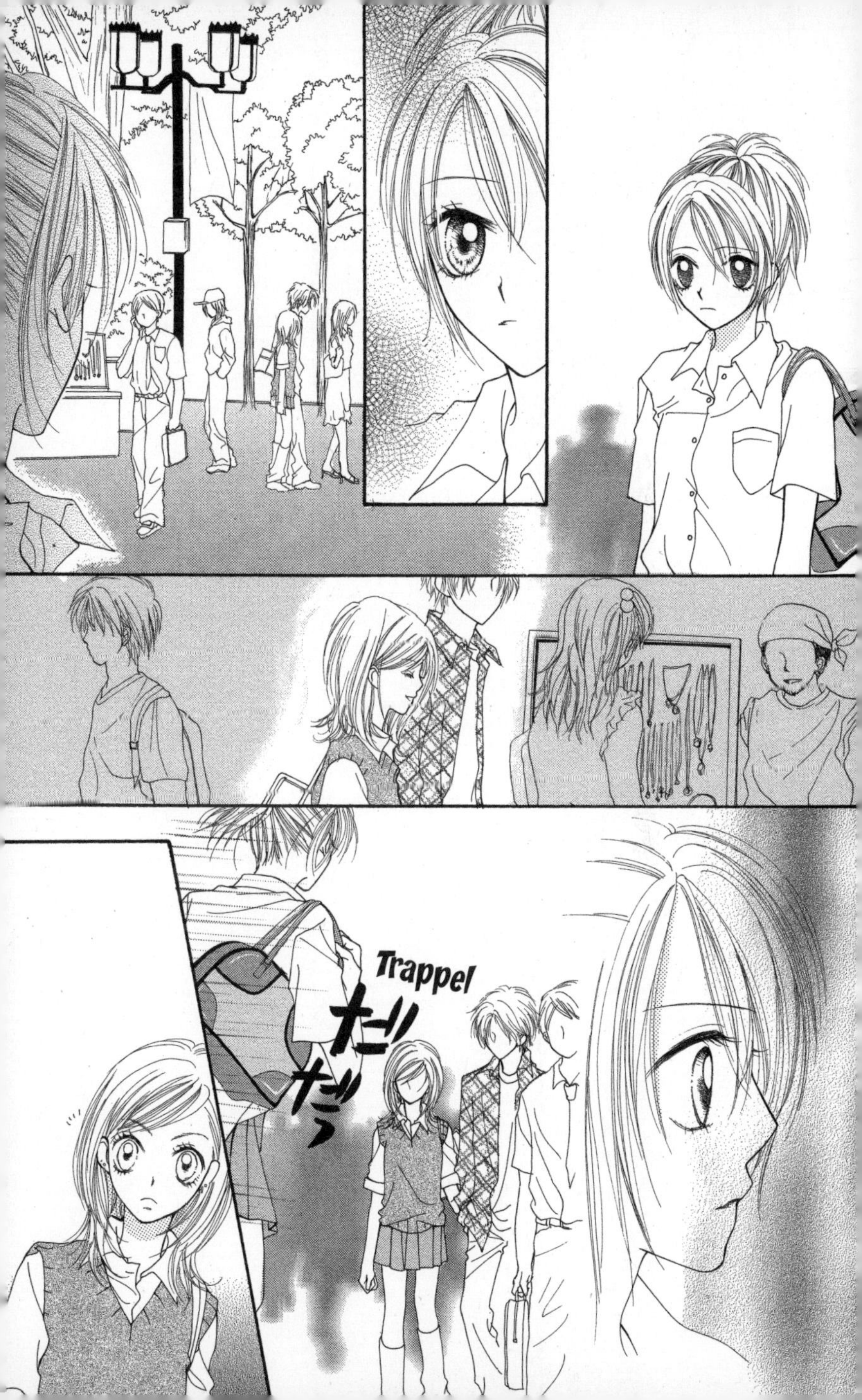
Trappel

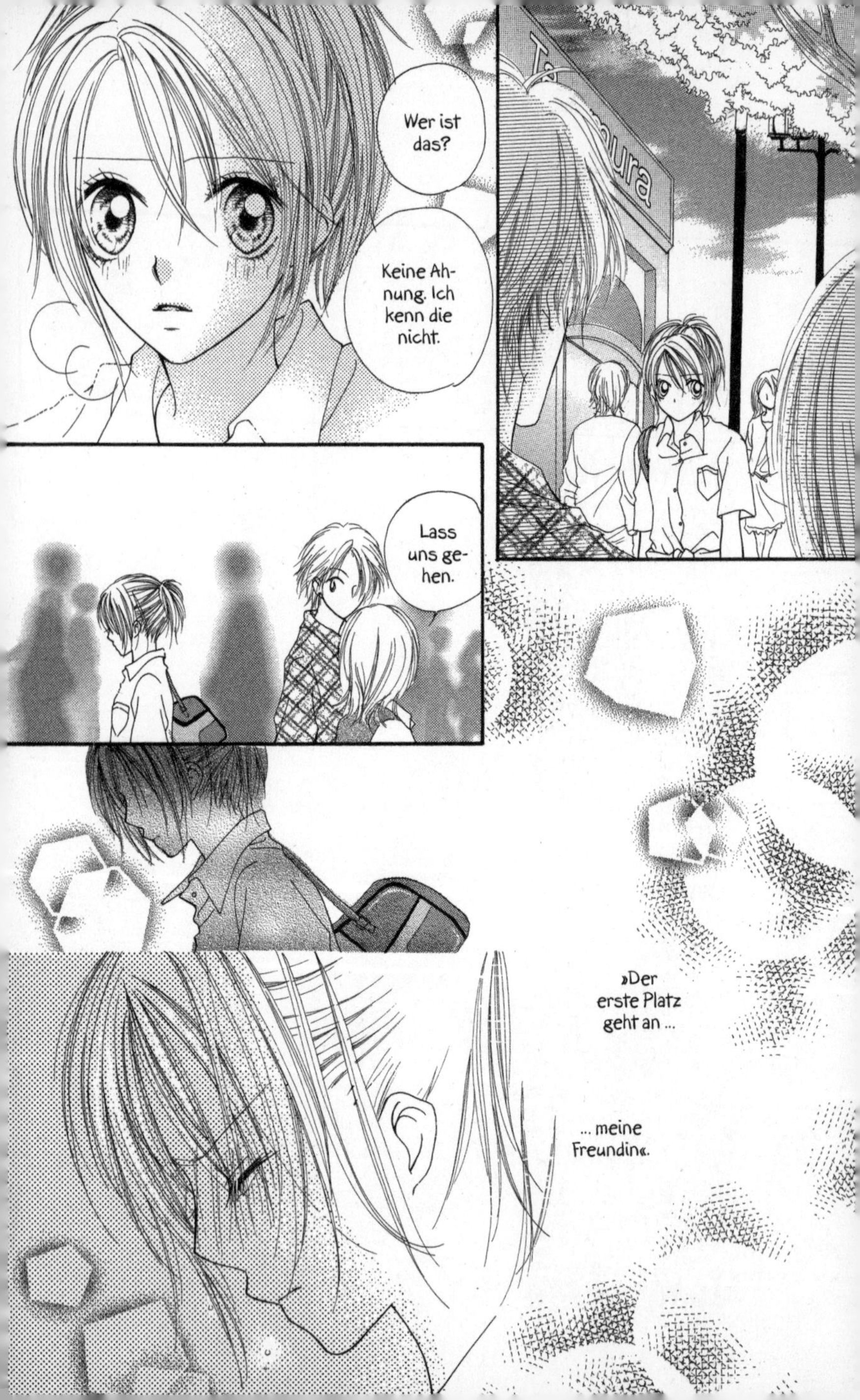
Wer ist das?
Keine Ahnung. Ich kenn die nicht.
Lass uns gehen.
»Der erste Platz geht an ...
... meine Freundin«.

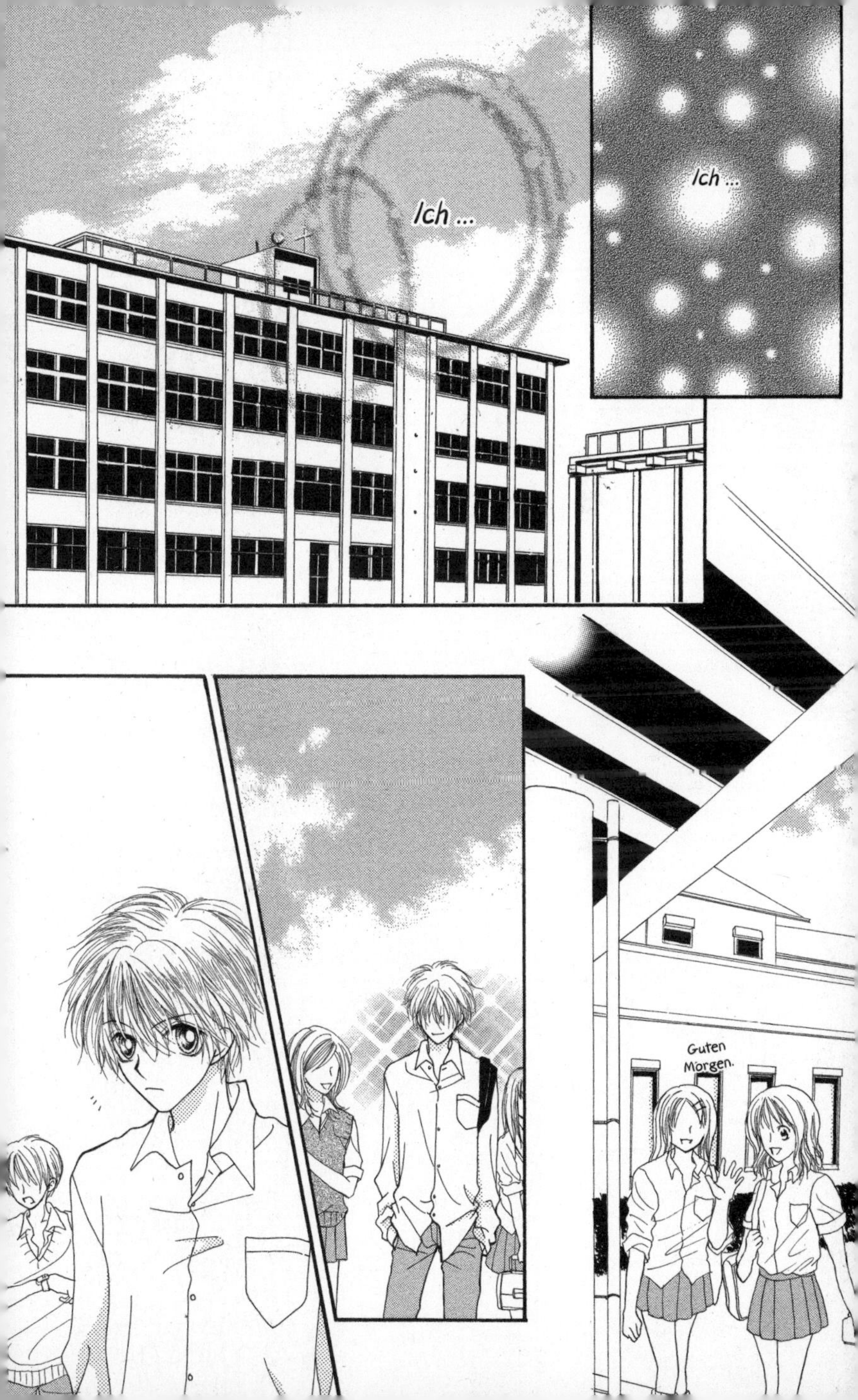
Ich ...
Ich ...
Guten Morgen.

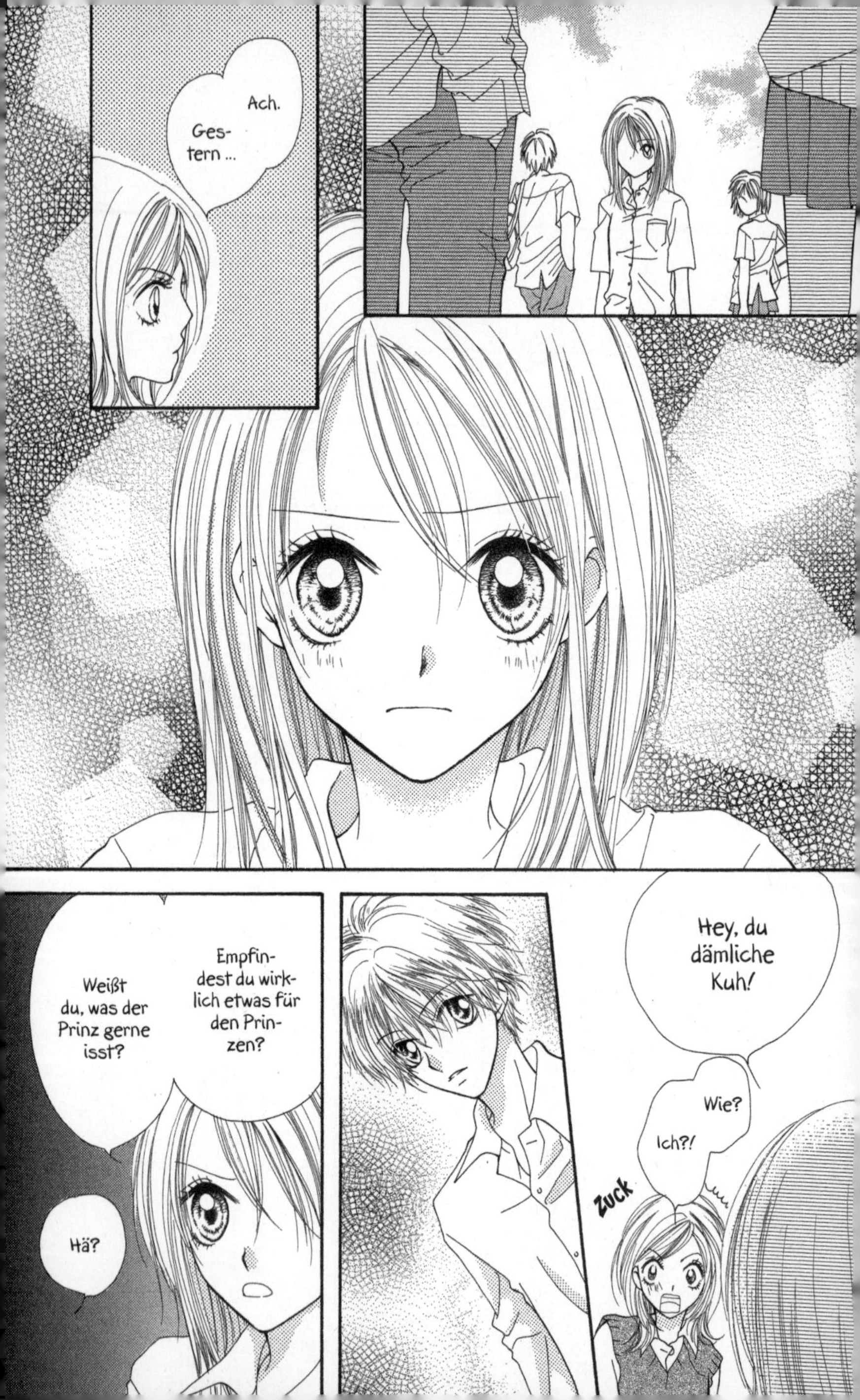
Ach.
Gestern ...
Hey, du dämliche Kuh!
Wie? Ich?!
ZUCK
Empfindest du wirklich etwas für den Prinzen?
Weißt du, was der Prinz gerne isst?
Hä?

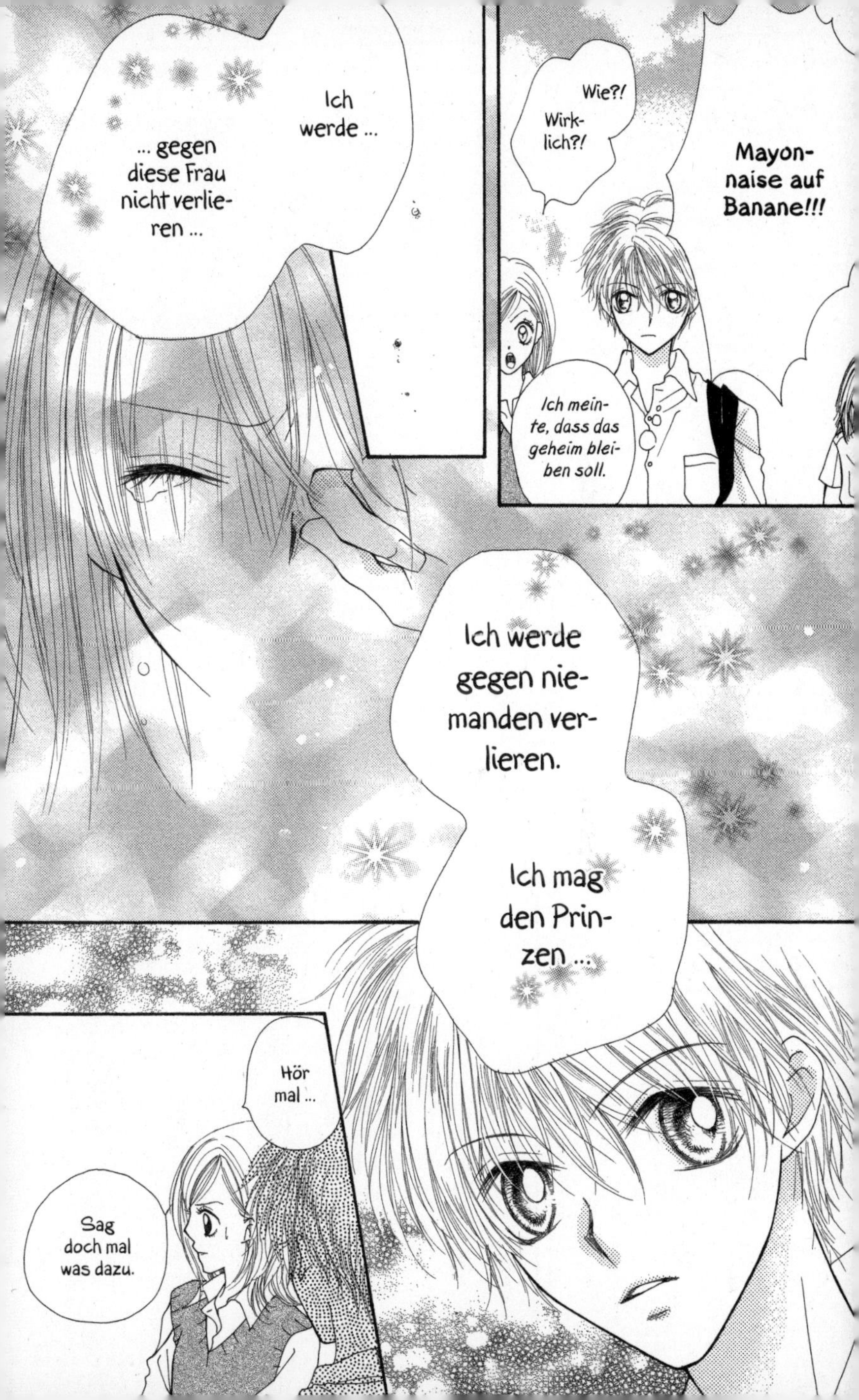
Mayonnaise auf Banane!!!
Wie?! Wirklich?!
Ich meinte, dass das geheim bleiben soll.
Ich werde ...
... gegen diese Frau nicht verlieren ...
Ich werde gegen niemanden verlieren.
Ich mag den Prinzen ...
Hör mal ...
Sag doch mal was dazu.

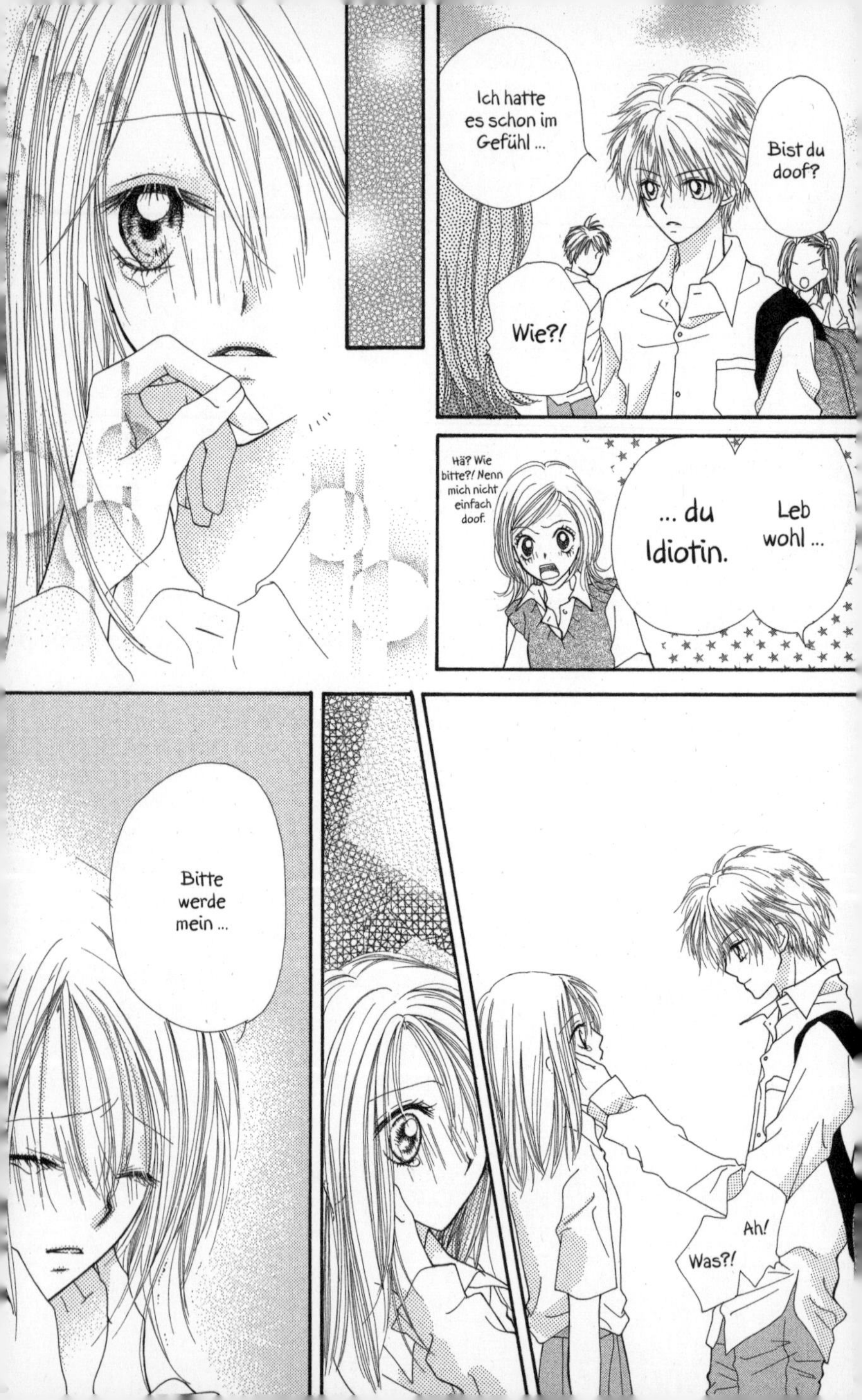
Bist du doof?
Ich hatte es schon im Gefühl ...
Wie?!
Leb wohl ...
... du Idiotin.
Hä? Wie bitte?! Nenn mich nicht einfach doof.
Ah!
Was?!
Bitte werde mein ...

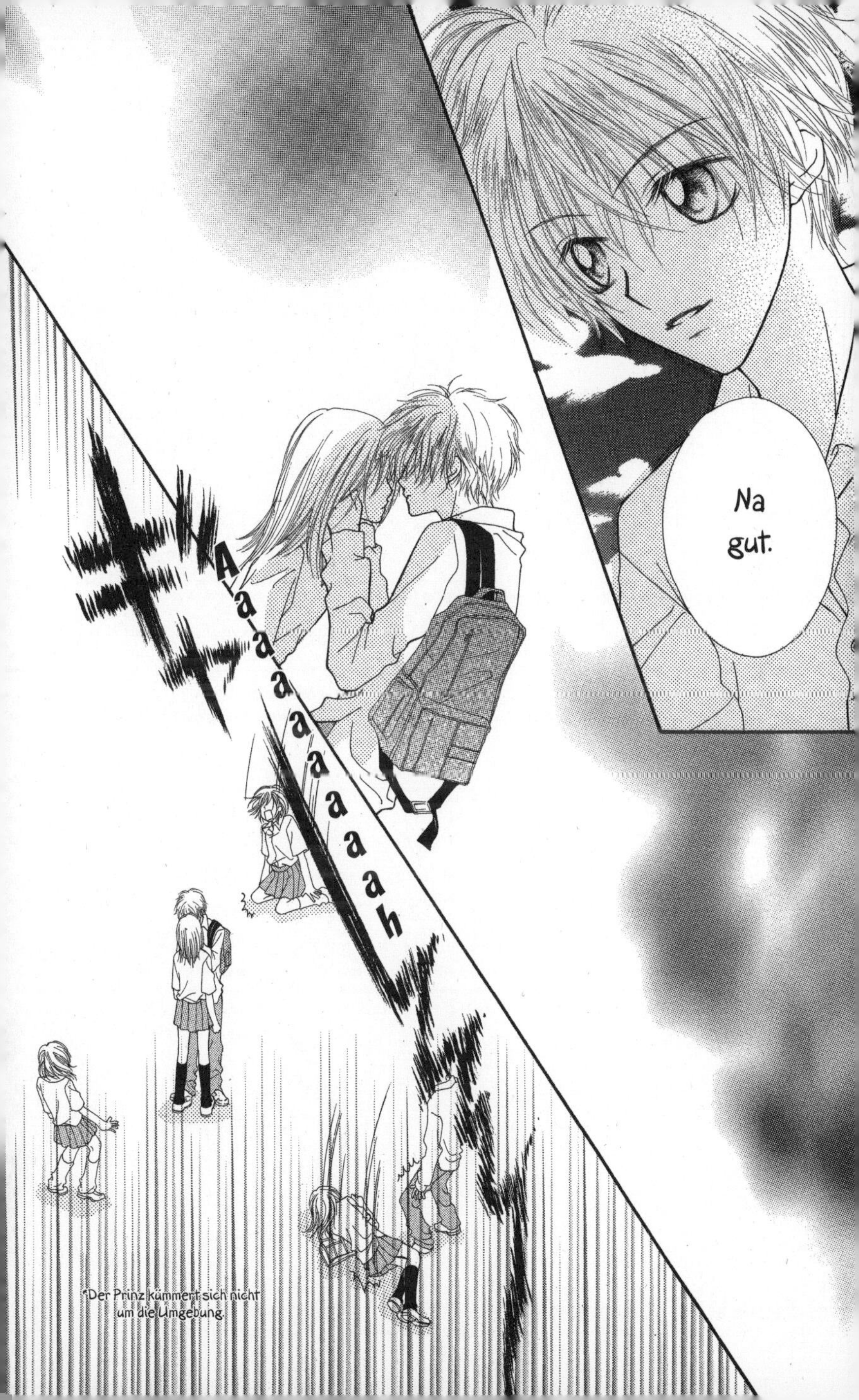
Na gut.
Aaaaaaaaah
*Der Prinz kümmert sich nicht um die Umgebung.

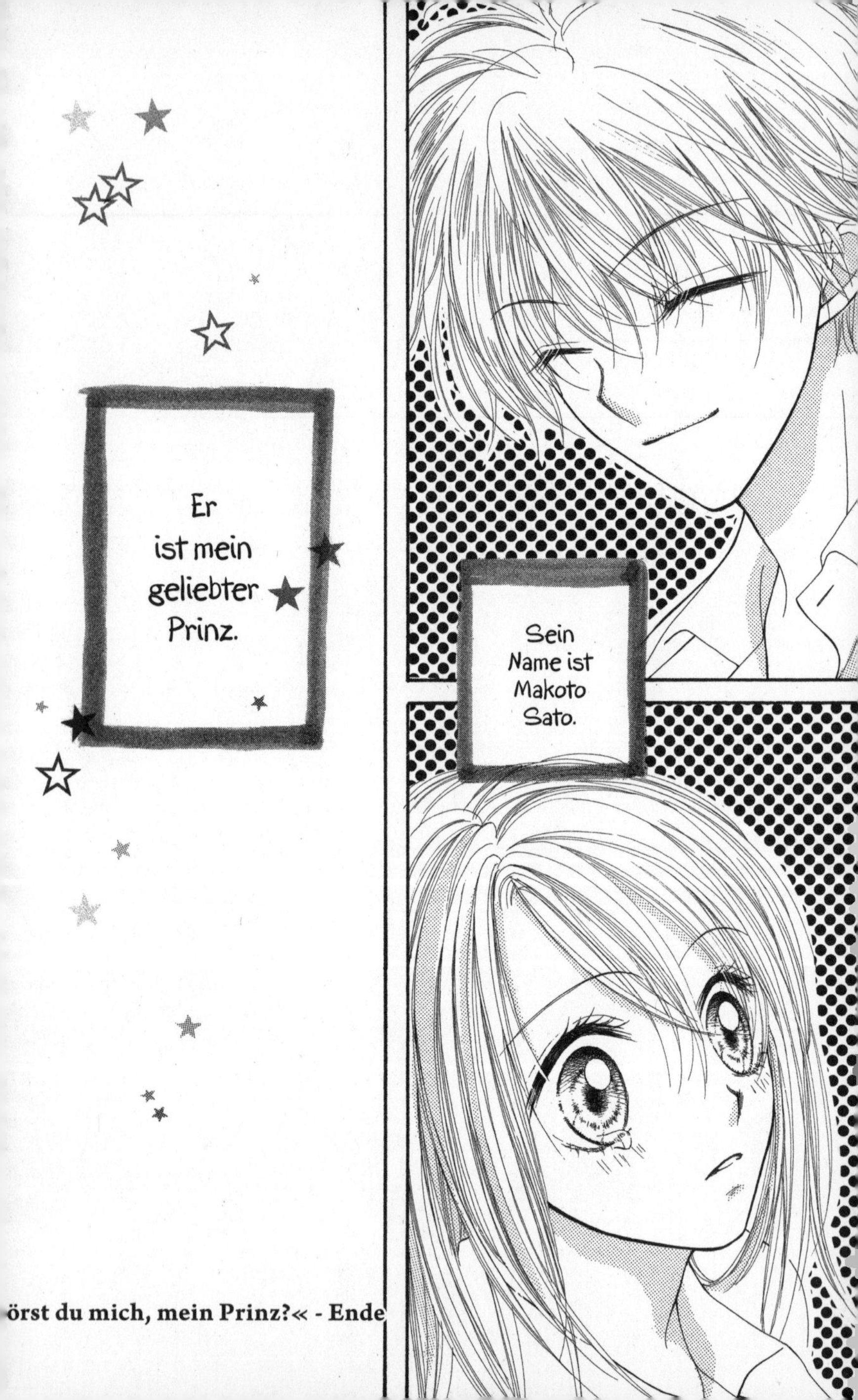
Sein Name ist Makoto Sato.
Er ist mein geliebter Prinz.
örst du mich, mein Prinz?« - Ende

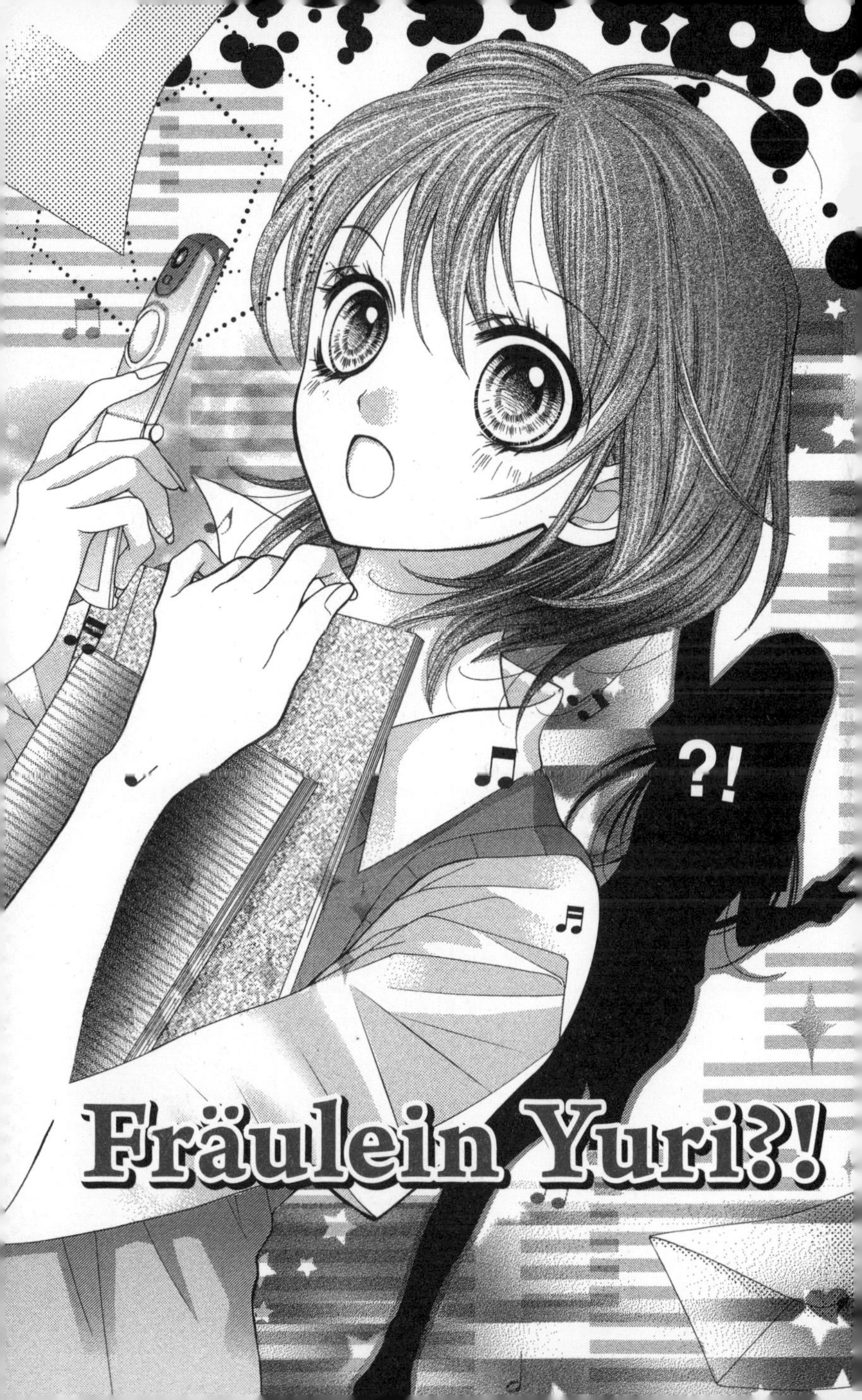
?!
Fräulein Yuri?!

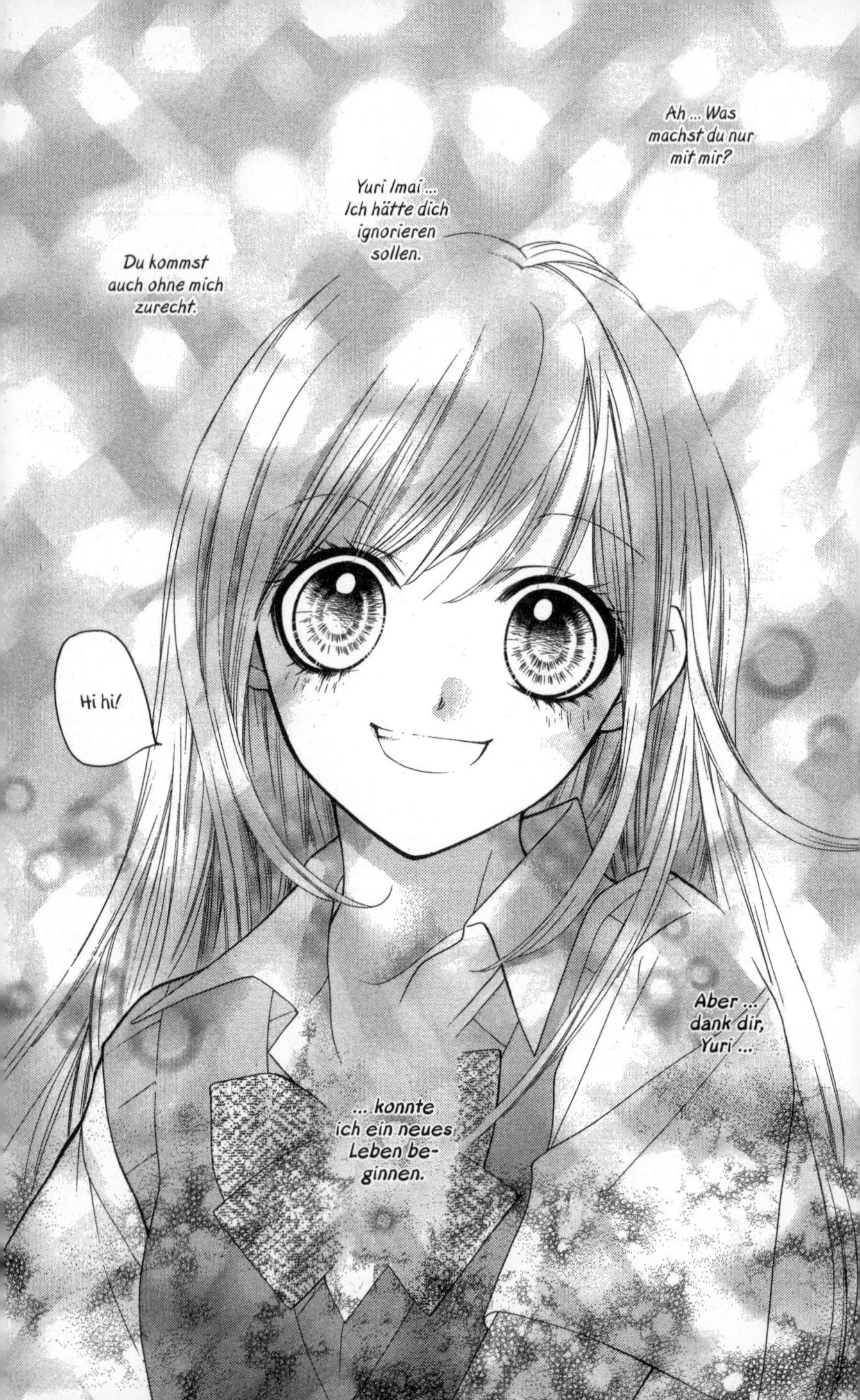
Ah ... Was machst du nur mit mir?
Yuri Imai ... Ich hätte dich ignorieren sollen.
Du kommst auch ohne mich zurecht.
Hi hi!
Aber ... dank dir, Yuri ...
... konnte ich ein neues Leben beginnen.

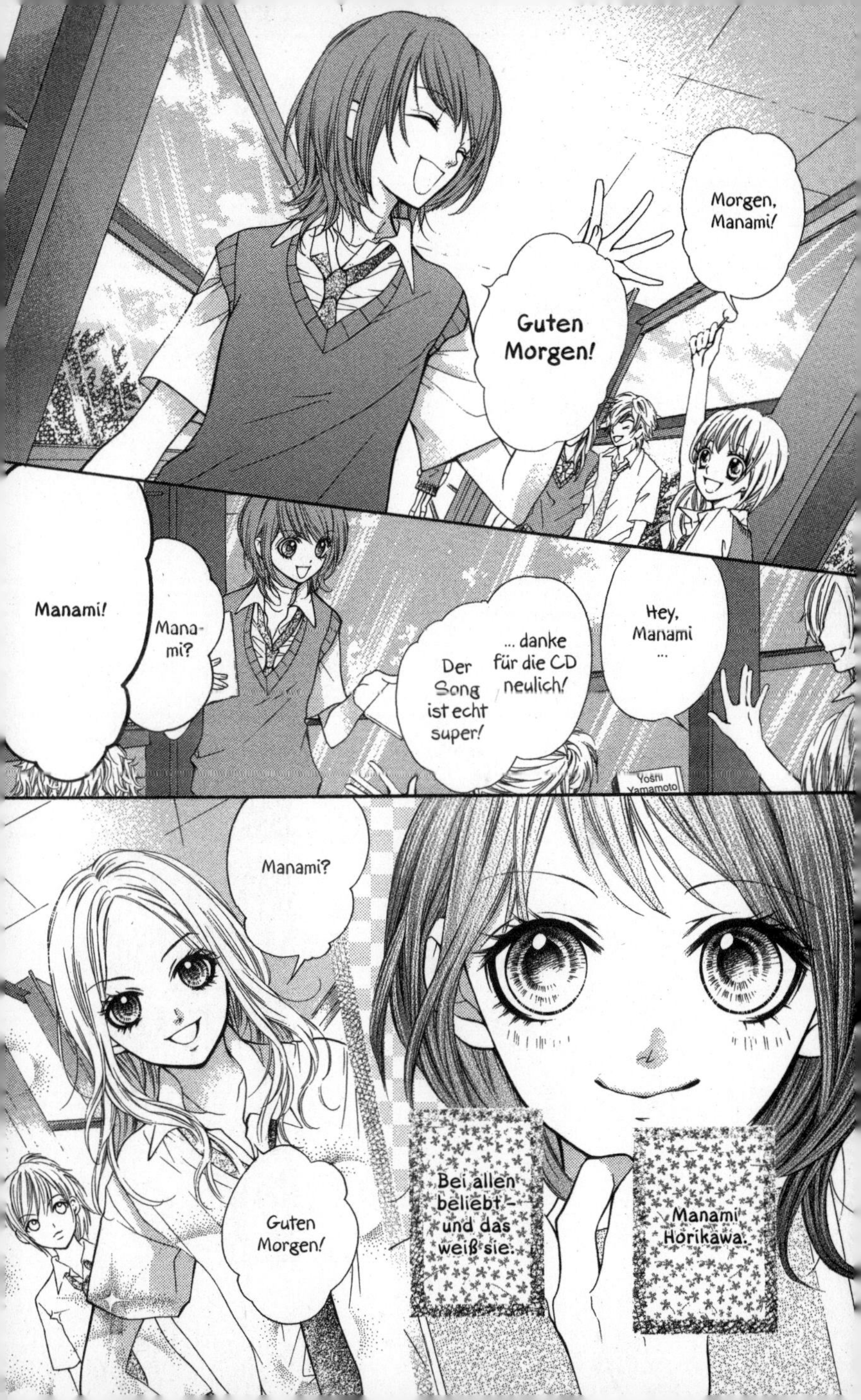
Morgen, Manami!
Guten Morgen!
Hey, Manami ...
... danke für die CD neulich!
Der Song ist echt super!
Yoshi Yamamoto
Mana-mi?
Manami!
Manami Horikawa.
Bei allen beliebt – und das weiß sie.
Manami?
Guten Morgen!

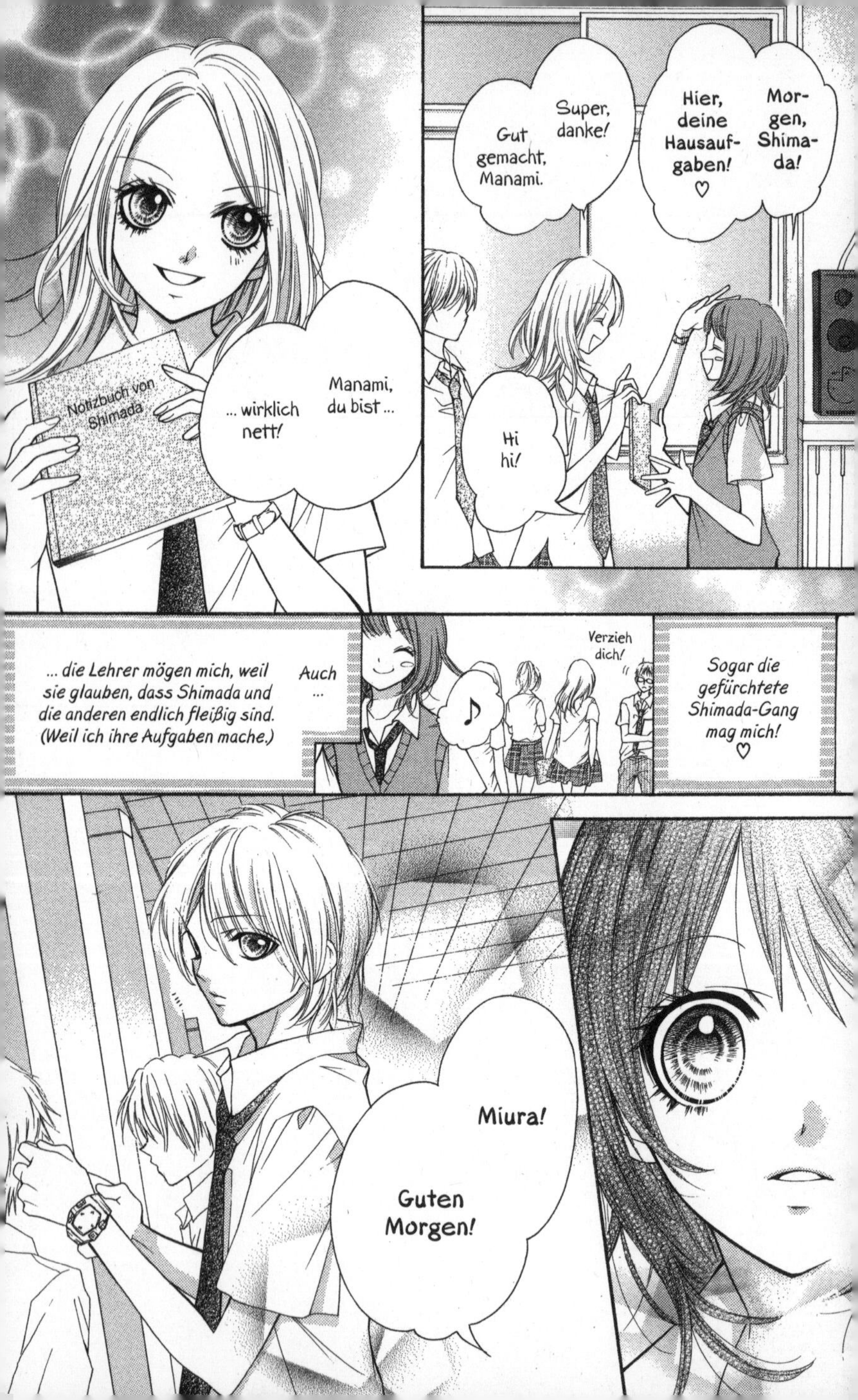
Mor- gen, Shima- da!
Hier, deine Hausauf- gaben! ♡
Super, danke!
Gut gemacht, Manami.
Hi hi!
Manami, du bist ...
... wirklich nett!
Notizbuch von Shimada
Sogar die gefürchtete Shimada-Gang mag mich! ♡
Verzieh dich!
♪
Auch ...
... die Lehrer mögen mich, weil sie glauben, dass Shimada und die anderen endlich fleißig sind. (Weil ich ihre Aufgaben mache.)
Miura!
Guten Morgen!

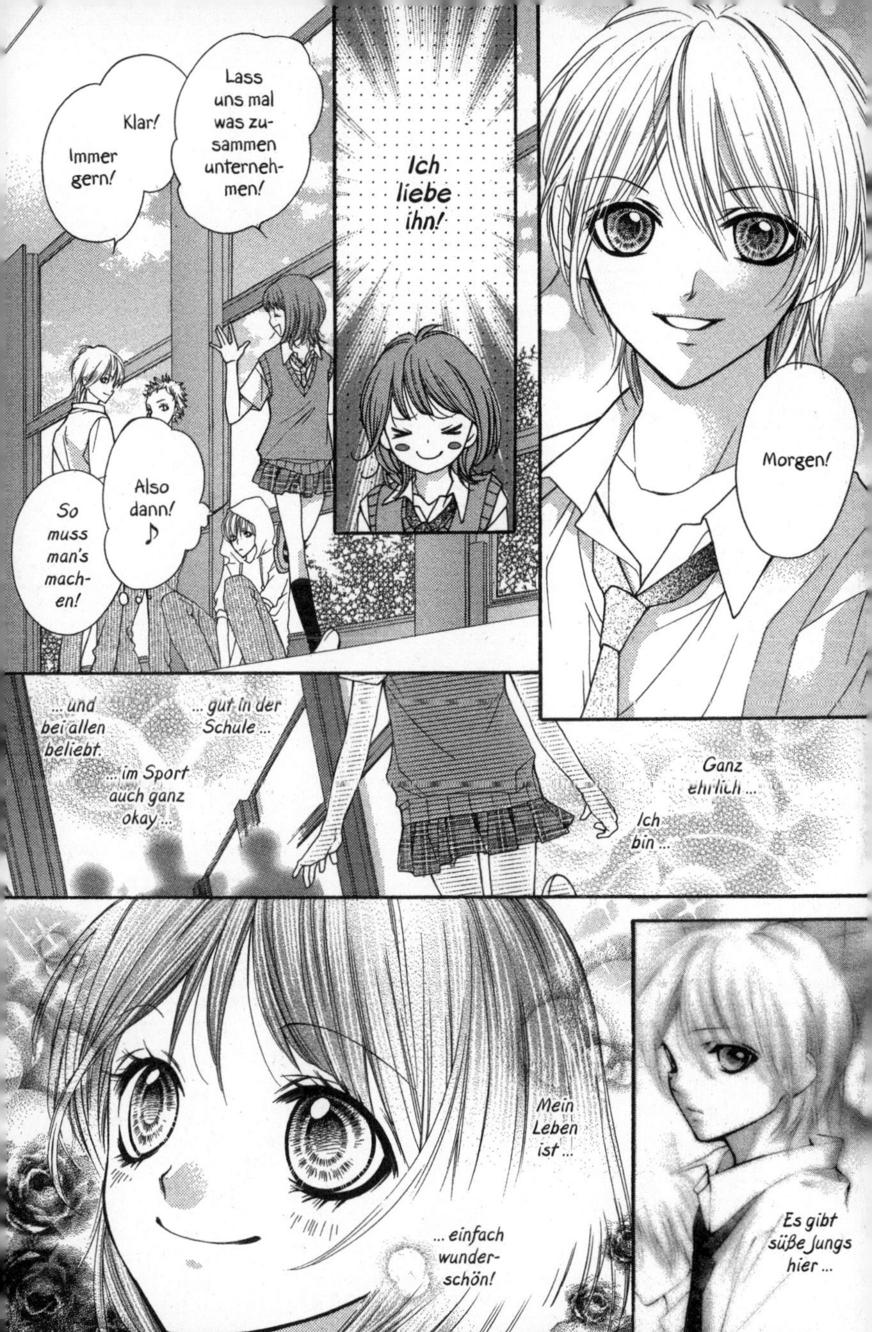
Morgen!
Ich liebe ihn!
Lass uns mal was zusammen unternehmen!
Klar! Immer gern!
Also dann! ♪
So muss man's machen!
Ganz ehrlich …
Ich bin …
… gut in der Schule …
… im Sport auch ganz okay …
… und bei allen beliebt.
Es gibt süße Jungs hier …
Mein Leben ist …
… einfach wunderschön!

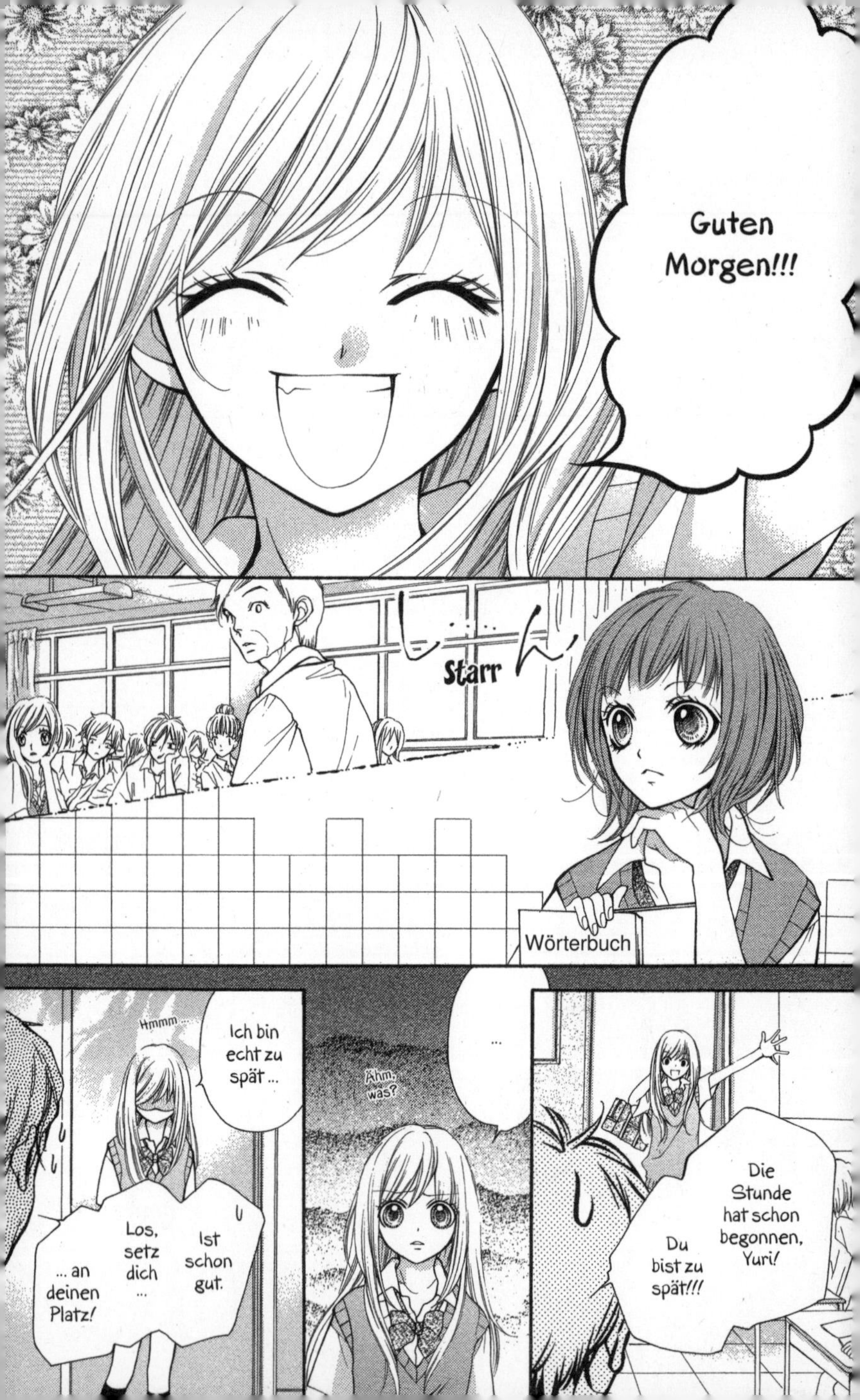
Guten Morgen!!!
Starr
Wörterbuch
Die Stunde hat schon begonnen, Yuri!
Du bist zu spät!!!
...
Ähm, was?
Ich bin echt zu spät ...
Hmmm ...
Ist schon gut.
Los, setz dich ...
... an deinen Platz!

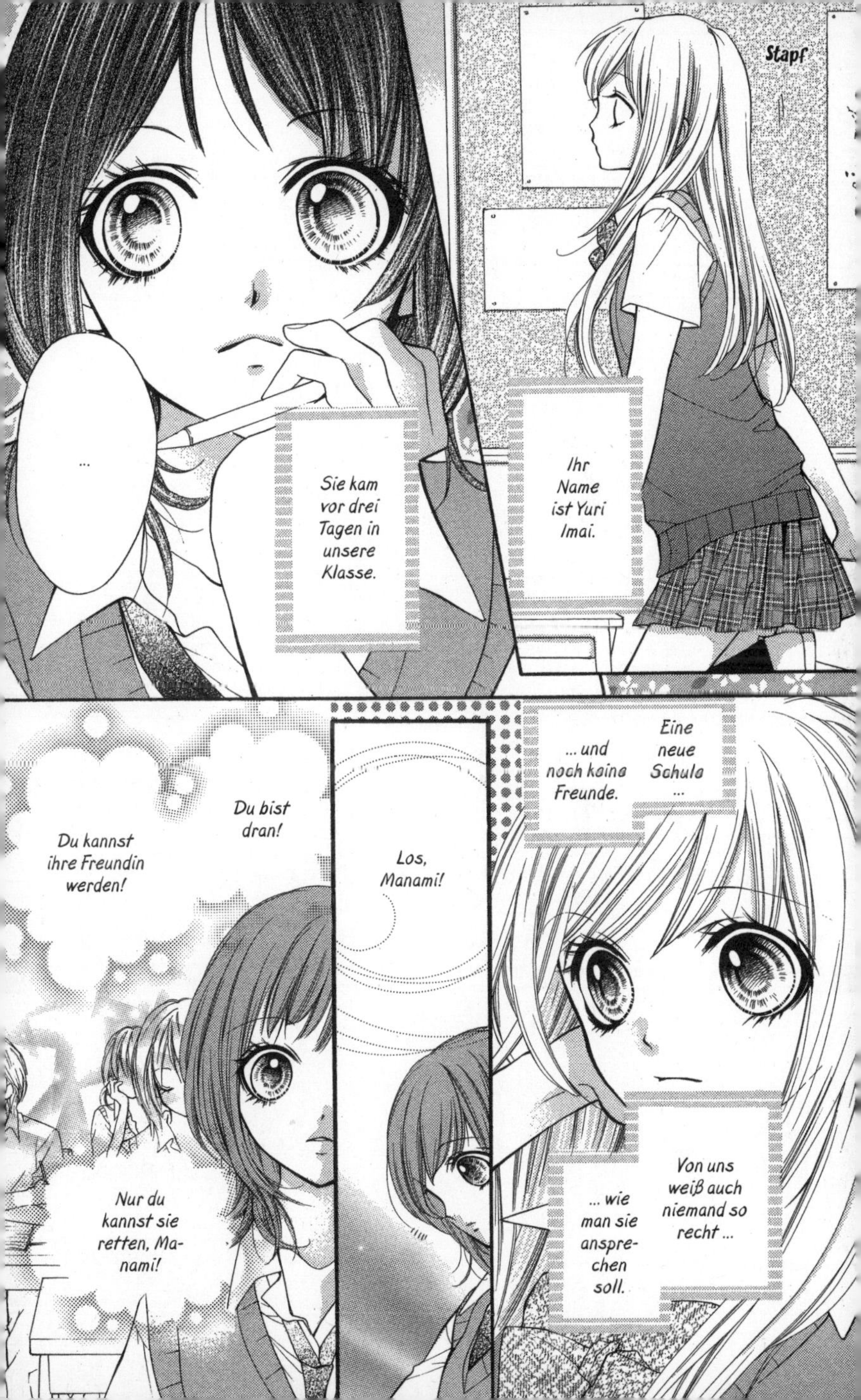

Stapf
Ihr Name ist Yuri Imai.
Sie kam vor drei Tagen in unsere Klasse.
...
Eine neue Schule ...
... und noch keine Freunde.
Von uns weiß auch niemand so recht ...
... wie man sie ansprechen soll.
Los, Manami!
Du bist dran!
Du kannst ihre Freundin werden!
Nur du kannst sie retten, Manami!

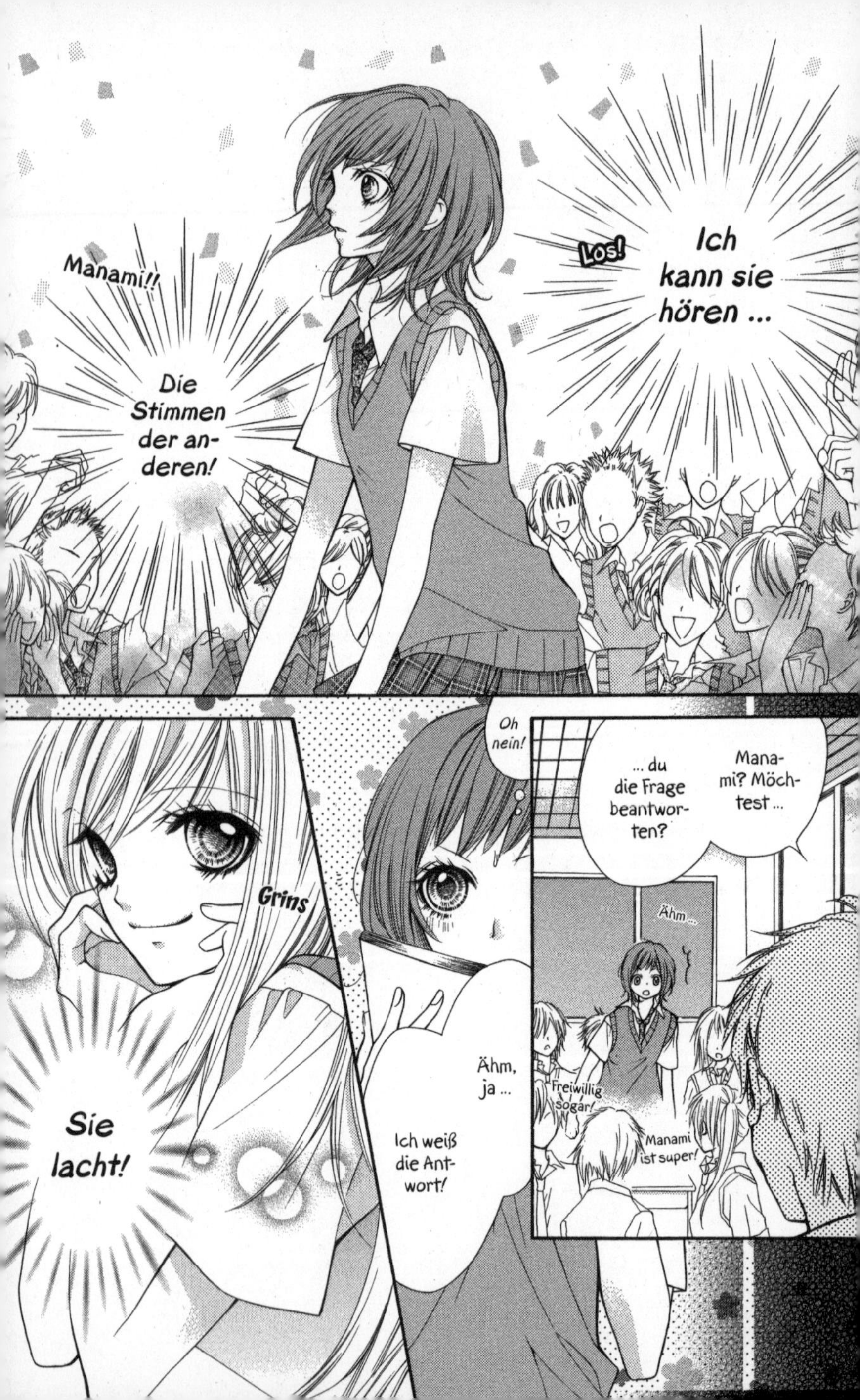
Ich kann sie hören ...
Los!
Manami!!
Die Stimmen der anderen!
Mana-mi? Möch-test ...
... du die Frage beantwor-ten?
Ähm ...
Freiwillig sogar!
Manami ist super!
Oh nein!
Ähm, ja ...
Ich weiß die Ant-wort!
Grins
Sie lacht!

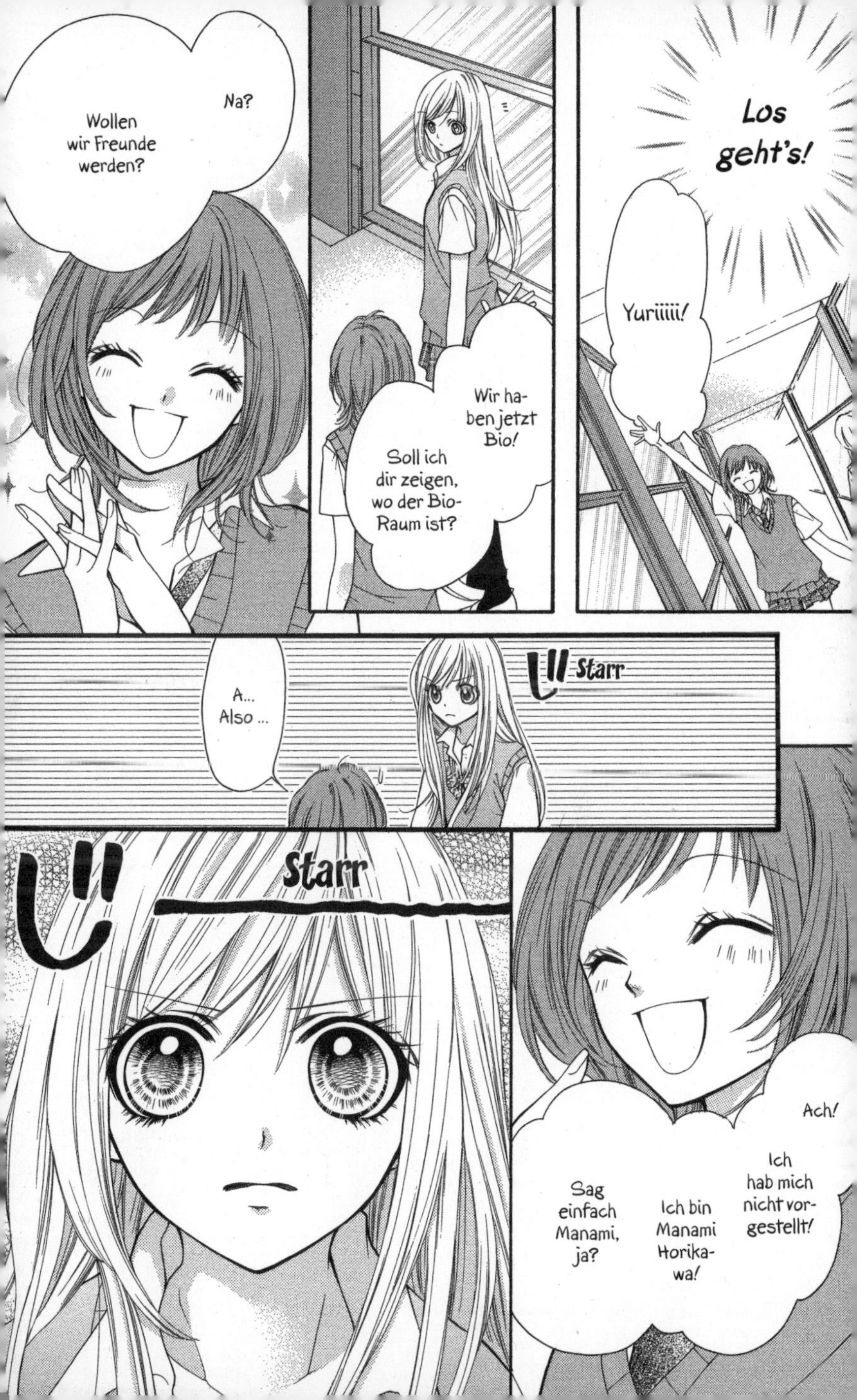
Los geht's!
Yuriiiii!
Wir haben jetzt Bio!
Soll ich dir zeigen, wo der Bio-Raum ist?
Na?
Wollen wir Freunde werden?
Starr
A... Also ...
Ach!
Ich hab mich nicht vorgestellt!
Ich bin Manami Horikawa!
Sag einfach Manami, ja?
Starr

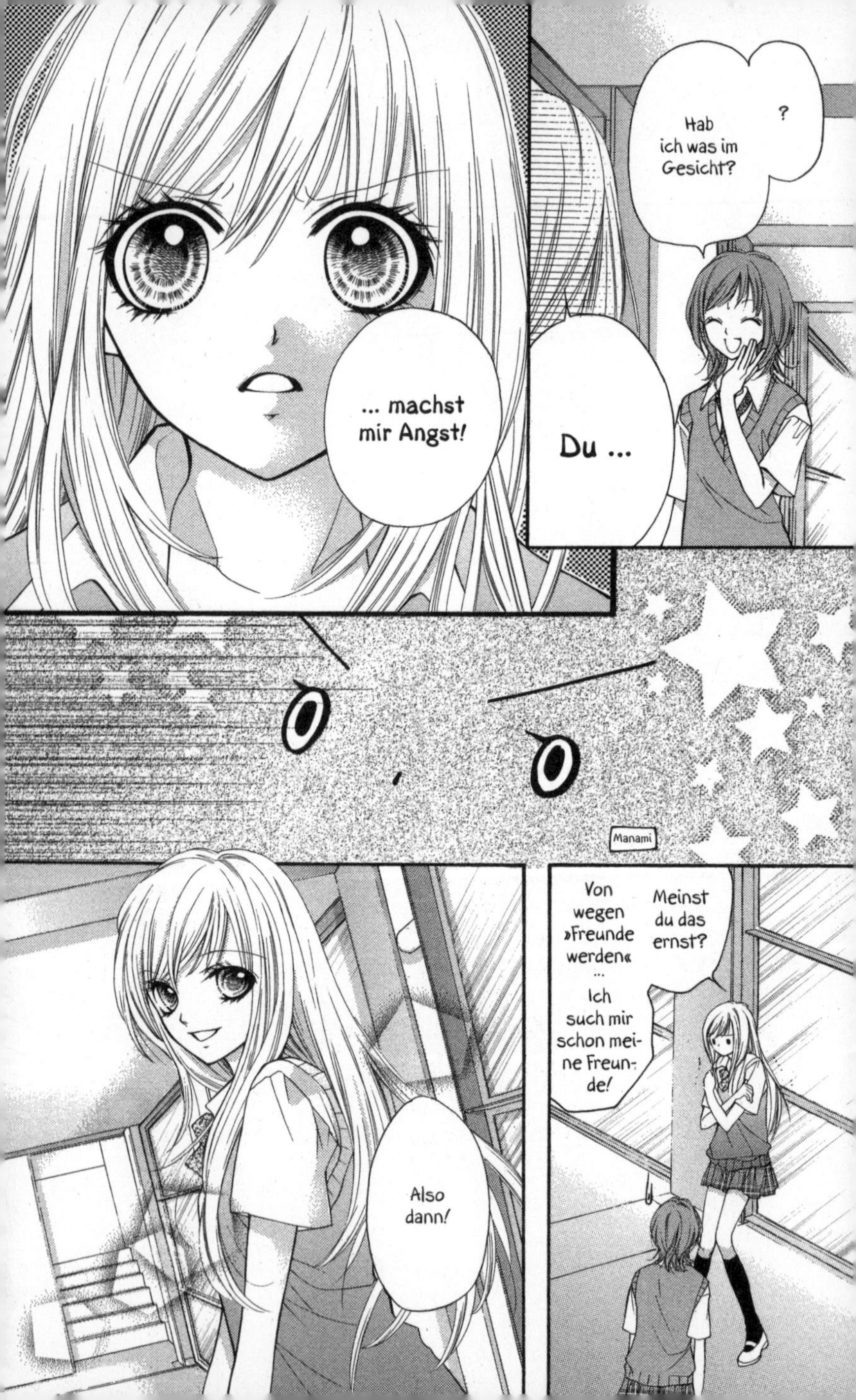
Hab ich was im Gesicht? ?
Du ...
... machst mir Angst!
Manami
Meinst du das ernst?
Von wegen »Freunde werden« ... Ich such mir schon meine Freunde!
Also dann!

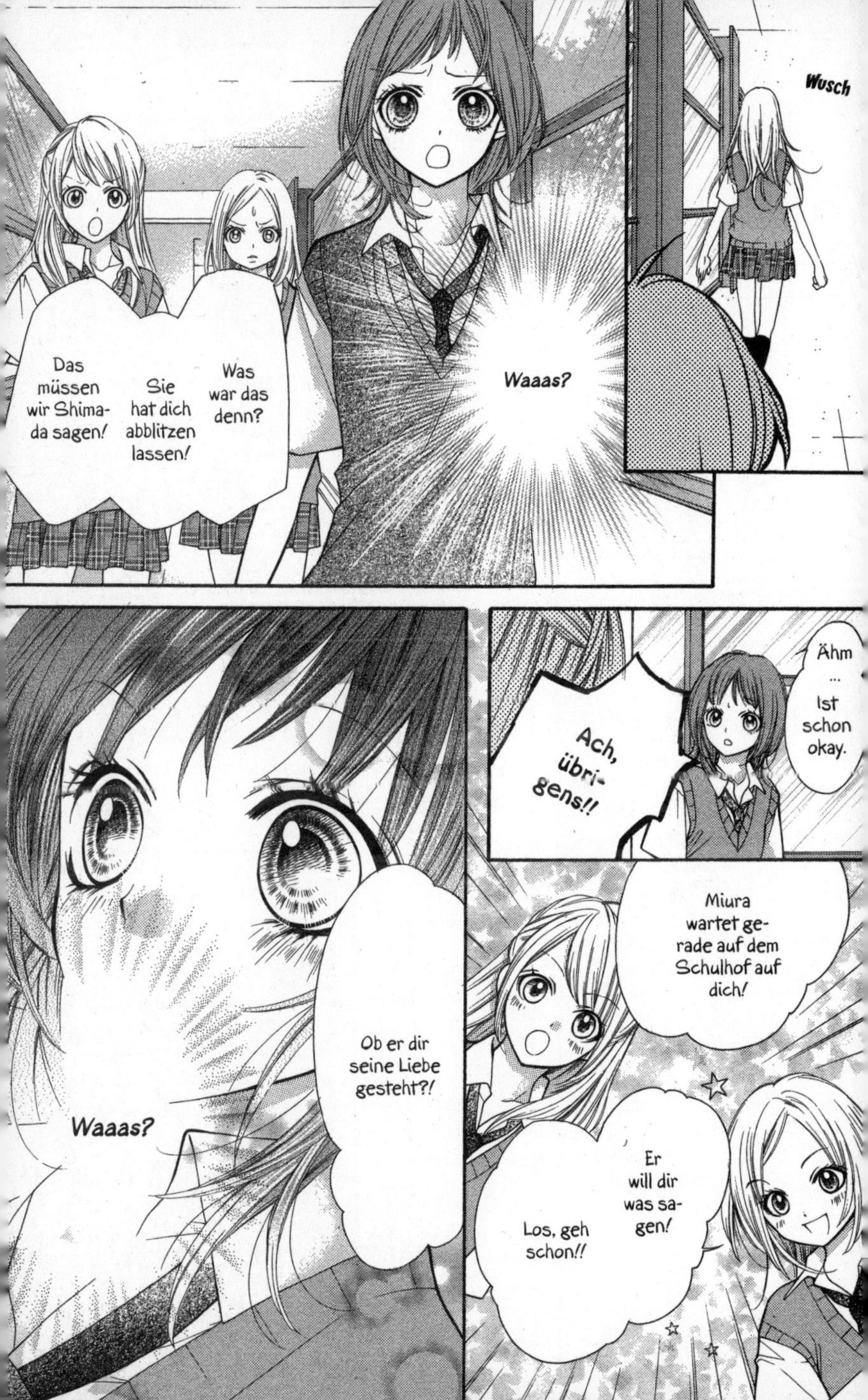

Wusch
Waaas?
Was war das denn?
Sie hat dich abblitzen lassen!
Das müssen wir Shimada sagen!
Ähm ... Ist schon okay.
Ach, übrigens!!
Miura wartet gerade auf dem Schulhof auf dich!
Er will dir was sagen!
Los, geh schon!!
Ob er dir seine Liebe gesteht?!
Waaas?

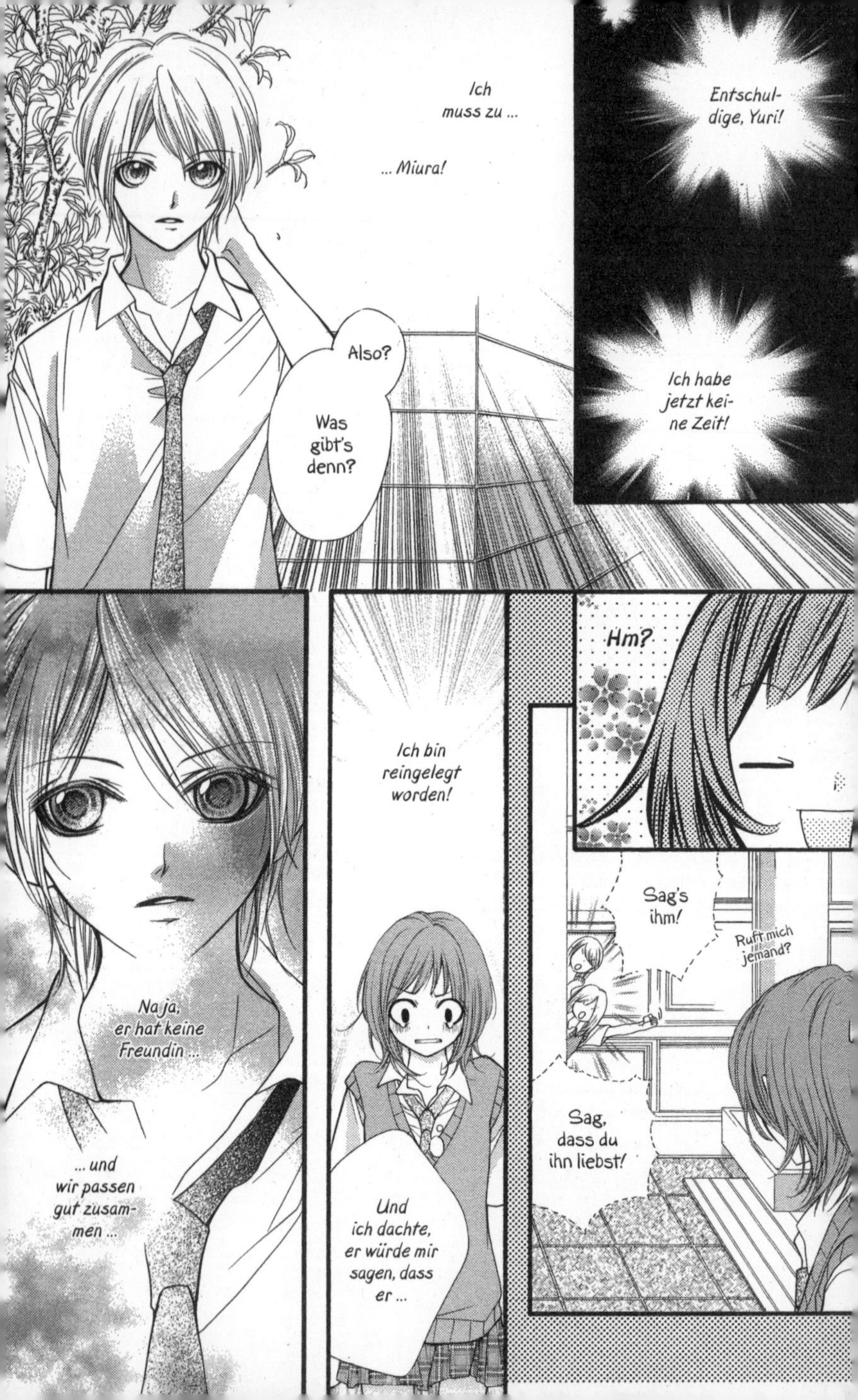
Entschuldige, Yuri!
Ich habe jetzt keine Zeit!
Ich muss zu ...
... Miura!
Also?
Was gibt's denn?
Hm?
Sag's ihm!
Ruft mich jemand?
Sag, dass du ihn liebst!
Ich bin reingelegt worden!
Und ich dachte, er würde mir sagen, dass er ...
Na ja, er hat keine Freundin ...
... und wir passen gut zusammen ...

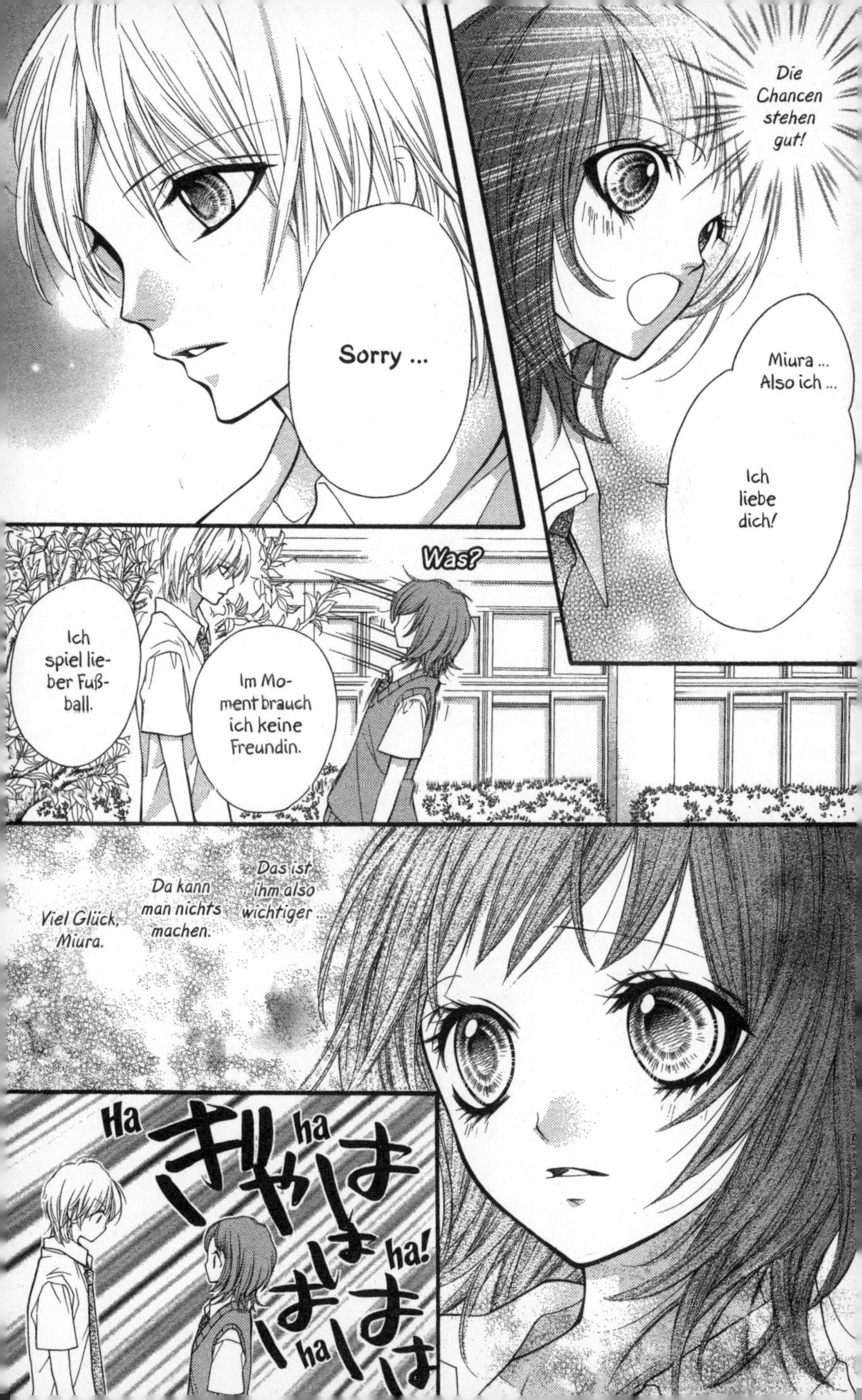
Die Chancen stehen gut!
Miura ... Also ich ...
Ich liebe dich!
Sorry ...
Was?
Im Moment brauch ich keine Freundin.
Ich spiel lieber Fußball.
Das ist ihm also wichtiger ...
Da kann man nichts machen.
Viel Glück, Miura.
Ha ha ha! ha
きゃははははは

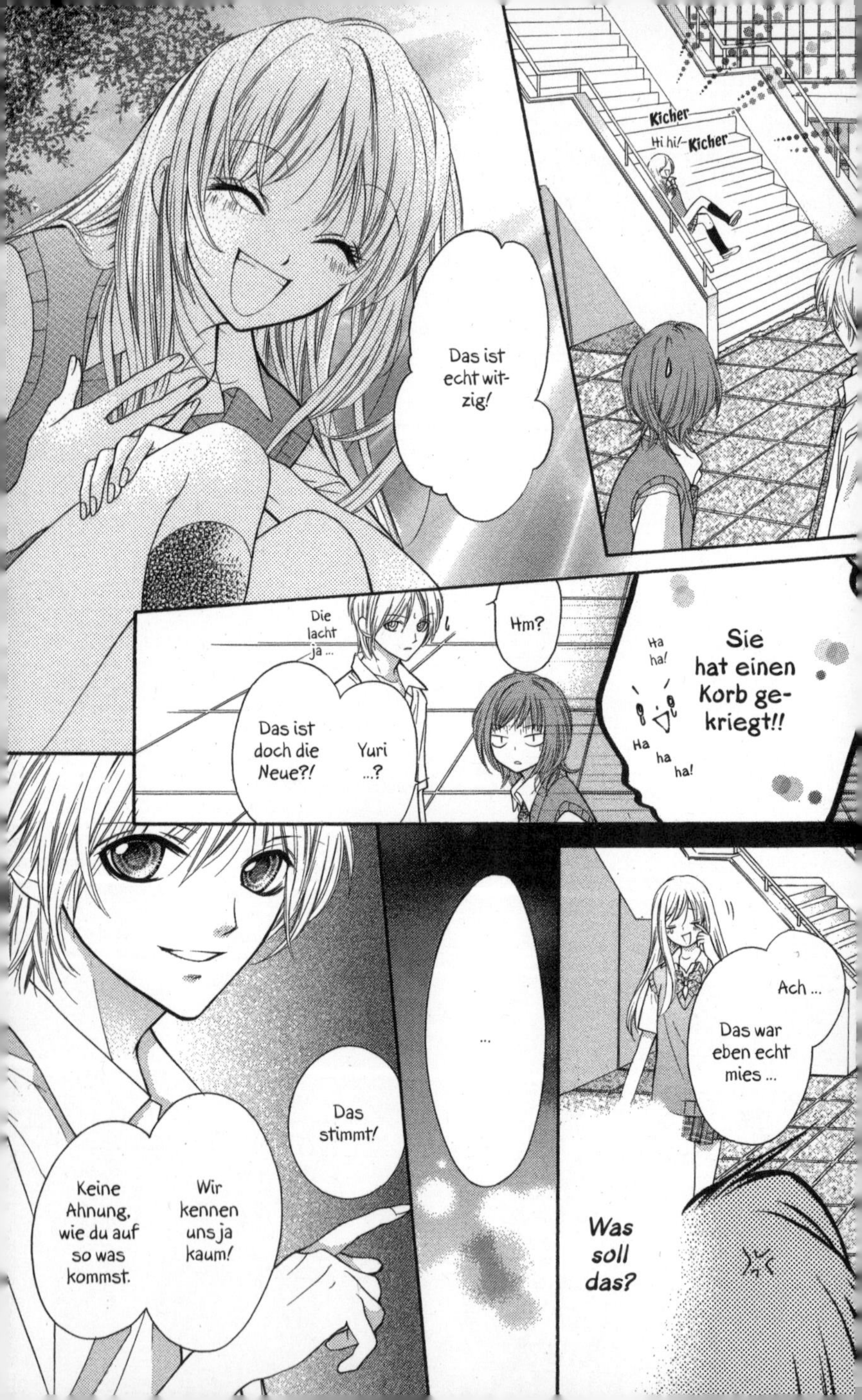
Kicher
Hi hi!
Kicher
Das ist echt witzig!
Hm?
Die lacht ja ...
Sie hat einen Korb gekriegt!!
Ha ha!
Ha ha ha!
Yuri ...?
Das ist doch die Neue?!
Ach ...
Das war eben echt mies ...
...
Das stimmt!
Wir kennen uns ja kaum!
Keine Ahnung, wie du auf so was kommst.
Was soll das?

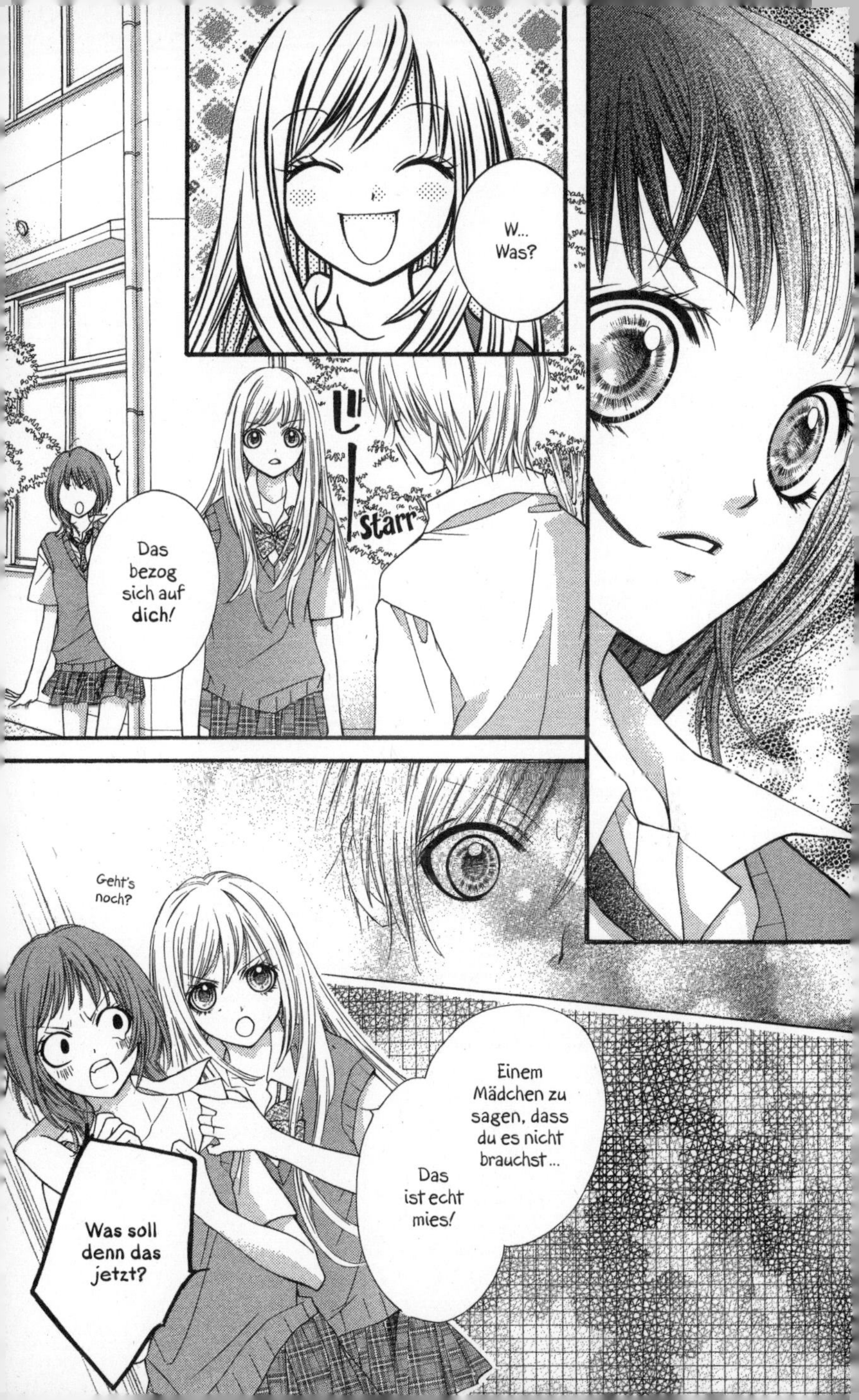
W...
Was?
Das bezog sich auf dich!
じー
Starr
Geht's noch?
Einem Mädchen zu sagen, dass du es nicht brauchst ...
Das ist echt mies!
Was soll denn das jetzt?

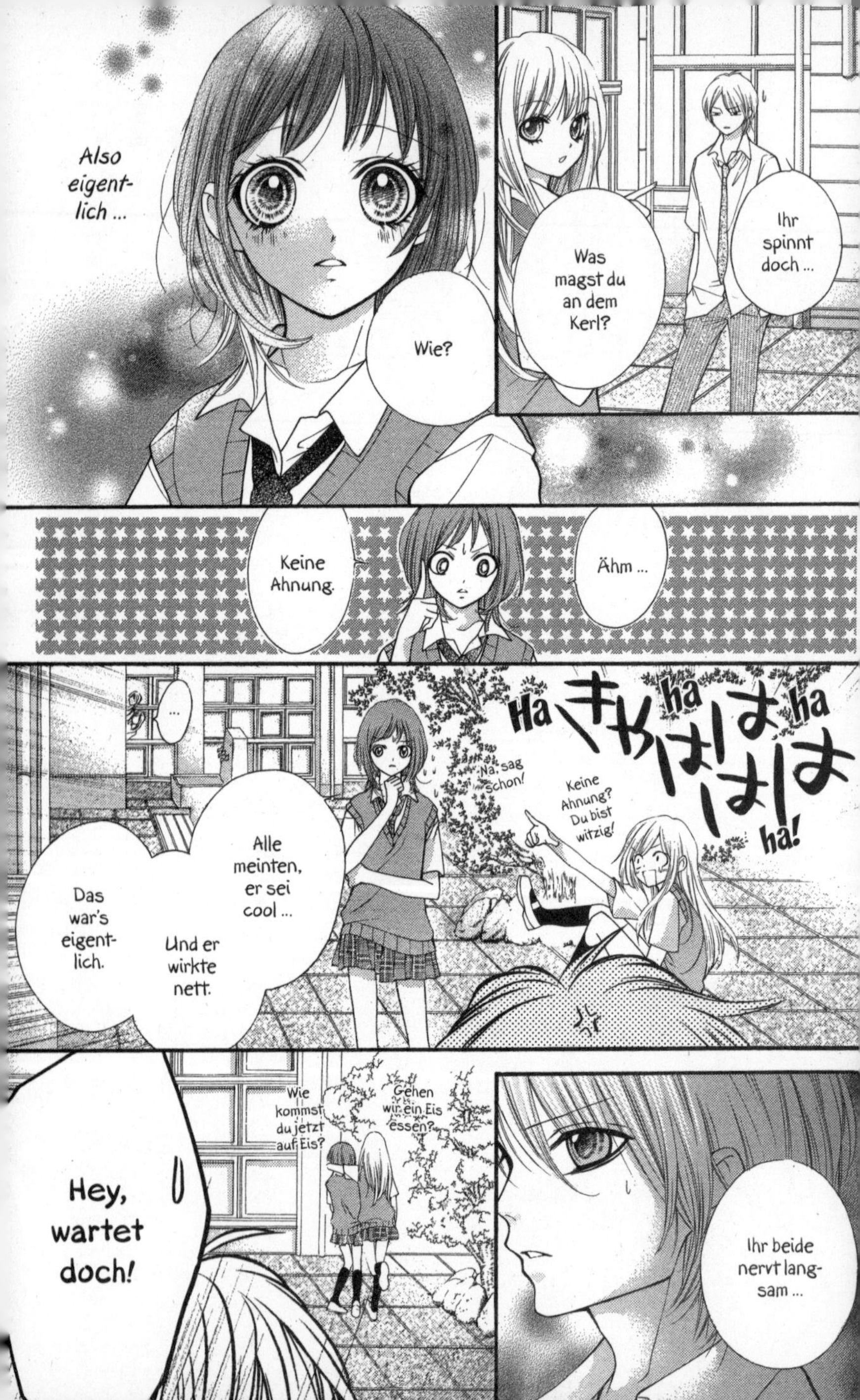

Ihr spinnt doch ...
Was magst du an dem Kerl?
Wie?
Also eigentlich ...
Ähm ...
Keine Ahnung.
Ha ha ha ha ha!
Keine Ahnung? Du bist witzig!
Na, sag schon!
...
Alle meinten, er sei cool ...
Und er wirkte nett.
Das war's eigentlich.
Ihr beide nervt langsam ...
Gehen wir ein Eis essen?
Wie kommst du jetzt auf Eis?
Hey, wartet doch!

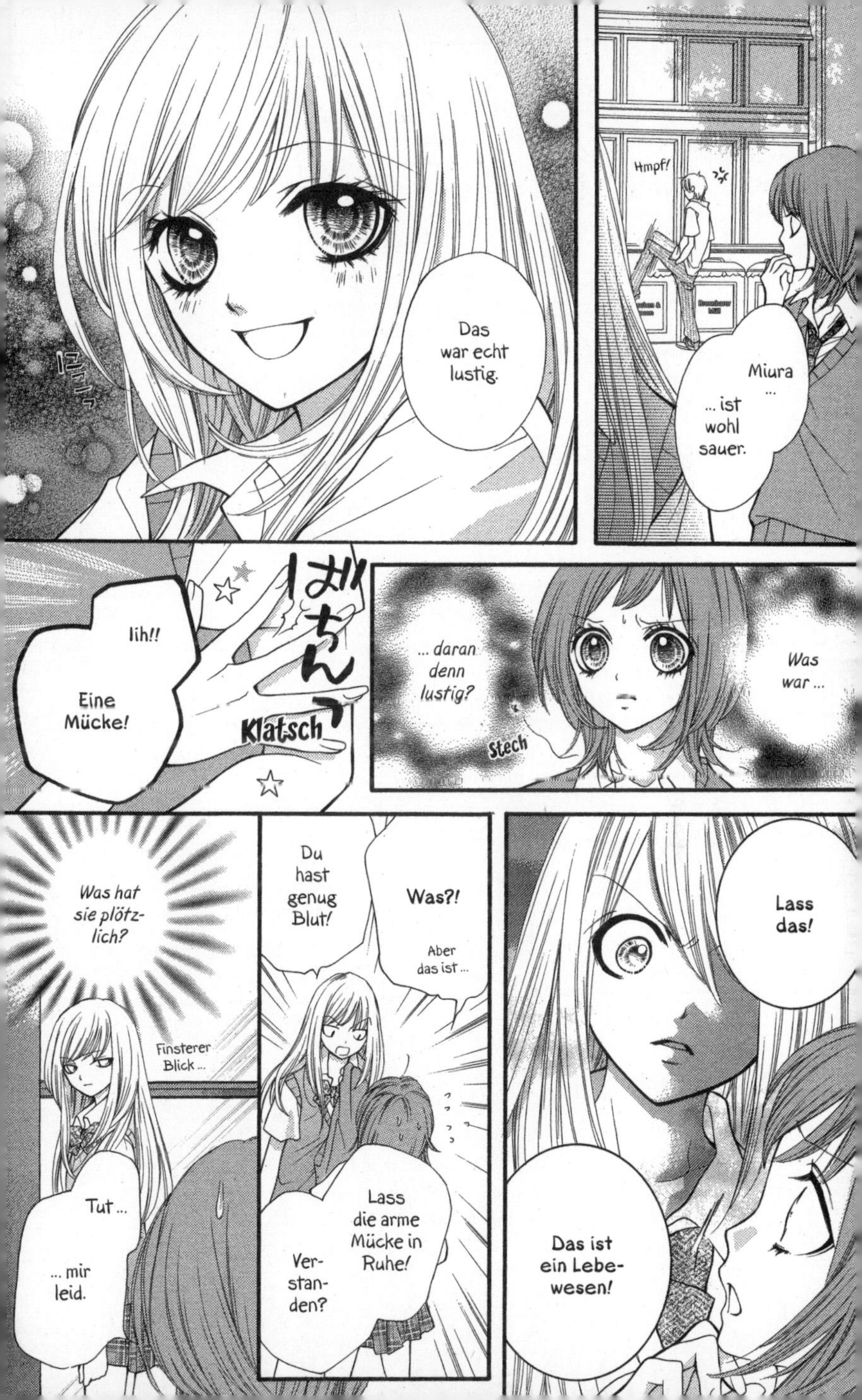

Hmpf!

Miura ...

... ist wohl sauer.

Das war echt lustig.

Was war ...

... daran denn lustig?

Stech

Klatsch

Iih!!

Eine Mücke!

Lass das!

Das ist ein Lebewesen!

Was?!

Aber das ist ...

Du hast genug Blut!

Lass die arme Mücke in Ruhe!

Verstanden?

Was hat sie plötzlich?

Finsterer Blick ...

Tut ...

... mir leid.

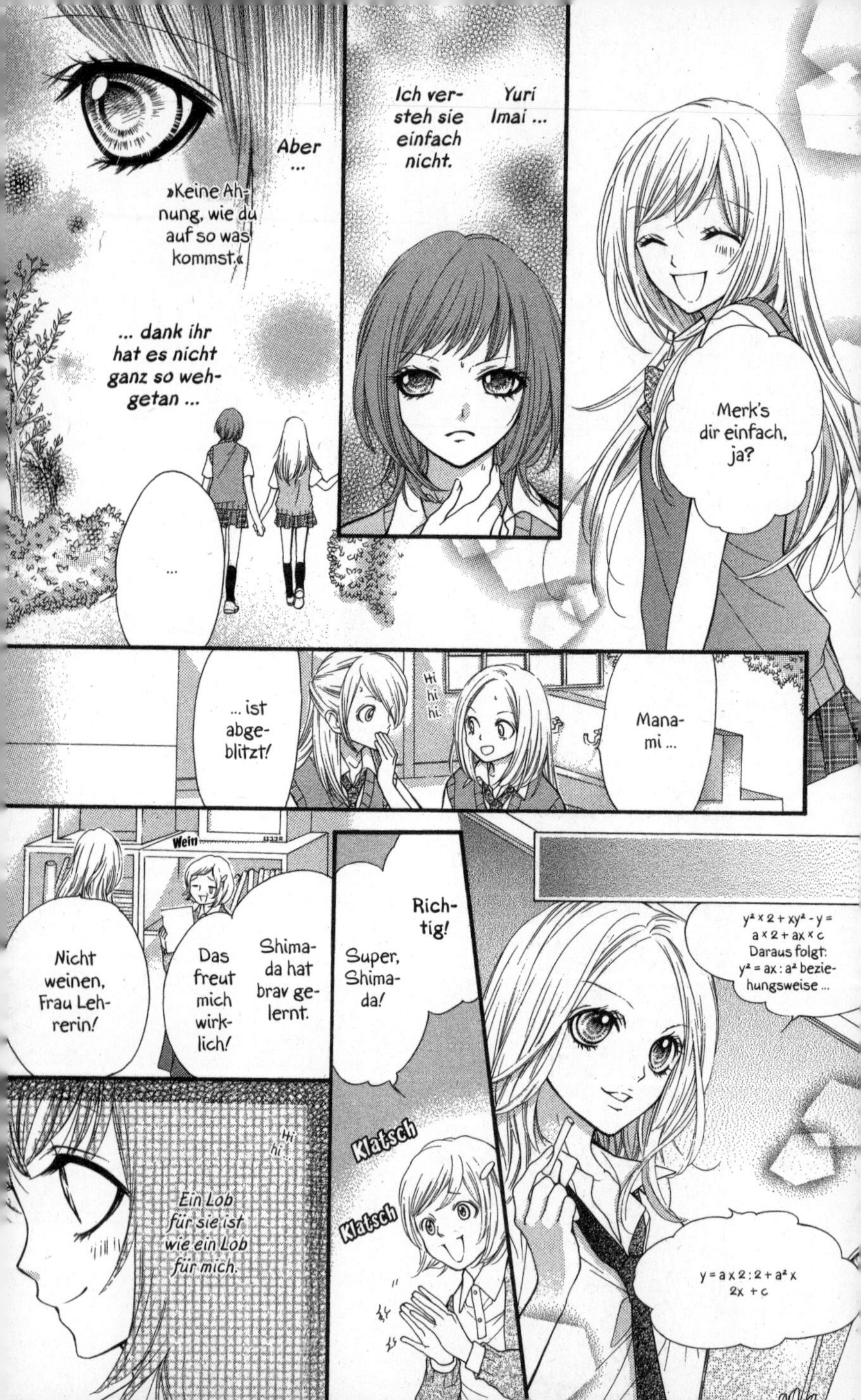
Merk's dir einfach, ja?
Yuri Imai ...
Ich versteh sie einfach nicht.
Aber ...
»Keine Ahnung, wie du auf so was kommst.«
... dank ihr hat es nicht ganz so wehgetan ...
...
Manami ...
Hi hi hi.
... ist abgeblitzt!
$y^2 \times 2 + xy^2 - y = a \times 2 + ax \times c$ Daraus folgt: $y^2 = ax : a^2$ beziehungsweise ...
$y = a \times 2 : 2 + a^2 x$ $2x + c$
Richtig!
Super, Shimada!
Klatsch
Klatsch
Shimada hat brav gelernt.
Das freut mich wirklich!
Nicht weinen, Frau Lehrerin!
Hi hi.
Ein Lob für sie ist wie ein Lob für mich.

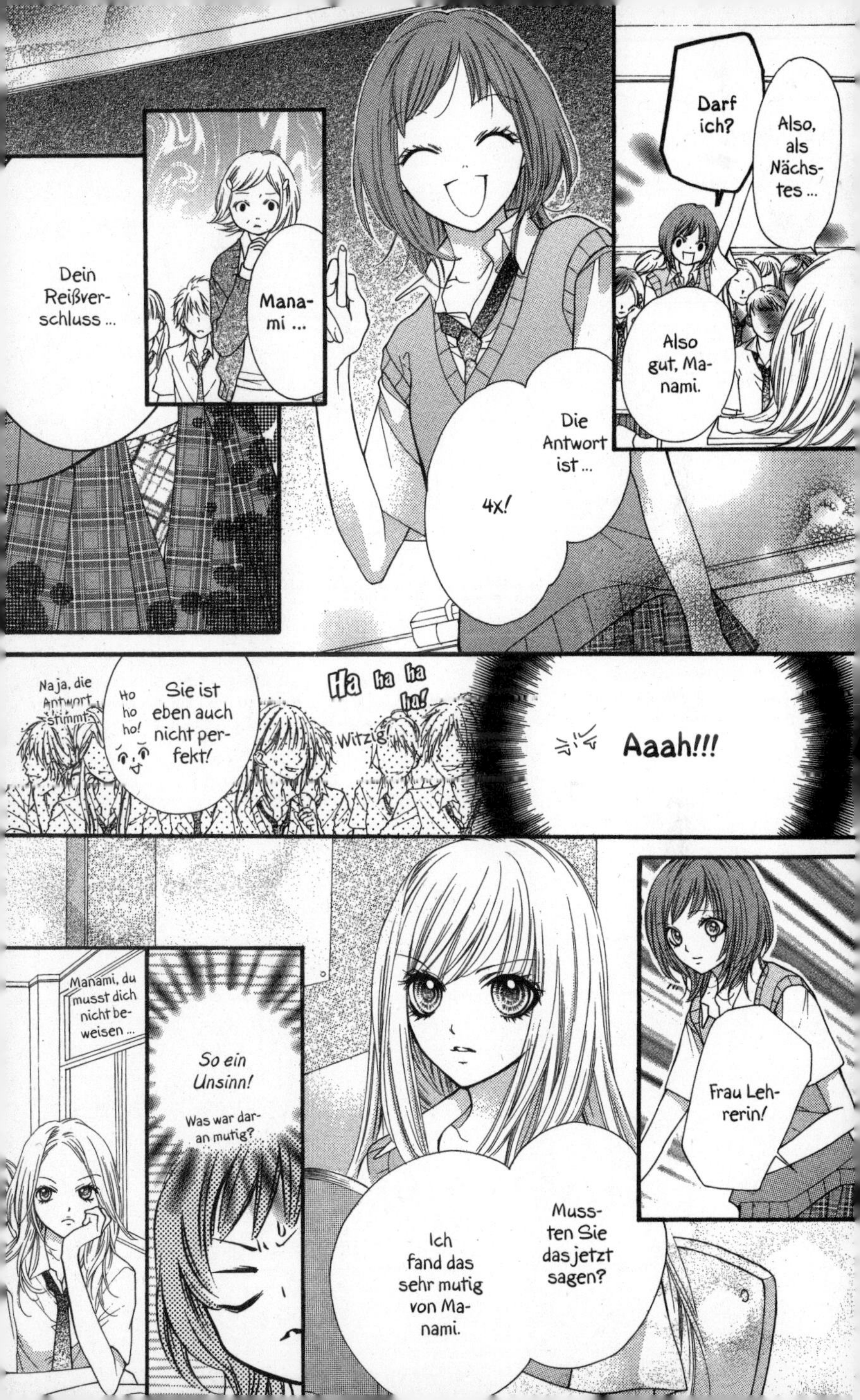
Also, als Nächstes ...
Darf ich?
Also gut, Manami.
Die Antwort ist ...
4x!
Manami ...
Dein Reißverschluss ...
Aaah!!!
Ha ha ha ha!
Witzig
Sie ist eben auch nicht perfekt!
Ho ho ho!
Na ja, die Antwort stimmt.
Frau Lehrerin!
Mussten Sie das jetzt sagen?
Ich fand das sehr mutig von Manami.
So ein Unsinn!
Was war daran mutig?
Manami, du musst dich nicht beweisen ...

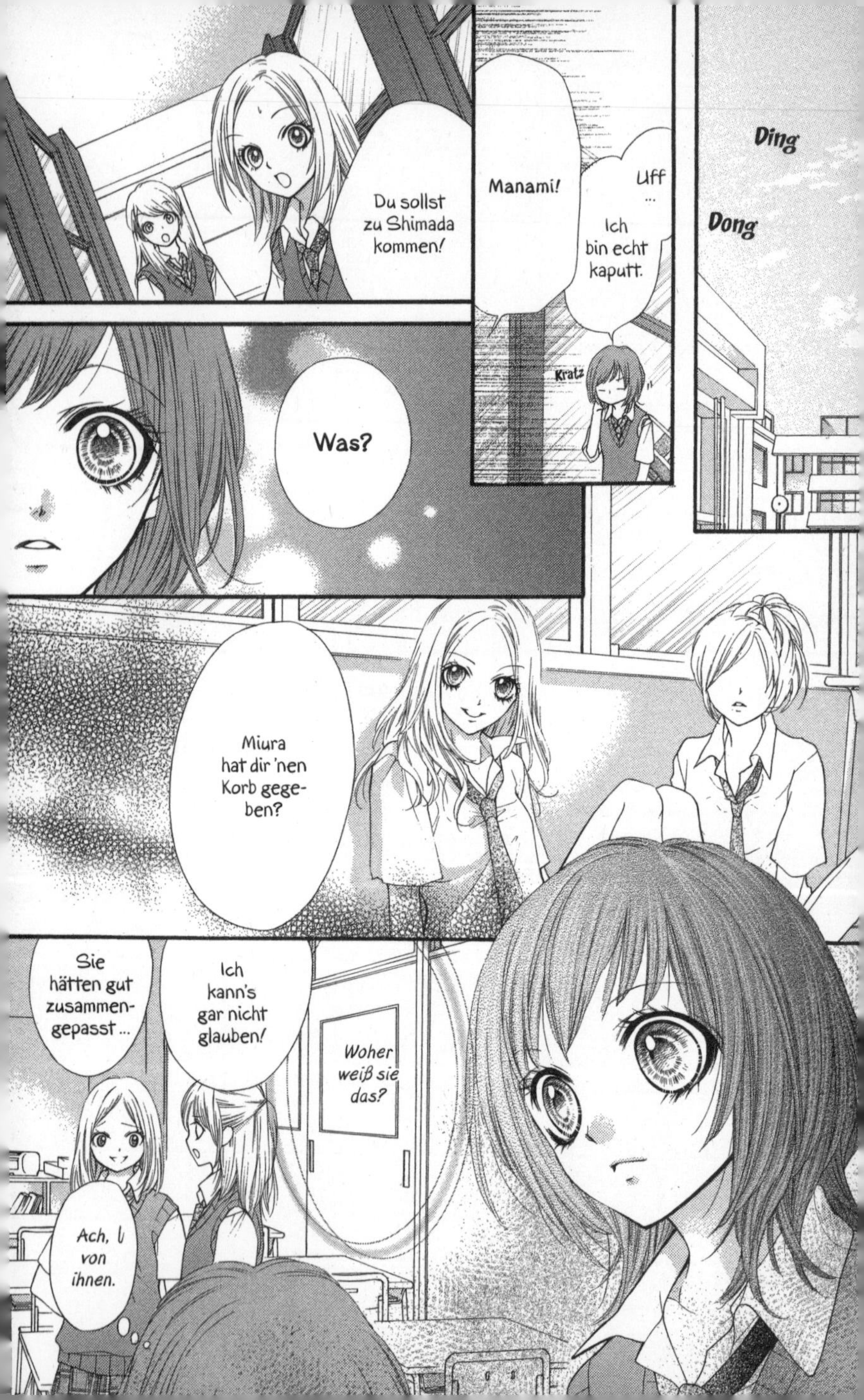
Ding
Dong
Uff … Ich bin echt kaputt.
Kratz
Manami!
Du sollst zu Shimada kommen!
Was?
Miura hat dir 'nen Korb gegeben?
Woher weiß sie das?
Ich kann's gar nicht glauben!
Sie hätten gut zusammengepasst …
Ach, l von ihnen.

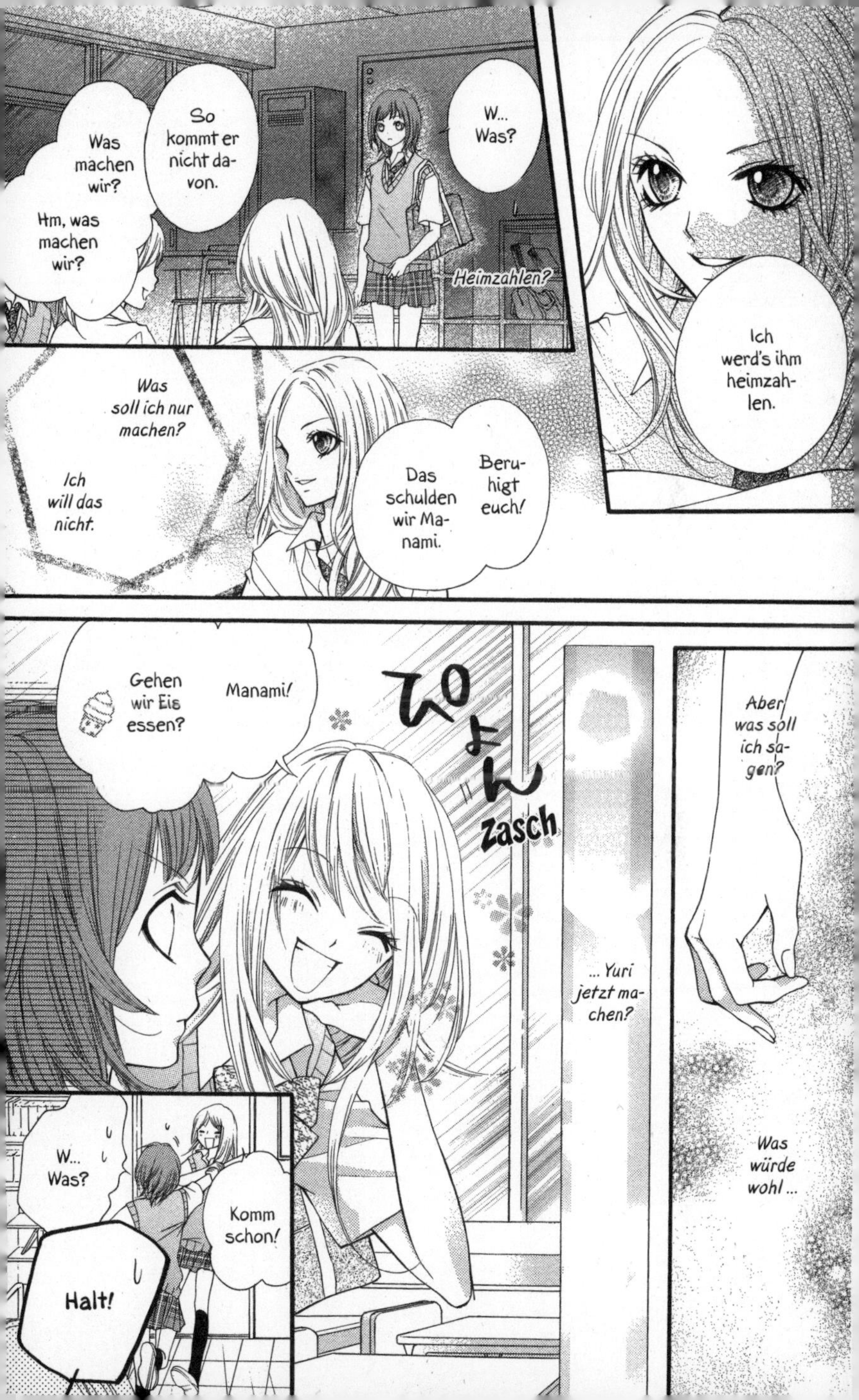

Ich werd's ihm heimzahlen.

W... Was?

Heimzahlen?

So kommt er nicht davon.

Was machen wir?

Hm, was machen wir?

Beruhigt euch!

Das schulden wir Manami.

Was soll ich nur machen?

Ich will das nicht.

Aber was soll ich sagen?

Was würde wohl ...

... Yuri jetzt machen?

Manami!

Gehen wir Eis essen?

ぴょん

Zasch

Komm schon!

W... Was?

Halt!

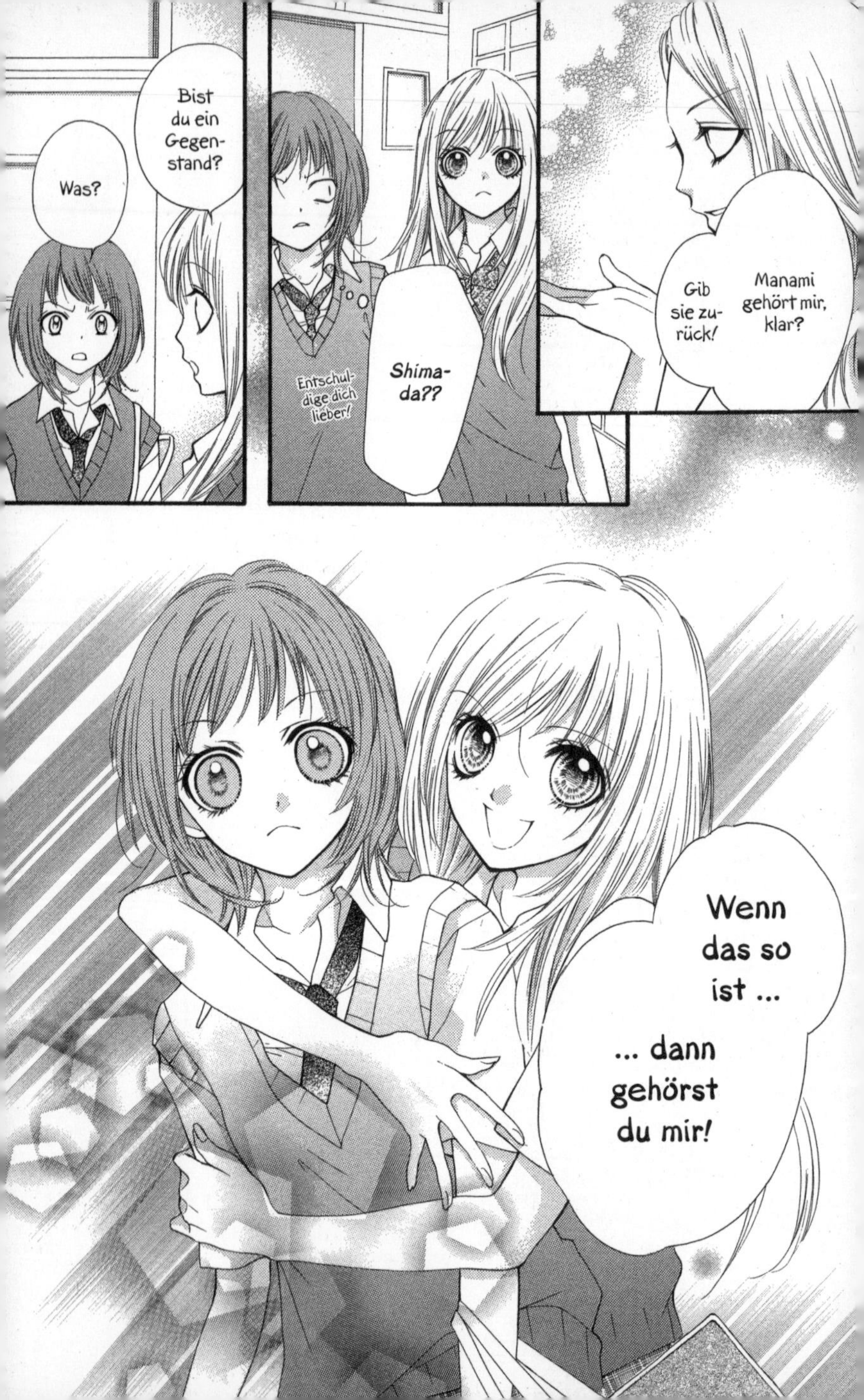

Manami gehört mir, klar?
Gib sie zurück!
Shimada??
Entschuldige dich lieber!
Bist du ein Gegenstand?
Was?
Wenn das so ist ...
... dann gehörst du mir!

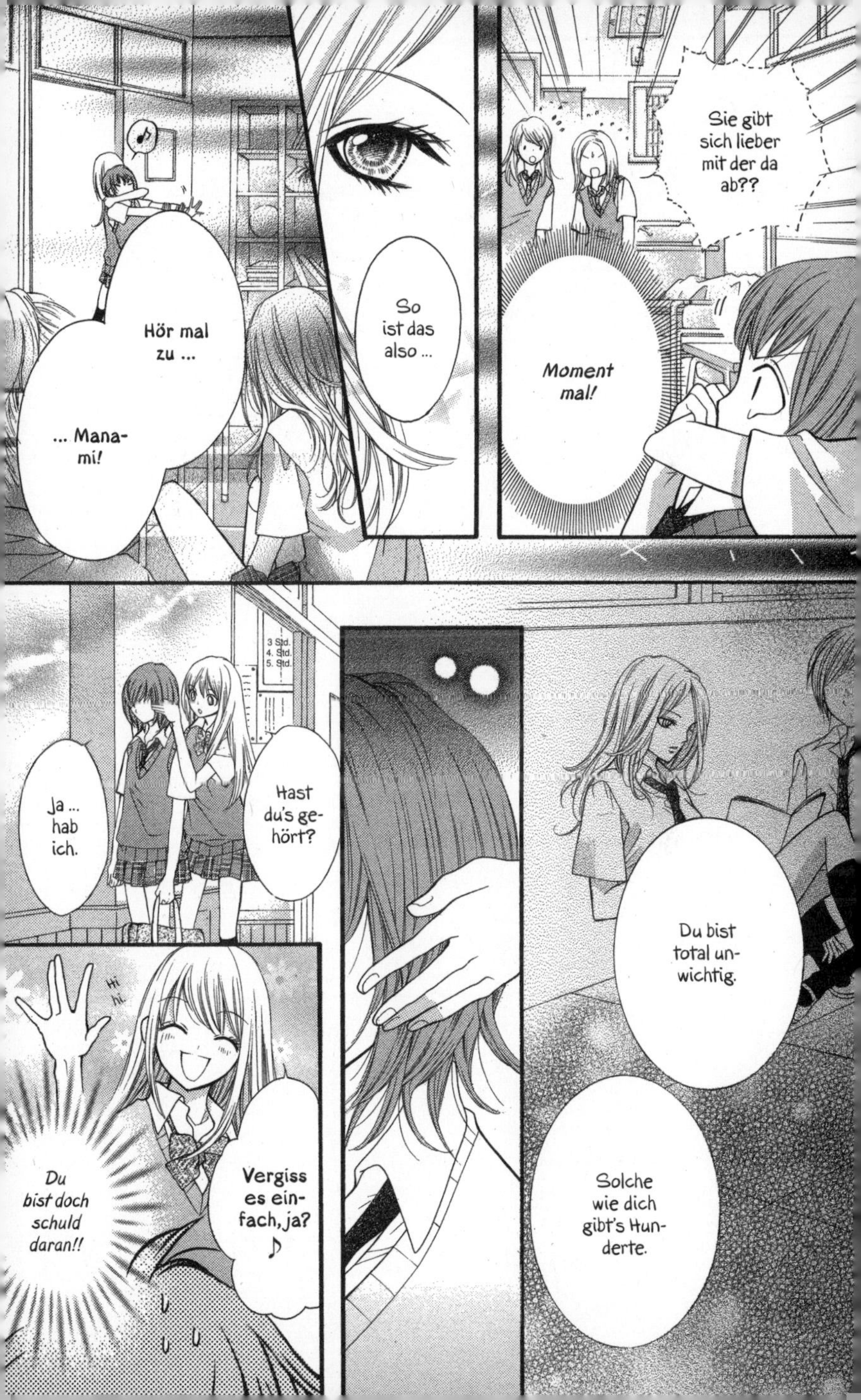
Sie gibt sich lieber mit der da ab??
Moment mal!
So ist das also ...
Hör mal zu ...
... Manami!
Du bist total unwichtig.
Solche wie dich gibt's Hunderte.
3 Std.
4. Std.
5. Std.
Hast du's gehört?
Ja ... hab ich.
Hi hi.
Vergiss es einfach, ja? ♪
Du bist doch schuld daran!!

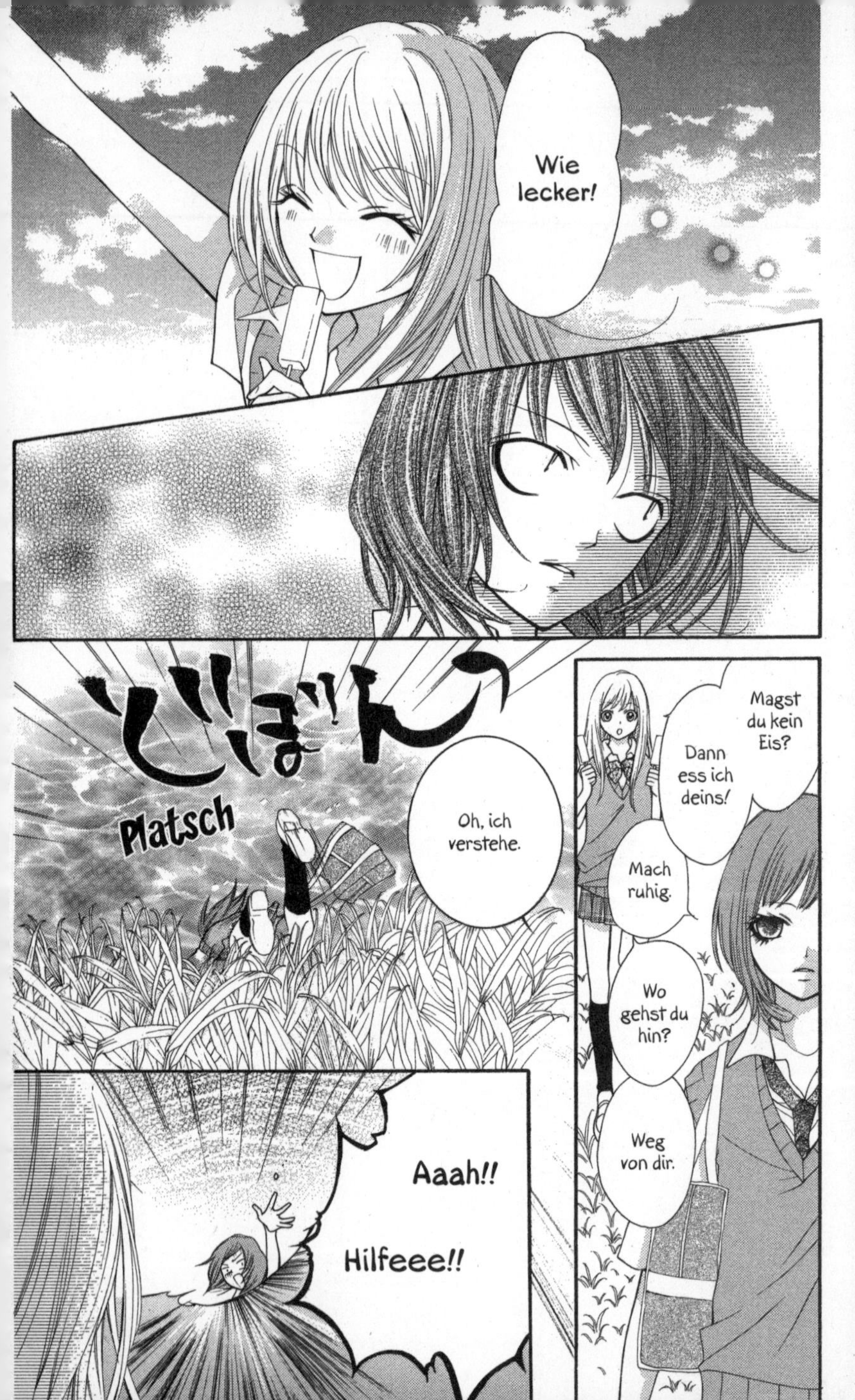

Wie lecker!
Magst du kein Eis?
Dann ess ich deins!
Mach ruhig.
Wo gehst du hin?
Weg von dir.
Oh, ich verstehe.
Platsch
Aaah!!
Hilfeee!!

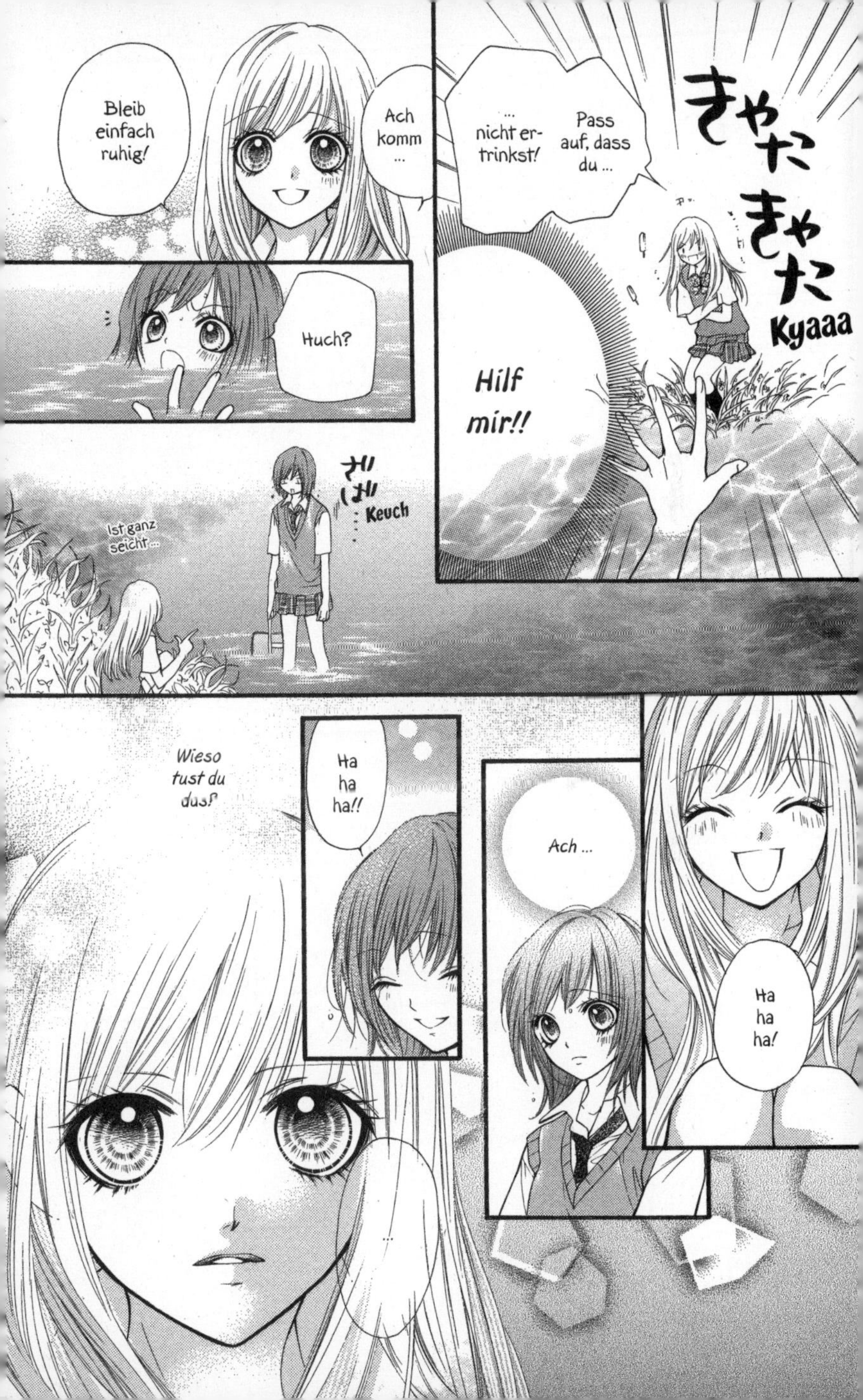

Pass auf, dass du ...
... nicht er-trinkst!
きゃた きゃた
Kyaaa
Hilf mir!!
Ach komm ...
Bleib einfach ruhig!
Huch?
Keuch
Ist ganz seicht ...
Ha ha ha!
Ach ...
Ha ha ha!!
Wieso tust du das⁈
...

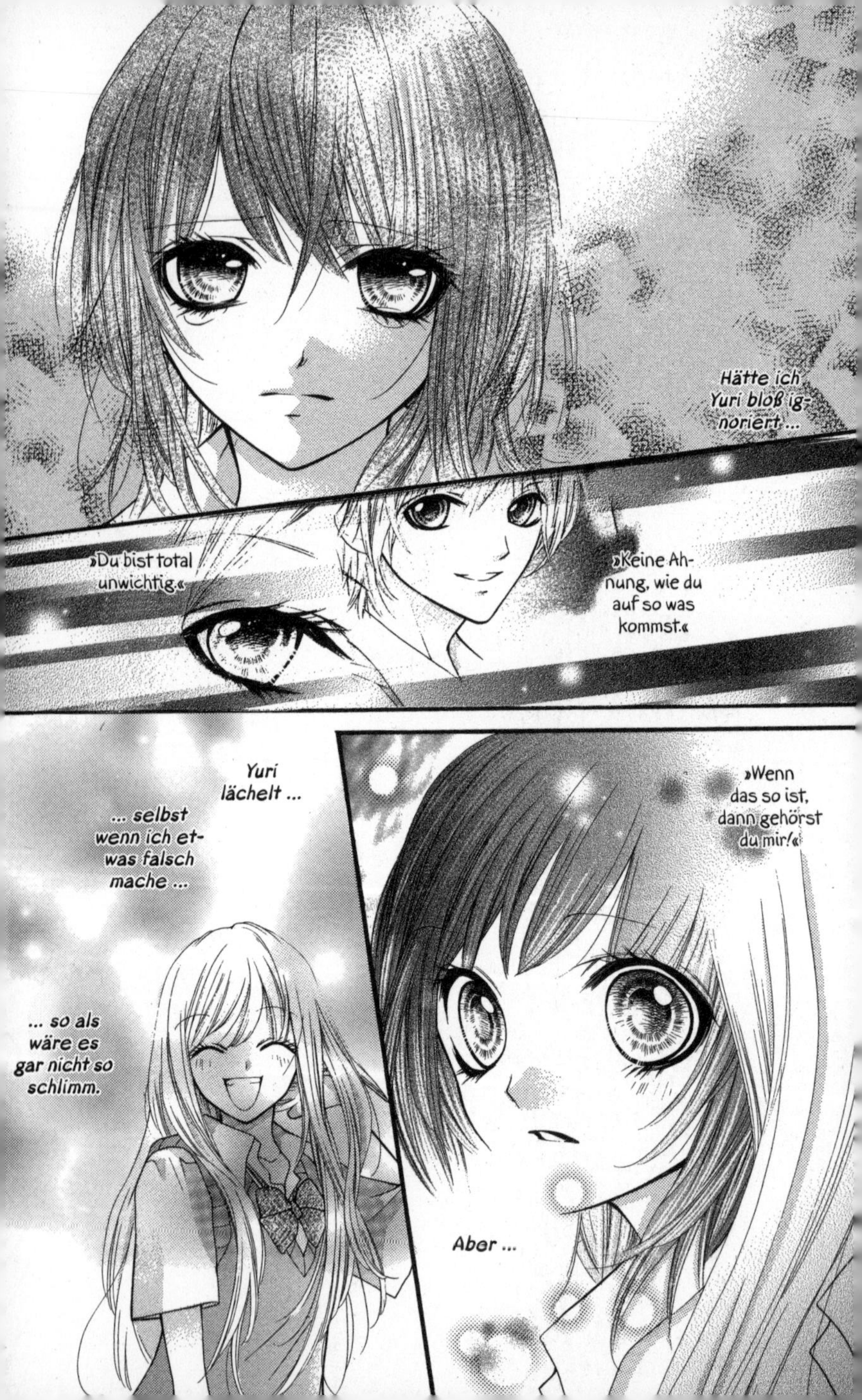

Hätte ich Yuri bloß ignoriert ...

»Keine Ahnung, wie du auf so was kommst.«

»Du bist total unwichtig.«

»Wenn das so ist, dann gehörst du mir!«

Aber ...

Yuri lächelt ...

... selbst wenn ich etwas falsch mache ...

... so als wäre es gar nicht so schlimm.

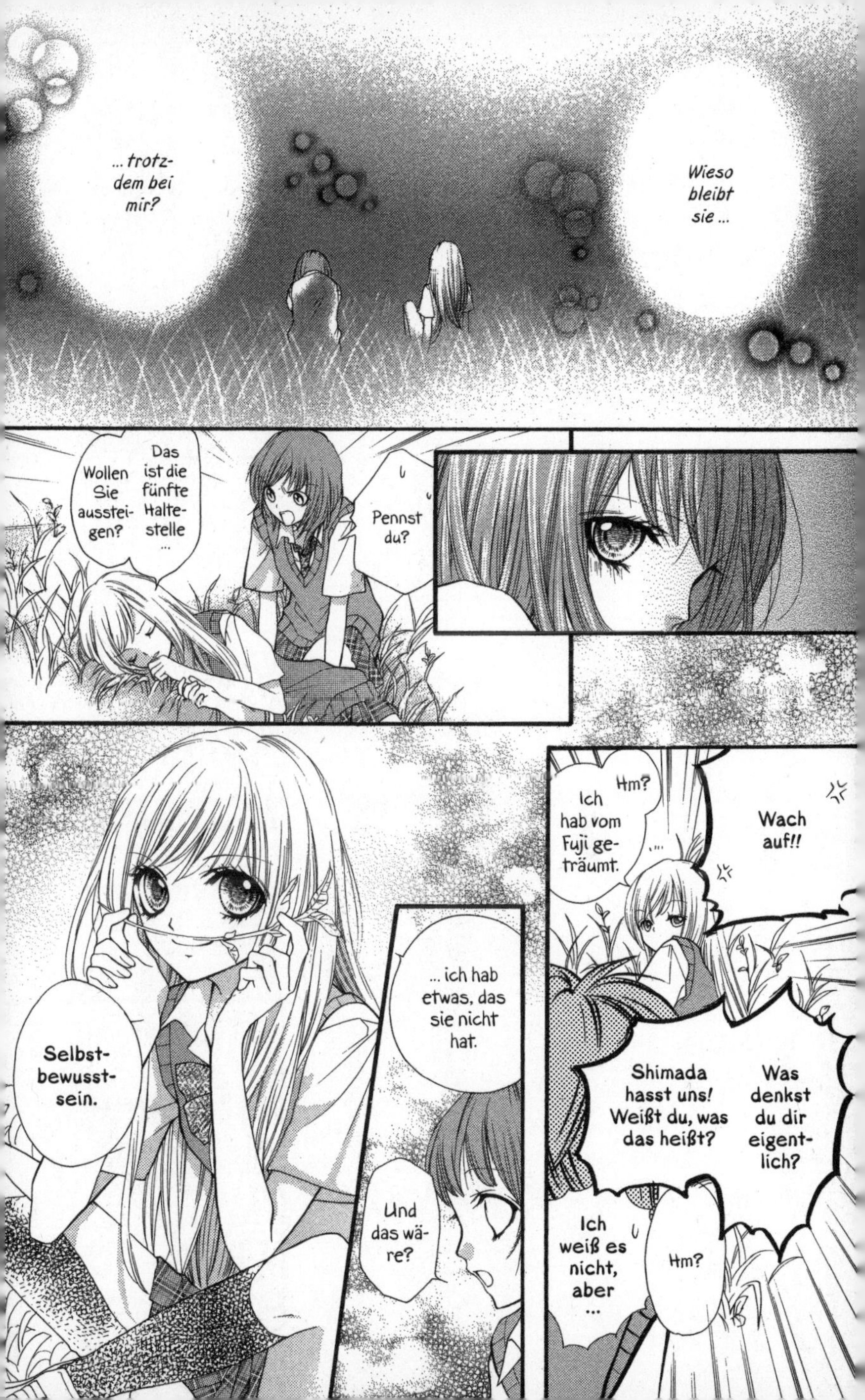

Wieso bleibt sie ...
... trotzdem bei mir?
Pennst du?
Das ist die fünfte Haltestelle ...
Wollen Sie aussteigen?
Wach auf!!
Hm?
Ich hab vom Fuji geträumt.
...
Was denkst du dir eigentlich?
Shimada hasst uns! Weißt du, was das heißt?
Hm?
Ich weiß es nicht, aber ...
... ich hab etwas, das sie nicht hat.
Und das wäre?
Selbstbewusstsein.

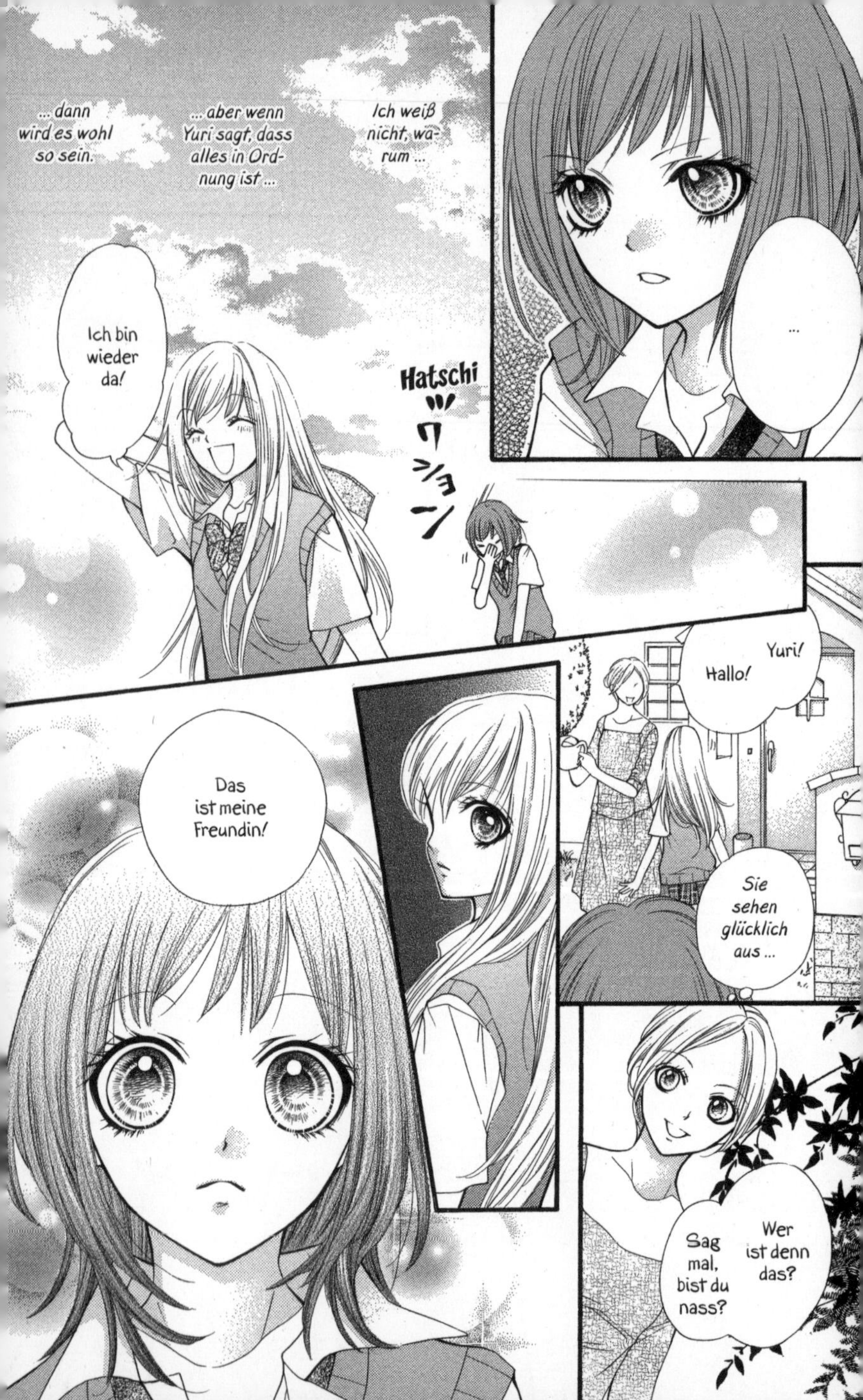
Ich weiß nicht, warum ...
... aber wenn Yuri sagt, dass alles in Ordnung ist ...
... dann wird es wohl so sein.
...
Ich bin wieder da!
Hatschi
Yuri! Hallo!
Sie sehen glücklich aus ...
Wer ist denn das? Sag mal, bist du nass?
Das ist meine Freundin!

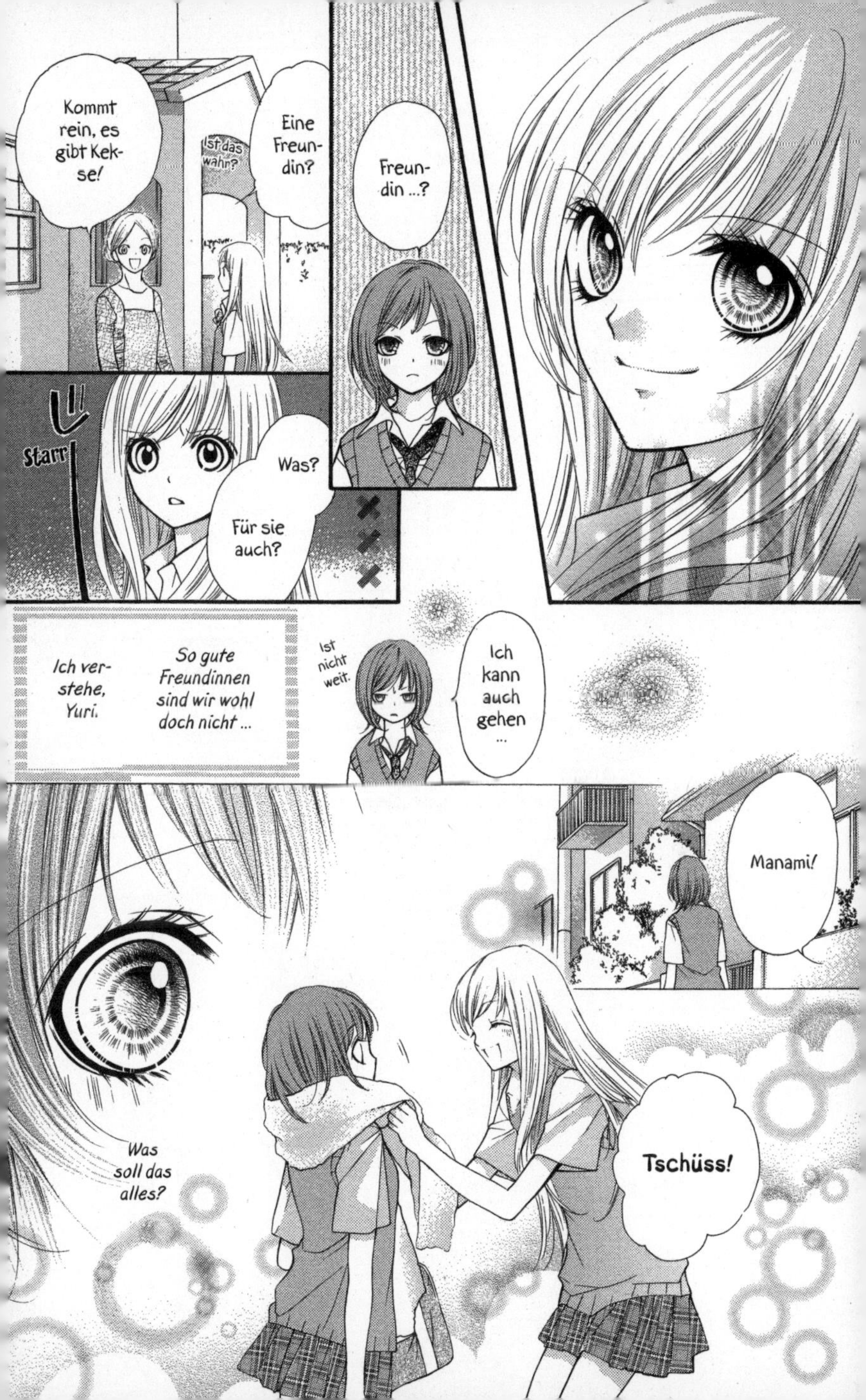
Freundin ...?
Eine Freundin?
Ist das wahr?
Kommt rein, es gibt Kekse!
Was?
Für sie auch?
Starr
Ich kann auch gehen ...
Ist nicht weit.
So gute Freundinnen sind wir wohl doch nicht ...
Ich verstehe, Yuri.
Manami!
Tschüss!
Was soll das alles?

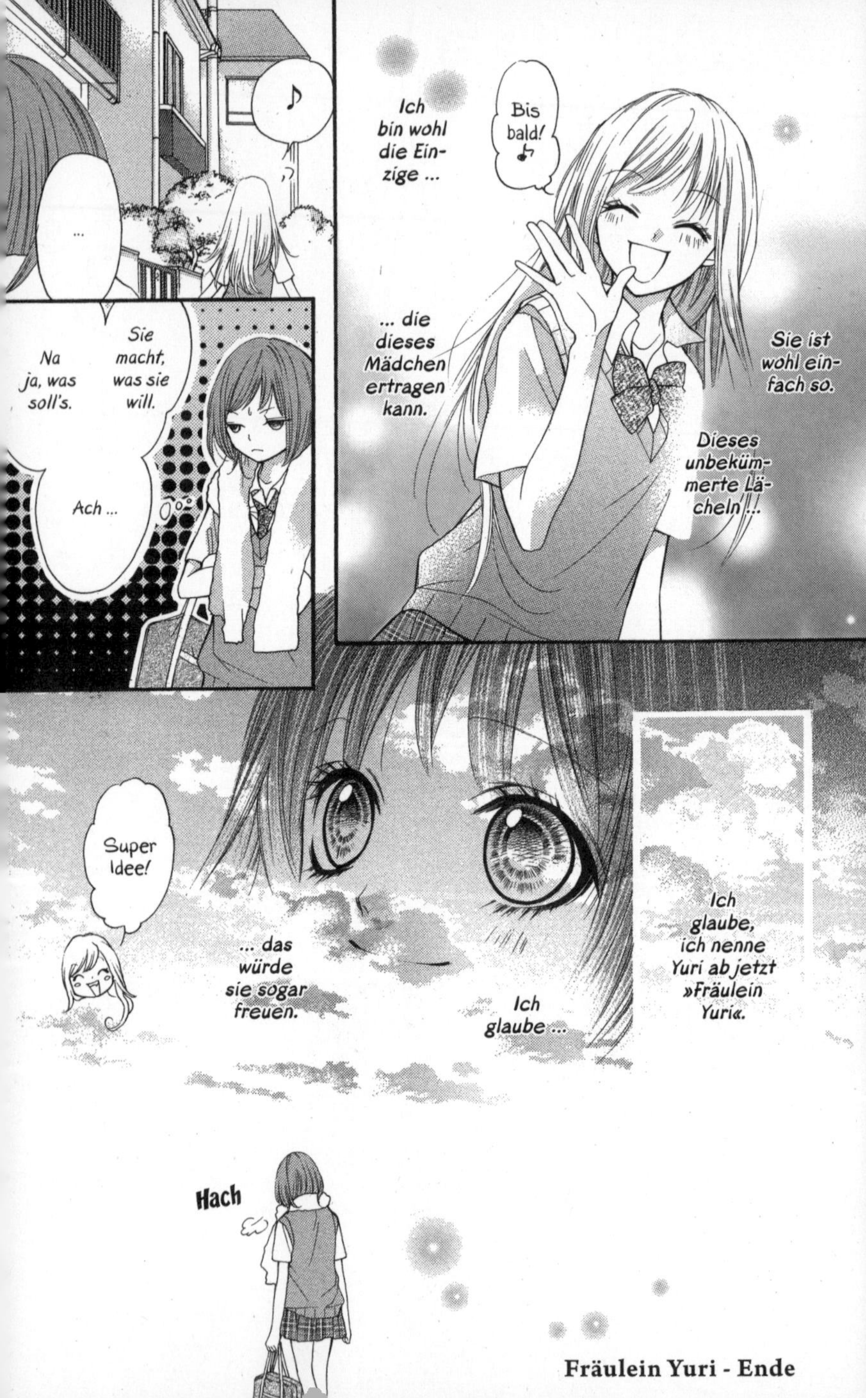

Fräulein Yuri - Ende

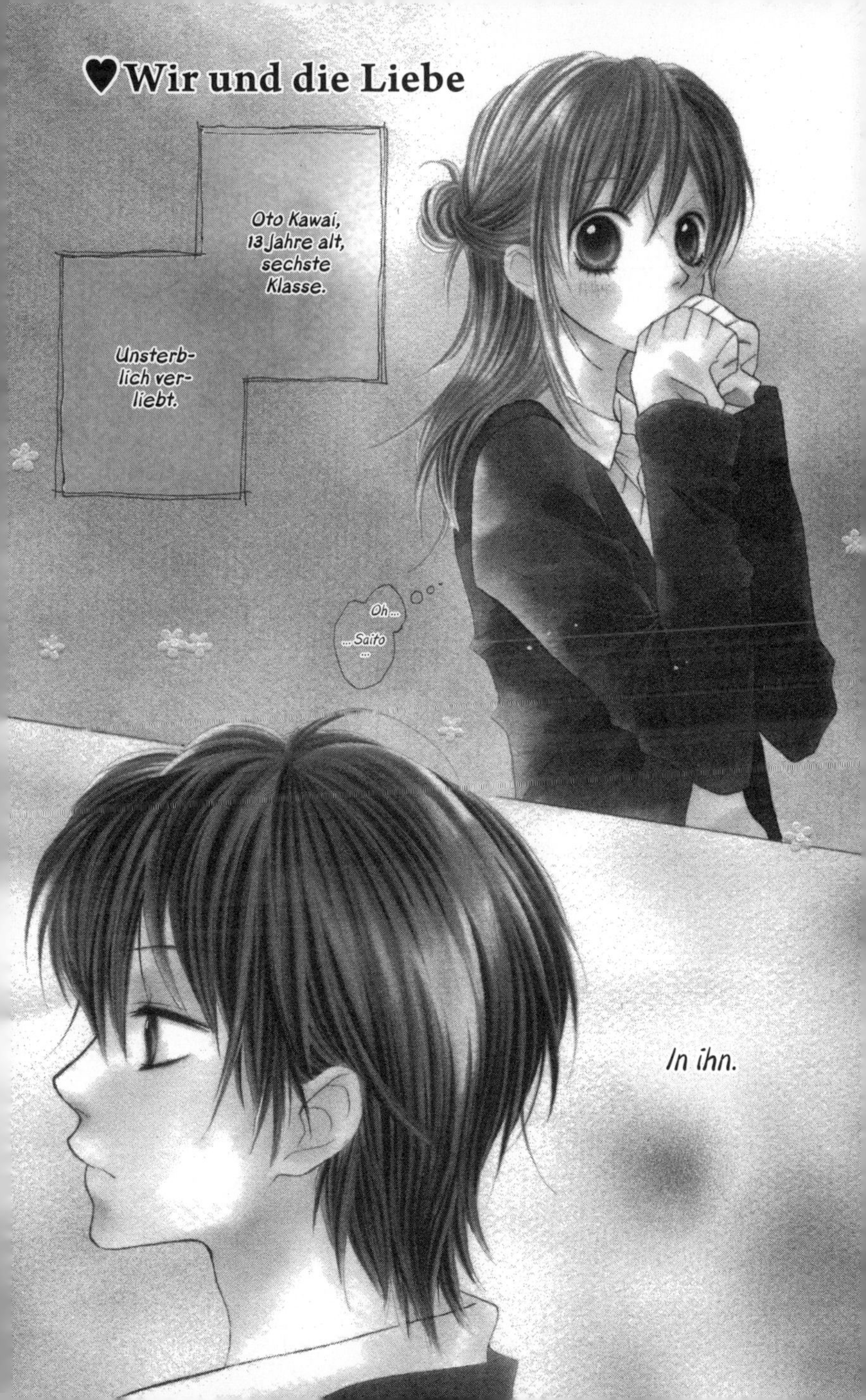
♥Wir und die Liebe
Oto Kawai, 13 Jahre alt, sechste Klasse.
Unsterb-lich ver-liebt.
Oh ...
... Saito ...
In ihn.

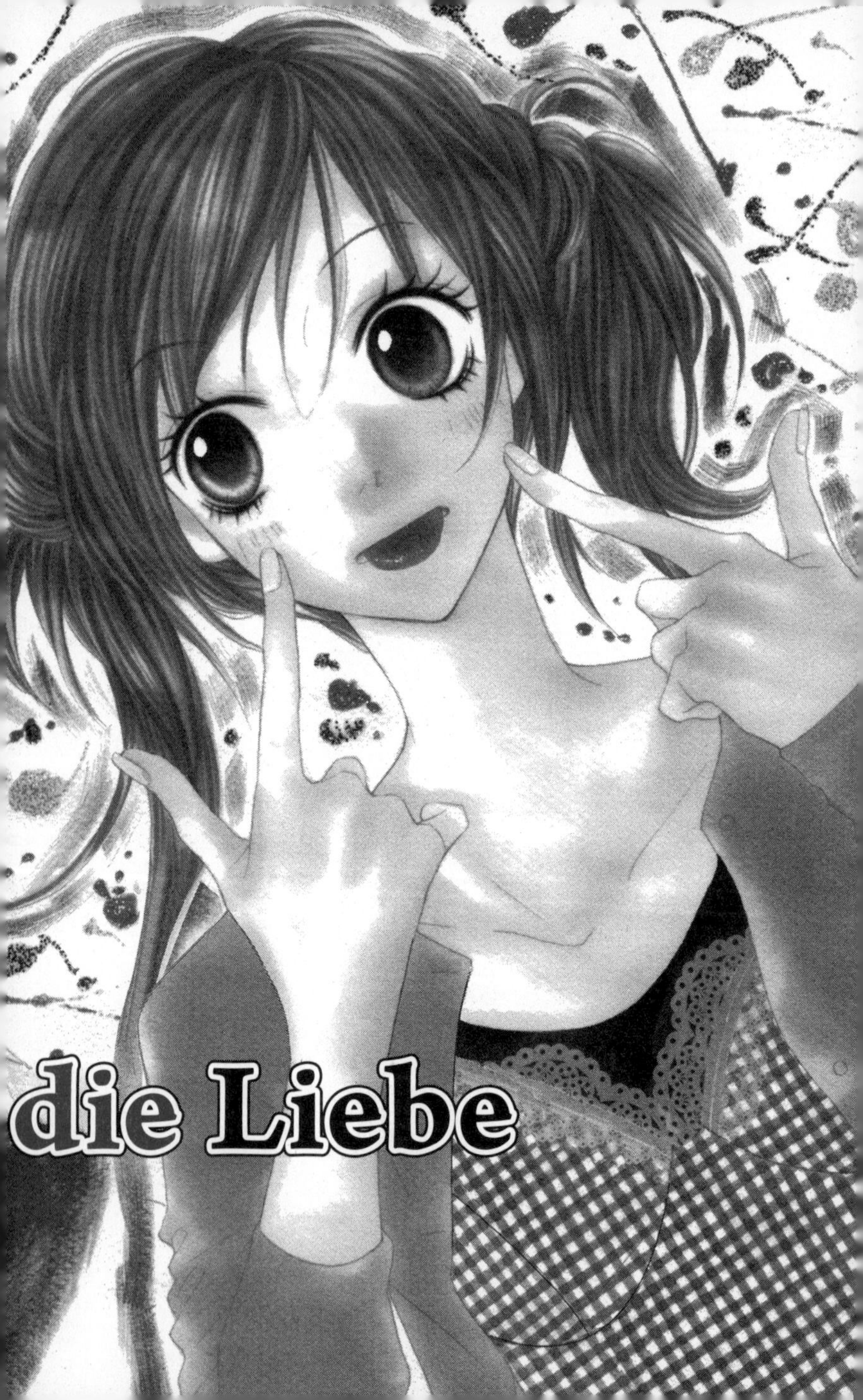
die Liebe

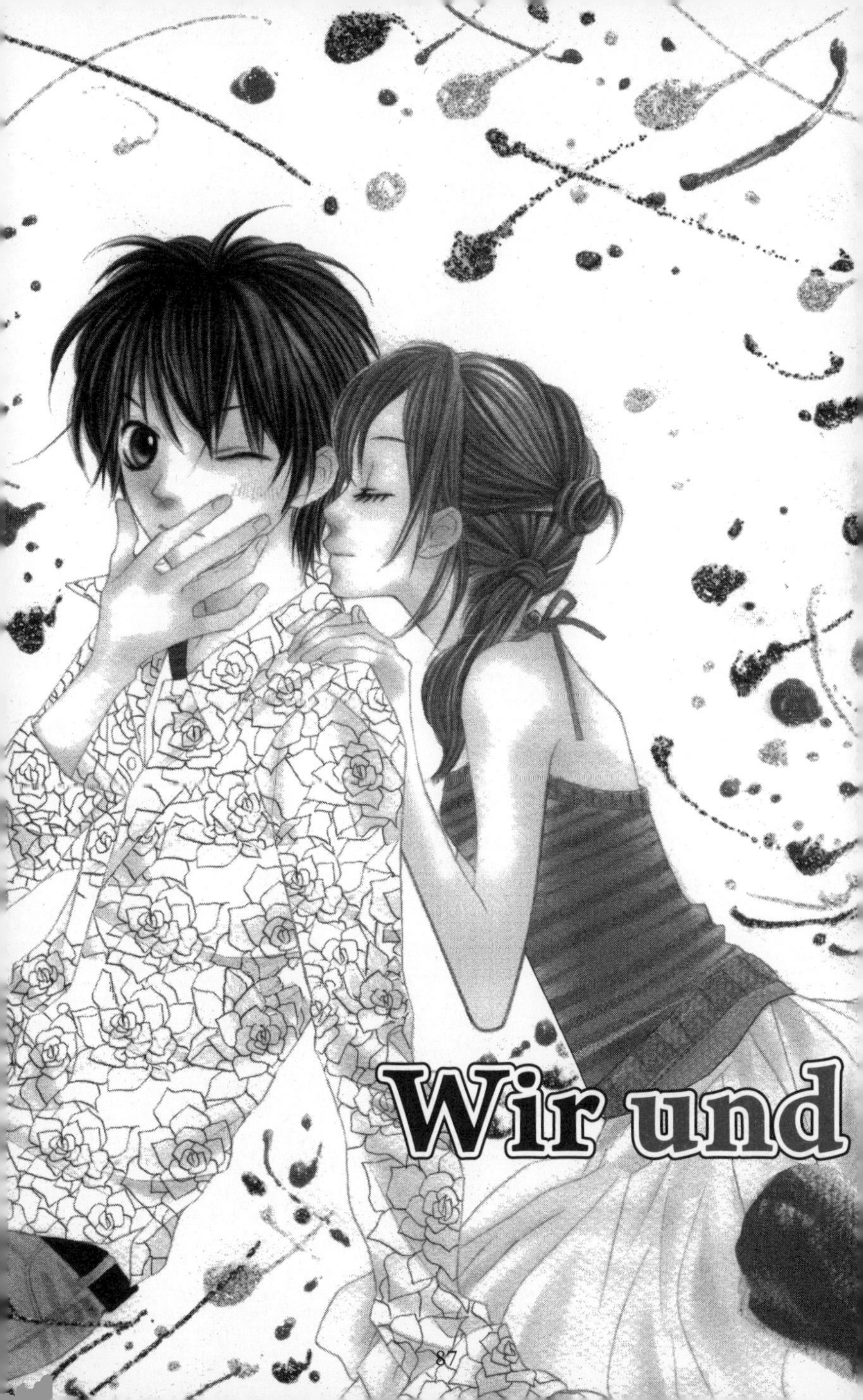
Wir und

Märchenwelten

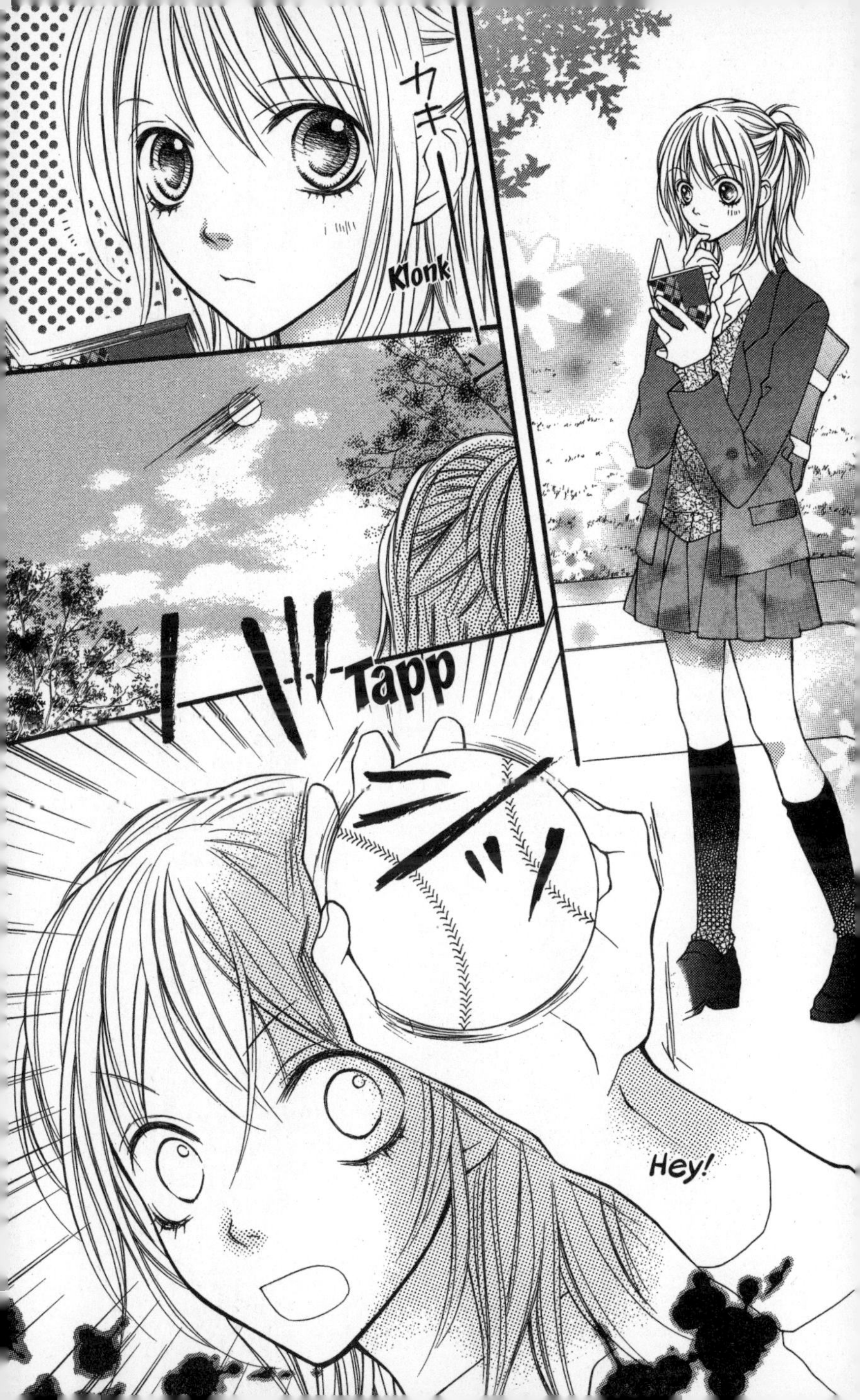
カキ
Klonk
Tapp
Hey!

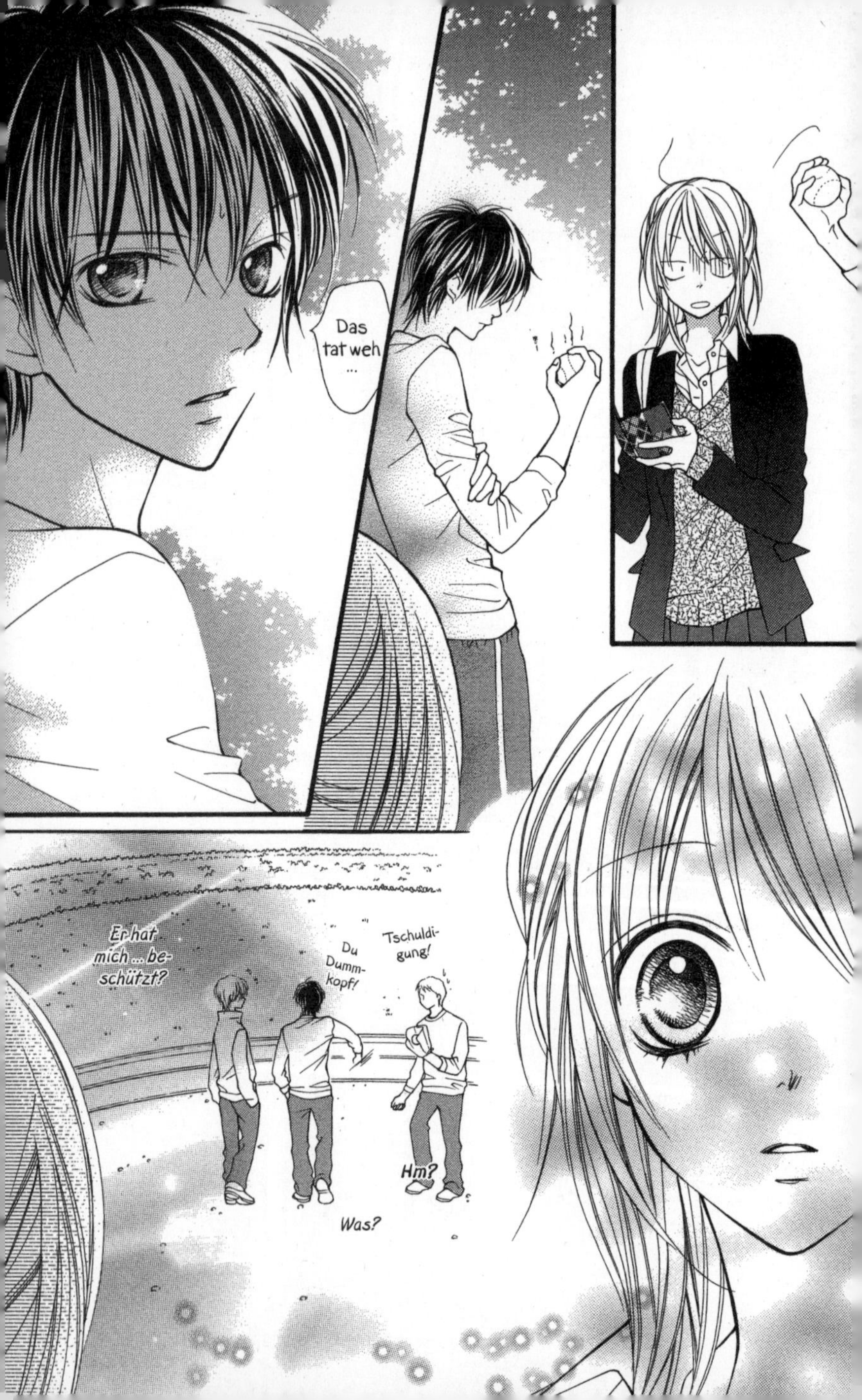
Das tat weh ...
Tschuldi-gung!
Du Dumm-kopf!
Er hat mich ... be-schützt?
Hm?
Was?

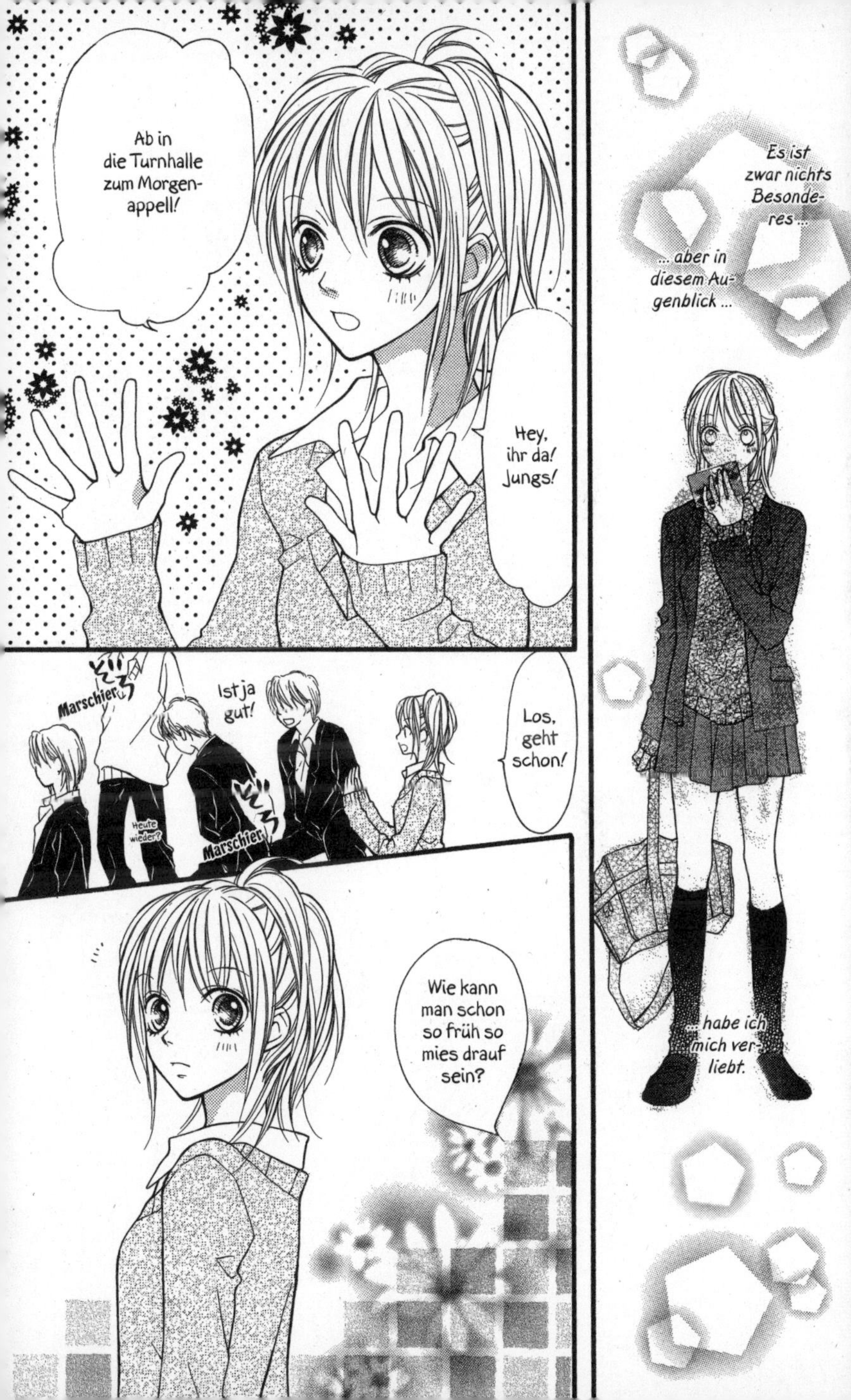

Es ist zwar nichts Besonderes ...
... aber in diesem Augenblick ...
... habe ich mich verliebt.
Hey, ihr da! Jungs!
Ab in die Turnhalle zum Morgenappell!
Los, geht schon!
Ist ja gut!
Marschier
Heute wieder?
Marschier
Wie kann man schon so früh so mies drauf sein?

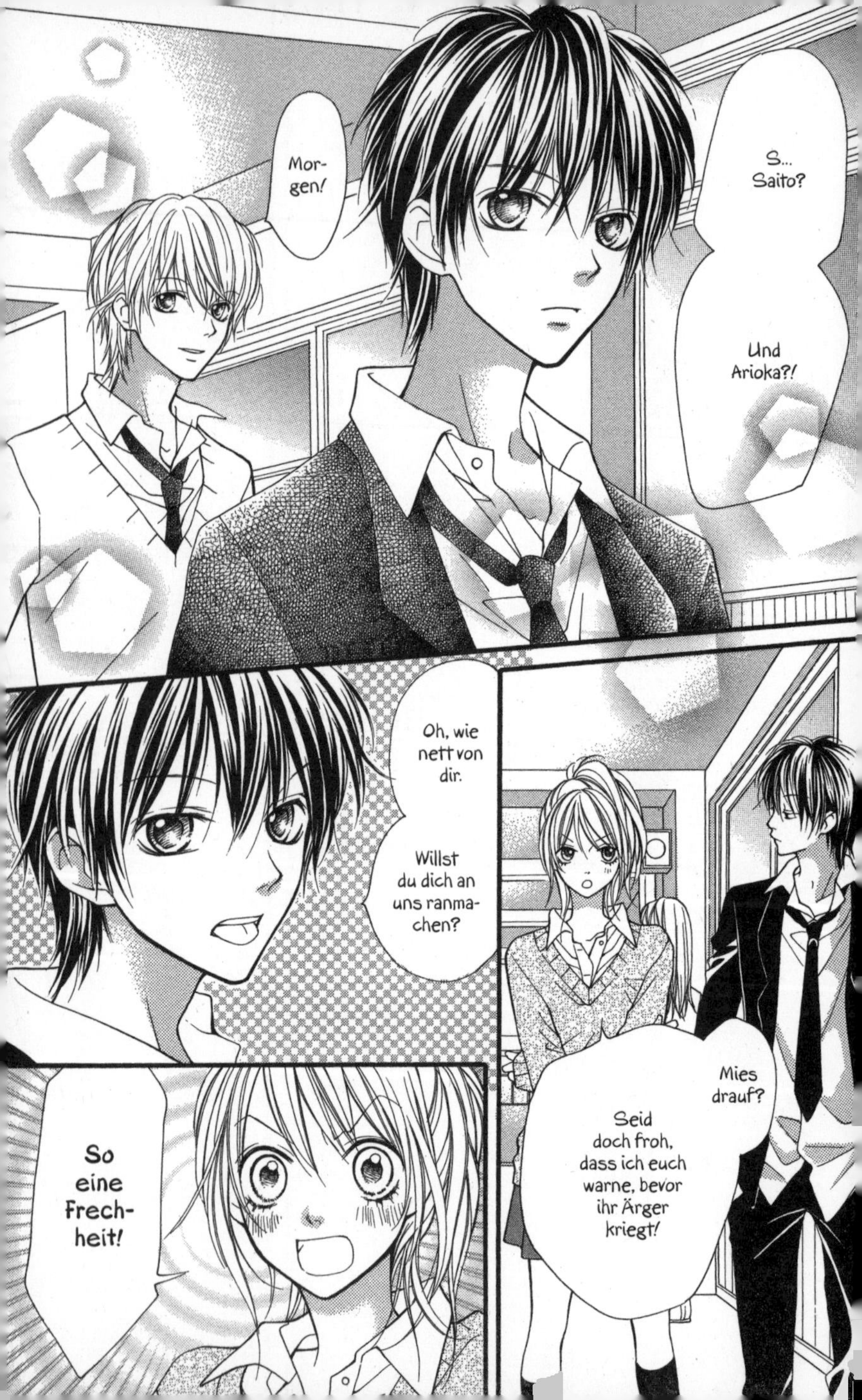
S... Saito?
Und Arioka?!
Morgen!
Mies drauf?
Seid doch froh, dass ich euch warne, bevor ihr Ärger kriegt!
Oh, wie nett von dir.
Willst du dich an uns ranmachen?
So eine Frechheit!

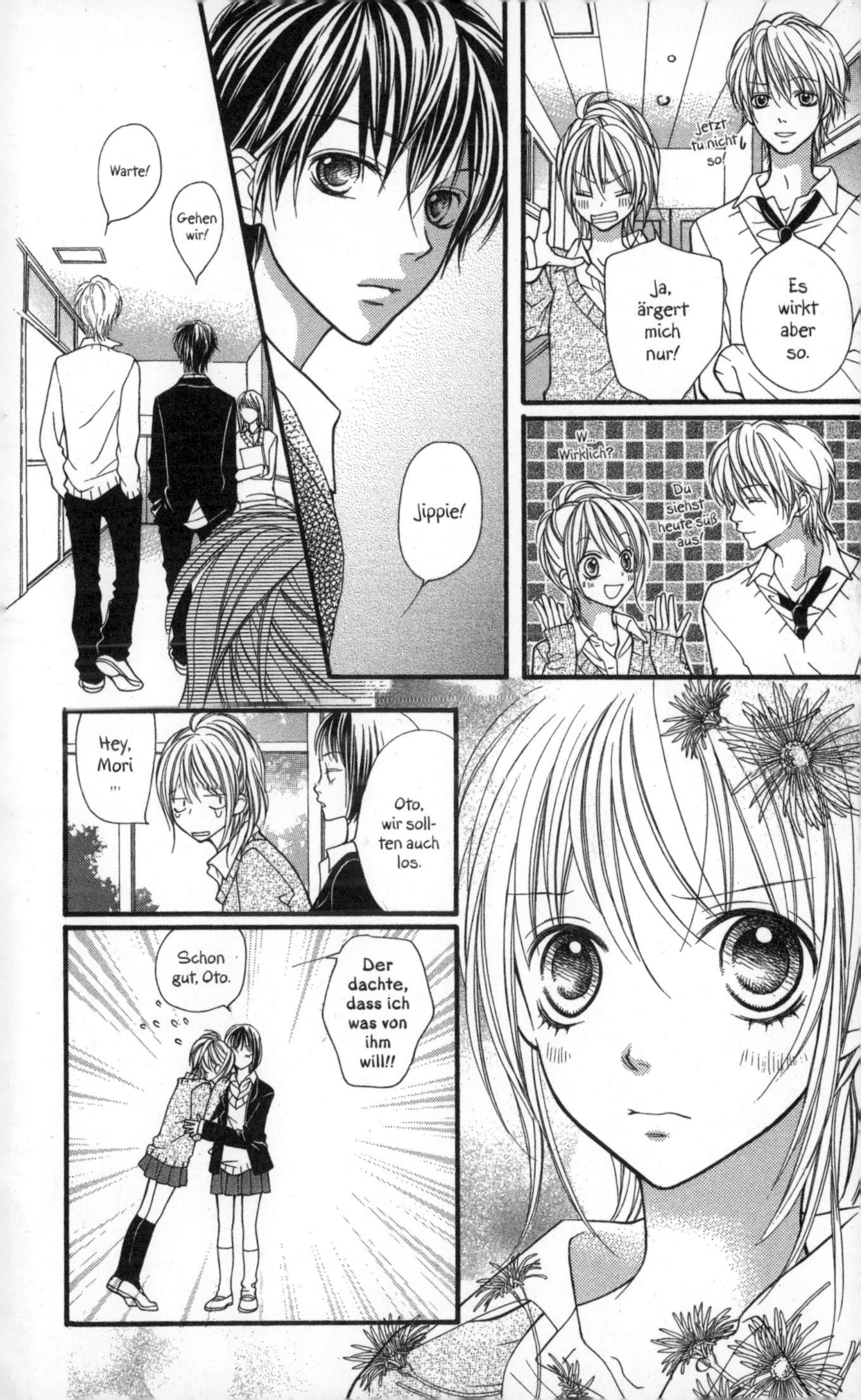
Es wirkt aber so.
Jetzt tu nicht so!
Ja, ärgert mich nur!
Du siehst heute süß aus!
W... Wirklich?
Jippie!
Gehen wir!
Warte!
Oto, wir sollten auch los.
Hey, Mori ...
Der dachte, dass ich was von ihm will!!
Schon gut, Oto.

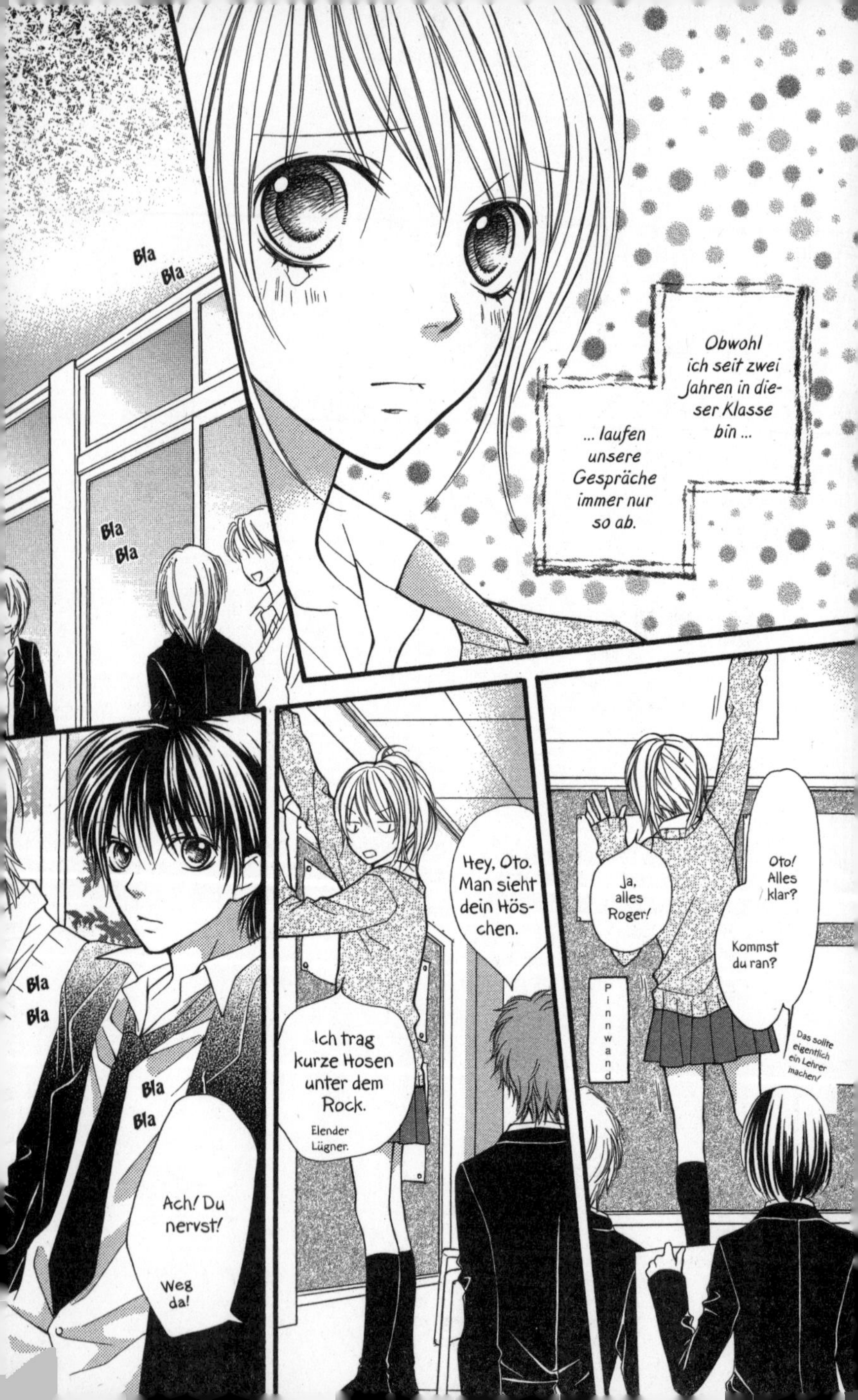
Obwohl ich seit zwei Jahren in dieser Klasse bin ...
... laufen unsere Gespräche immer nur so ab.
Bla Bla
Bla Bla
Oto! Alles klar?
Kommst du ran?
Ja, alles Roger!
Das sollte eigentlich ein Lehrer machen!
Pinnwand
Hey, Oto. Man sieht dein Höschen.
Ich trag kurze Hosen unter dem Rock.
Elender Lügner.
Bla Bla
Bla Bla
Ach! Du nervst!
Weg da!

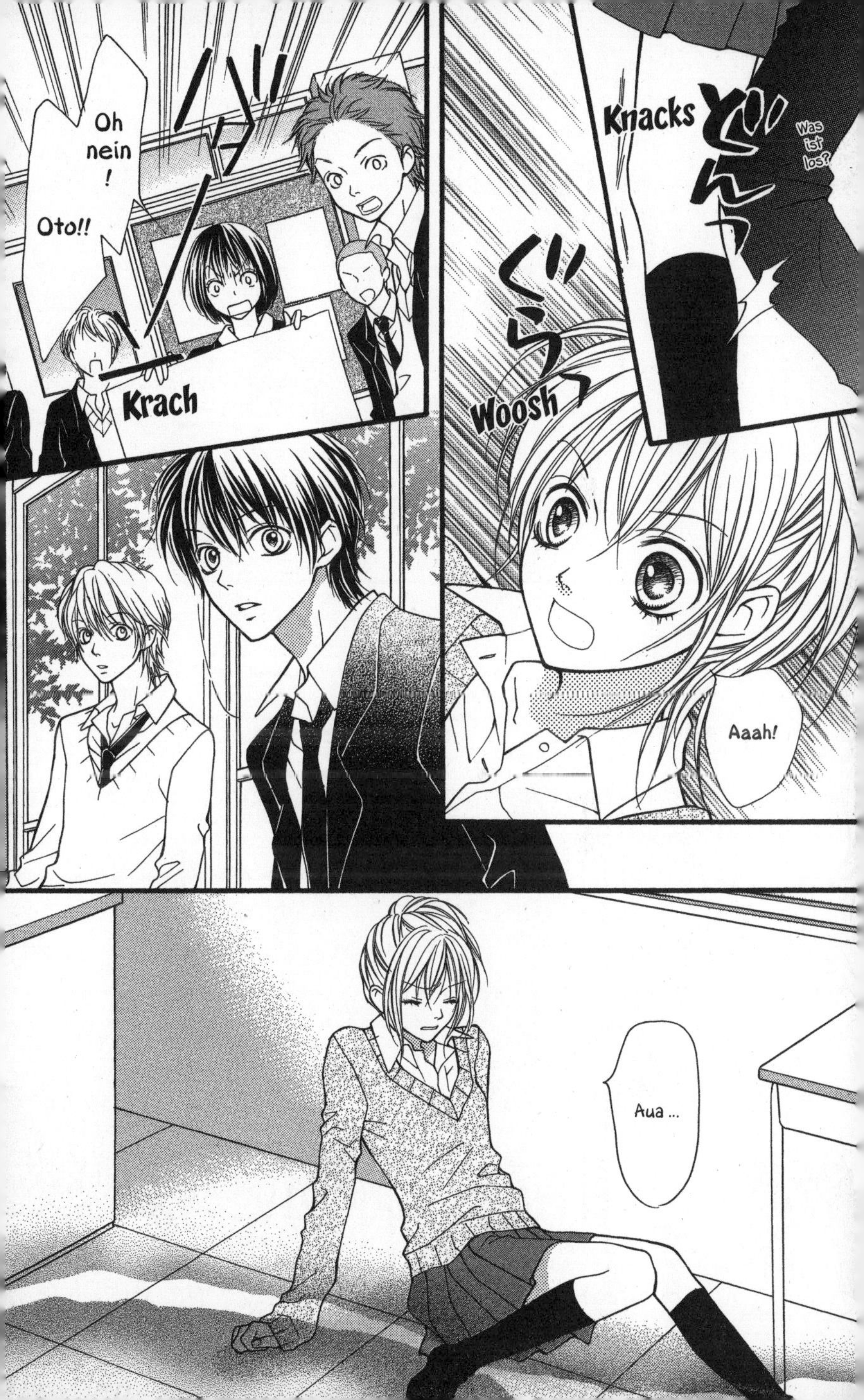
Was ist los?
Knacks
Woosh
Aaah!
Oh nein!
Oto!!
Krach
Aua ...

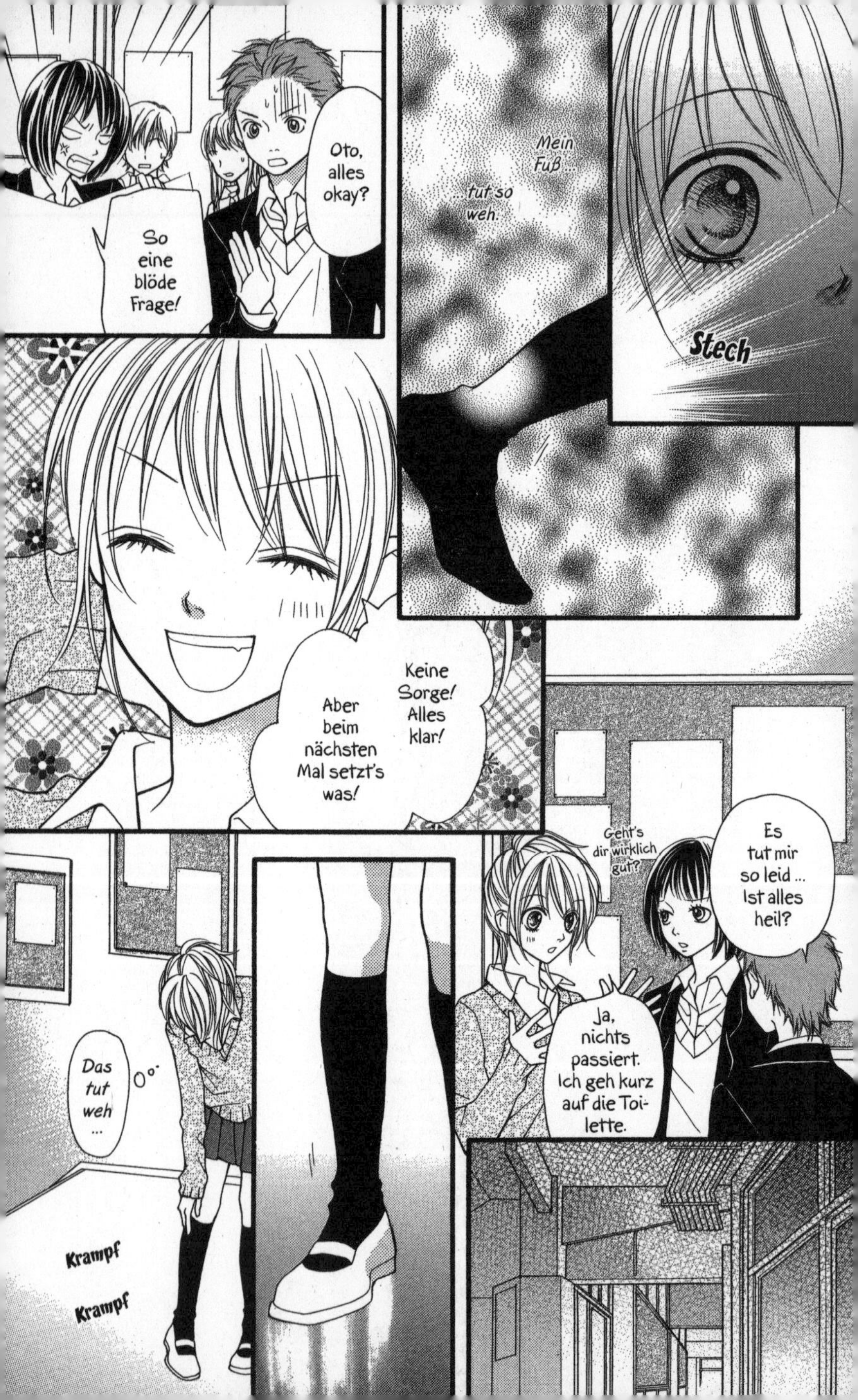
Stech
Mein Fuß ...
... tut so weh.
Oto, alles okay?
So eine blöde Frage!
Keine Sorge! Alles klar!
Aber beim nächsten Mal setzt's was!
Es tut mir so leid ... Ist alles heil?
Geht's dir wirklich gut?
Ja, nichts passiert. Ich geh kurz auf die Toi-lette.
Das tut weh ...
Krampf
Krampf

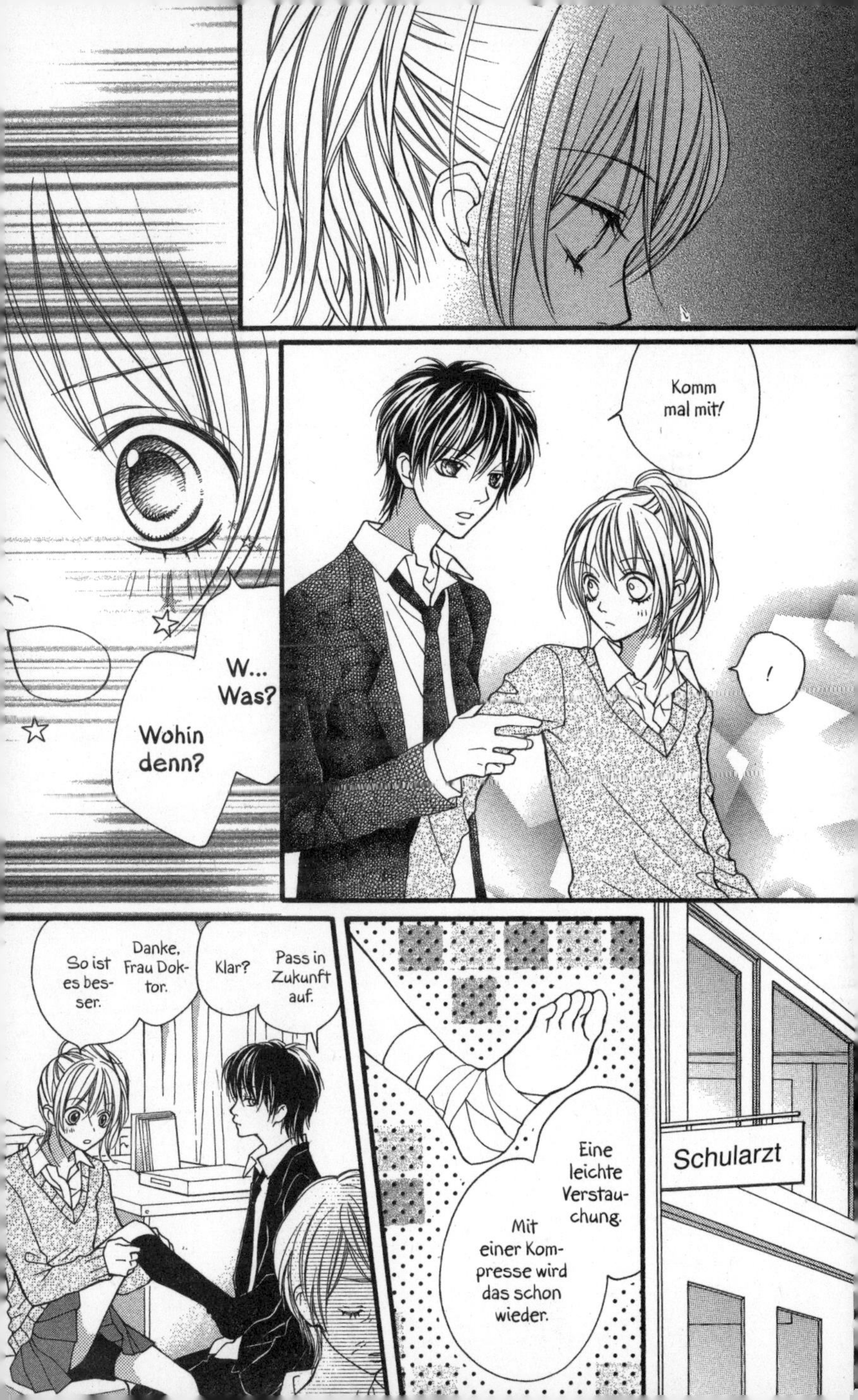
Komm mal mit!
!
W... Was?
Wohin denn?
Schularzt
Eine leichte Verstauchung.
Mit einer Kompresse wird das schon wieder.
Pass in Zukunft auf.
Klar?
Danke, Frau Doktor.
So ist es besser.

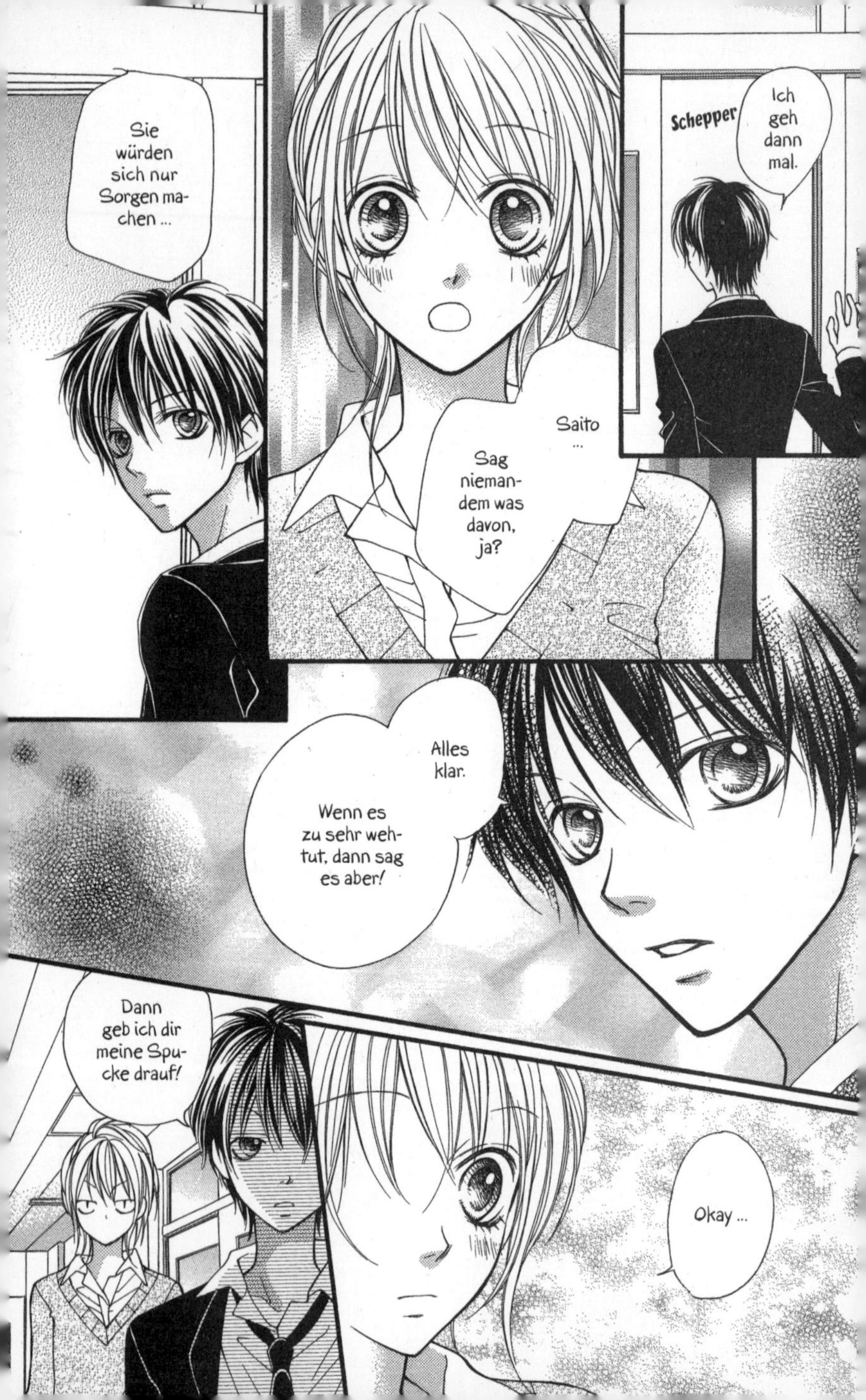
Ich geh dann mal.
Schepper
Saito ...
Sag niemandem was davon, ja?
Sie würden sich nur Sorgen machen ...
Alles klar.
Wenn es zu sehr wehtut, dann sag es aber!
Okay ...
Dann geb ich dir meine Spucke drauf!

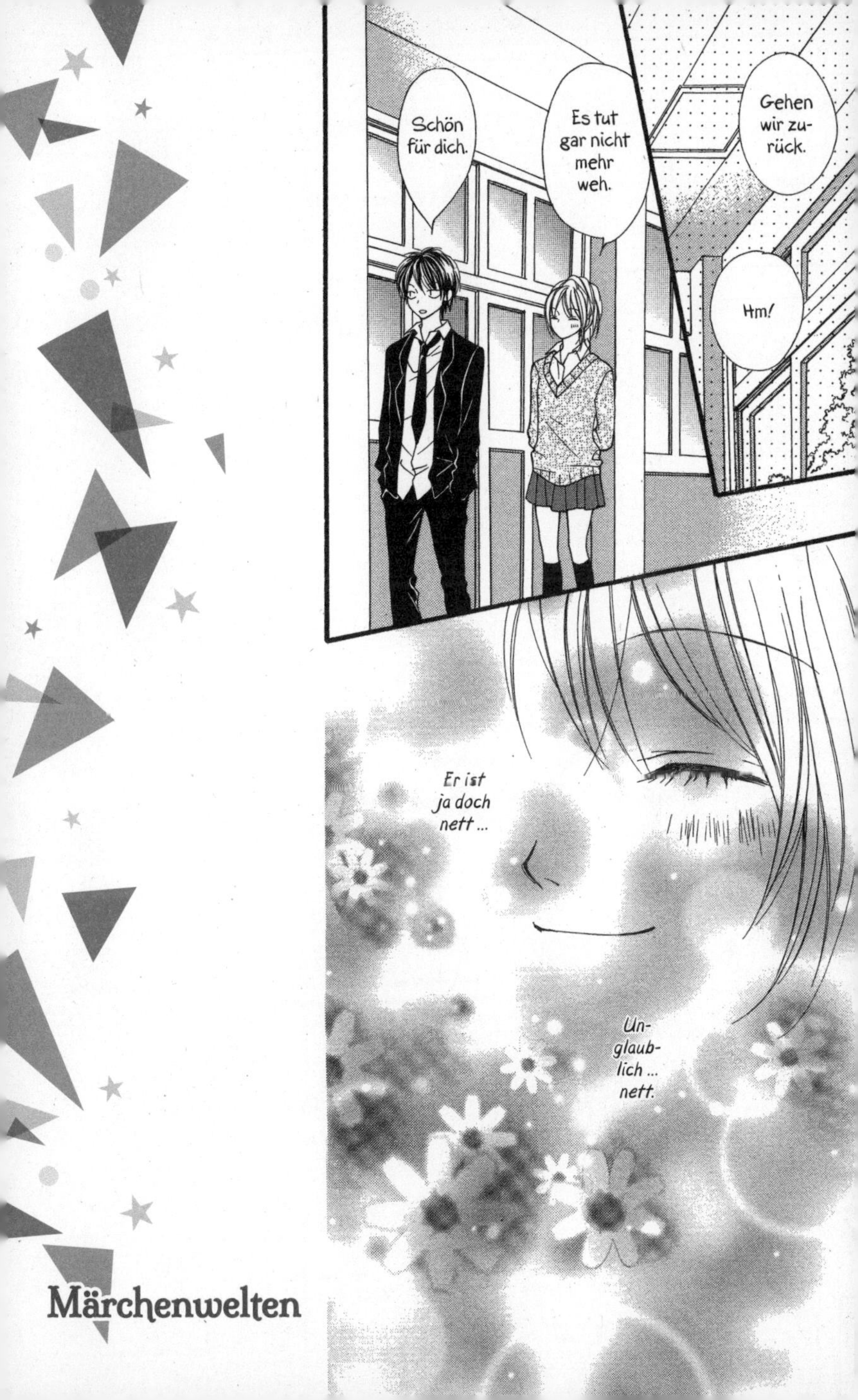
Gehen wir zurück.
Hm!
Es tut gar nicht mehr weh.
Schön für dich.
Er ist ja doch nett ...
Unglaublich ... nett.
Märchenwelten

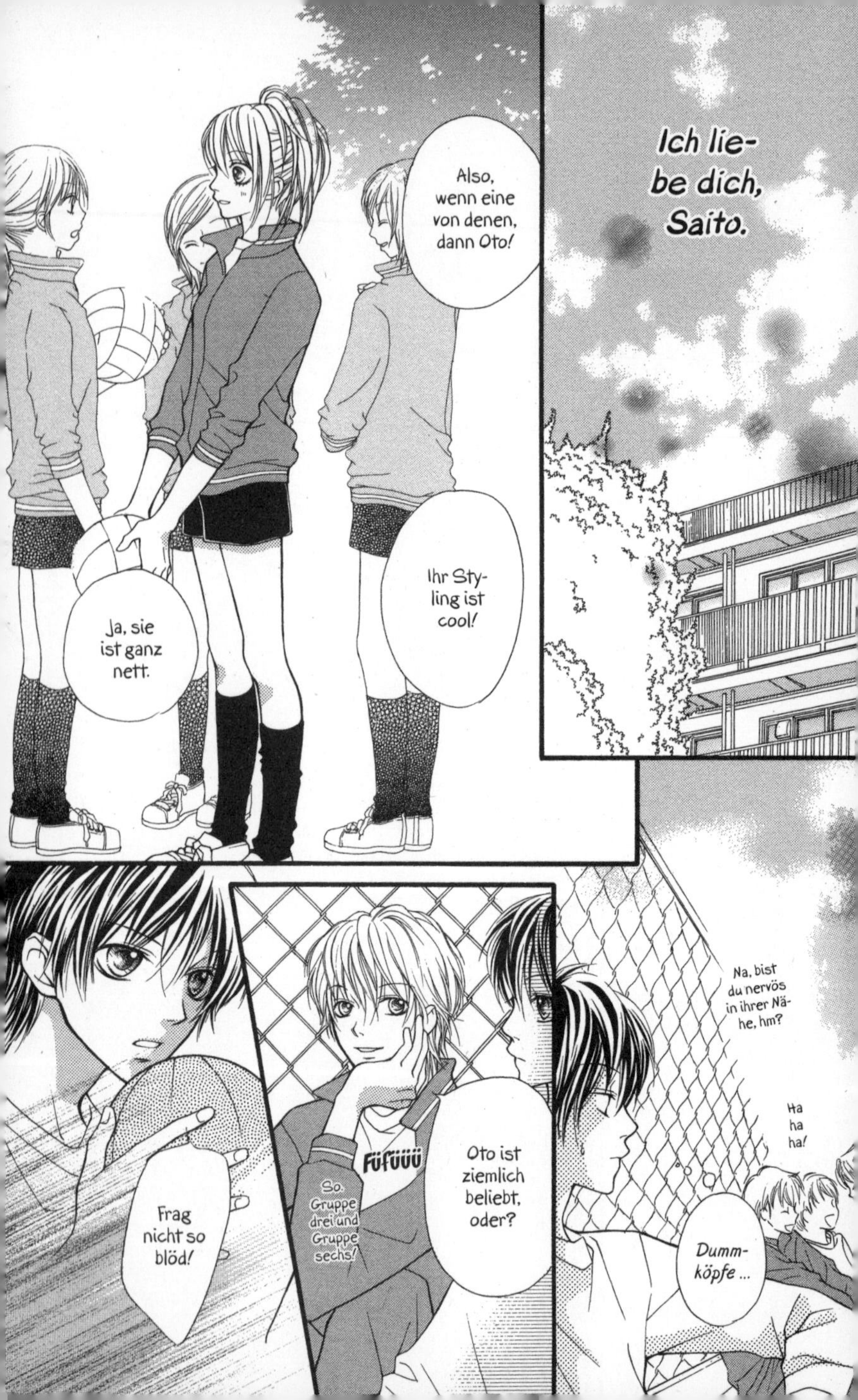

Ich liebe dich, Saito.
Also, wenn eine von denen, dann Oto!
Ihr Styling ist cool!
Ja, sie ist ganz nett.
Na, bist du nervös in ihrer Nähe, hm?
Ha ha ha!
Dummköpfe ...
Oto ist ziemlich beliebt, oder?
Füfüüü
So. Gruppe drei und Gruppe sechs!
Frag nicht so blöd!

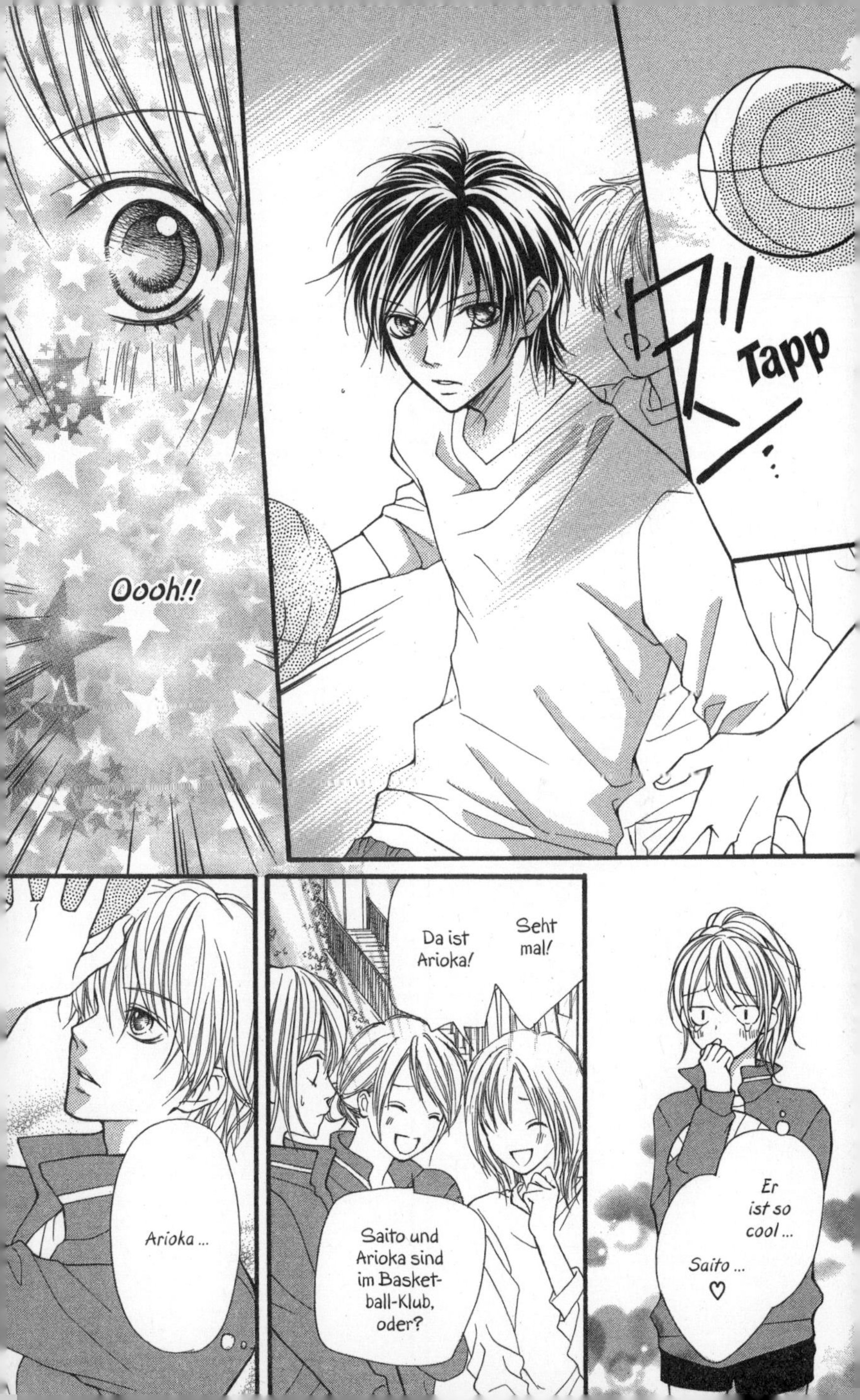
Tapp
Oooh!!
Er ist so cool ...
Saito ... ♡
Seht mal!
Da ist Arioka!
Saito und Arioka sind im Basket-ball-Klub, oder?
Arioka ...

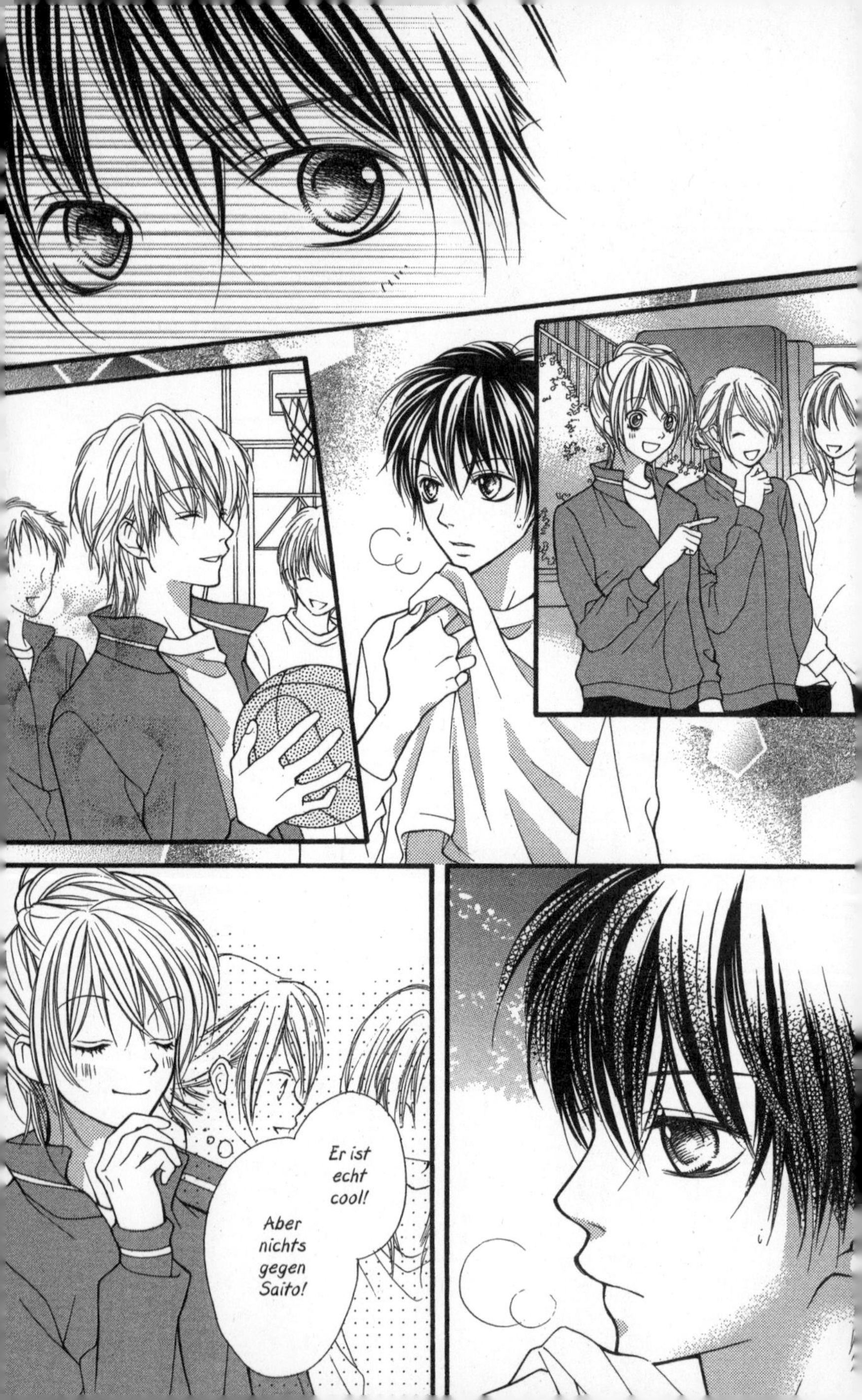
Er ist echt cool!
Aber nichts gegen Saito!

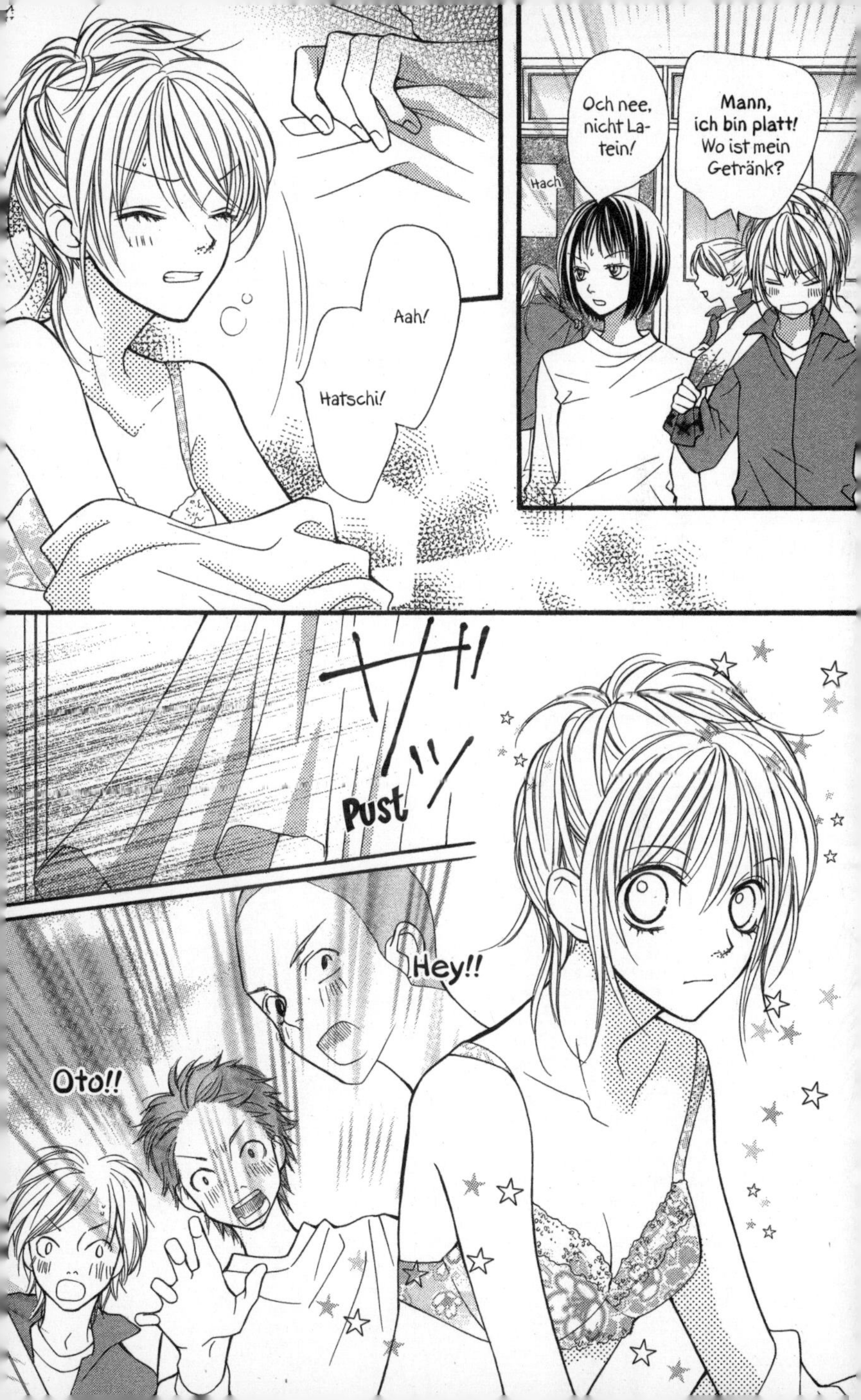
Mann, ich bin platt! Wo ist mein Getränk?
Och nee, nicht La-tein!
Hach
Aah!
Hatschi!
Pust
Hey!!
Oto!!

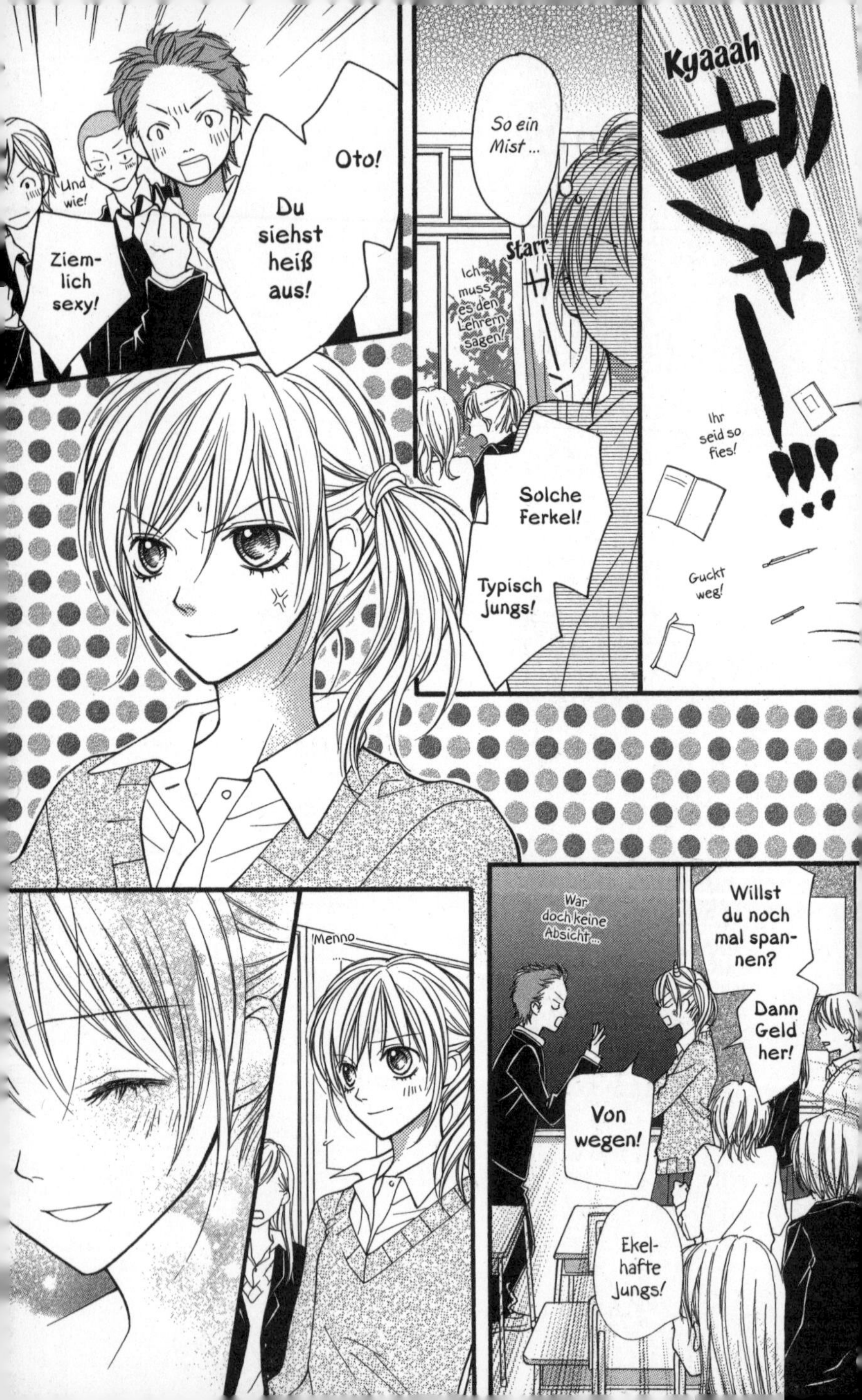
Kyaaah
Ihr seid so fies!
Guckt weg!
So ein Mist ...
Starr
Ich muss es den Lehrern sagen!
Solche Ferkel!
Typisch Jungs!
Oto!
Du siehst heiß aus!
Und wie!
Ziemlich sexy!
Willst du noch mal spannen?
Dann Geld her!
War doch keine Absicht ...
Von wegen!
Ekelhafte Jungs!
Menno ...

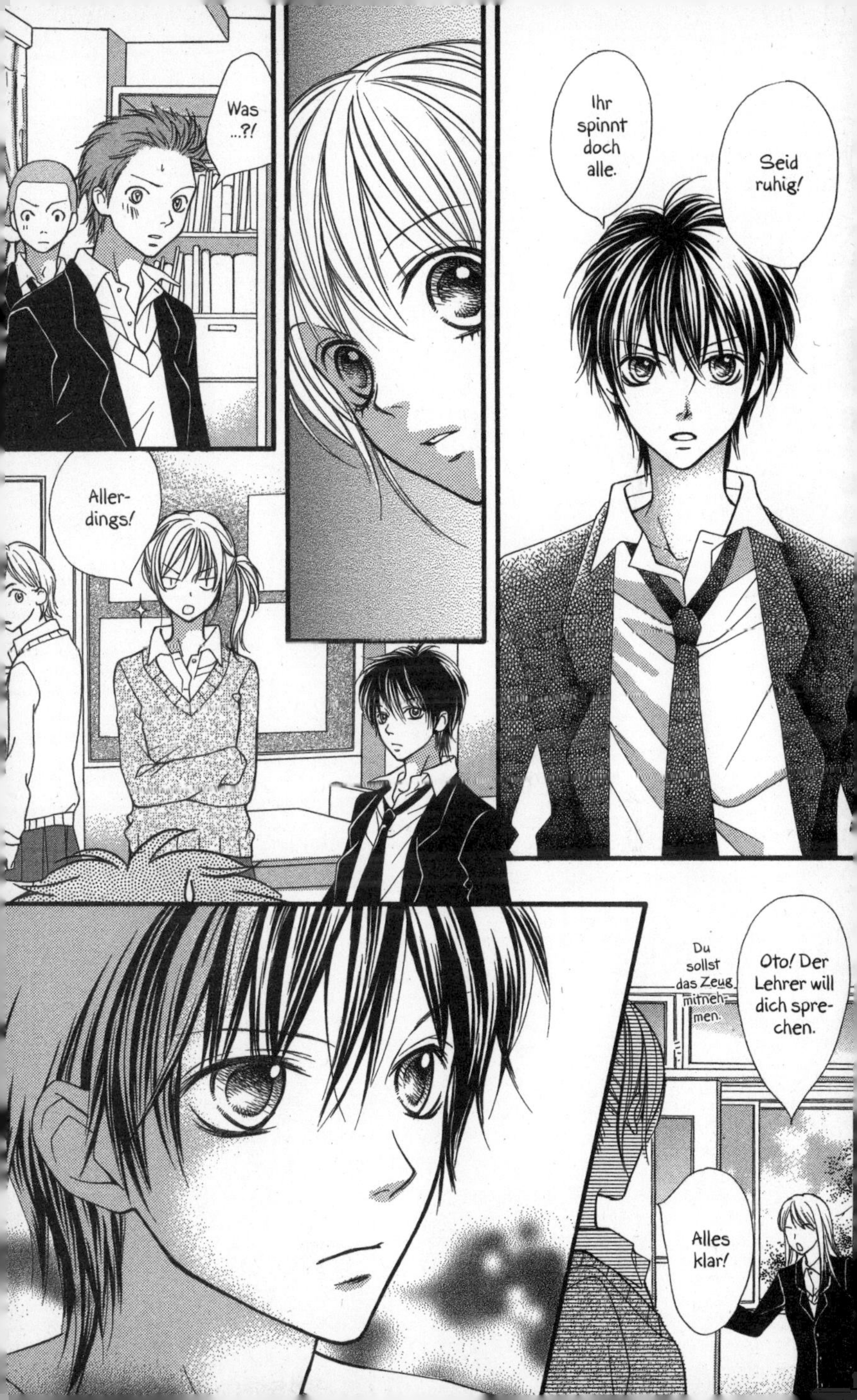

Seid ruhig!
Ihr spinnt doch alle.
Was ...?!
Aller-dings!
Oto! Der Lehrer will dich spre-chen.
Du sollst das Zeug mitneh-men.
Alles klar!

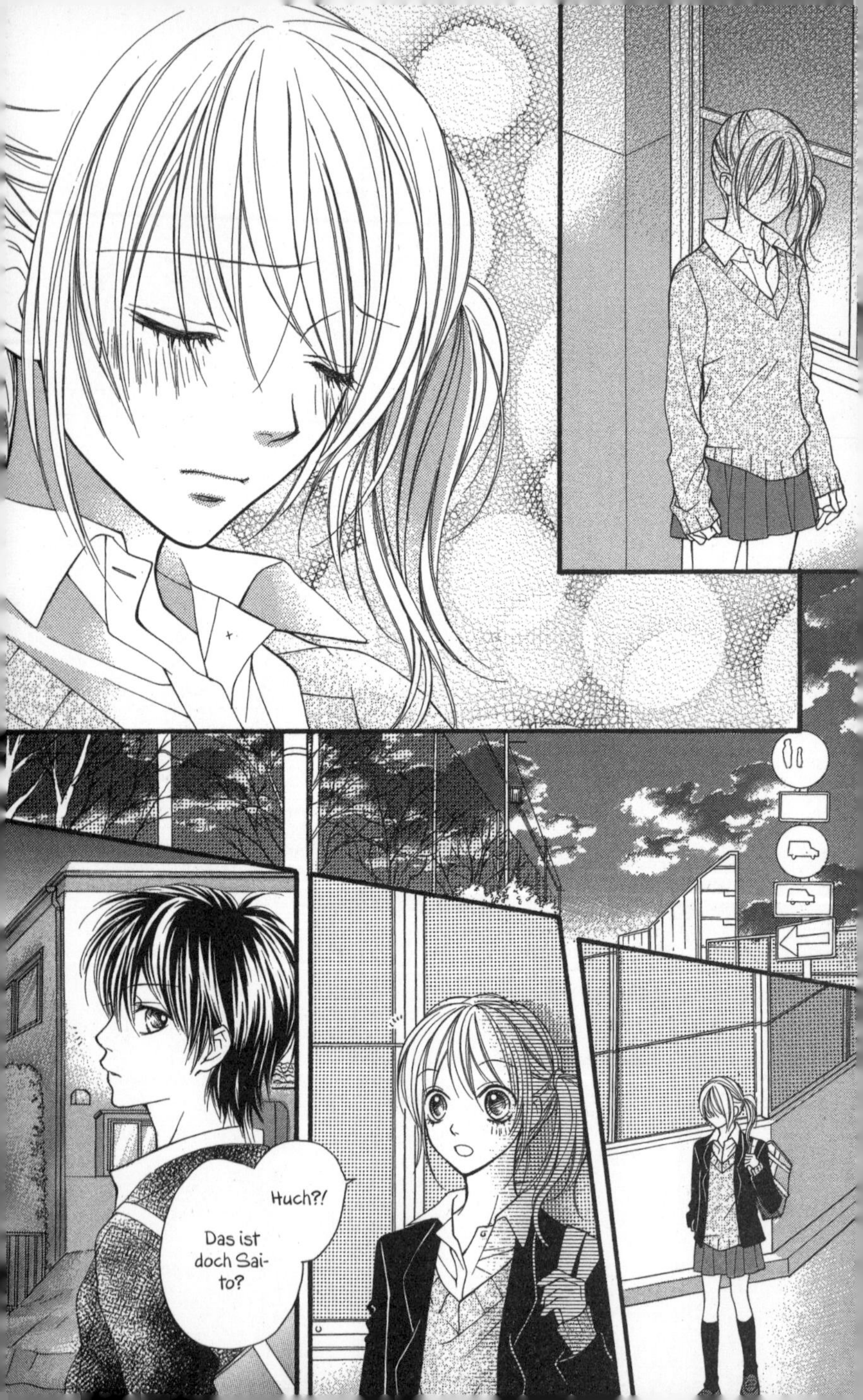
Huch?!
Das ist doch Saito?

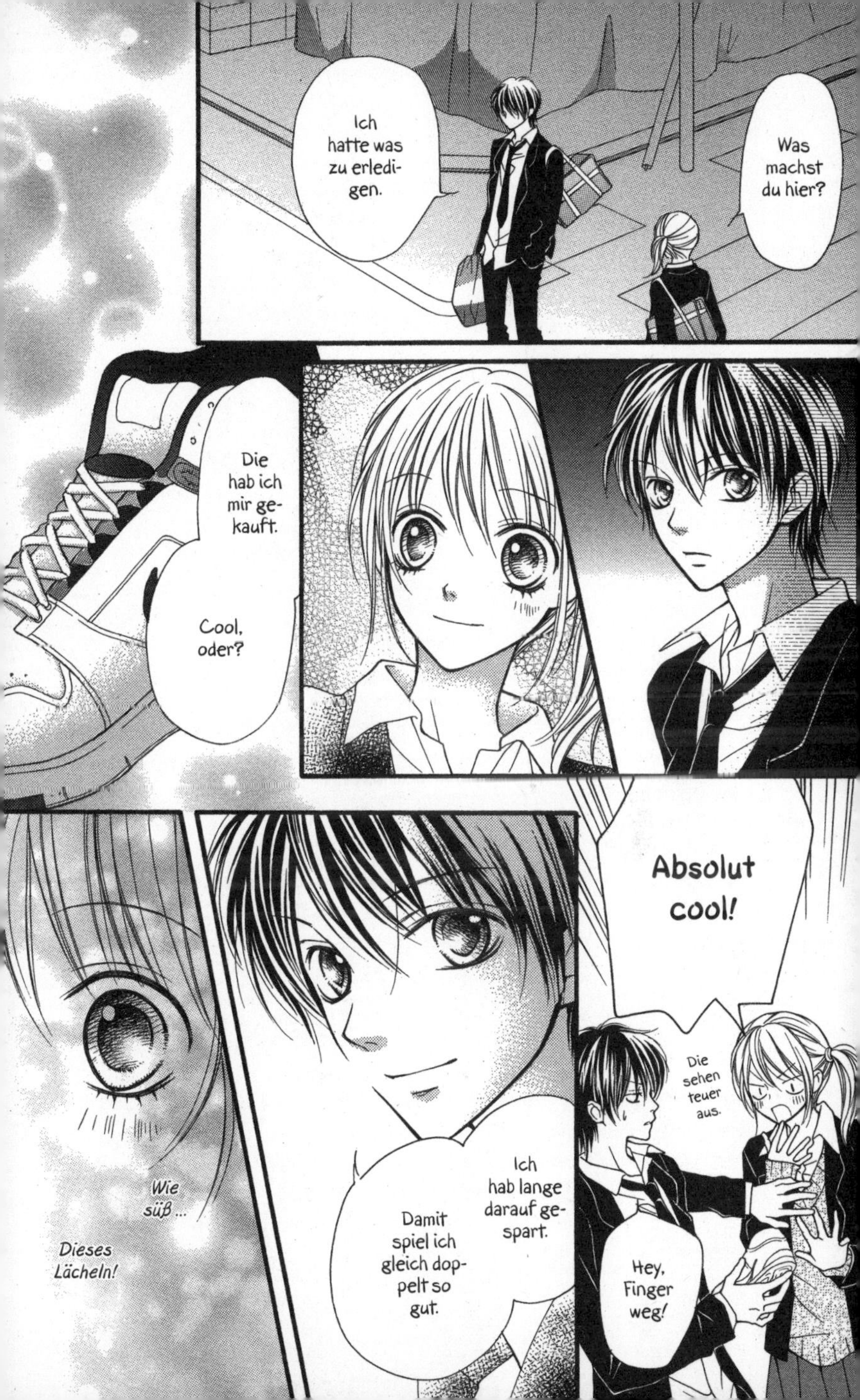

Was machst du hier?
Ich hatte was zu erledigen.
Die hab ich mir gekauft.
Cool, oder?
Absolut cool!
Die sehen teuer aus.
Hey, Finger weg!
Ich hab lange darauf gespart.
Damit spiel ich gleich doppelt so gut.
Wie süß ...
Dieses Lächeln!

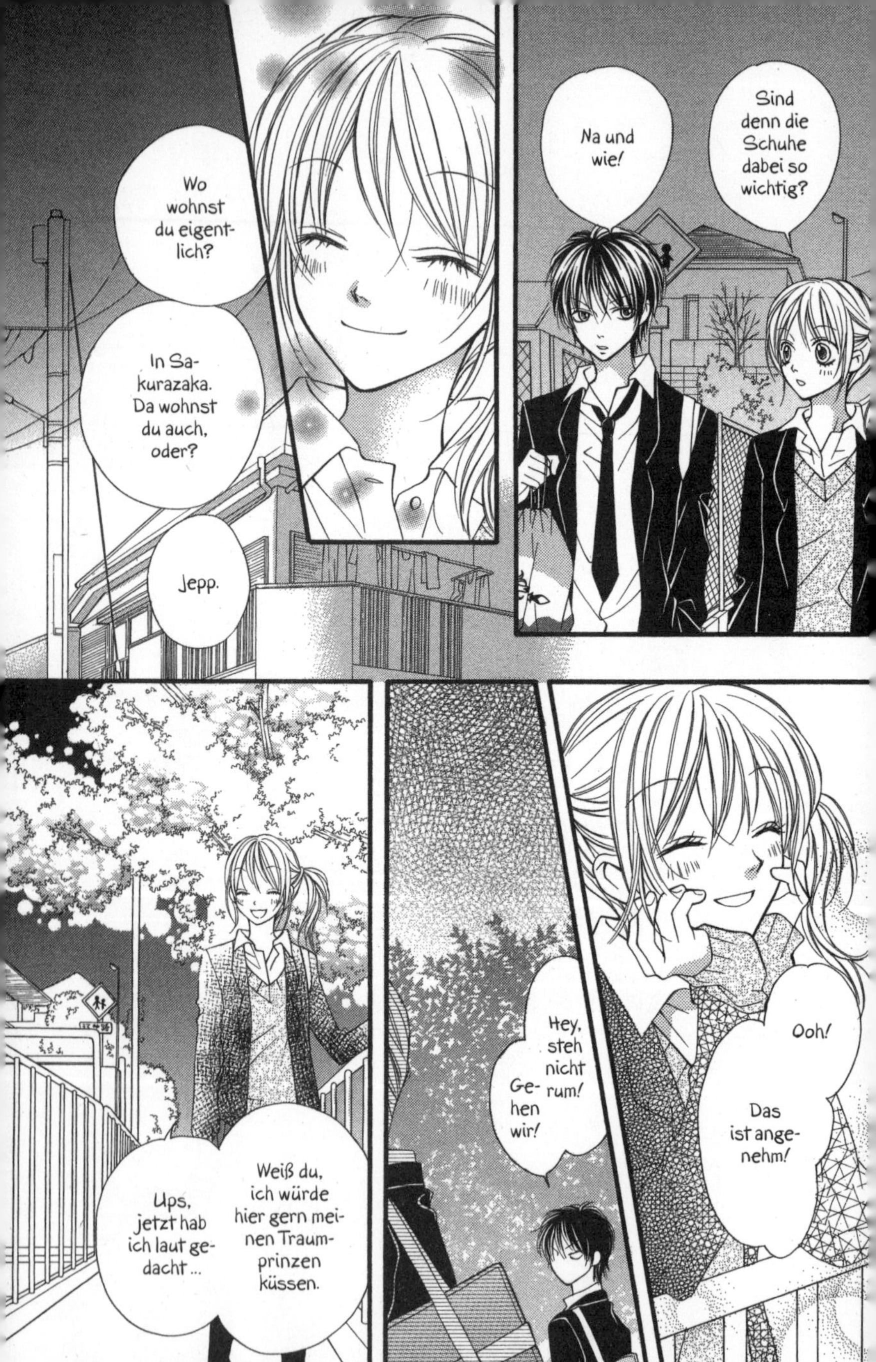
Sind denn die Schuhe dabei so wichtig?
Na und wie!
Wo wohnst du eigentlich?
In Sakurazaka. Da wohnst du auch, oder?
Jepp.
Ooh!
Das ist angenehm!
Hey, steh nicht rum! Gehen wir!
Weiß du, ich würde hier gern meinen Traumprinzen küssen.
Ups, jetzt hab ich laut gedacht ...

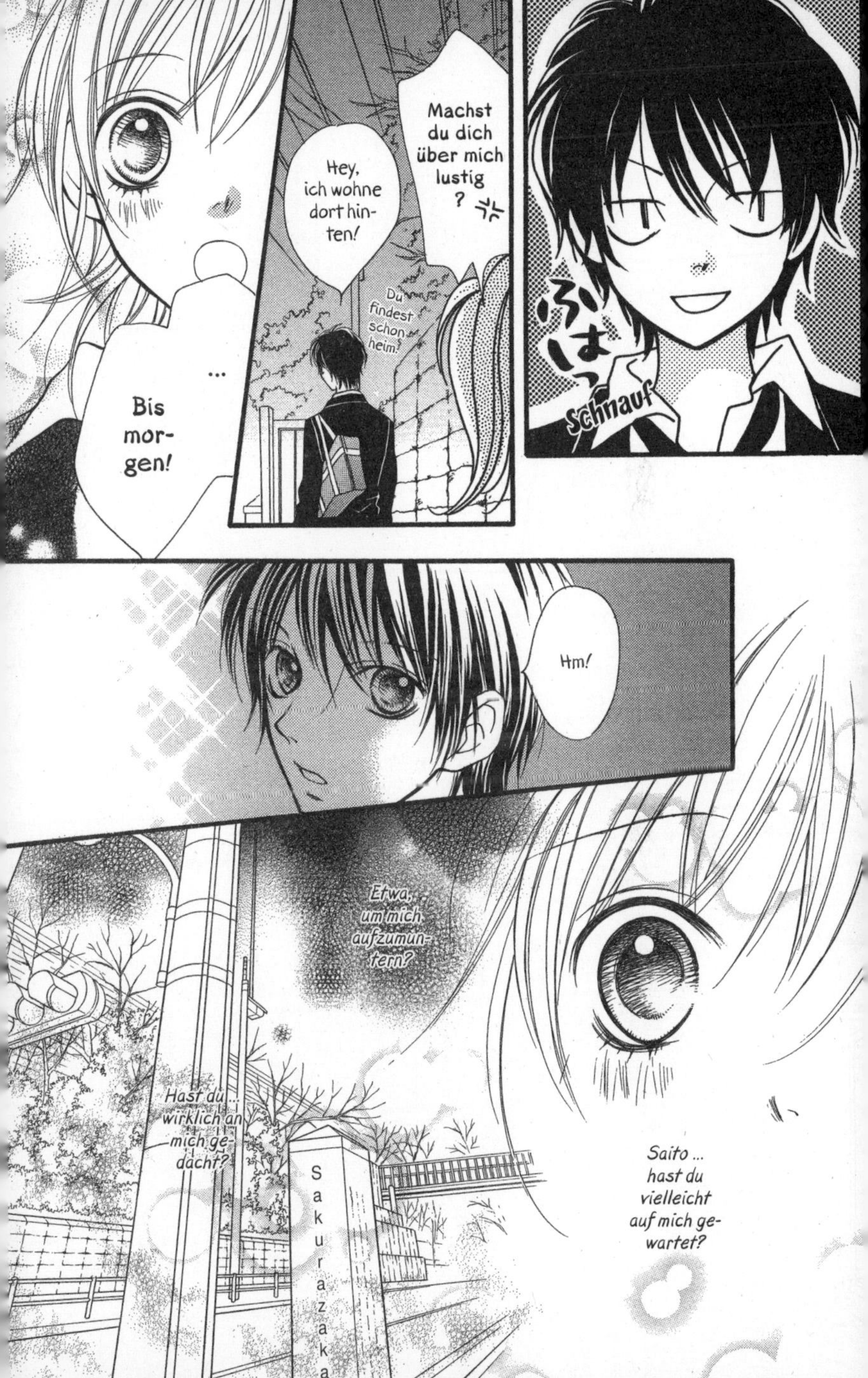
Machst du dich über mich lustig?
ふはっ
Schnauf
Hey, ich wohne dort hinten!
Du findest schon heim.
...
Bis morgen!
Hm!
Saito ... hast du vielleicht auf mich gewartet?
Etwa, um mich aufzumuntern?
Hast du ... wirklich an mich gedacht?
Sakurazaka

Saito, solange du bei mir bist ...

... ist alles ...

... in Ordnung.

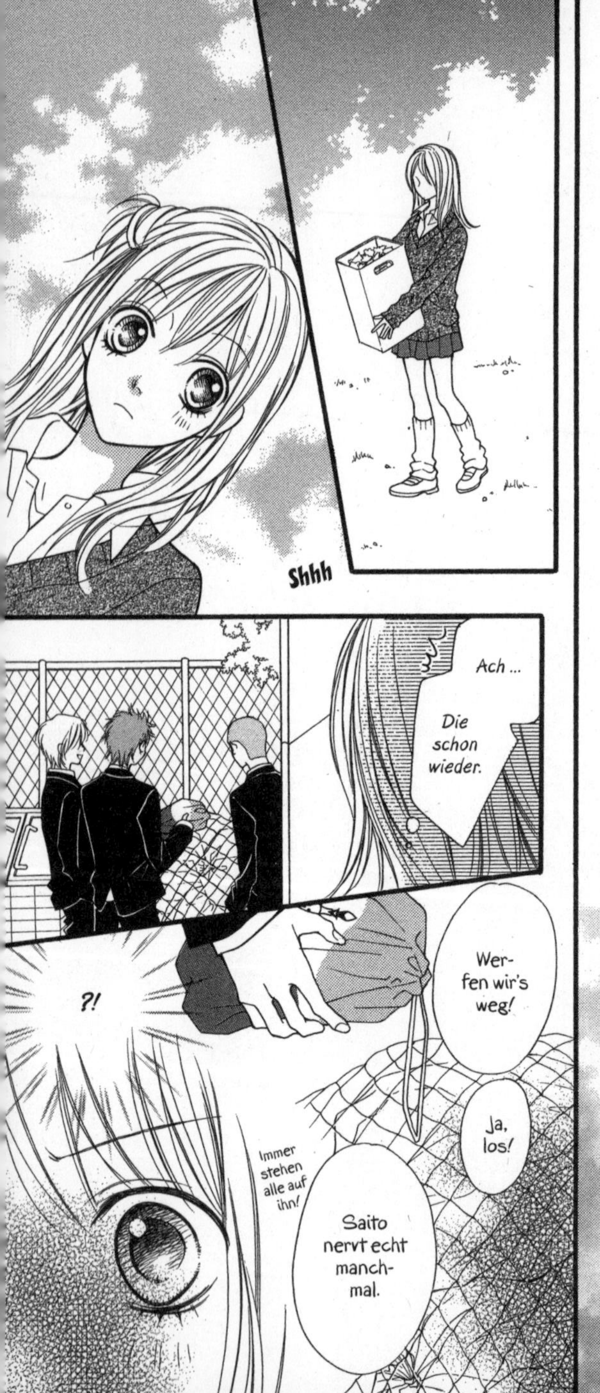

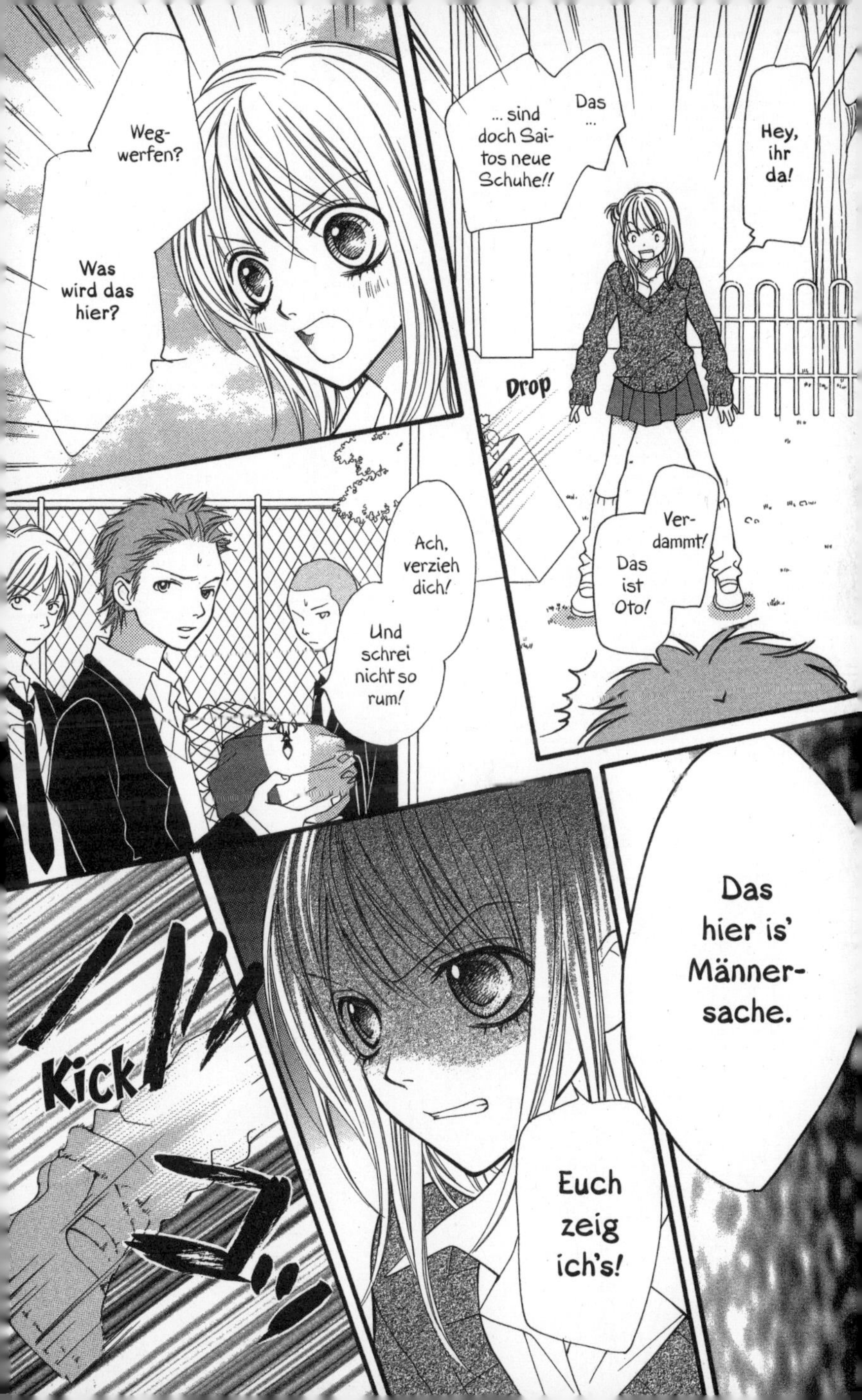
Hey, ihr da!
Das …
… sind doch Saitos neue Schuhe!!
Drop
Weg-werfen?
Was wird das hier?
Ver-dammt! Das ist Oto!
Ach, verzieh dich!
Und schrei nicht so rum!
Das hier is' Männer-sache.
Euch zeig ich's!
Kick

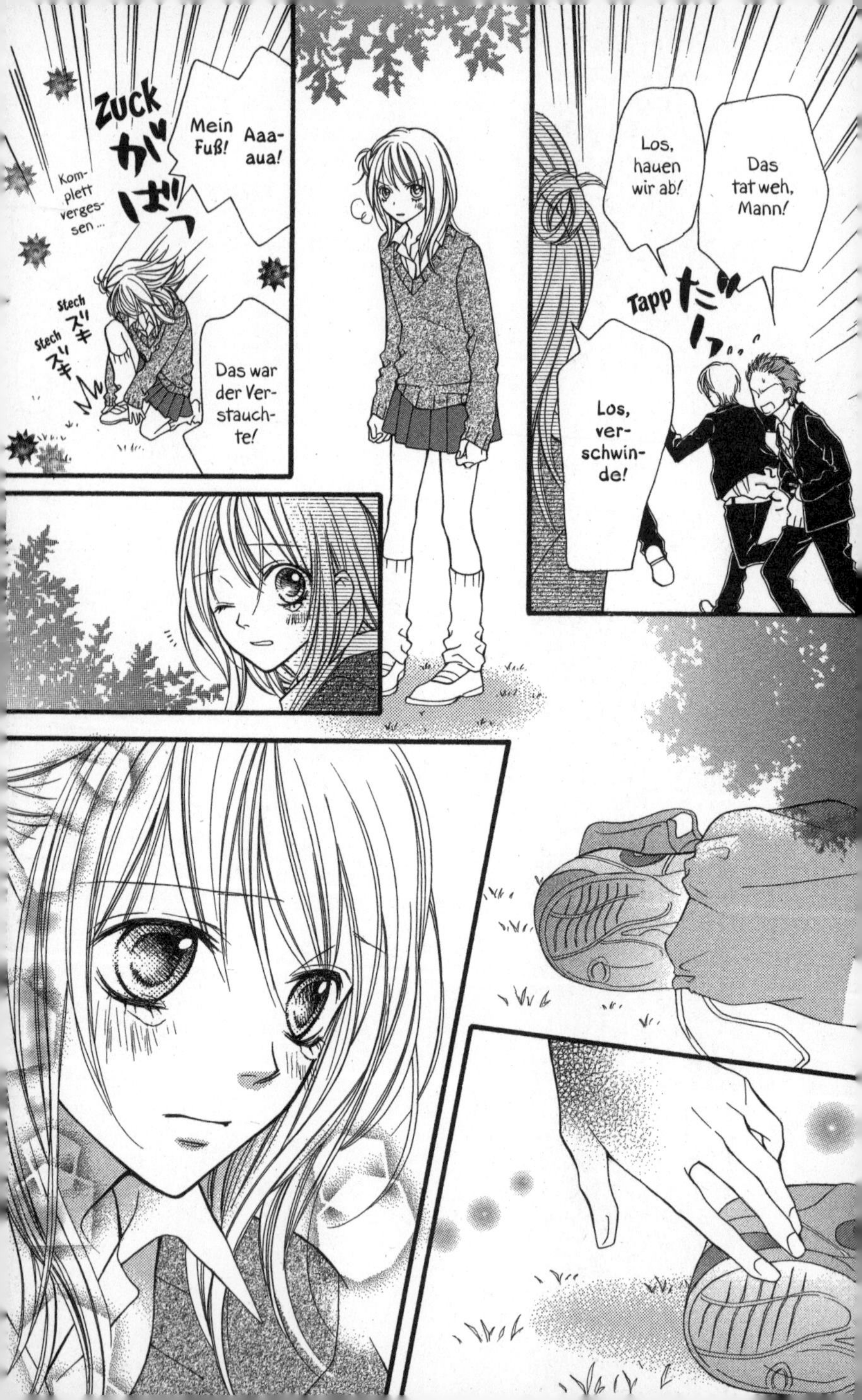
Das tat weh, Mann!
Los, hauen wir ab!
Tapp
Los, verschwinde!
Aaa-aua!
Mein Fuß!
Zuck
Komplett vergessen ...
Stech
Stech
Das war der Verstauchte!

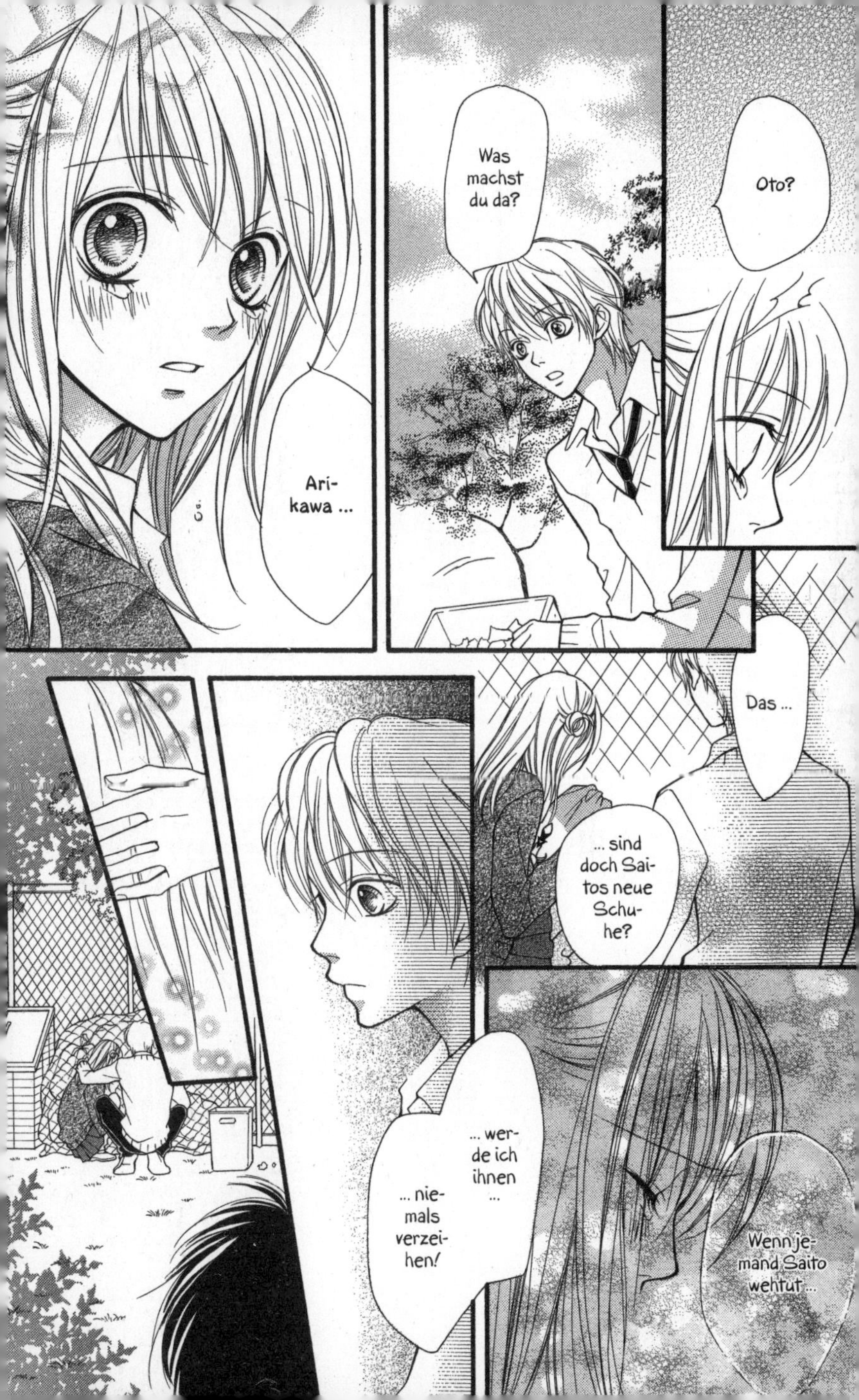
Oto?
Was machst du da?
Ari-kawa ...
Das ...
... sind doch Sai-tos neue Schu-he?
Wenn je-mand Saito wehtut ...
... wer-de ich ihnen ...
... nie-mals verzei-hen!

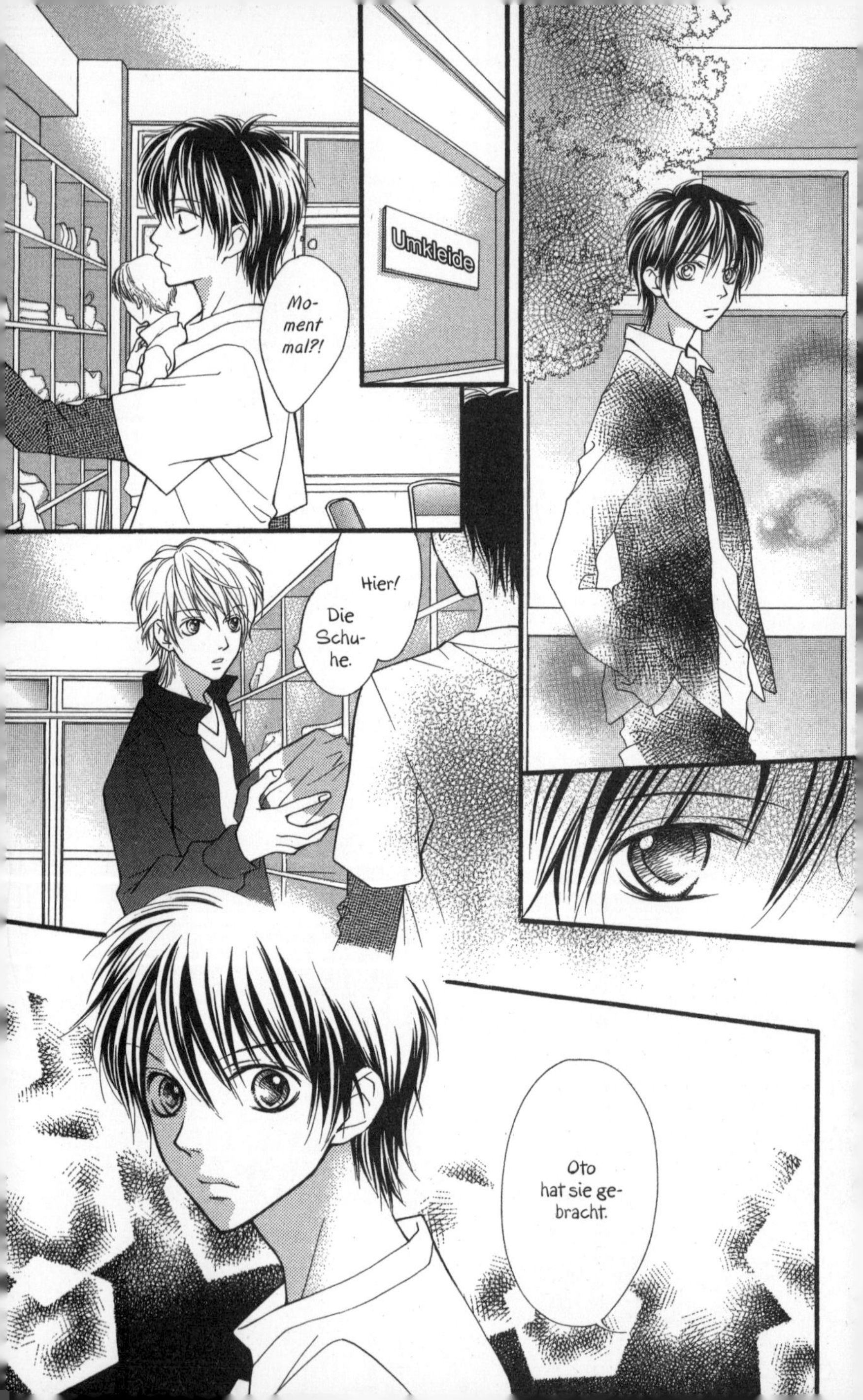
Umkleide
Moment mal?!
Hier!
Die Schuhe.
Oto hat sie gebracht.

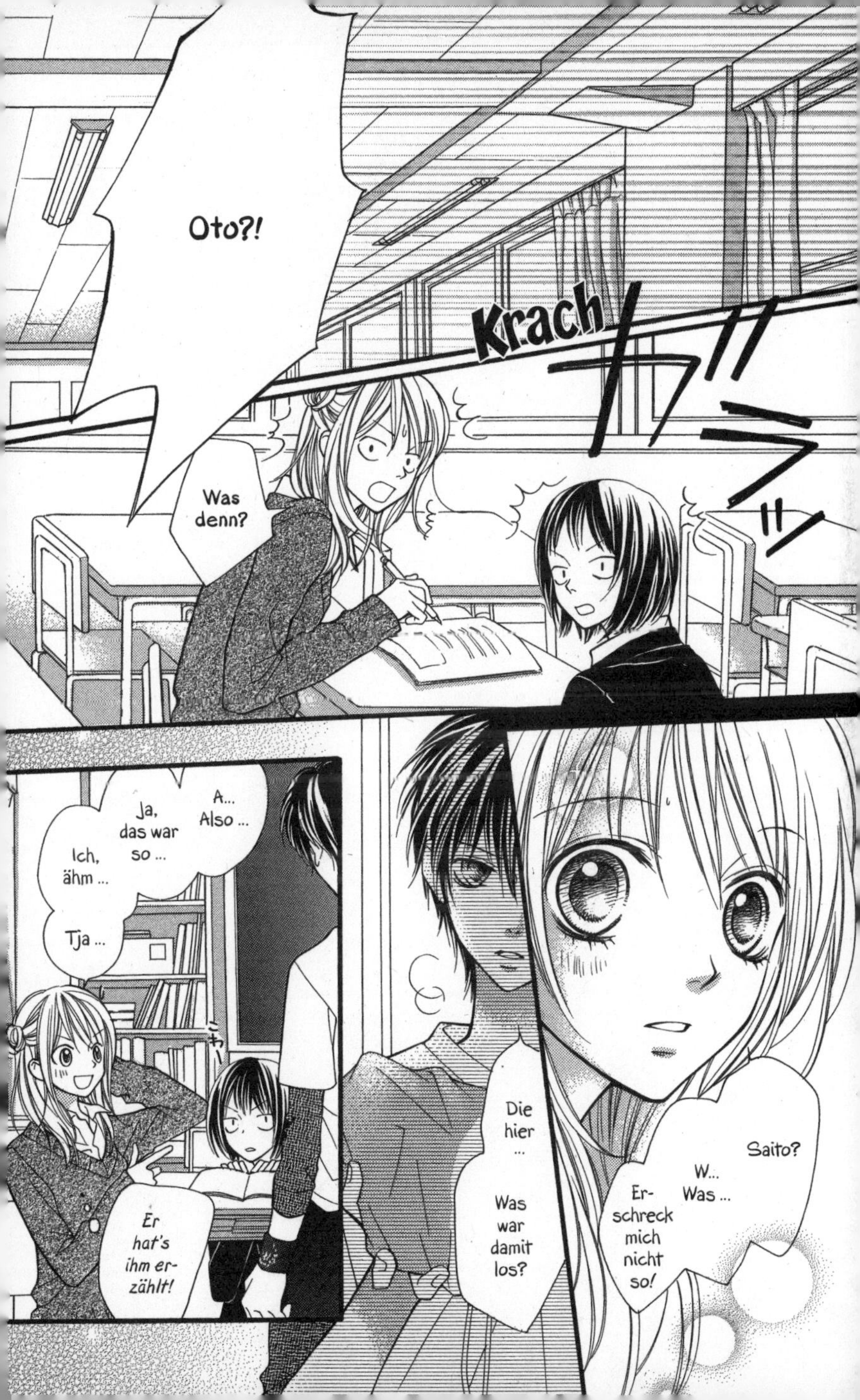
Oto?!
Krach
ガラッ
Was denn?
Saito?
W... Was ...
Er-schreck mich nicht so!
Die hier ...
Was war damit los?
A... Also ...
Ja, das war so ...
Ich, ähm ...
Tja ...
Er hat's ihm er-zählt!

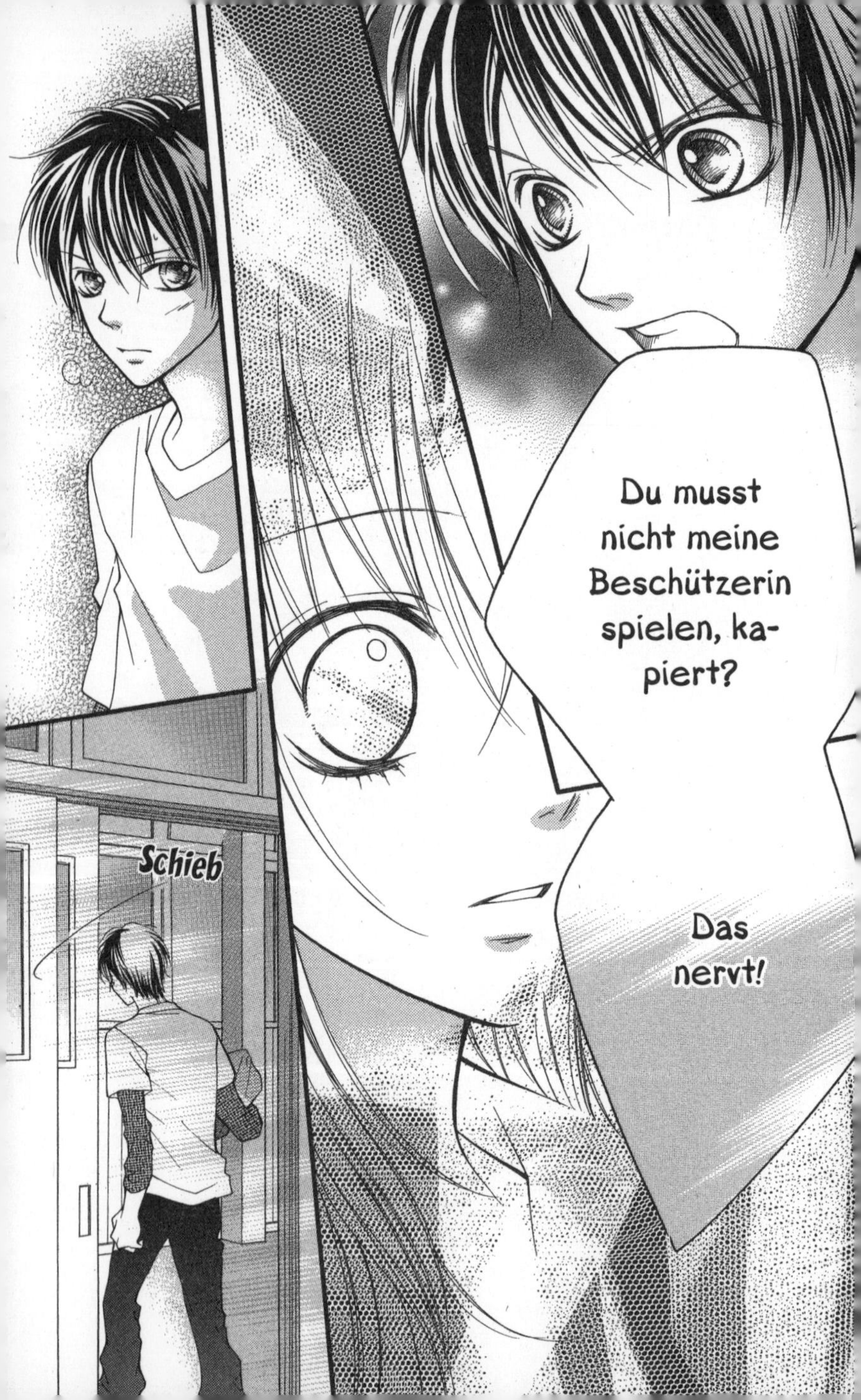
Du musst nicht meine Beschützerin spielen, kapiert?
Das nervt!
Schieb

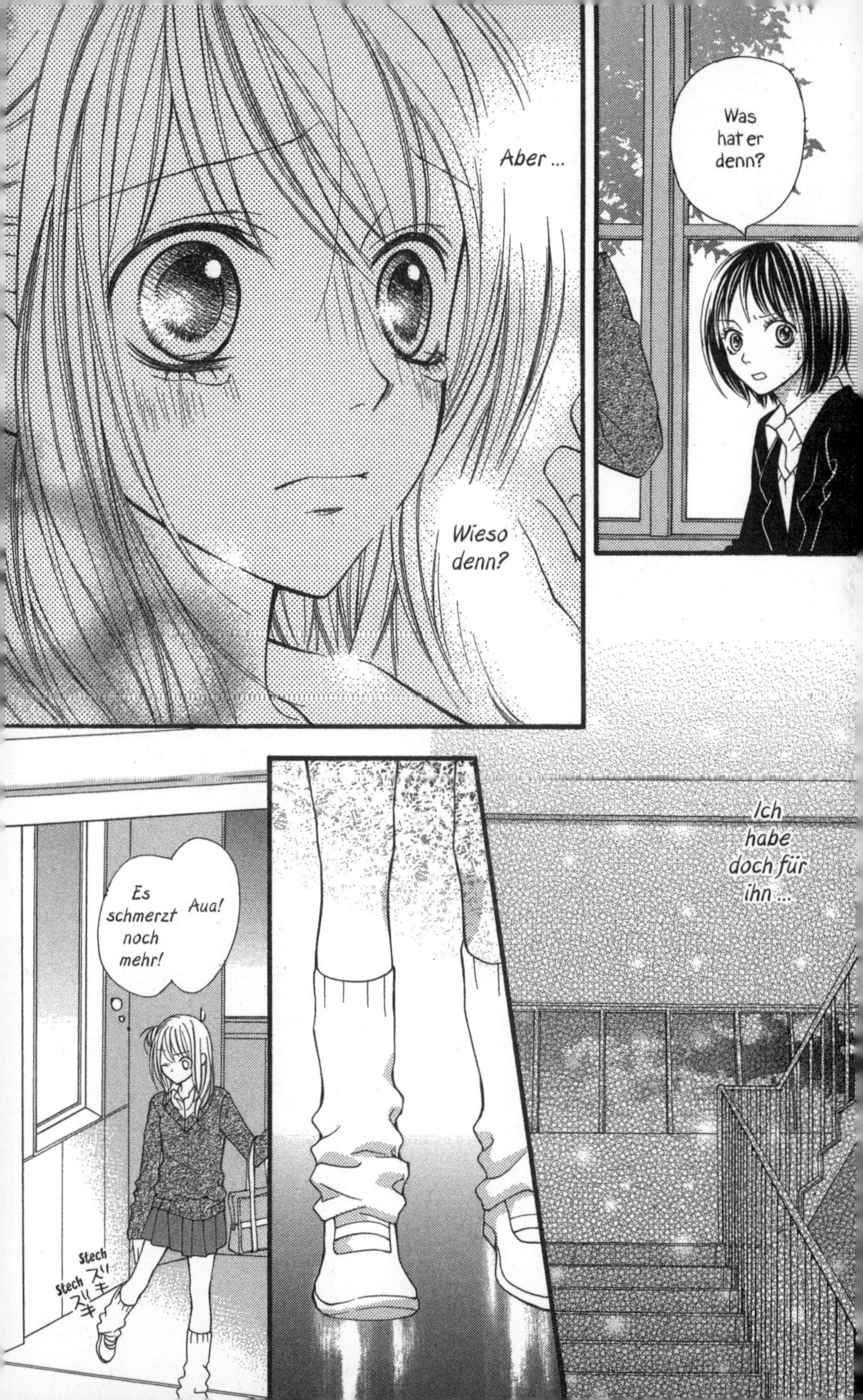
Was hat er denn?
Aber ...
Wieso denn?
Ich habe doch für ihn ...
Aua!
Es schmerzt noch mehr!
Stech
Stech

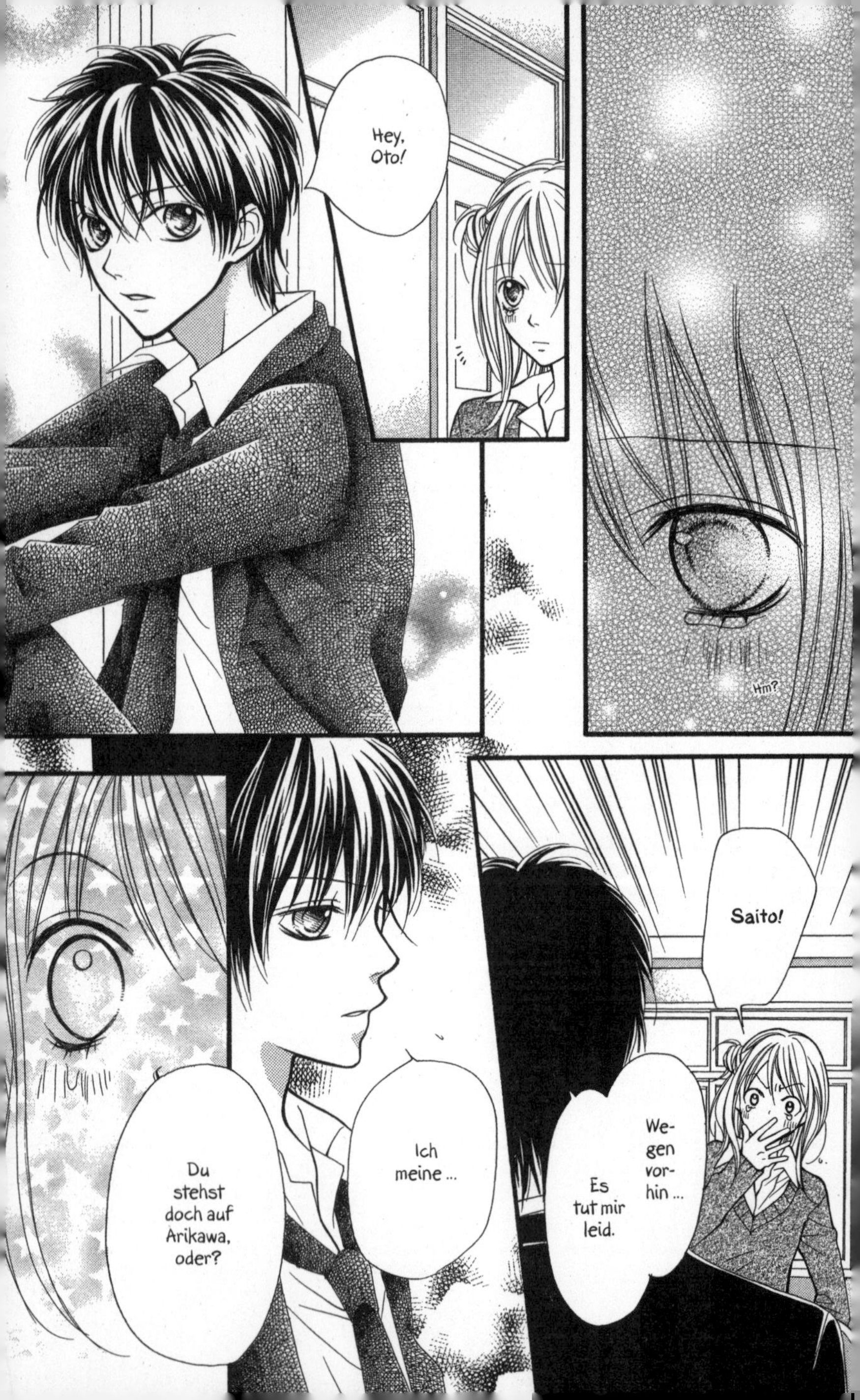
Hey, Oto!
Hm?
Saito!
Wegen vorhin ...
Es tut mir leid.
Ich meine ...
Du stehst doch auf Arikawa, oder?

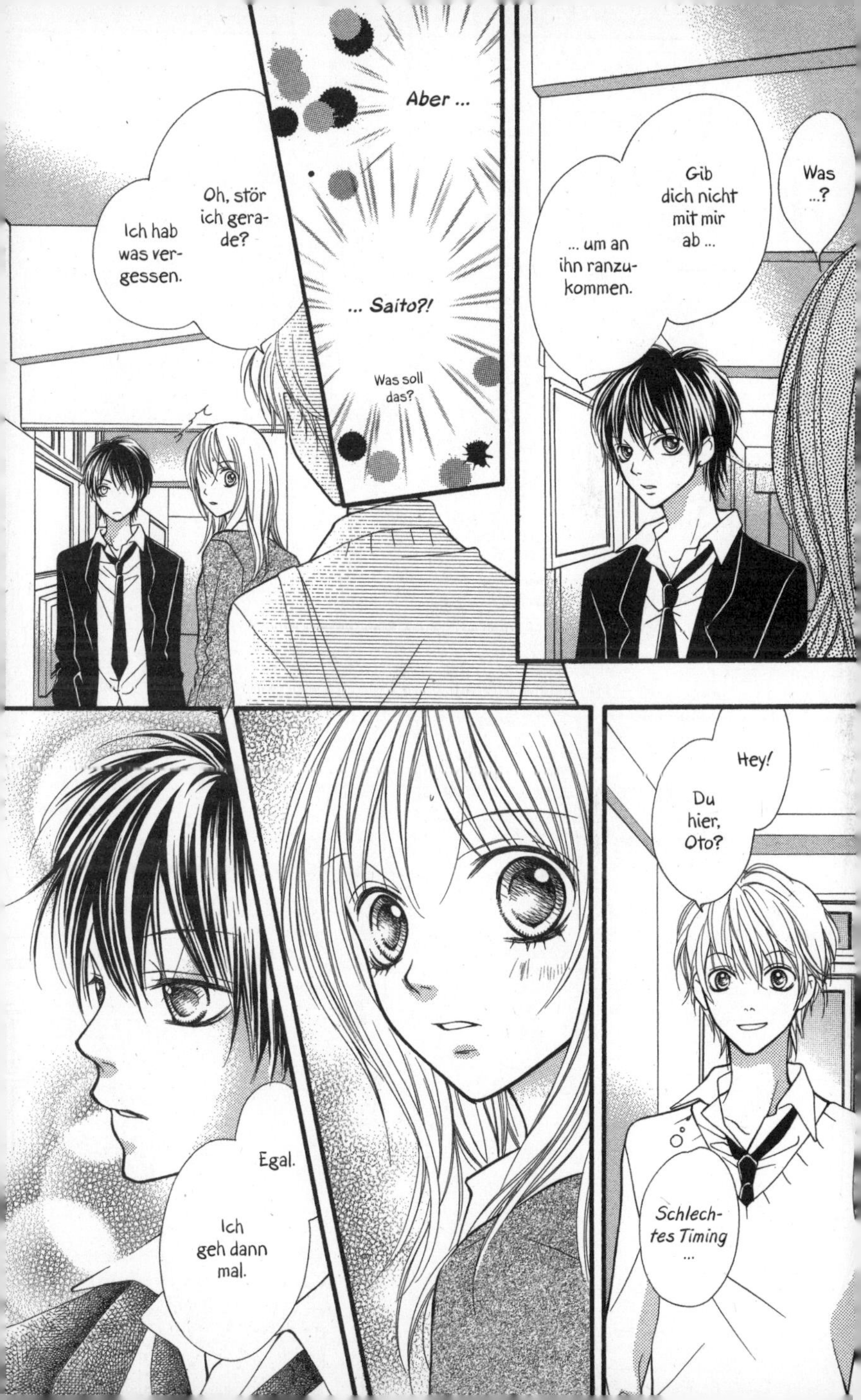

Was ...?
Gib dich nicht mit mir ab ...
... um an ihn ranzukommen.
Aber ...
... Saito?!
Was soll das?
Oh, stör ich gerade?
Ich hab was vergessen.
Hey!
Du hier, Oto?
Schlechtes Timing ...
Egal.
Ich geh dann mal.

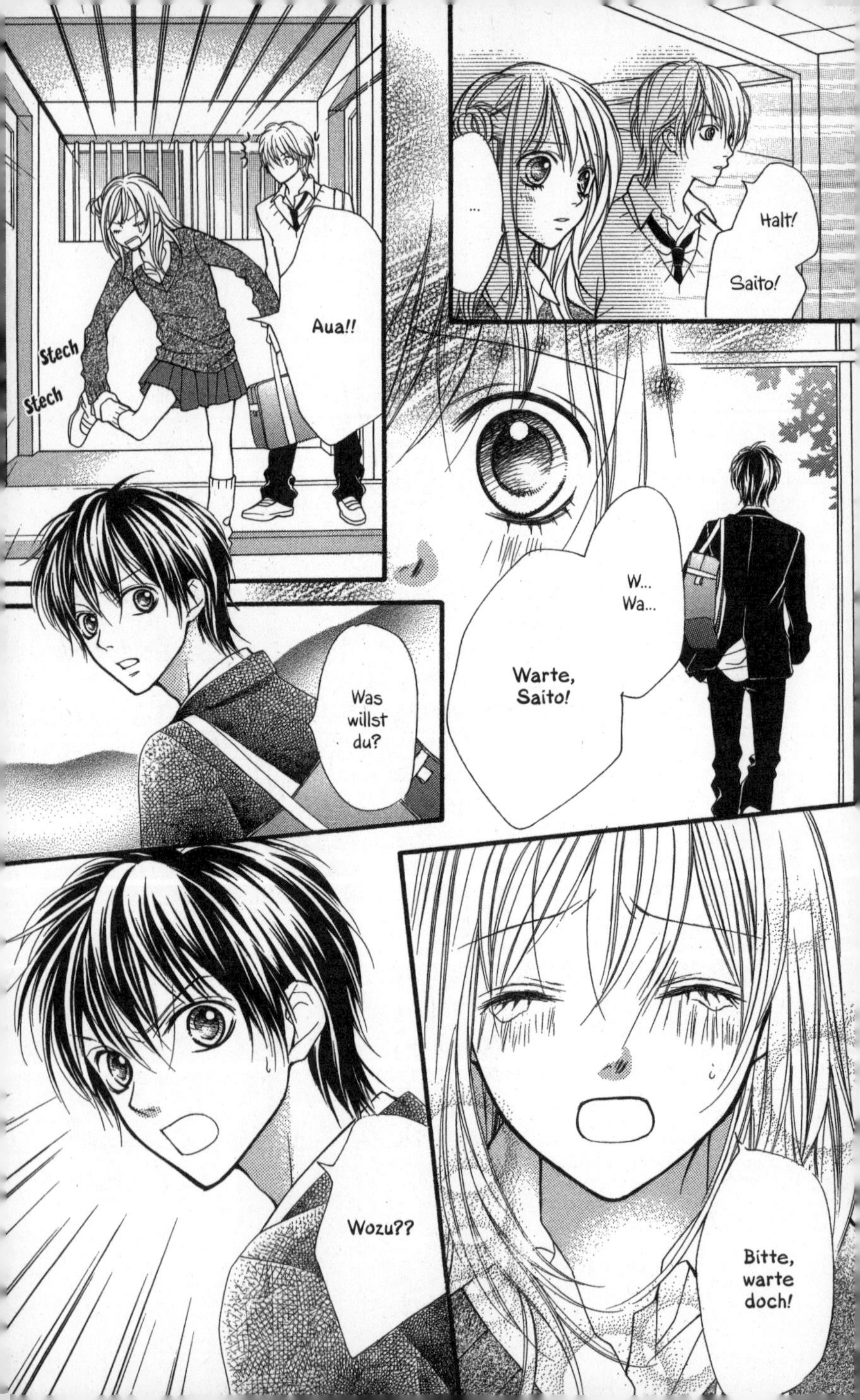
Halt!
Saito!
...
Aua!!
Stech
Stech
W... Wa...
Warte, Saito!
Was willst du?
Bitte, warte doch!
Wozu??

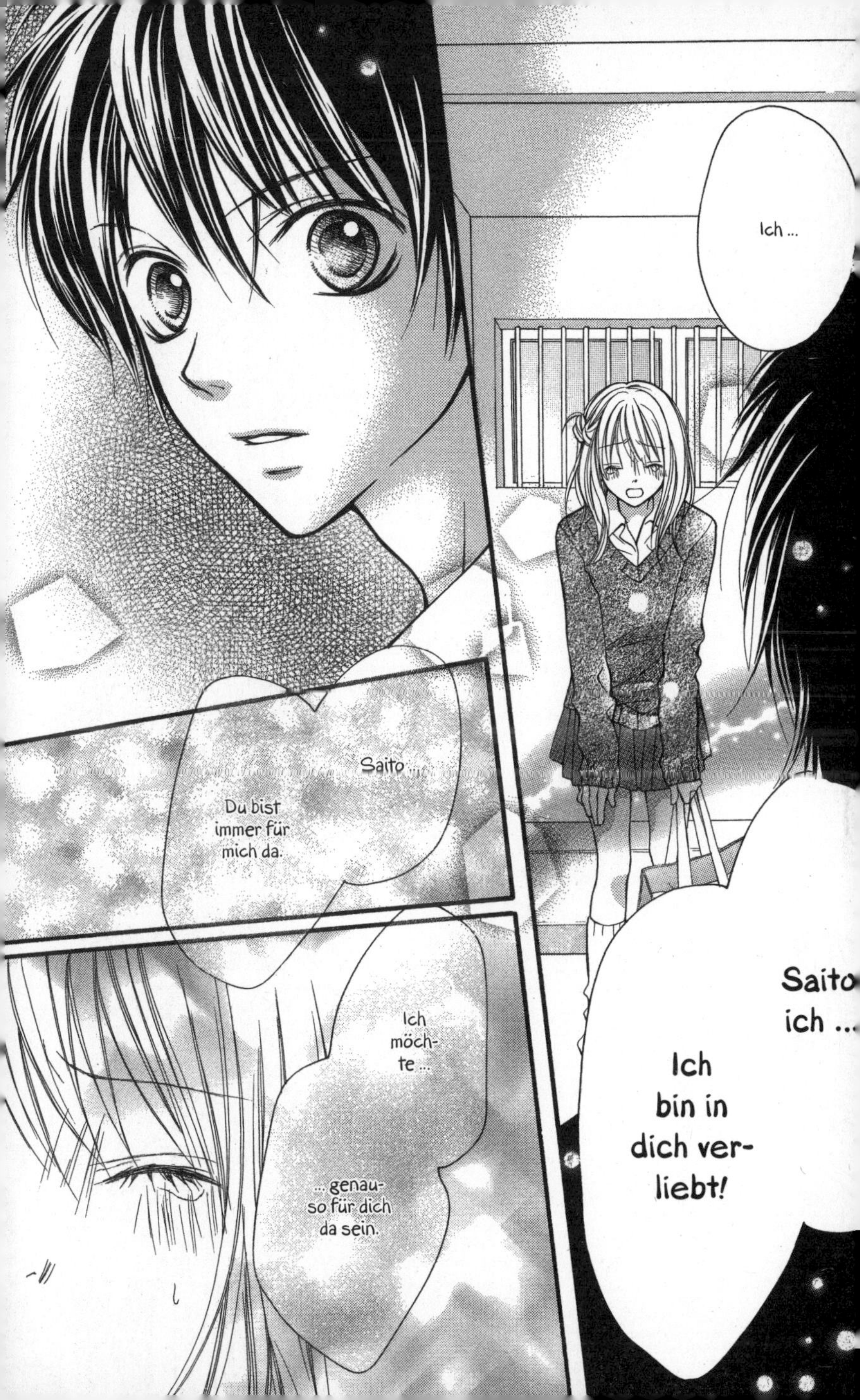
Ich ...
Saito ...
Du bist immer für mich da.
Ich möchte ...
... genauso für dich da sein.
Saito ich ...
Ich bin in dich verliebt!

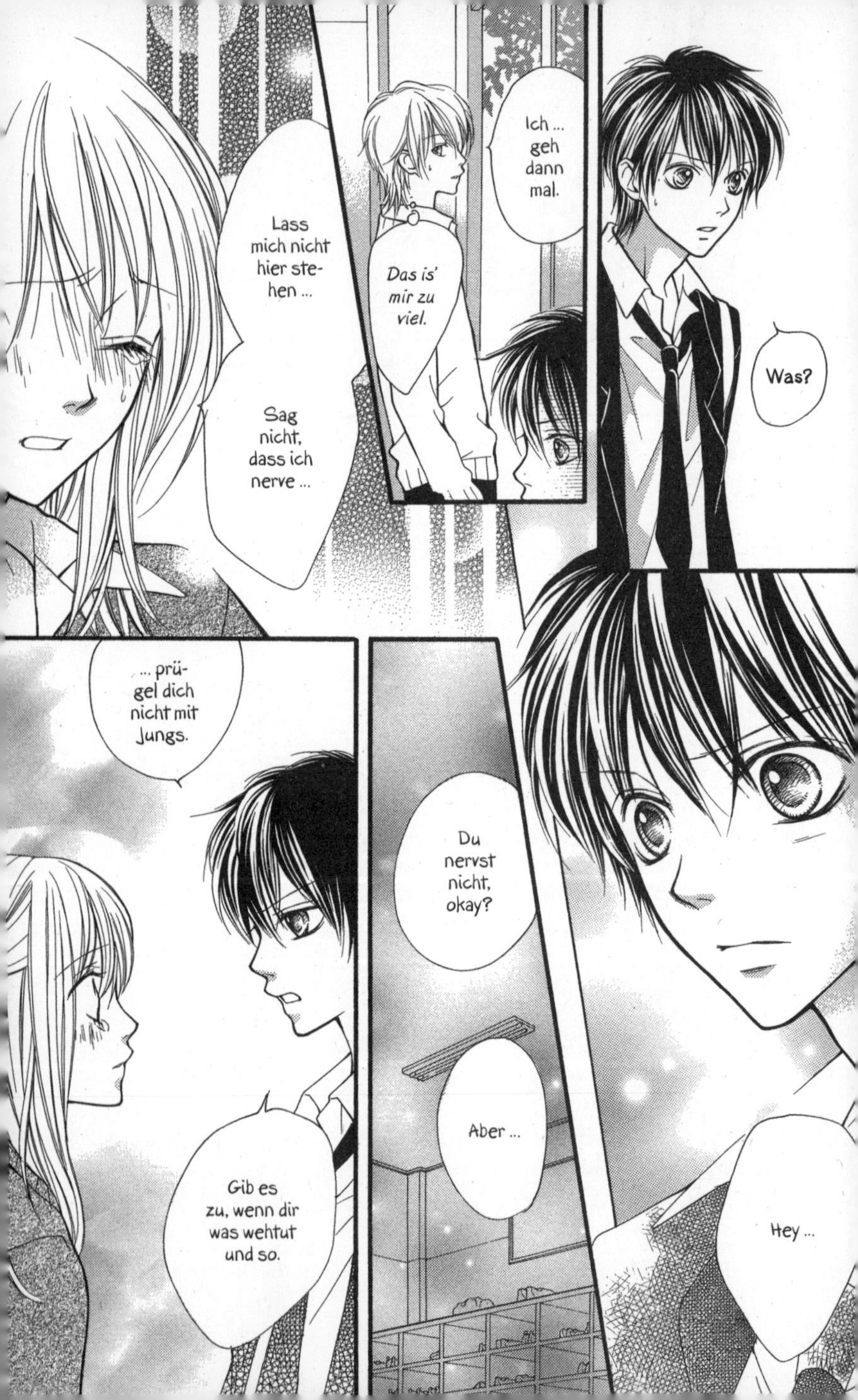
Was?
Ich ... geh dann mal.
Das is' mir zu viel.
Lass mich nicht hier stehen ...
Sag nicht, dass ich nerve ...
Hey ...
Du nervst nicht, okay?
Aber ...
... prügel dich nicht mit Jungs.
Gib es zu, wenn dir was wehtut und so.

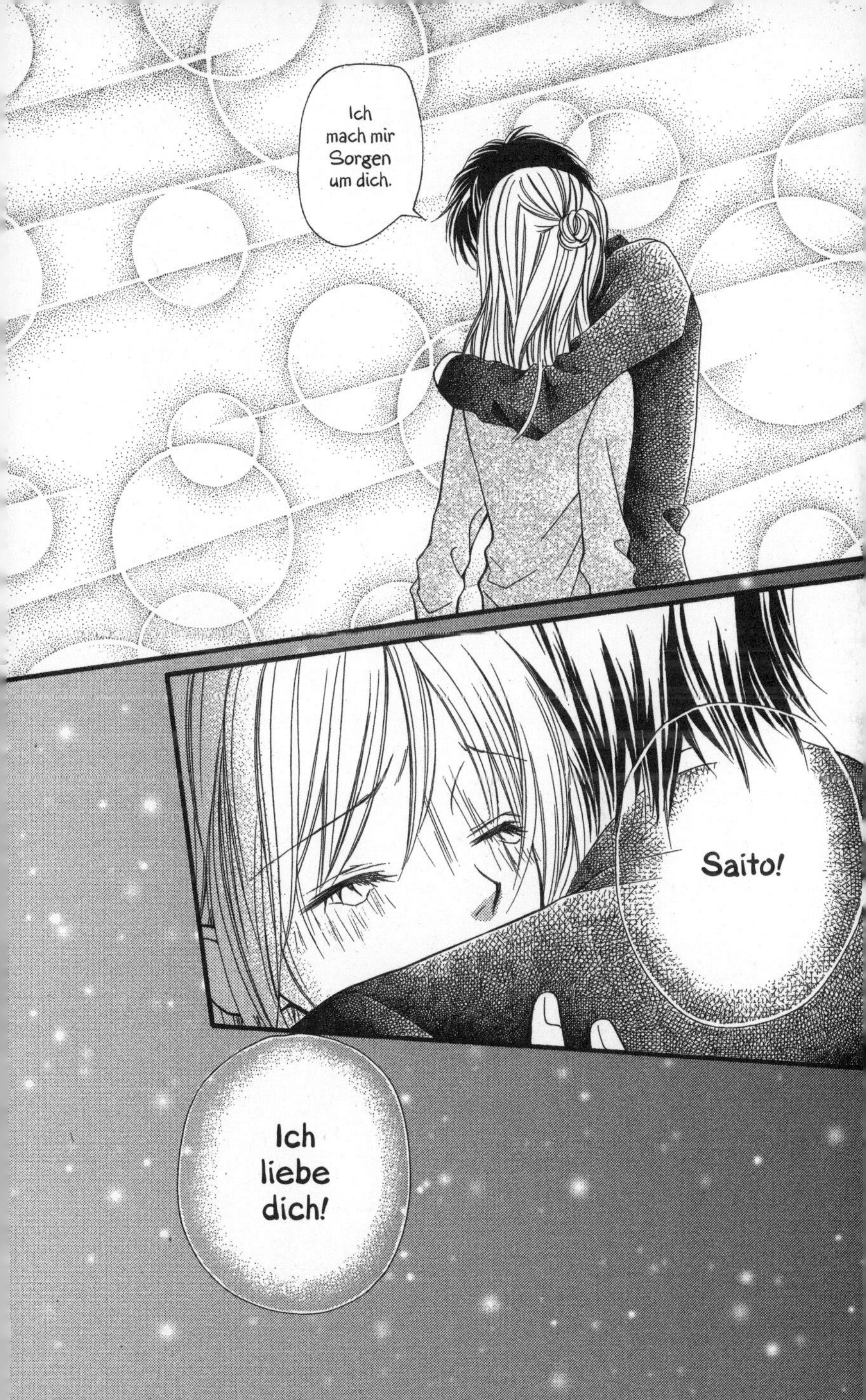
Ich mach mir Sorgen um dich.
Saito!
Ich liebe dich!

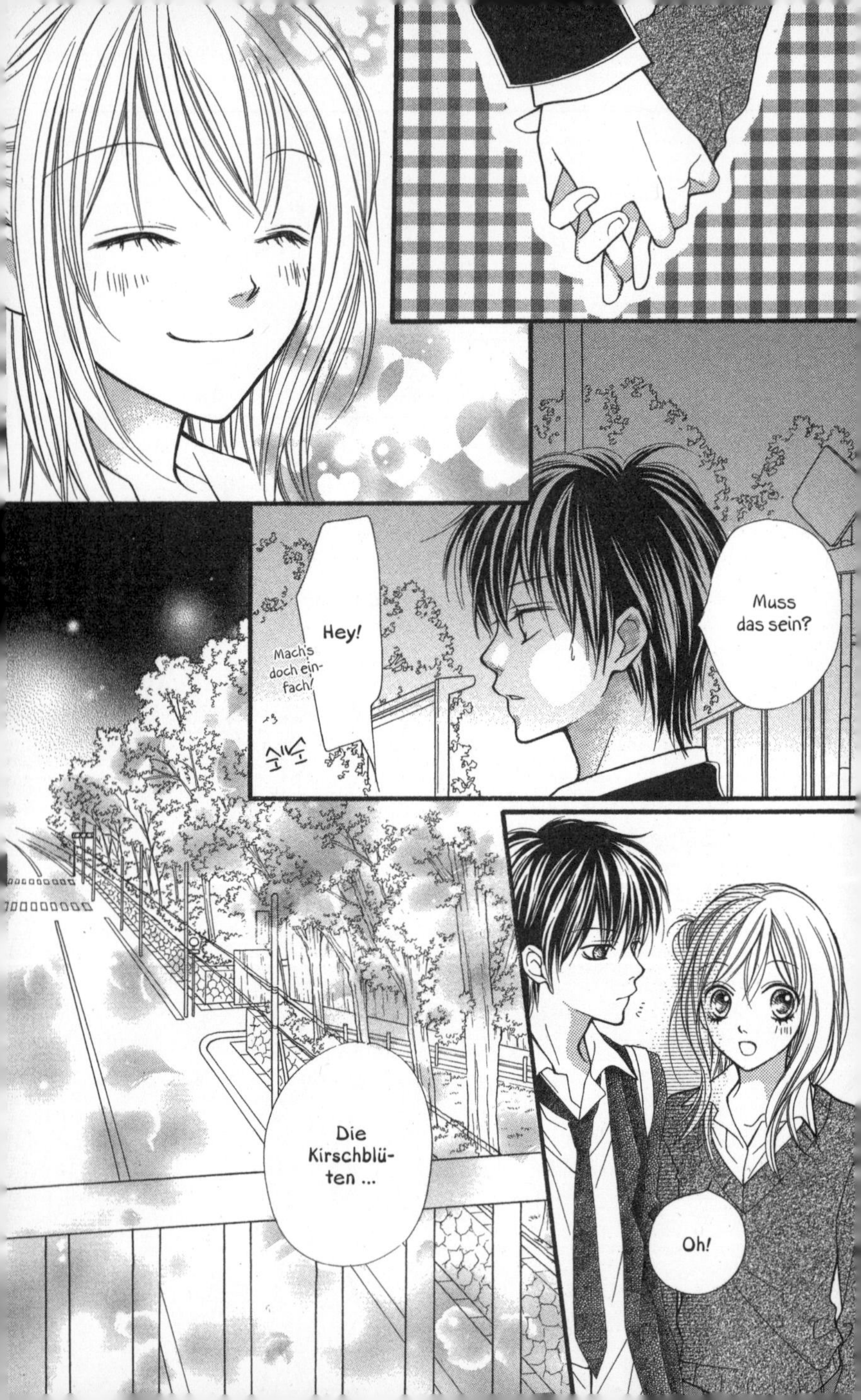
Muss das sein?
Hey!
Mach's doch ein-fach!
Oh!
Die Kirschblü-ten ...

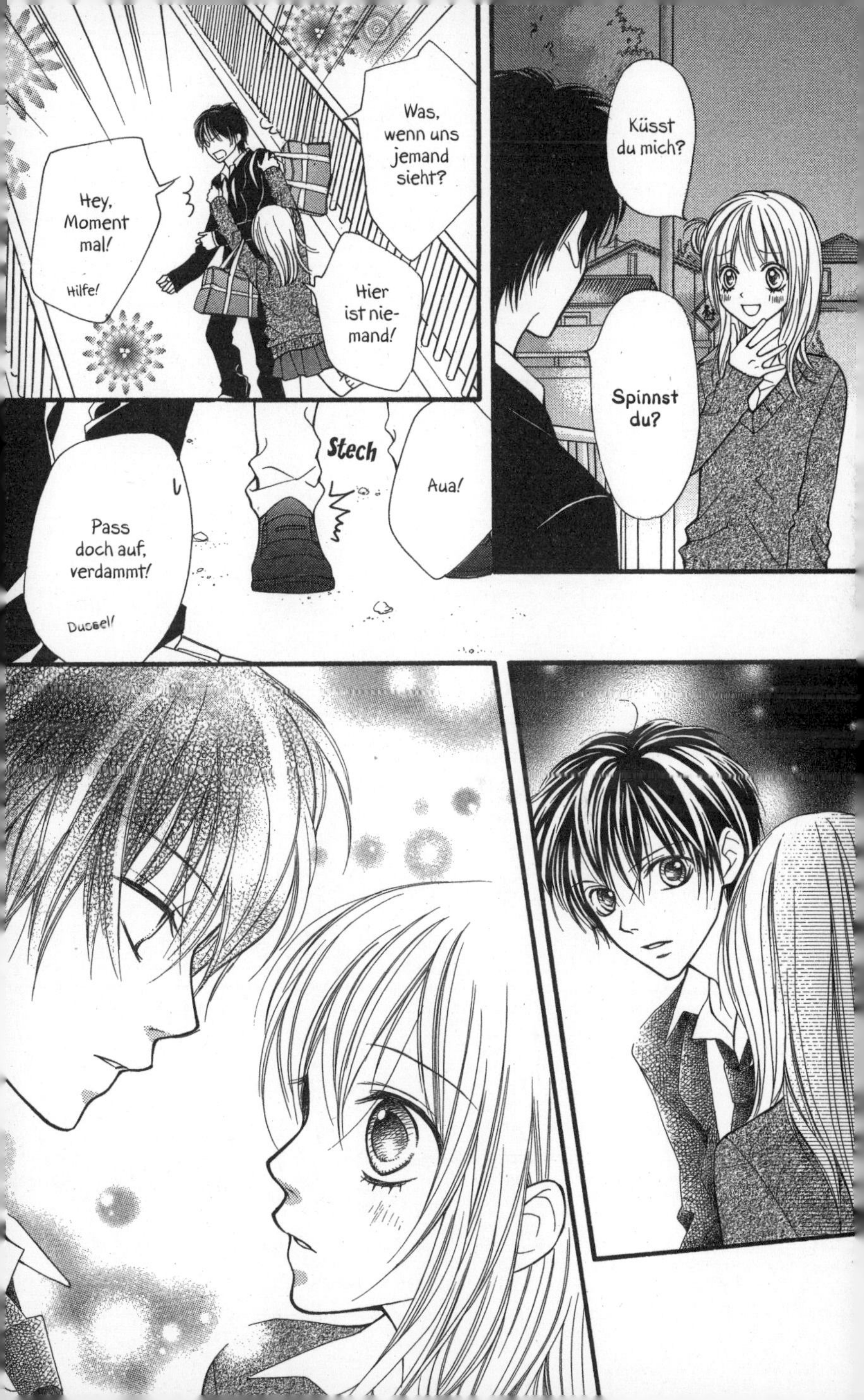
Küsst du mich?
Spinnst du?
Was, wenn uns jemand sieht?
Hier ist niemand!
Hey, Moment mal!
Hilfe!
Stech
Aua!
Pass doch auf, verdammt!
Dussel!

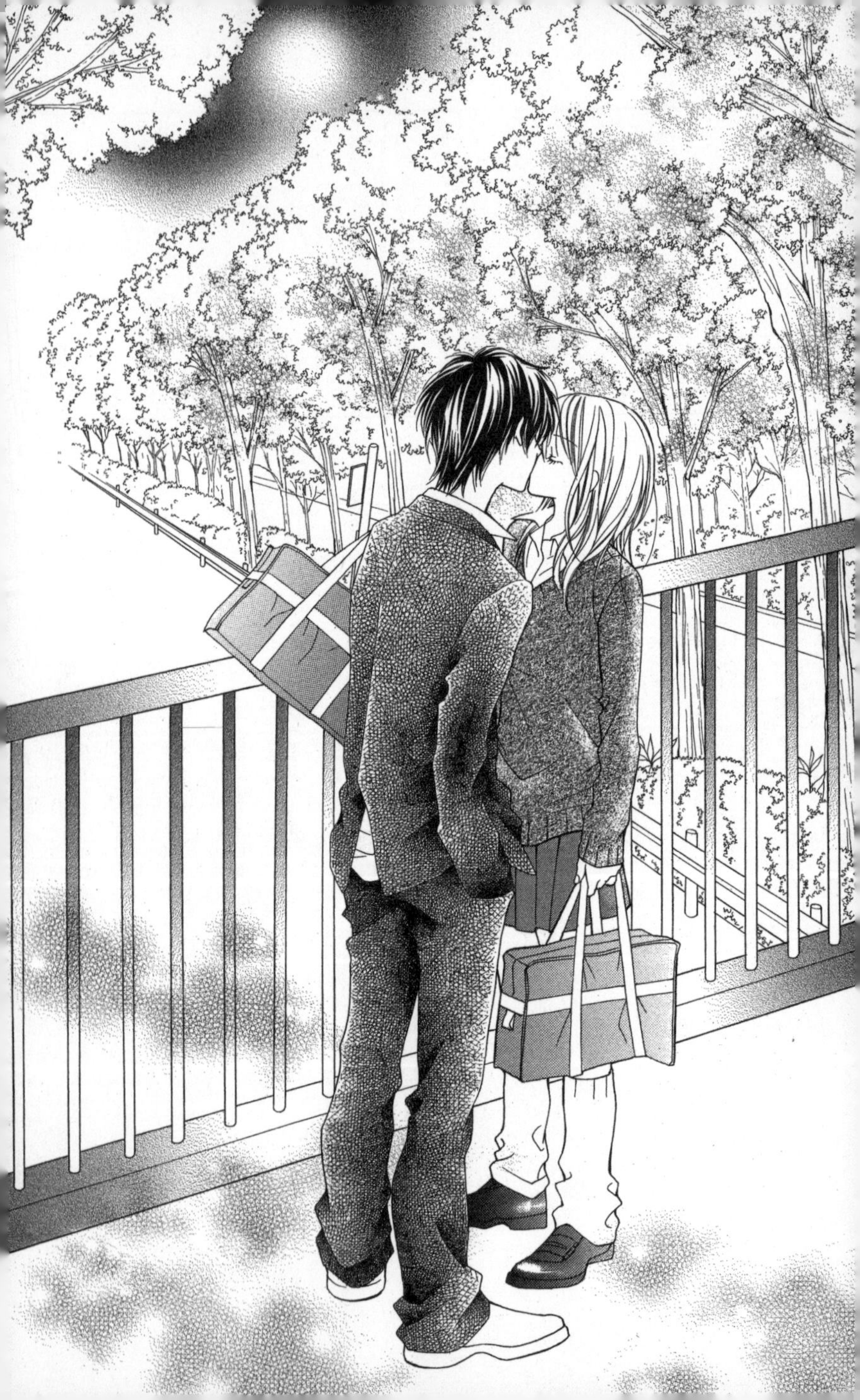

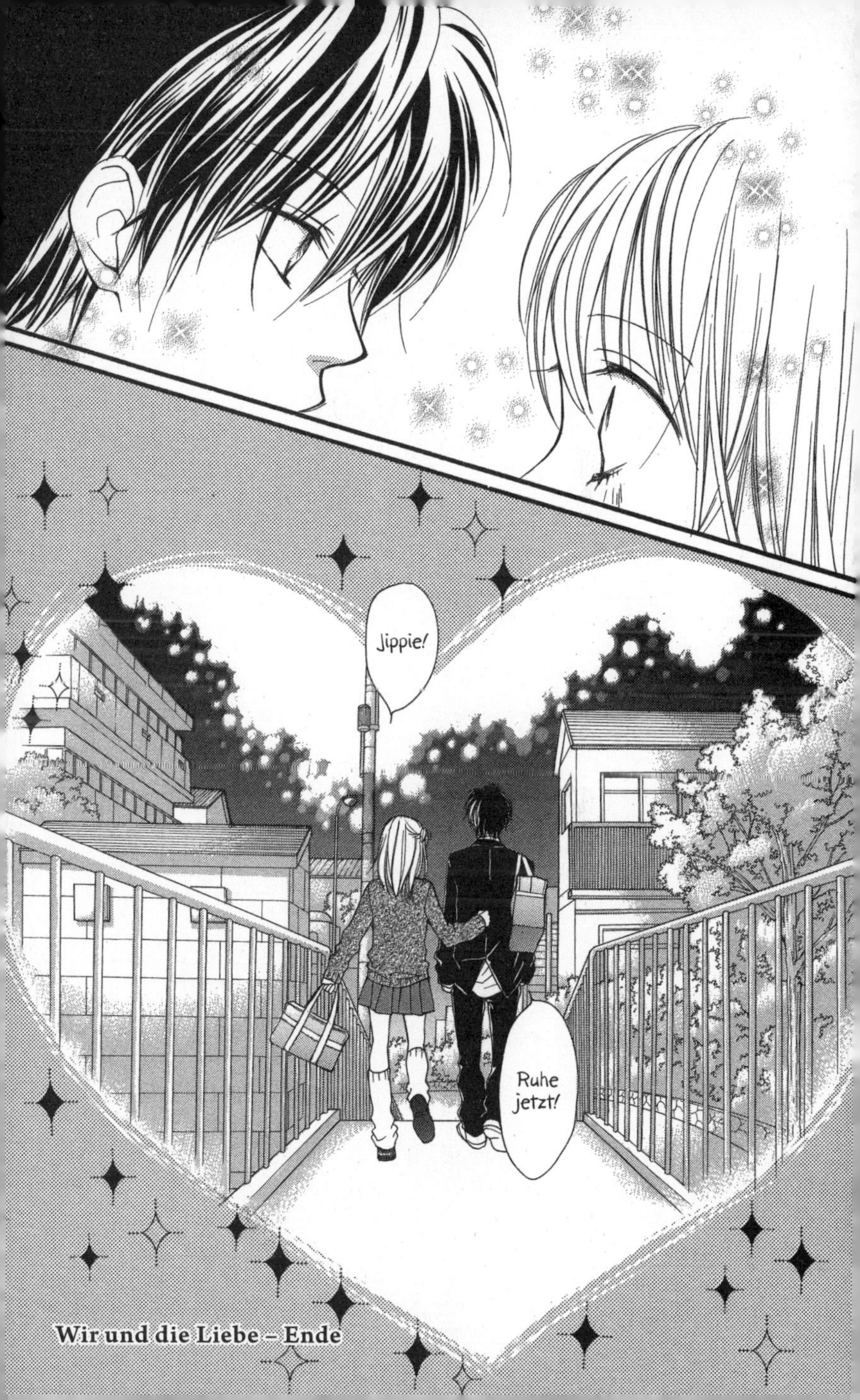
Jippie!
Ruhe jetzt!
Wir und die Liebe – Ende

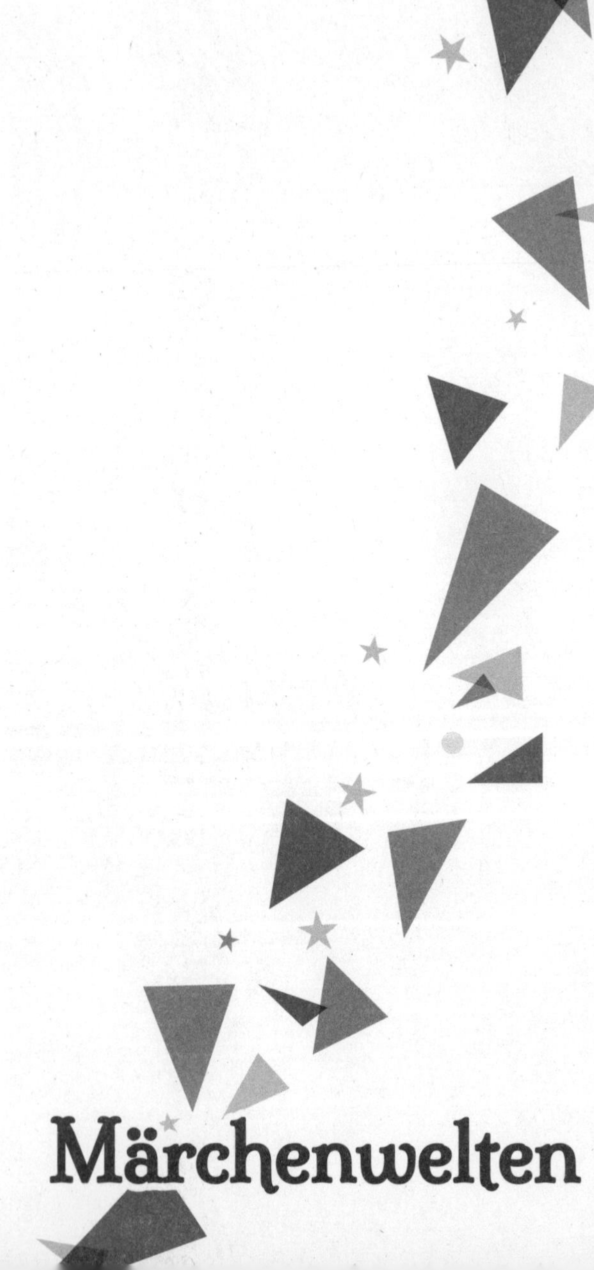
Märchenwelten

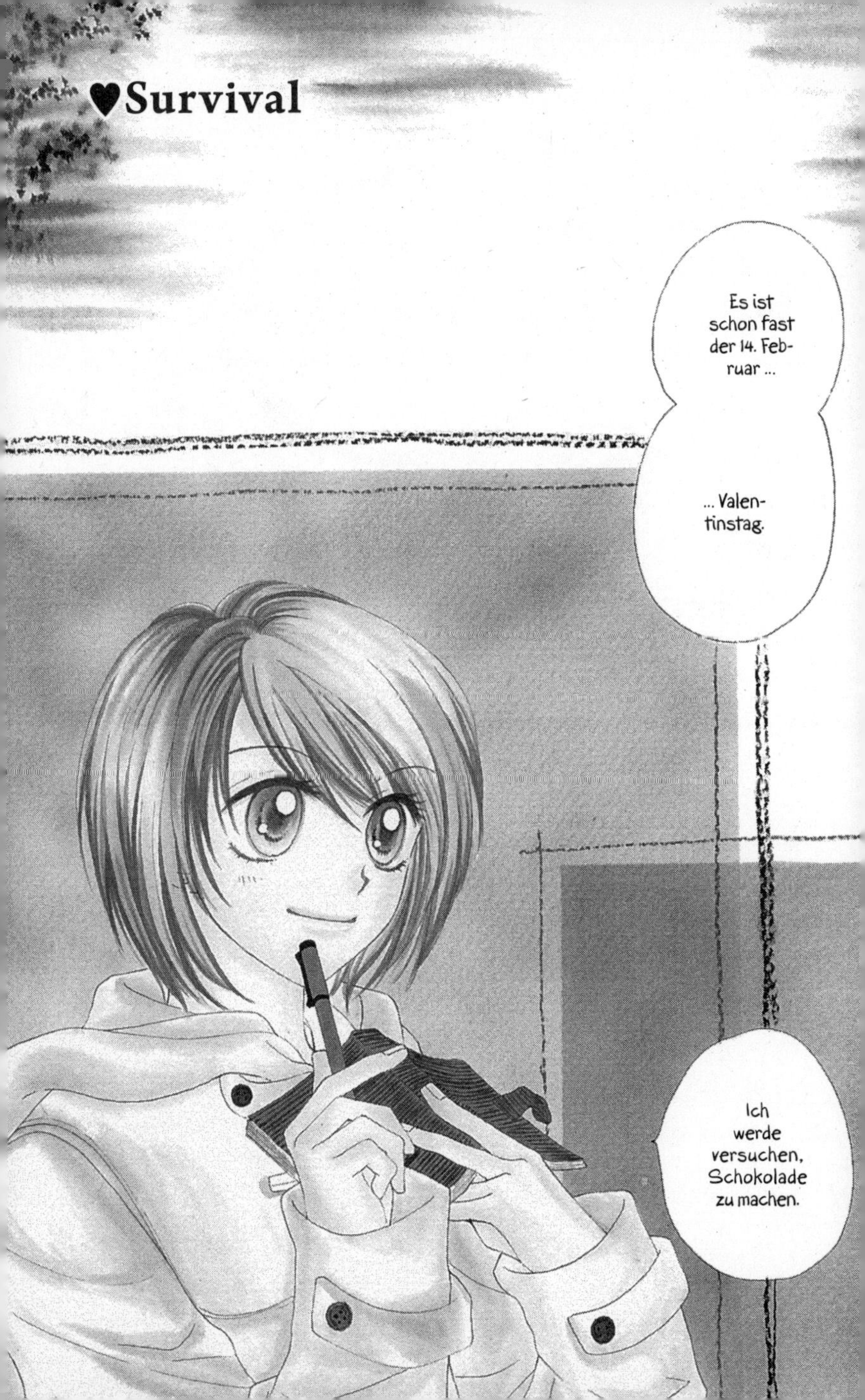
♥Survival
Es ist schon fast der 14. Feb-ruar ...
... Valen-tinstag.
Ich werde versuchen, Schokolade zu machen.

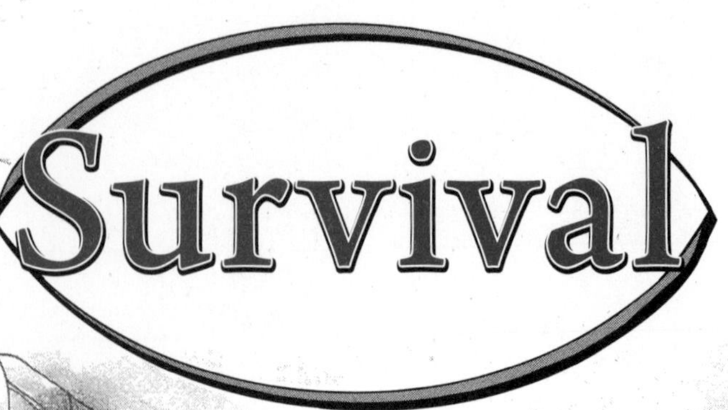
Survival

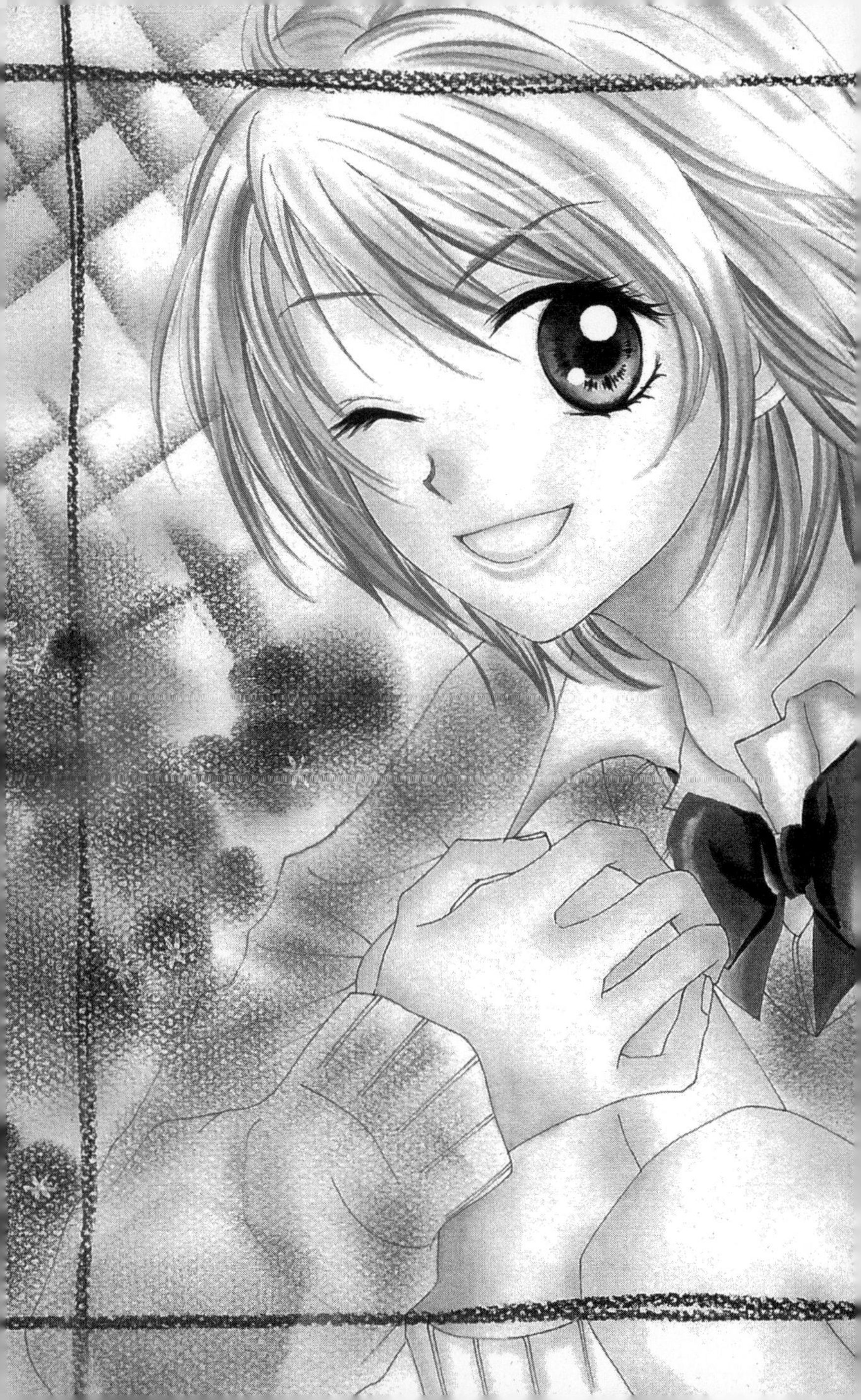

Märchenwelten

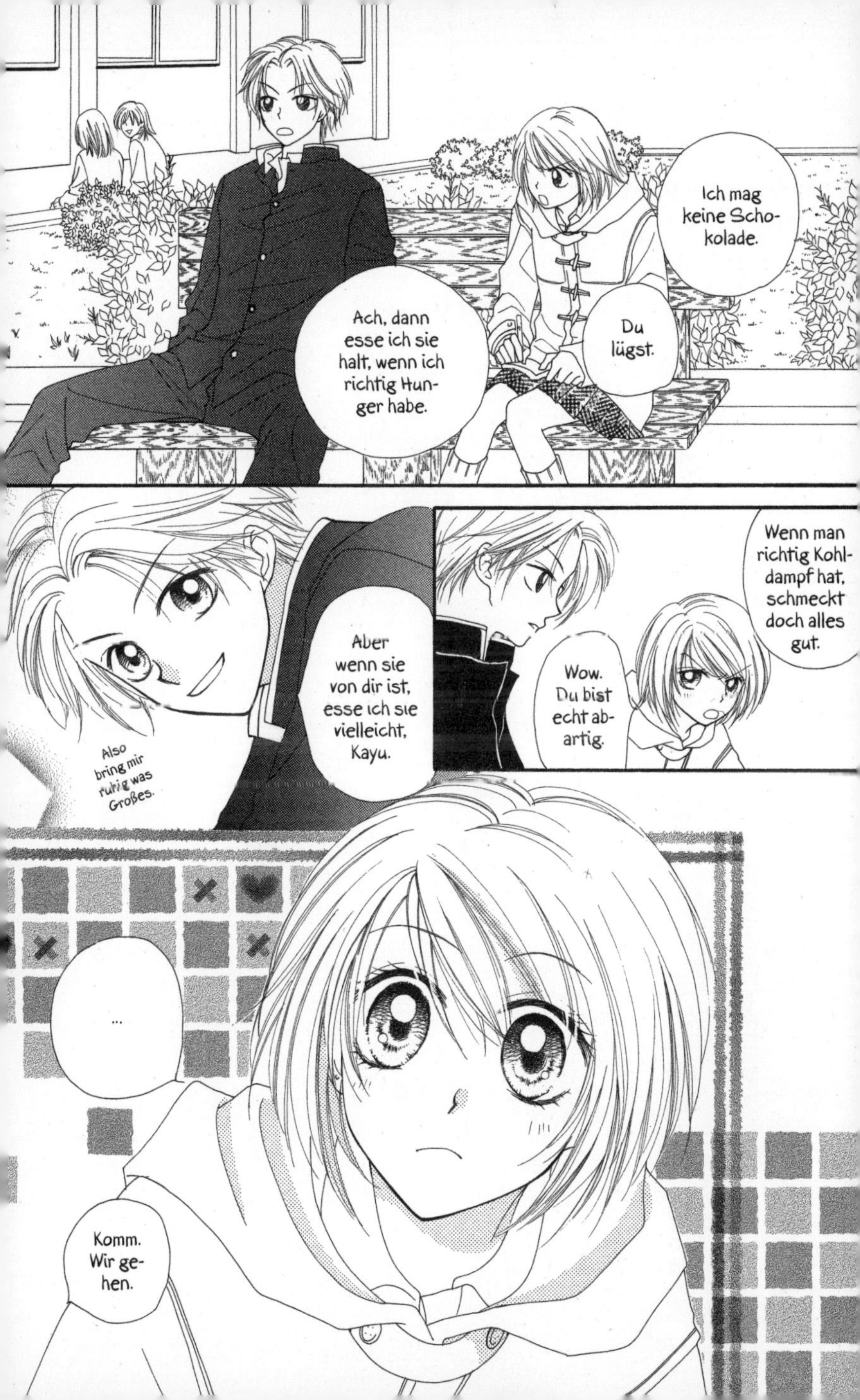
Ich mag keine Schokolade.
Du lügst.
Ach, dann esse ich sie halt, wenn ich richtig Hunger habe.
Wenn man richtig Kohldampf hat, schmeckt doch alles gut.
Wow. Du bist echt abartig.
Aber wenn sie von dir ist, esse ich sie vielleicht, Kayu.
Also bring mir ruhig was Großes.
...
Komm. Wir gehen.

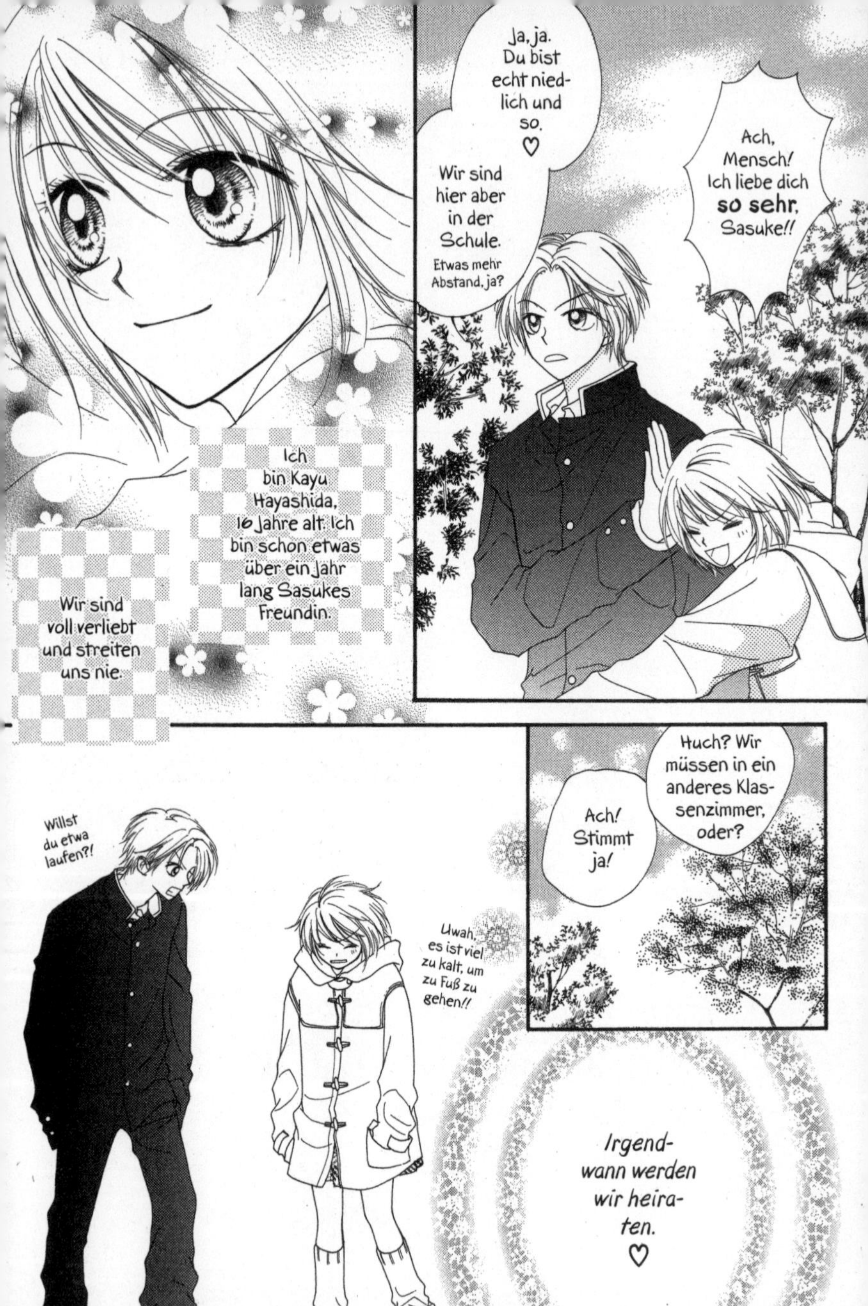

Ach, Mensch! Ich liebe dich so sehr, Sasuke!!
Wir sind hier aber in der Schule.
Etwas mehr Abstand, ja?
Ja, ja. Du bist echt niedlich und so. ♡
Ich bin Kayu Hayashida, 16 Jahre alt. Ich bin schon etwas über ein Jahr lang Sasukes Freundin.
Wir sind voll verliebt und streiten uns nie.
Huch? Wir müssen in ein anderes Klassenzimmer, oder?
Ach! Stimmt ja!
Irgendwann werden wir heiraten. ♡
Uwah, es ist viel zu kalt, um zu Fuß zu gehen!!
Willst du etwa laufen?!

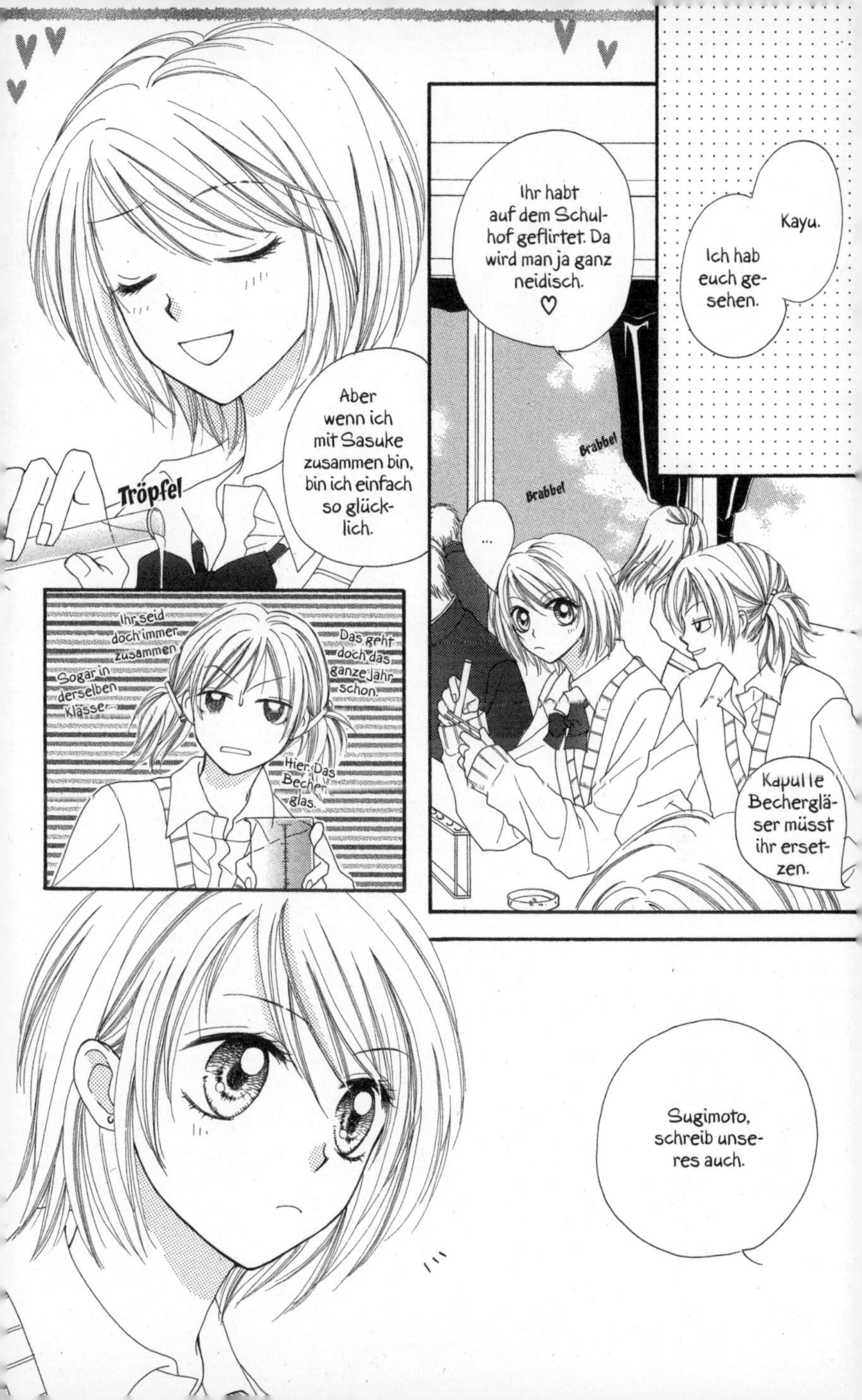
Kayu.
Ich hab euch gesehen.
Ihr habt auf dem Schulhof geflirtet. Da wird man ja ganz neidisch. ♡
Brabbel
Brabbel
...
Kaputte Bechergläser müsst ihr ersetzen.
Aber wenn ich mit Sasuke zusammen bin, bin ich einfach so glücklich.
Tröpfel
Das geht doch das ganze Jahr schon.
Ihr seid doch immer zusammen.
Sogar in derselben Klasse...
Hier. Das Becherglas.
Sugimoto, schreib unseres auch.

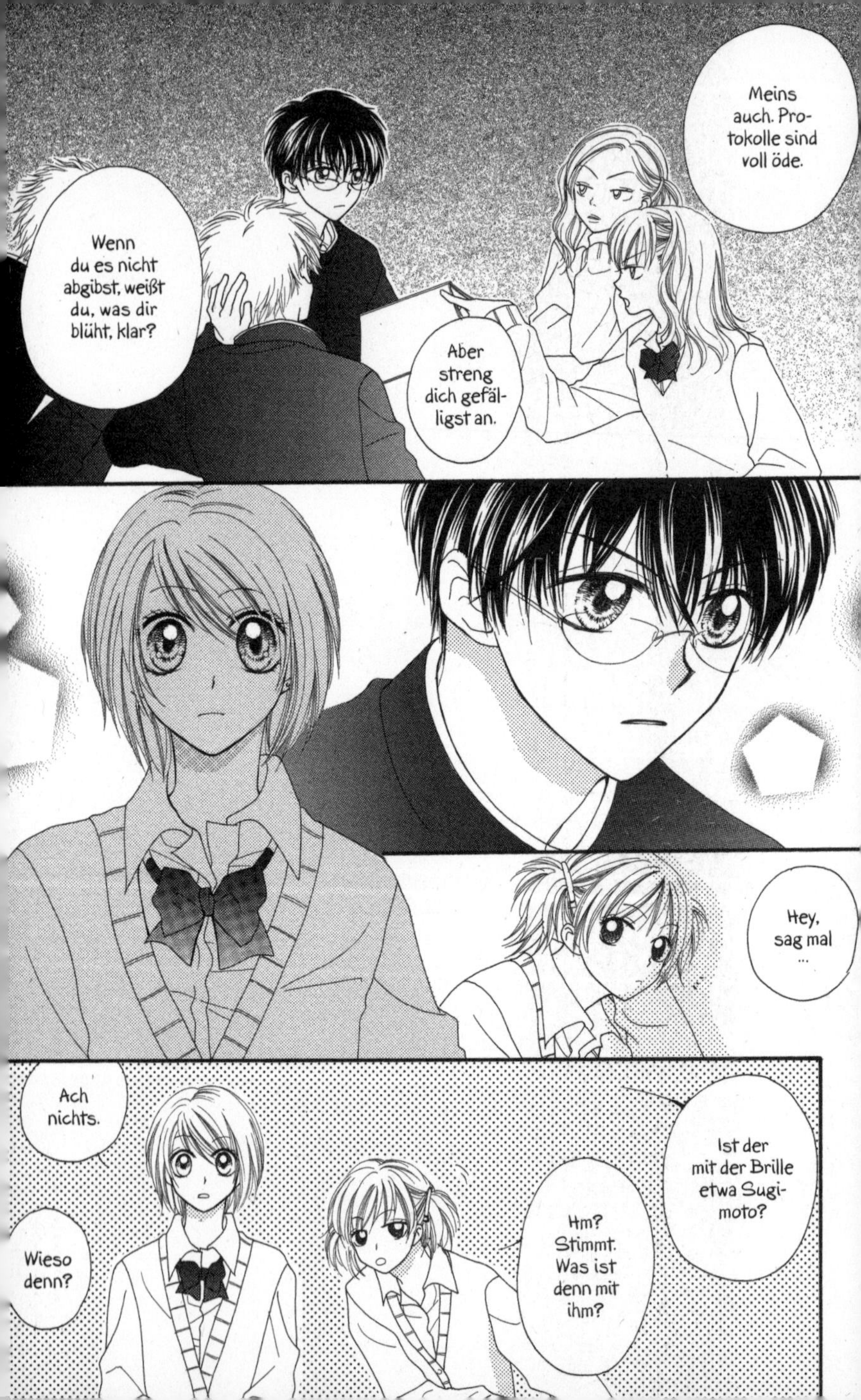
Meins auch. Protokolle sind voll öde.
Aber streng dich gefälligst an.
Wenn du es nicht abgibst, weißt du, was dir blüht, klar?
Hey, sag mal ...
Ist der mit der Brille etwa Sugimoto?
Hm? Stimmt. Was ist denn mit ihm?
Ach nichts.
Wieso denn?

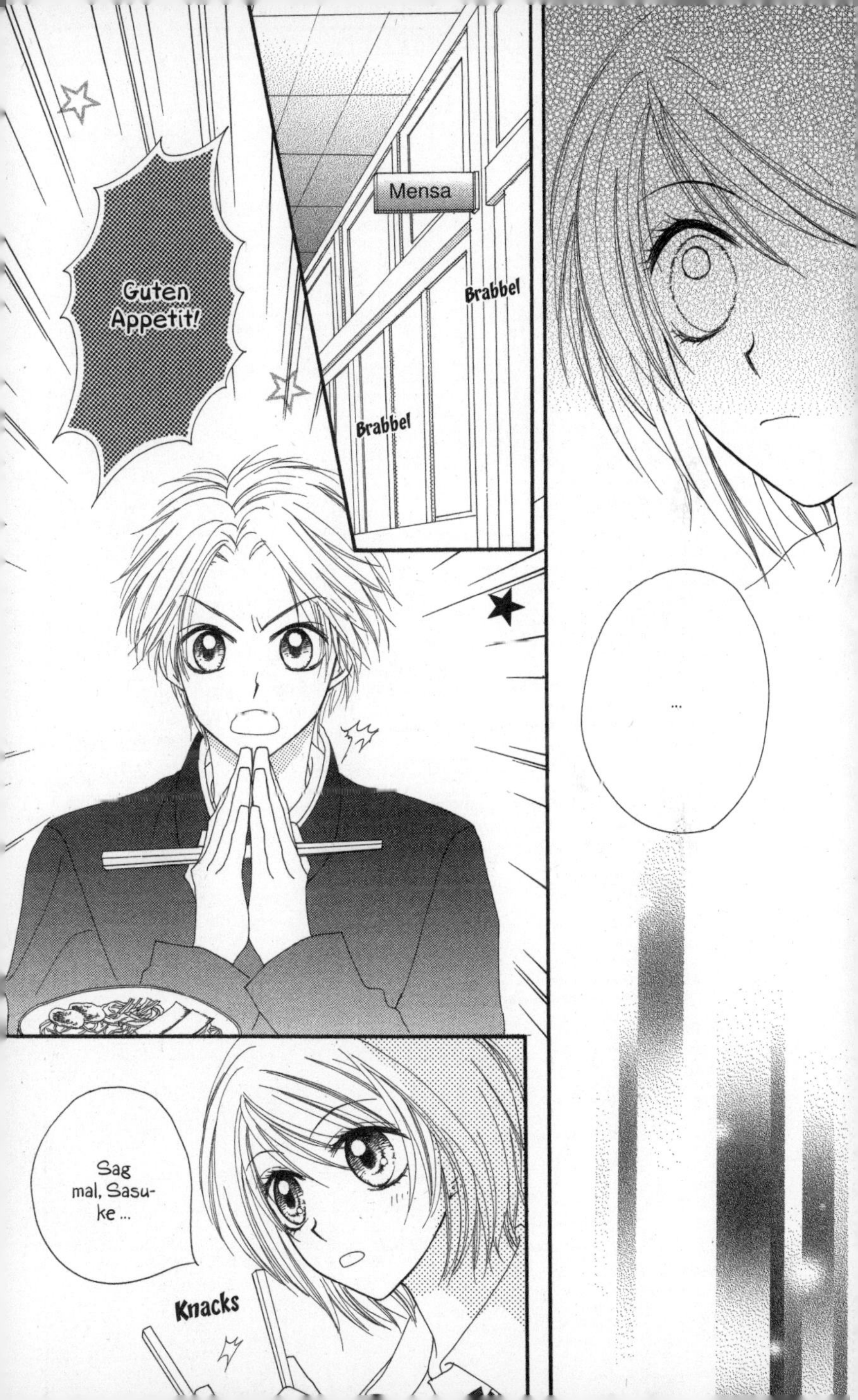
...
Mensa
Brabbel
Brabbel
Guten Appetit!
Sag mal, Sasu-ke ...
Knacks

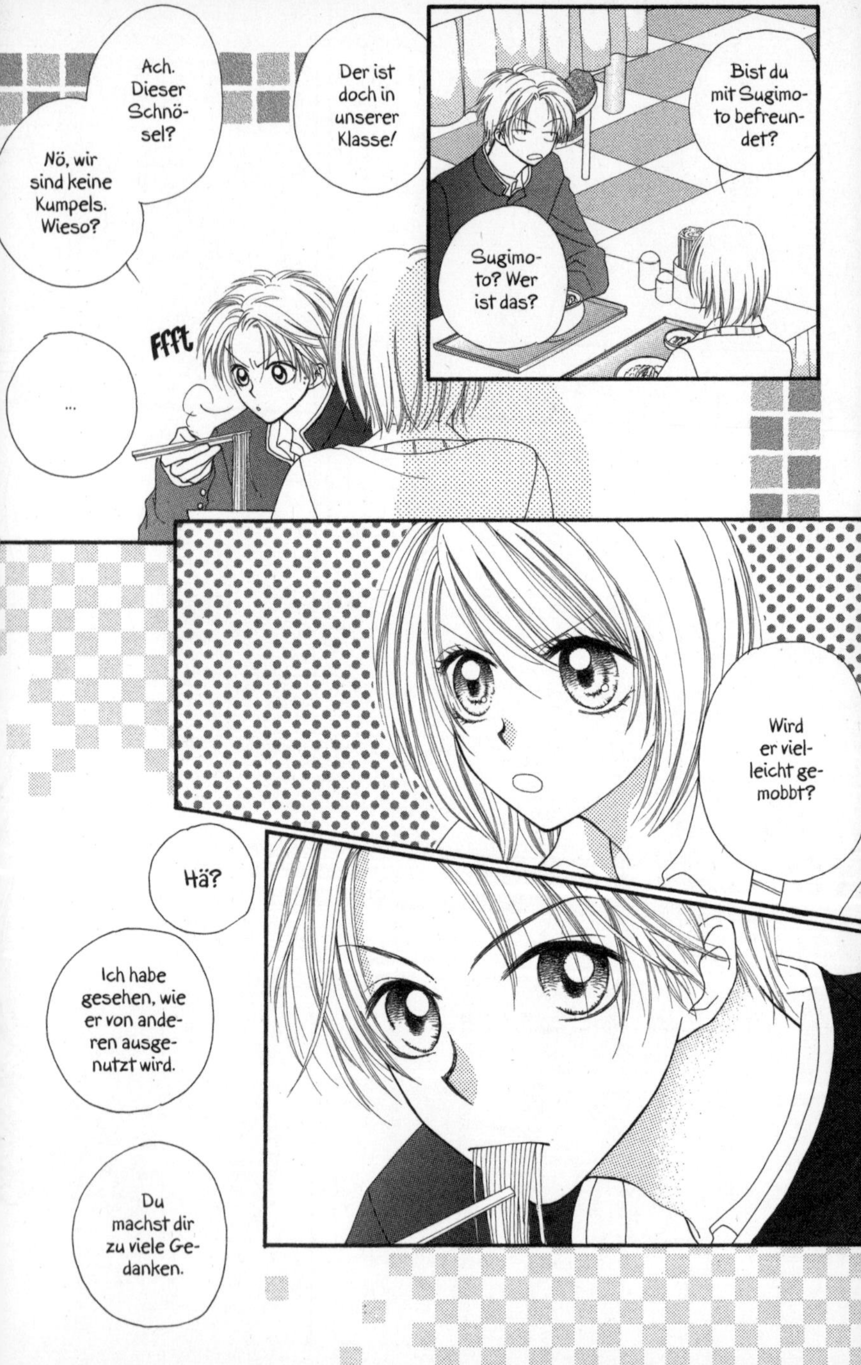

Bist du mit Sugimoto befreundet?
Sugimoto? Wer ist das?
Der ist doch in unserer Klasse!
Ach. Dieser Schnösel?
Nö, wir sind keine Kumpels. Wieso?
Ffft
...
Wird er vielleicht gemobbt?
Hä?
Ich habe gesehen, wie er von anderen ausgenutzt wird.
Du machst dir zu viele Gedanken.

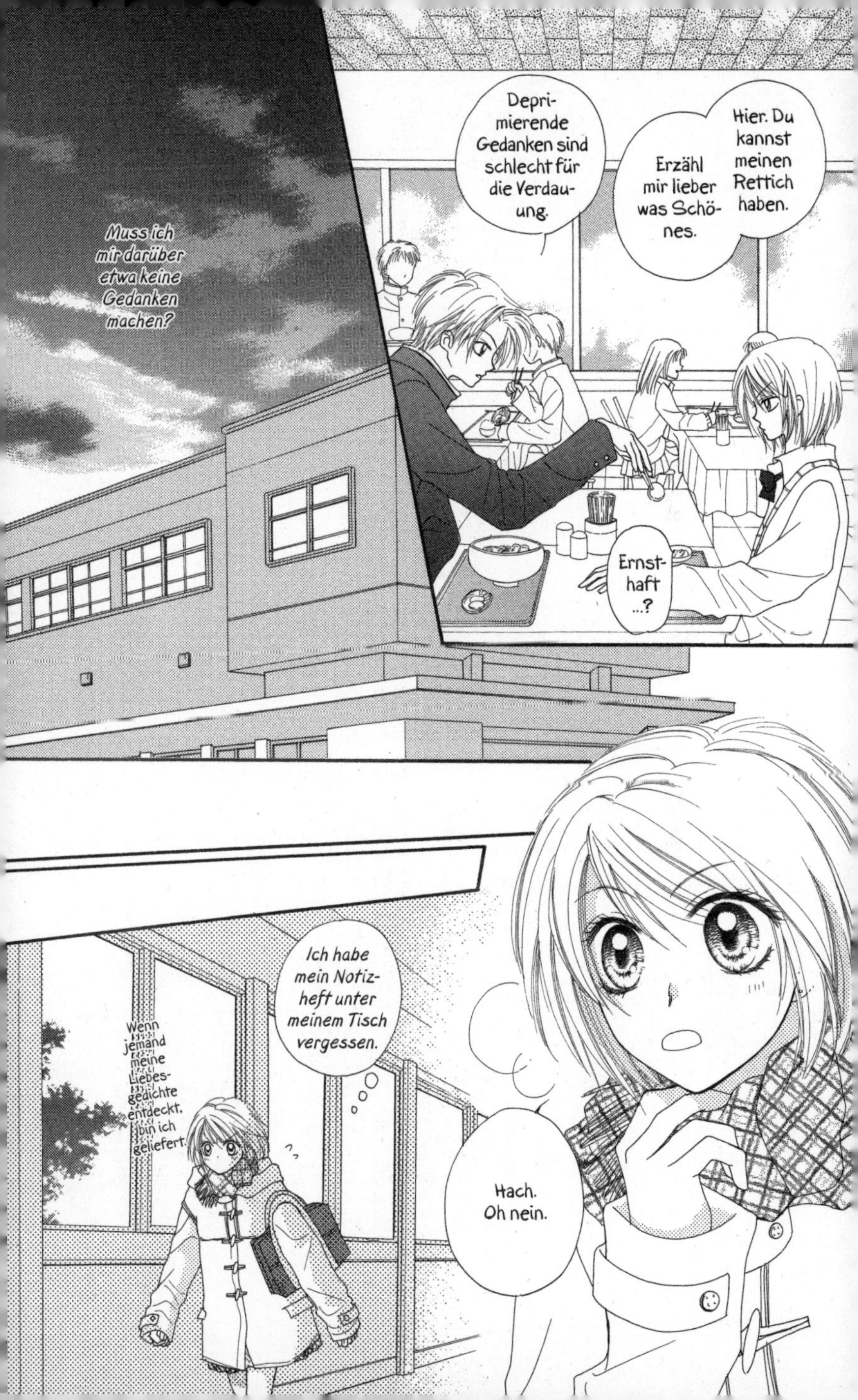
Hier. Du kannst meinen Rettich haben.
Erzähl mir lieber was Schönes.
Deprimierende Gedanken sind schlecht für die Verdauung.
Ernsthaft ...?
Muss ich mir darüber etwa keine Gedanken machen?
Hach. Oh nein.
Ich habe mein Notizheft unter meinem Tisch vergessen.
Wenn jemand meine Liebesgedichte entdeckt, bin ich geliefert.

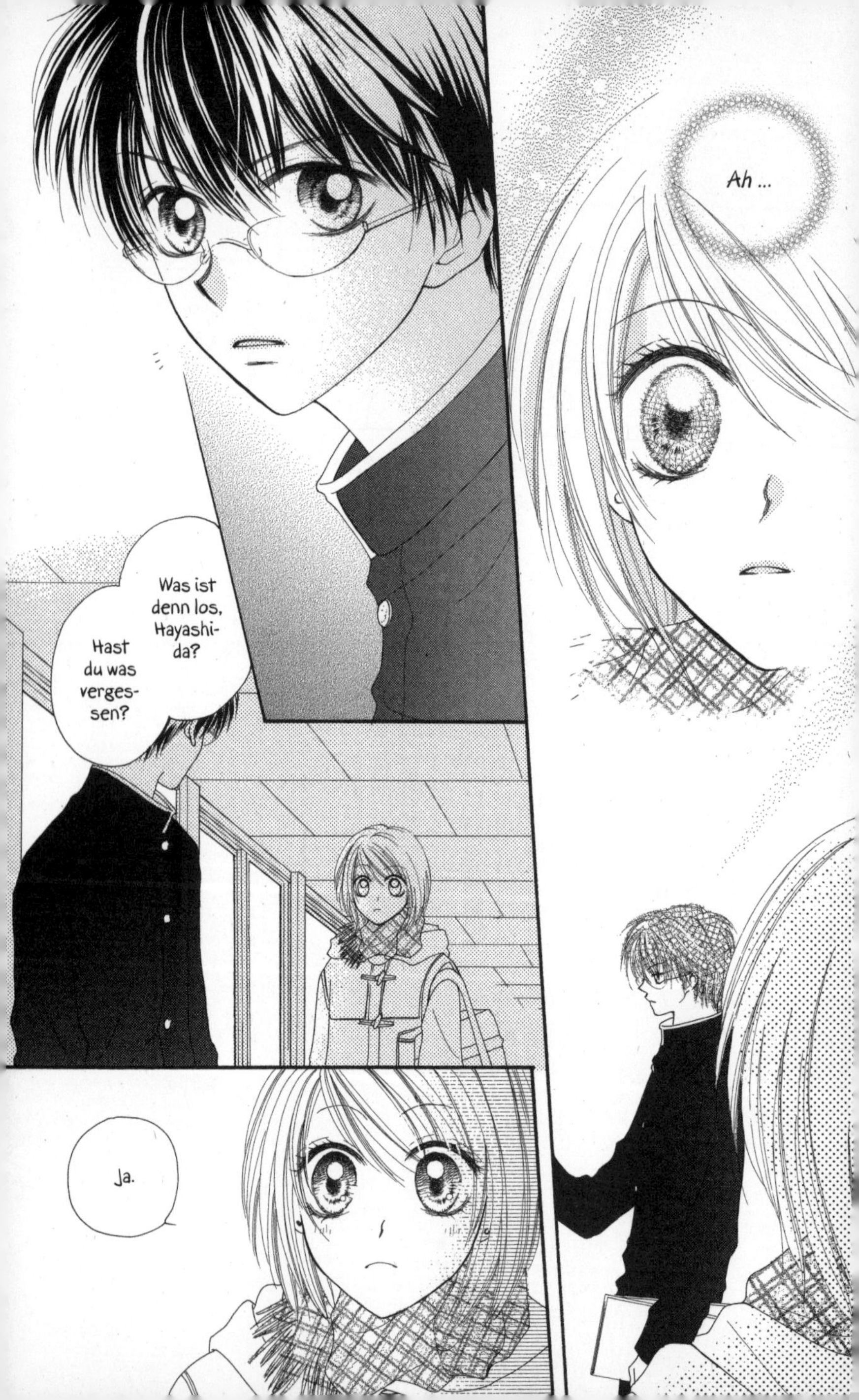

Ah ...
Was ist denn los, Hayashi-da?
Hast du was verges-sen?
Ja.

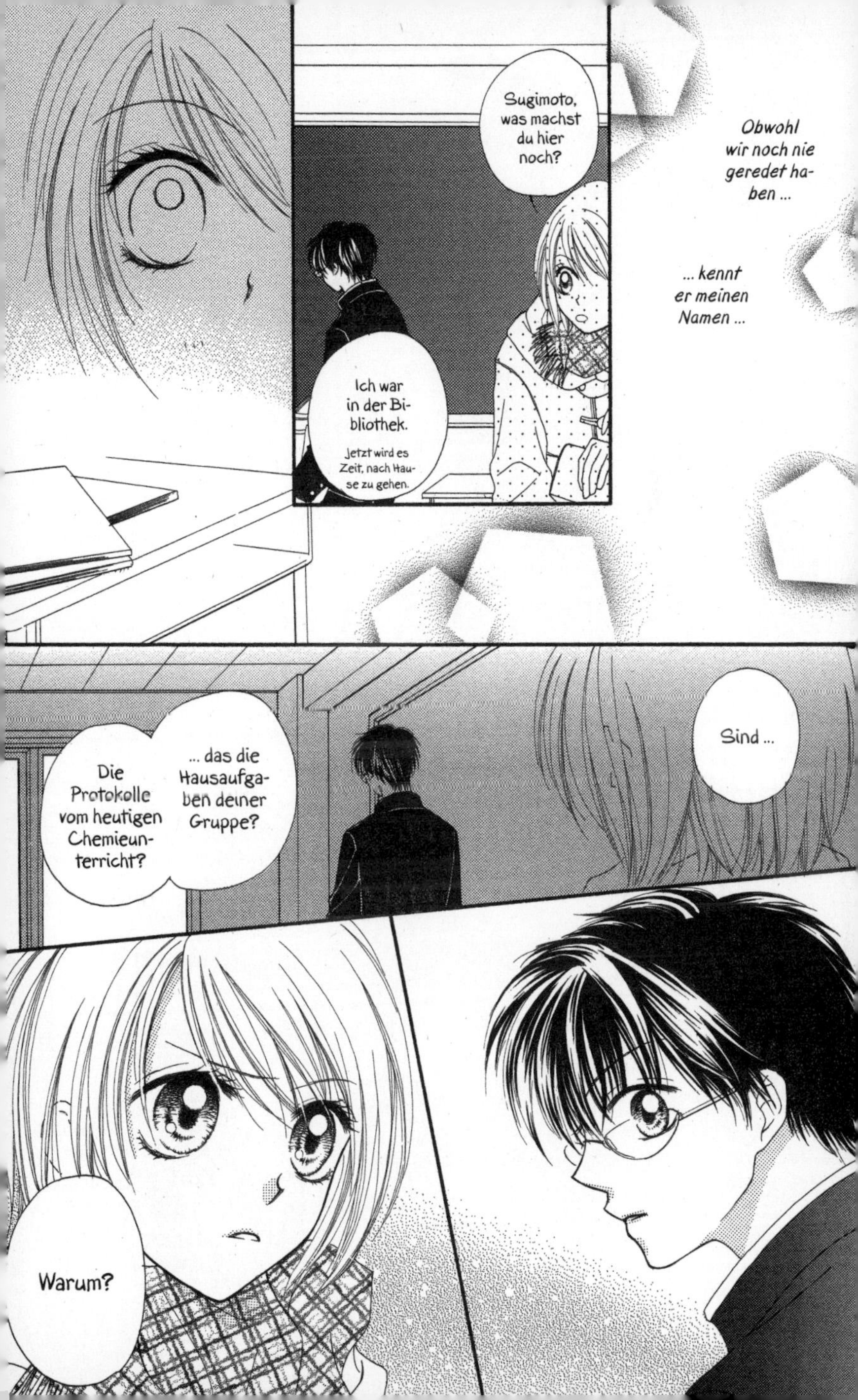
Obwohl wir noch nie geredet haben ...
... kennt er meinen Namen ...
Sugimoto, was machst du hier noch?
Ich war in der Bibliothek.
Jetzt wird es Zeit, nach Hause zu gehen.
Sind ...
... das die Hausaufgaben deiner Gruppe?
Die Protokolle vom heutigen Chemieunterricht?
Warum?

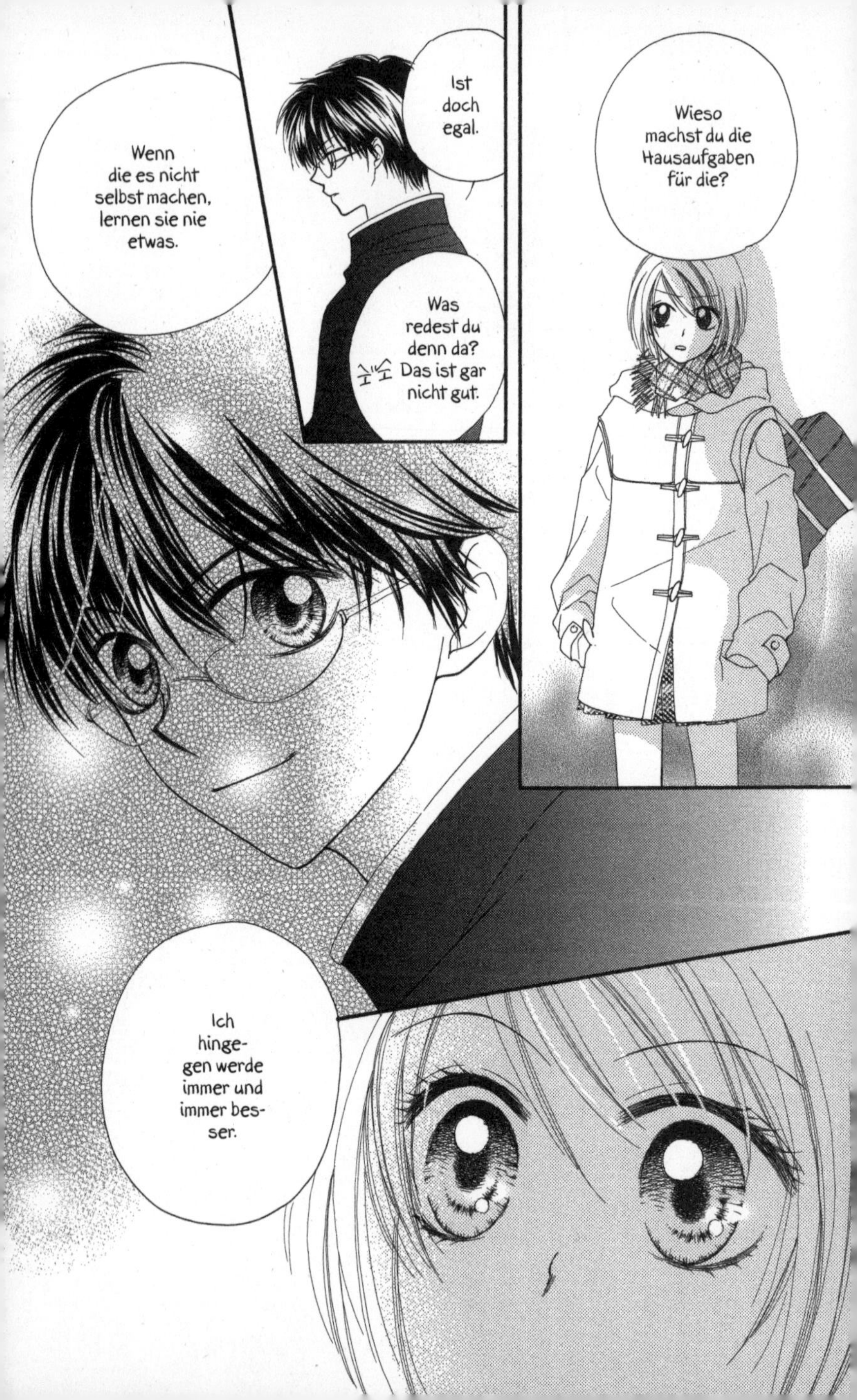
Wieso machst du die Hausaufgaben für die?
Ist doch egal.
Was redest du denn da? Das ist gar nicht gut.
Wenn die es nicht selbst machen, lernen sie nie etwas.
Ich hingegen werde immer und immer besser.

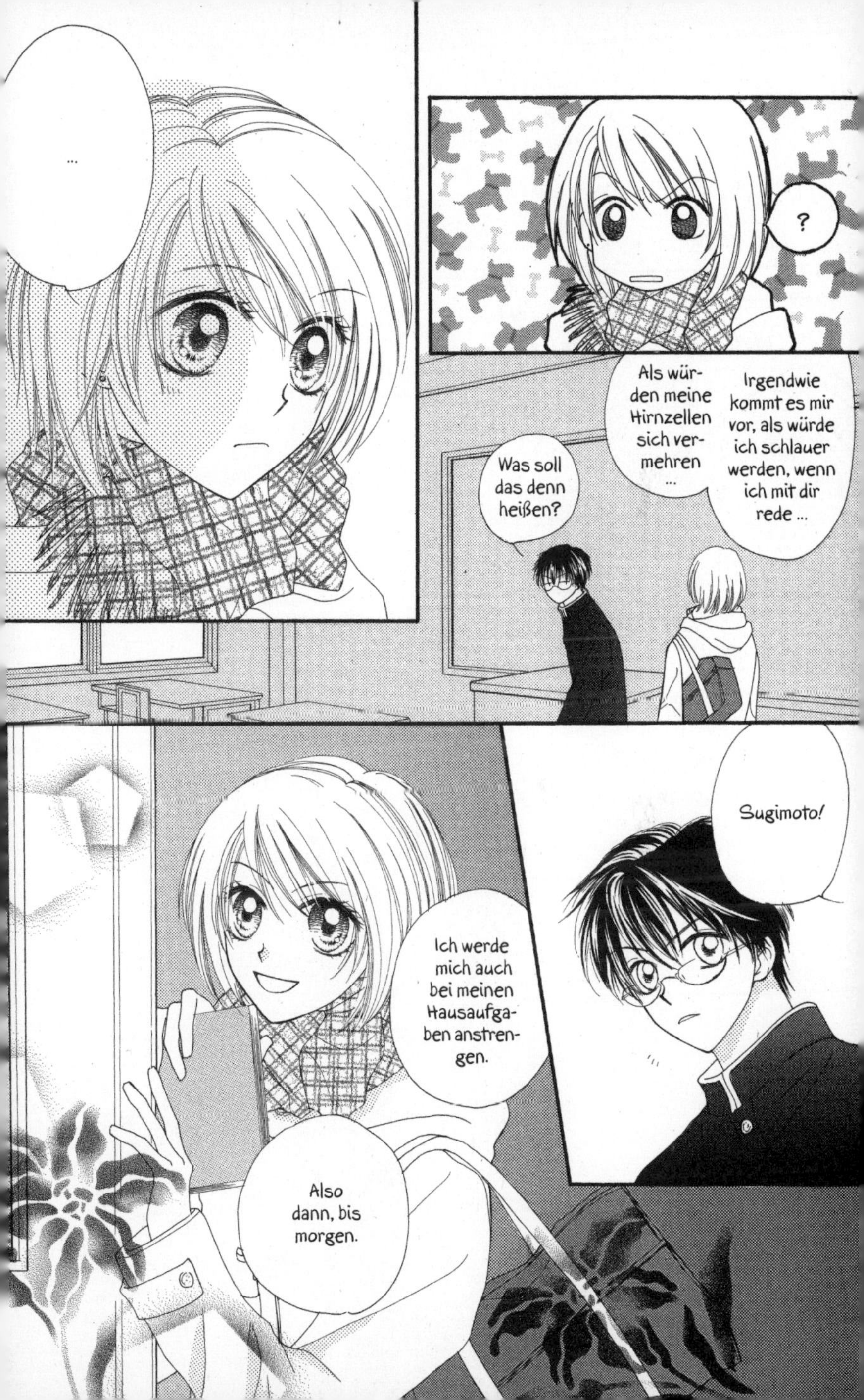
?
...
Irgendwie kommt es mir vor, als würde ich schlauer werden, wenn ich mit dir rede ...
Als würden meine Hirnzellen sich vermehren ...
Was soll das denn heißen?
Sugimoto!
Ich werde mich auch bei meinen Hausaufgaben anstrengen.
Also dann, bis morgen.

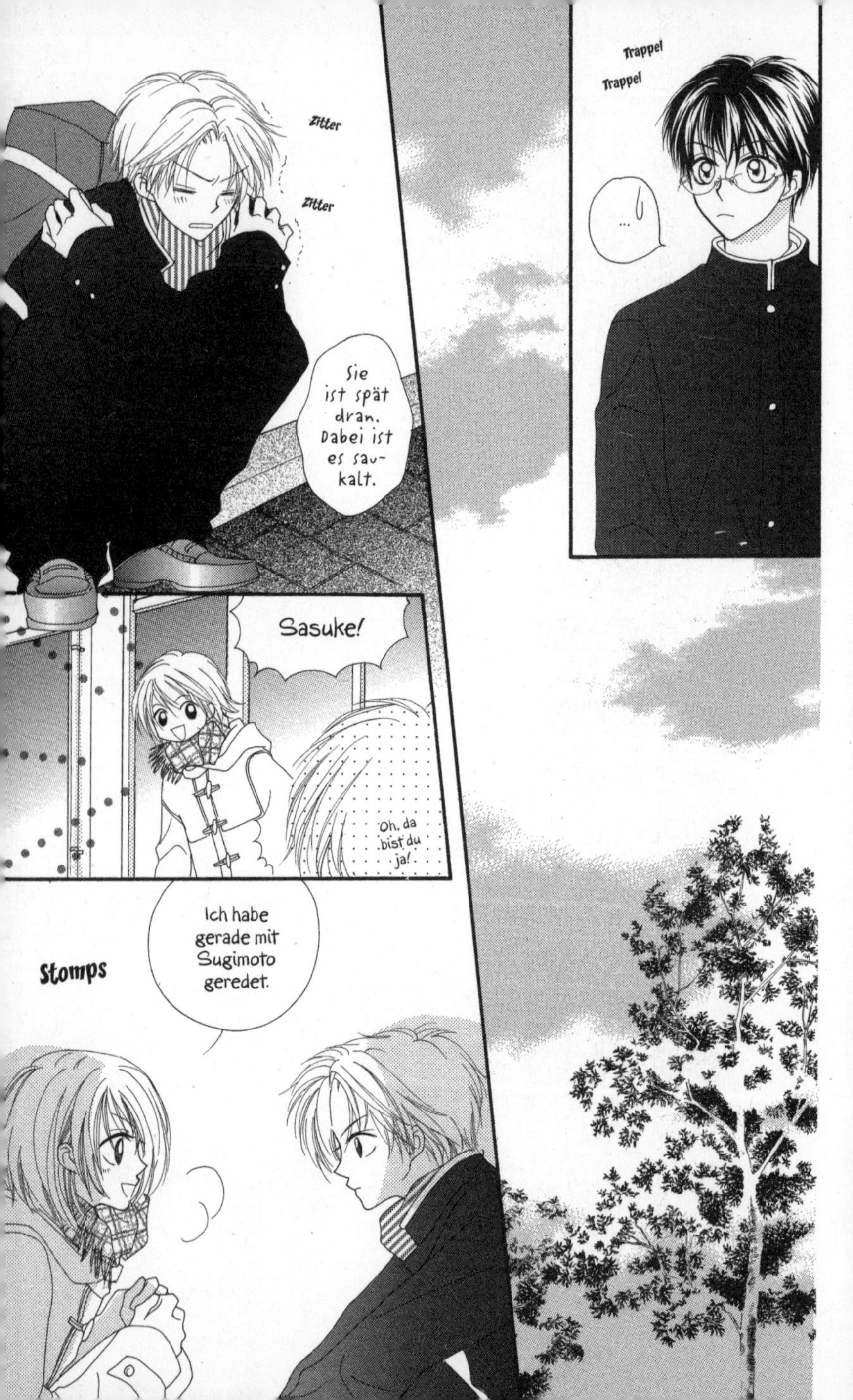
Trappel
Trappel
...
Zitter
Zitter
Sie ist spät dran. Dabei ist es sau-kalt.
Sasuke!
Oh, da bist du ja!
Ich habe gerade mit Sugimoto geredet.
Stomps

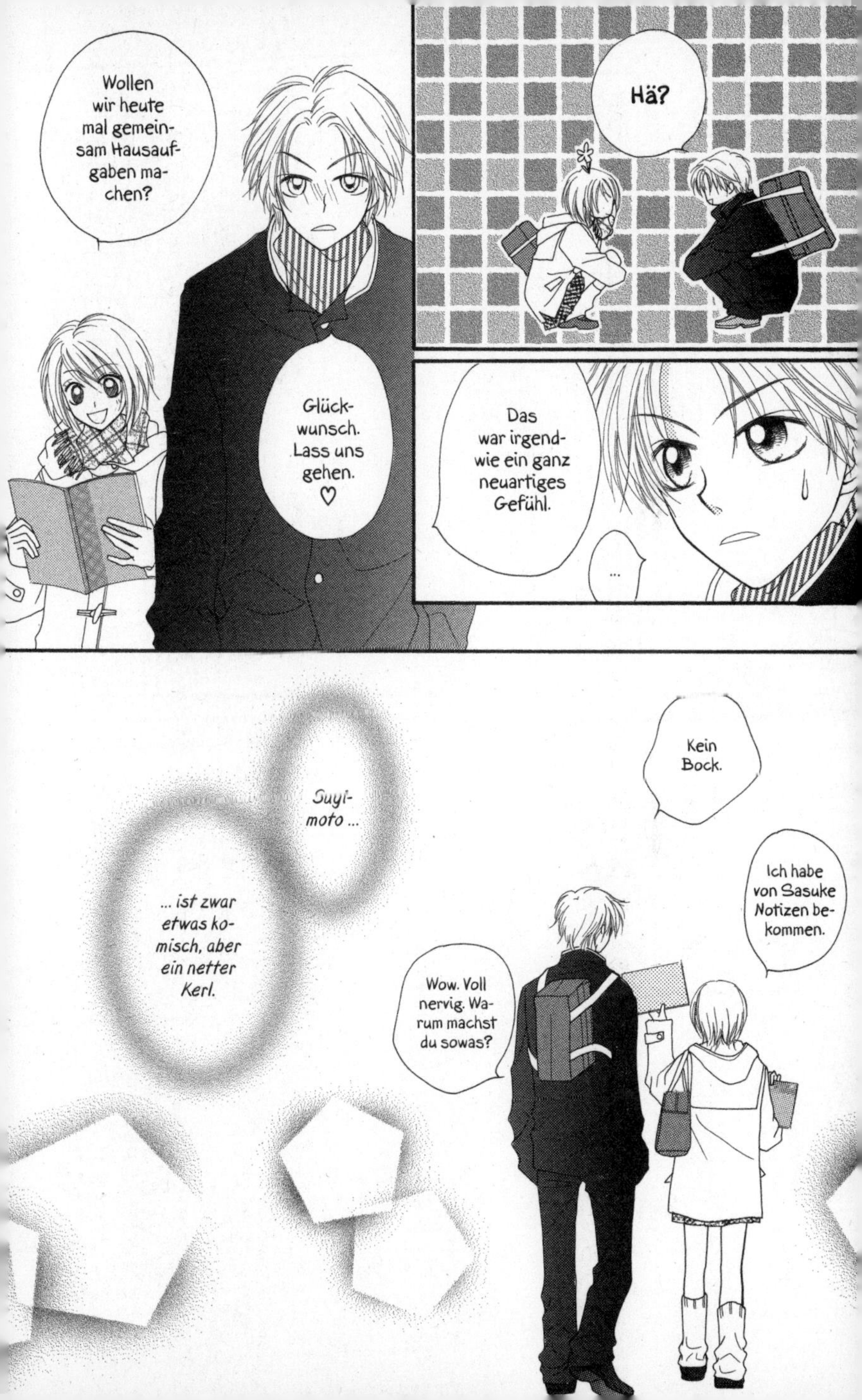

Wollen wir heute mal gemeinsam Hausaufgaben machen?

Glückwunsch. Lass uns gehen. ♡

Hä?

Das war irgendwie ein ganz neuartiges Gefühl.

...

Sugimoto ...

... ist zwar etwas komisch, aber ein netter Kerl.

Wow. Voll nervig. Warum machst du sowas?

Ich habe von Sasuke Notizen bekommen.

Kein Bock.

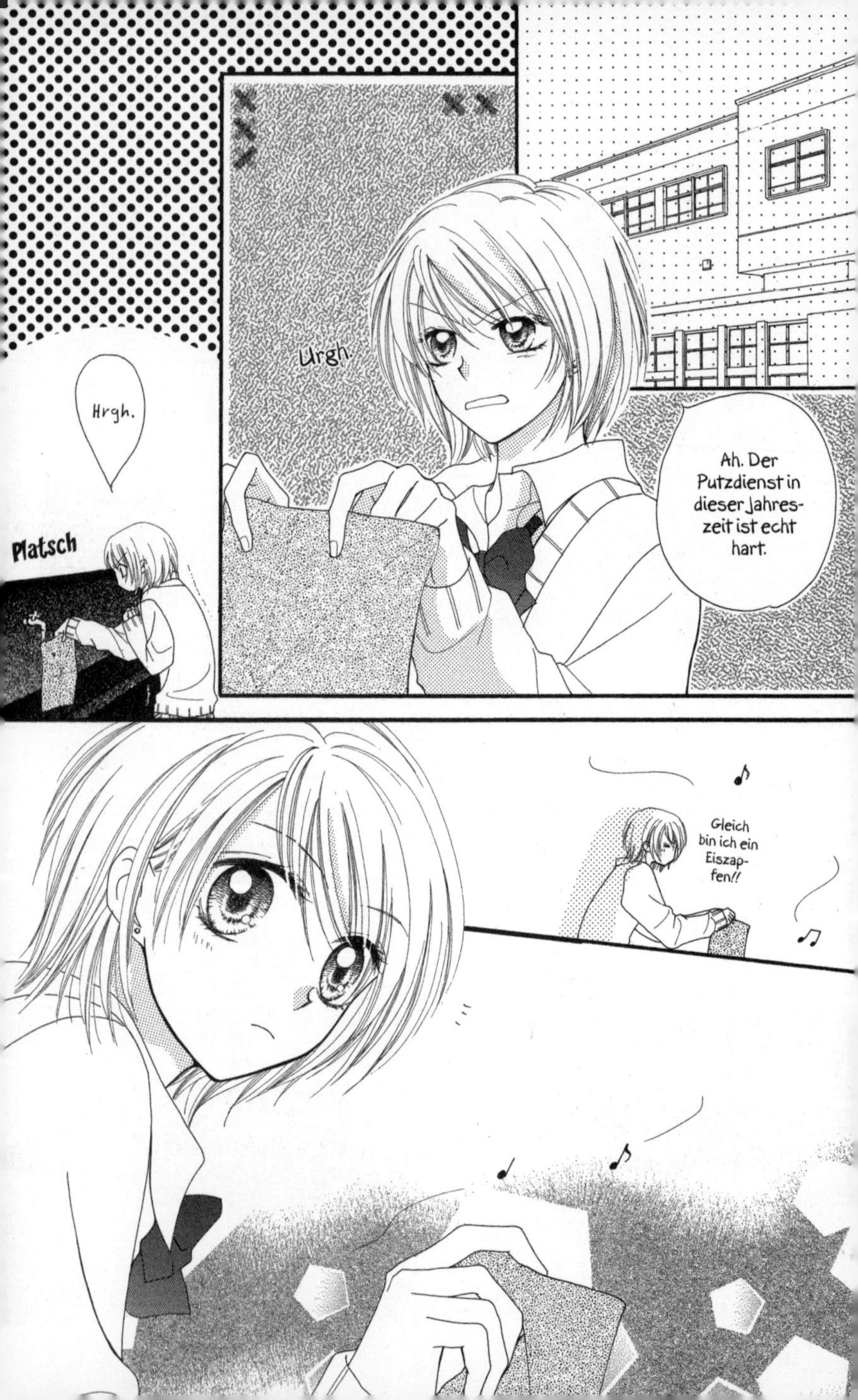

Ah. Der Putzdienst in dieser Jahreszeit ist echt hart.
Urgh.
Hrgh.
Platsch
Gleich bin ich ein Eiszapfen!!

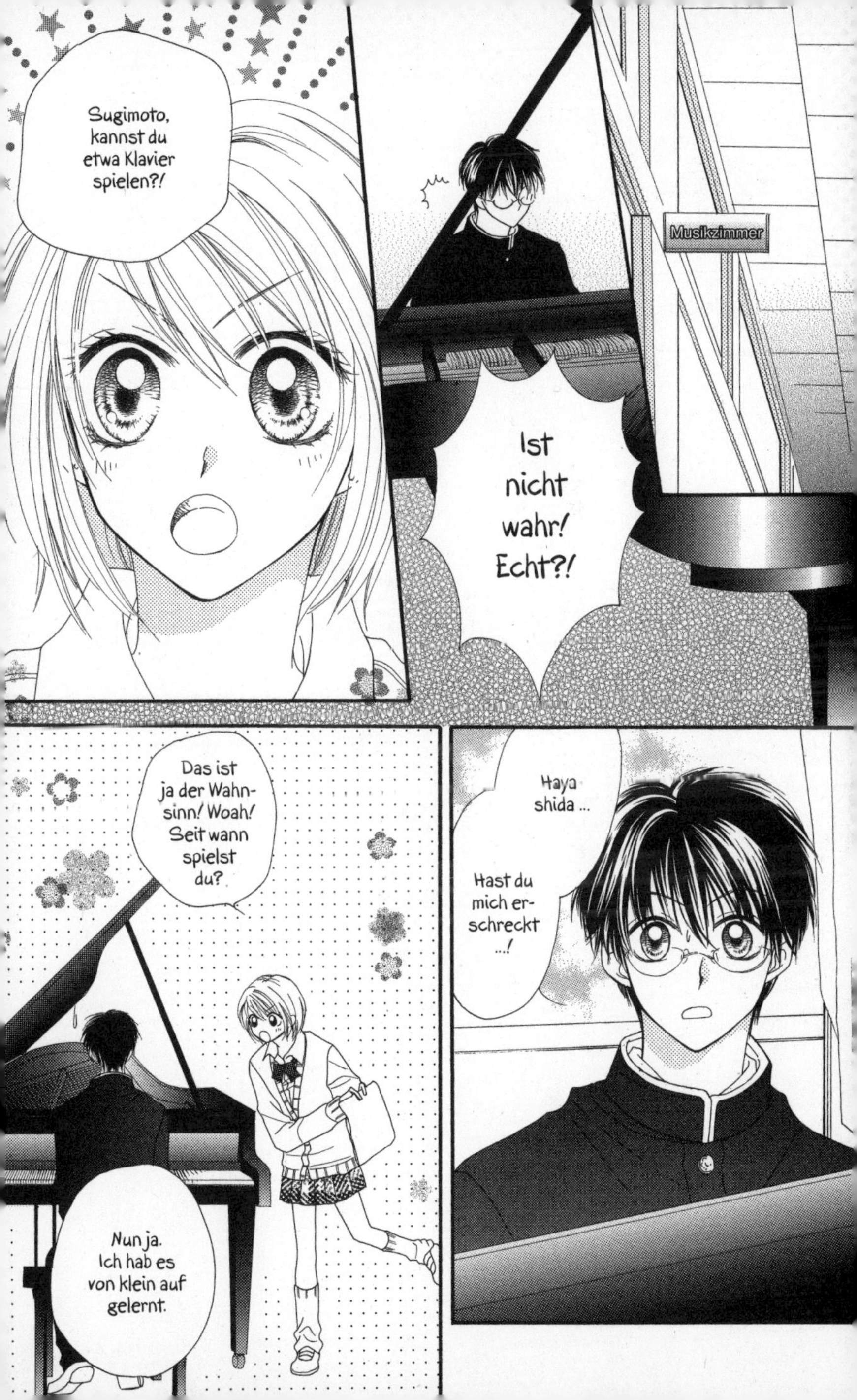
Musikzimmer
Ist nicht wahr! Echt?!
Sugimoto, kannst du etwa Klavier spielen?!
Hayashida …
Hast du mich erschreckt …!
Das ist ja der Wahnsinn! Woah! Seit wann spielst du?
Nun ja. Ich hab es von klein auf gelernt.

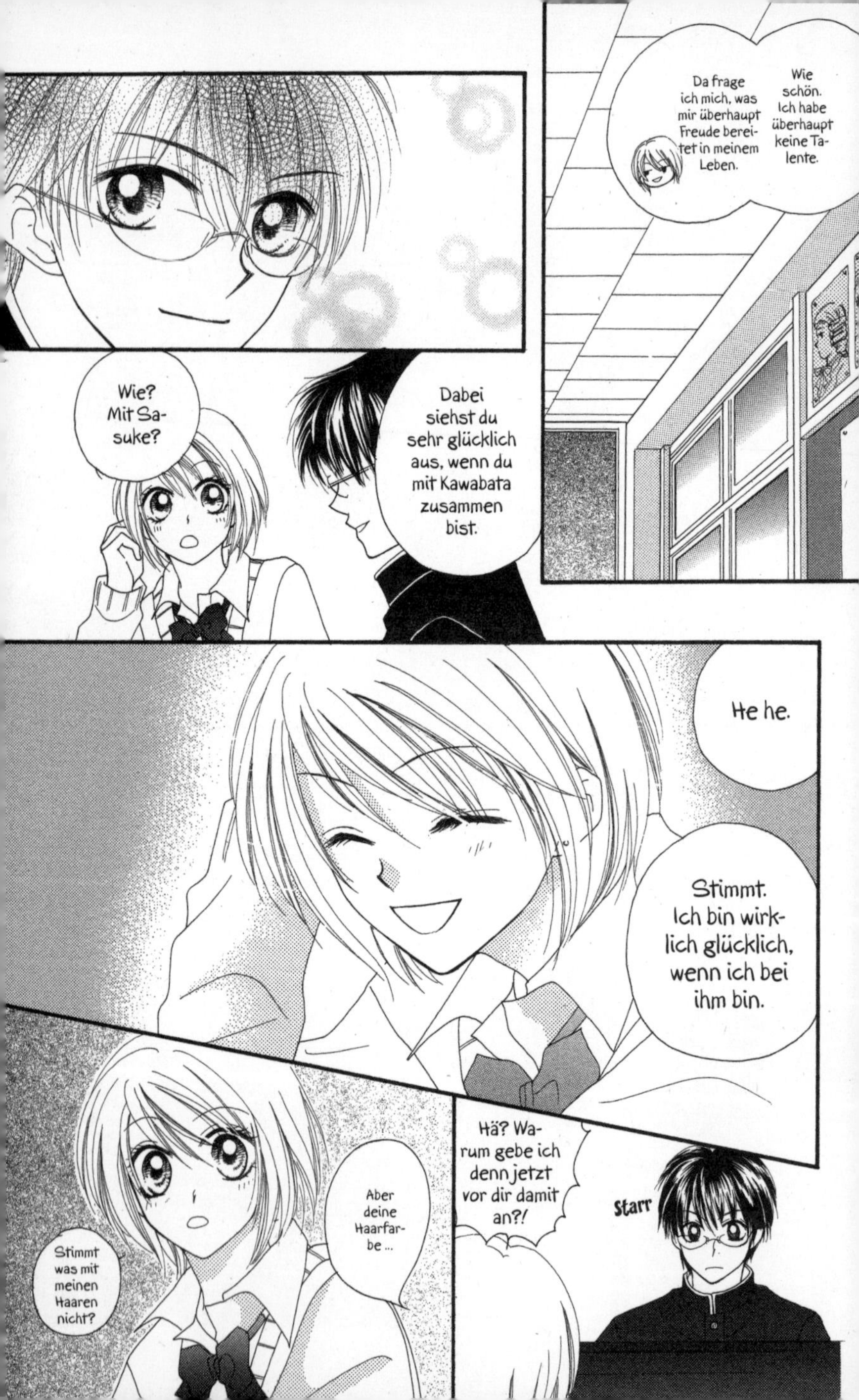
Wie schön. Ich habe überhaupt keine Talente.
Da frage ich mich, was mir überhaupt Freude bereitet in meinem Leben.
Dabei siehst du sehr glücklich aus, wenn du mit Kawabata zusammen bist.
Wie? Mit Sasuke?
He he.
Stimmt. Ich bin wirklich glücklich, wenn ich bei ihm bin.
Starr
Hä? Warum gebe ich denn jetzt vor dir damit an?!
Aber deine Haarfarbe ...
Stimmt was mit meinen Haaren nicht?

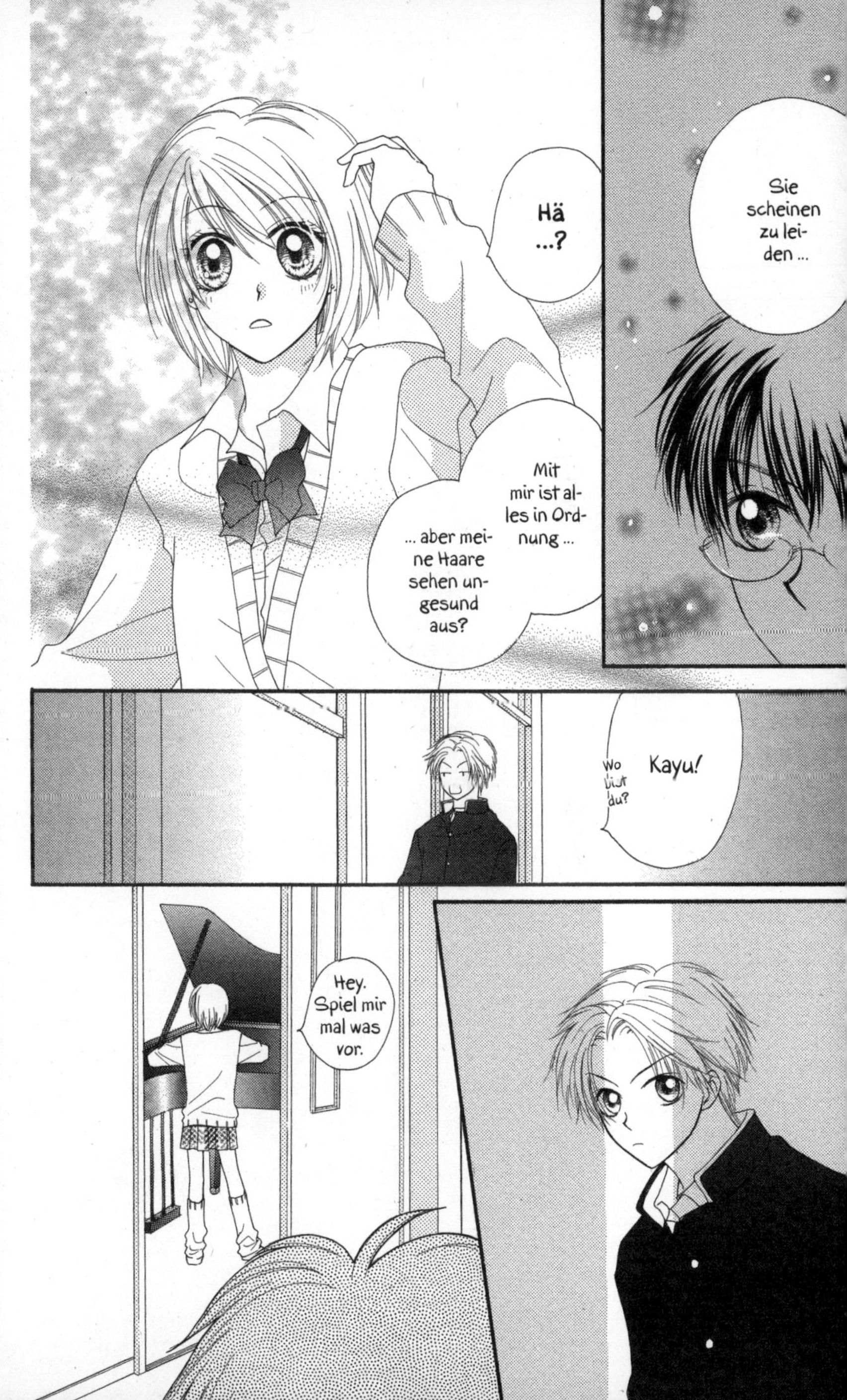
Sie scheinen zu leiden ...
Hä ...?
Mit mir ist alles in Ordnung ...
... aber meine Haare sehen ungesund aus?
Kayu!
Wo bist du?
Hey. Spiel mir mal was vor.

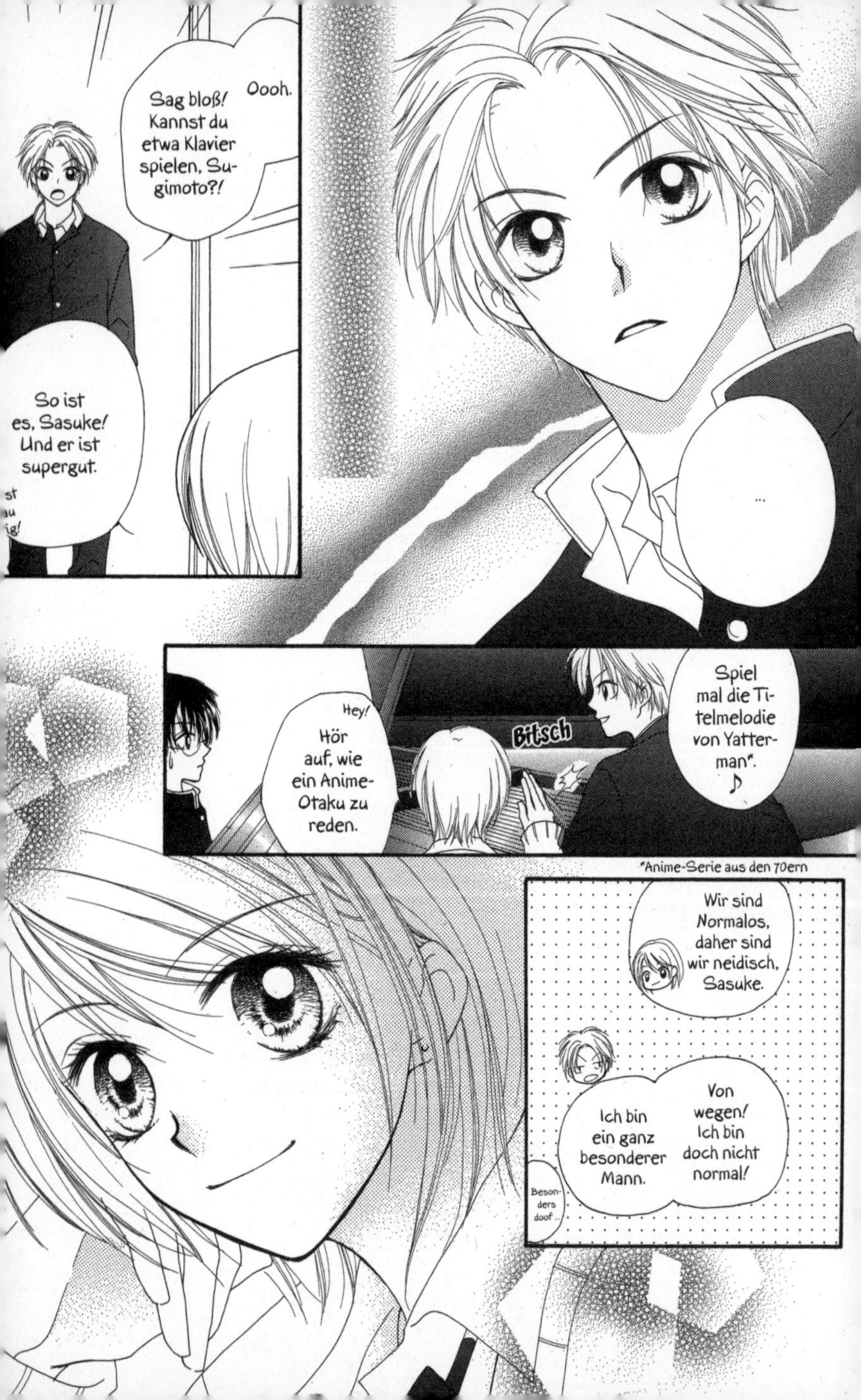
...
Oooh.
Sag bloß! Kannst du etwa Klavier spielen, Sugimoto?!
So ist es, Sasuke! Und er ist supergut.
Spiel mal die Titelmelodie von Yatterman*. ♪
Bitsch
Hey!
Hör auf, wie ein Anime-Otaku zu reden.
*Anime-Serie aus den 70ern
Wir sind Normalos, daher sind wir neidisch, Sasuke.
Von wegen! Ich bin doch nicht normal!
Ich bin ein ganz besonderer Mann.
Besonders doof ...

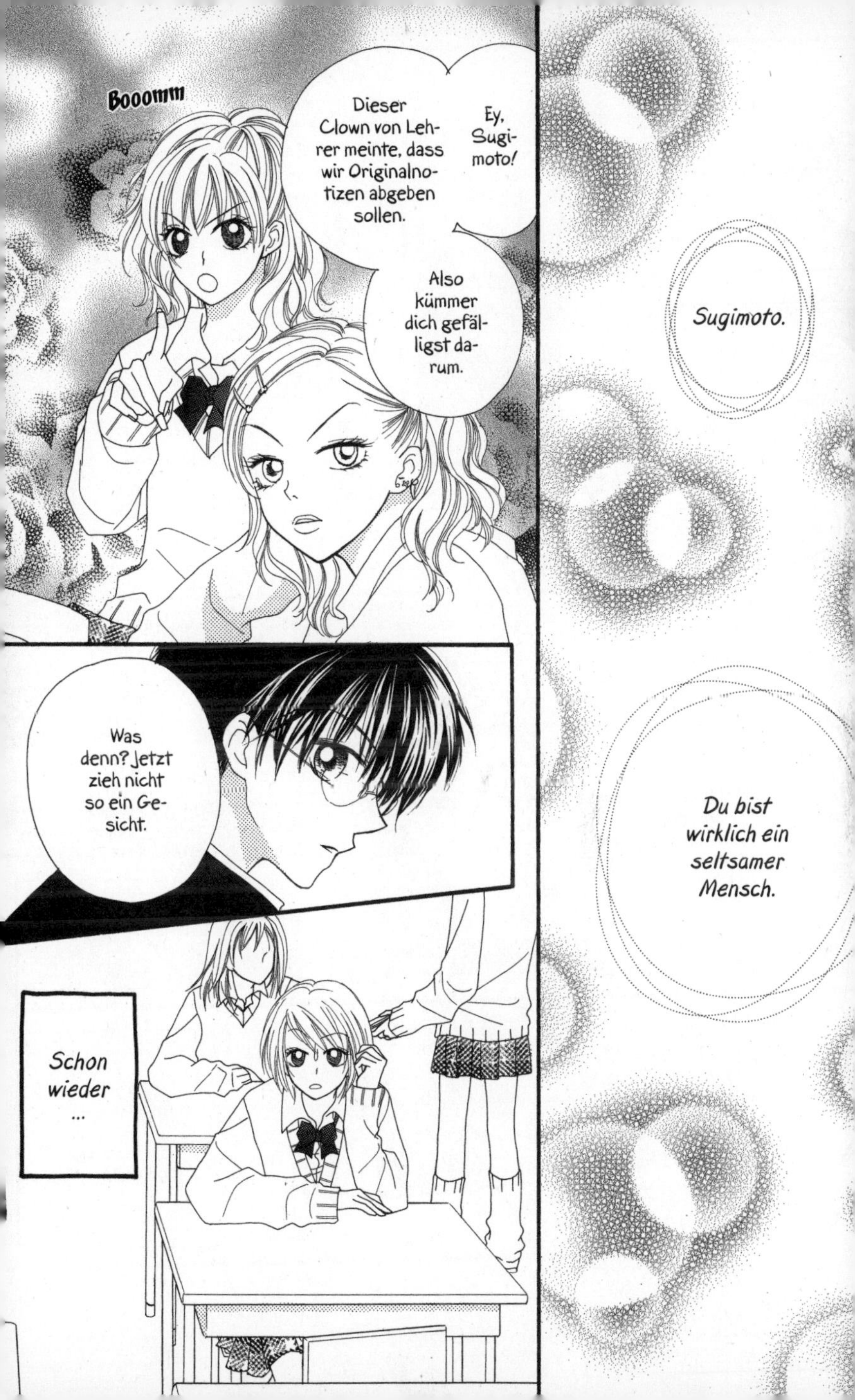

Sugimoto.
Du bist wirklich ein seltsamer Mensch.
Booomm
Ey, Sugimoto!
Dieser Clown von Lehrer meinte, dass wir Originalnotizen abgeben sollen.
Also kümmer dich gefälligst darum.
Was denn? Jetzt zieh nicht so ein Gesicht.
Schon wieder ...

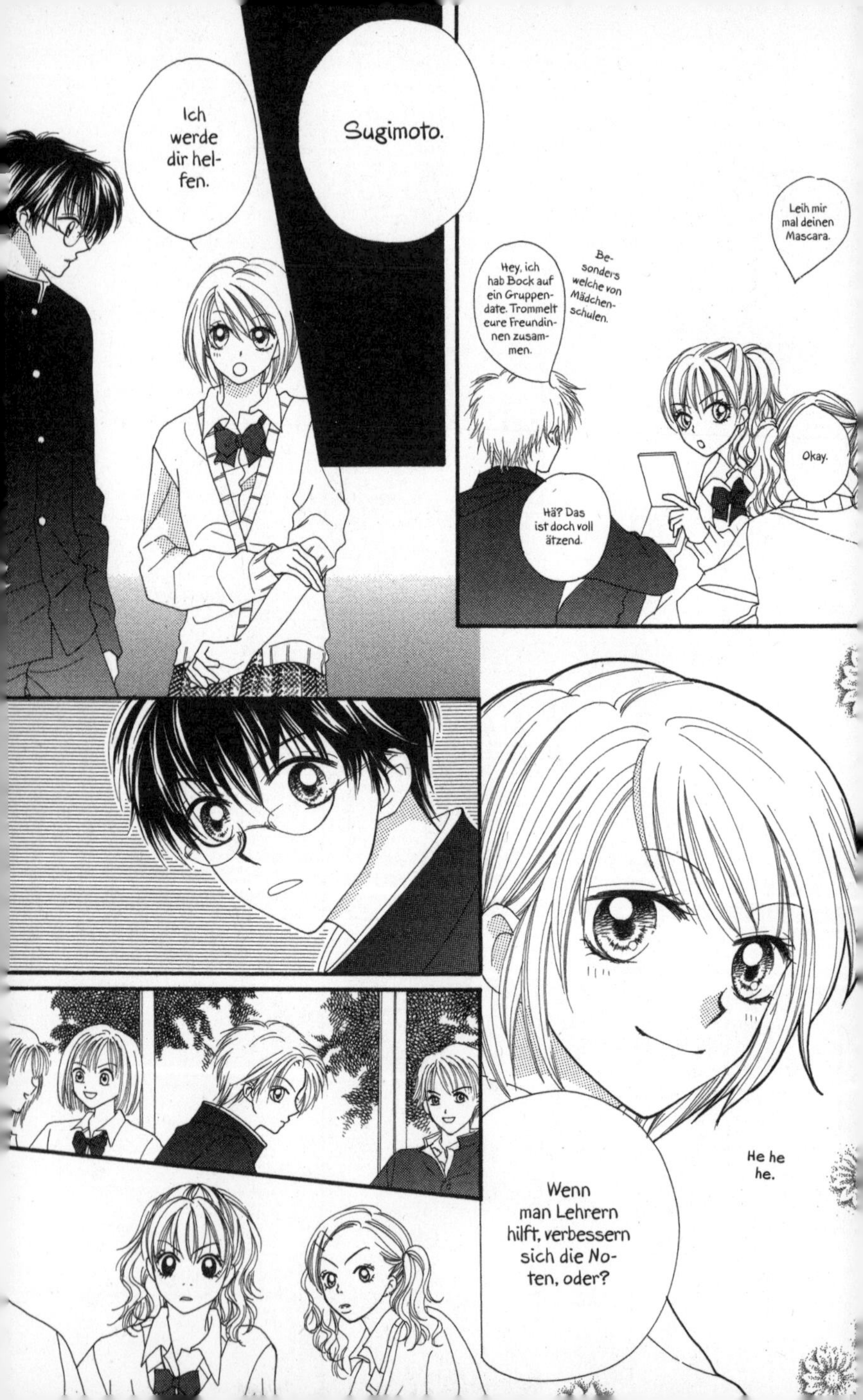

Leih mir mal deinen Mascara.
Okay.
Hey, ich hab Bock auf ein Gruppendate. Trommelt eure Freundinnen zusammen.
Besonders welche von Mädchenschulen.
Hä? Das ist doch voll ätzend.
Sugimoto.
Ich werde dir helfen.
Wenn man Lehrern hilft, verbessern sich die Noten, oder?
He he he.

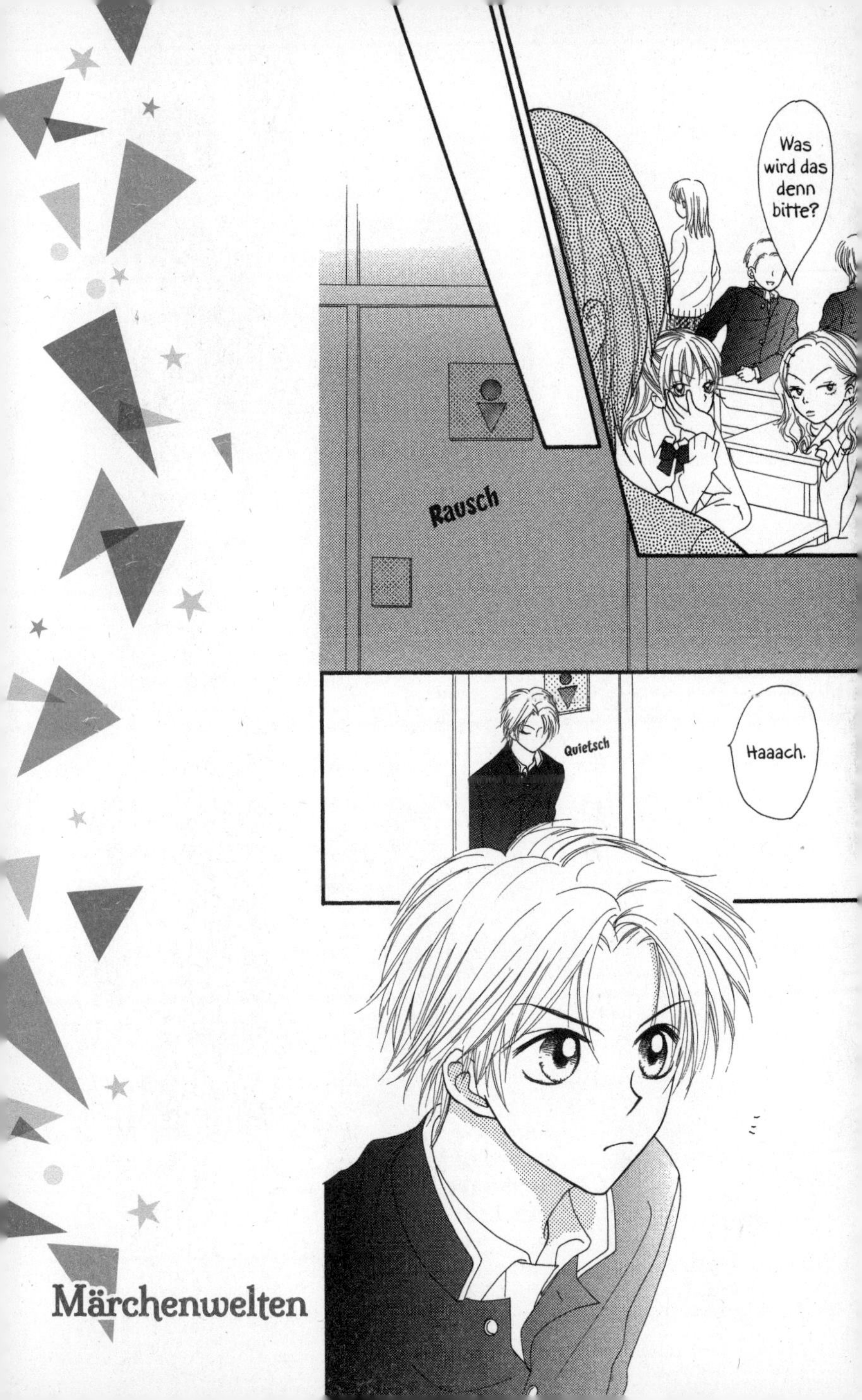
Was wird das denn bitte?
Rausch
Quietsch
Haaach.
Märchenwelten

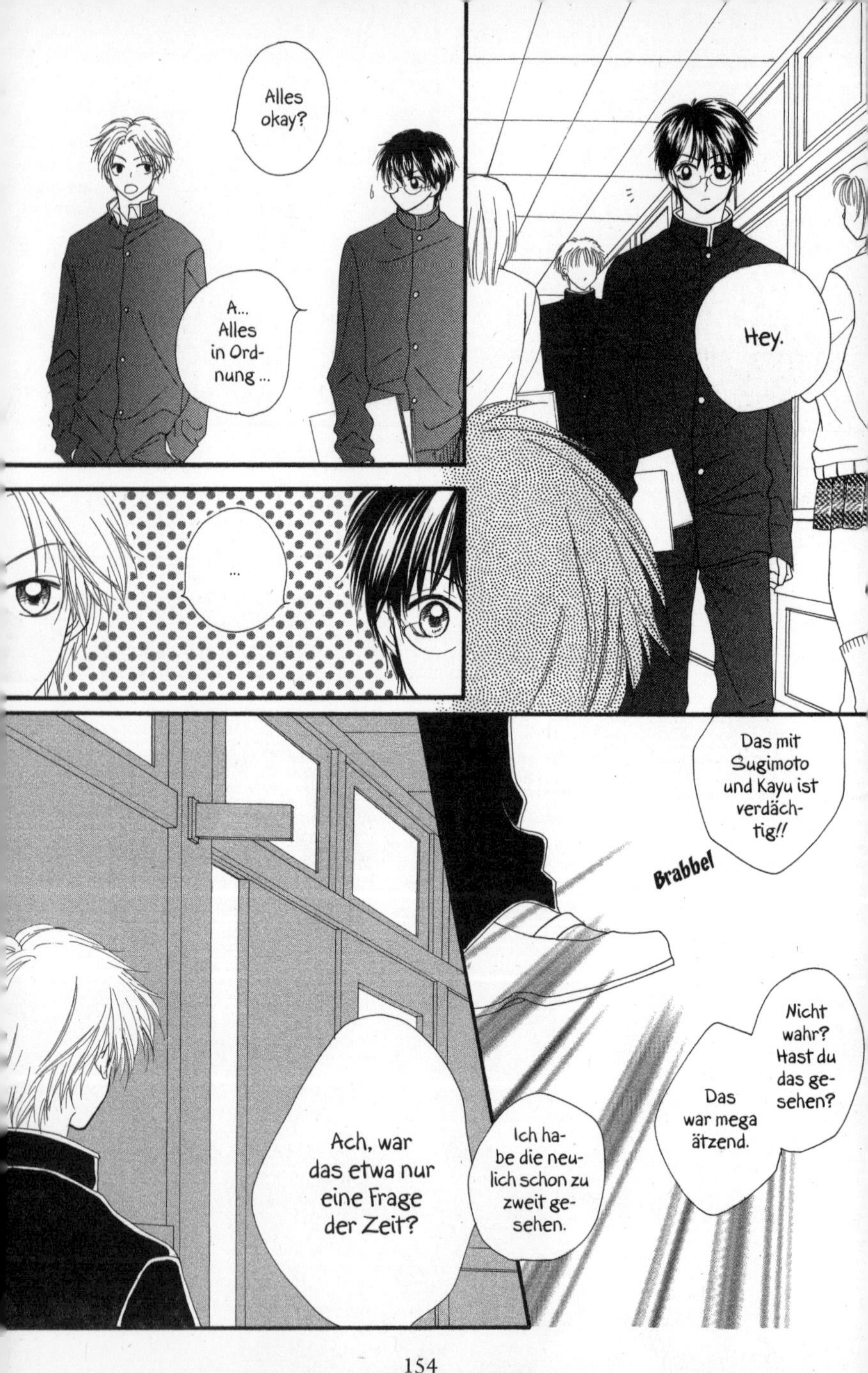

Hey.
Alles okay?
A... Alles in Ordnung ...
...
Das mit Sugimoto und Kayu ist verdächtig!!
Brabbel
Nicht wahr? Hast du das gesehen?
Das war mega ätzend.
Ich habe die neulich schon zu zweit gesehen.
Ach, war das etwa nur eine Frage der Zeit?

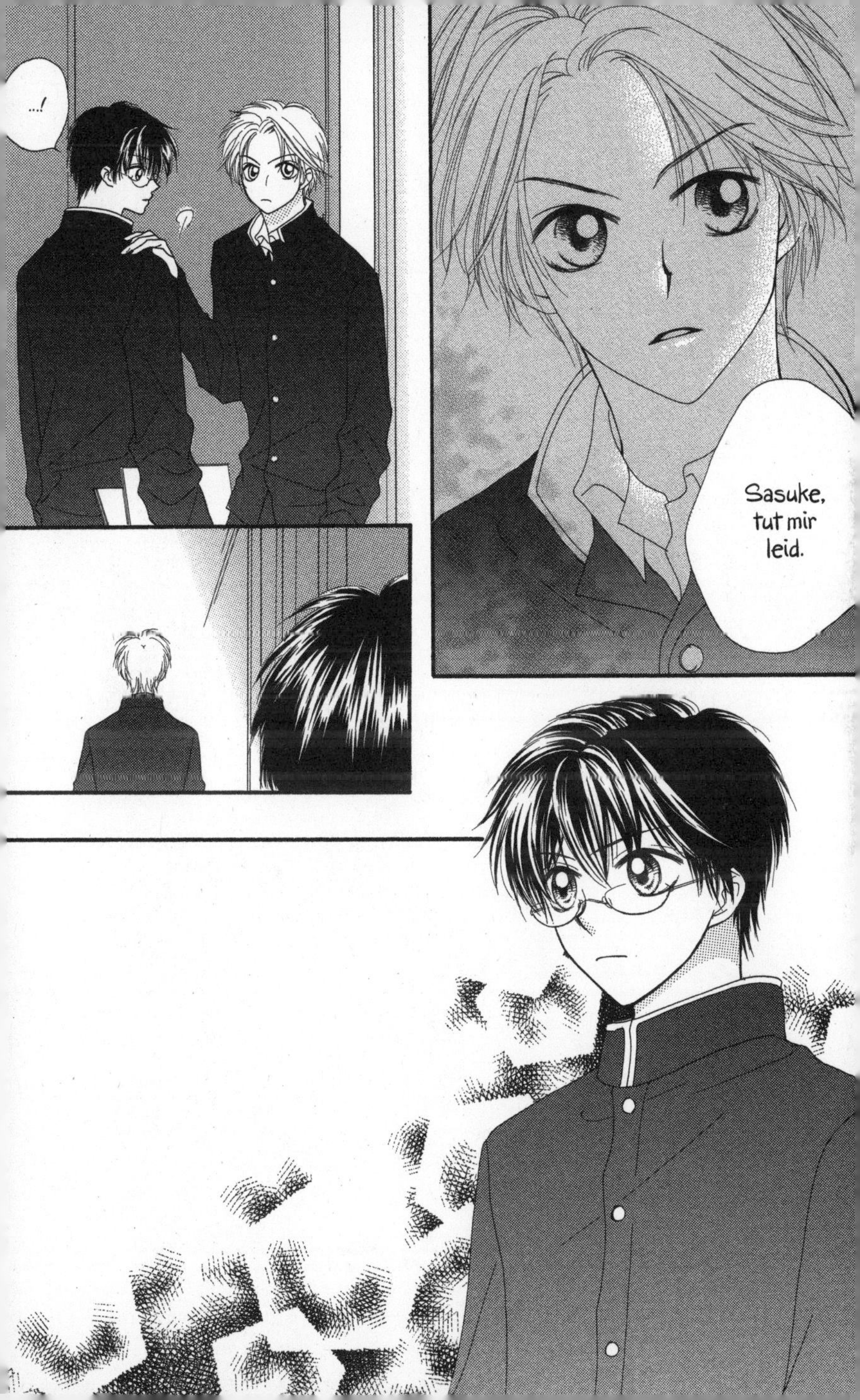
Sasuke, tut mir leid.
...!

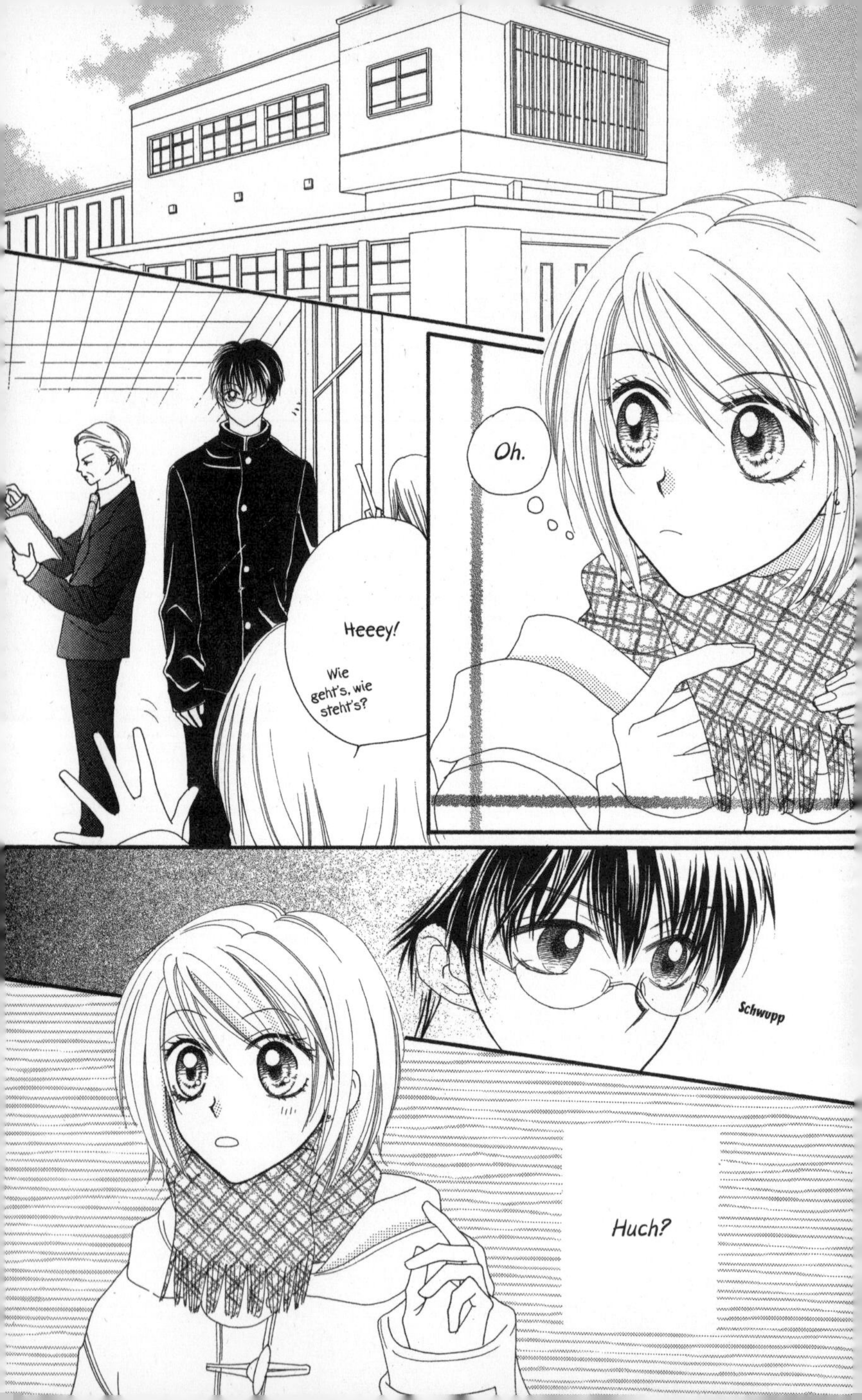
Oh.
Heeey!
Wie geht's, wie steht's?
Schwupp
Huch?

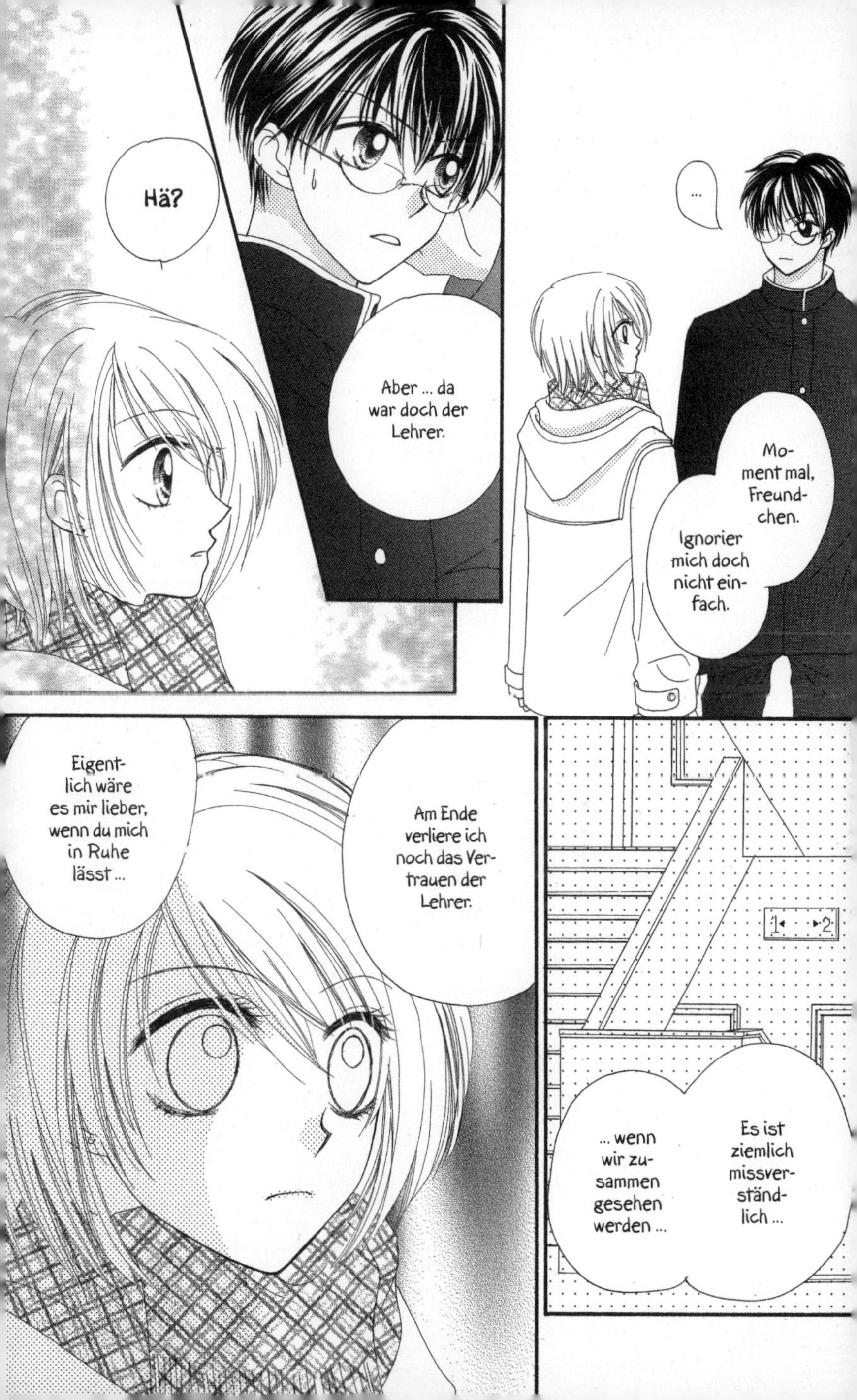
...
Moment mal, Freundchen.
Ignorier mich doch nicht einfach.
Aber ... da war doch der Lehrer.
Hä?
Es ist ziemlich missverständlich ...
... wenn wir zusammen gesehen werden ...
Am Ende verliere ich noch das Vertrauen der Lehrer.
Eigentlich wäre es mir lieber, wenn du mich in Ruhe lässt ...

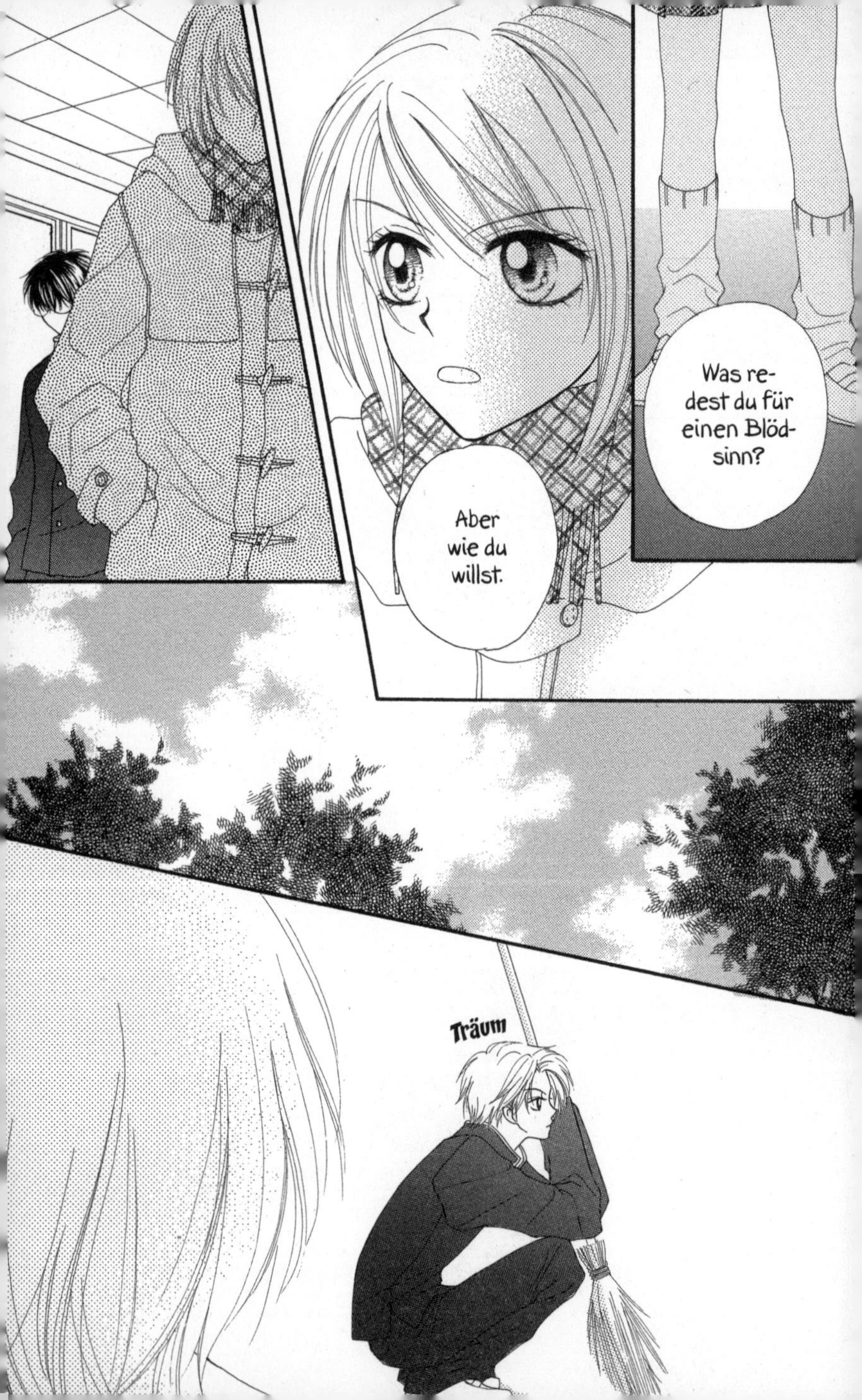
Was re-
dest du für
einen Blöd-
sinn?
Aber
wie du
willst.
Träum

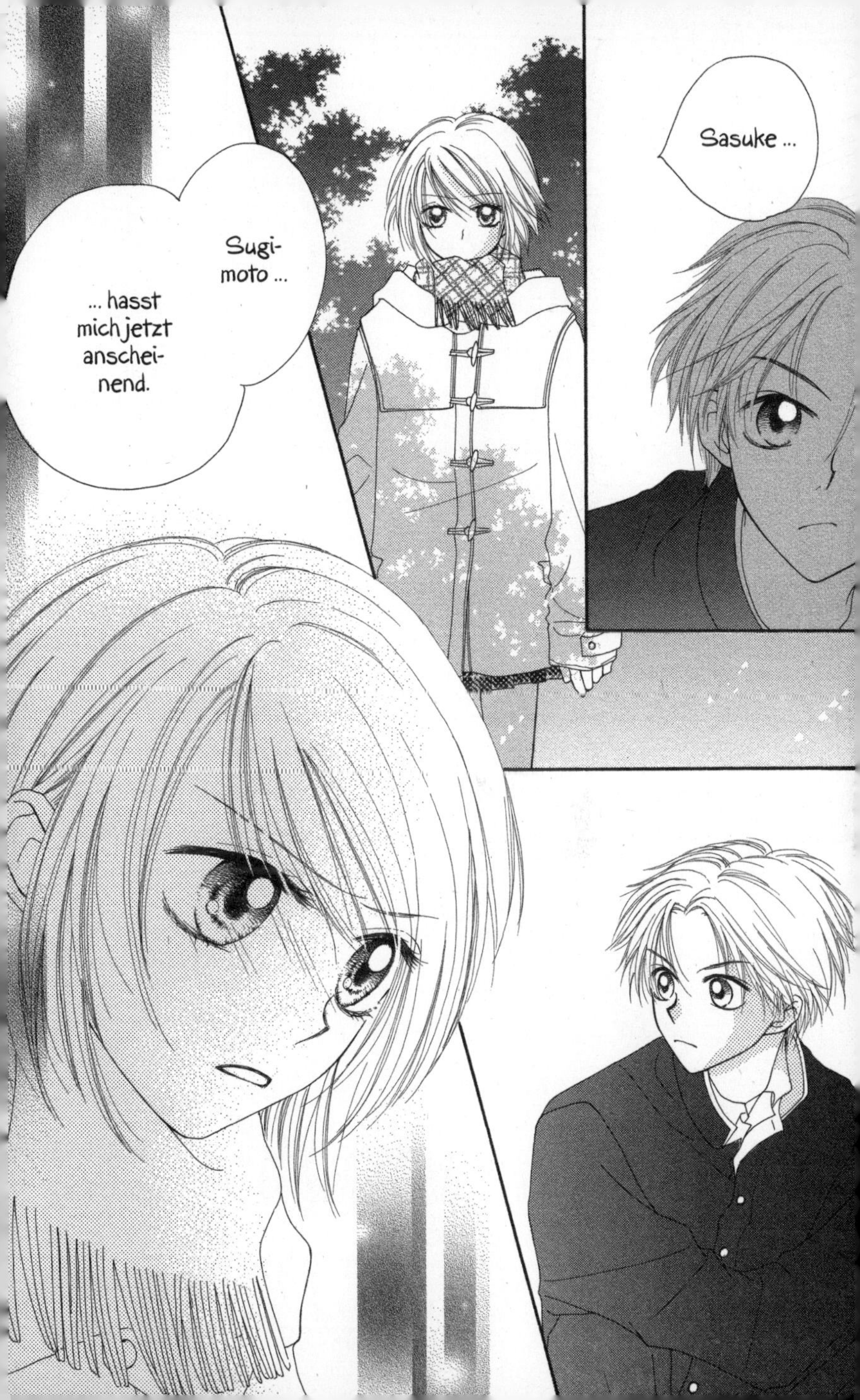
Sasuke ...
Sugi-moto ...
... hasst mich jetzt anschei-nend.

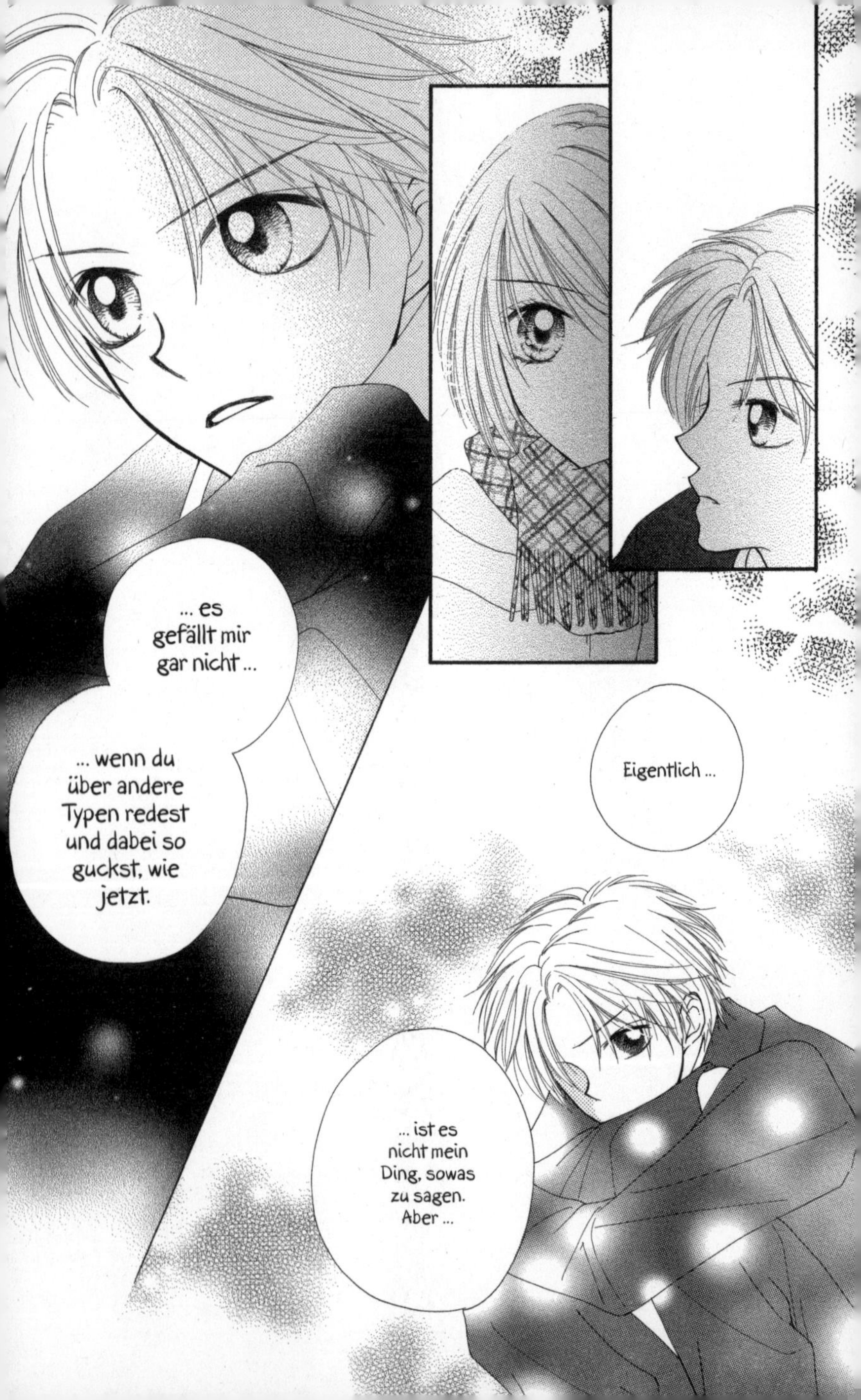
... es gefällt mir gar nicht ...
... wenn du über andere Typen redest und dabei so guckst, wie jetzt.
Eigentlich ...
... ist es nicht mein Ding, sowas zu sagen. Aber ...

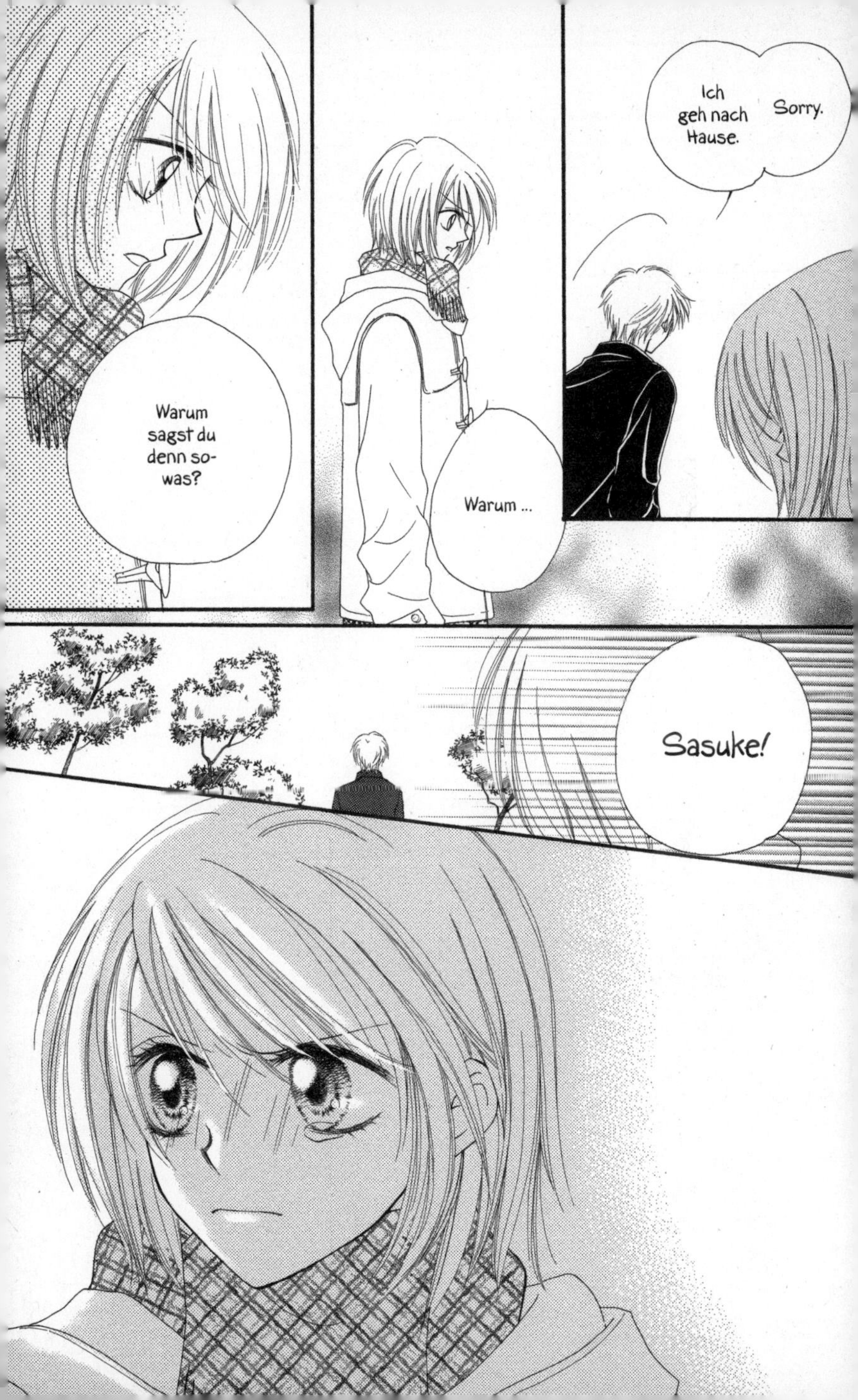
Ich geh nach Hause.
Sorry.
Warum ...
Warum sagst du denn so-was?
Sasuke!

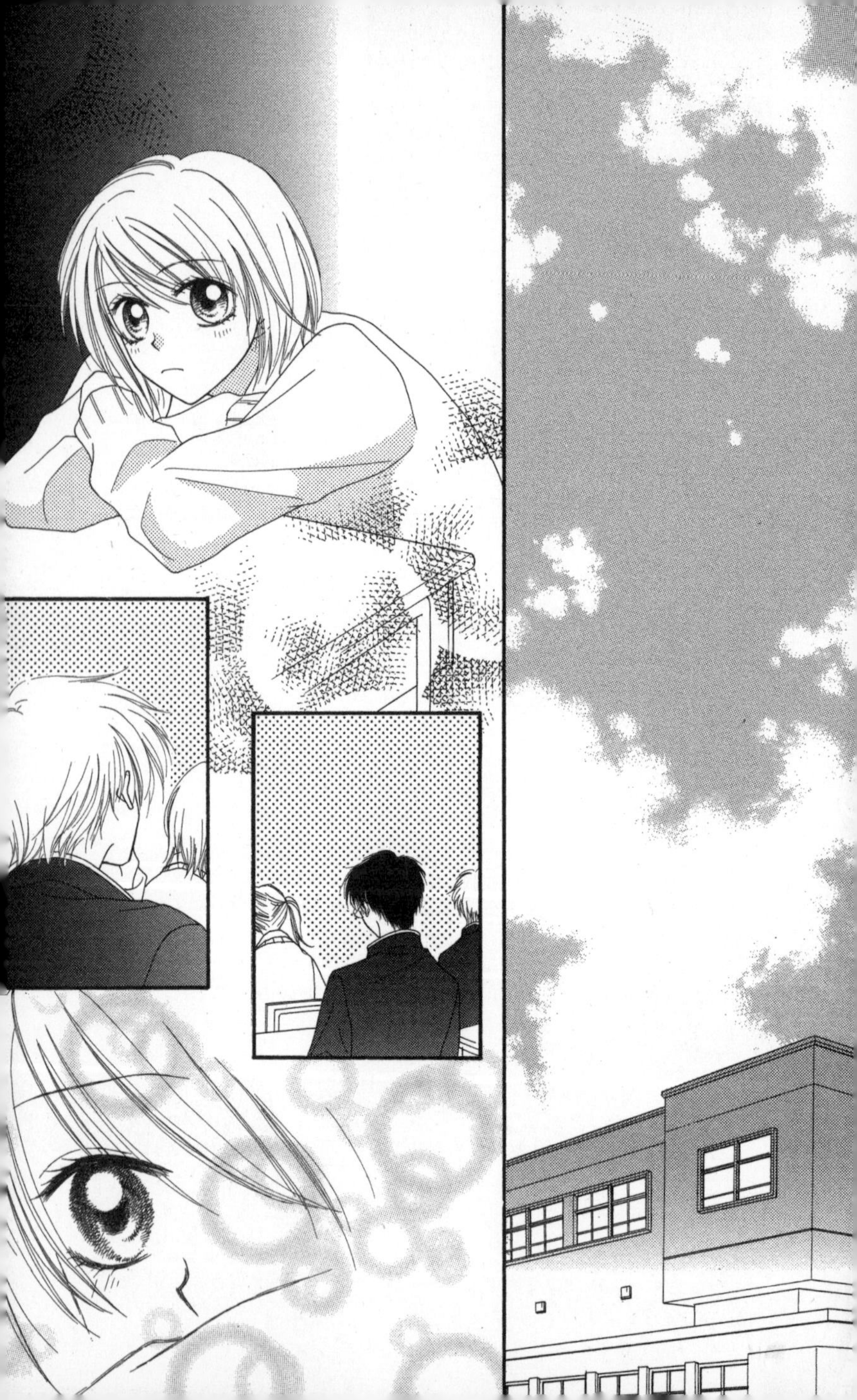

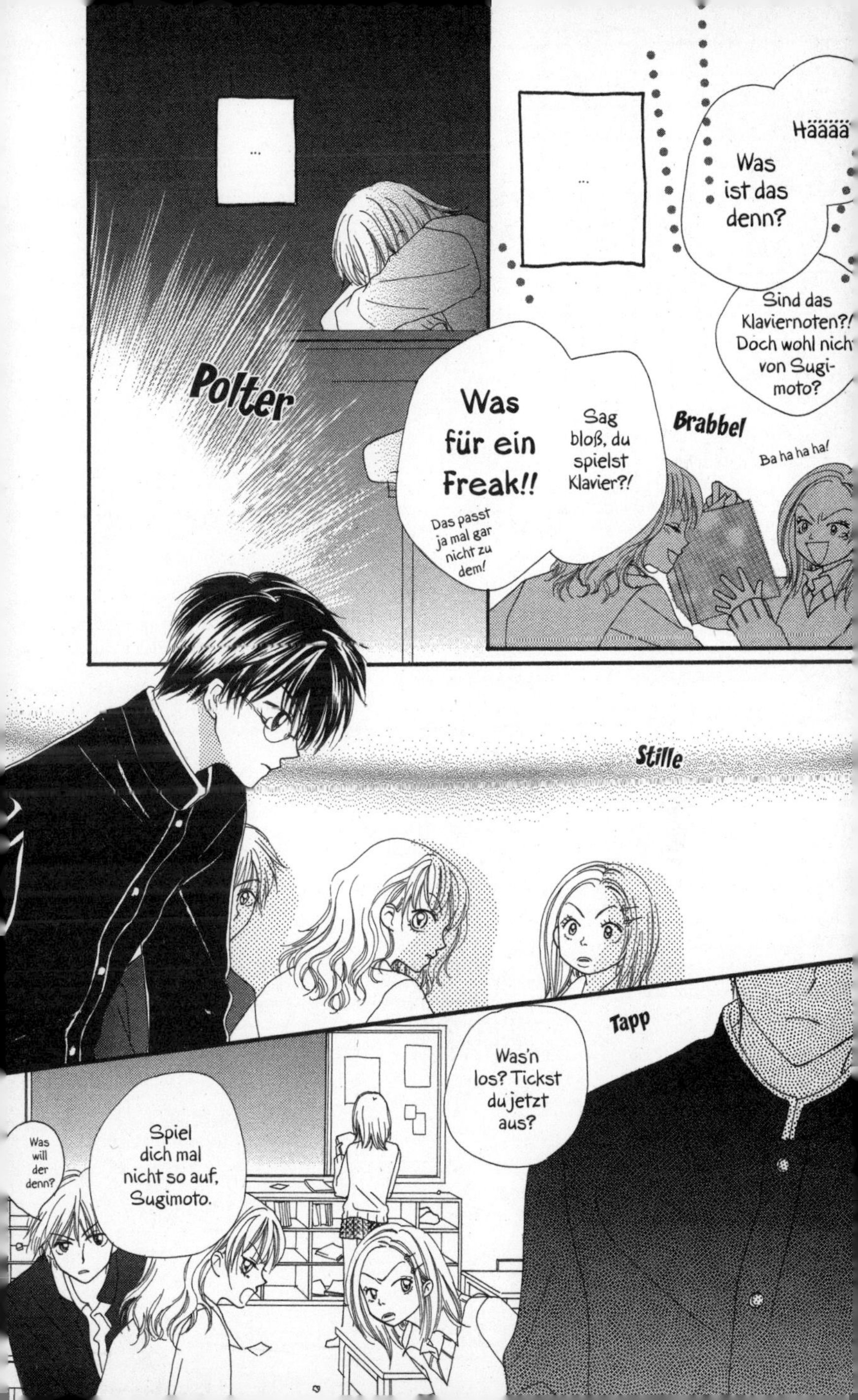
Häääã
Was ist das denn?
Sind das Klaviernoten?! Doch wohl nicht von Sugimoto?
...
Brabbel
Ba ha ha ha!
Sag bloß, du spielst Klavier?!
Was für ein Freak!!
Das passt ja mal gar nicht zu dem!
...
Polter
Stille
Tapp
Was'n los? Tickst du jetzt aus?
Spiel dich mal nicht so auf, Sugimoto.
Was will der denn?

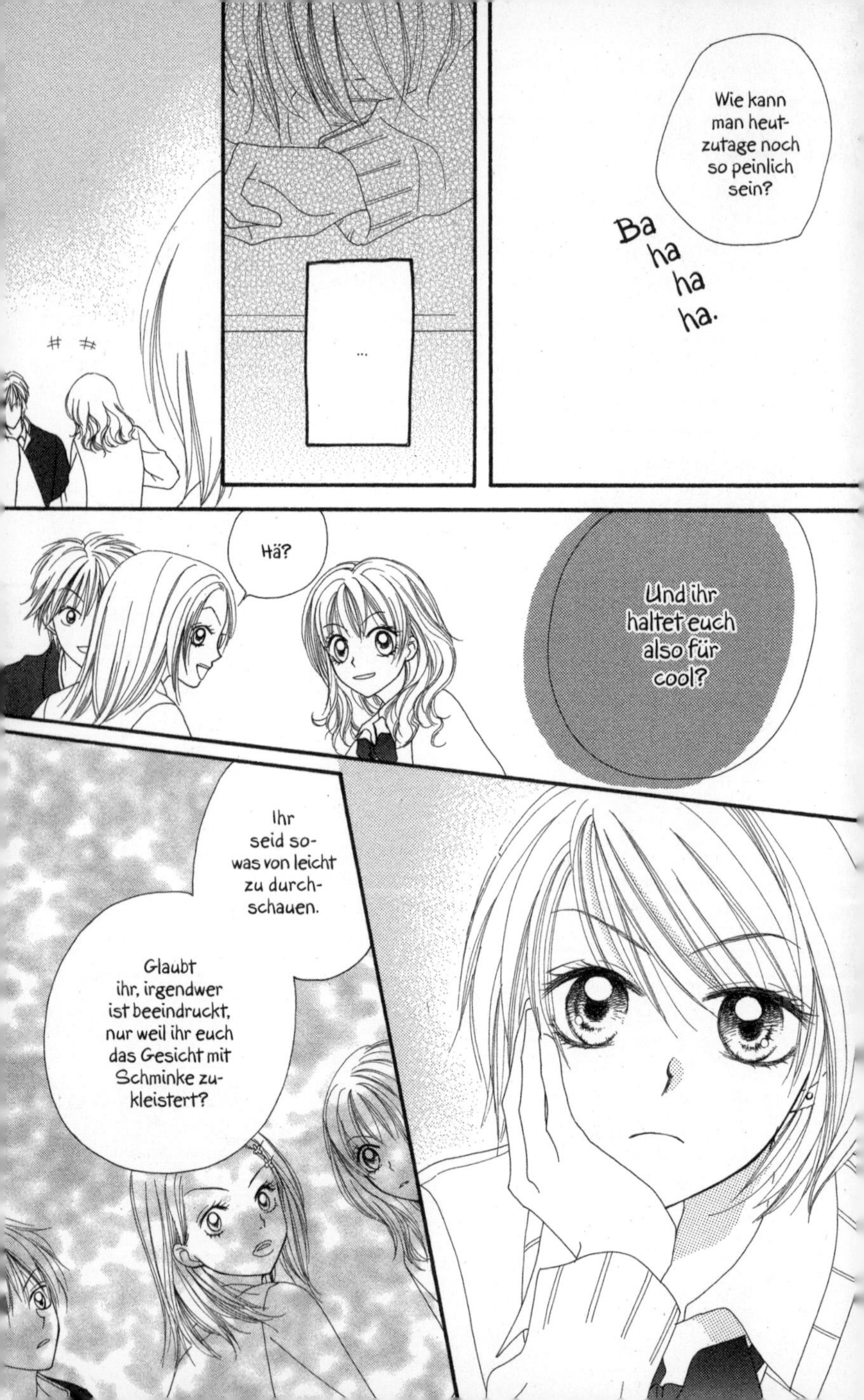
Wie kann man heutzutage noch so peinlich sein?
Ba ha ha ha.
...
Hä?
Und ihr haltet euch also für cool?
Ihr seid sowas von leicht zu durchschauen.
Glaubt ihr, irgendwer ist beeindruckt, nur weil ihr euch das Gesicht mit Schminke zukleistert?

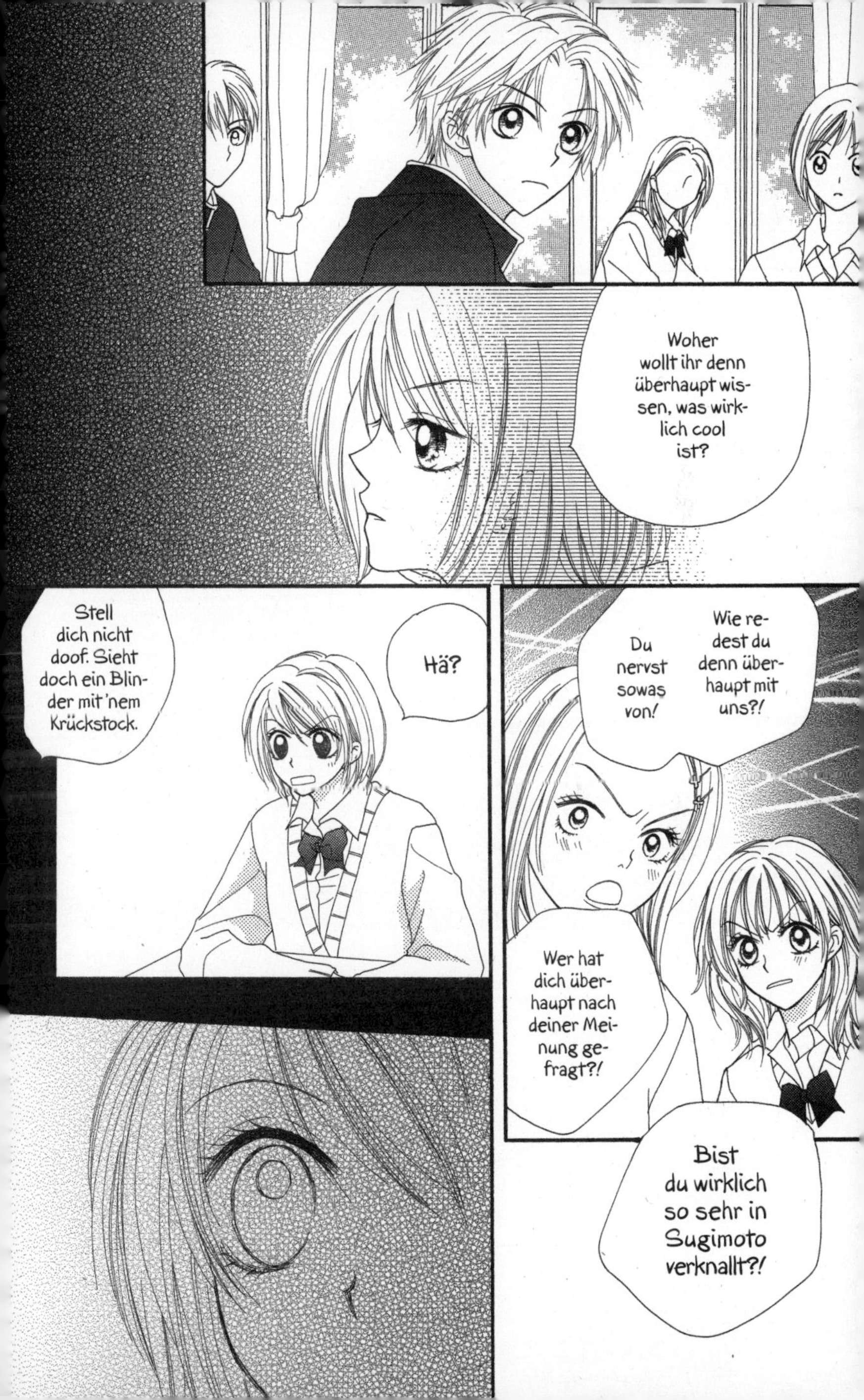

Woher wollt ihr denn überhaupt wissen, was wirklich cool ist?
Wie redest du denn überhaupt mit uns?!
Du nervst sowas von!
Wer hat dich überhaupt nach deiner Meinung gefragt?!
Hä?
Stell dich nicht doof. Sieht doch ein Blinder mit 'nem Krückstock.
Bist du wirklich so sehr in Sugimoto verknallt?!

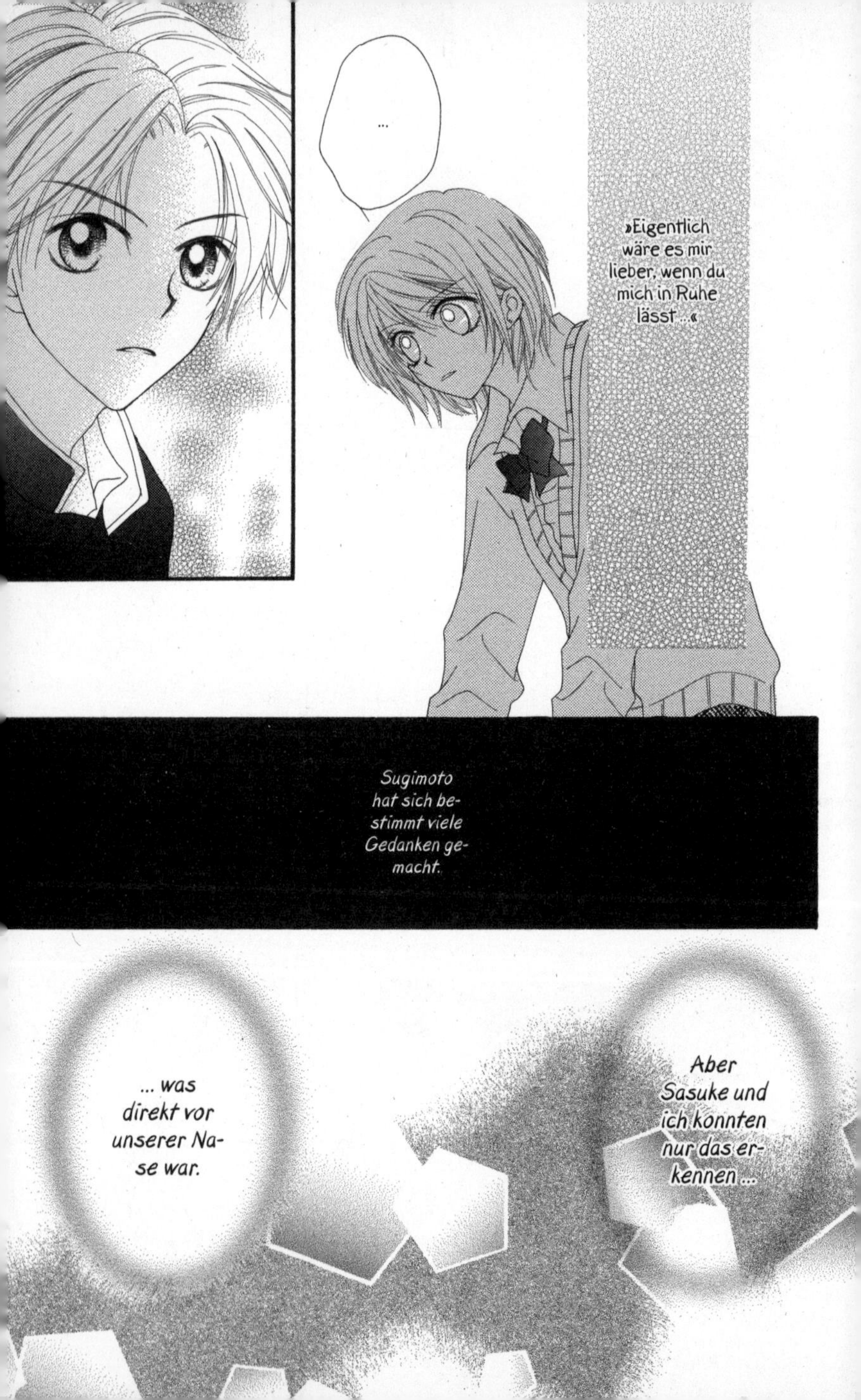
»Eigentlich wäre es mir lieber, wenn du mich in Ruhe lässt ...«
...
Sugimoto hat sich bestimmt viele Gedanken gemacht.
Aber Sasuke und ich konnten nur das erkennen ...
... was direkt vor unserer Nase war.

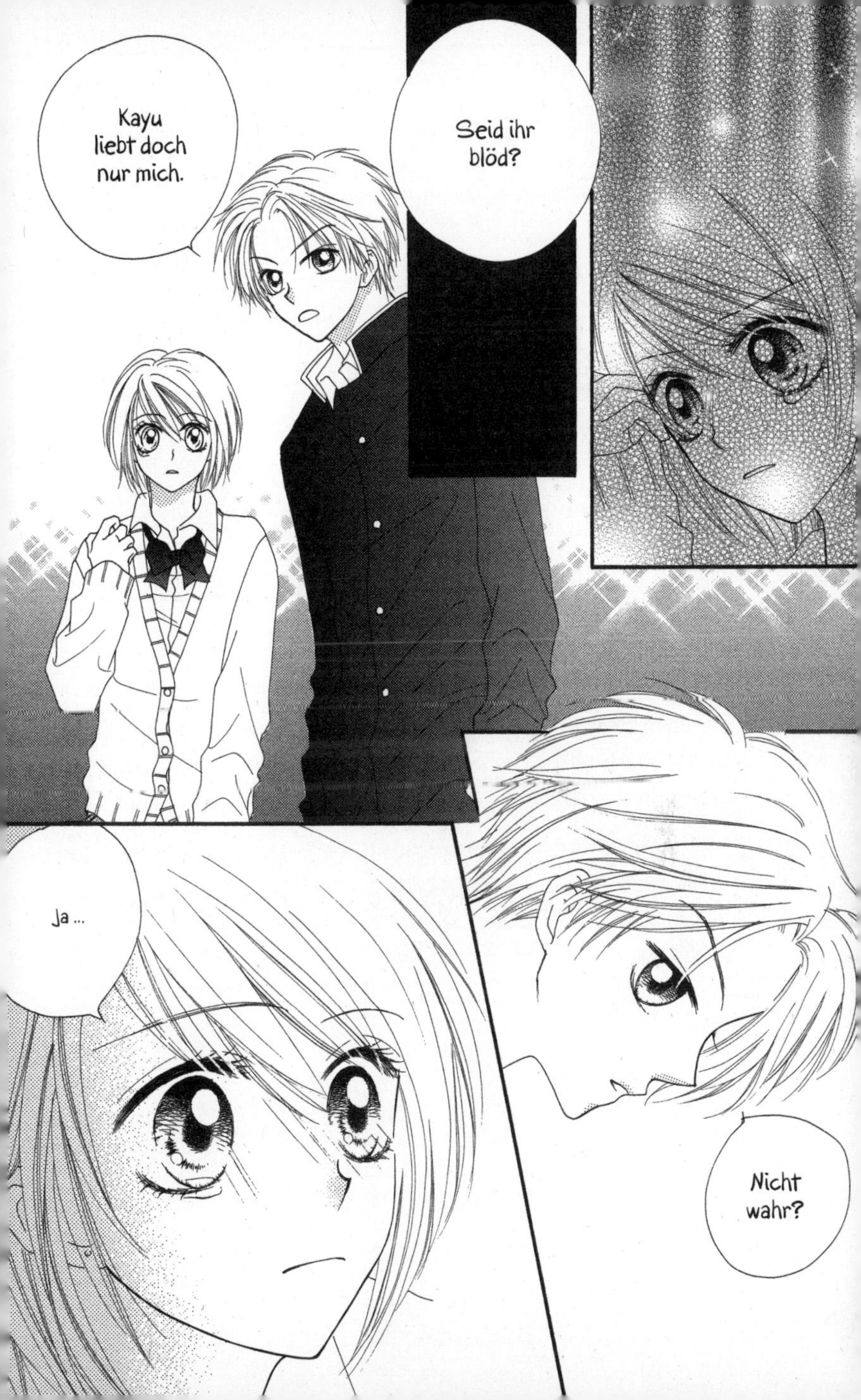
Seid ihr blöd?
Kayu liebt doch nur mich.
Nicht wahr?
Ja ...

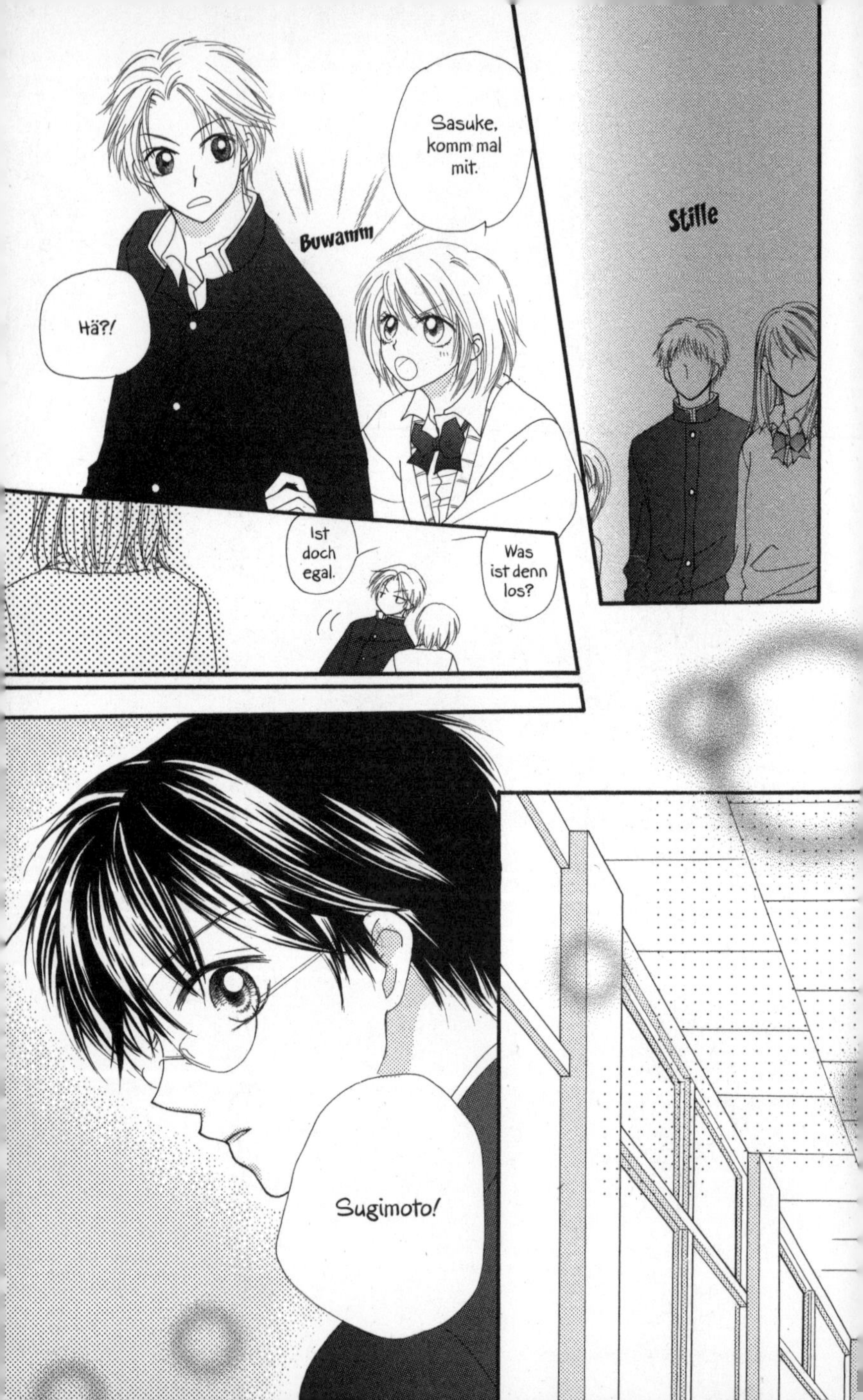
Stille
Sasuke, komm mal mit.
Buwamm
Hä?!
Was ist denn los?
Ist doch egal.
Sugimoto!

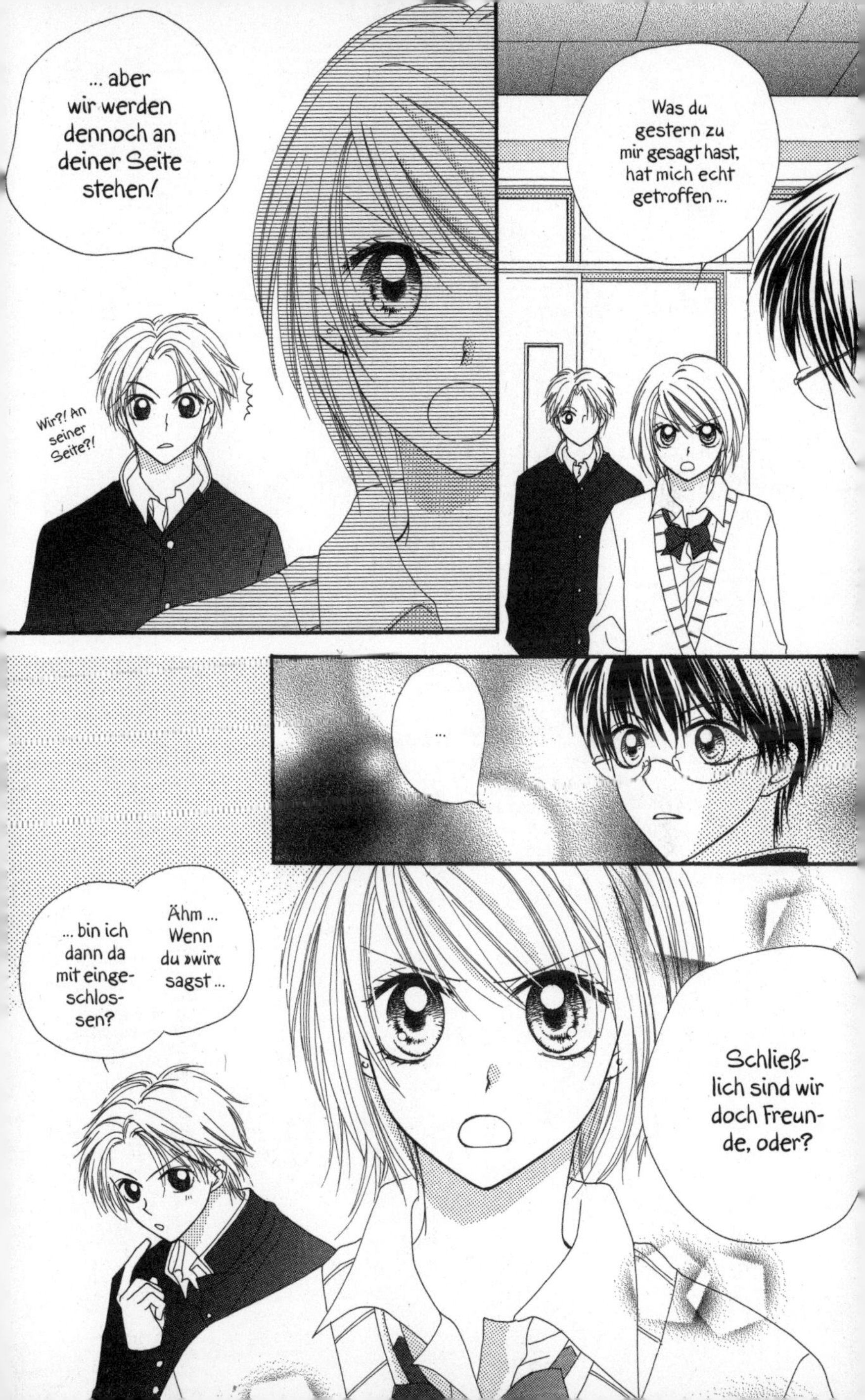
Was du gestern zu mir gesagt hast, hat mich echt getroffen ...
... aber wir werden dennoch an deiner Seite stehen!
Wir?! An seiner Seite?!
...
Schließ-lich sind wir doch Freun-de, oder?
Ähm ... Wenn du »wir« sagst ...
... bin ich dann da mit einge-schlos-sen?

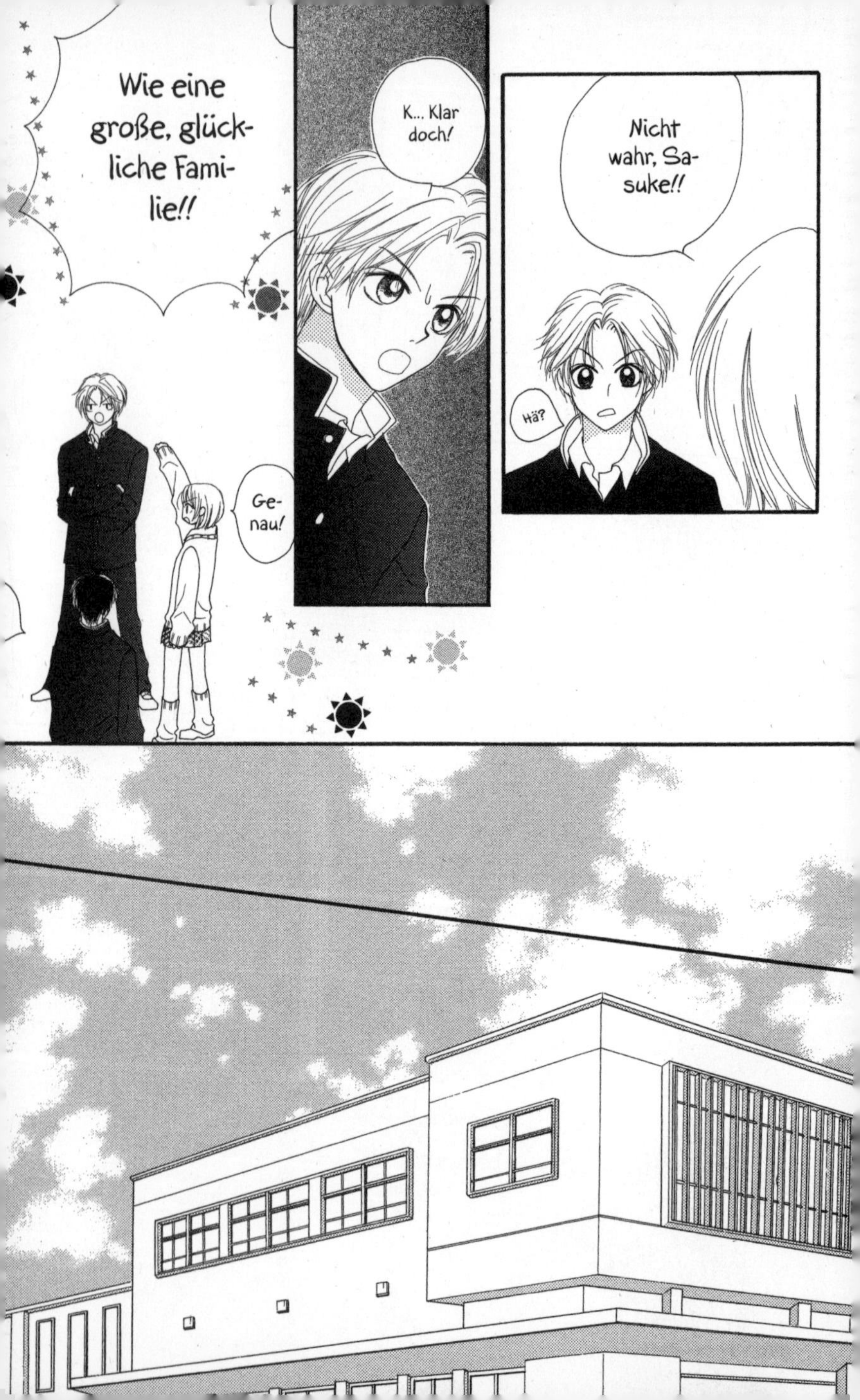
Nicht wahr, Sasuke!!
Hä?
K... Klar doch!
Wie eine große, glückliche Familie!!
Genau!

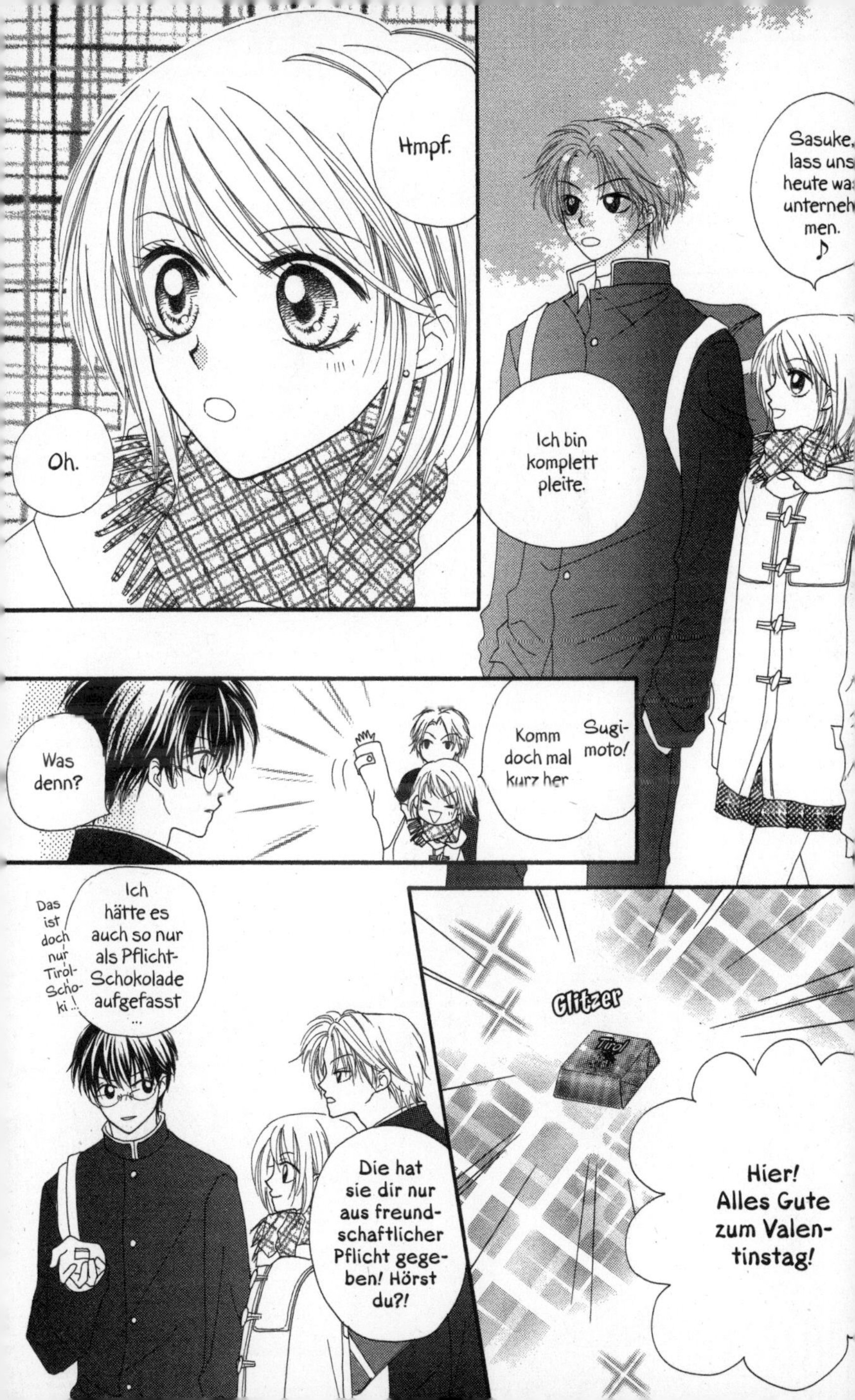

Sasuke, lass uns heute was unternehmen. ♪
Ich bin komplett pleite.
Hmpf.
Oh.
Sugimoto!
Komm doch mal kurz her
Was denn?
Glitzer
Hier! Alles Gute zum Valentinstag!
Die hat sie dir nur aus freundschaftlicher Pflicht gegeben! Hörst du?!
Ich hätte es auch so nur als Pflicht-Schokolade aufgefasst ...
Das ist doch nur Tirol-Schoko ...!

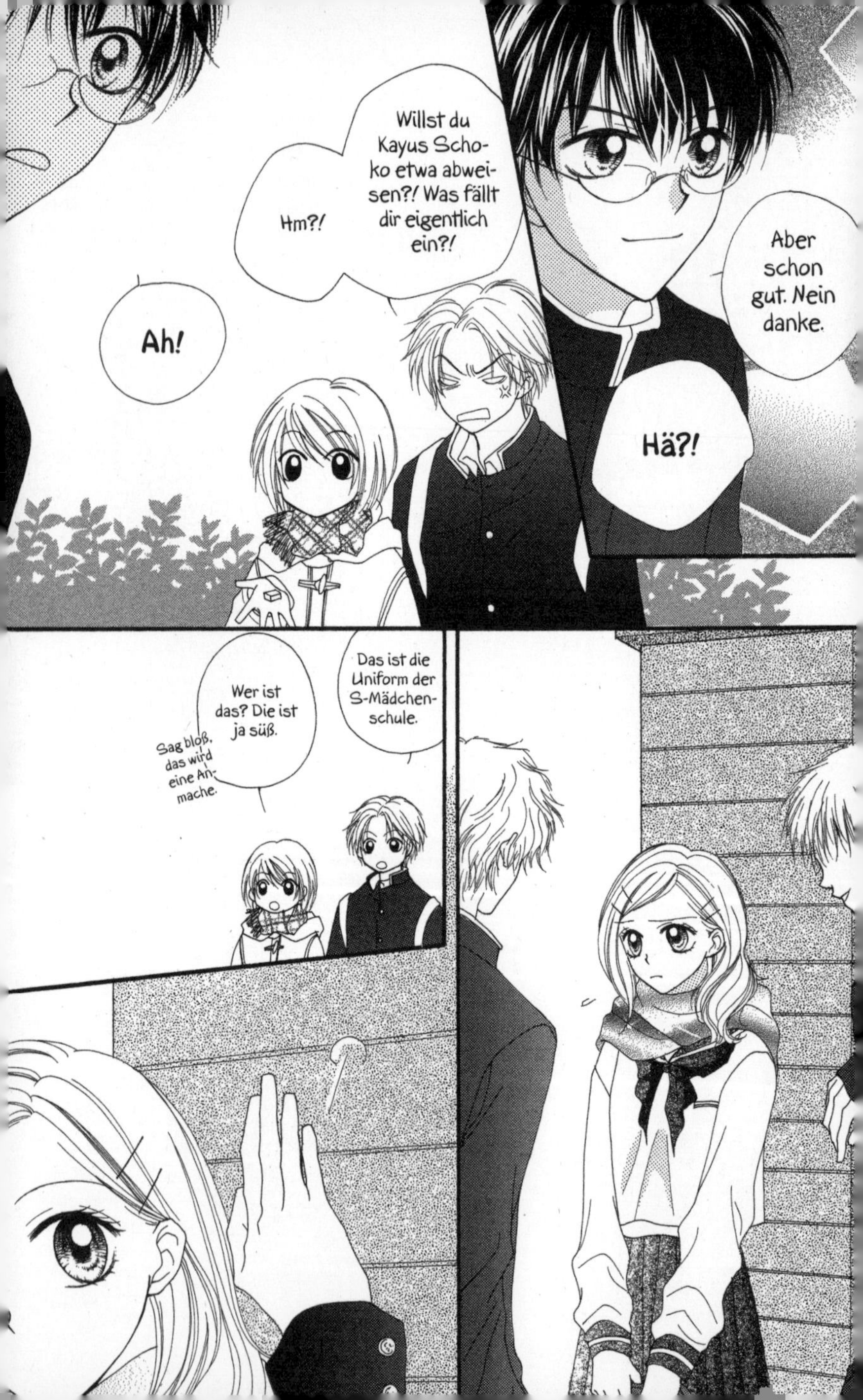
Aber schon gut. Nein danke.
Hä?!
Willst du Kayus Schoko etwa abweisen?! Was fällt dir eigentlich ein?!
Hm?!
Ah!
Das ist die Uniform der S-Mädchenschule.
Wer ist das? Die ist ja süß.
Sag bloß, das wird eine Anmache.

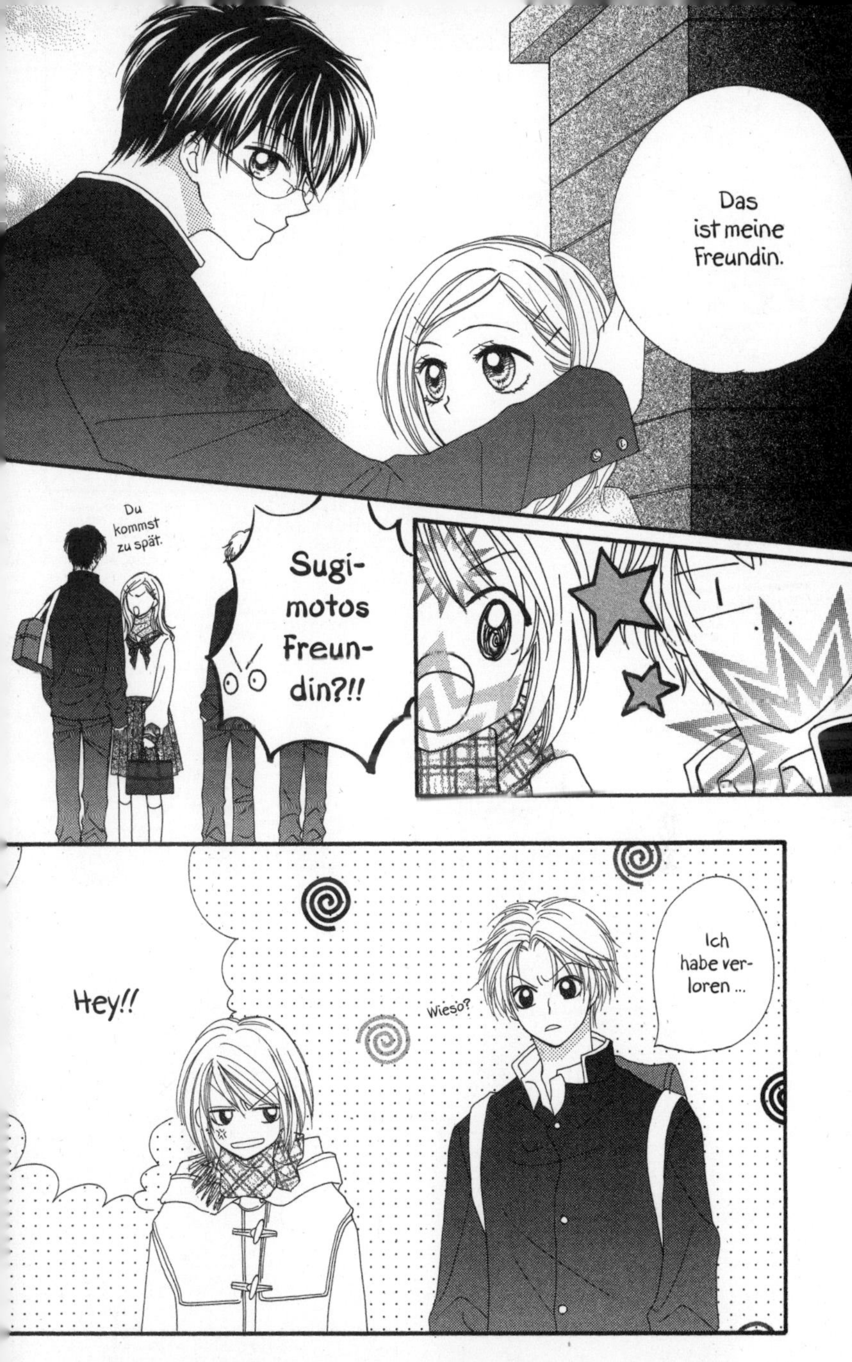
Das ist meine Freundin.
Sugi-motos Freun-din?!!
Du kommst zu spät.
Ich habe ver-loren ...
Wieso?
Hey!!

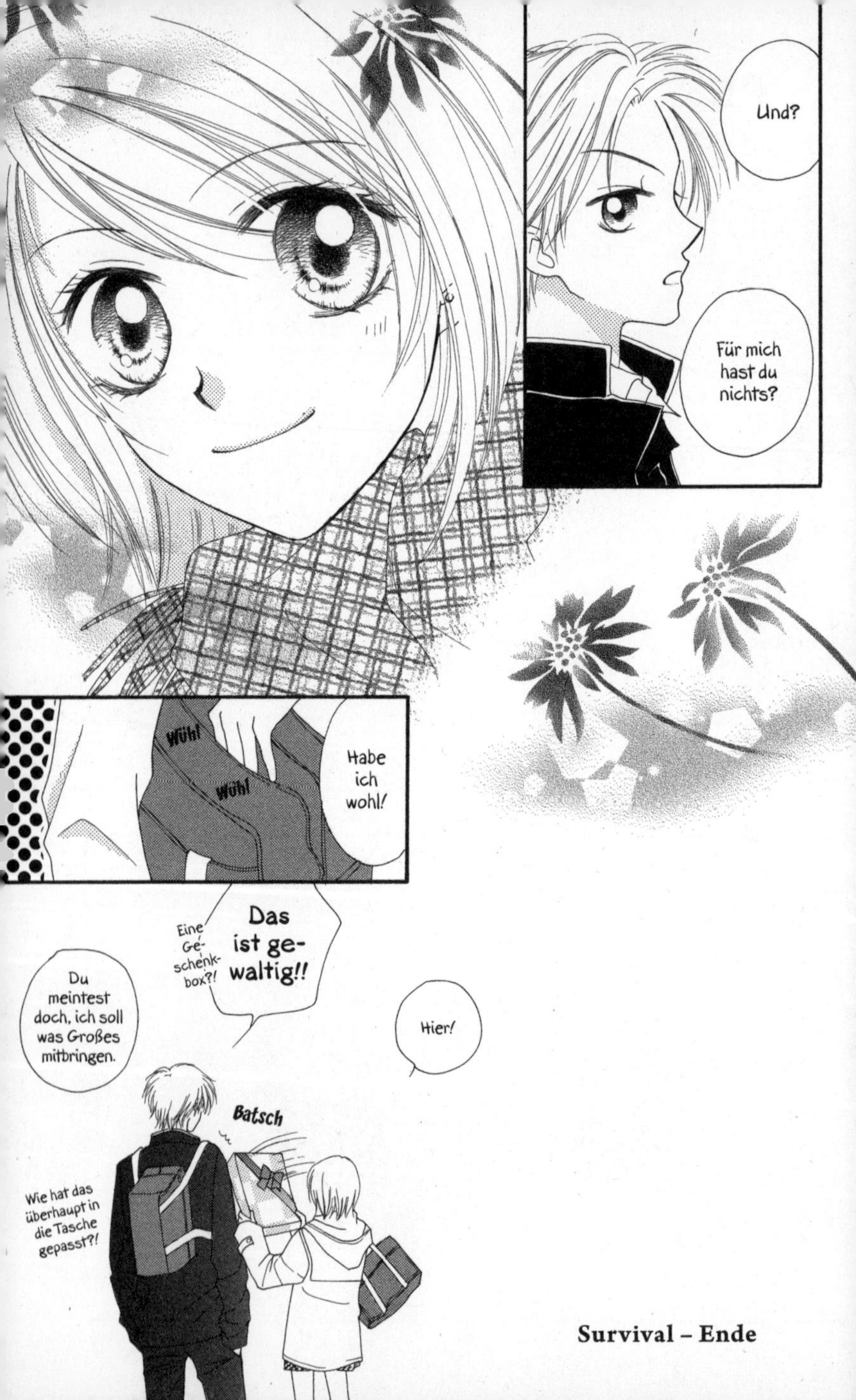

Survival – Ende

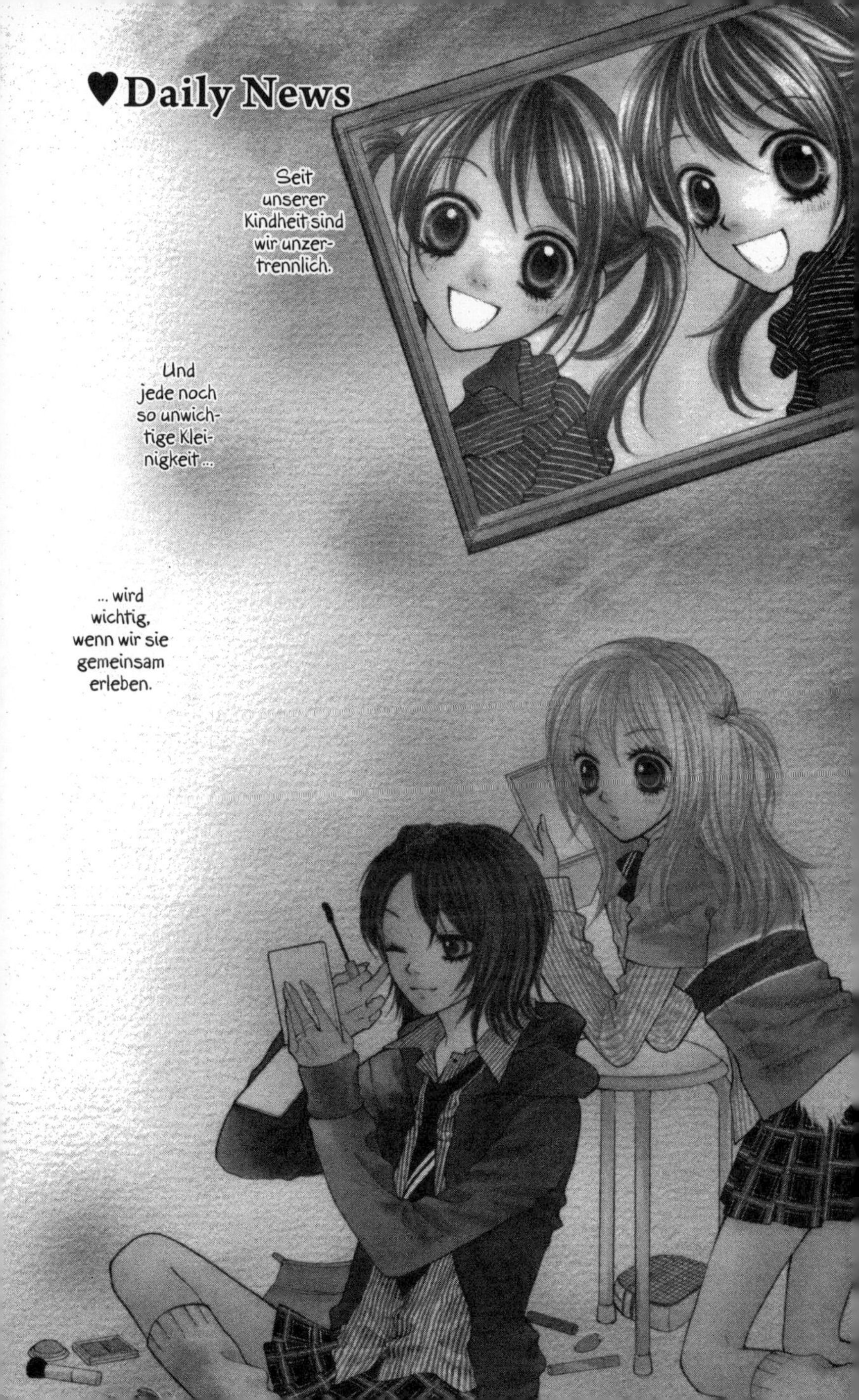
♥Daily News
Seit unserer Kindheit sind wir unzertrennlich.
Und jede noch so unwichtige Kleinigkeit ...
... wird wichtig, wenn wir sie gemeinsam erleben.

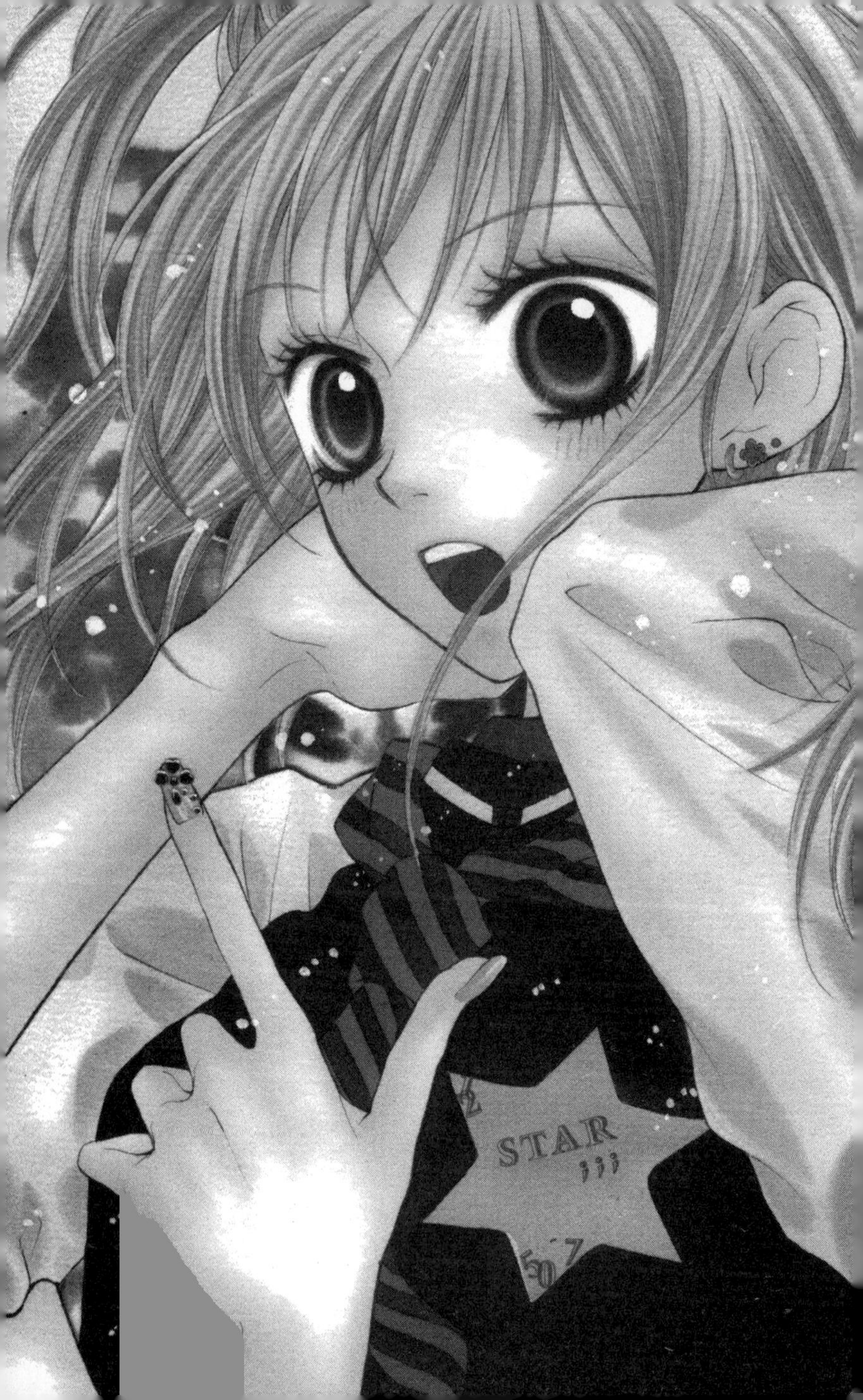
STAR

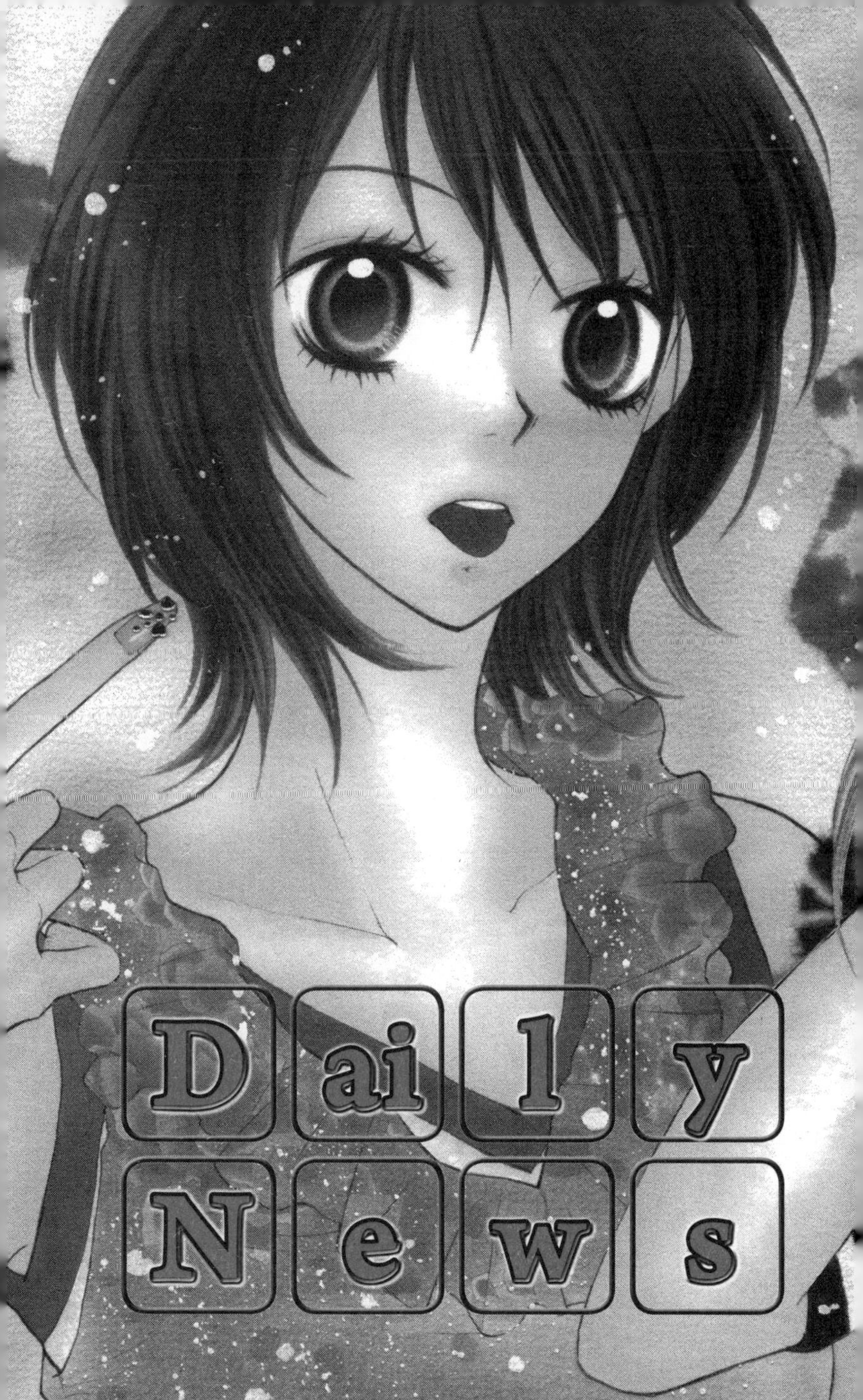
Daily
News

Märchenwelten

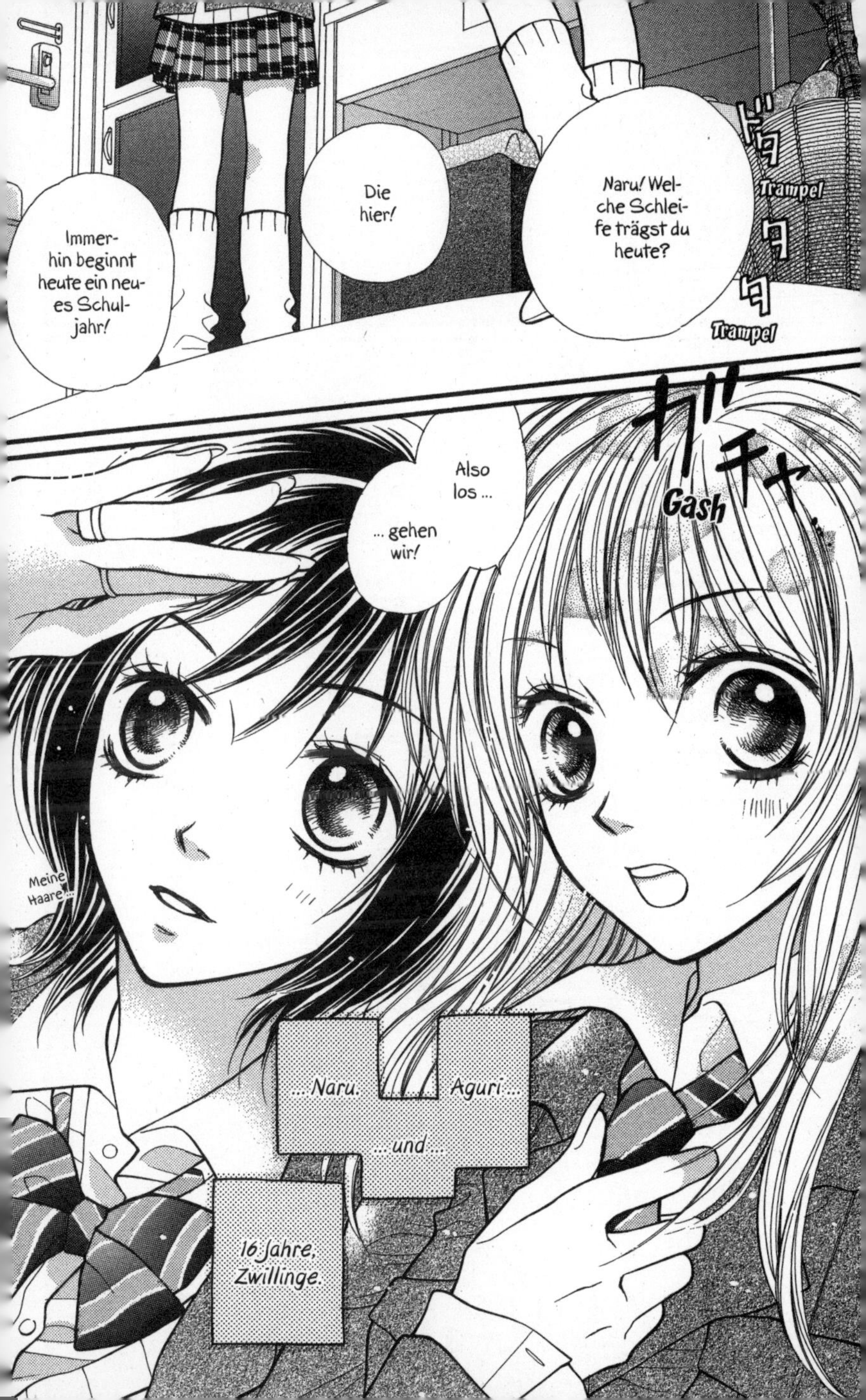

Trampel
Trampel
Naru! Welche Schleife trägst du heute?
Die hier!
Immerhin beginnt heute ein neues Schuljahr!
Gash
Also los ...
... gehen wir!
Meine Haare ...
... Naru.
Aguri ...
... und ...
16 Jahre, Zwillinge.

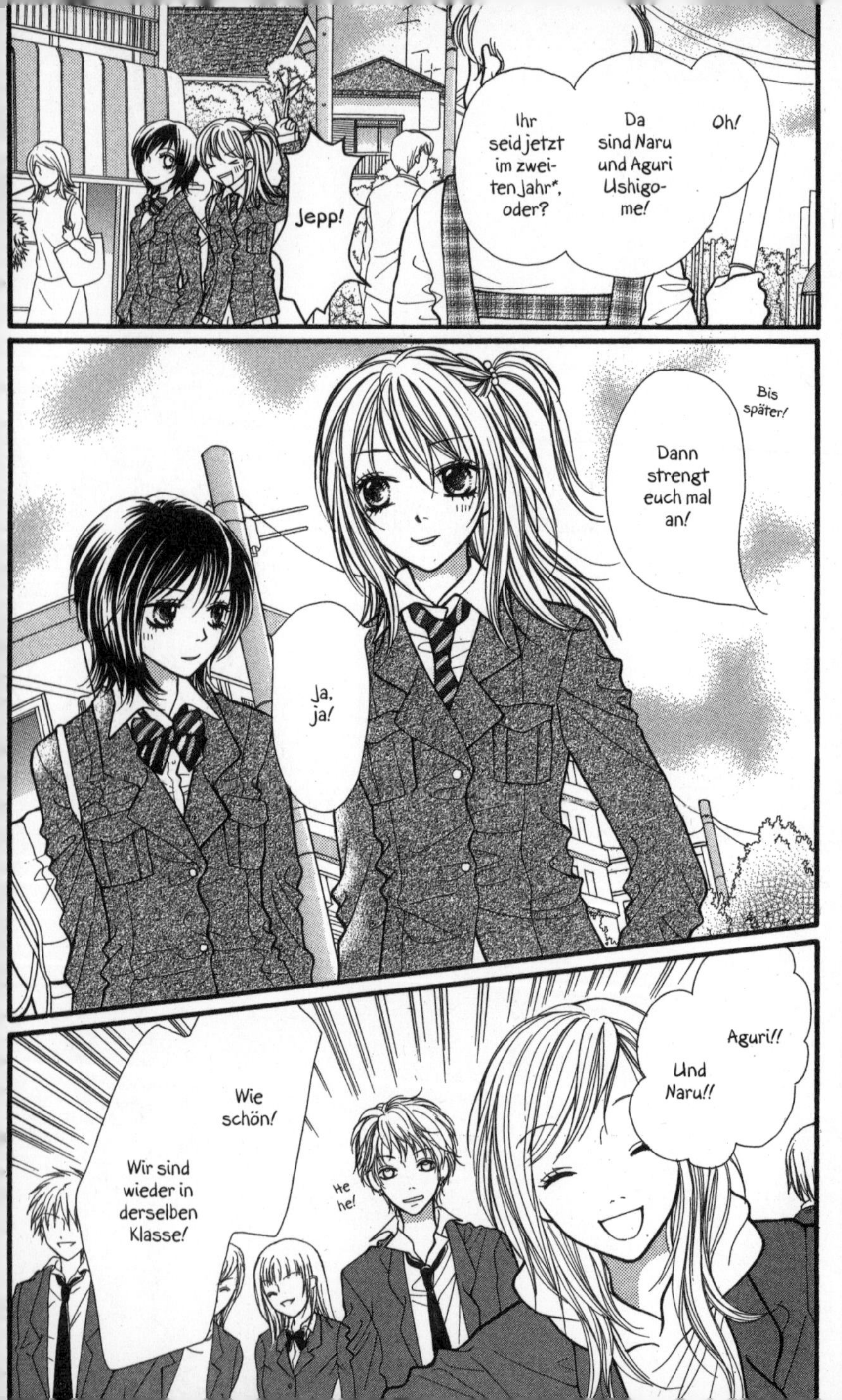

Oh!
Da sind Naru und Aguri Ushigome!
Ihr seid jetzt im zweiten Jahr*, oder?
Jepp!
Bis später!
Dann strengt euch mal an!
Ja, ja!
Aguri!!
Und Naru!!
He he!
Wie schön!
Wir sind wieder in derselben Klasse!

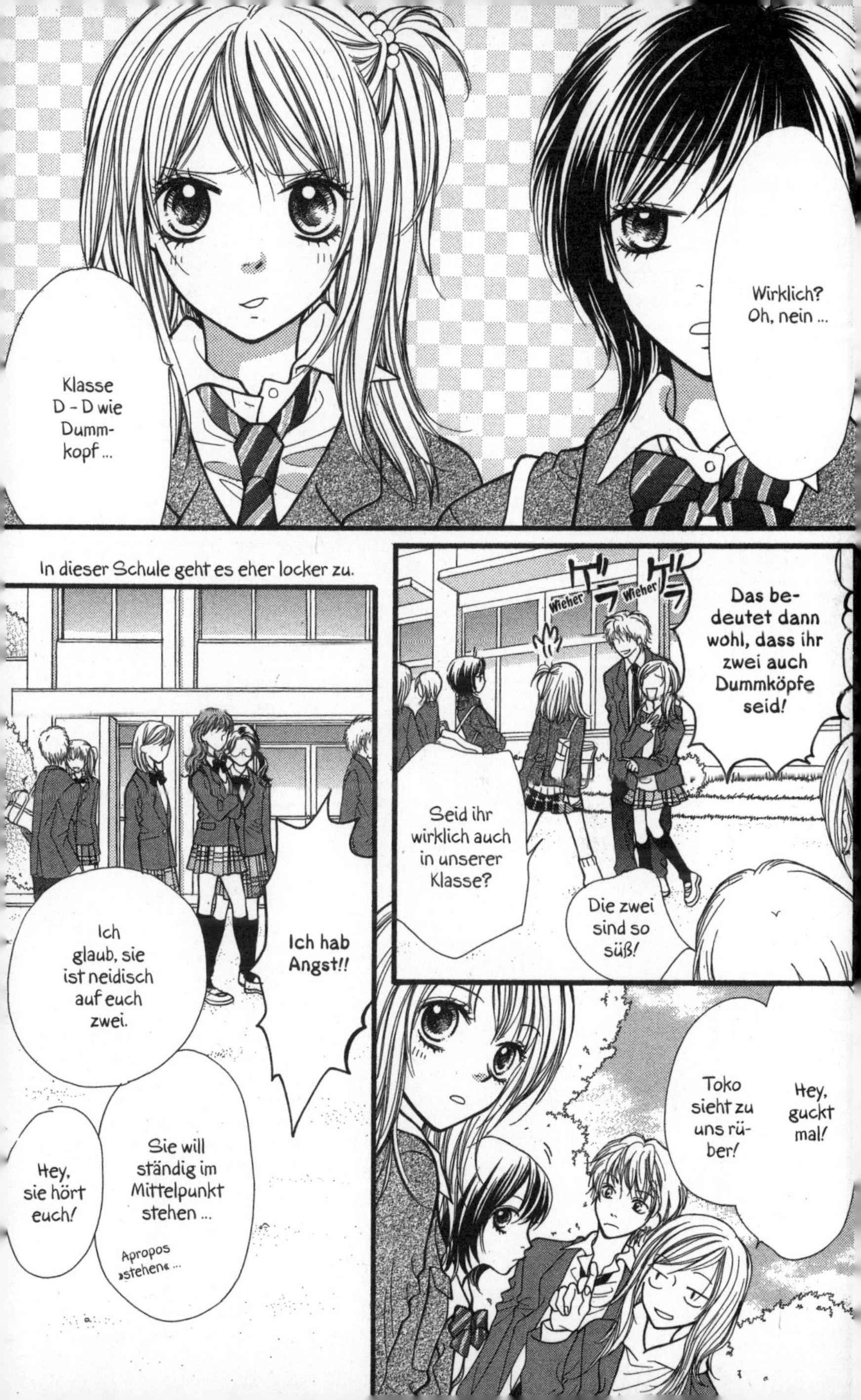

Wirklich? Oh, nein ...

Klasse D – D wie Dummkopf ...

Wieher Wieher

Das bedeutet dann wohl, dass ihr zwei auch Dummköpfe seid!

Seid ihr wirklich auch in unserer Klasse?

Die zwei sind so süß!

In dieser Schule geht es eher locker zu.

Ich hab Angst!!

Ich glaub, sie ist neidisch auf euch zwei.

Hey, guckt mal!

Toko sieht zu uns rüber!

Sie will ständig im Mittelpunkt stehen ...

Apropos »stehen« ...

Hey, sie hört euch!

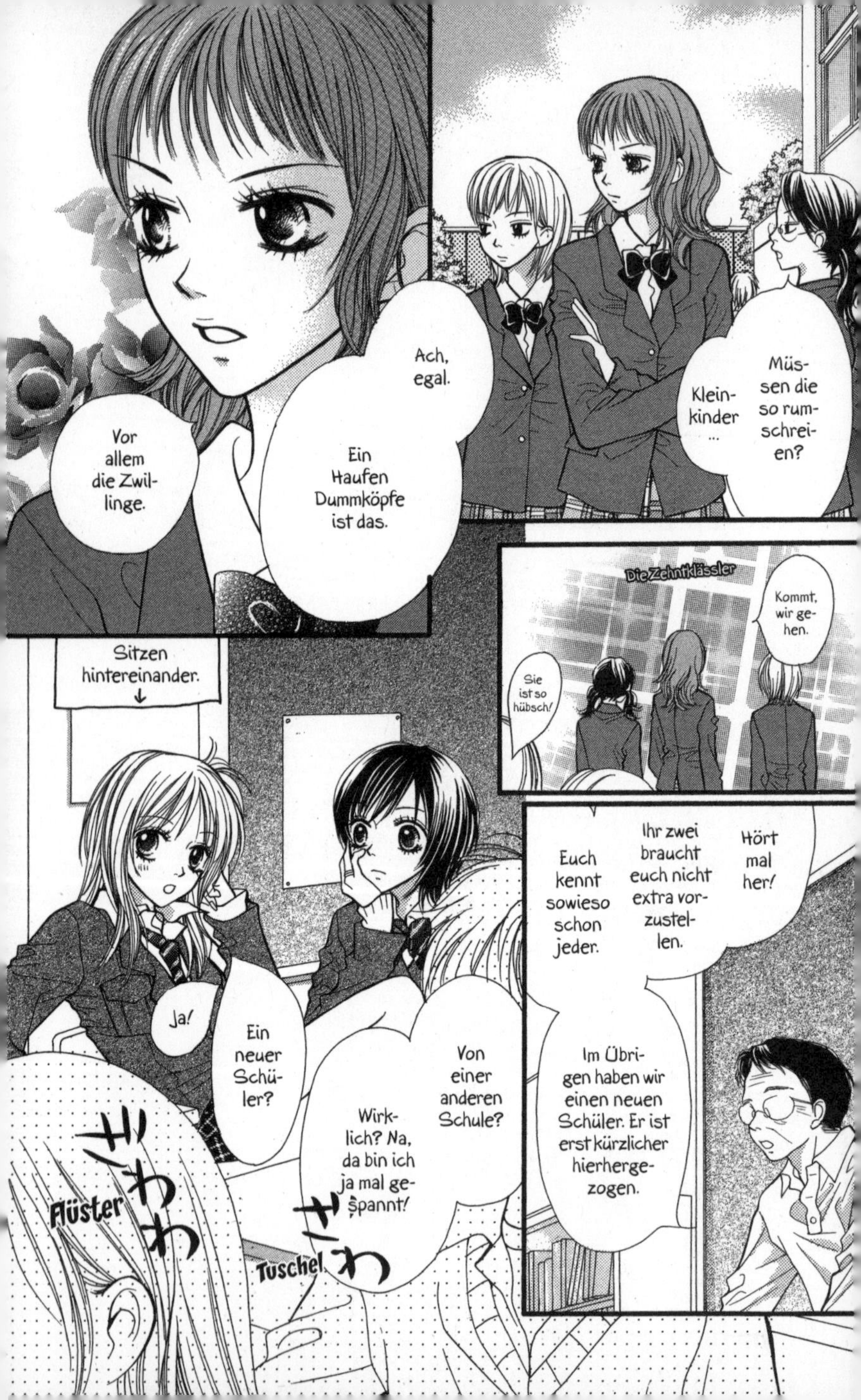
Müssen die so rumschreien?
Kleinkinder ...
Ach, egal.
Ein Haufen Dummköpfe ist das.
Vor allem die Zwillinge.
Die Zehntklässler
Kommt, wir gehen.
Sie ist so hübsch!
Hört mal her!
Ihr zwei braucht euch nicht extra vorzustellen.
Euch kennt sowieso schon jeder.
Im Übrigen haben wir einen neuen Schüler. Er ist erst kürzlicher hierhergezogen.
Sitzen hintereinander.
Ein neuer Schüler?
Ja!
Von einer anderen Schule?
Wirklich? Na, da bin ich ja mal gespannt!
ざわ
Tuschel
ざわ
Flüster

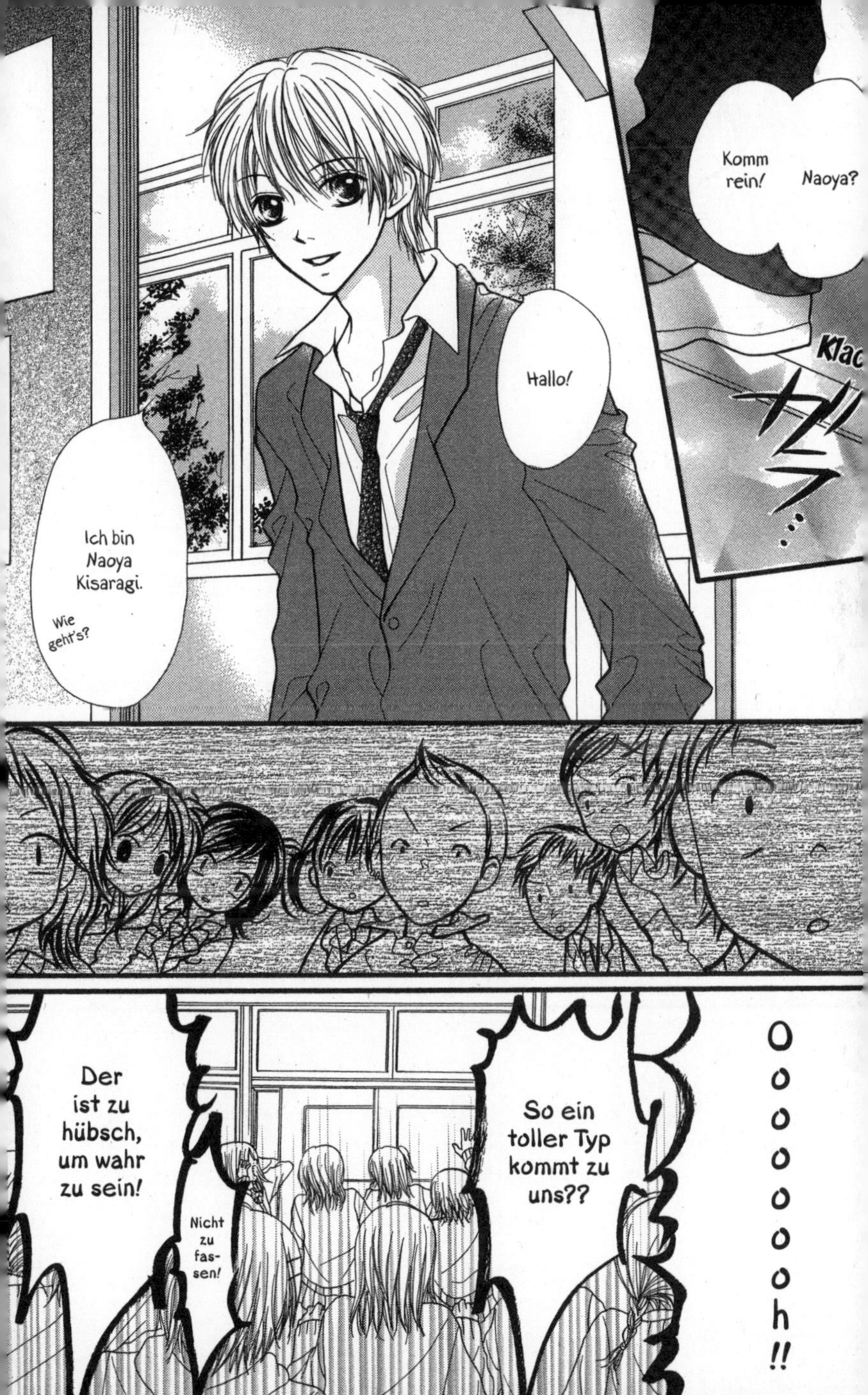
Naoya?
Komm rein!
Klac
Hallo!
Ich bin Naoya Kisaragi.
Wie geht's?
Oooooooooh!!
So ein toller Typ kommt zu uns??
Der ist zu hübsch, um wahr zu sein!
Nicht zu fas-sen!

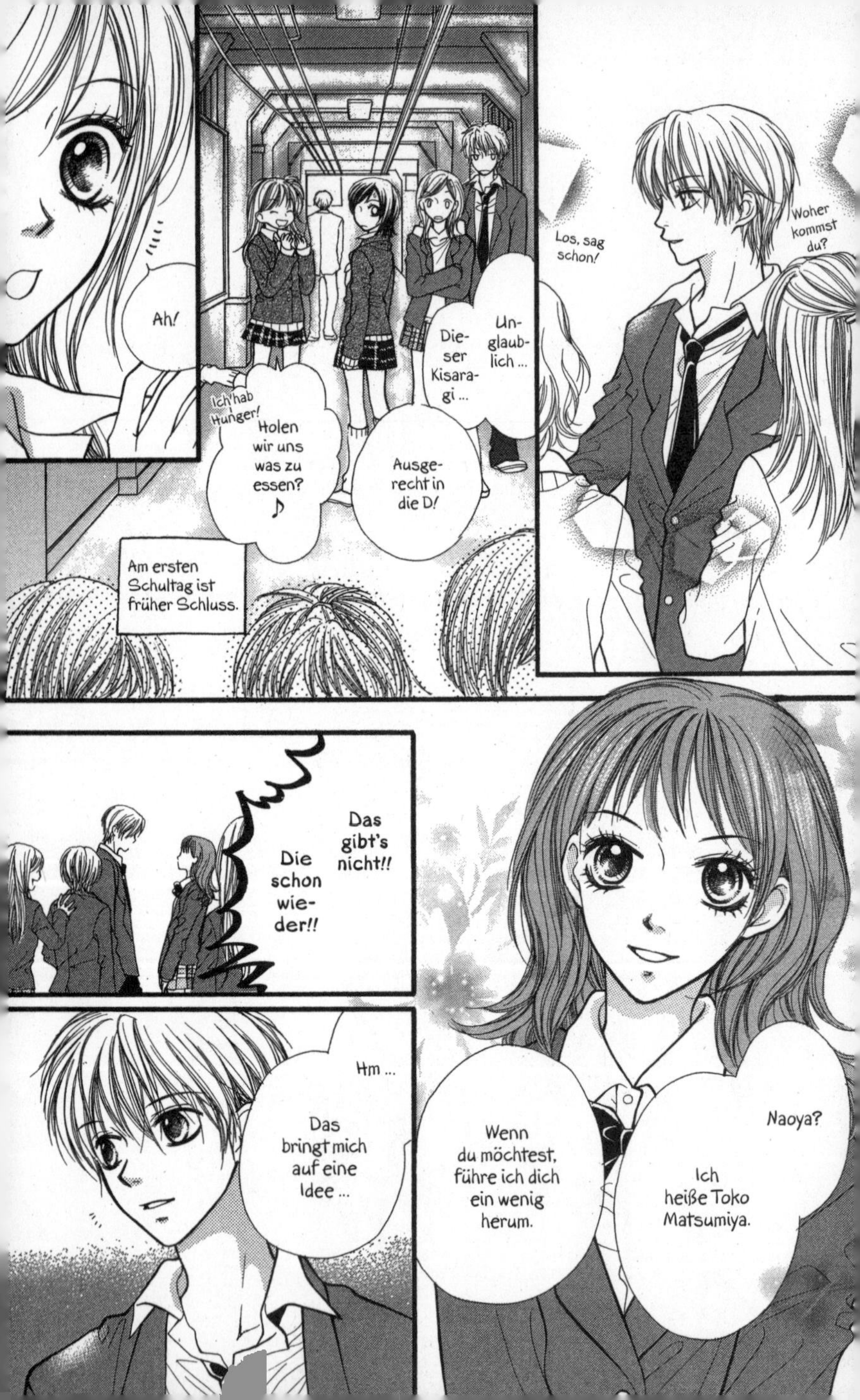

Woher kommst du?
Los, sag schon!
Un-glaub-lich ...
Dieser Kisara-gi ...
Ausge-recht in die D!
Ich hab Hunger!
Holen wir uns was zu essen? ♪
Am ersten Schultag ist früher Schluss.
Ah!
Naoya?
Ich heiße Toko Matsumiya.
Wenn du möchtest, führe ich dich ein wenig herum.
Das gibt's nicht!!
Die schon wie-der!!
Hm ...
Das bringt mich auf eine Idee ...

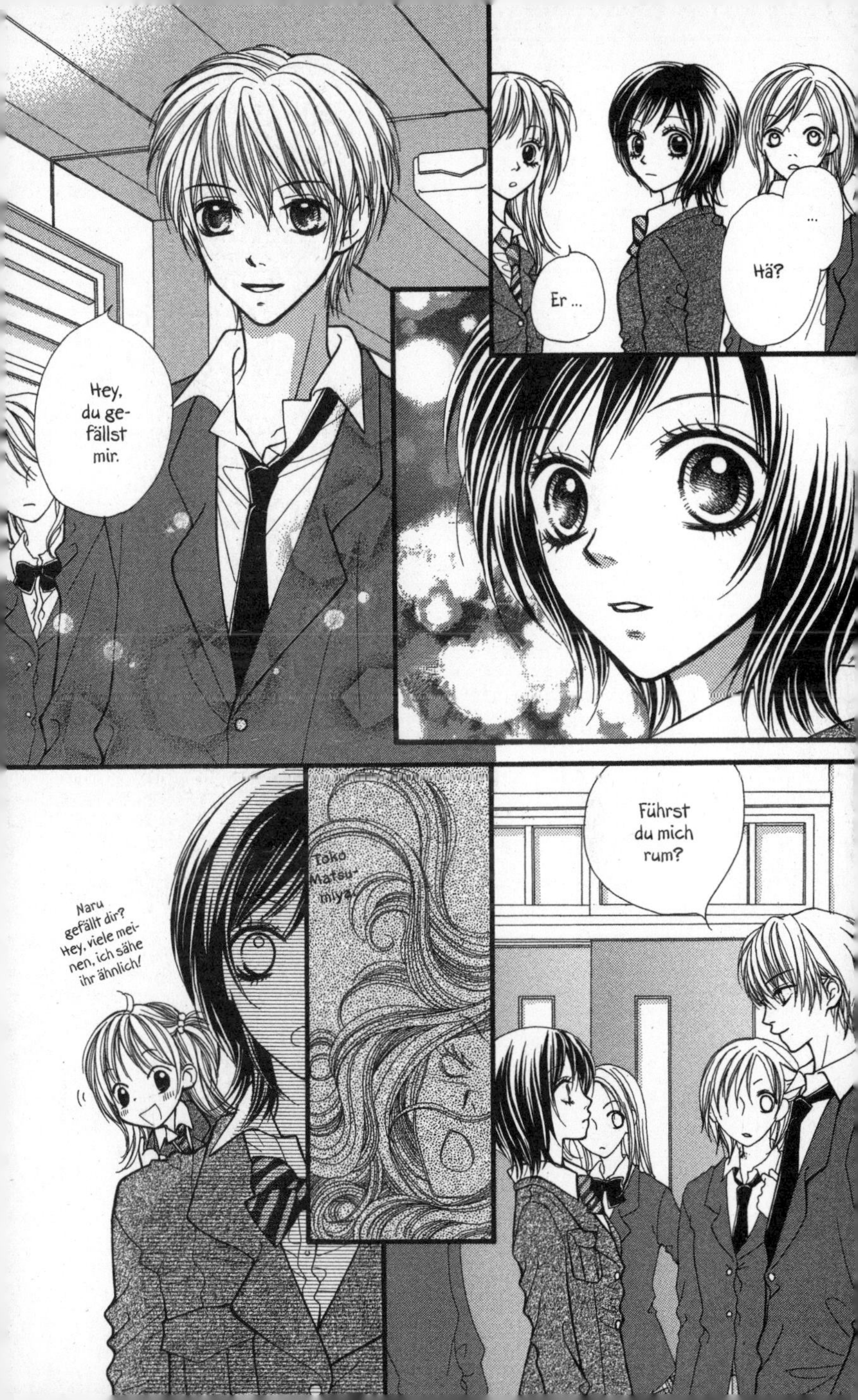
…
Hä?
Er …
Hey, du gefällst mir.
Führst du mich rum?
Toko Matsumiya.
Naru gefällt dir? Hey, viele meinen, ich sähe ihr ähnlich!

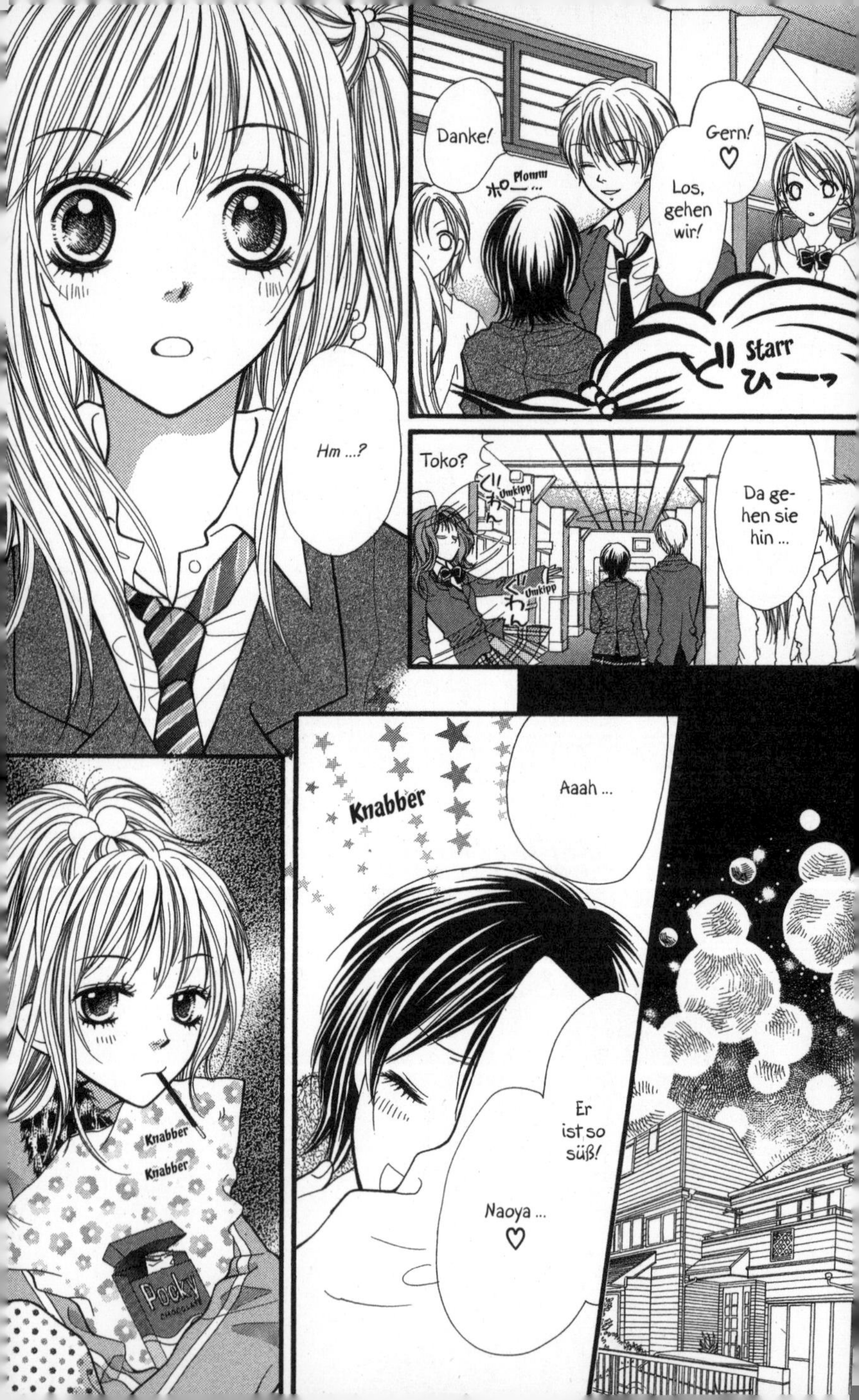

Gern! ♡
Los, gehen wir!
Danke!
Plomm
Starr
Da gehen sie hin ...
Toko?
Umkipp
Umkipp
Hm ...?
Aaah ...
Er ist so süß!
Naoya ... ♡
Knabber
Knabber
Knabber
Pocky

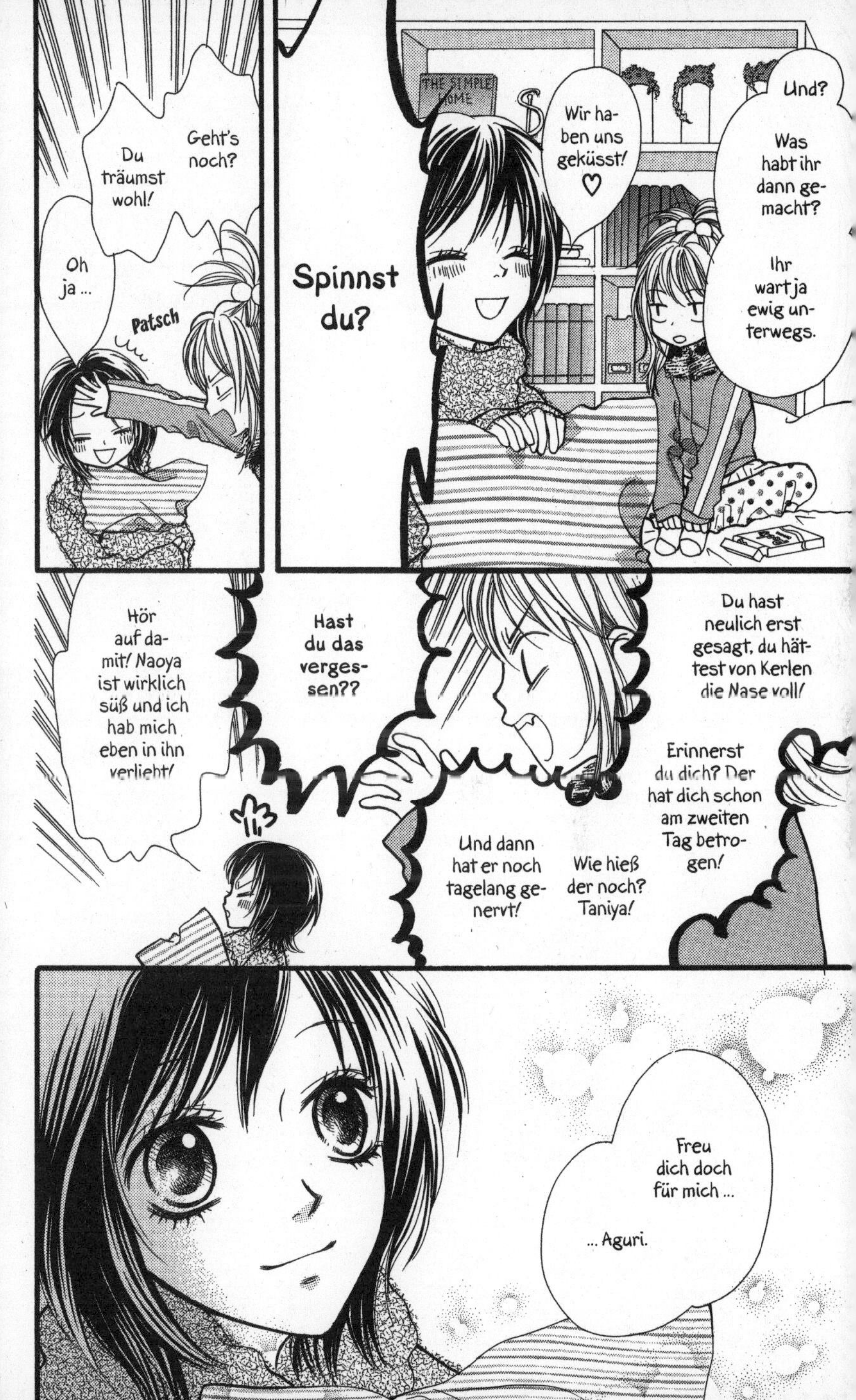

Und?
Was habt ihr dann gemacht?
Ihr wart ja ewig unterwegs.
THE SIMPLE HOME
Wir haben uns geküsst! ♡
Spinnst du?
Geht's noch?
Du träumst wohl!
Patsch
Oh ja ...
Du hast neulich erst gesagt, du hättest von Kerlen die Nase voll!
Erinnerst du dich? Der hat dich schon am zweiten Tag betrogen!
Wie hieß der noch? Taniya!
Und dann hat er noch tagelang genervt!
Hast du das vergessen??
Hör auf damit! Naoya ist wirklich süß und ich hab mich eben in ihn verliebt!
Freu dich doch für mich ...
... Aguri.

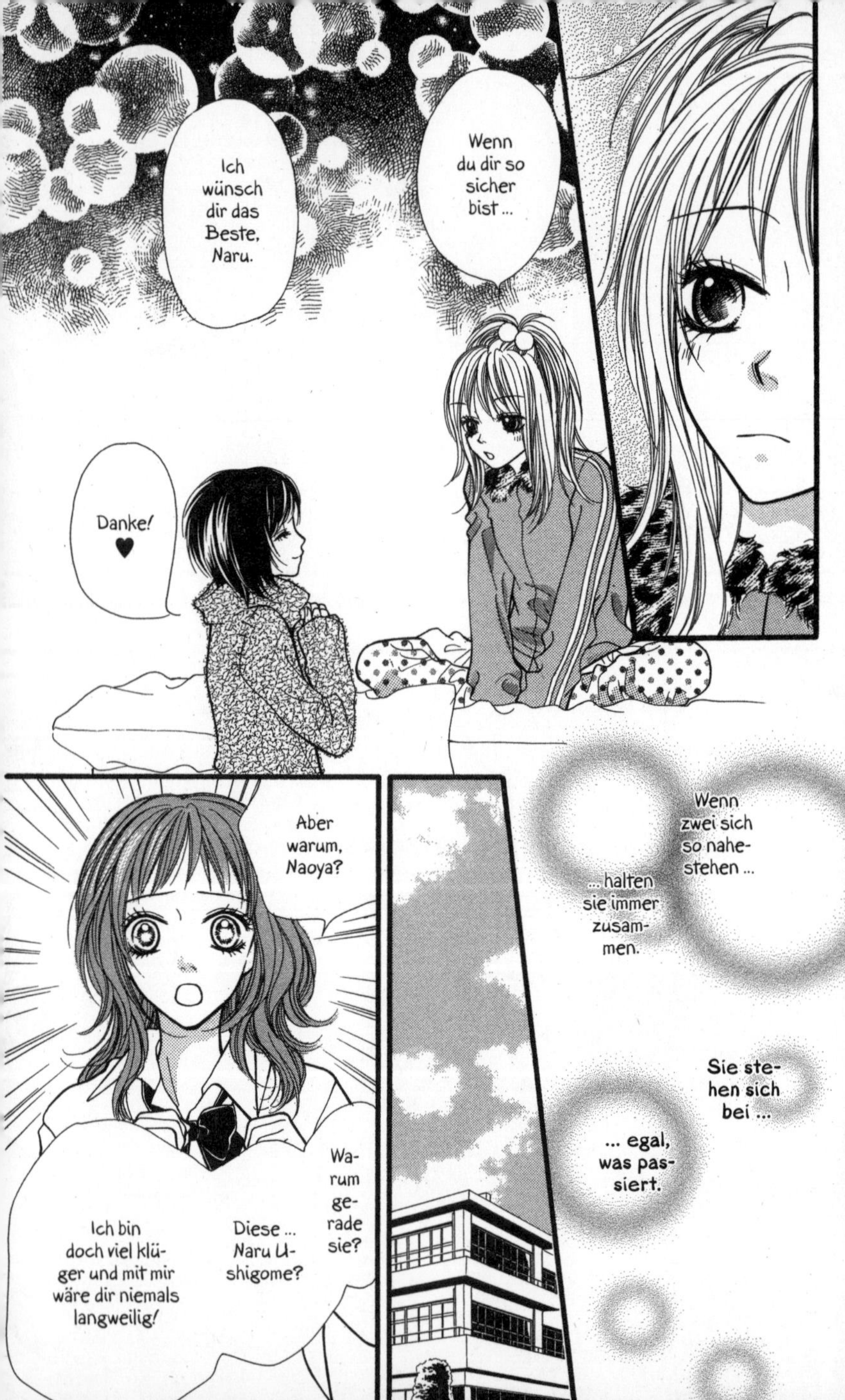
Wenn du dir so sicher bist ...
Ich wünsch dir das Beste, Naru.
Danke! ♥
Wenn zwei sich so nahestehen ...
... halten sie immer zusammen.
Sie stehen sich bei ...
... egal, was passiert.
Aber warum, Naoya?
Warum gerade sie?
Diese ... Naru Ushigome?
Ich bin doch viel klüger und mit mir wäre dir niemals langweilig!

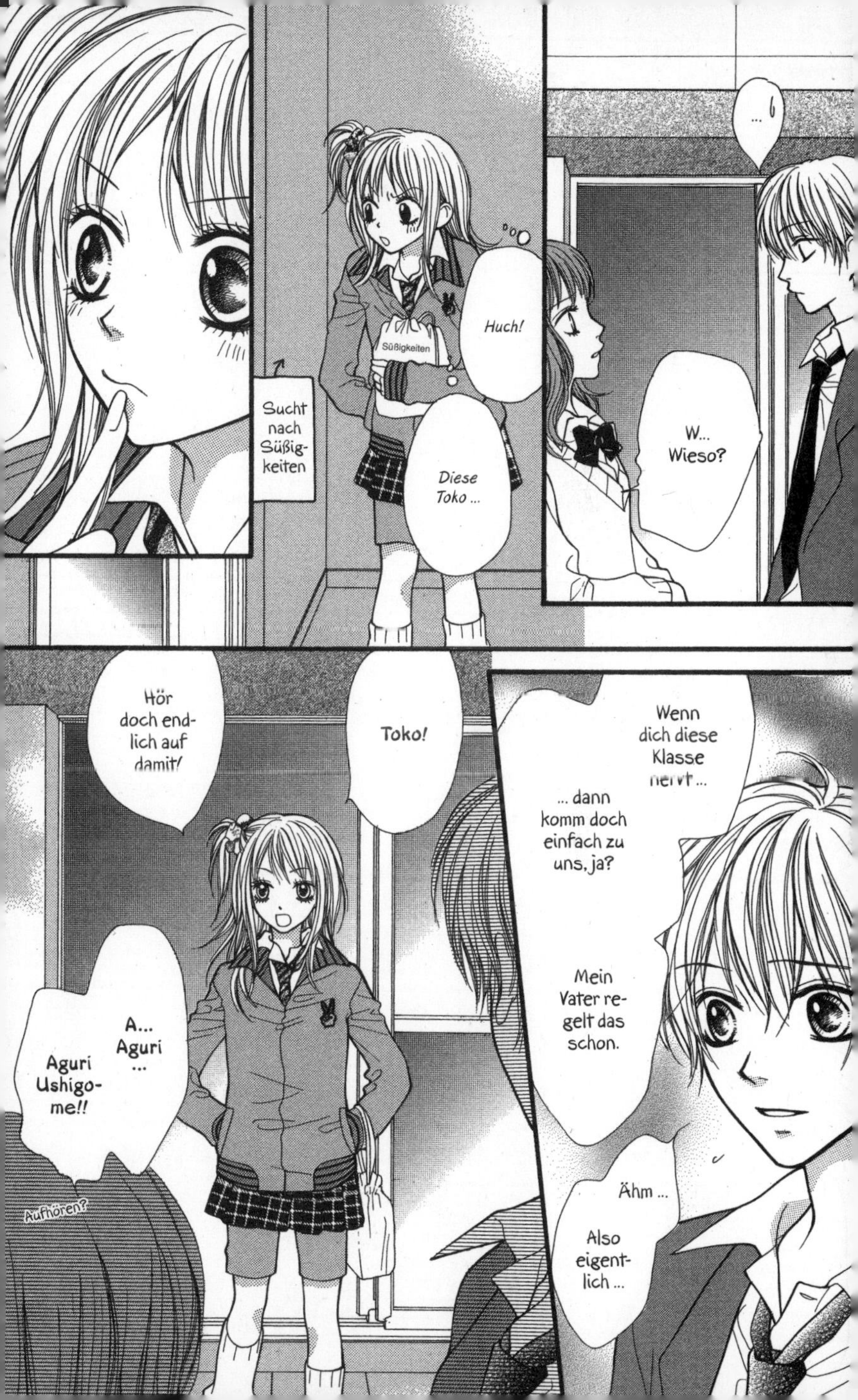

...!
W... Wieso?
Huch!
Diese Toko ...
Süßigkeiten
Sucht nach Süßigkeiten
Wenn dich diese Klasse nervt ...
... dann komm doch einfach zu uns, ja?
Mein Vater regelt das schon.
Ähm ...
Also eigentlich ...
Toko!
Hör doch endlich auf damit!
A... Aguri ...
Aguri Ushigome!!
Aufhören?

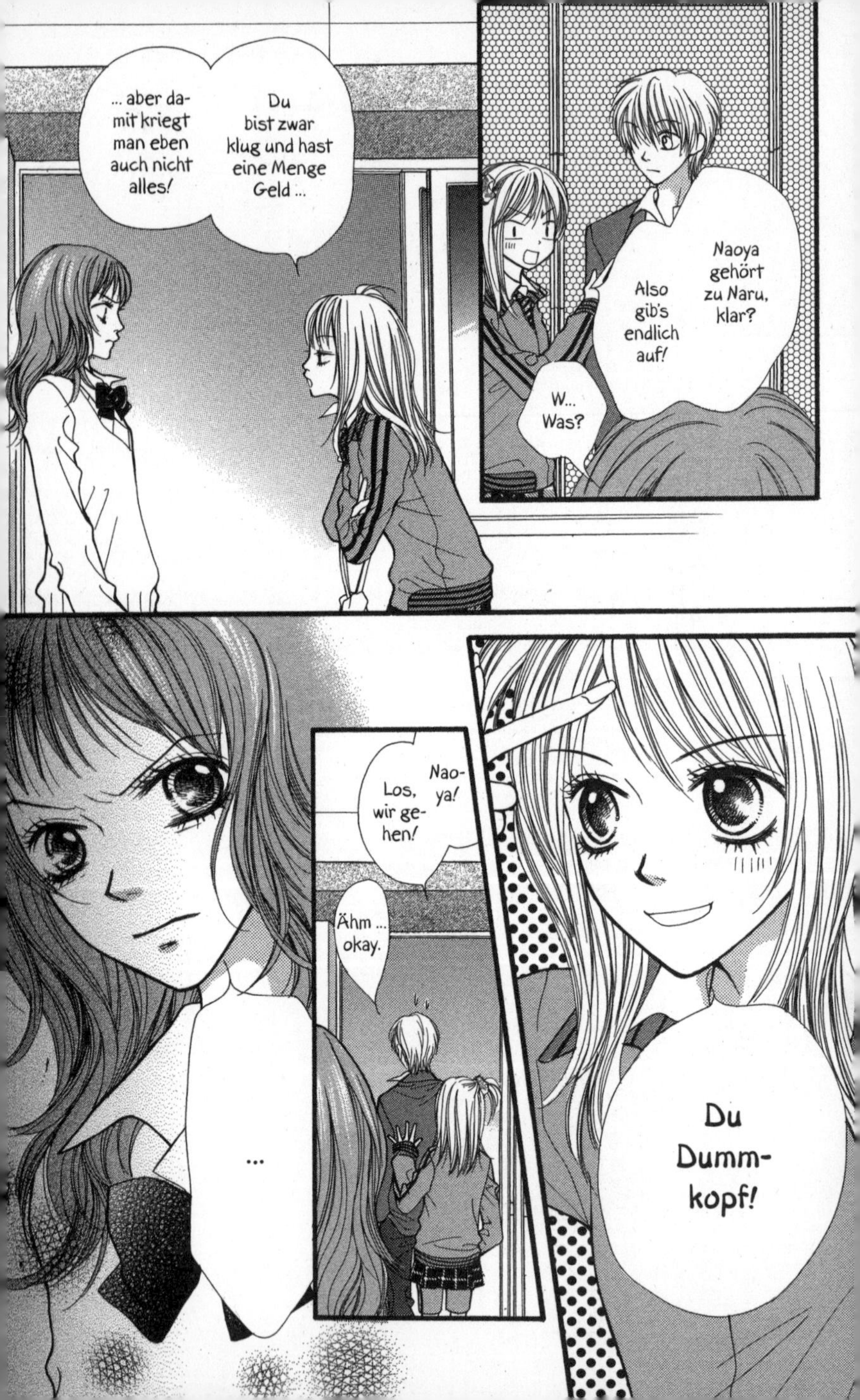
Du bist zwar klug und hast eine Menge Geld ...
... aber damit kriegt man eben auch nicht alles!
Naoya gehört zu Naru, klar?
Also gib's endlich auf!
W... Was?
Du Dummkopf!
Naoya!
Los, wir gehen!
Ähm ... okay.
...

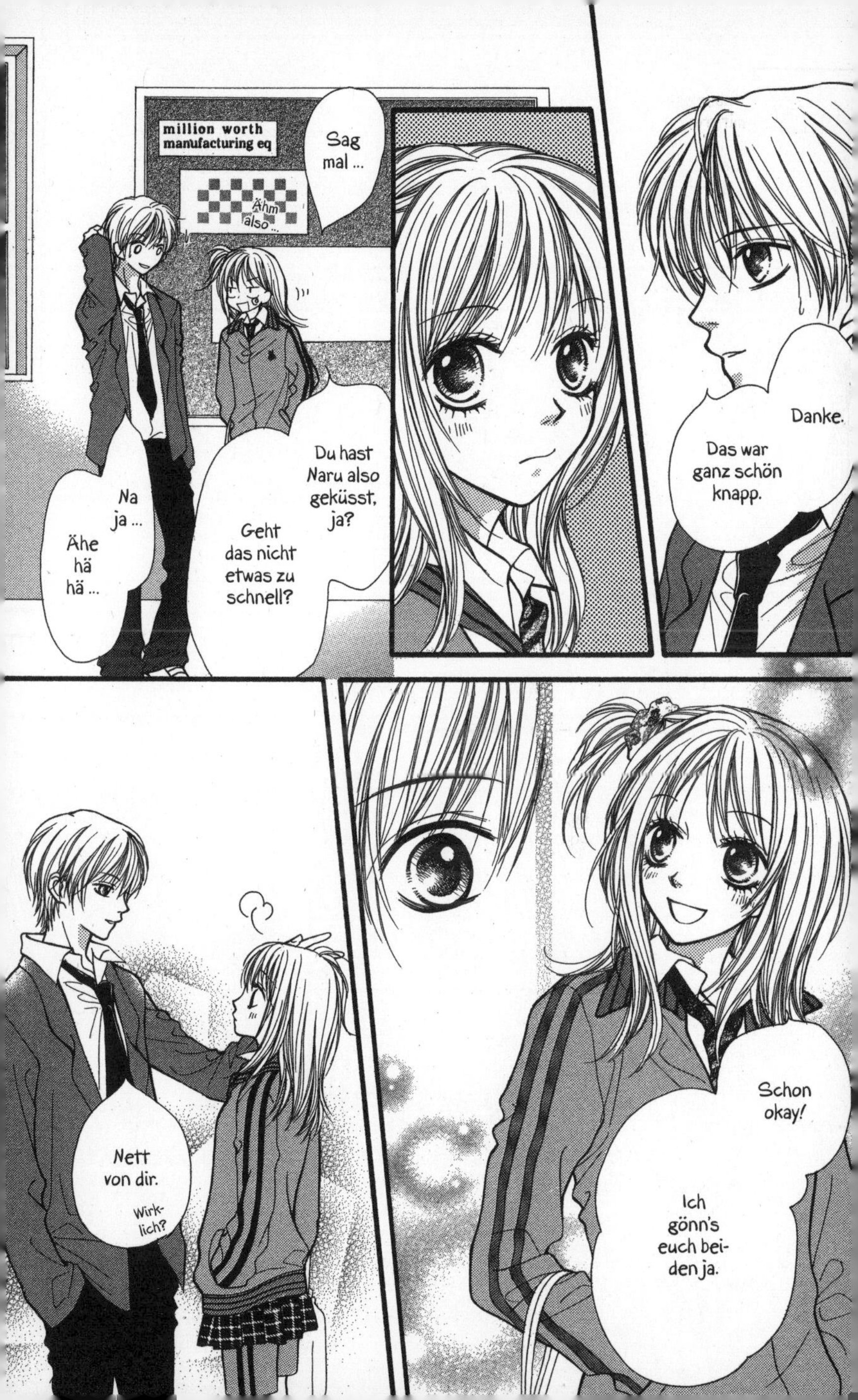

Danke.
Das war ganz schön knapp.
Sag mal ...
million worth manufacturing eq
Ähm also ...
Du hast Naru also geküsst, ja?
Geht das nicht etwas zu schnell?
Na ja ...
Ähe hä hä ...
Schon okay!
Ich gönn's euch beiden ja.
Nett von dir.
Wirklich?

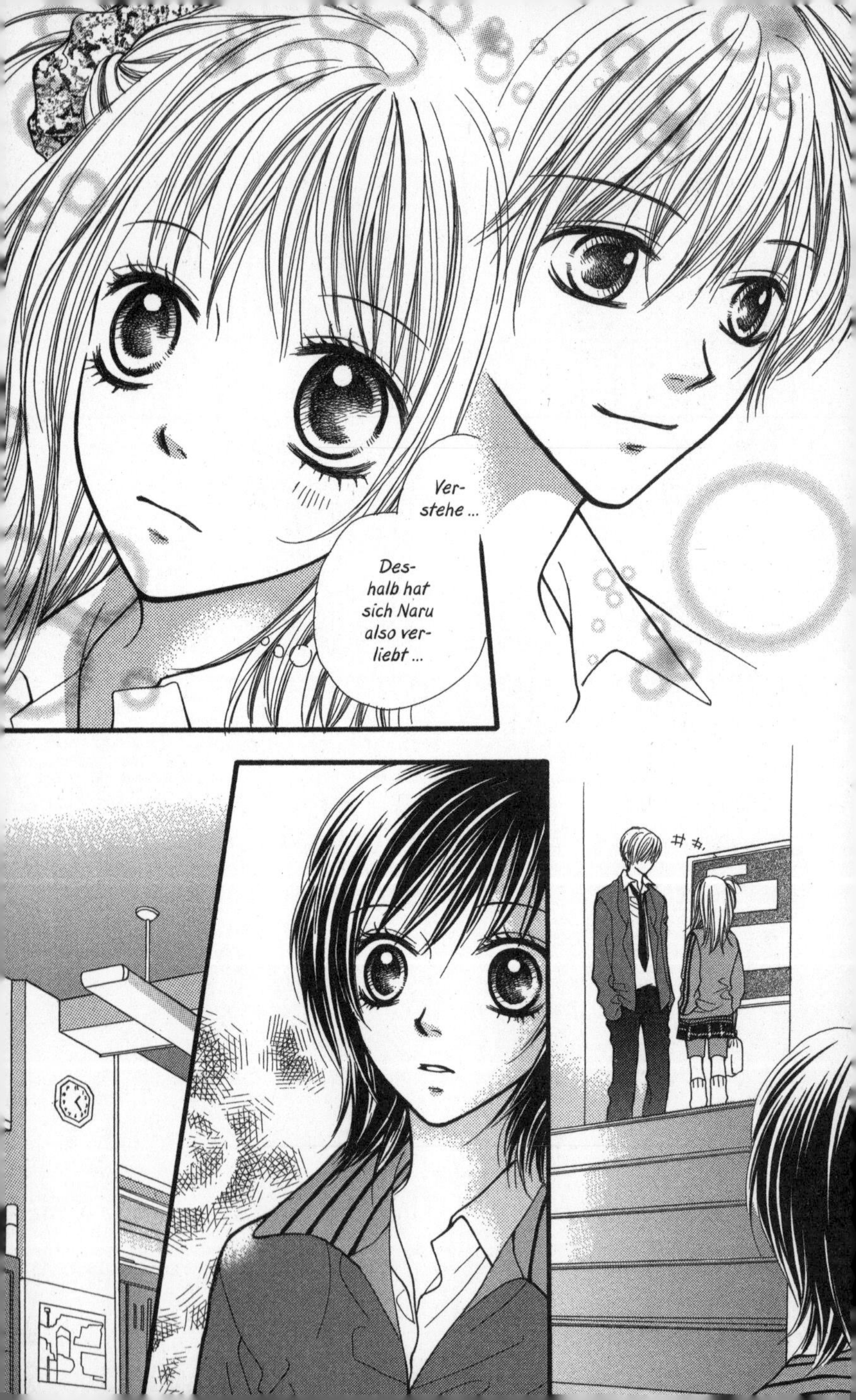
Verstehe ...
Deshalb hat sich Naru also verliebt ...

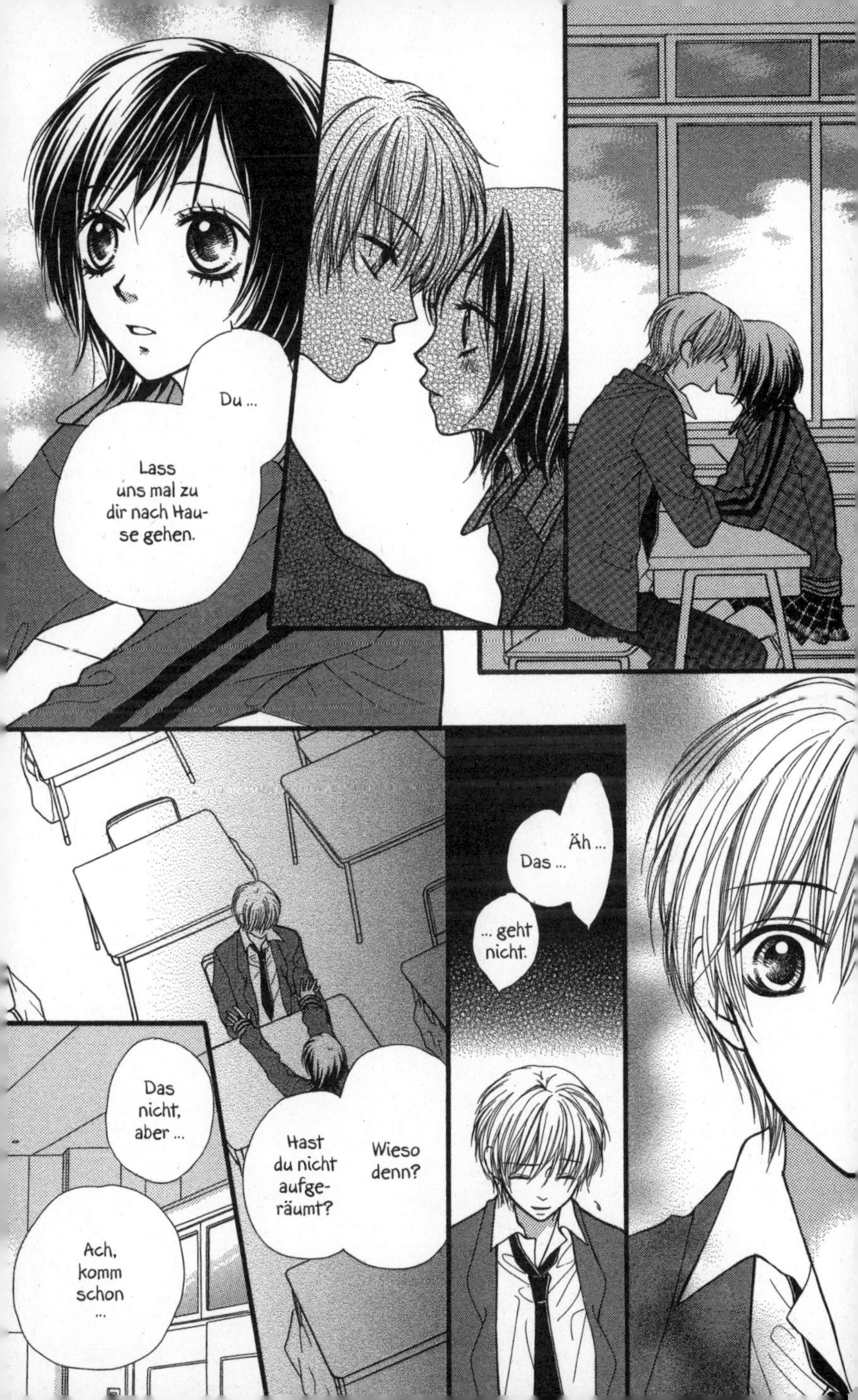
Du ...
Lass uns mal zu dir nach Hau-se gehen.
Äh ... Das ...
... geht nicht.
Wieso denn?
Hast du nicht aufge-räumt?
Das nicht, aber ...
Ach, komm schon ...

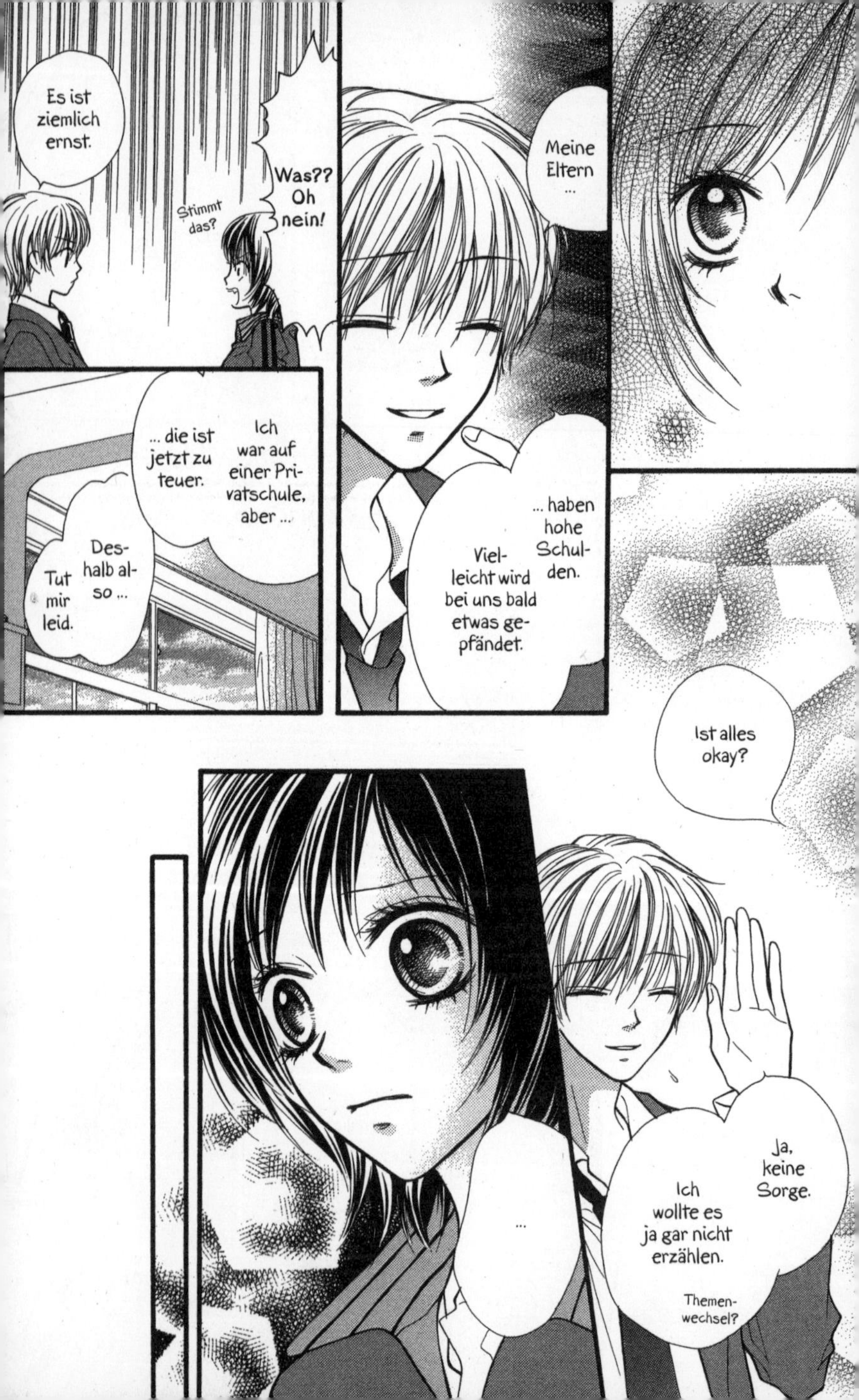
Meine Eltern ...
... haben hohe Schulden.
Vielleicht wird bei uns bald etwas gepfändet.
Es ist ziemlich ernst.
Was?? Oh nein!
Stimmt das?
Ich war auf einer Privatschule, aber ...
... die ist jetzt zu teuer.
Deshalb also ...
Tut mir leid.
Ist alles okay?
Ja, keine Sorge.
Ich wollte es ja gar nicht erzählen.
Themenwechsel?
...

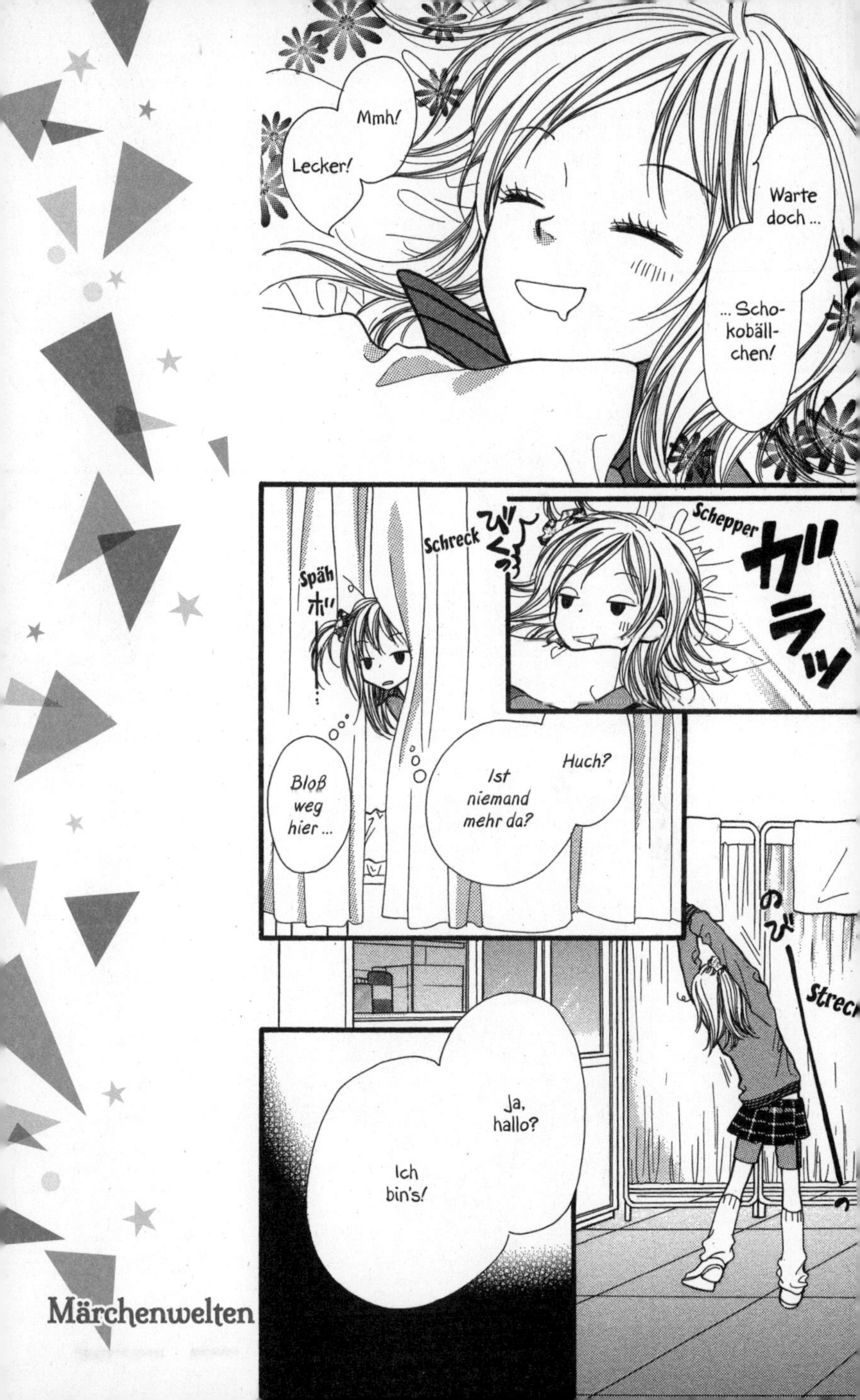
Warte doch ...
... Schokobällchen!
Mmh! Lecker!
Schepper
ガラッ
Schreck
Späh
Huch? Ist niemand mehr da?
Bloß weg hier ...
Strec
のび
Ja, hallo? Ich bin's!

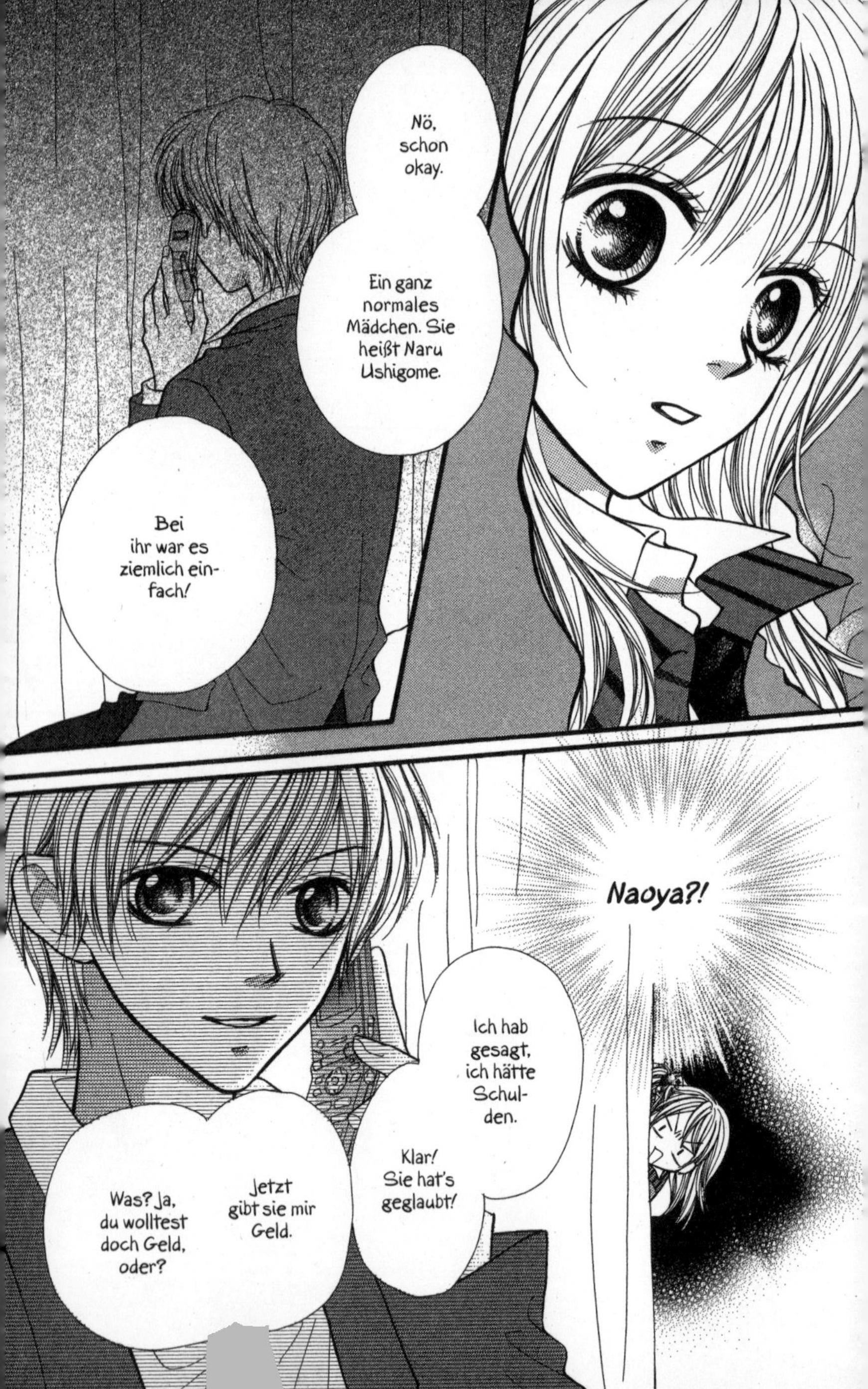
Nö, schon okay.
Ein ganz normales Mädchen. Sie heißt Naru Ushigome.
Bei ihr war es ziemlich einfach!
Naoya?!
Ich hab gesagt, ich hätte Schulden.
Klar! Sie hat's geglaubt!
Jetzt gibt sie mir Geld.
Was? Ja, du wolltest doch Geld, oder?

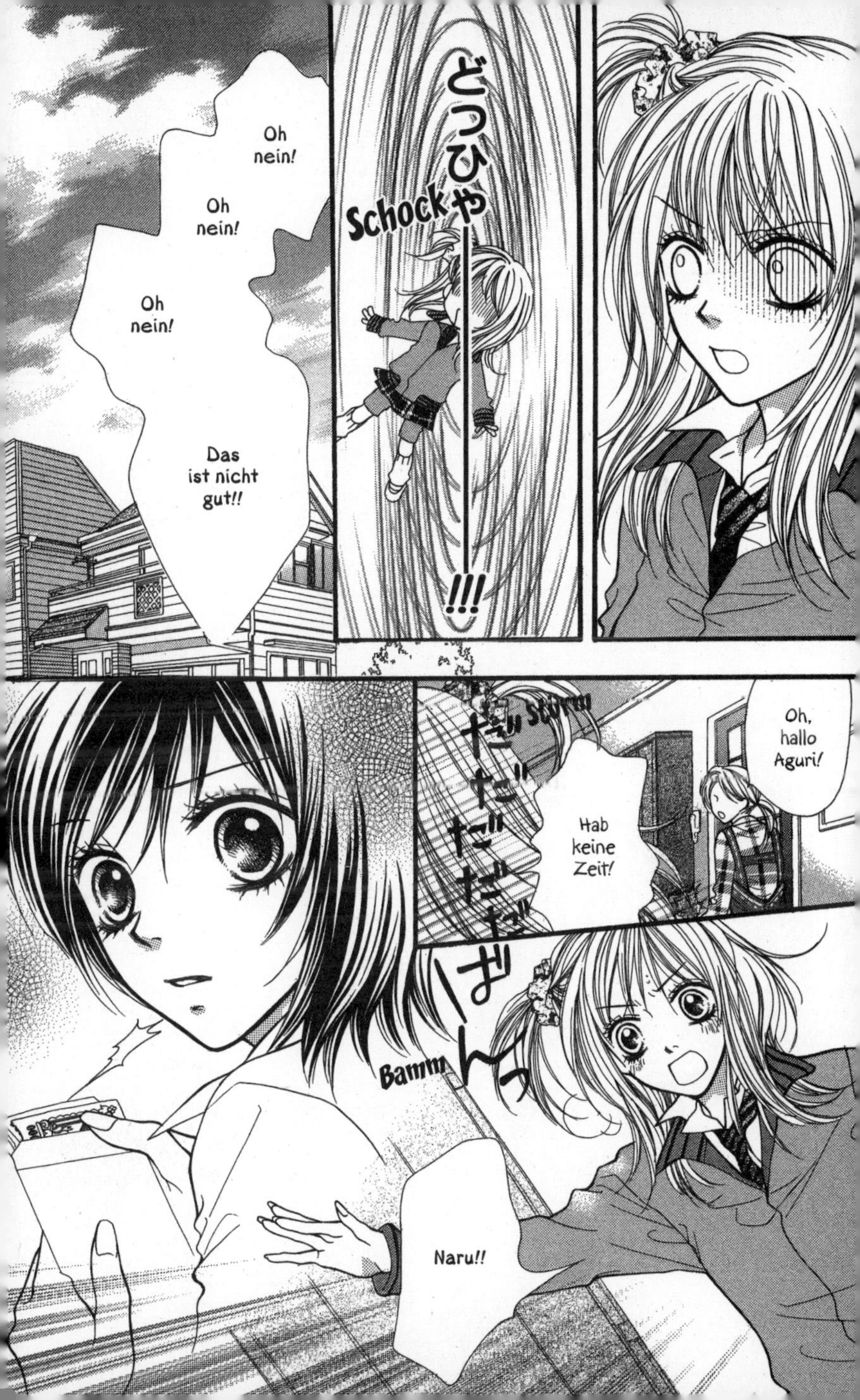
どっひゃ――!!!
Schock
Oh nein!
Oh nein!
Oh nein!
Das ist nicht gut!!
Oh, hallo Aguri!
Sturm
Hab keine Zeit!
ばん
Bamm
Naru!!

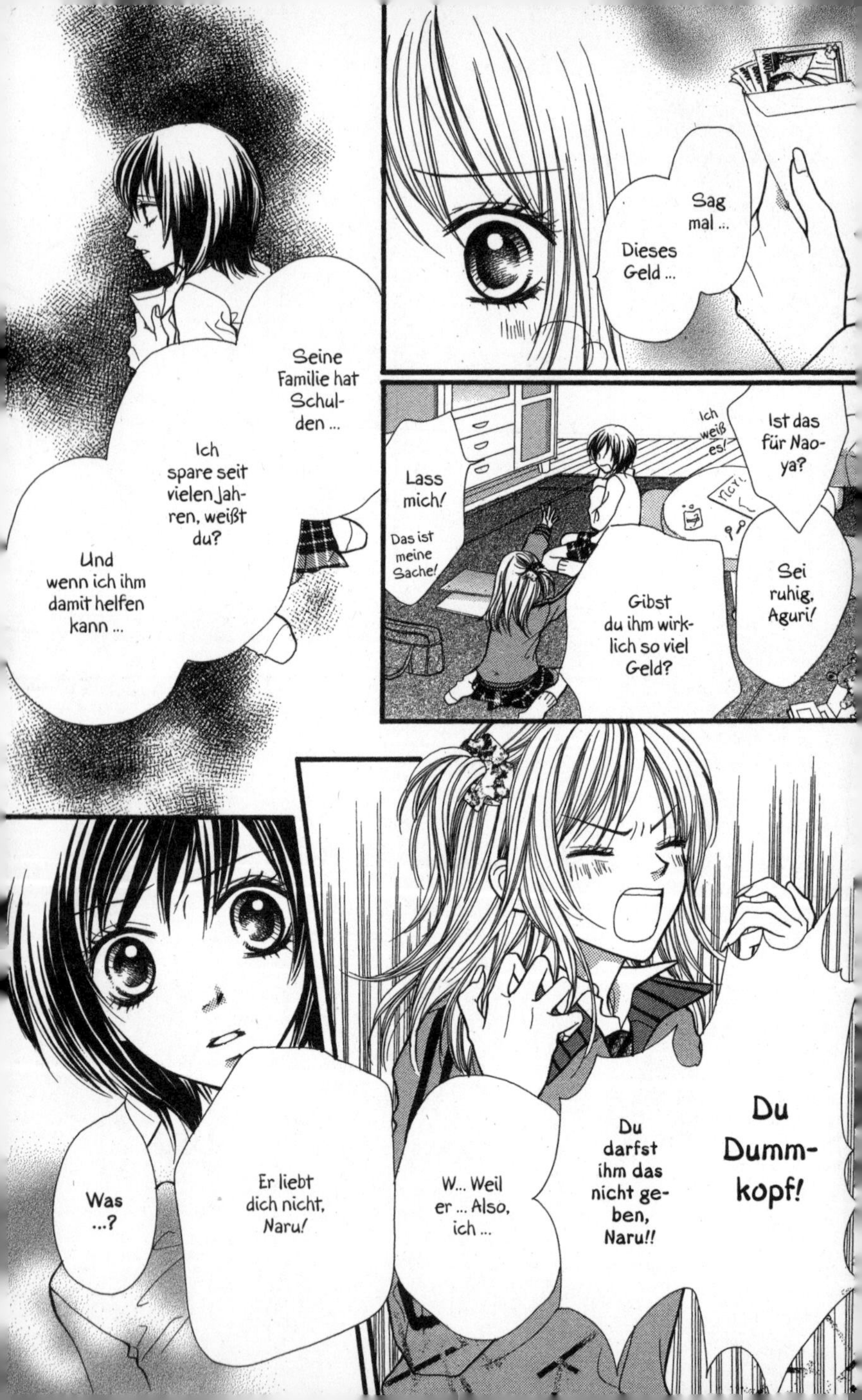

Sag mal ...
Dieses Geld ...
Seine Familie hat Schulden ...
Ich spare seit vielen Jahren, weißt du?
Und wenn ich ihm damit helfen kann ...
Ist das für Naoya?
Ich weiß es!
Sei ruhig, Aguri!
Gibst du ihm wirklich so viel Geld?
Lass mich!
Das ist meine Sache!
Du Dummkopf!
Du darfst ihm das nicht geben, Naru!!
W... Weil er ... Also, ich ...
Er liebt dich nicht, Naru!
Was ...?

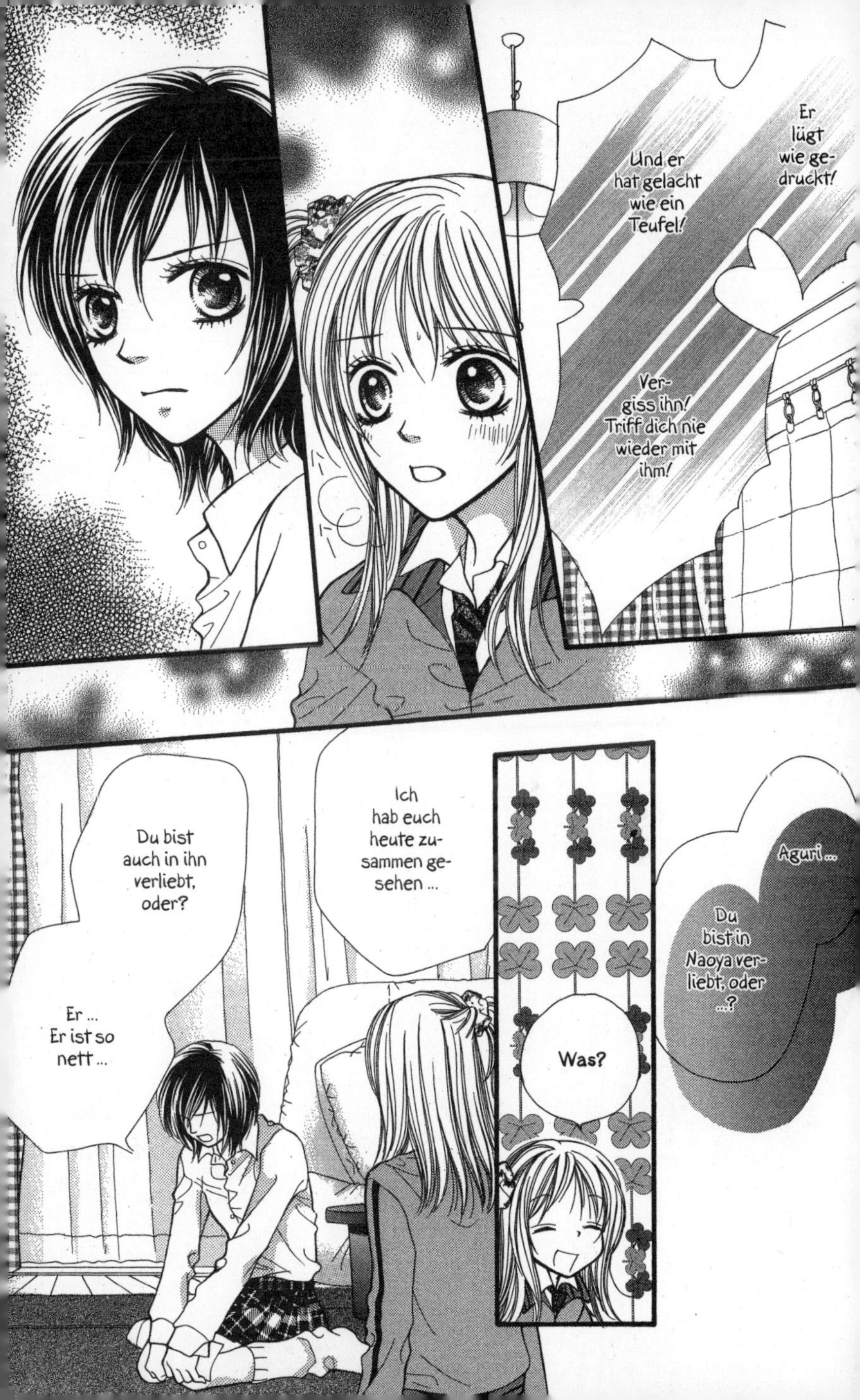

Er lügt wie gedruckt!
Und er hat gelacht wie ein Teufel!
Vergiss ihn! Triff dich nie wieder mit ihm!
Aguri ...
Du bist in Naoya verliebt, oder ...?
Was?
Ich hab euch heute zusammen gesehen ...
Du bist auch in ihn verliebt, oder?
Er ... Er ist so nett ...

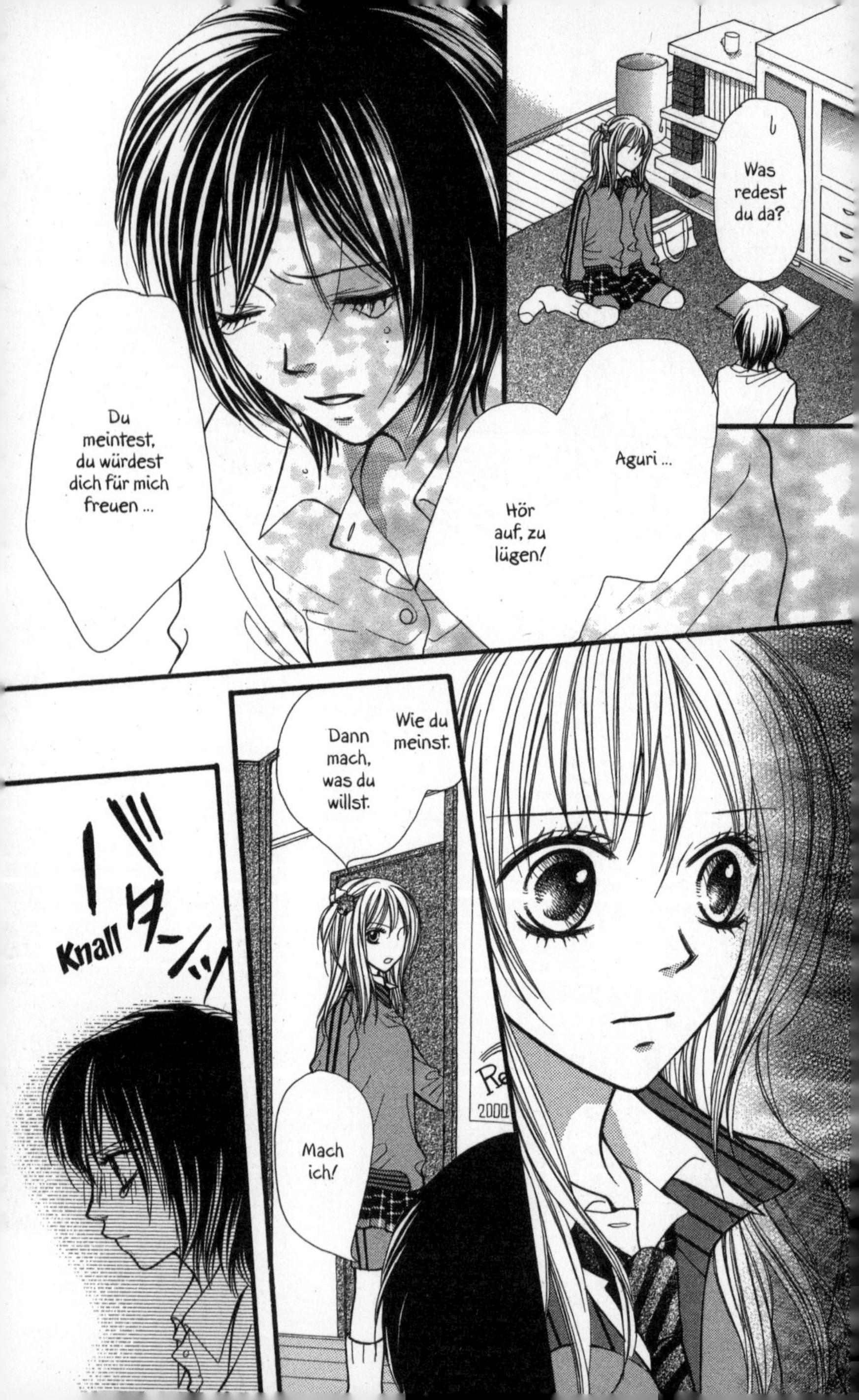

Was redest du da?
Aguri ... Hör auf, zu lügen!
Du meintest, du würdest dich für mich freuen ...
Wie du meinst. Dann mach, was du willst.
Mach ich!
Knall

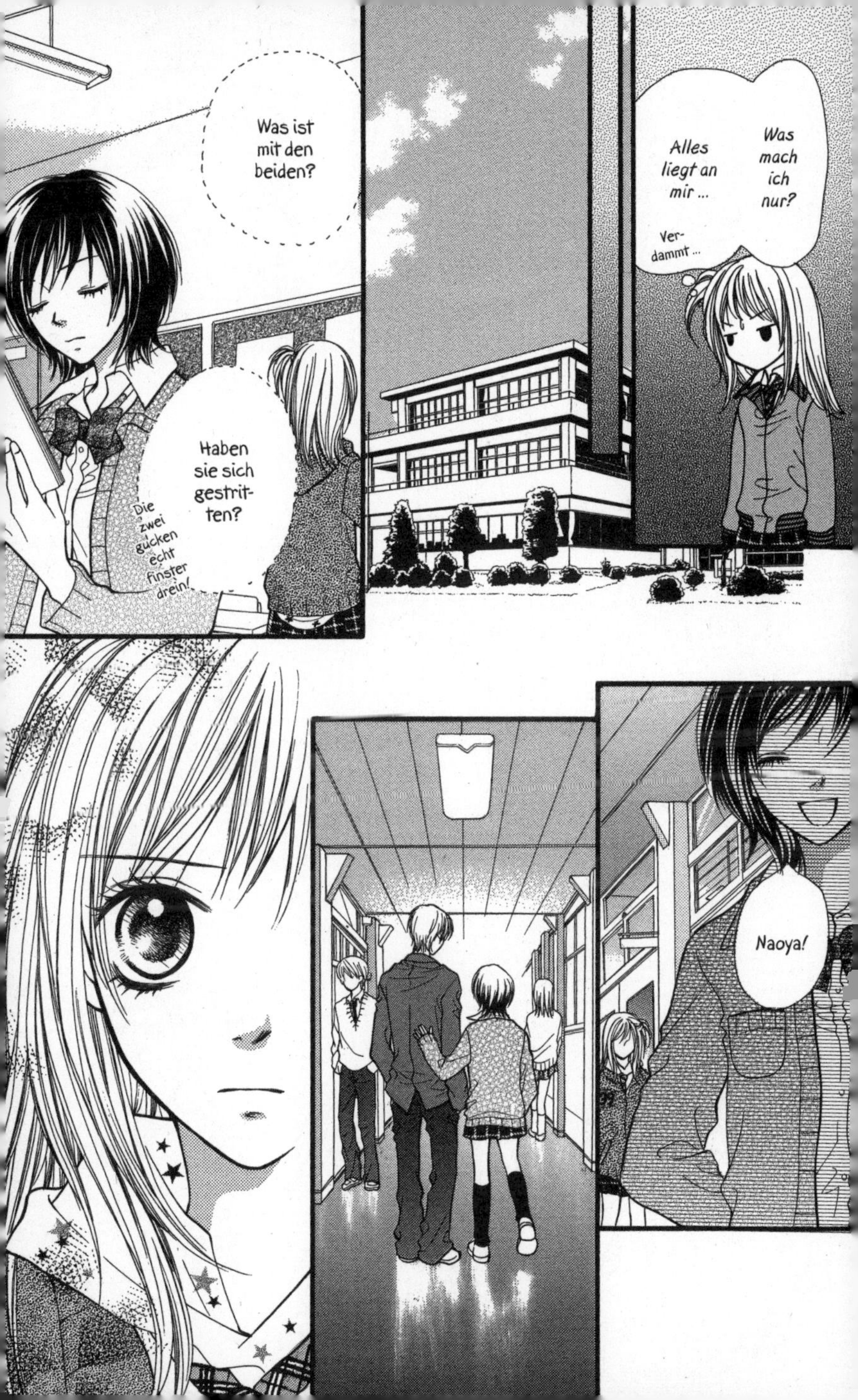
Was mach ich nur?
Alles liegt an mir ...
Verdammt ...
Was ist mit den beiden?
Haben sie sich gestritten?
Die zwei gucken echt finster drein!
Naoya!

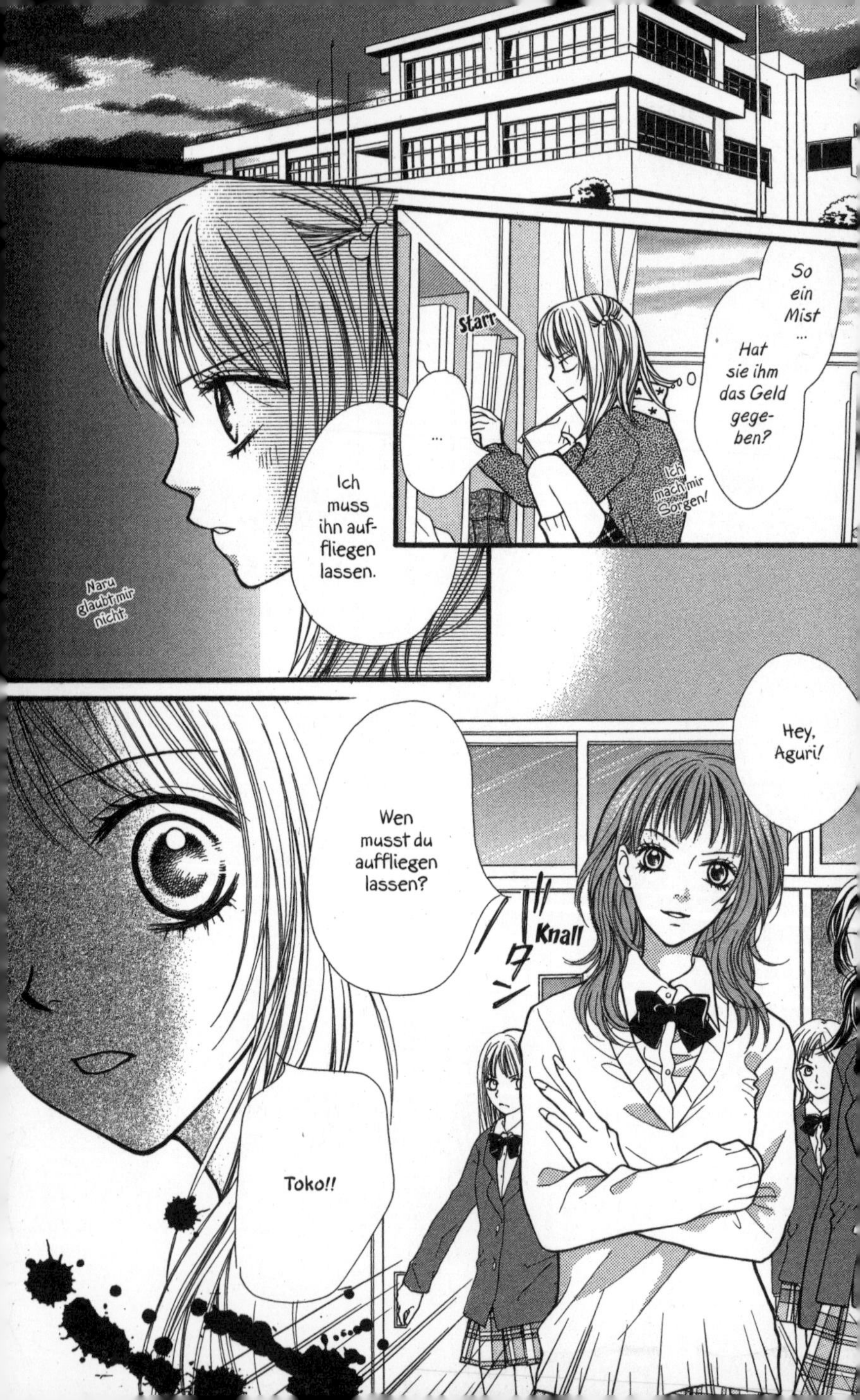

So ein Mist ...
Hat sie ihm das Geld gegeben?
Ich mach mir Sorgen!
Starr
...
Ich muss ihn auffliegen lassen.
Naru glaubt mir nicht.
Hey, Aguri!
Knall
Wen musst du auffliegen lassen?
Toko!!

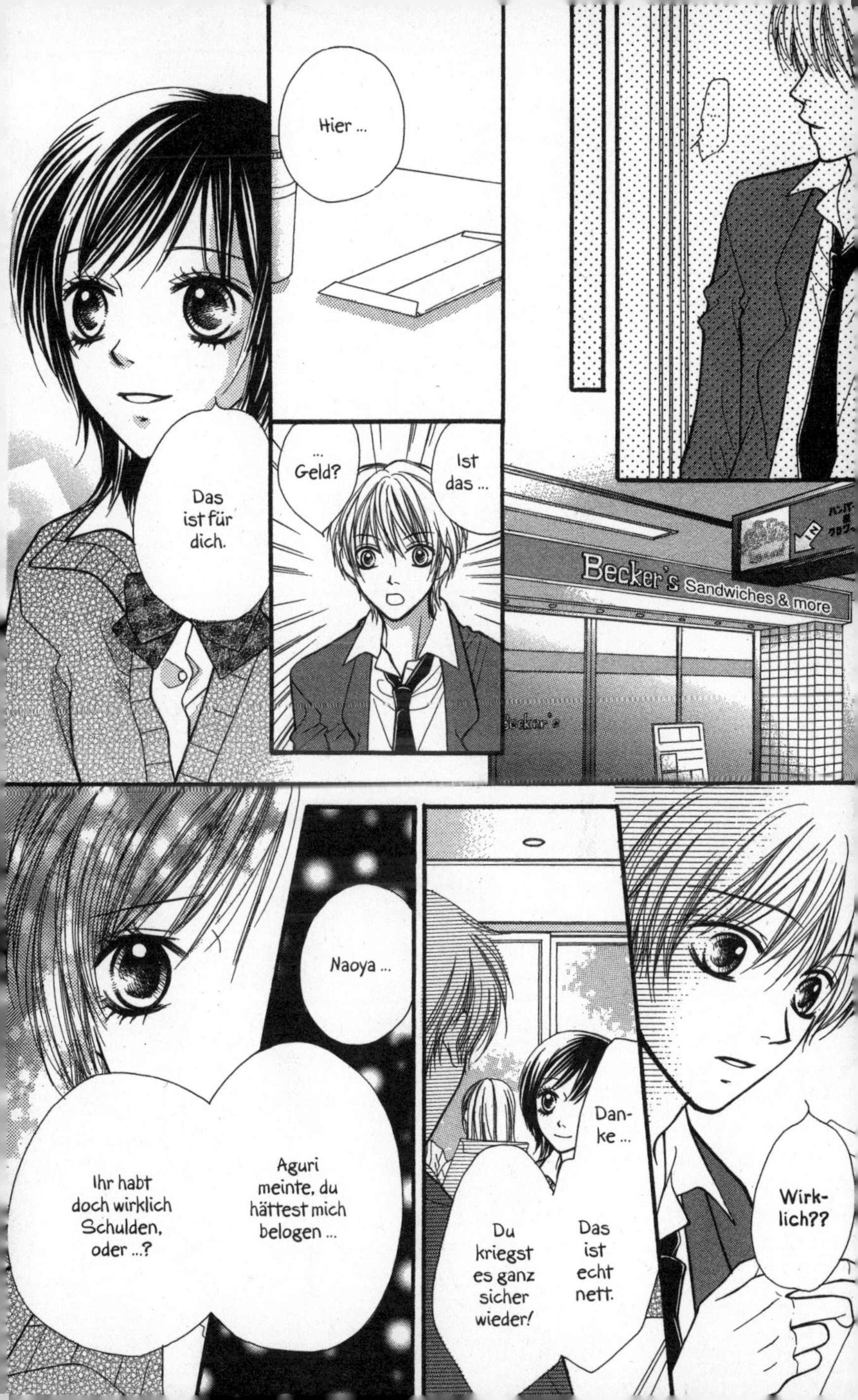

...
Becker's Sandwiches & more
Hier ...
Ist das ...
... Geld?
Das ist für dich.
Wirklich??
Danke ...
Das ist echt nett.
Du kriegst es ganz sicher wieder!
Naoya ...
Aguri meinte, du hättest mich belogen ...
Ihr habt doch wirklich Schulden, oder ...?

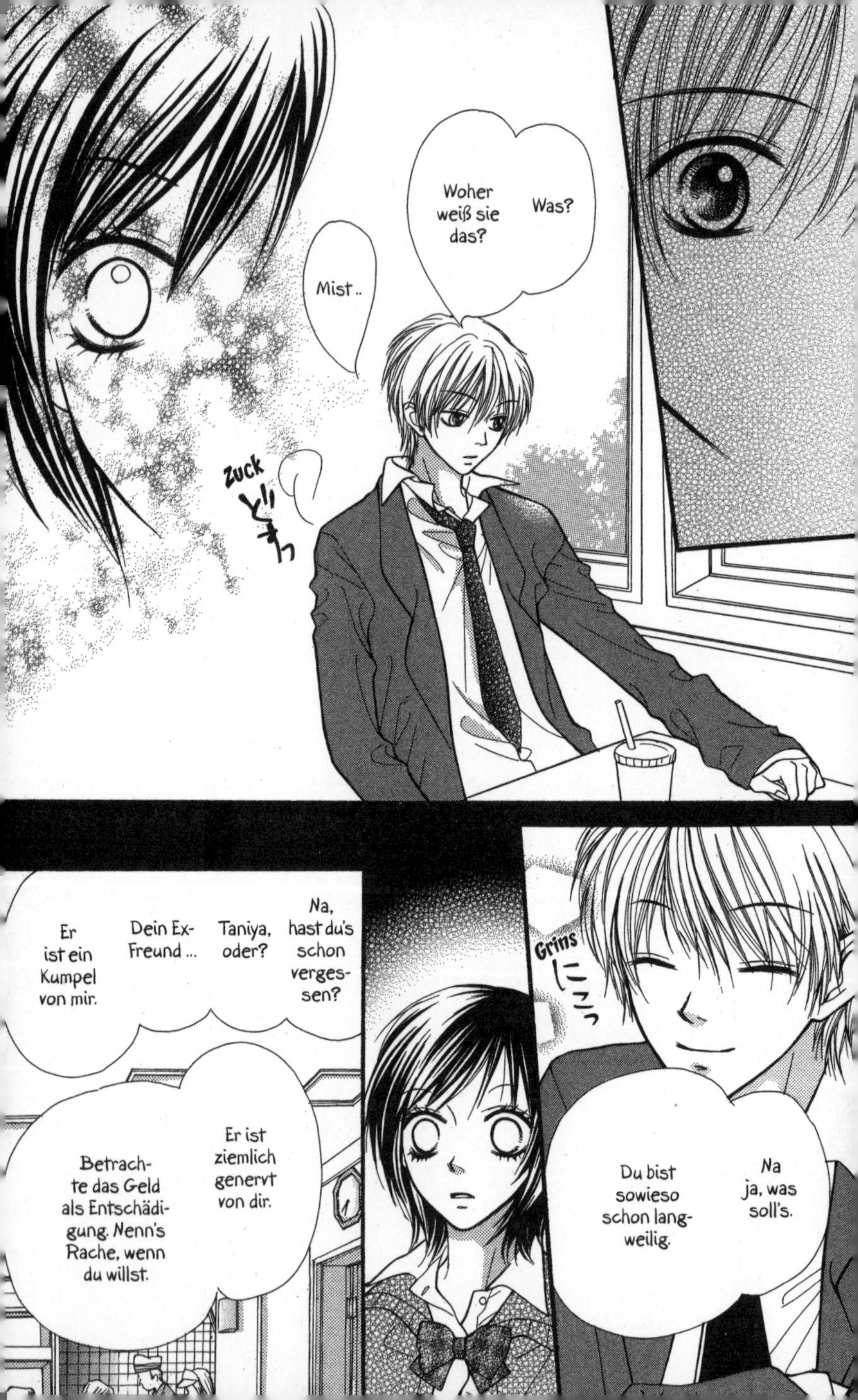
Was?
Woher weiß sie das?
Mist ..
Zuck
Grins
Na ja, was soll's.
Du bist sowieso schon langweilig.
Na, hast du's schon vergessen?
Taniya, oder?
Dein Ex-Freund ...
Er ist ein Kumpel von mir.
Er ist ziemlich genervt von dir.
Betrachte das Geld als Entschädigung. Nenn's Rache, wenn du willst.

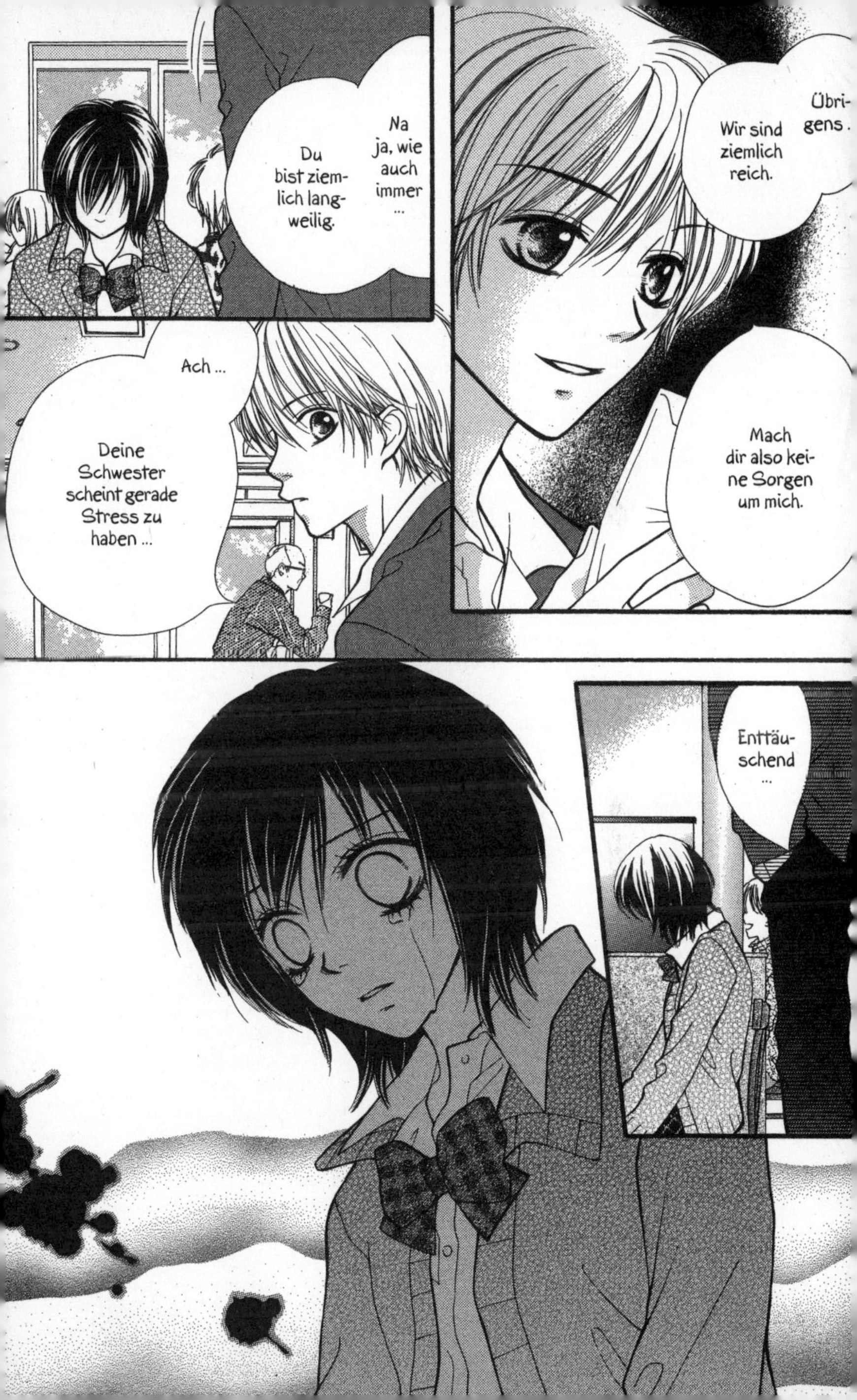
Übrigens ...
Wir sind ziemlich reich.
Mach dir also keine Sorgen um mich.
Na ja, wie auch immer ...
Du bist ziemlich langweilig.
Ach ...
Deine Schwester scheint gerade Stress zu haben ...
Enttäuschend ...

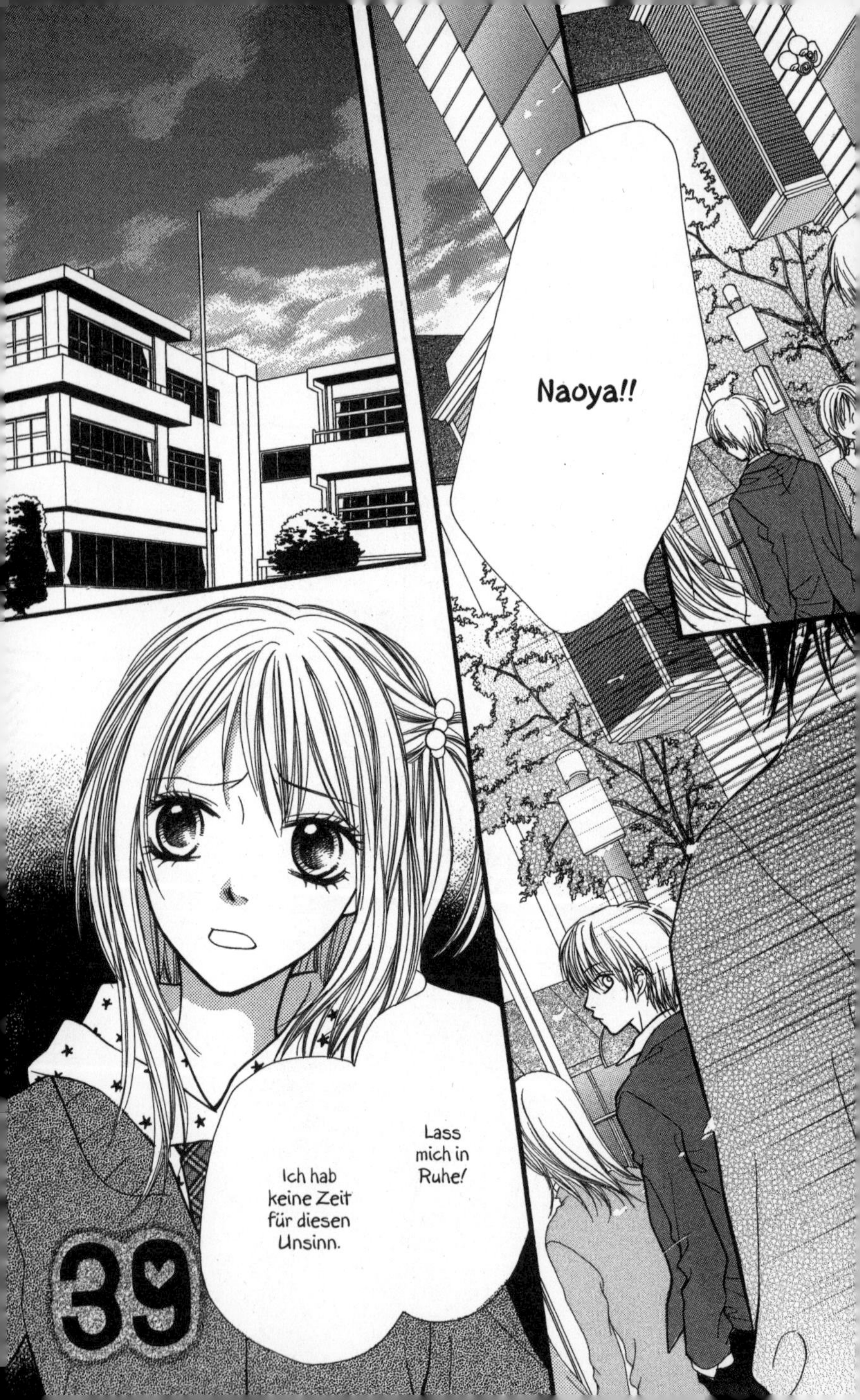
Naoya!!
Lass mich in Ruhe!
Ich hab keine Zeit für diesen Unsinn.
39

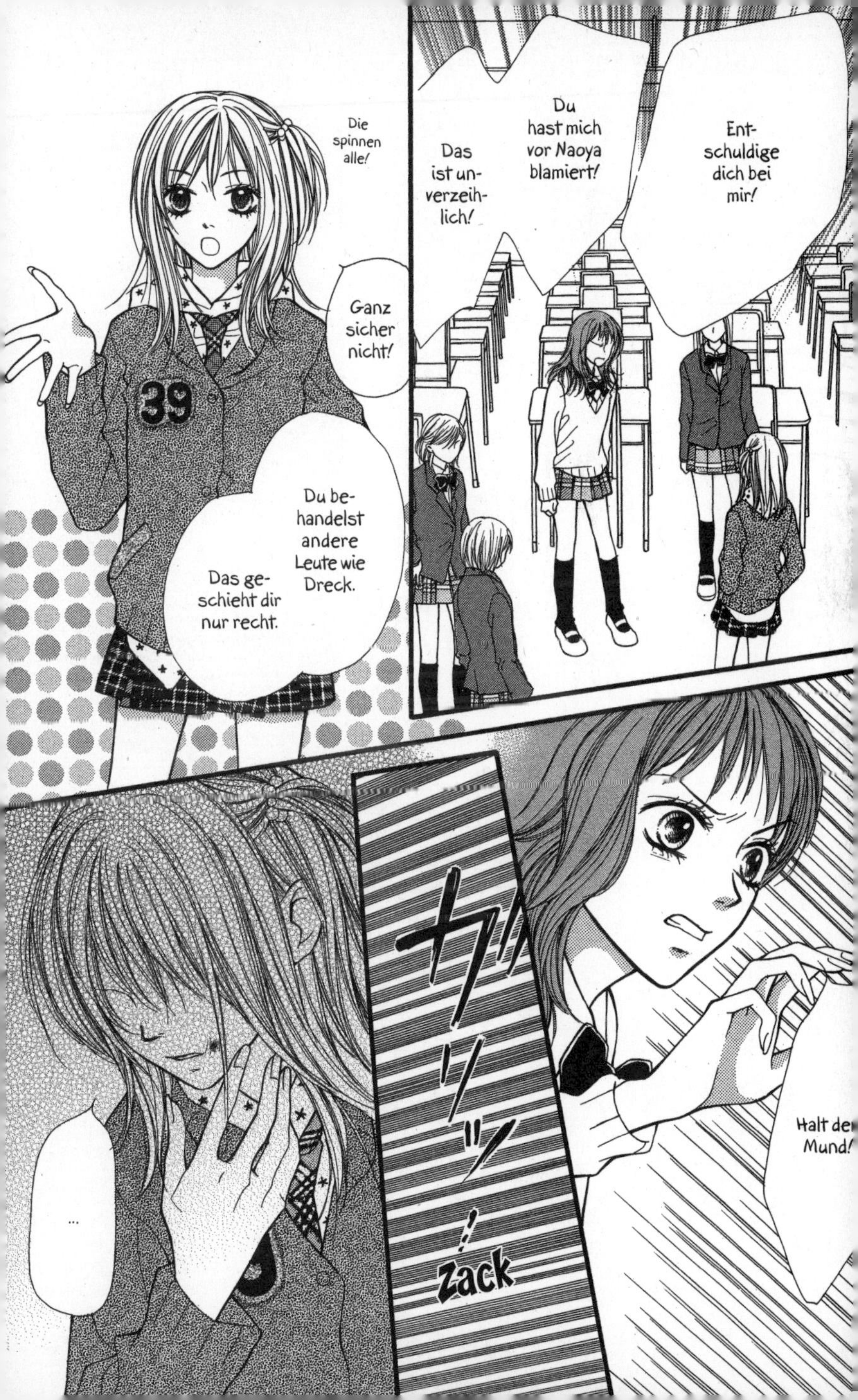

Ent-schuldige dich bei mir!
Du hast mich vor Naoya blamiert!
Das ist un-verzeih-lich!
Die spinnen alle!
Ganz sicher nicht!
Du be-handelst andere Leute wie Dreck.
Das ge-schieht dir nur recht.
Halt de Mund!
Zack
...

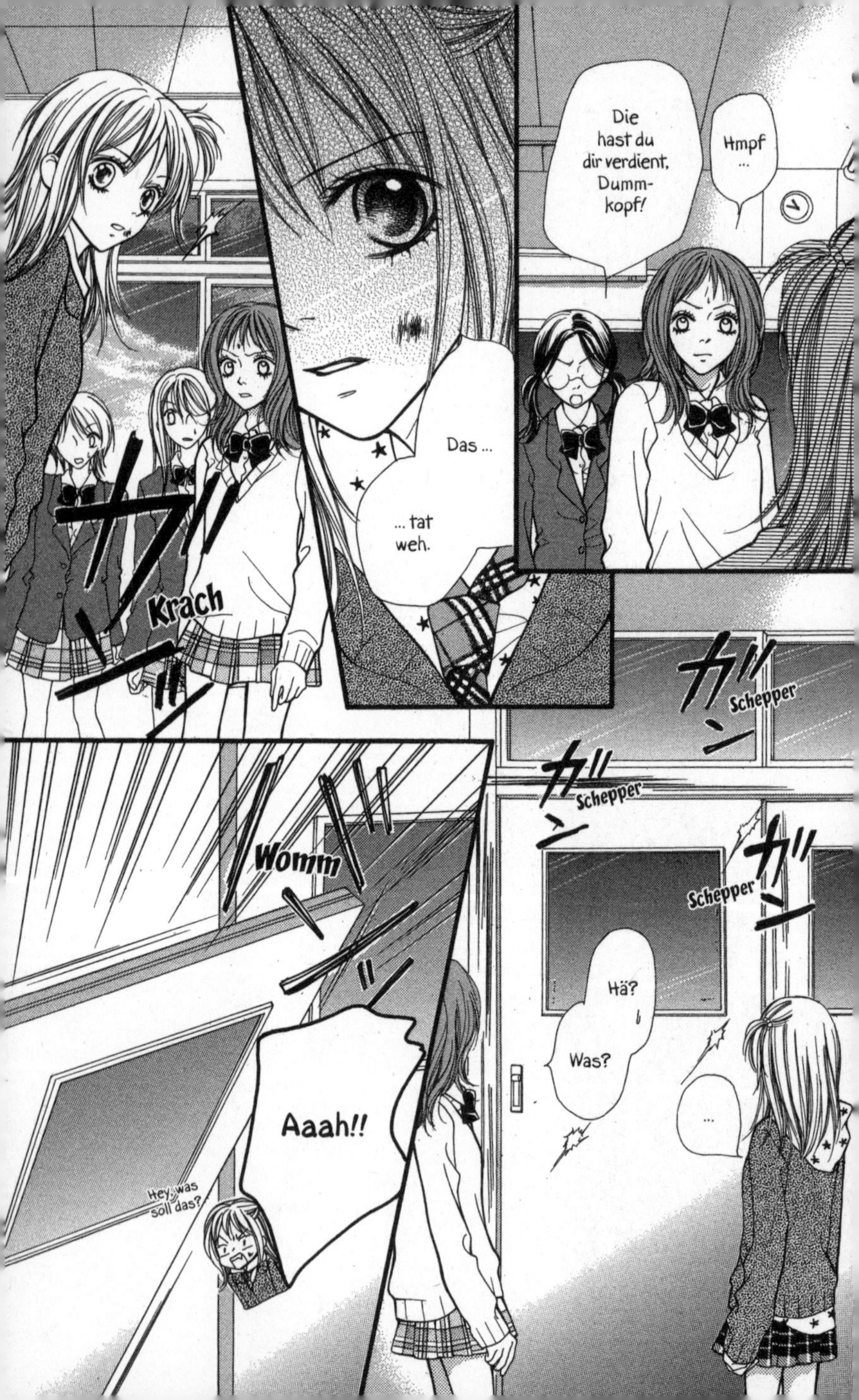
Die hast du dir verdient, Dummkopf!
Hmpf ...
Das ...
... tat weh.
Krach
Schepper
Schepper
Schepper
Hä?
Was?
...
Womm
Aaah!!
Hey, was soll das?

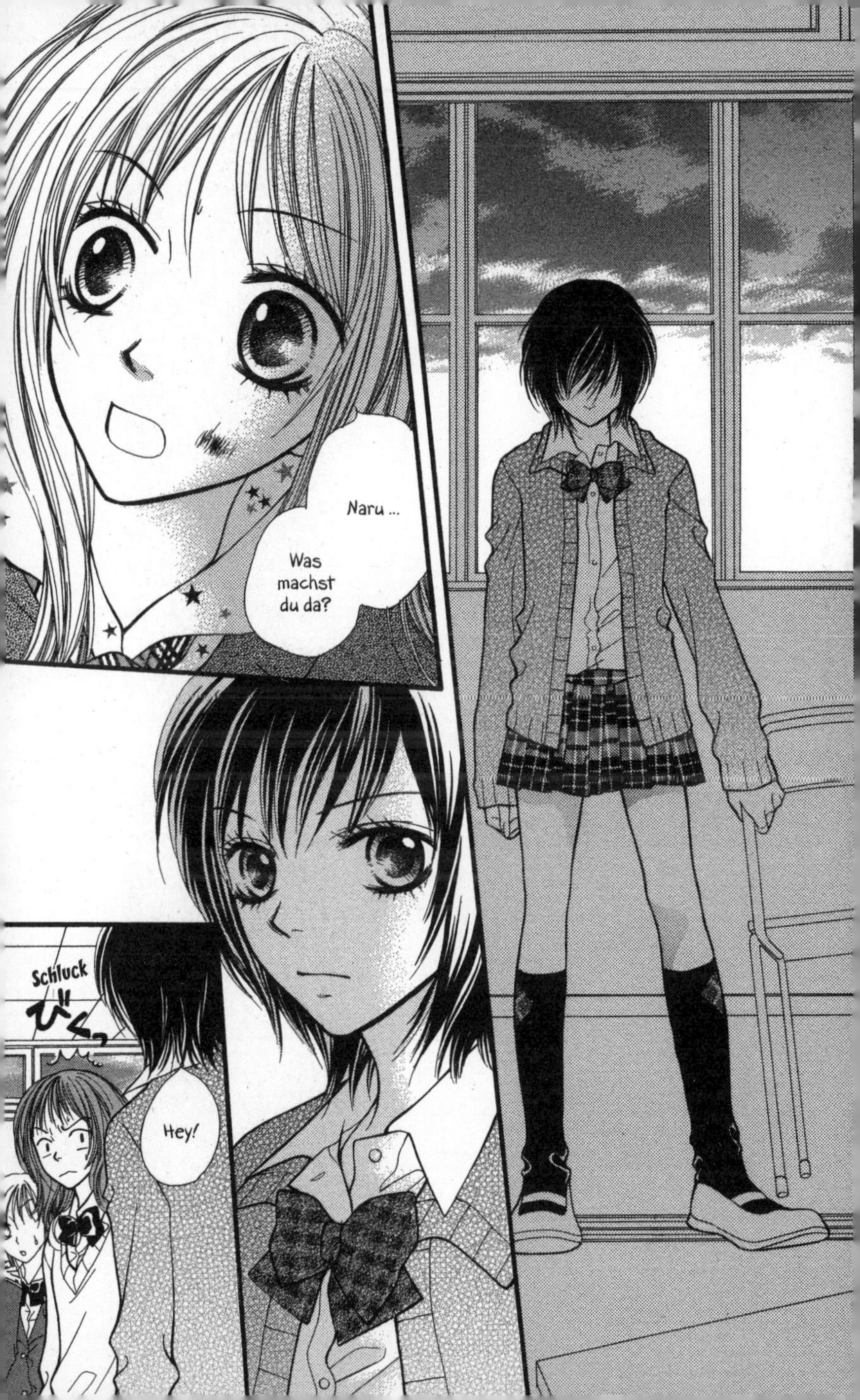
Naru ...
Was machst du da?
Hey!
Schluck
びくっ

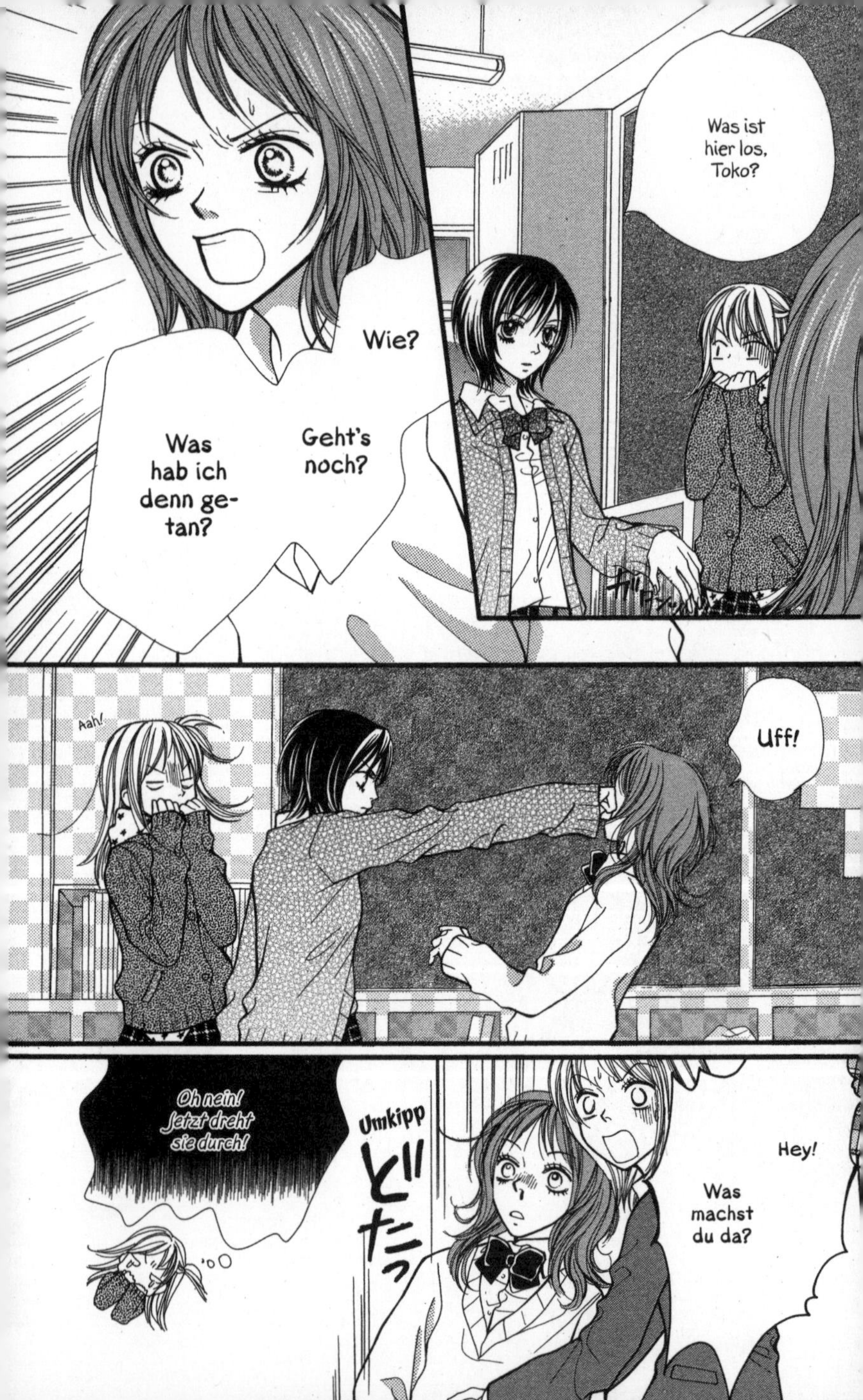

Was ist hier los, Toko?
Wie?
Geht's noch?
Was hab ich denn ge-tan?
Uff!
Aah!
Hey!
Was machst du da?
Umkipp
Oh nein! Jetzt dreht sie durch!

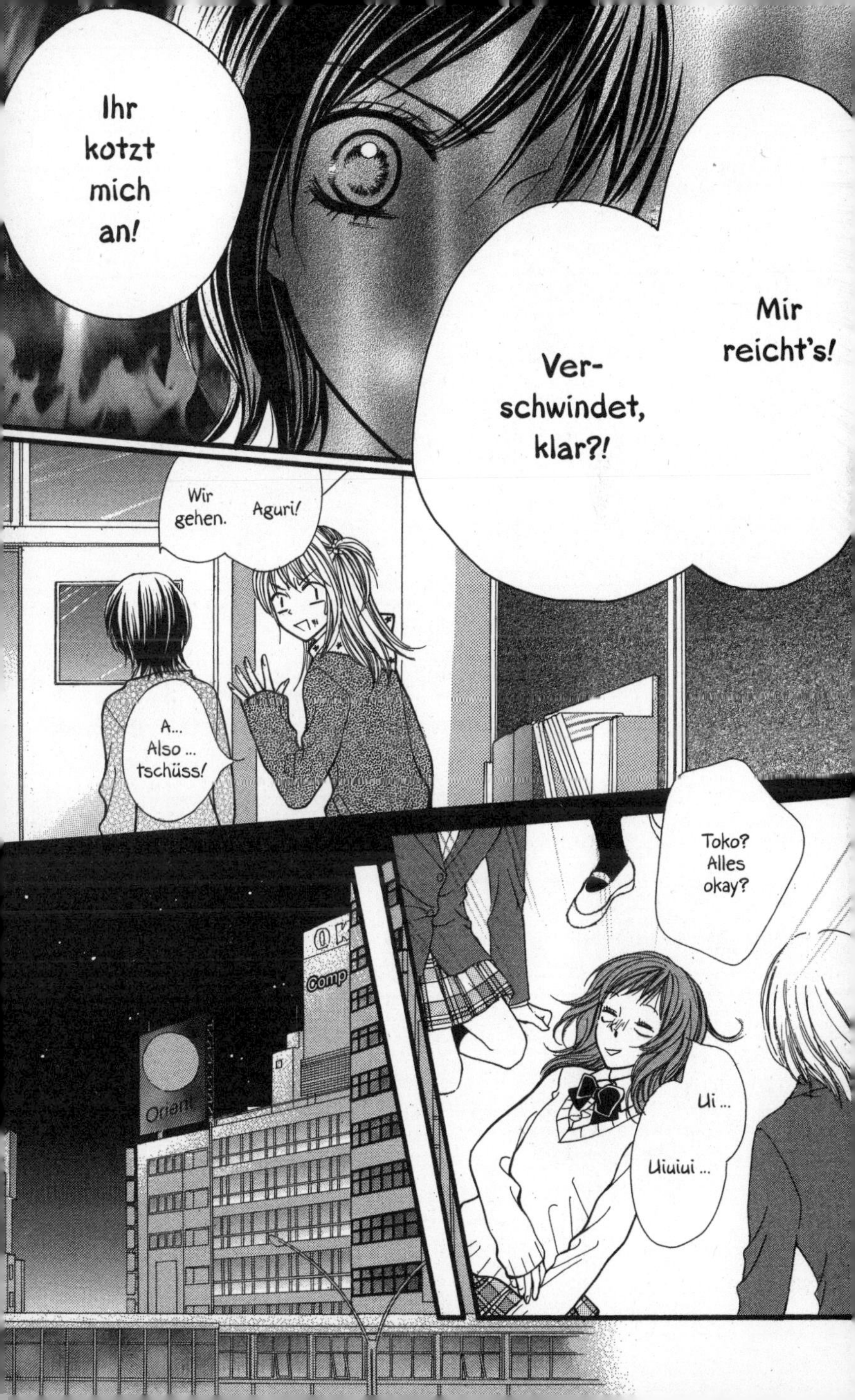
Mir reicht's!
Ver- schwindet, klar?!
Ihr kotzt mich an!
Aguri!
Wir gehen.
A... Also ... tschüss!
Toko? Alles okay?
Ui ...
Uiuiui ...
OK
Comp
Orient

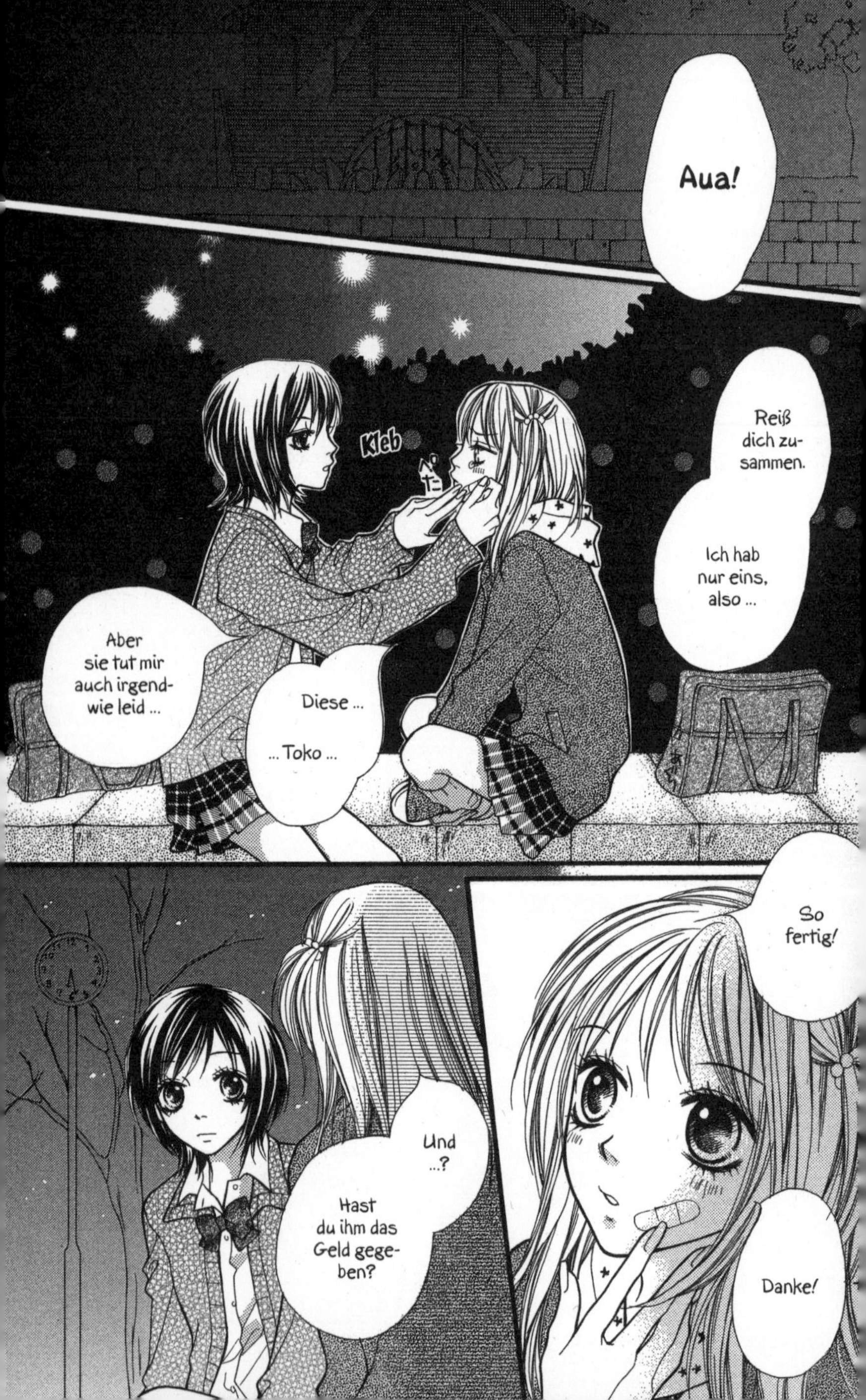
Aua!
Reiß dich zusammen.
Ich hab nur eins, also ...
Kleb
Diese ...
... Toko ...
Aber sie tut mir auch irgendwie leid ...
So fertig!
Danke!
Und ...?
Hast du ihm das Geld gegeben?

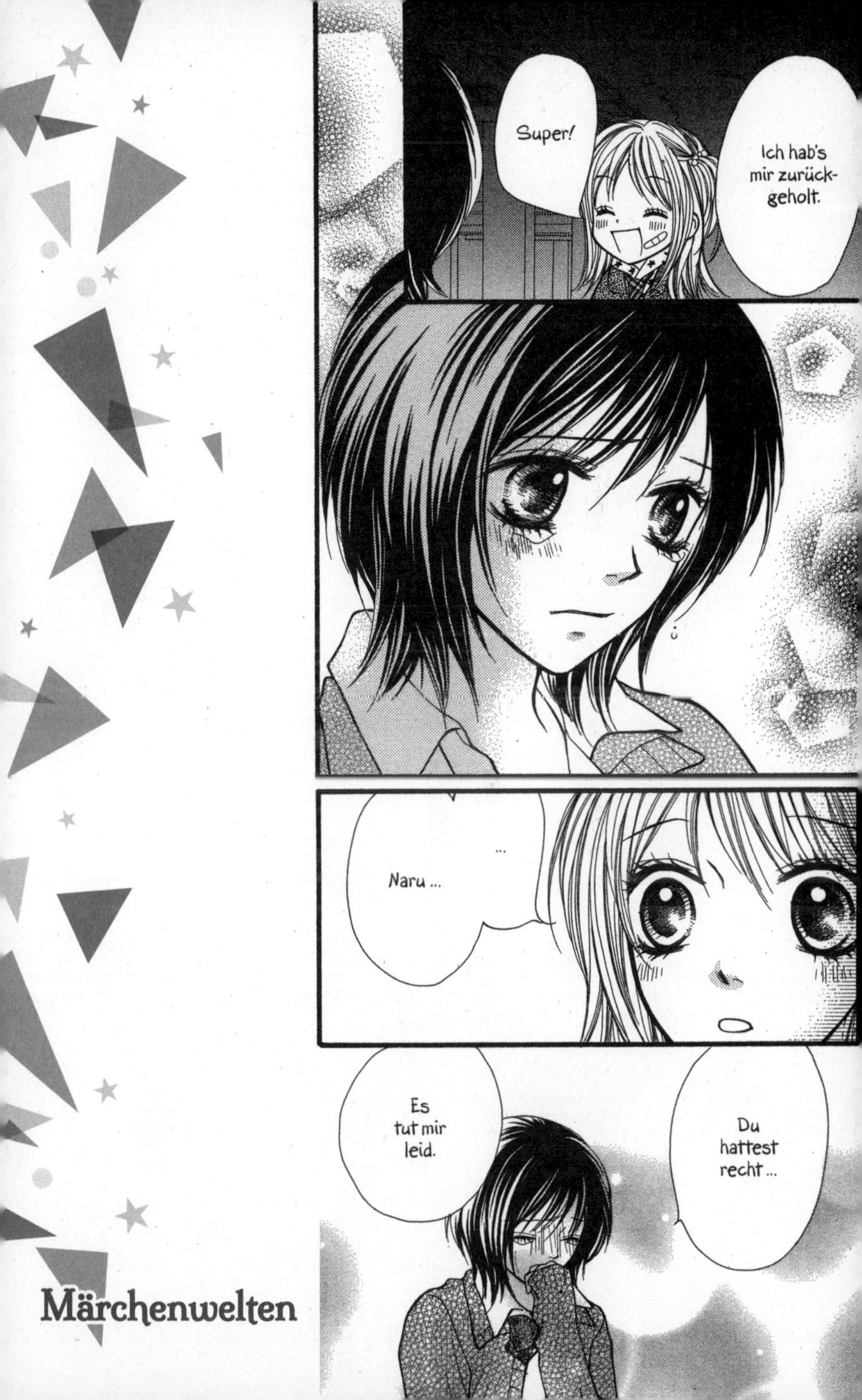
Ich hab's mir zurückgeholt.
Super!
...
Naru ...
Du hattest recht ...
Es tut mir leid.
Märchenwelten

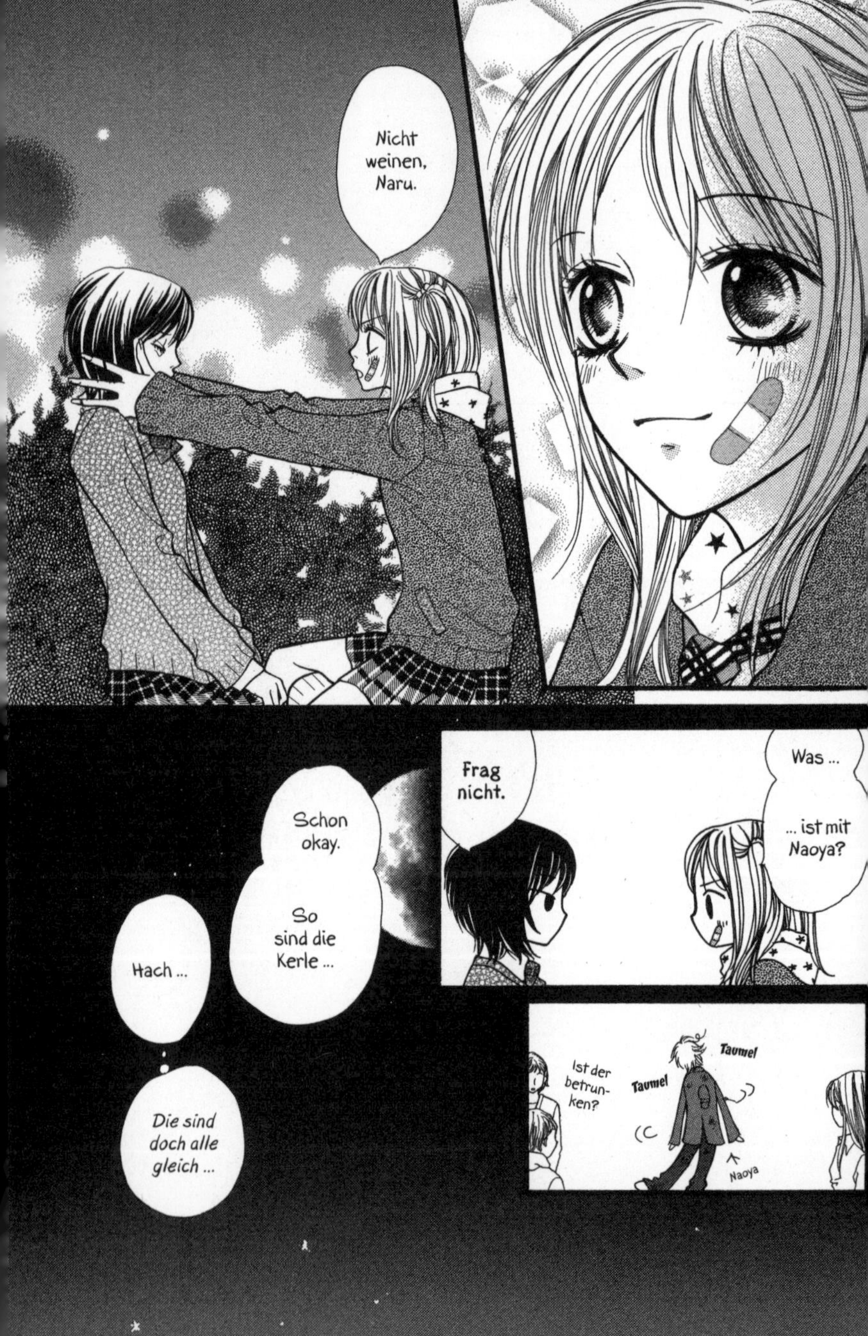

Nicht weinen, Naru.
Was ...
... ist mit Naoya?
Frag nicht.
Taumel
Ist der betrunken?
Taumel
Naoya
Schon okay.
So sind die Kerle ...
Hach ...
Die sind doch alle gleich ...

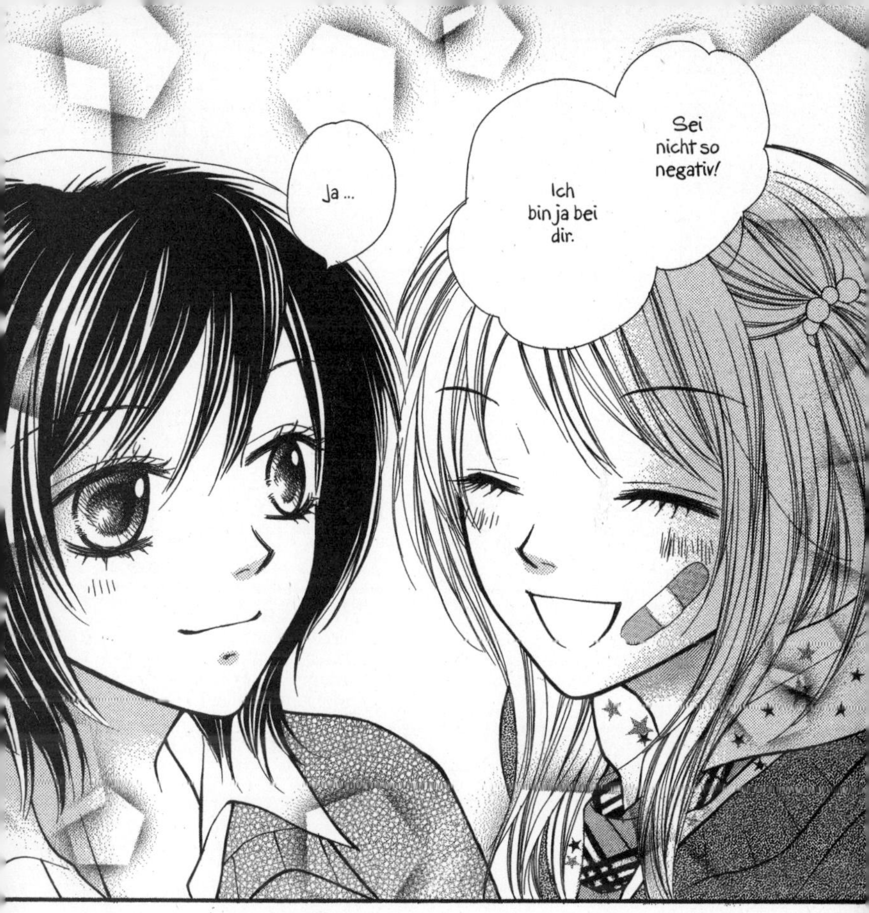

Alles ist gut ...

... solange wir zusammen sind.

Wir halten zusammen, egal, was passiert.

Daily News - Ende

Märchenwelten

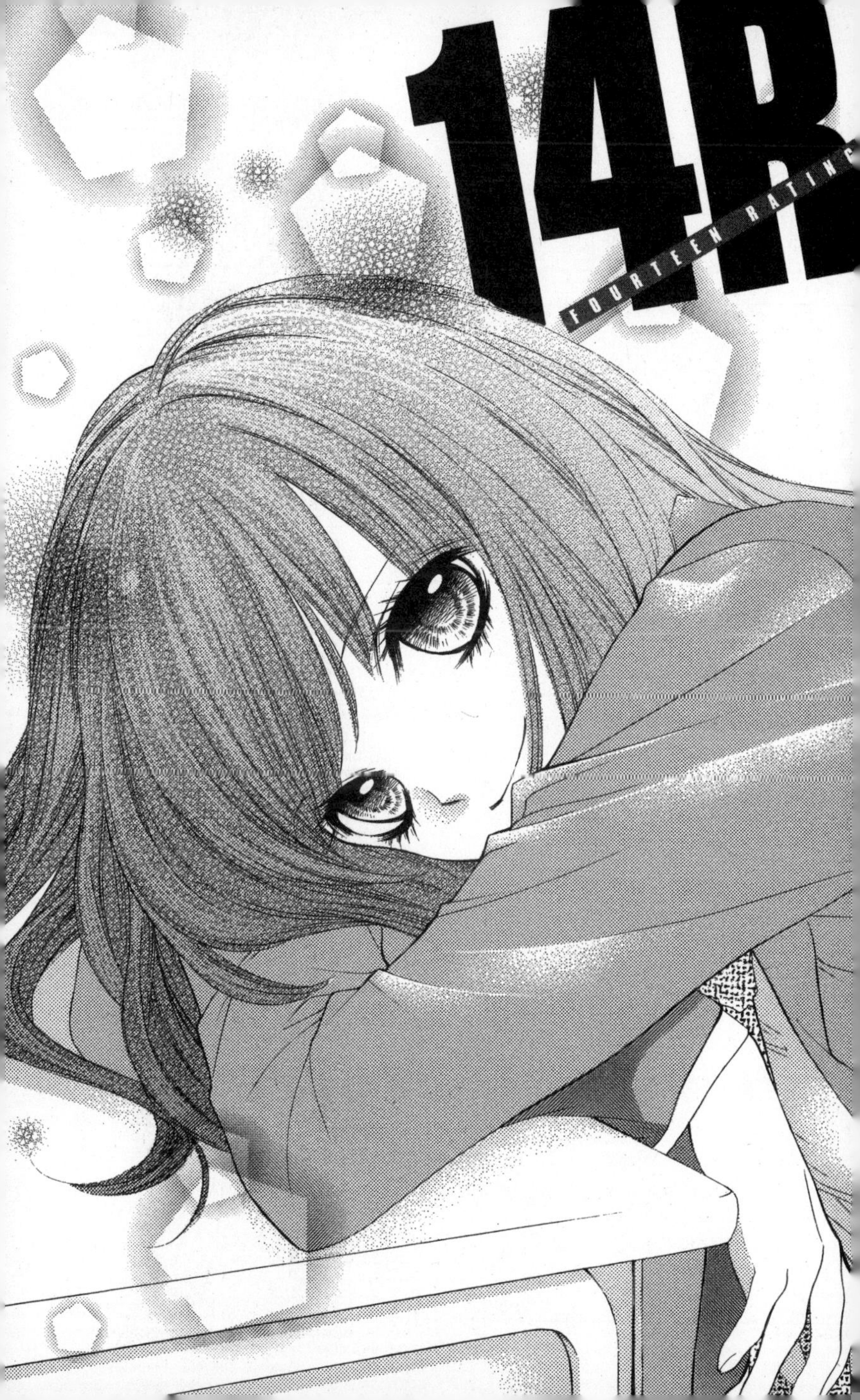
14R
FOURTEEN RATIN

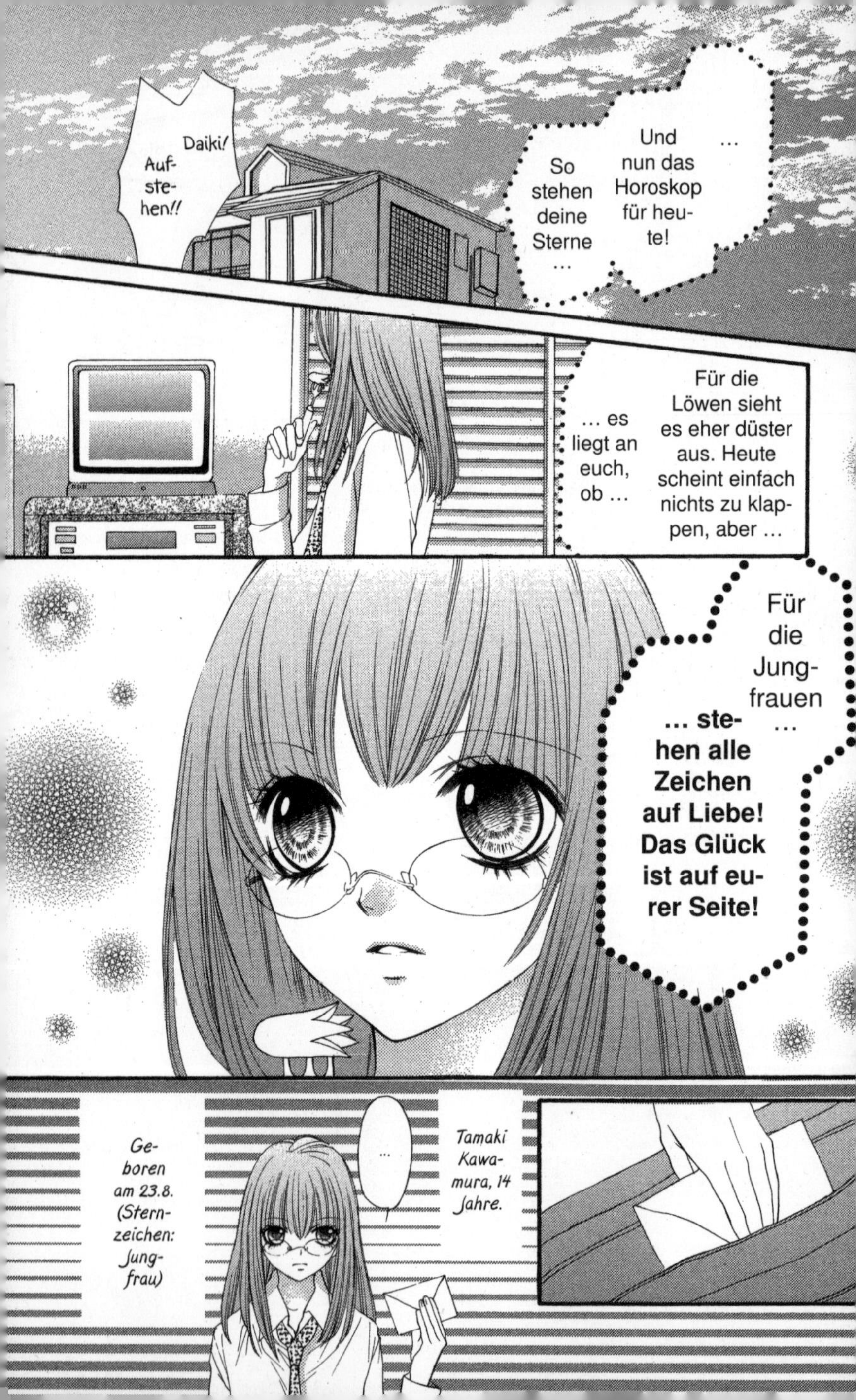
Daiki! Auf-ste-hen!!
Und nun das Horoskop für heu-te! …
So stehen deine Sterne …
Für die Löwen sieht es eher düster aus. Heute scheint einfach nichts zu klap-pen, aber …
… es liegt an euch, ob …
Für die Jung-frauen …
… ste-hen alle Zeichen auf Liebe! Das Glück ist auf eu-rer Seite!
Tamaki Kawa-mura, 14 Jahre.
…
Ge-boren am 23.8. (Stern-zeichen: Jung-frau)

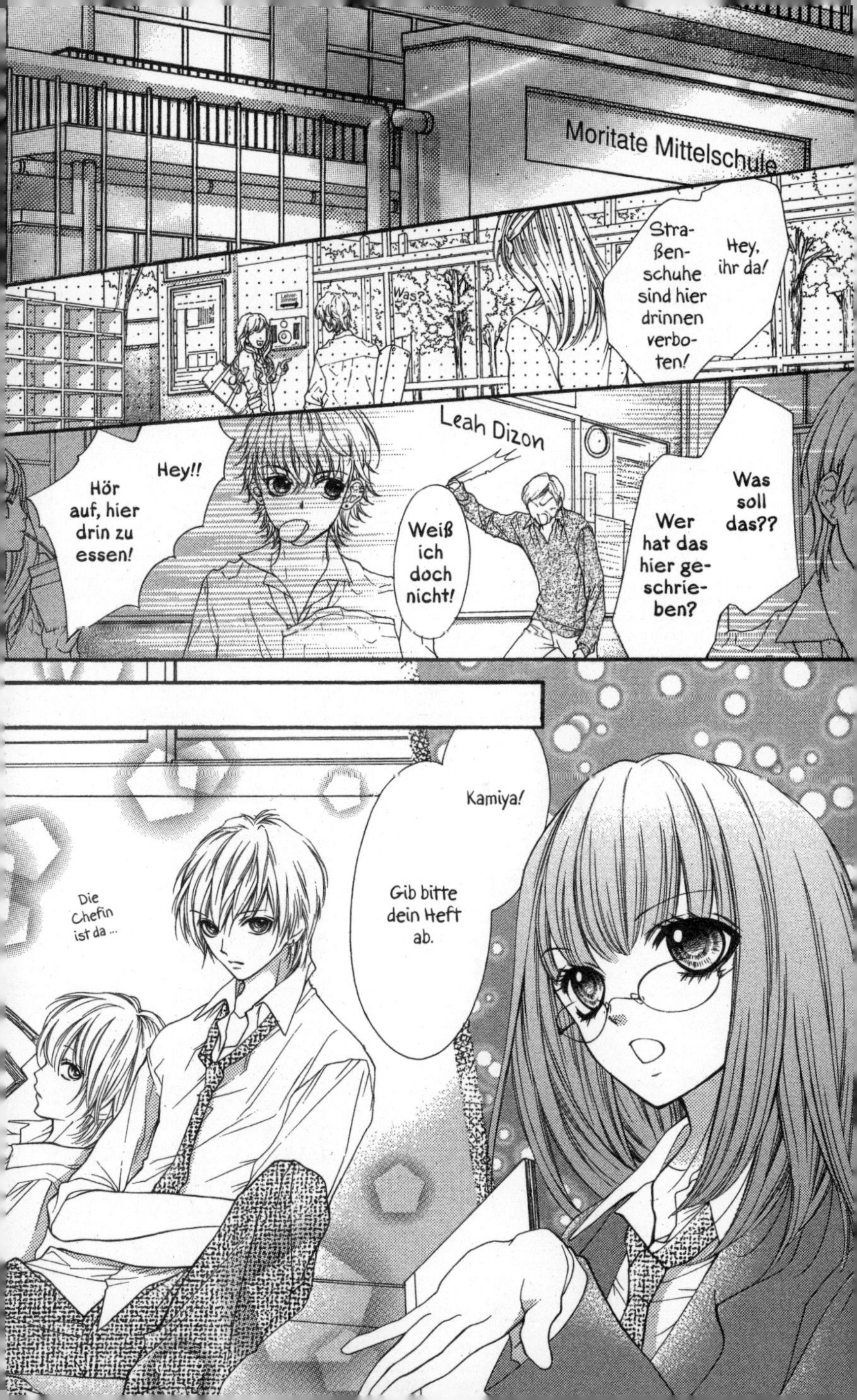
Moritate Mittelschule
Hey, ihr da!
Straßenschuhe sind hier drinnen verboten!
Was?
Was soll das??
Wer hat das hier geschrieben?
Leah Dizon
Weiß ich doch nicht!
Hey!!
Hör auf, hier drin zu essen!
Kamiya!
Gib bitte dein Heft ab.
Die Chefin ist da ...

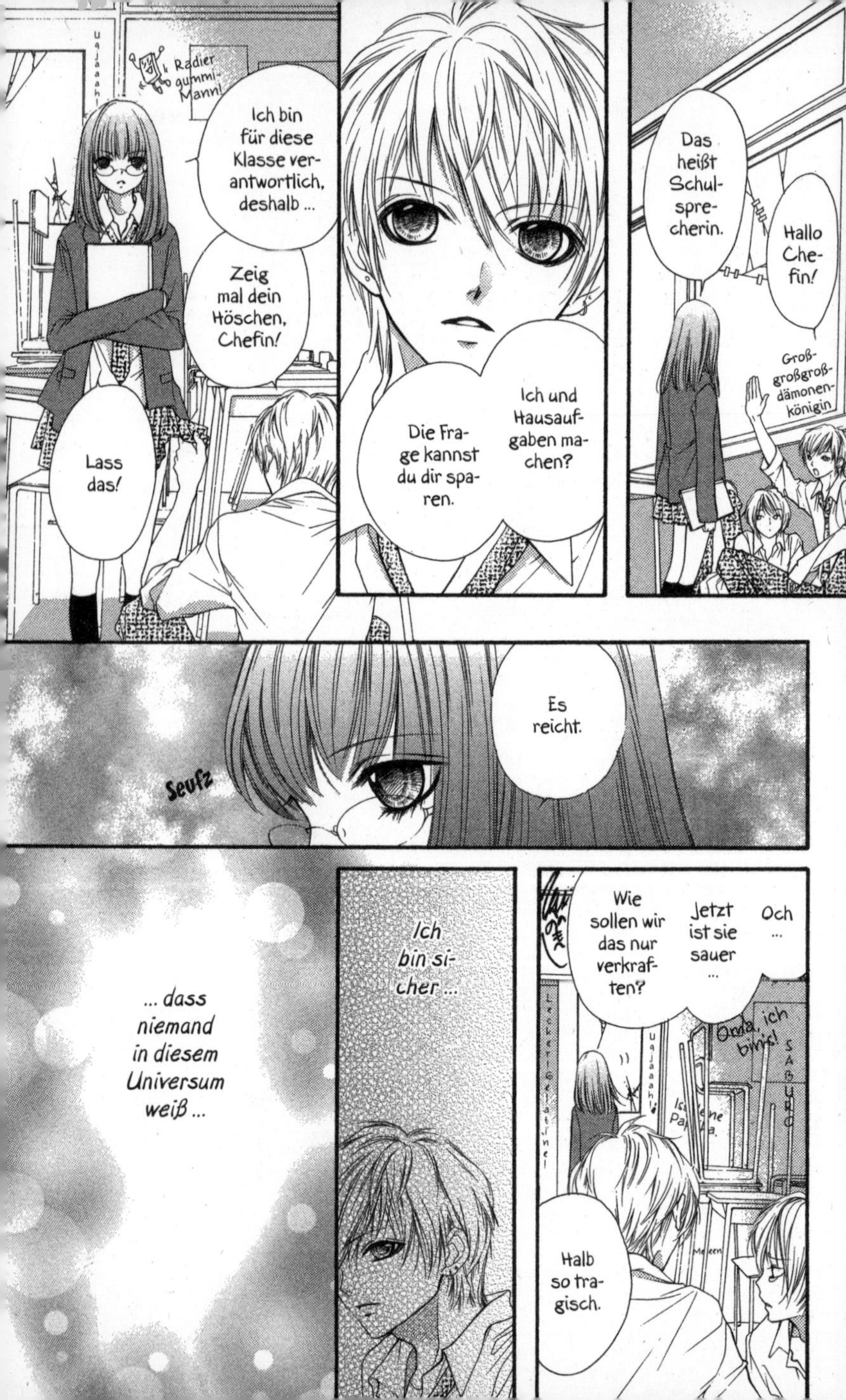
Hallo Chefin!
Das heißt Schulsprecherin.
Großgroßgroßdämonenkönigin
Ich und Hausaufgaben machen?
Die Frage kannst du dir sparen.
Radiergummi-Mann!
Ich bin für diese Klasse verantwortlich, deshalb ...
Zeig mal dein Höschen, Chefin!
Lass das!
Es reicht.
Seufz
Och ...
Jetzt ist sie sauer ...
Wie sollen wir das nur verkraften?
Halb so tragisch.
Ich bin sicher ...
... dass niemand in diesem Universum weiß ...

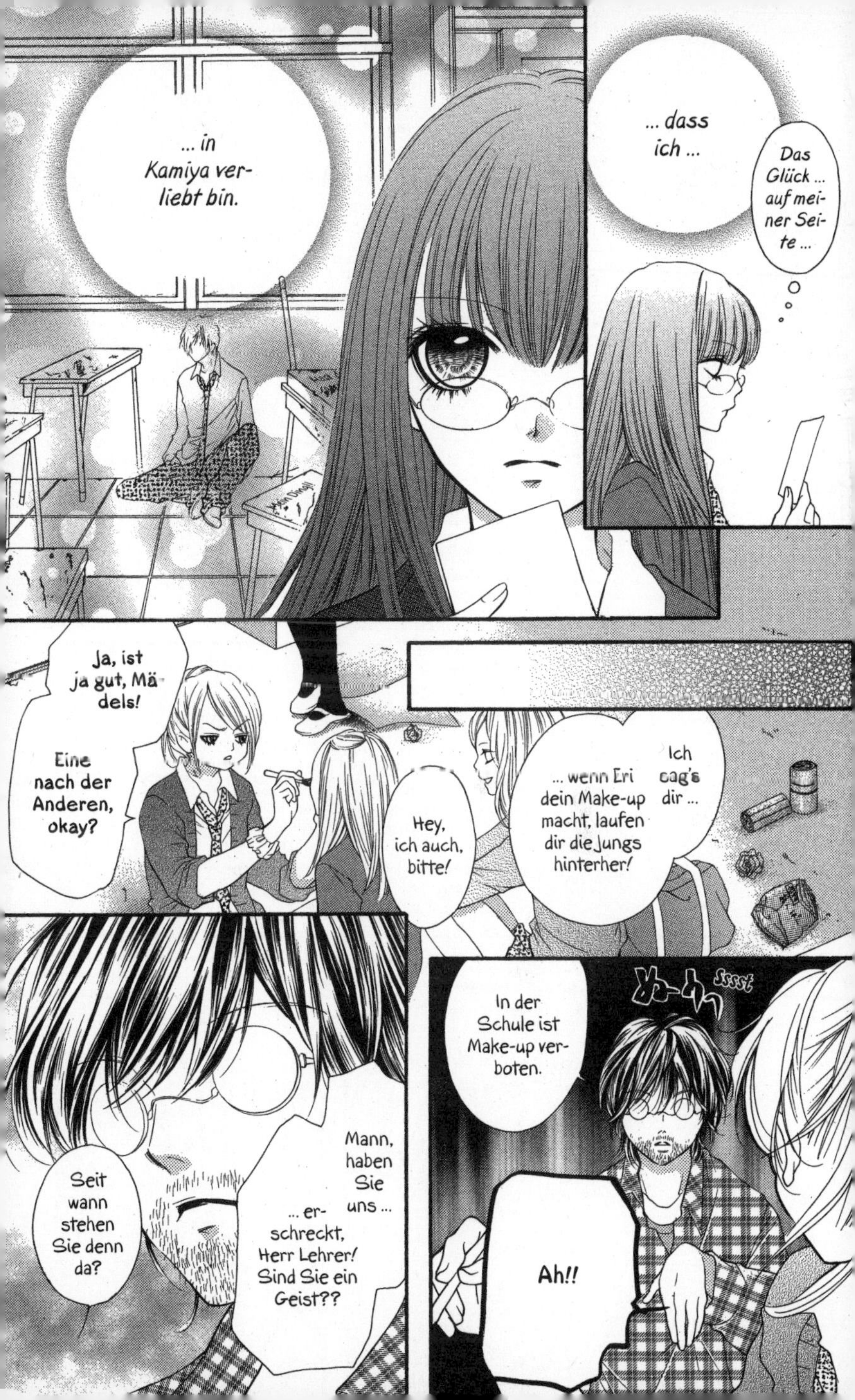
... dass ich ...
Das Glück ... auf meiner Seite ...
... in Kamiya verliebt bin.
Ich sag's dir ...
... wenn Eri dein Make-up macht, laufen dir die Jungs hinterher!
Hey, ich auch, bitte!
Ja, ist ja gut, Mädels!
Eine nach der Anderen, okay?
Sssst
In der Schule ist Make-up verboten.
Ah!!
Mann, haben Sie uns ...
... erschreckt, Herr Lehrer! Sind Sie ein Geist??
Seit wann stehen Sie denn da?

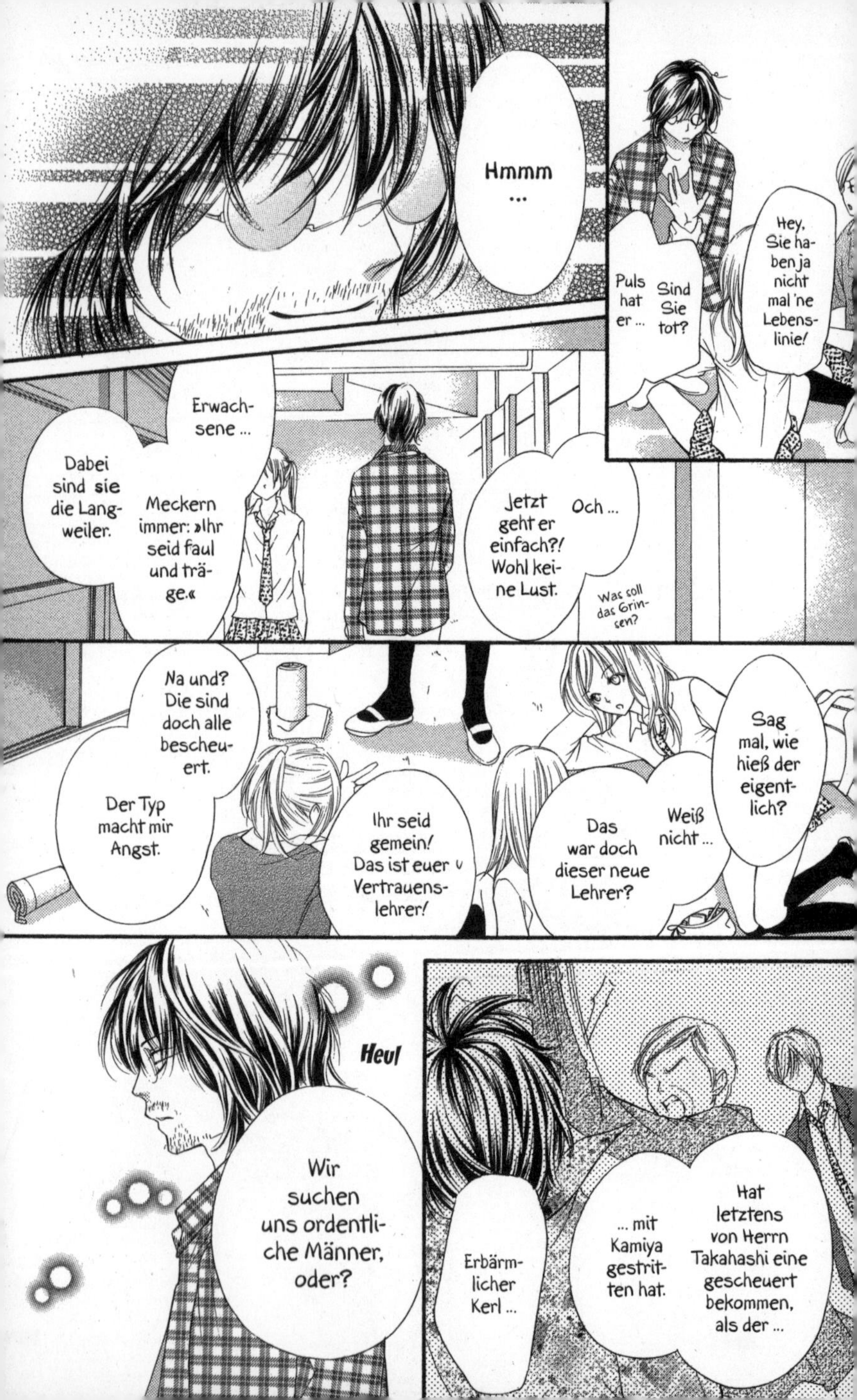
Hey, Sie haben ja nicht mal 'ne Lebenslinie!
Sind Sie tot?
Puls hat er ...
Hmmm ...
Och ...
Jetzt geht er einfach?! Wohl keine Lust.
Was soll das Grinsen?
Erwachsene ...
Meckern immer: »Ihr seid faul und träge.«
Dabei sind sie die Langweiler.
Sag mal, wie hieß der eigentlich?
Weiß nicht ...
Das war doch dieser neue Lehrer?
Ihr seid gemein! Das ist euer Vertrauenslehrer!
Na und? Die sind doch alle bescheuert.
Der Typ macht mir Angst.
Hat letztens von Herrn Takahashi eine gescheuert bekommen, als der ...
... mit Kamiya gestritten hat.
Erbärmlicher Kerl ...
Heul
Wir suchen uns ordentliche Männer, oder?

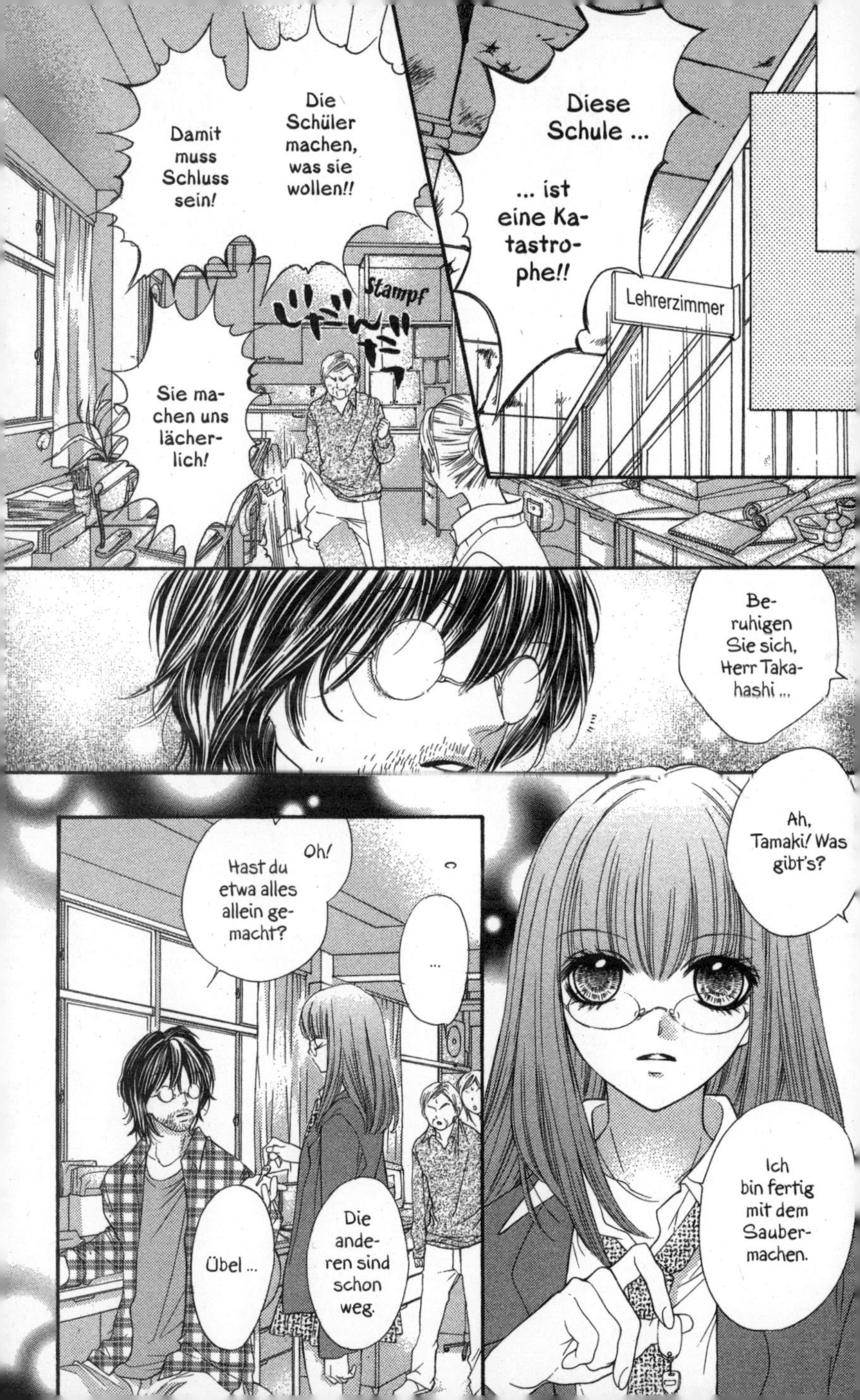
Diese Schule ...
... ist eine Katastrophe!!
Lehrerzimmer
Die Schüler machen, was sie wollen!!
Damit muss Schluss sein!
Stampf
Sie machen uns lächerlich!
Beruhigen Sie sich, Herr Takahashi ...
Ah, Tamaki! Was gibt's?
Ich bin fertig mit dem Saubermachen.
...
Oh!
Hast du etwa alles allein gemacht?
Die anderen sind schon weg.
Übel ...

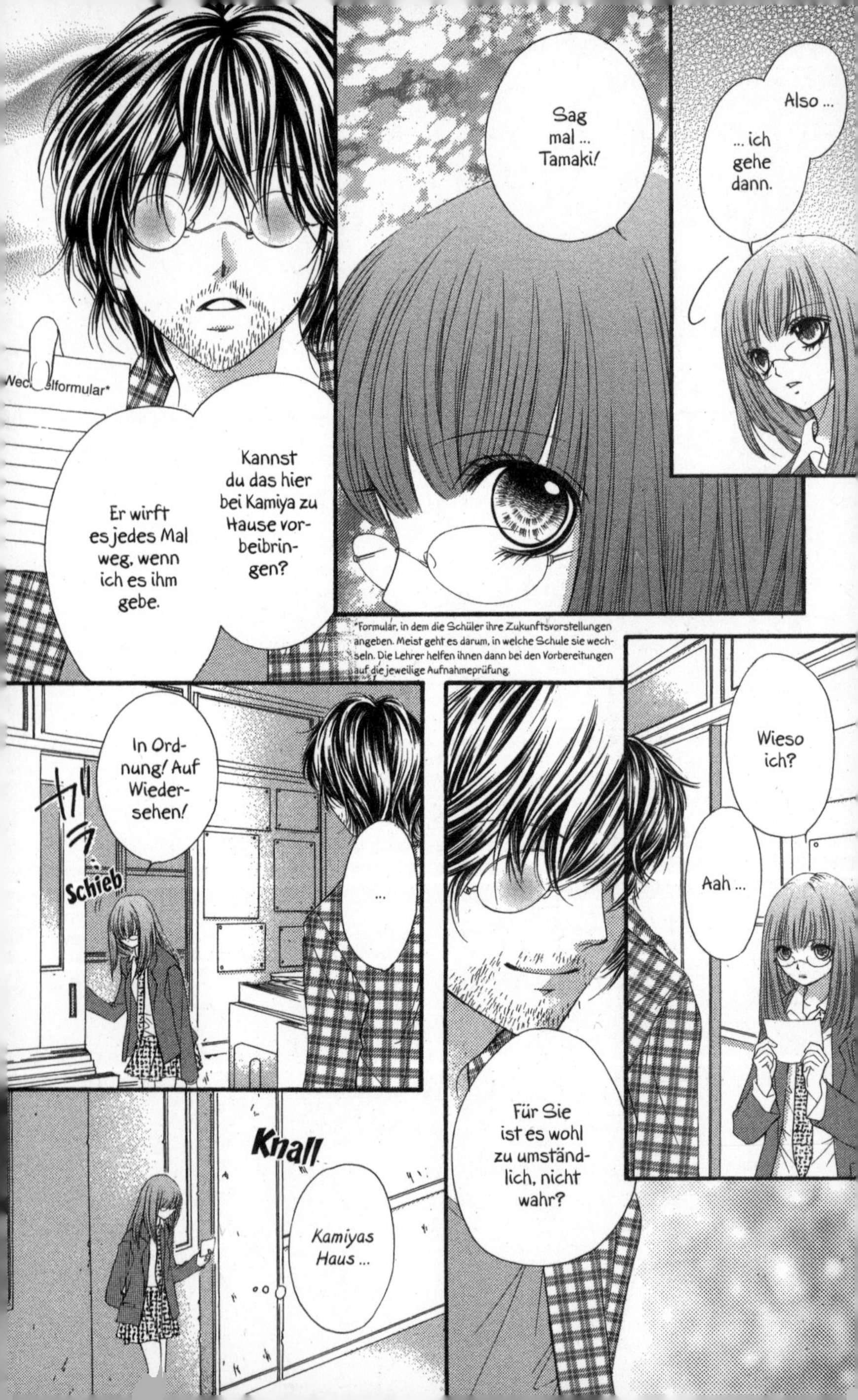

*Formular, in dem die Schüler ihre Zukunftsvorstellungen angeben. Meist geht es darum, in welche Schule sie wechseln. Die Lehrer helfen ihnen dann bei den Vorbereitungen auf die jeweilige Aufnahmeprüfung.

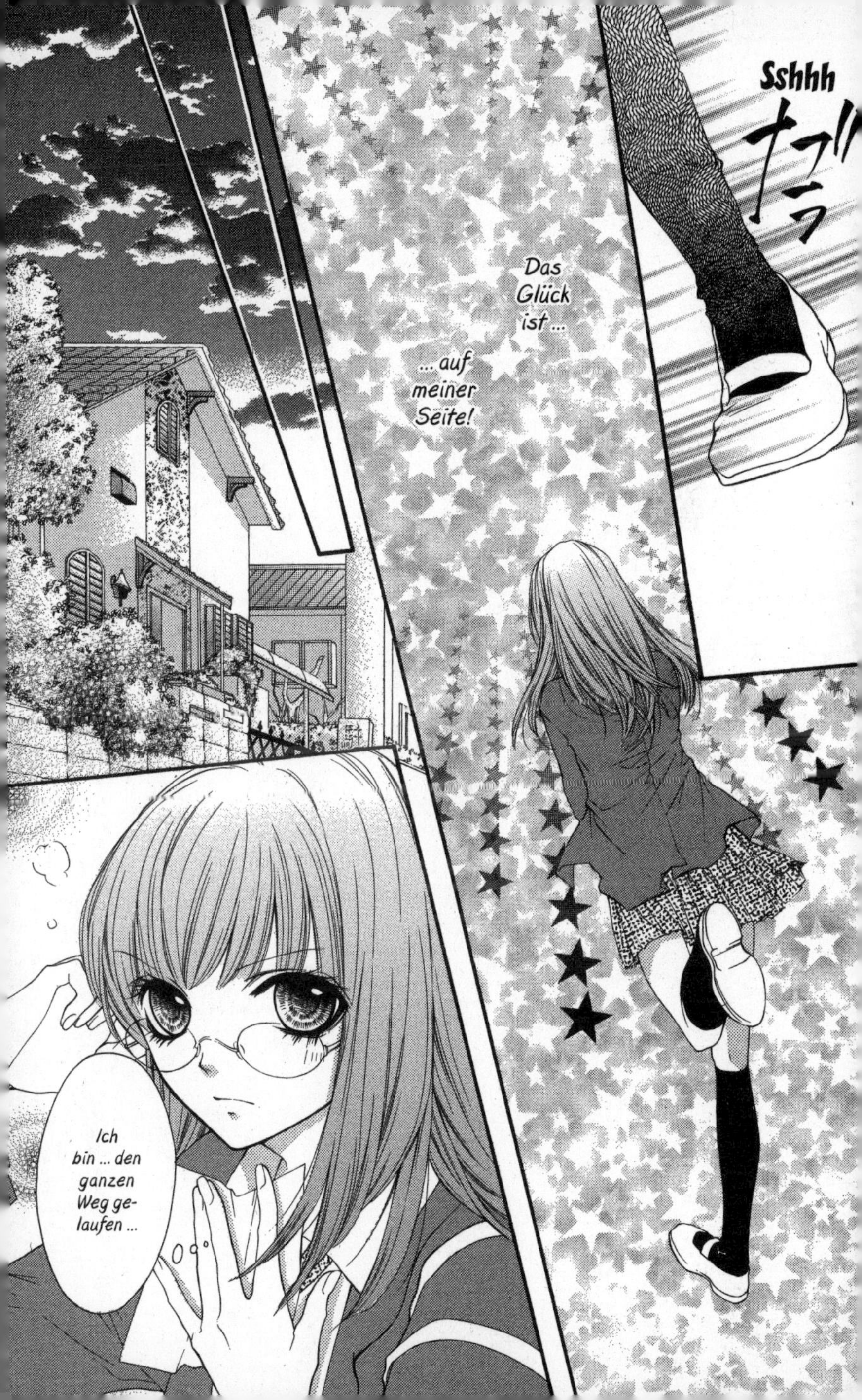
Sshhh
Das Glück ist ...
... auf meiner Seite!
Ich bin ... den ganzen Weg gelaufen ...

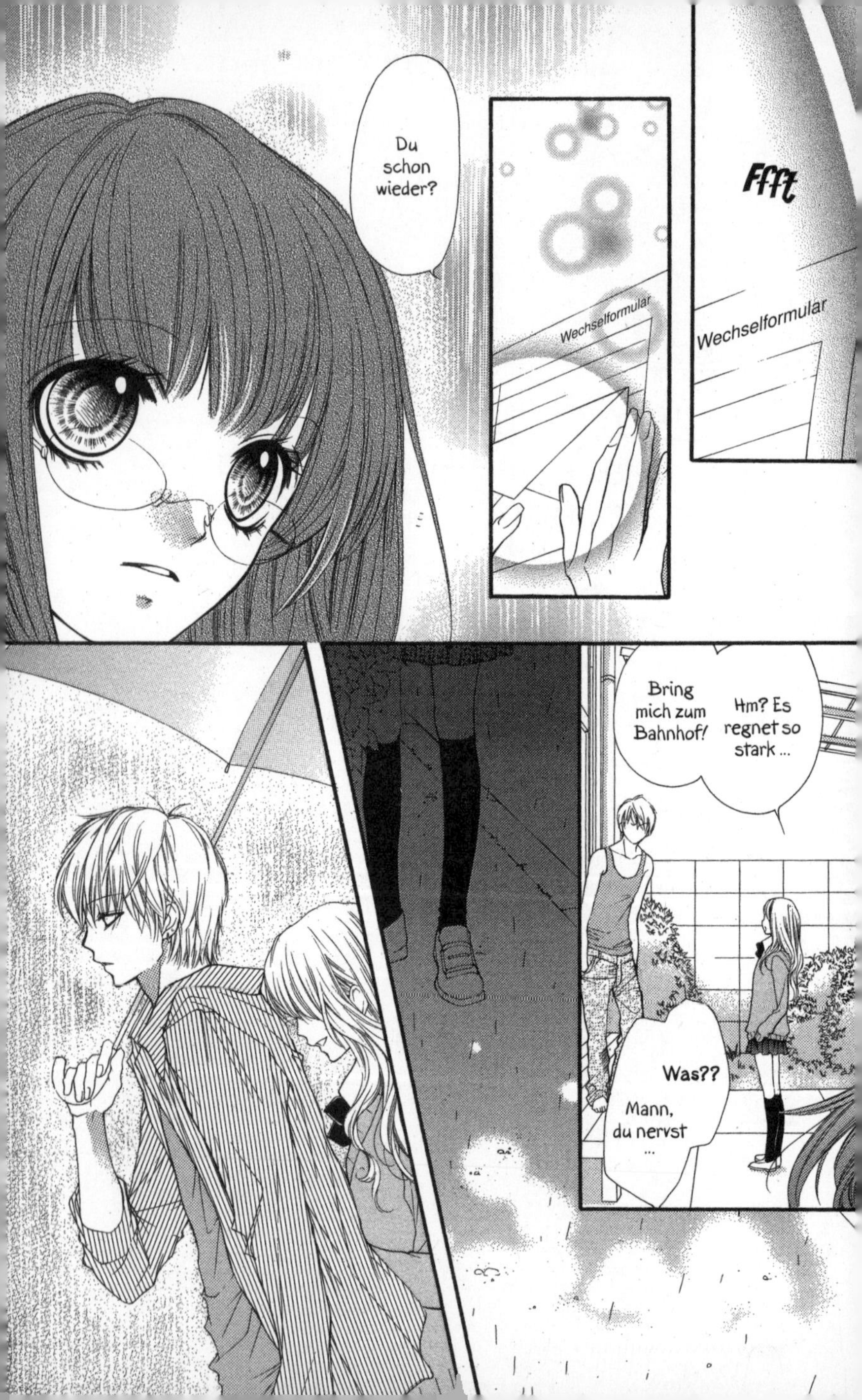
Ffft
Wechselformular
Wechselformular
Du schon wieder?
Hm? Es regnet so stark ...
Bring mich zum Bahnhof!
Was??
Mann, du nervst ...

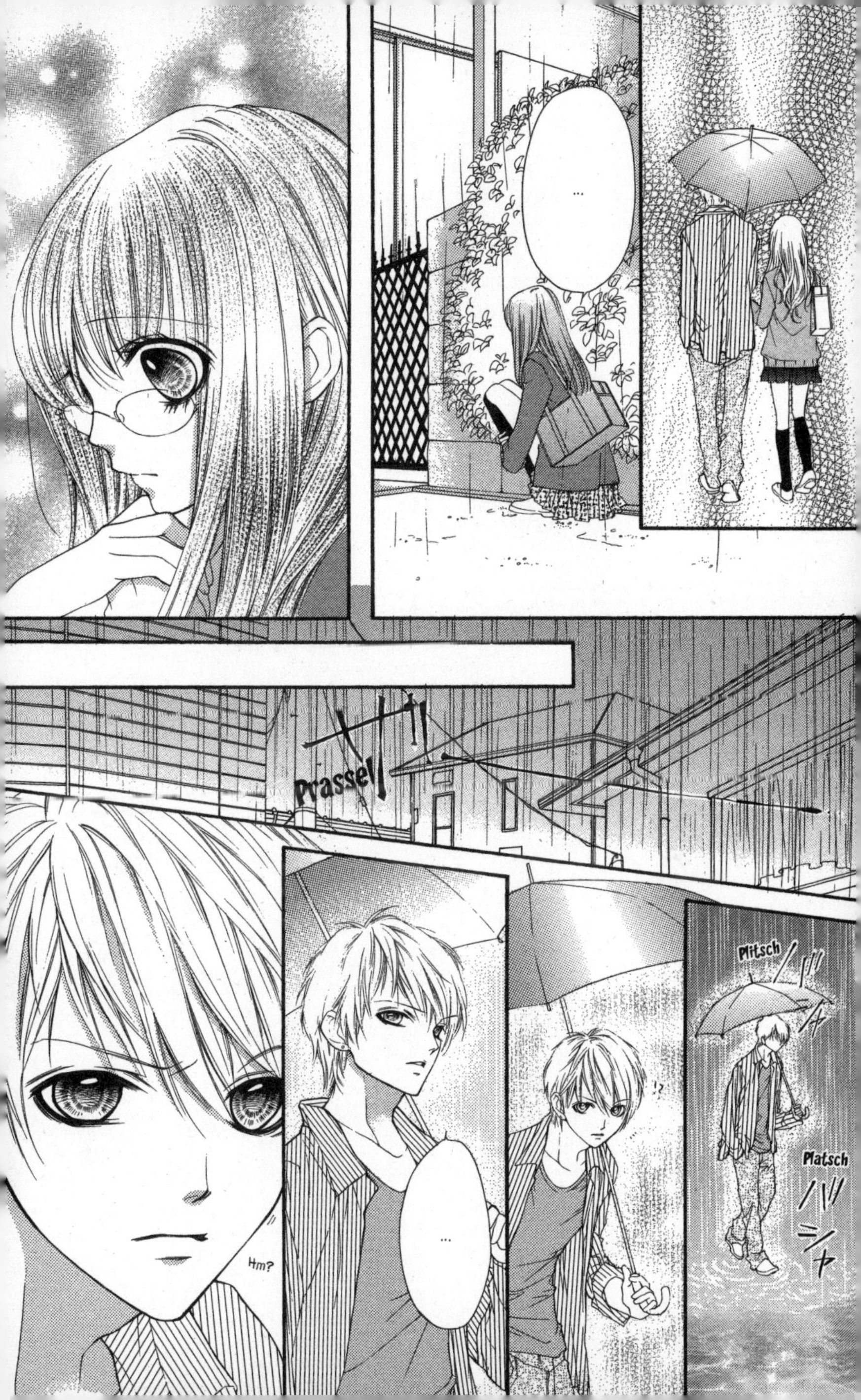
…
Prassel
Plitsch
Platsch
バシャ
!?
…
Hm?

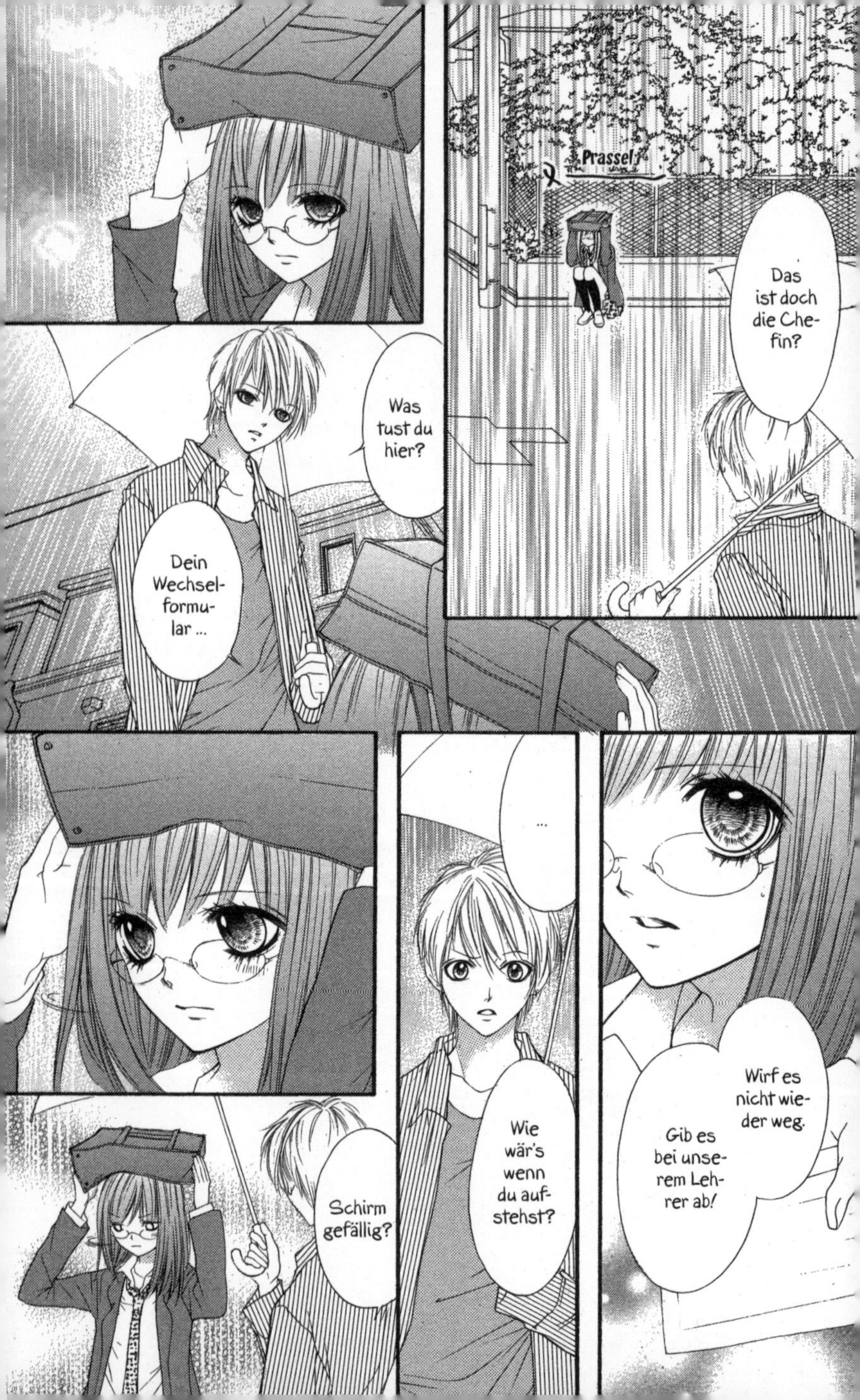
Prassel
Das ist doch die Chefin?
Was tust du hier?
Dein Wechselformular ...
Wirf es nicht wieder weg.
Gib es bei unserem Lehrer ab!
...
Wie wär's wenn du aufstehst?
Schirm gefällig?

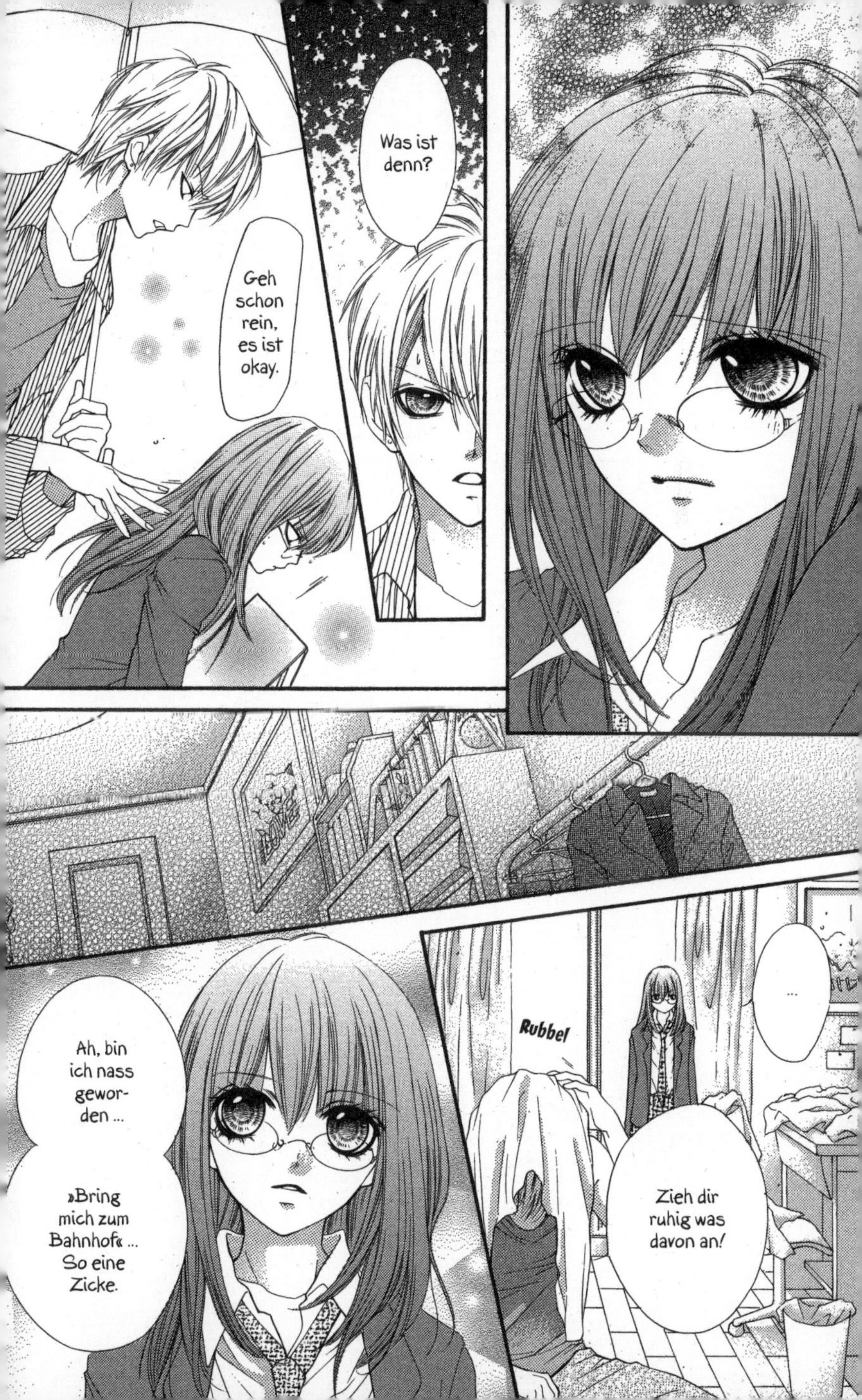
Was ist denn?
Geh schon rein, es ist okay.
Rubbel
...
Zieh dir ruhig was davon an!
Ah, bin ich nass geworden ...
»Bring mich zum Bahnhof« ... So eine Zicke.

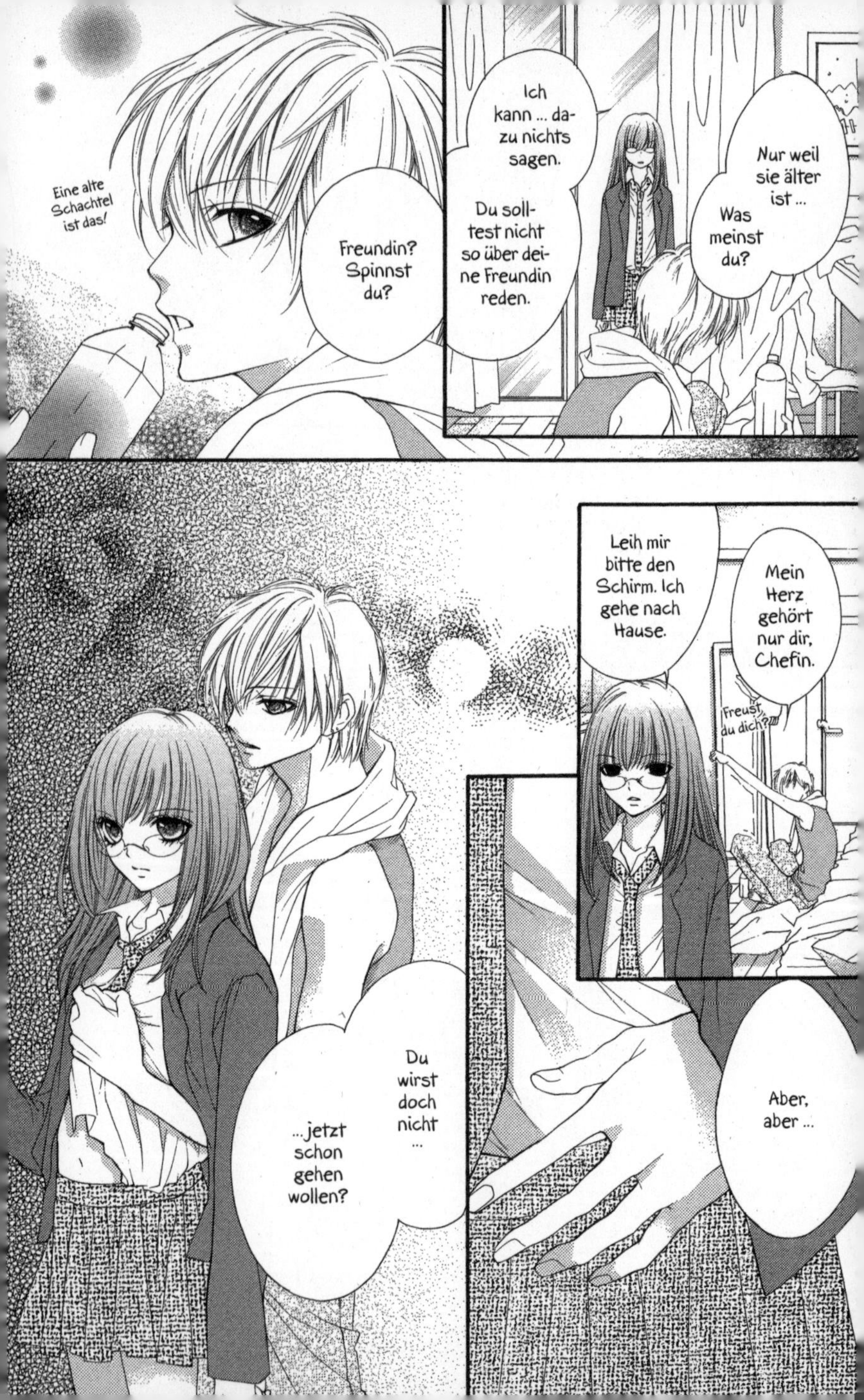
Nur weil sie älter ist ...
Was meinst du?
Ich kann ... dazu nichts sagen.
Du solltest nicht so über deine Freundin reden.
Freundin? Spinnst du?
Eine alte Schachtel ist das!
Mein Herz gehört nur dir, Chefin.
Freust du dich?
Leih mir bitte den Schirm. Ich gehe nach Hause.
Aber, aber ...
Du wirst doch nicht ...
...jetzt schon gehen wollen?

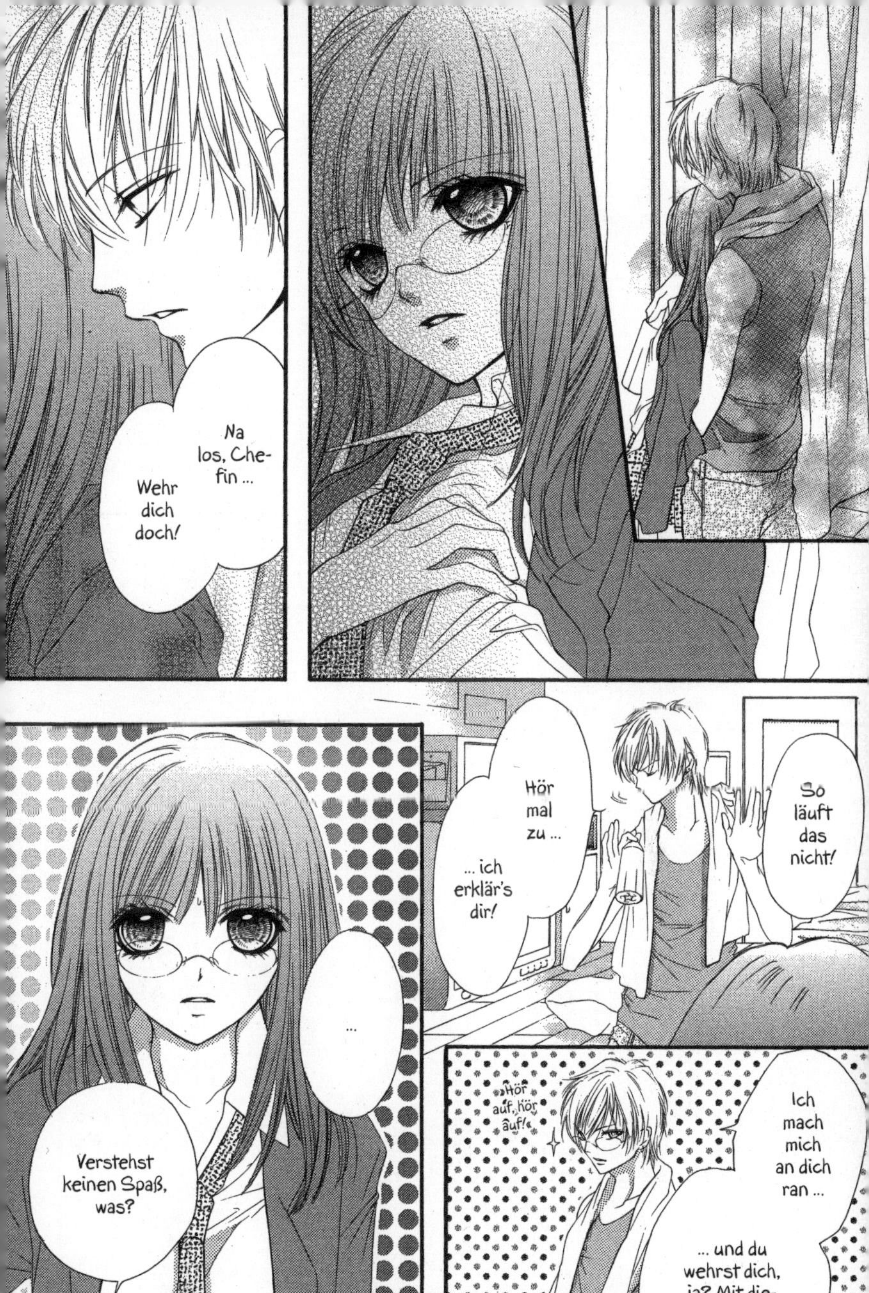
Na los, Chefin ...
Wehr dich doch!
So läuft das nicht!
Hör mal zu ...
... ich erklär's dir!
Ich mach mich an dich ran ...
»Hör auf, hör auf!«
... und du wehrst dich, ja? Mit diesem kühlen Blick ...
...
Verstehst keinen Spaß, was?

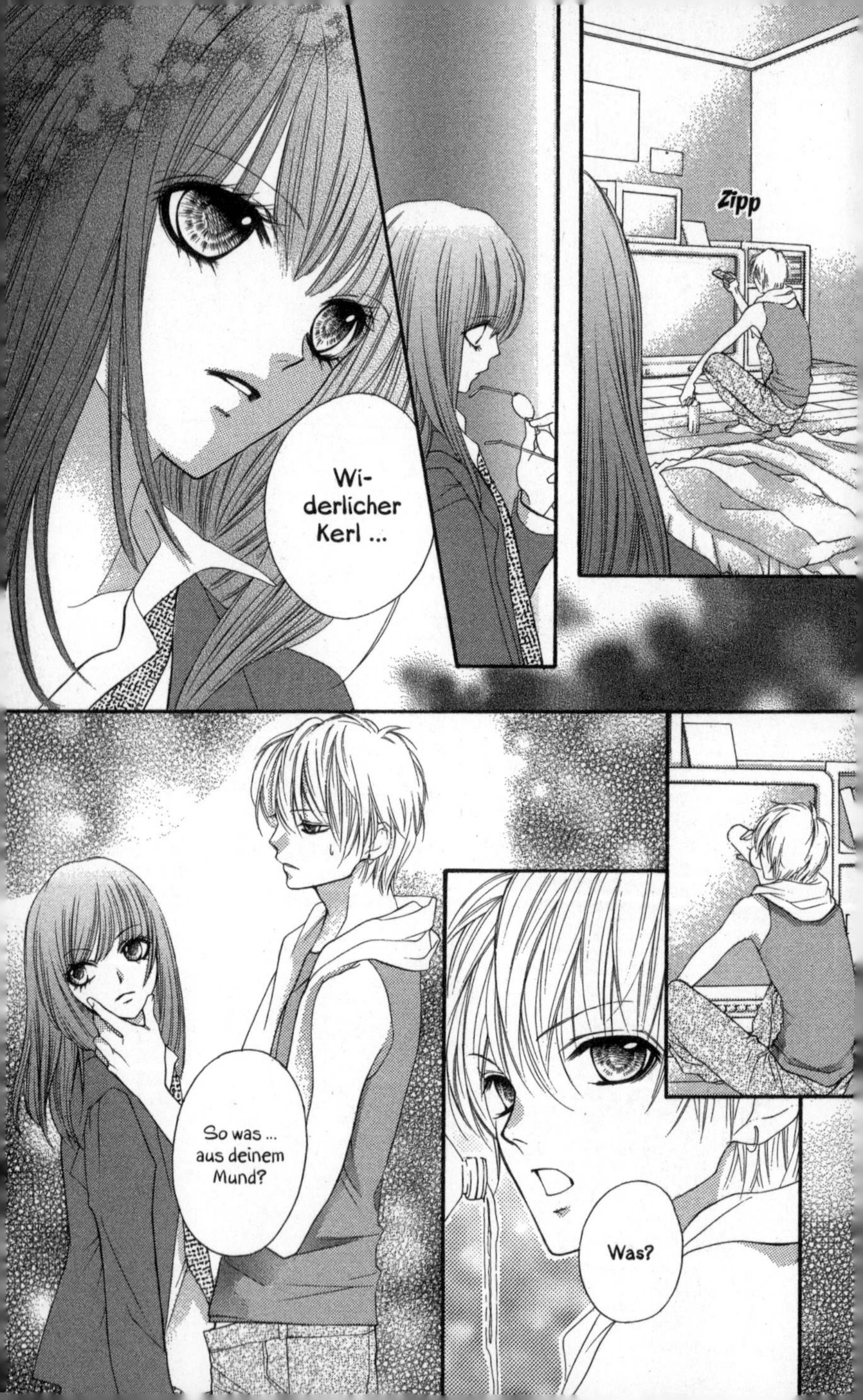
Zipp
Wi- derlicher Kerl ...
Was?
So was ... aus deinem Mund?

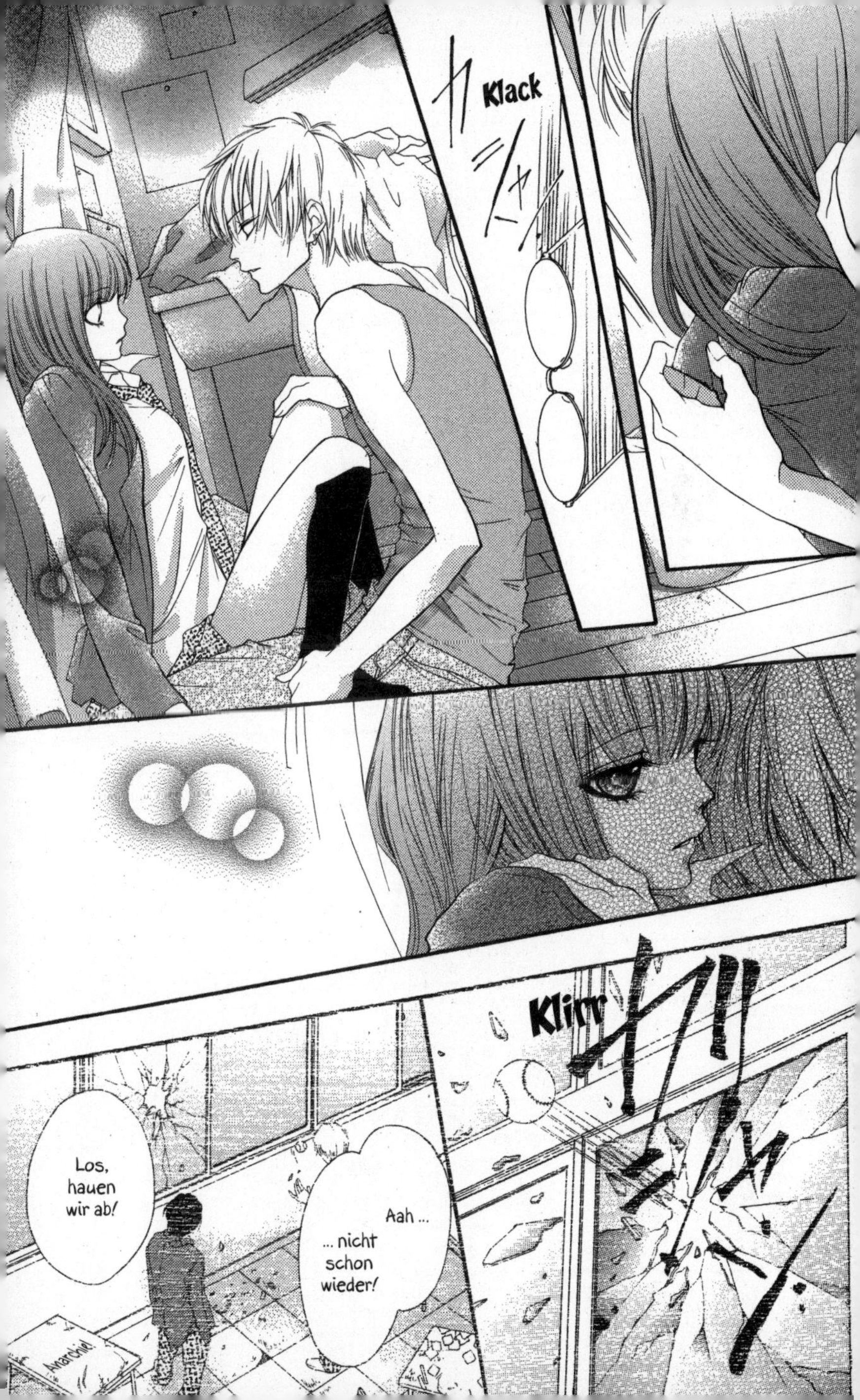
Klack
Klirr
Aah ...
... nicht schon wieder!
Los, hauen wir ab!
Anarchie!

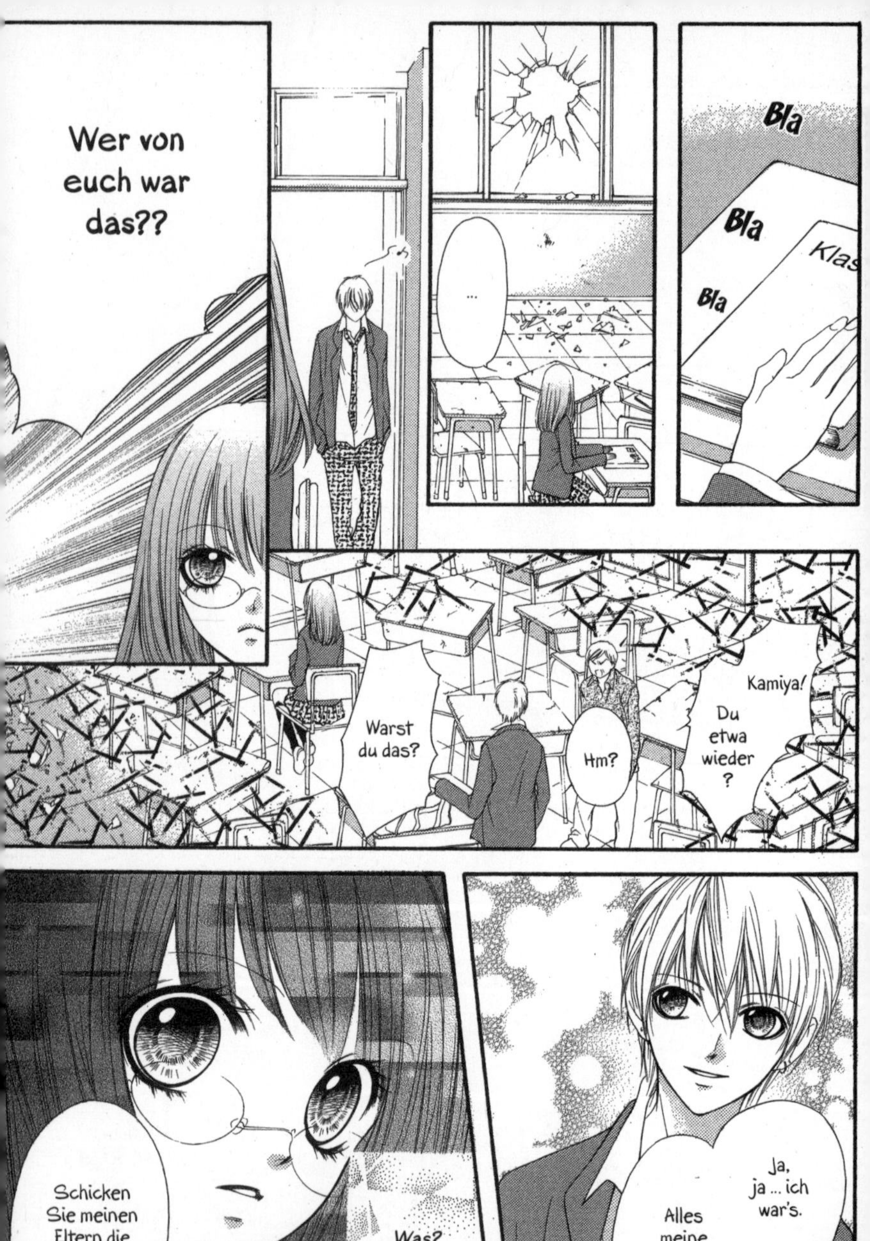

Bla
Bla
Bla
Klas
...
Wer von euch war das??
Kamiya! Du etwa wieder?
Hm?
Warst du das?
Ja, ja ... ich war's.
Alles meine Schuld, wie immer.
Was?
Schicken Sie meinen Eltern die Rechnung.

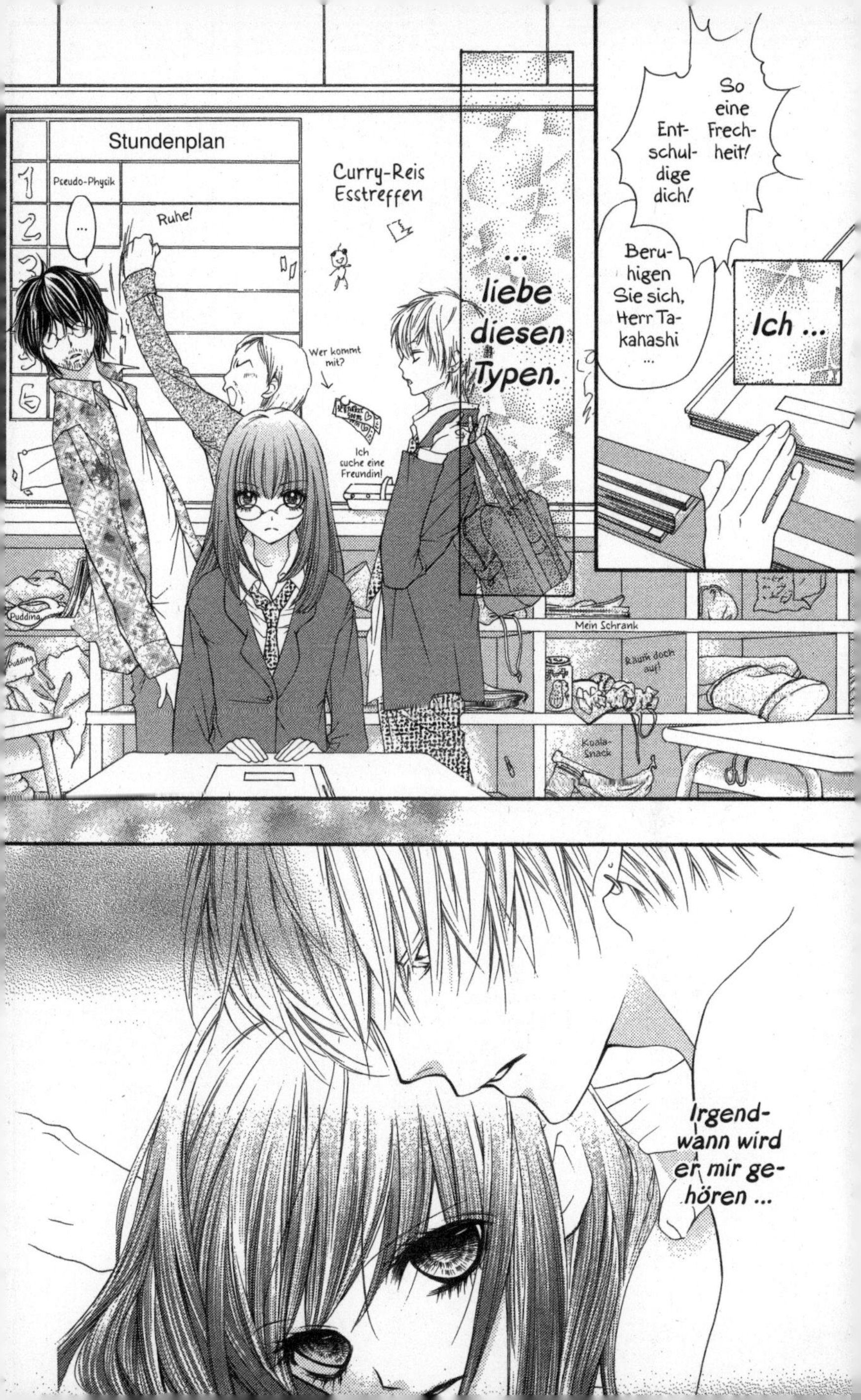
So eine Frechheit! Entschuldige dich!
Beruhigen Sie sich, Herr Takahashi ...
Ich ...
... liebe diesen Typen.
Stundenplan
Pseudo-Physik
...
Ruhe!
Curry-Reis Esstreffen
Wer kommt mit?
Ich suche eine Freundin!
Pudding
Pudding
Mein Schrank
Räum doch auf!
Koala-Snack
Irgendwann wird er mir gehören ...

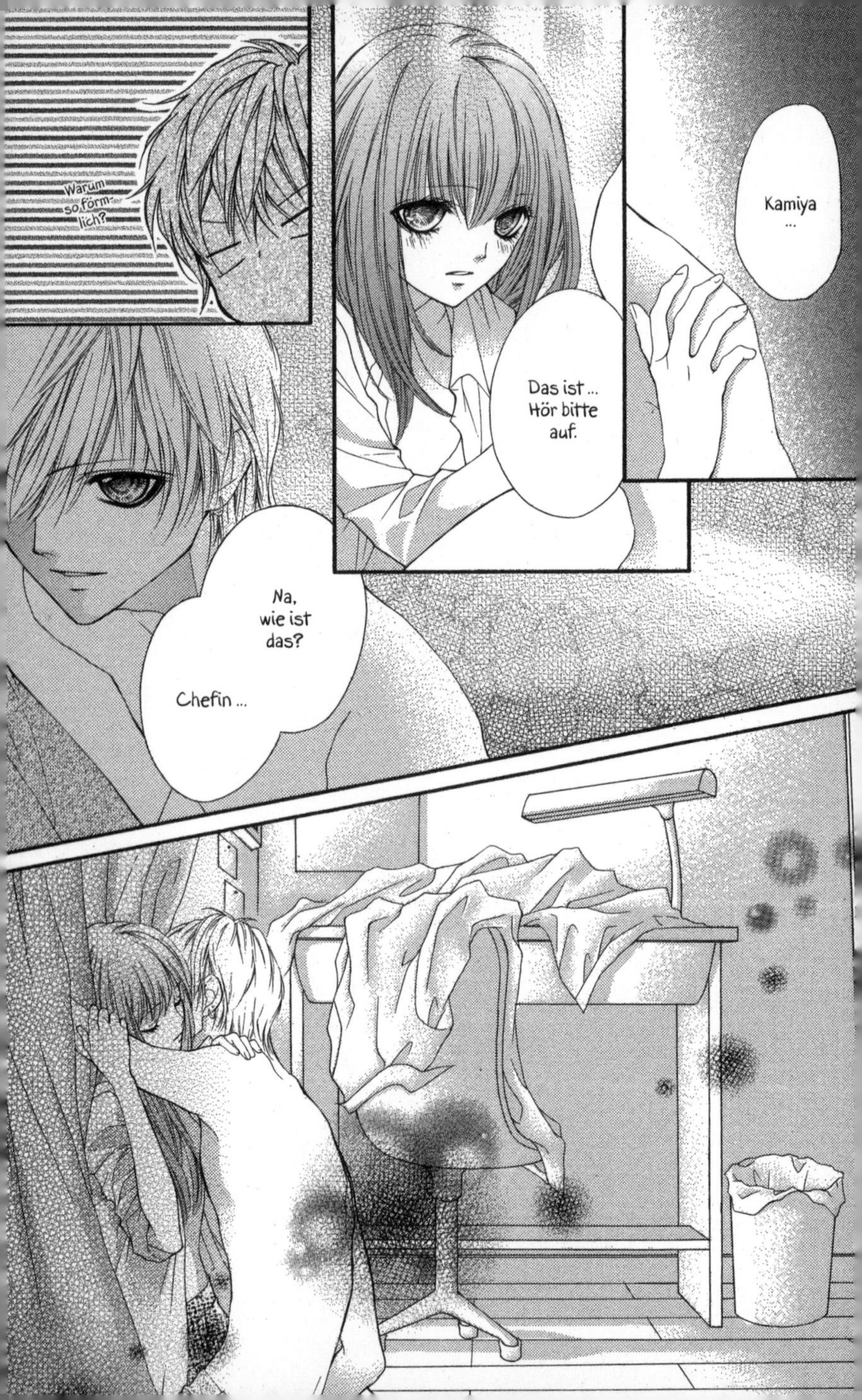
Kamiya …
Das ist … Hör bitte auf.
Warum so förmlich?
Na, wie ist das?
Chefin …

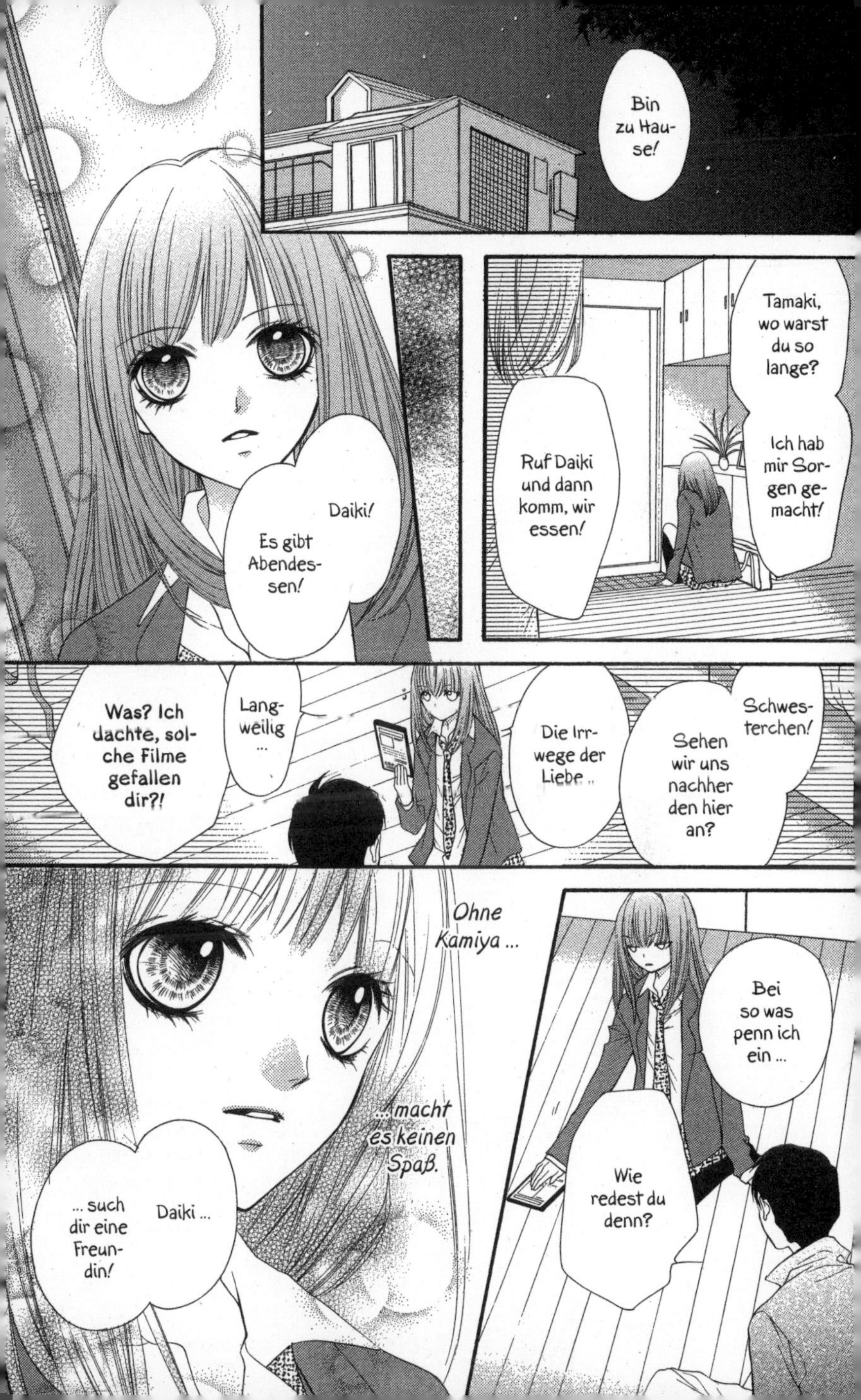
Bin zu Hause!
Tamaki, wo warst du so lange?
Ich hab mir Sorgen gemacht!
Ruf Daiki und dann komm, wir essen!
Daiki!
Es gibt Abendessen!
Schwesterchen!
Sehen wir uns nachher den hier an?
Die Irrwege der Liebe ...
Langweilig ...
Was? Ich dachte, solche Filme gefallen dir?!
Bei so was penn ich ein ...
Wie redest du denn?
Ohne Kamiya ...
... macht es keinen Spaß.
Daiki ...
... such dir eine Freundin!

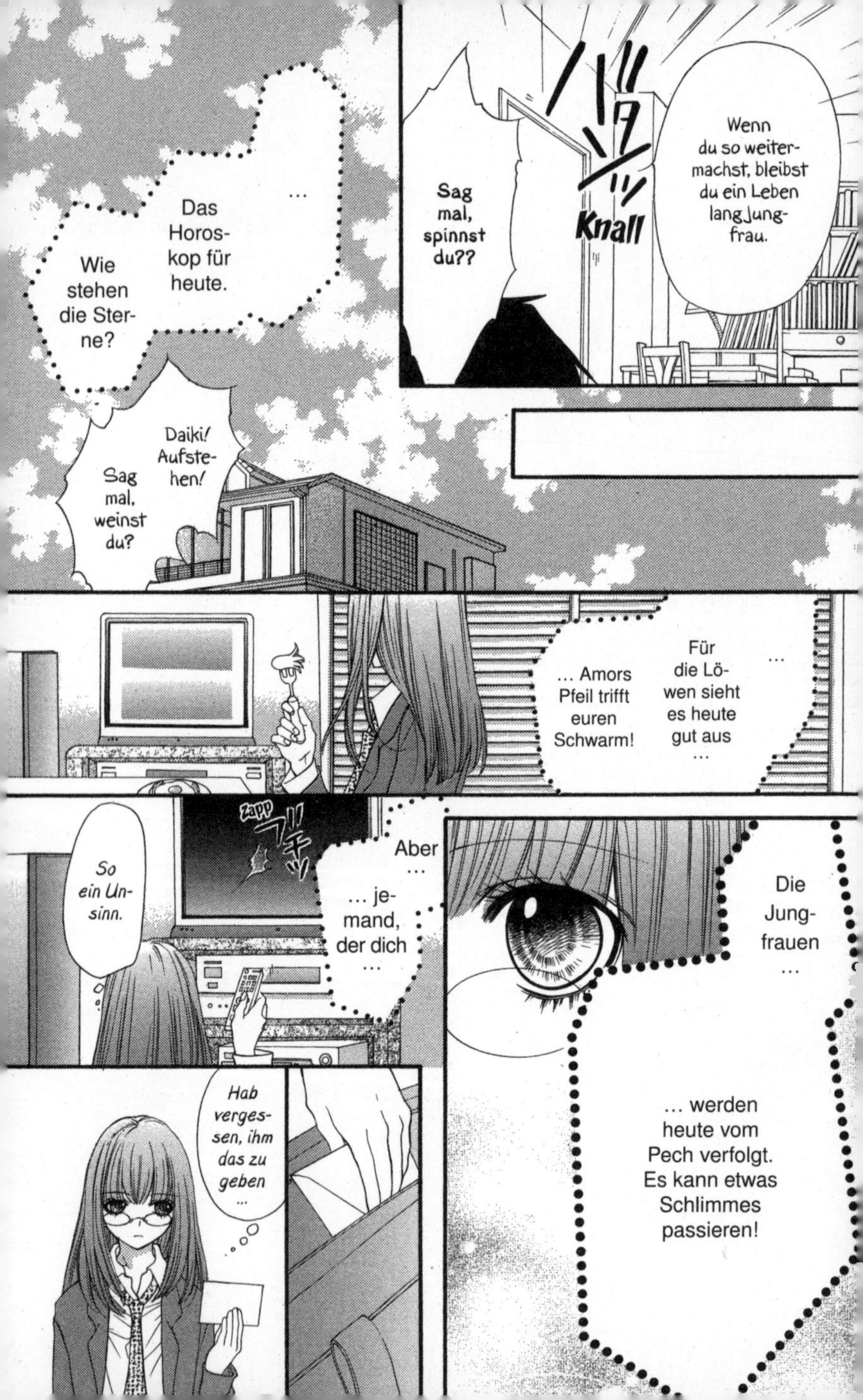
Wenn du so weitermachst, bleibst du ein Leben lang Jungfrau.
Knall
Sag mal, spinnst du??
...
Das Horoskop für heute.
Wie stehen die Sterne?
Daiki! Aufstehen!
Sag mal, weinst du?
...
Für die Löwen sieht es heute gut aus ...
... Amors Pfeil trifft euren Schwarm!
Die Jungfrauen ...
Aber ...
... jemand, der dich ...
zapp
So ein Unsinn.
... werden heute vom Pech verfolgt. Es kann etwas Schlimmes passieren!
Hab vergessen, ihm das zu geben ...

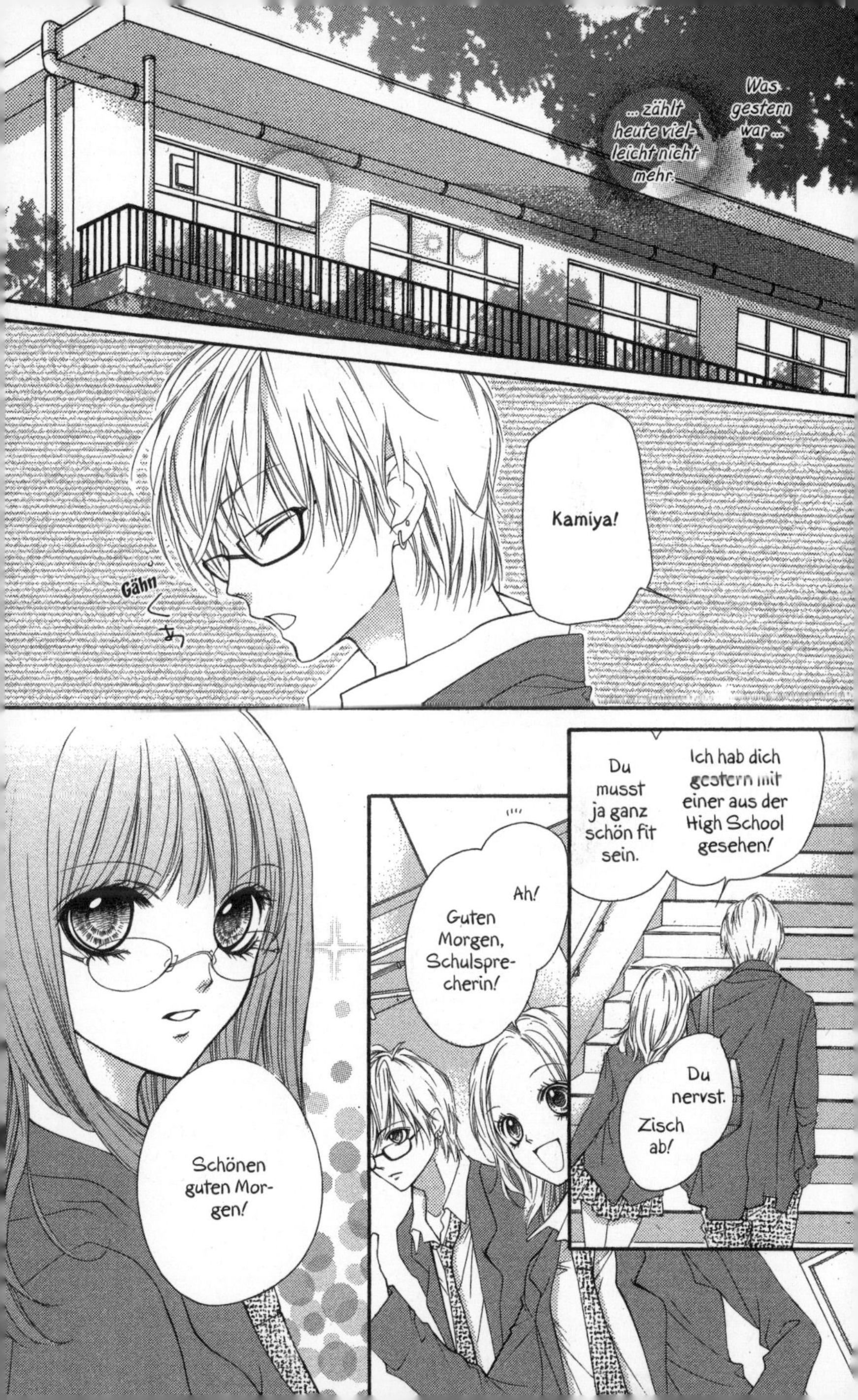
Was gestern war ...
... zählt heute vielleicht nicht mehr.
Kamiya!
Gähn
Ich hab dich gestern mit einer aus der High School gesehen!
Du musst ja ganz schön fit sein.
Du nervst.
Zisch ab!
Ah! Guten Morgen, Schulsprecherin!
Schönen guten Morgen!

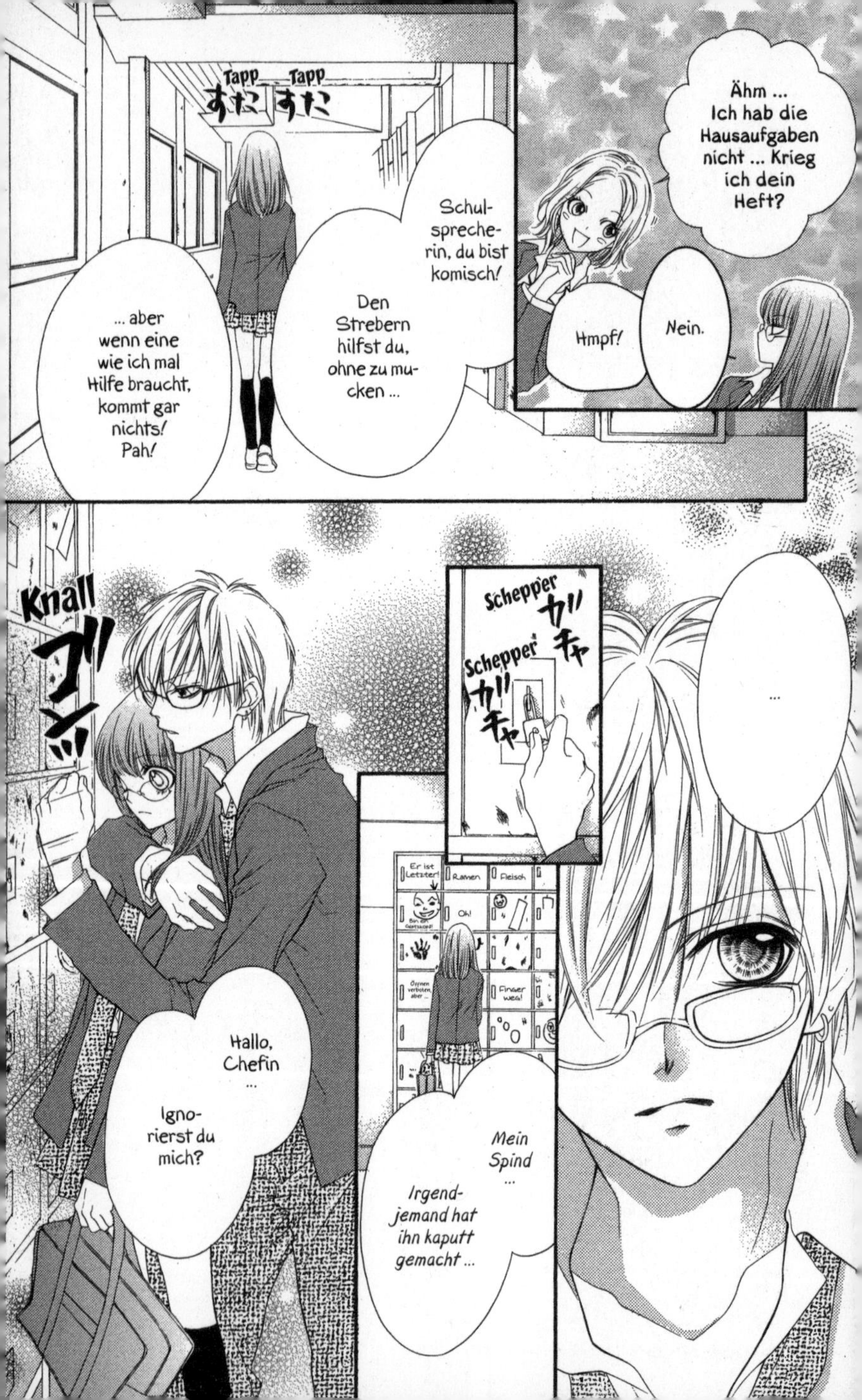
Ähm ... Ich hab die Hausaufgaben nicht ... Krieg ich dein Heft?
Nein.
Hmpf!
Tapp Tapp
すたすた
Schulsprecherin, du bist komisch!
Den Strebern hilfst du, ohne zu mucken ...
... aber wenn eine wie ich mal Hilfe braucht, kommt gar nichts! Pah!
...
Schepper
ガチャ
Schepper
ガチャ
Er ist Letzter!
Ramen
Fleisch
Oh!
Öffnen verboten, aber ...
Finger weg!
Mein Spind ...
Irgendjemand hat ihn kaputt gemacht ...
Knall
ゴンッ
Hallo, Chefin ...
Ignorierst du mich?

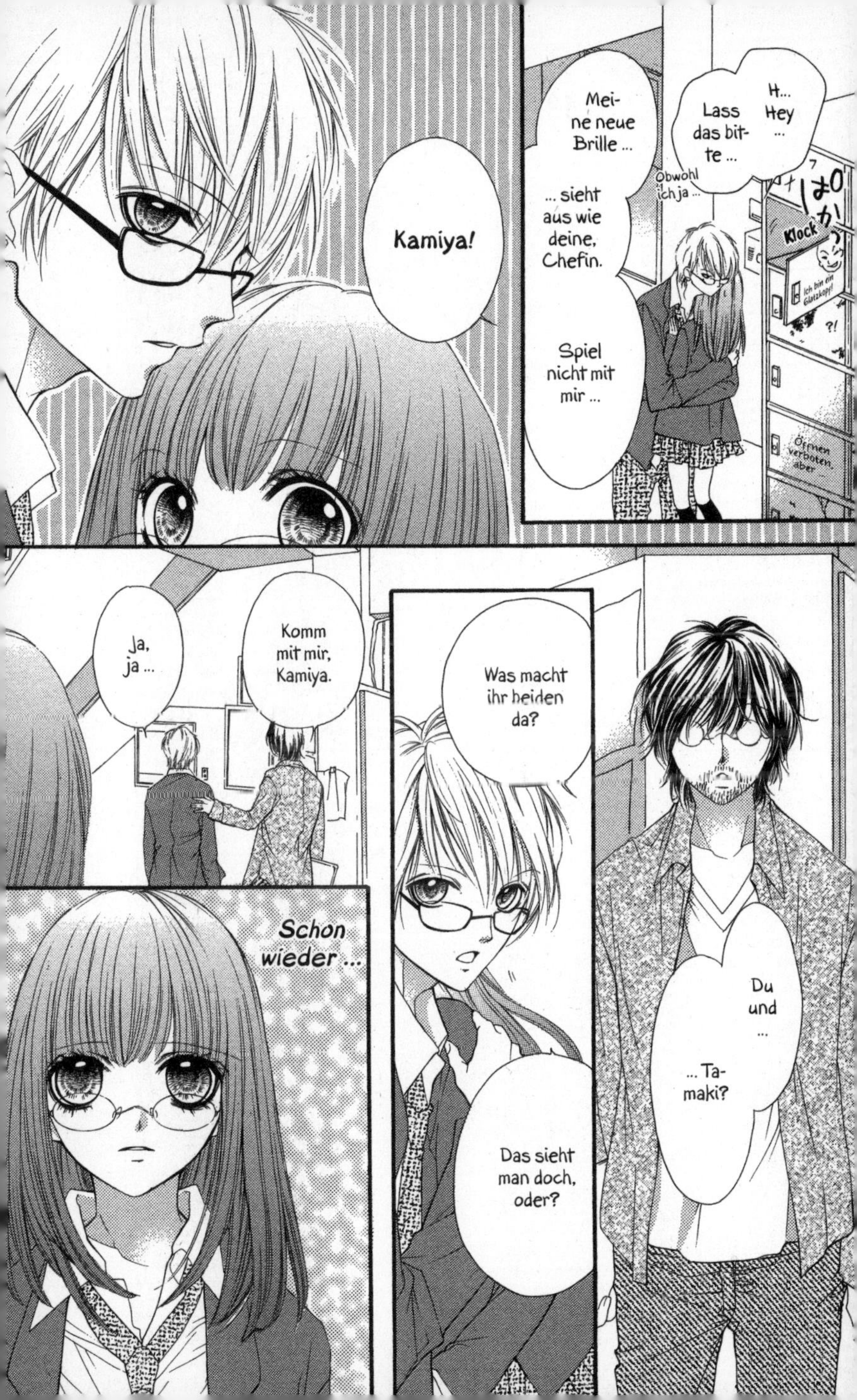
H... Hey ...
Lass das bitte ...
Obwohl ich ja ...
Klock
Ich bin ein Glatzkopf!
?!
Öffnen verboten, aber
Meine neue Brille ...
... sieht aus wie deine, Chefin.
Spiel nicht mit mir ...
Kamiya!
Was macht ihr beiden da?
Du und ...
... Tamaki?
Das sieht man doch, oder?
Komm mit mir, Kamiya.
Ja, ja ...
Schon wieder ...

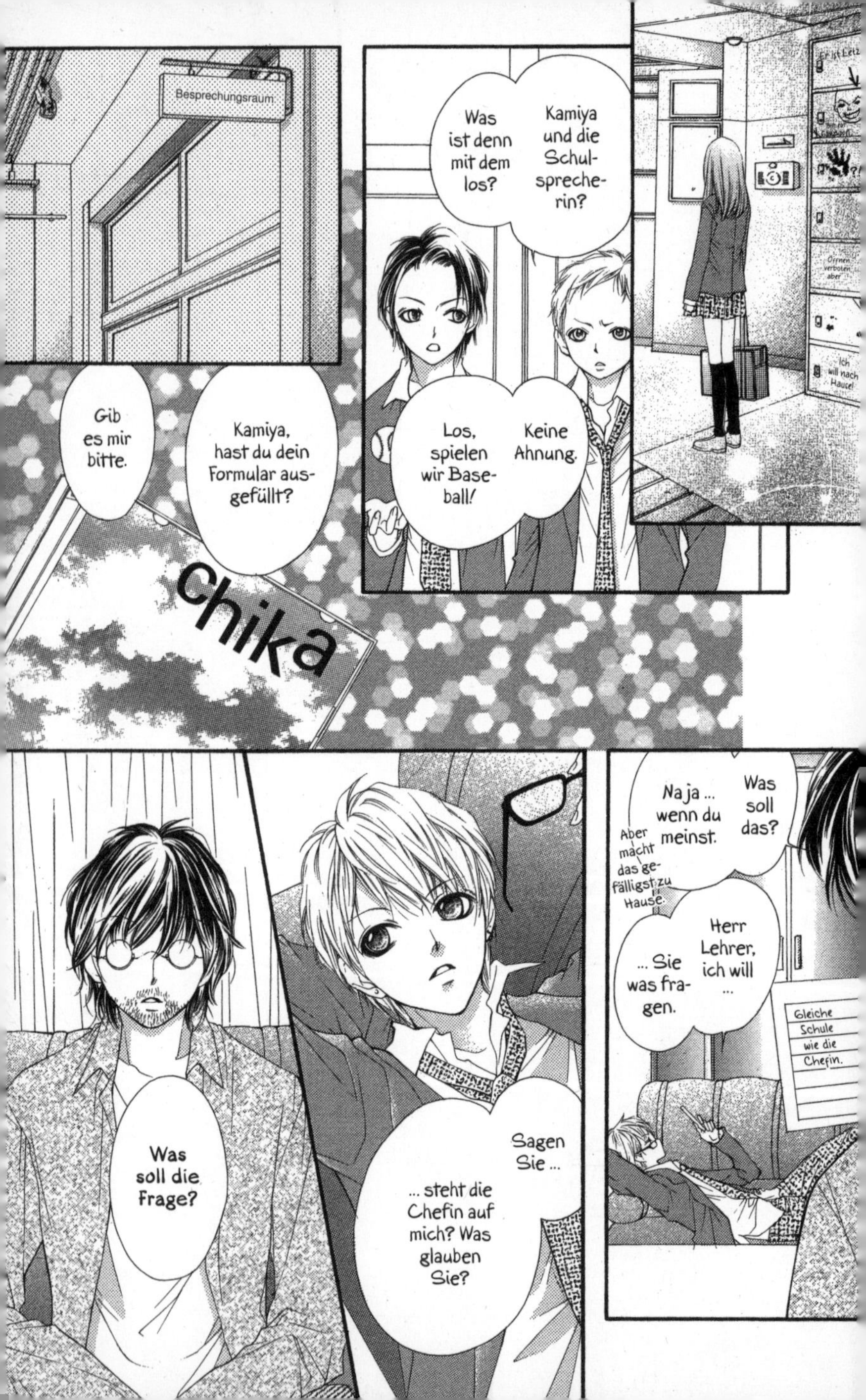
Öffnen verboten aber
Ich will nach Hause!
Kamiya und die Schulsprecherin?
Was ist denn mit dem los?
Keine Ahnung.
Los, spielen wir Baseball!
Besprechungsraum
Kamiya, hast du dein Formular ausgefüllt?
Gib es mir bitte.
Chika
Was soll das?
Na ja ... wenn du meinst.
Aber macht das gefälligst zu Hause.
Herr Lehrer, ich will ...
... Sie was fragen.
Gleiche Schule wie die Chefin.
Sagen Sie ...
... steht die Chefin auf mich? Was glauben Sie?
Was soll die Frage?

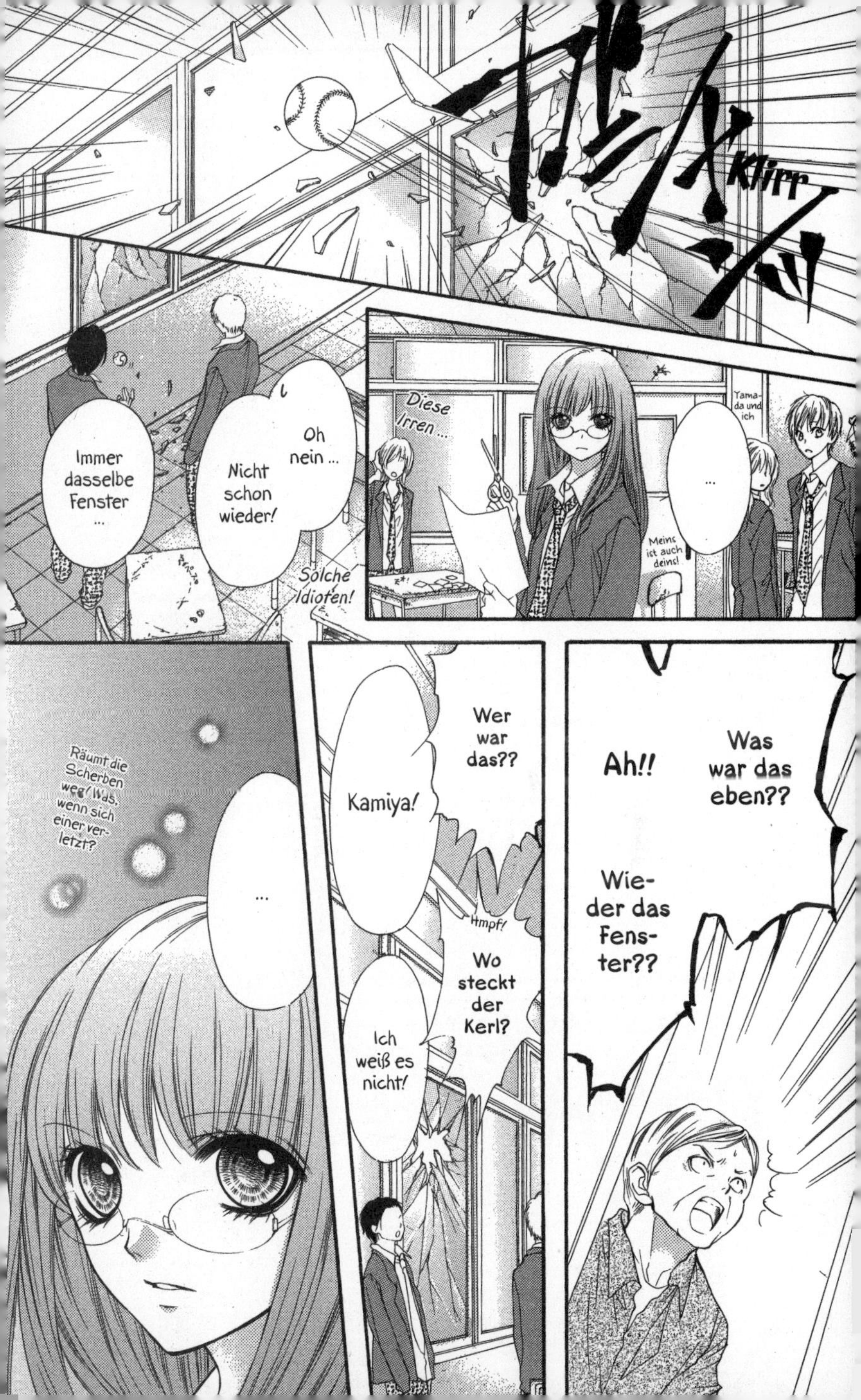
Klirr
…
Yama-da und ich
Meins ist auch deins!
Diese Irren …
Oh nein …
Nicht schon wieder!
Immer dasselbe Fenster …
Solche Idioten!
Was war das eben??
Ah!!
Wie-der das Fens-ter??
Wer war das??
Kamiya!
Hmpf!
Wo steckt der Kerl?
Ich weiß es nicht!
…
Räumt die Scherben weg! Was, wenn sich einer ver-letzt?

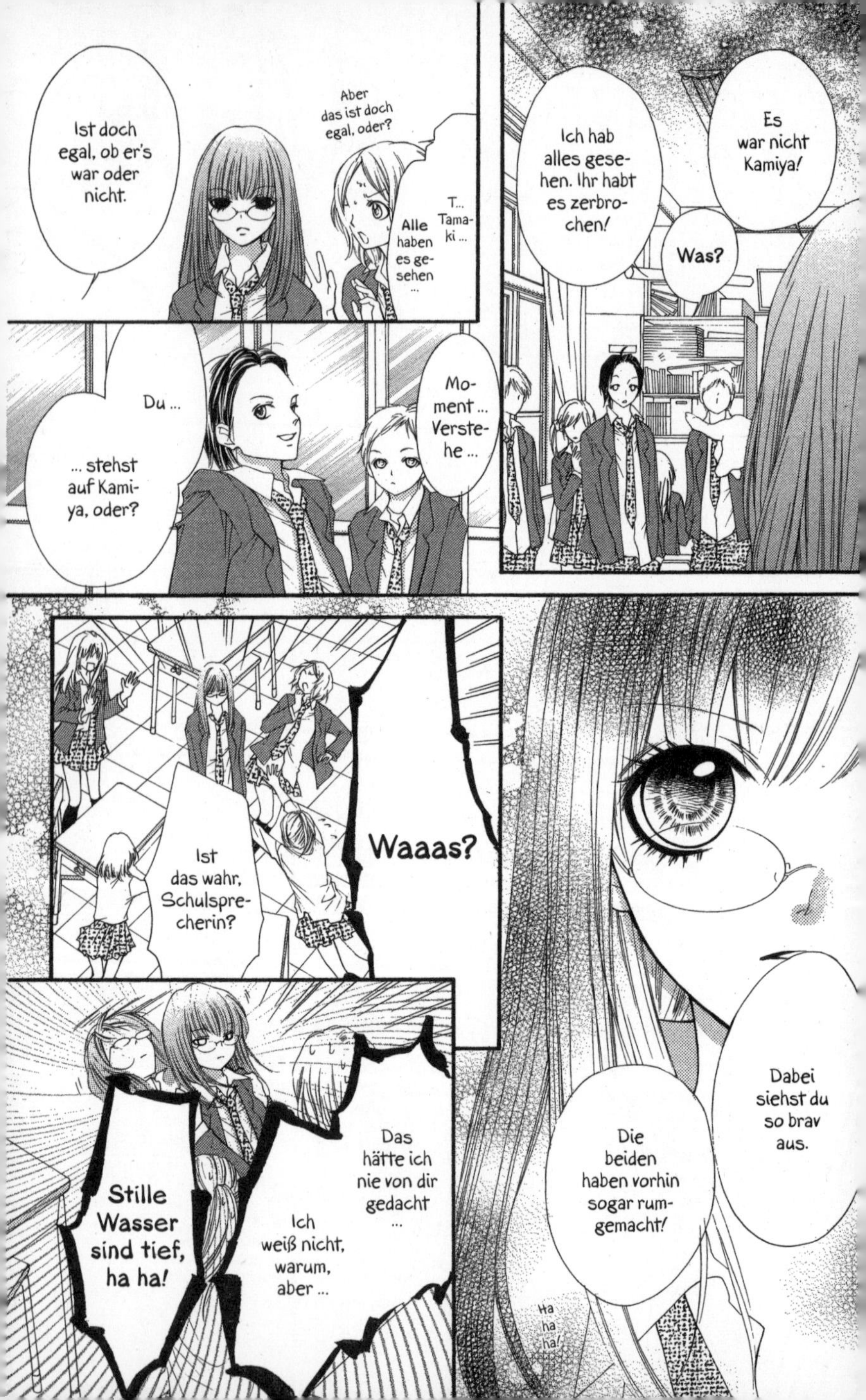
Es war nicht Kamiya!
Was?
Ich hab alles gesehen. Ihr habt es zerbrochen!
Aber das ist doch egal, oder?
T... Tamaki ...
Alle haben es gesehen ...
Ist doch egal, ob er's war oder nicht.
Moment ... Verstehe ...
Du ...
... stehst auf Kamiya, oder?
Dabei siehst du so brav aus.
Die beiden haben vorhin sogar rumgemacht!
Ha ha ha!
Waaas?
Ist das wahr, Schulsprecherin?
Das hätte ich nie von dir gedacht ...
Ich weiß nicht, warum, aber ...
Stille Wasser sind tief, ha ha!

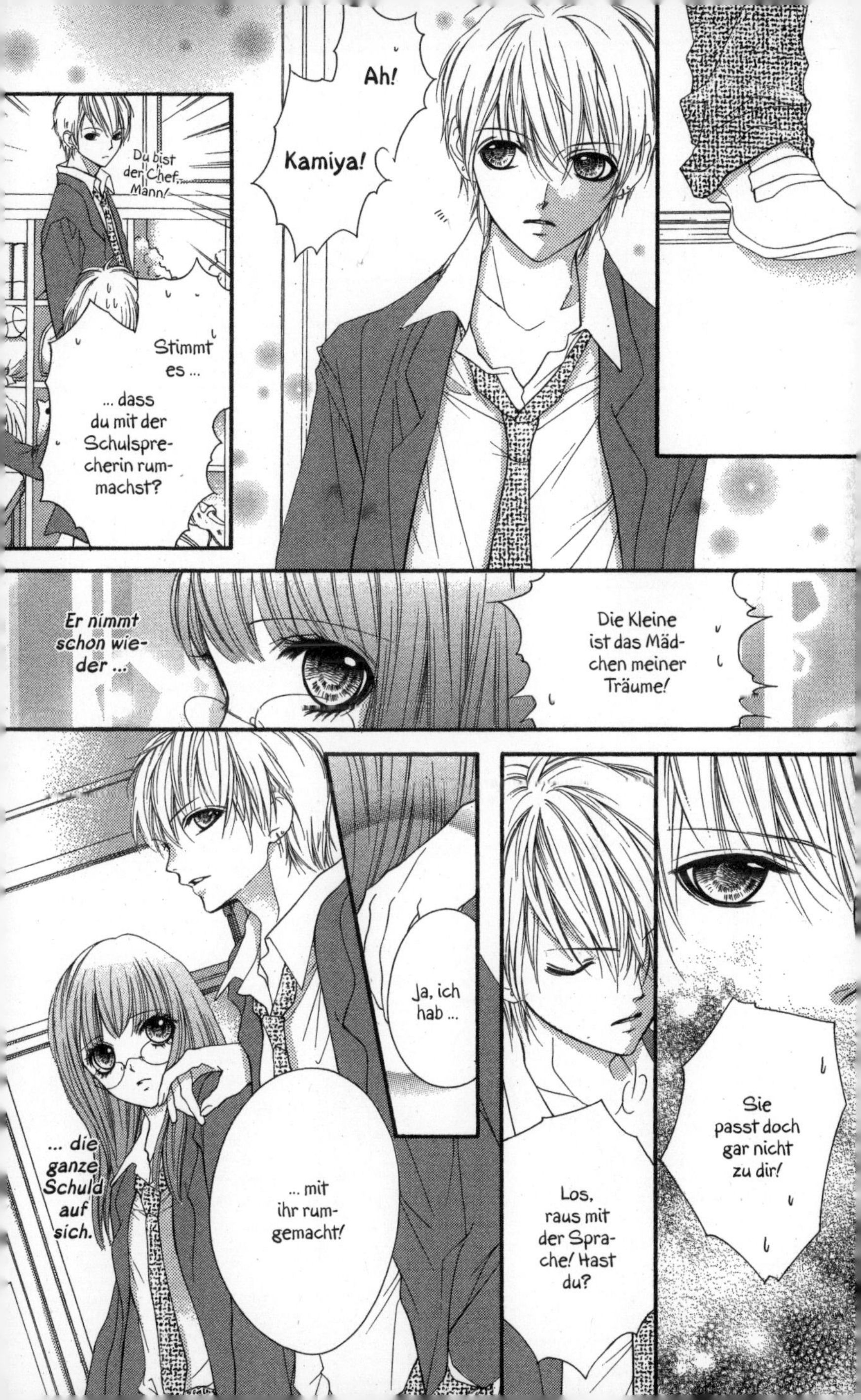
Ah!
Kamiya!
Du bist der Chef, Mann!
Stimmt es ...
... dass du mit der Schulsprecherin rummachst?
Die Kleine ist das Mädchen meiner Träume!
Er nimmt schon wieder ...
Sie passt doch gar nicht zu dir!
Los, raus mit der Sprache! Hast du?
Ja, ich hab ...
... mit ihr rumgemacht!
... die ganze Schuld auf sich.

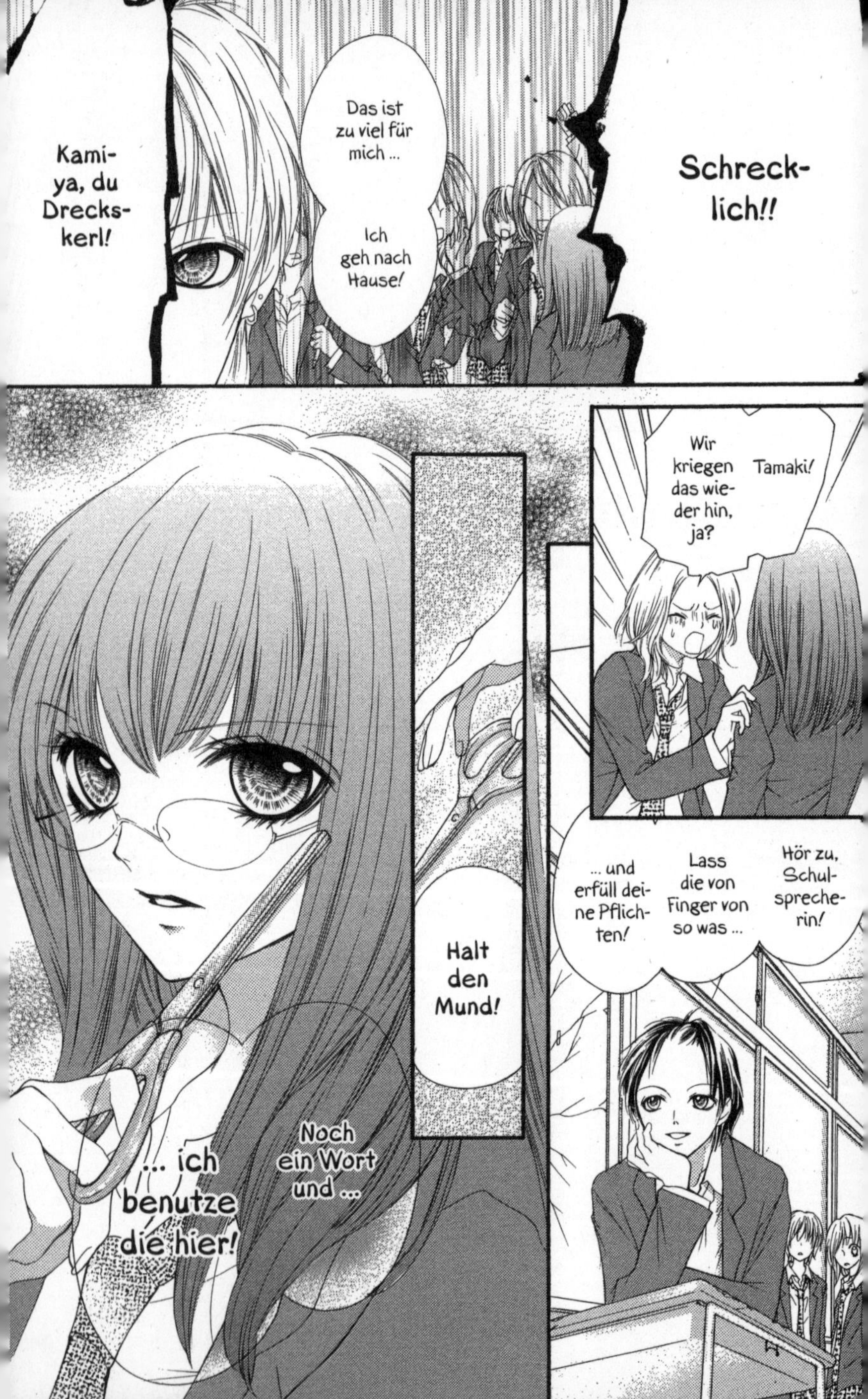
Schreck-lich!!
Das ist zu viel für mich ...
Ich geh nach Hause!
Kami-ya, du Drecks-kerl!
Tamaki!
Wir kriegen das wie-der hin, ja?
Hör zu, Schul-spreche-rin!
Lass die von Finger von so was ...
... und erfüll dei-ne Pflich-ten!
Halt den Mund!
Noch ein Wort und ...
... ich benutze die hier!

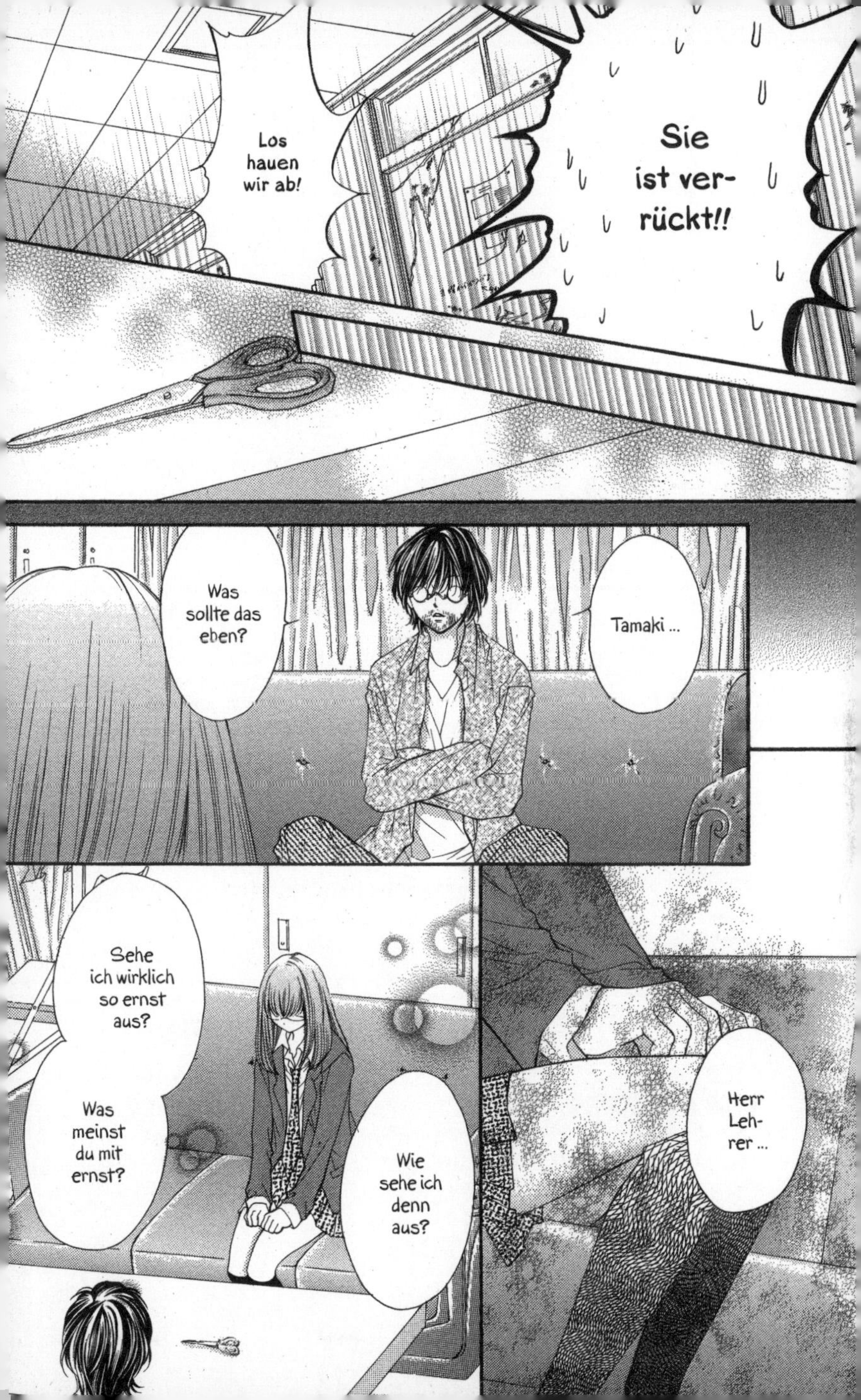
Sie ist ver-rückt!!
Los hauen wir ab!
Tamaki ...
Was sollte das eben?
Herr Leh-rer ...
Wie sehe ich denn aus?
Sehe ich wirklich so ernst aus?
Was meinst du mit ernst?

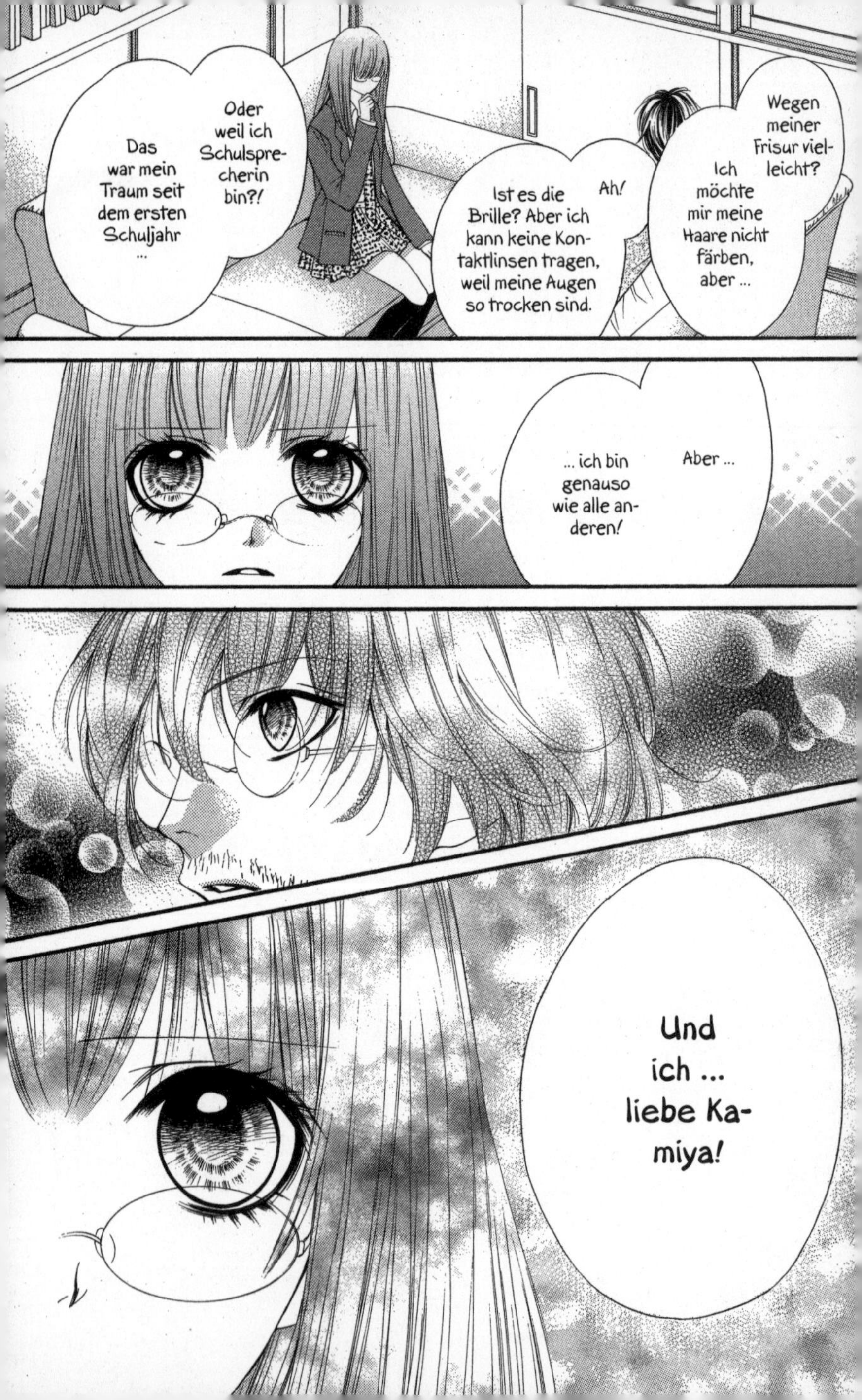
Wegen meiner Frisur vielleicht?
Ich möchte mir meine Haare nicht färben, aber ...
Ah!
Ist es die Brille? Aber ich kann keine Kontaktlinsen tragen, weil meine Augen so trocken sind.
Oder weil ich Schulsprecherin bin?!
Das war mein Traum seit dem ersten Schuljahr ...
Aber ...
... ich bin genauso wie alle anderen!
Und ich ... liebe Kamiya!

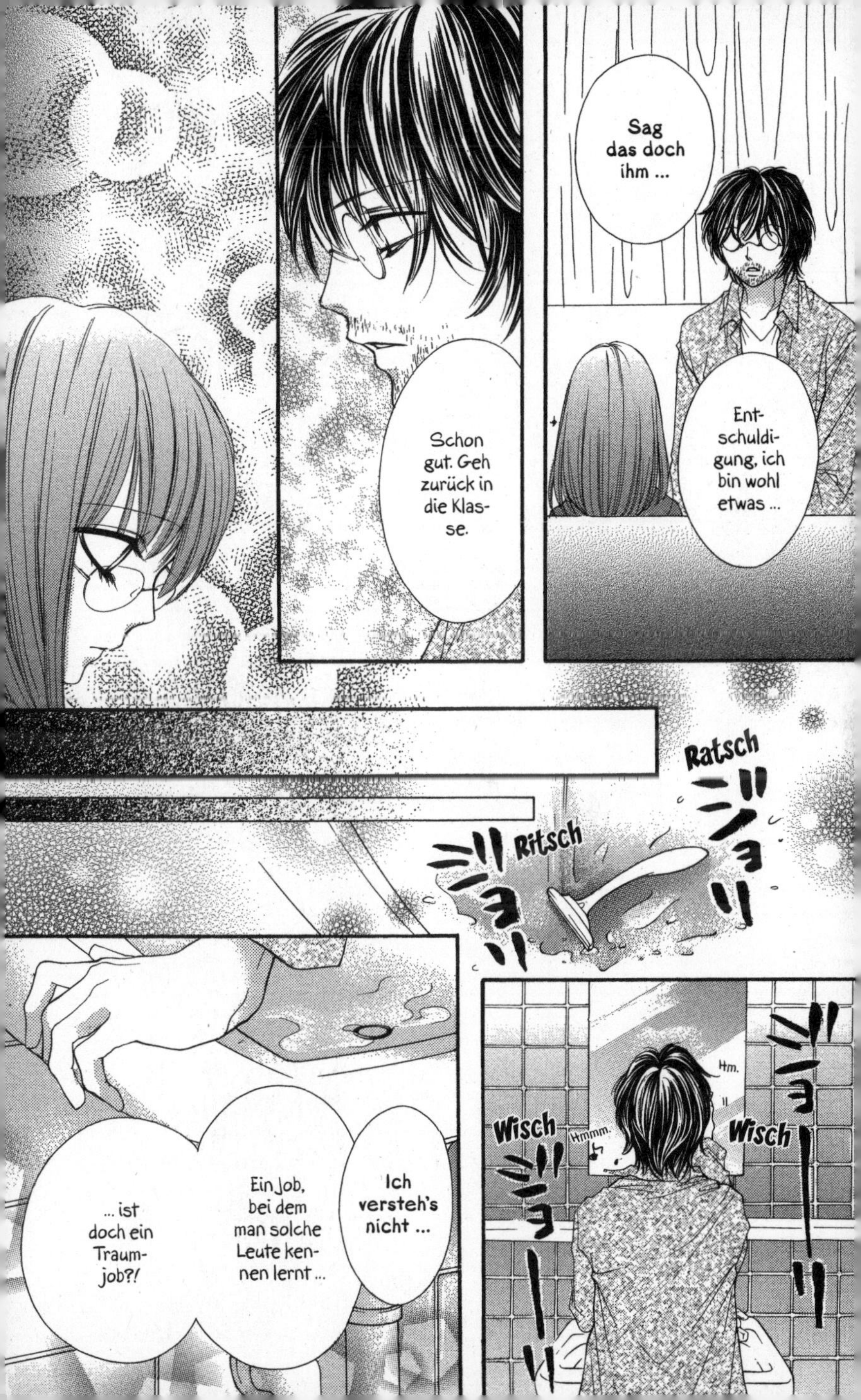

Sag das doch ihm ...
Ent-schuldi-gung, ich bin wohl etwas ...
Schon gut. Geh zurück in die Klas-se.
Ratsch
Ritsch
Hm.
Hmmm.
Wisch
Wisch
Ich versteh's nicht ...
Ein Job, bei dem man solche Leute ken-nen lernt ...
... ist doch ein Traum-job?!

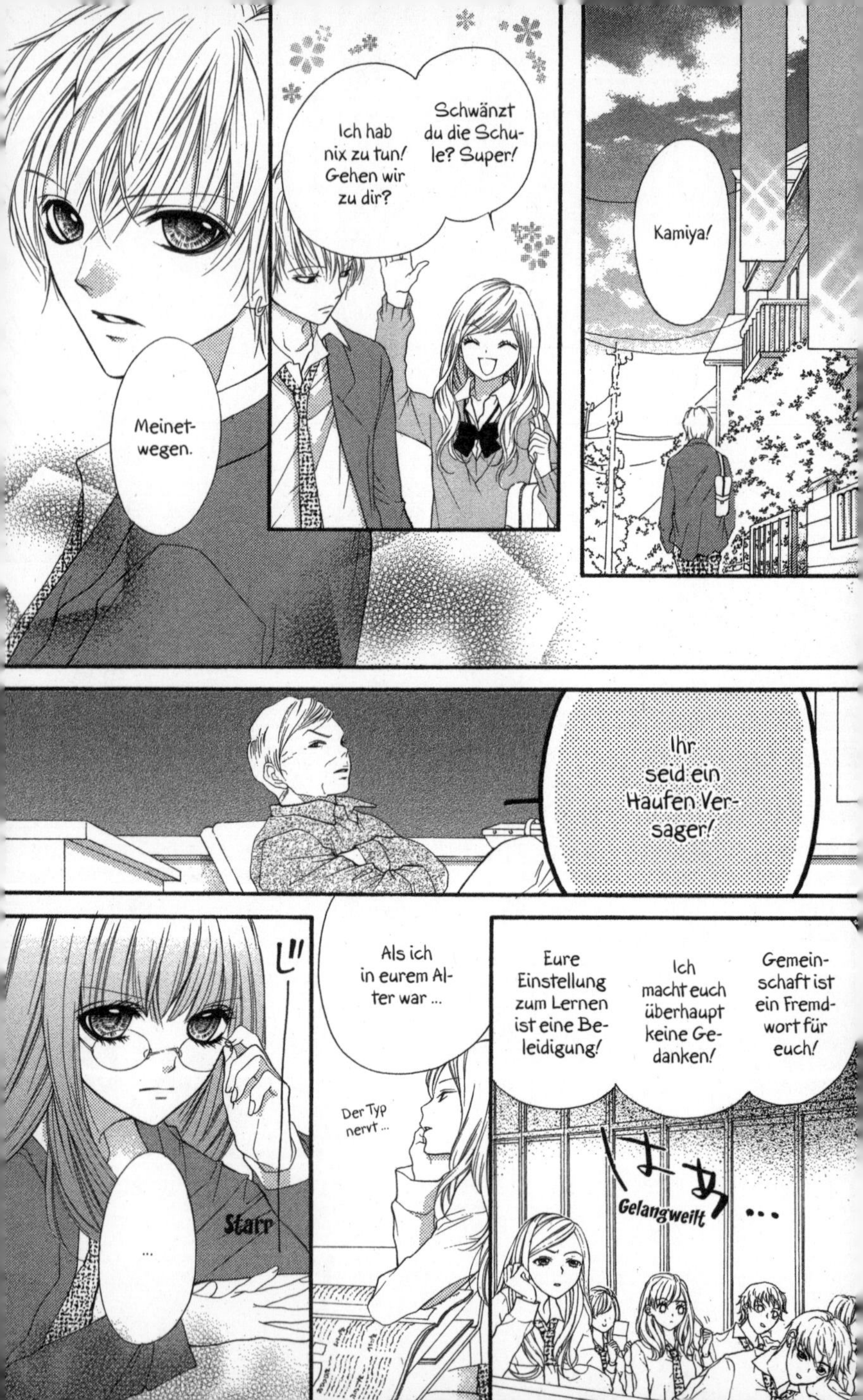
Kamiya!
Schwänzt du die Schule? Super!
Ich hab nix zu tun! Gehen wir zu dir?
Meinetwegen.
Ihr seid ein Haufen Versager!
Gemeinschaft ist ein Fremdwort für euch!
Ich macht euch überhaupt keine Gedanken!
Eure Einstellung zum Lernen ist eine Beleidigung!
Gelangweilt
Als ich in eurem Alter war ...
Der Typ nervt ...
Starr
...

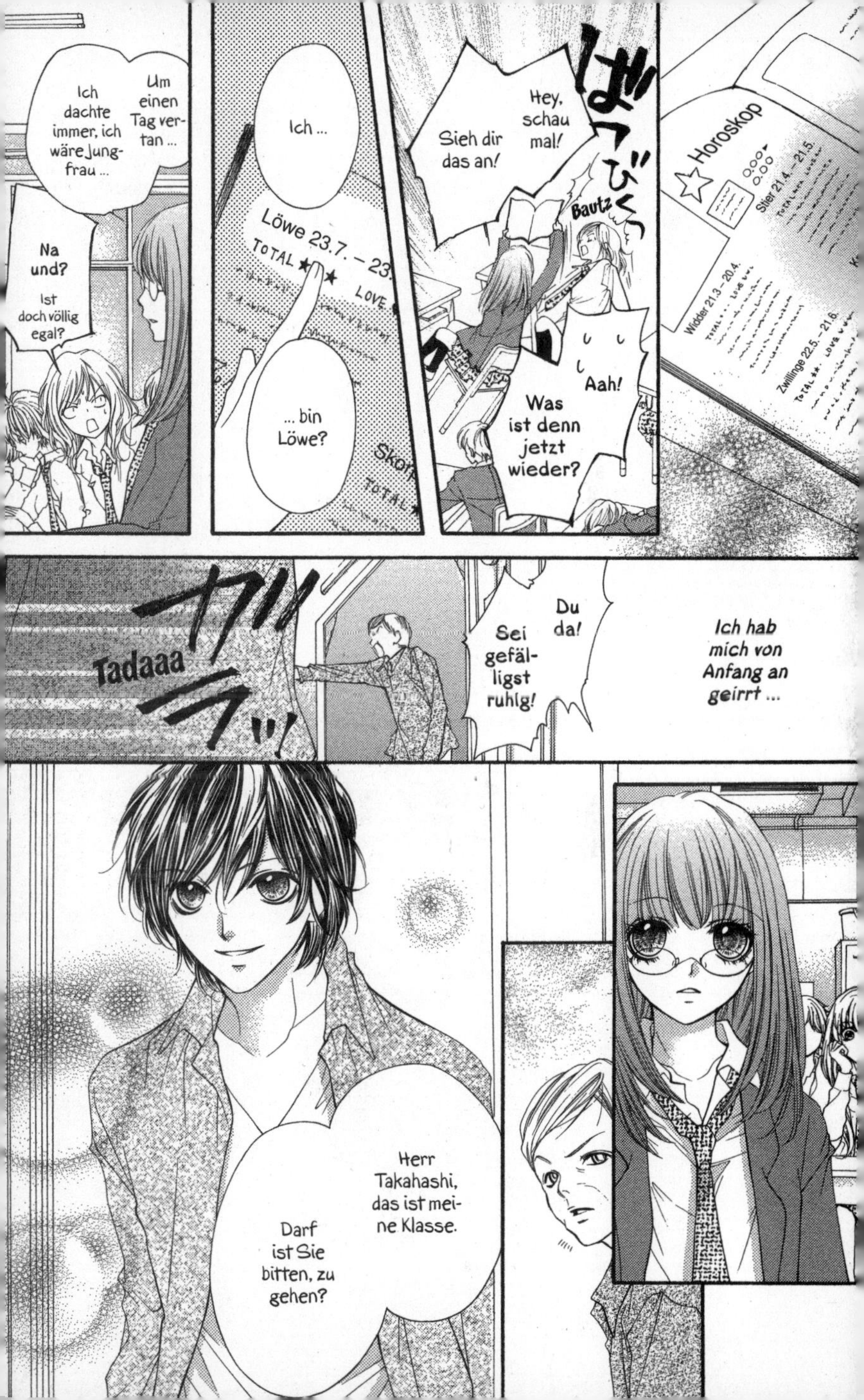

Horoskop
Stier 21.4. – 21.5.
Widder 21.3 – 20.4.
Zwillinge 22.5. – 21.6.
Hey, schau mal!
Sieh dir das an!
Bautz
Aah!
Was ist denn jetzt wieder?
Ich ...
Löwe 23.7. – 23.
TOTAL
LOVE
... bin Löwe?
Um einen Tag vertan ...
Ich dachte immer, ich wäre Jungfrau ...
Na und? Ist doch völlig egal?
Ich hab mich von Anfang an geirrt ...
Du da!
Sei gefälligst ruhig!
Tadaaa
Herr Takahashi, das ist meine Klasse.
Darf ist Sie bitten, zu gehen?

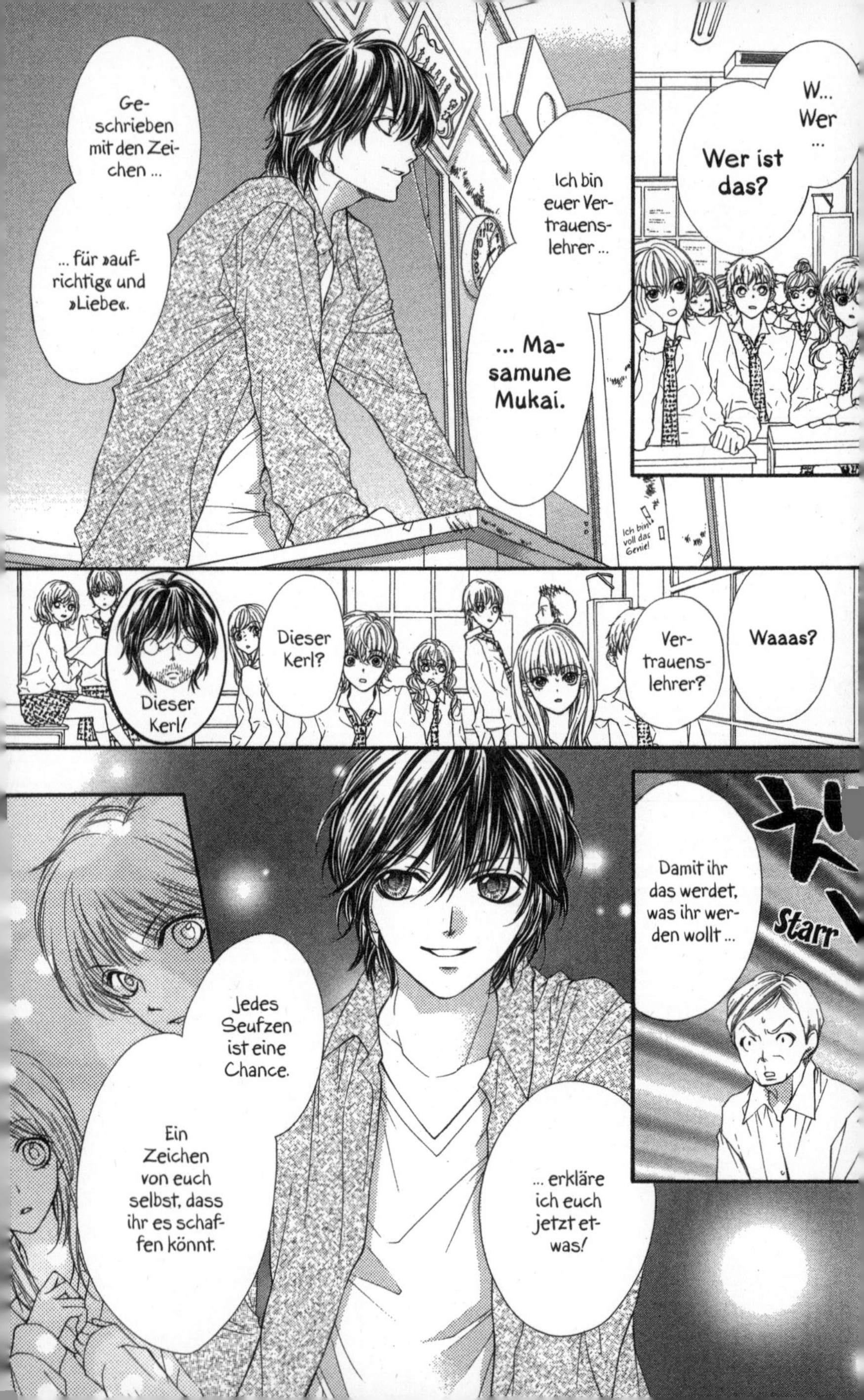
W... Wer ...
Wer ist das?
Ich bin euer Vertrauenslehrer ...
... Masamune Mukai.
Geschrieben mit den Zeichen ...
... für »aufrichtig« und »Liebe«.
Ich bin voll das Genie!
Waaas?
Vertrauenslehrer?
Dieser Kerl?
Dieser Kerl!
Damit ihr das werdet, was ihr werden wollt ...
Starr
... erkläre ich euch jetzt etwas!
Jedes Seufzen ist eine Chance.
Ein Zeichen von euch selbst, dass ihr es schaffen könnt.

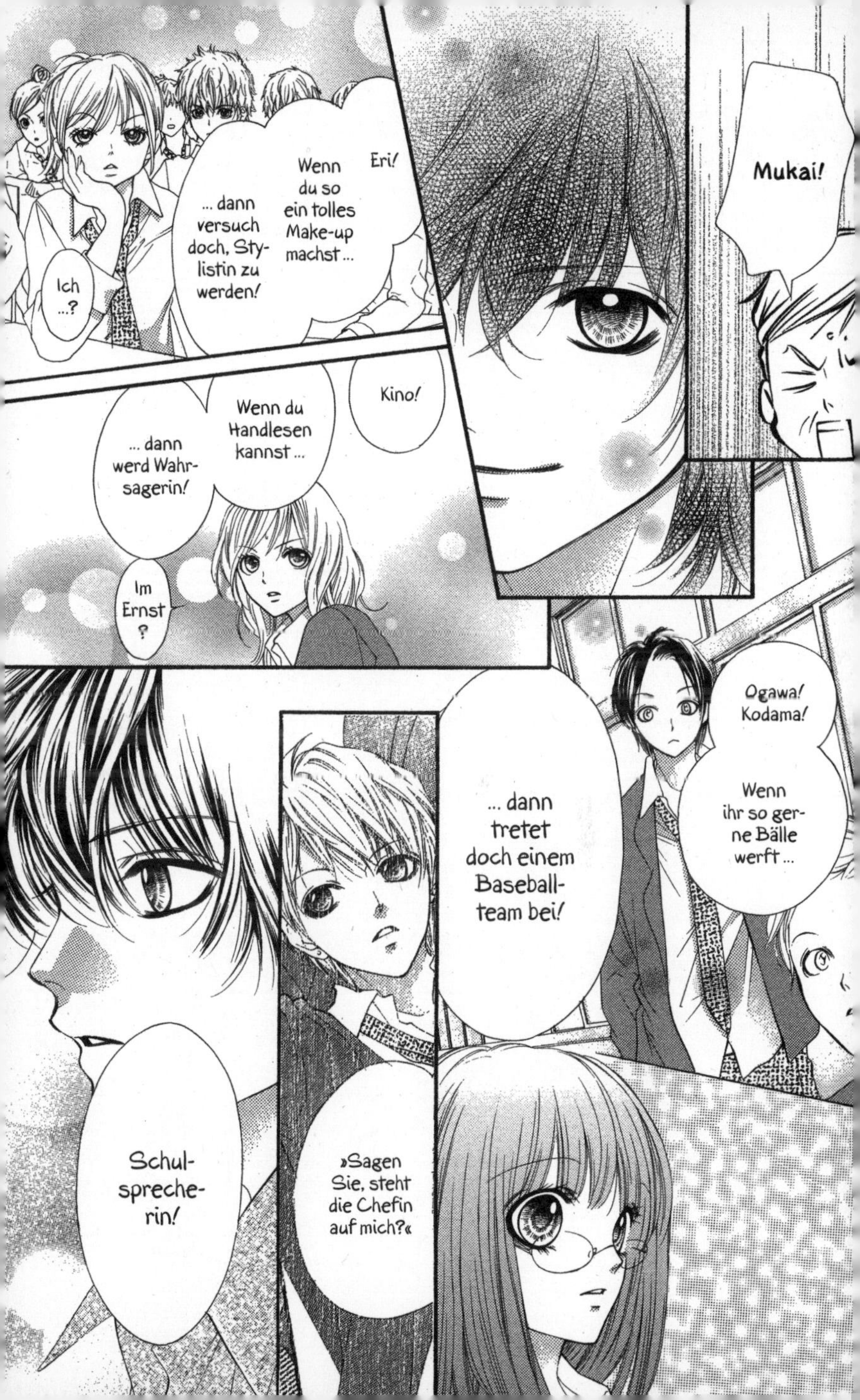
Mukai!
Eri!
Wenn du so ein tolles Make-up machst ...
... dann versuch doch, Stylistin zu werden!
Ich ...?
Kino!
Wenn du Handlesen kannst ...
... dann werd Wahrsagerin!
Im Ernst?
Ogawa! Kodama!
Wenn ihr so gerne Bälle werft ...
... dann tretet doch einem Baseballteam bei!
»Sagen Sie, steht die Chefin auf mich?«
Schulsprecherin!

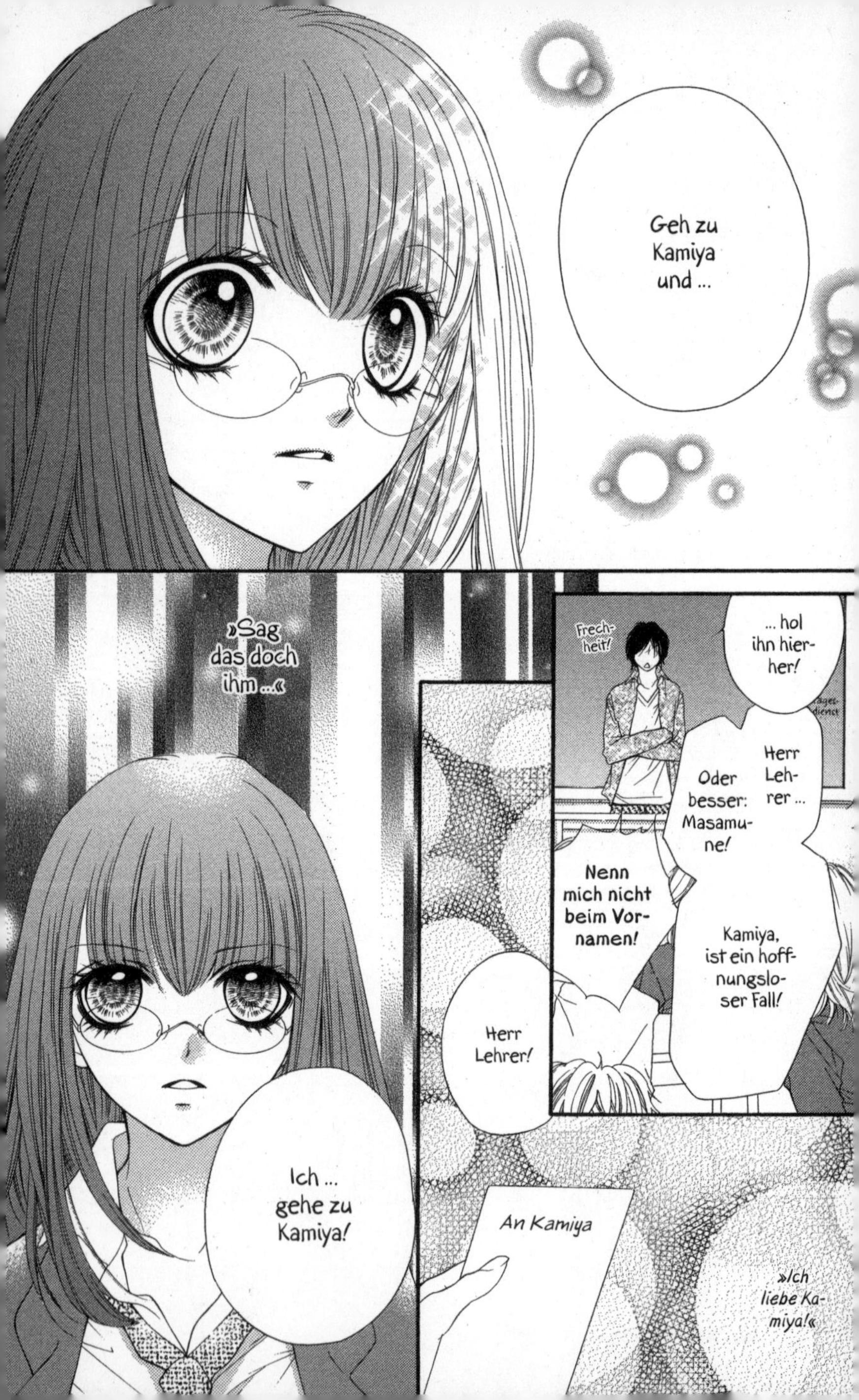

Geh zu Kamiya und ...
... hol ihn hierher!
Frechheit!
Herr Lehrer ...
Oder besser: Masamune!
Nenn mich nicht beim Vornamen!
Kamiya, ist ein hoffnungsloser Fall!
Herr Lehrer!
An Kamiya
»Ich liebe Kamiya!«
»Sag das doch ihm ...«
Ich ... gehe zu Kamiya!

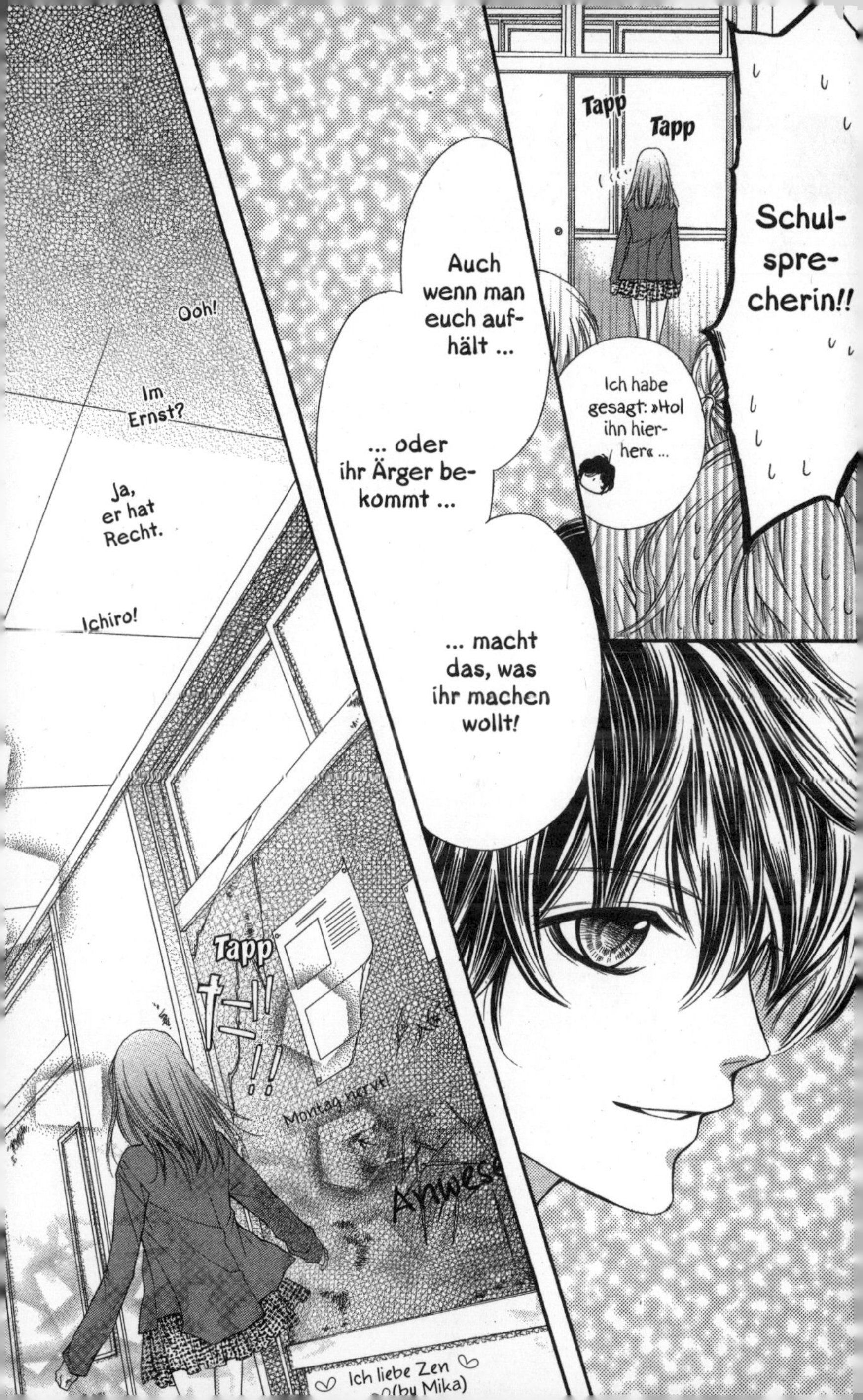

Tapp
Tapp
Schul-spre-cherin!!
Ich habe gesagt: »Hol ihn hier-her« ...
Auch wenn man euch auf-hält ...
... oder ihr Ärger be-kommt ...
... macht das, was ihr machen wollt!
Ooh!
Im Ernst?
Ja, er hat Recht.
Ichiro!
Tapp
Montag nervt!
Ich liebe Zen
(by Mika)

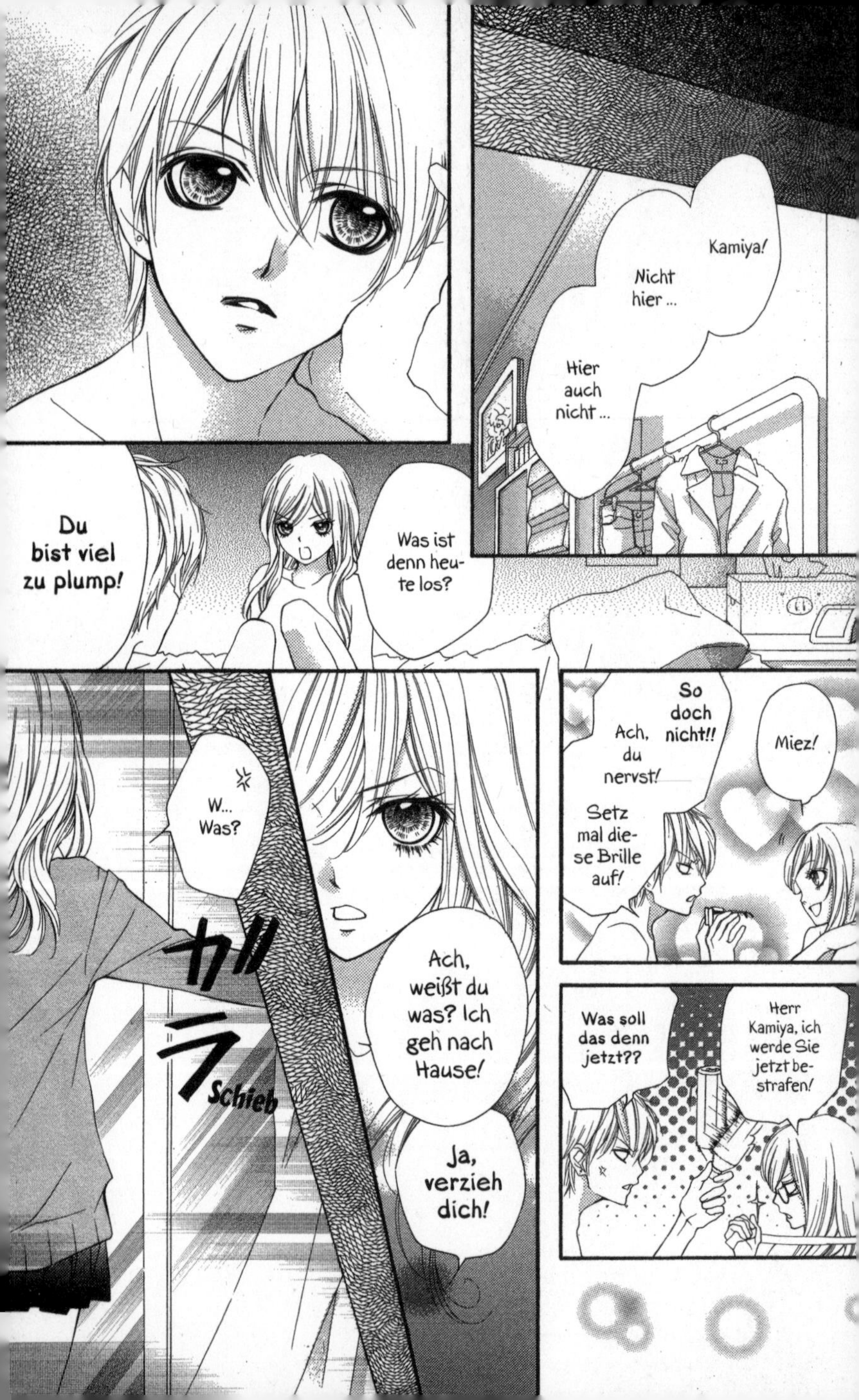
Kamiya!
Nicht hier ...
Hier auch nicht ...
Was ist denn heute los?
Du bist viel zu plump!
Miez!
So doch nicht!!
Ach, du nervst!
Setz mal diese Brille auf!
Herr Kamiya, ich werde Sie jetzt bestrafen!
Was soll das denn jetzt??
Ach, weißt du was? Ich geh nach Hause!
Ja, verzieh dich!
W... Was?
Schieb

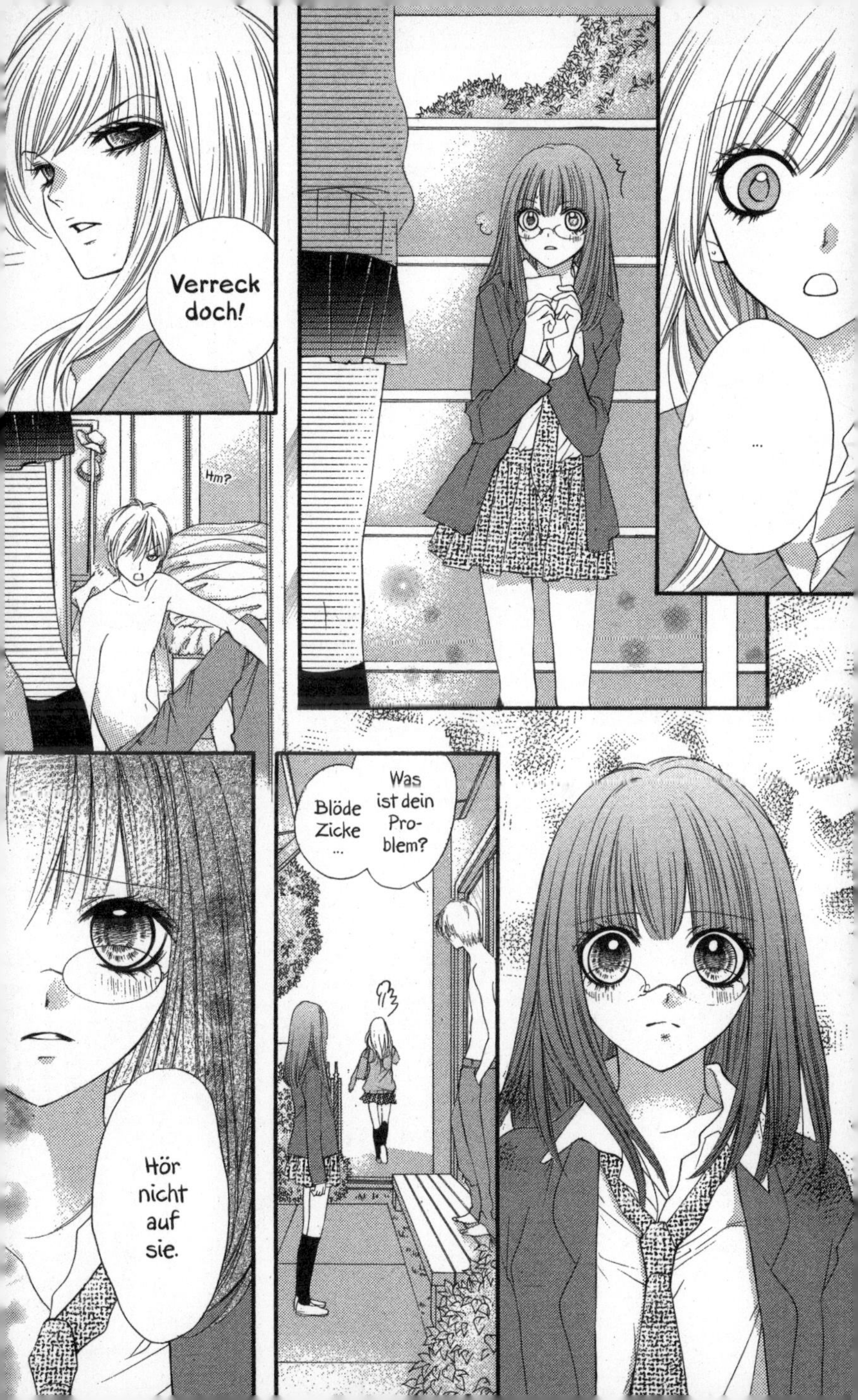
...
Verreck doch!
Hm?
Was ist dein Pro-blem?
Blöde Zicke ...
Hör nicht auf sie.

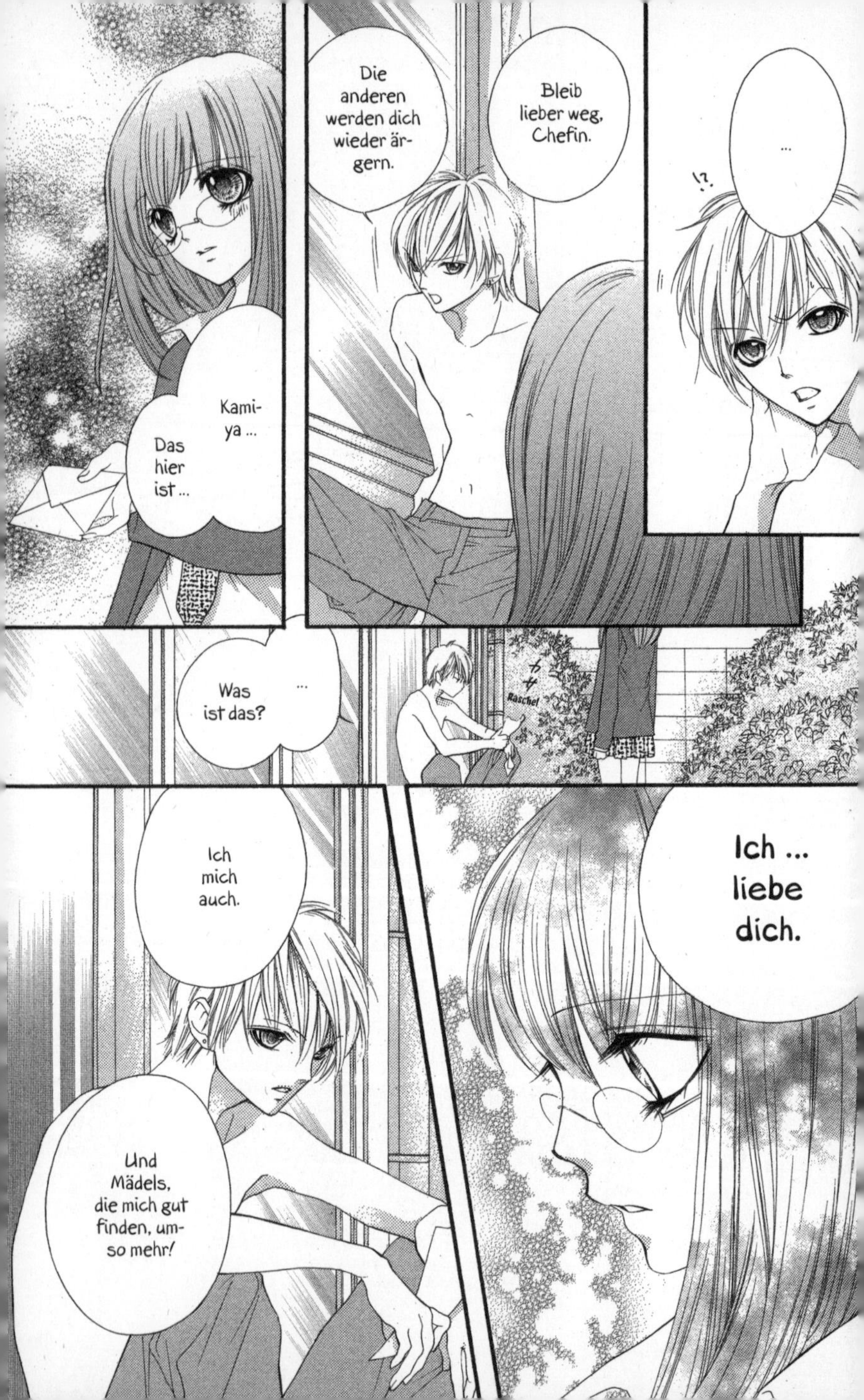
!?
...
Bleib lieber weg, Chefin.
Die anderen werden dich wieder ärgern.
Kamiya ...
Das hier ist ...
Raschel
...
Was ist das?
Ich ... liebe dich.
Ich mich auch.
Und Mädels, die mich gut finden, umso mehr!

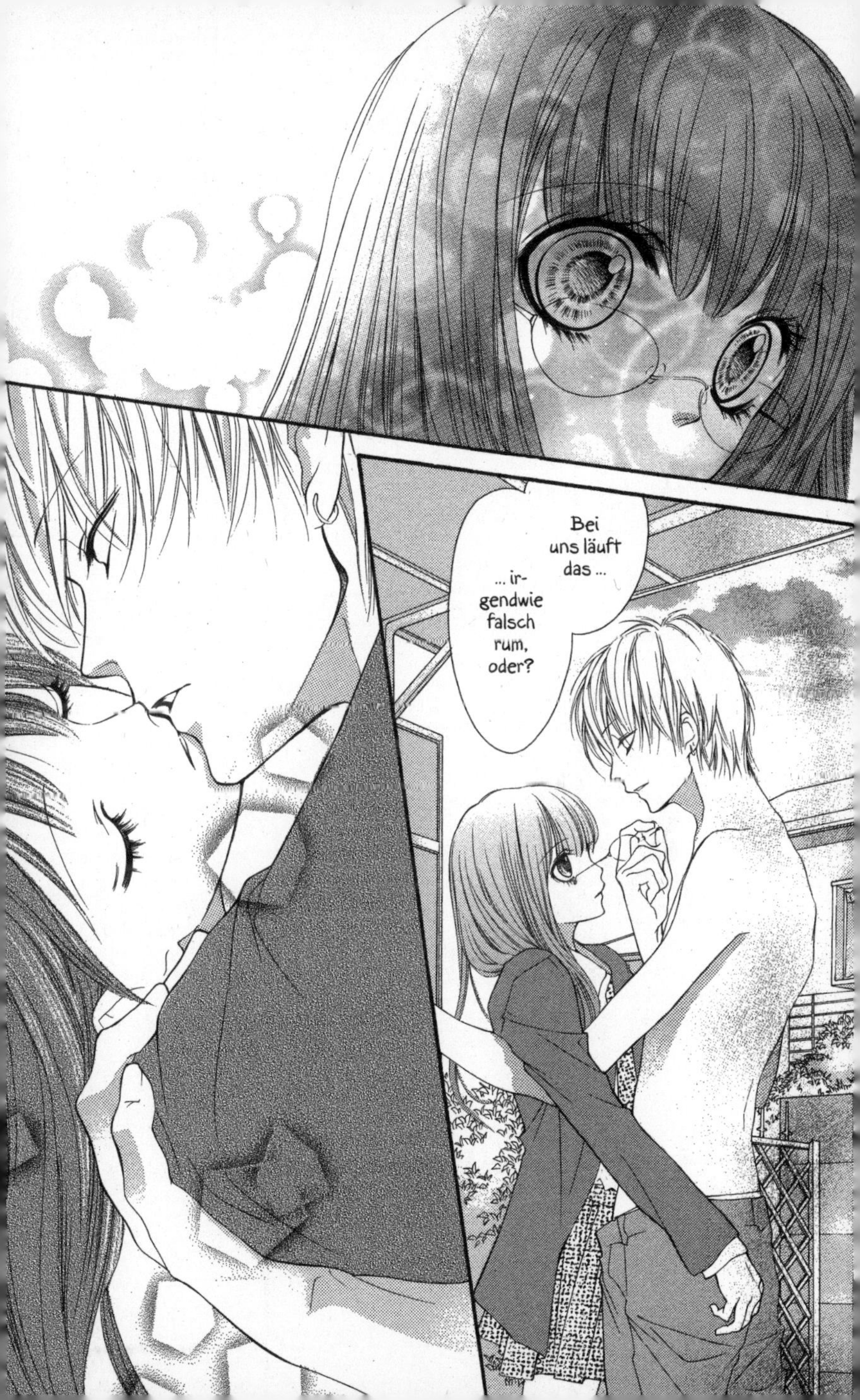
Bei uns läuft das ...
... ir-gendwie falsch rum, oder?

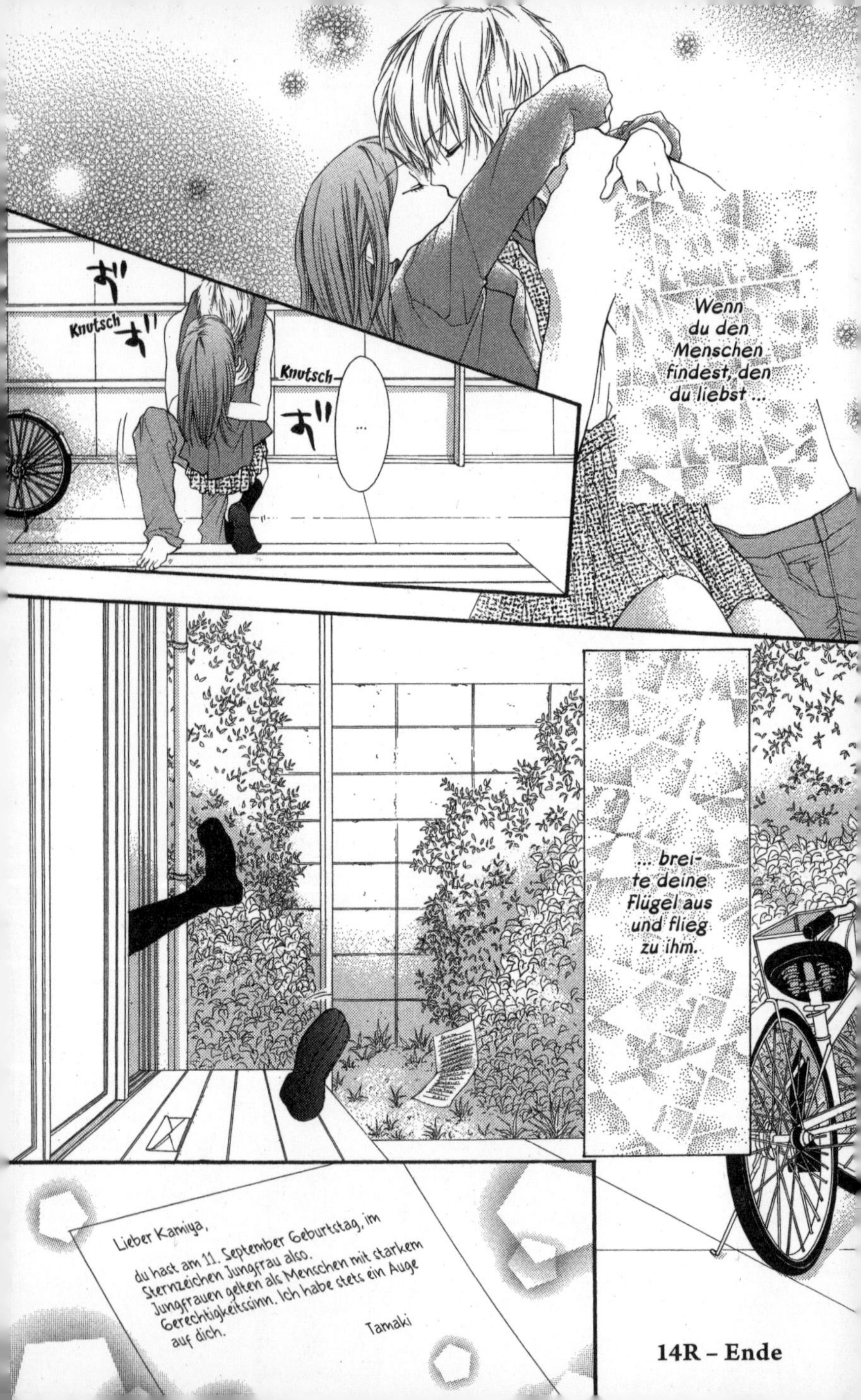

Lieber Kamiya,

du hast am 11. September Geburtstag, im Sternzeichen Jungfrau also. Jungfrauen gelten als Menschen mit starkem Gerechtigkeitssinn. Ich habe stets ein Auge auf dich.

Tamaki

14R – Ende

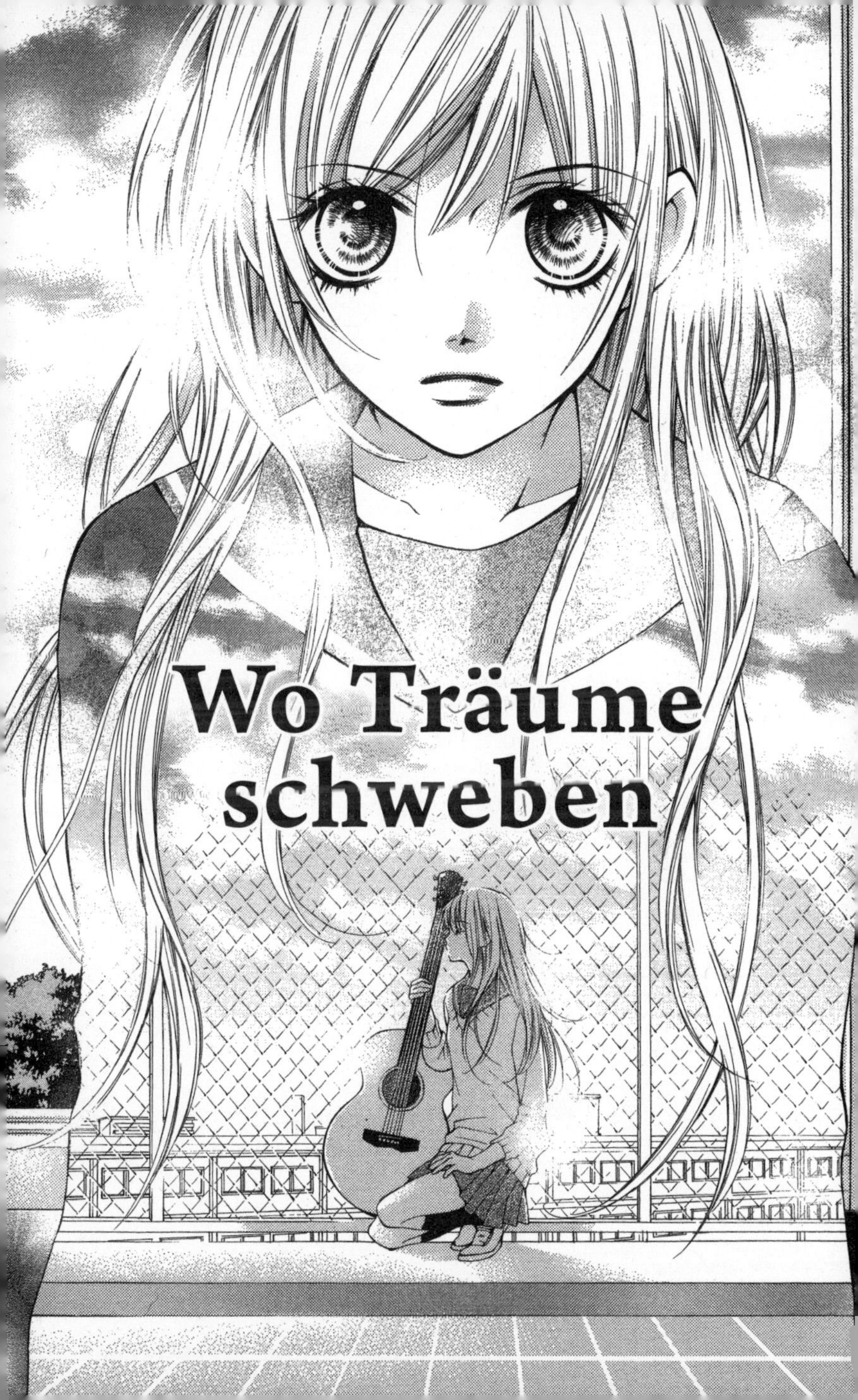
Wo Träume
schweben

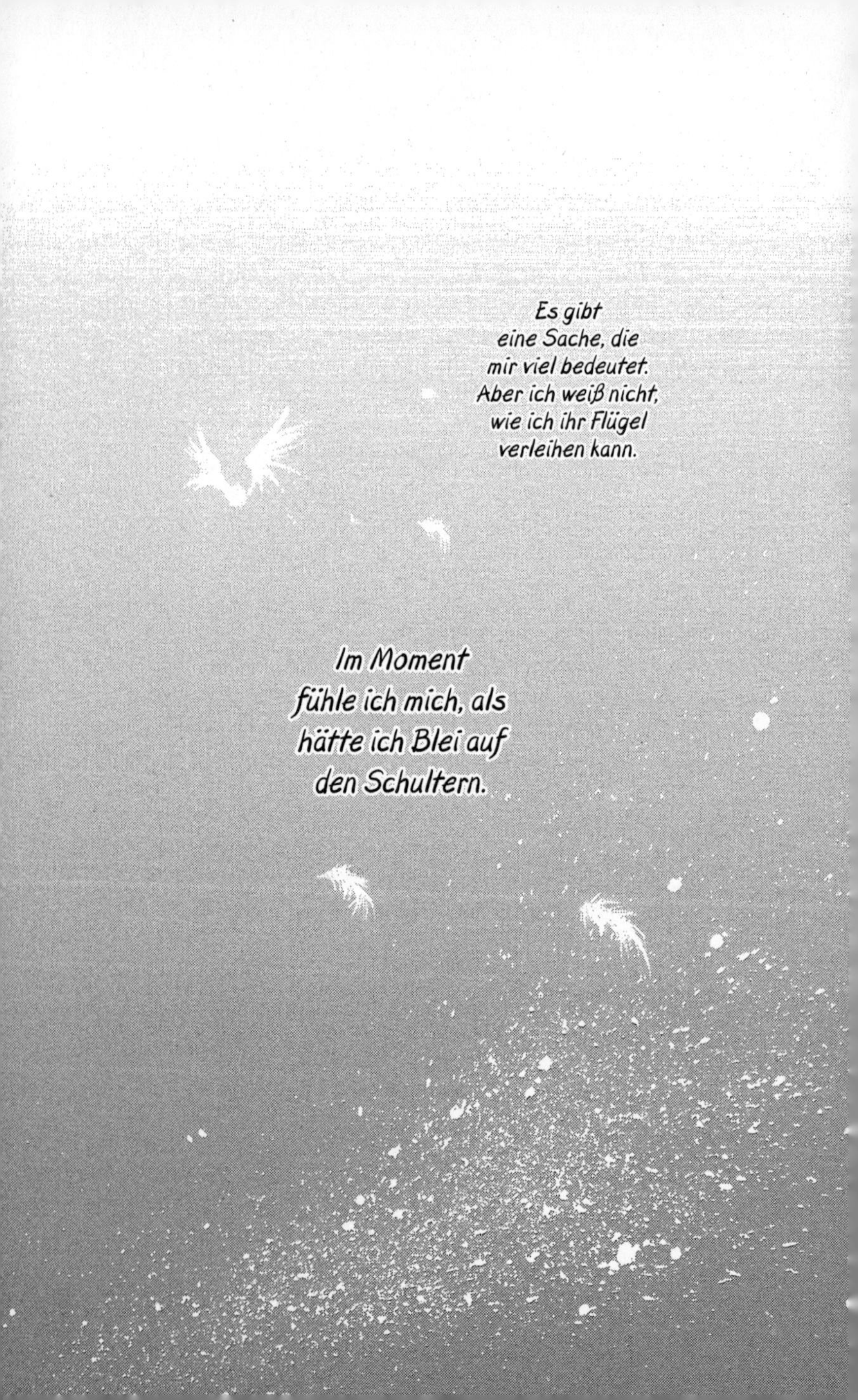

Es gibt
eine Sache, die
mir viel bedeutet.
Aber ich weiß nicht,
wie ich ihr Flügel
verleihen kann.

Im Moment
fühle ich mich, als
hätte ich Blei auf
den Schultern.

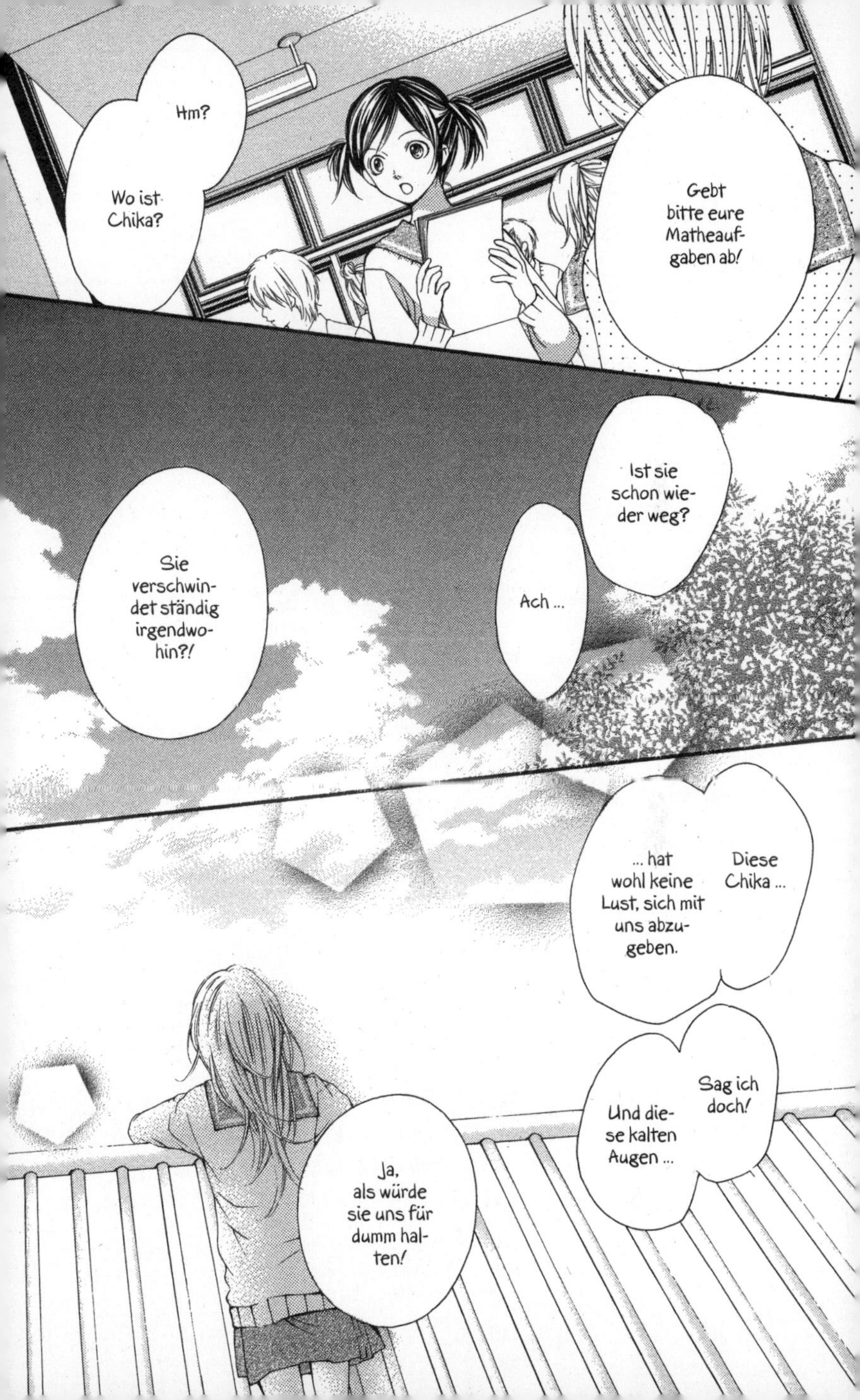
Gebt bitte eure Matheaufgaben ab!
Hm? Wo ist Chika?
Ist sie schon wieder weg?
Ach ...
Sie verschwindet ständig irgendwohin?!
Diese Chika ... ... hat wohl keine Lust, sich mit uns abzugeben.
Sag ich doch! Und diese kalten Augen ...
Ja, als würde sie uns für dumm halten!

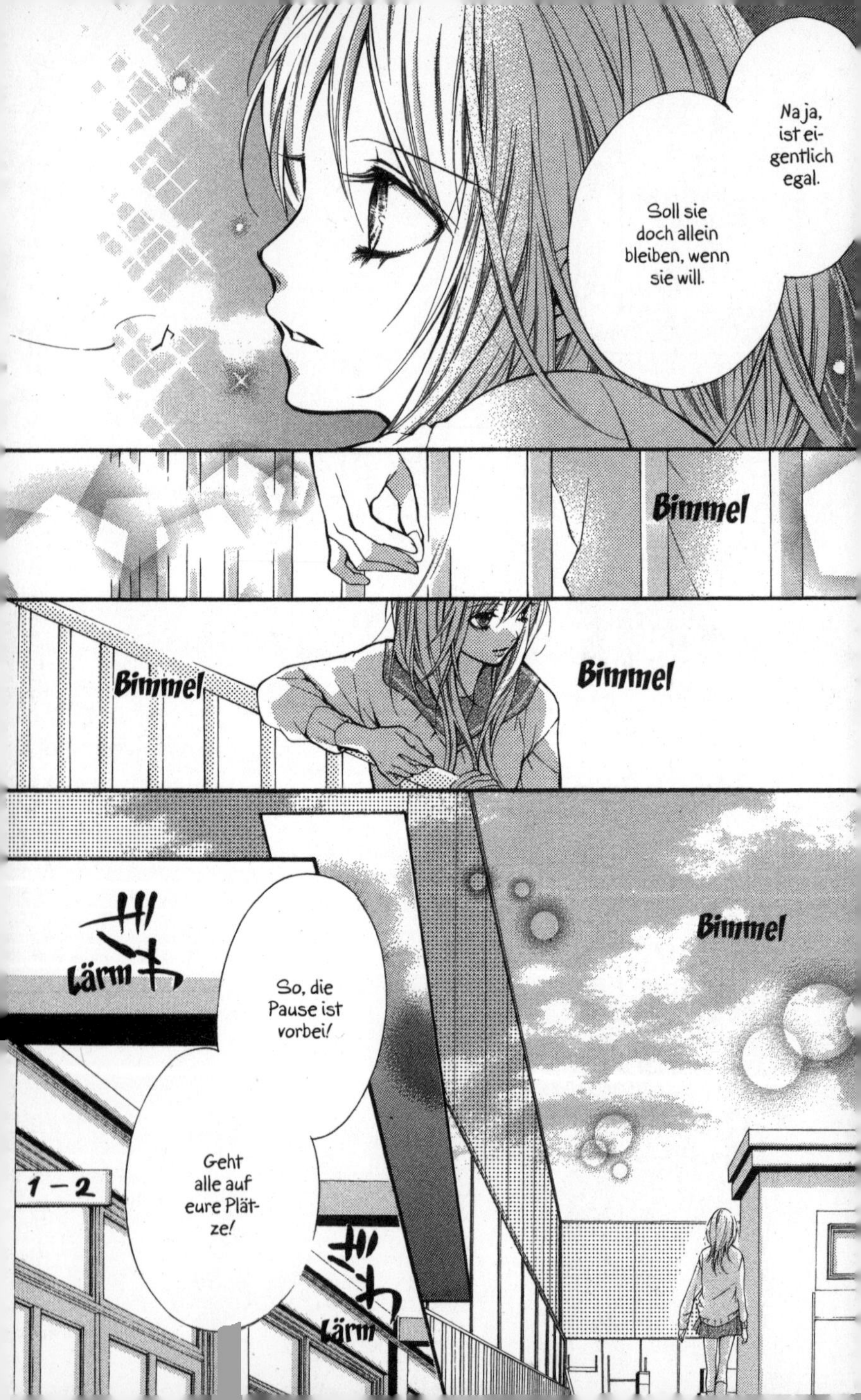
Na ja, ist eigentlich egal.
Soll sie doch allein bleiben, wenn sie will.
Bimmel
Bimmel
Bimmel
Bimmel
Lärm
So, die Pause ist vorbei!
Geht alle auf eure Plätze!
1 – 2
Lärm

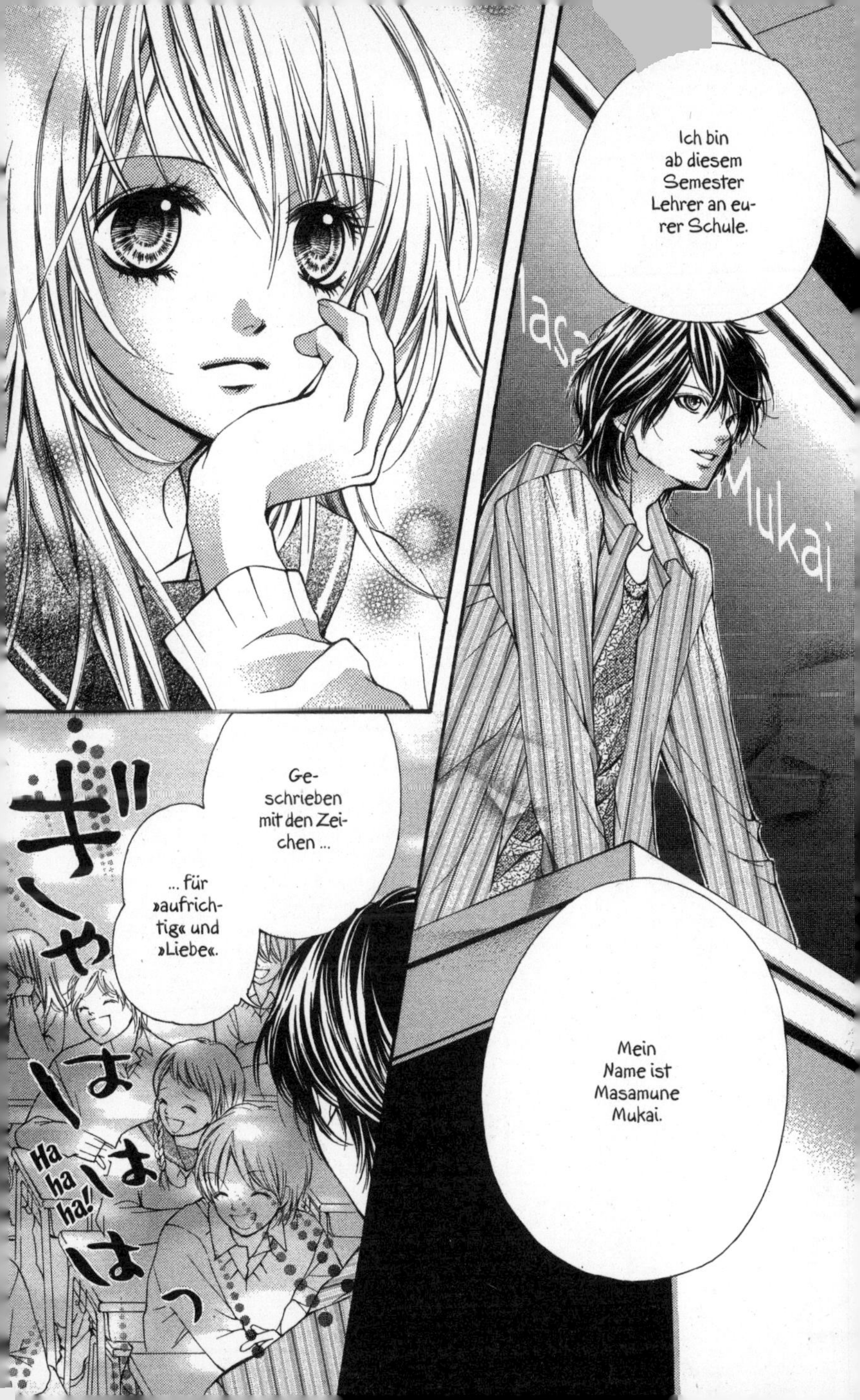
Ich bin ab diesem Semester Lehrer an eurer Schule.
Mukai
Mein Name ist Masamune Mukai.
Geschrieben mit den Zeichen ...
... für »aufrichtig« und »Liebe«.
ぎゃーはーはっ
Ha ha ha!

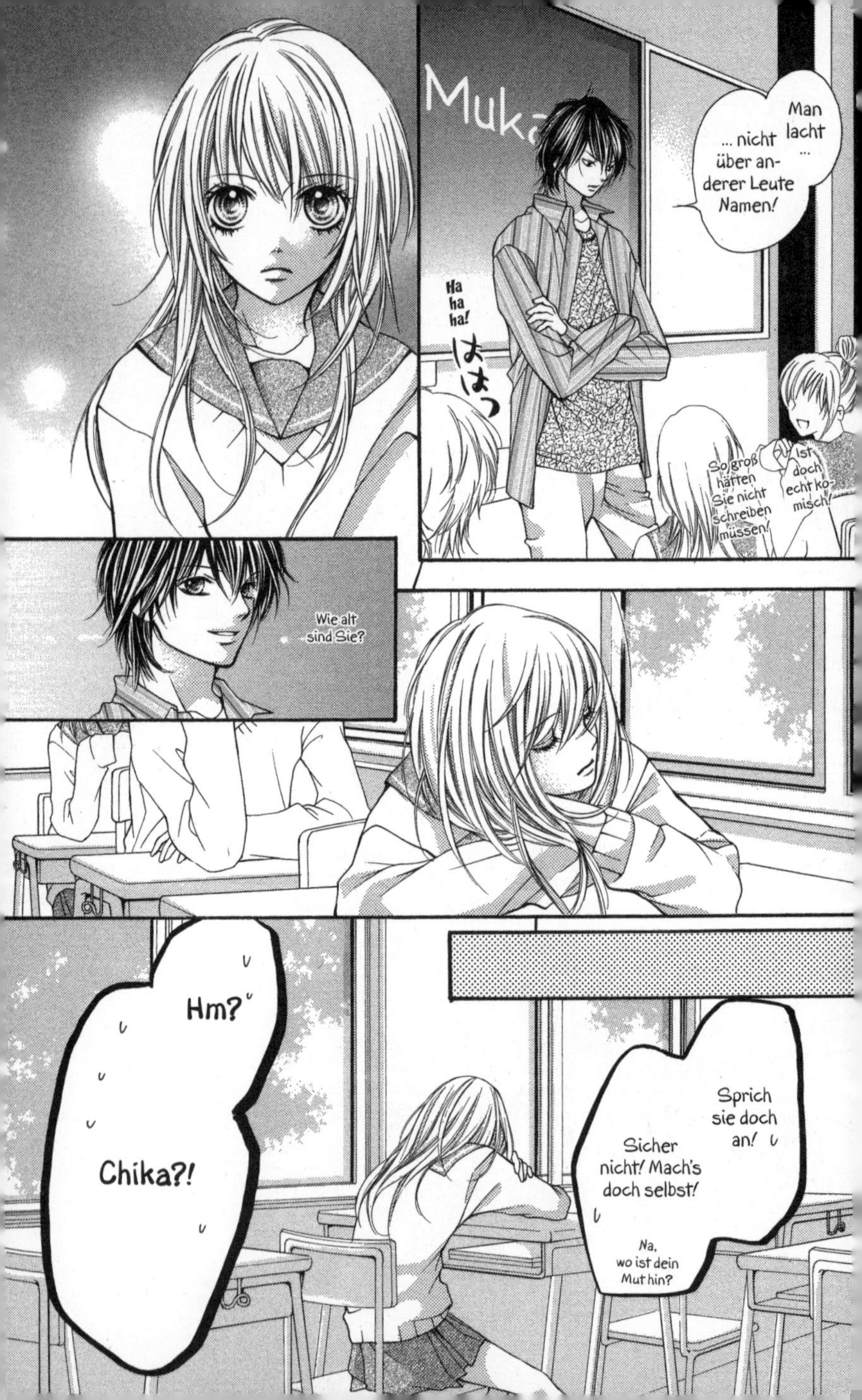

Muka
Man lacht ...
... nicht über anderer Leute Namen!
Ha ha ha!
はっ
Ist doch echt komisch!
So groß hätten Sie nicht schreiben müssen!
Wie alt sind Sie?
Sprich sie doch an!
Sicher nicht! Mach's doch selbst!
Na, wo ist dein Mut hin?
Hm?
Chika?!

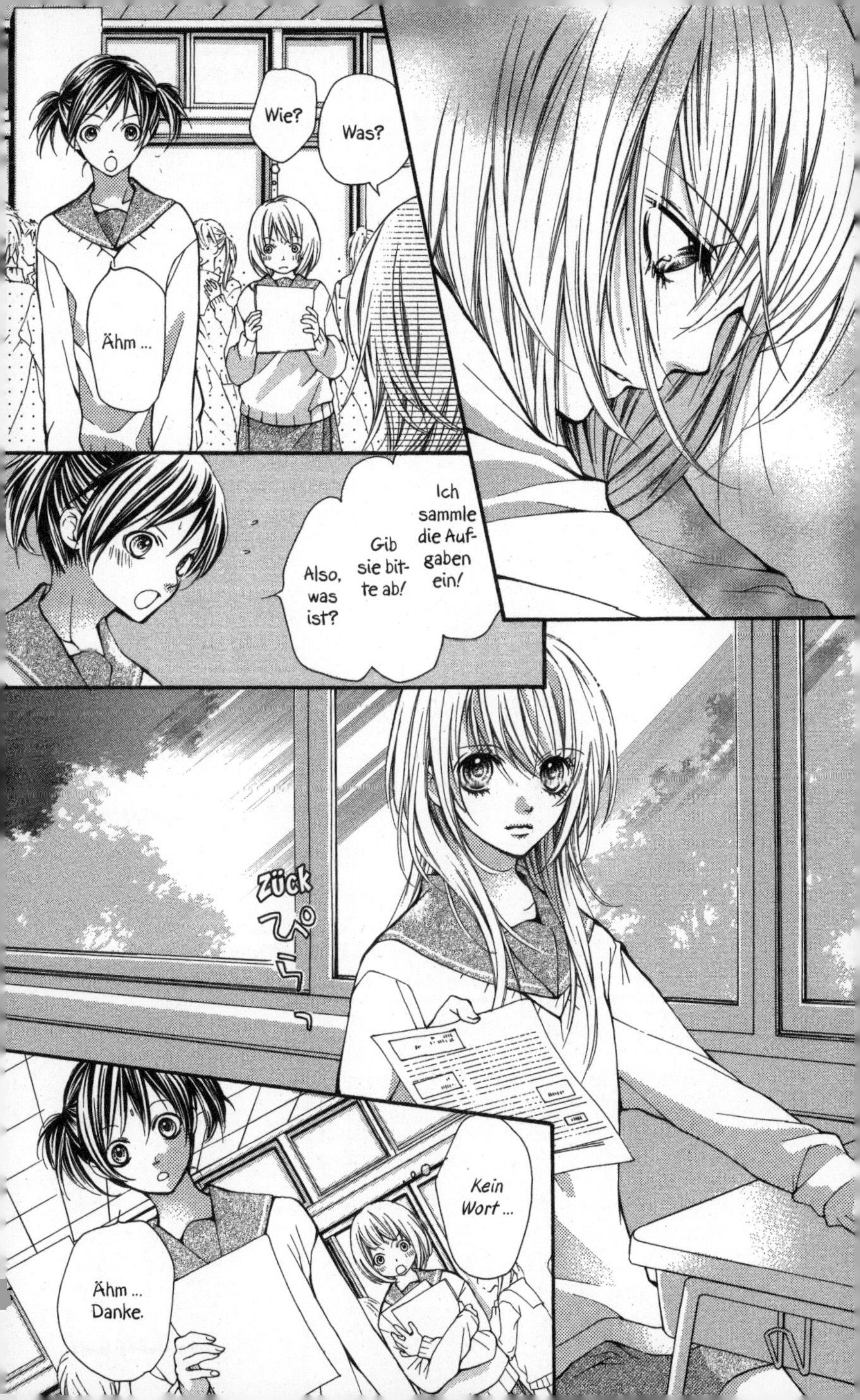
Was?
Wie?
Ähm ...
Ich sammle die Aufgaben ein!
Gib sie bitte ab!
Also, was ist?
Zück
Kein Wort ...
Ähm ... Danke.

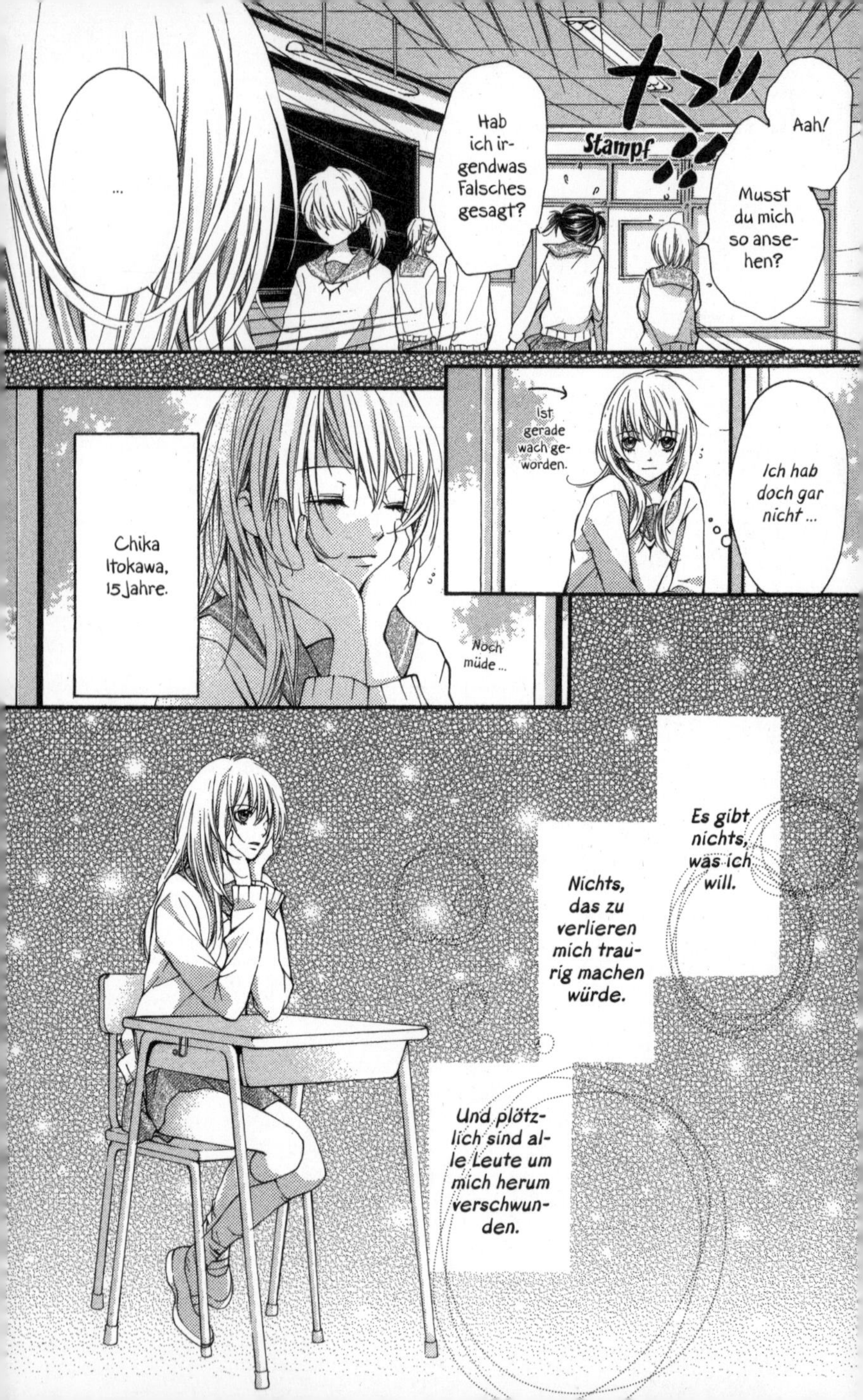

Stampf
Aah!
Musst du mich so ansehen?
Hab ich irgendwas Falsches gesagt?
...
Ich hab doch gar nicht ...
Ist gerade wach geworden.
Chika Itokawa, 15 Jahre.
Noch müde ...
Es gibt nichts, was ich will.
Nichts, das zu verlieren mich traurig machen würde.
Und plötzlich sind alle Leute um mich herum verschwunden.

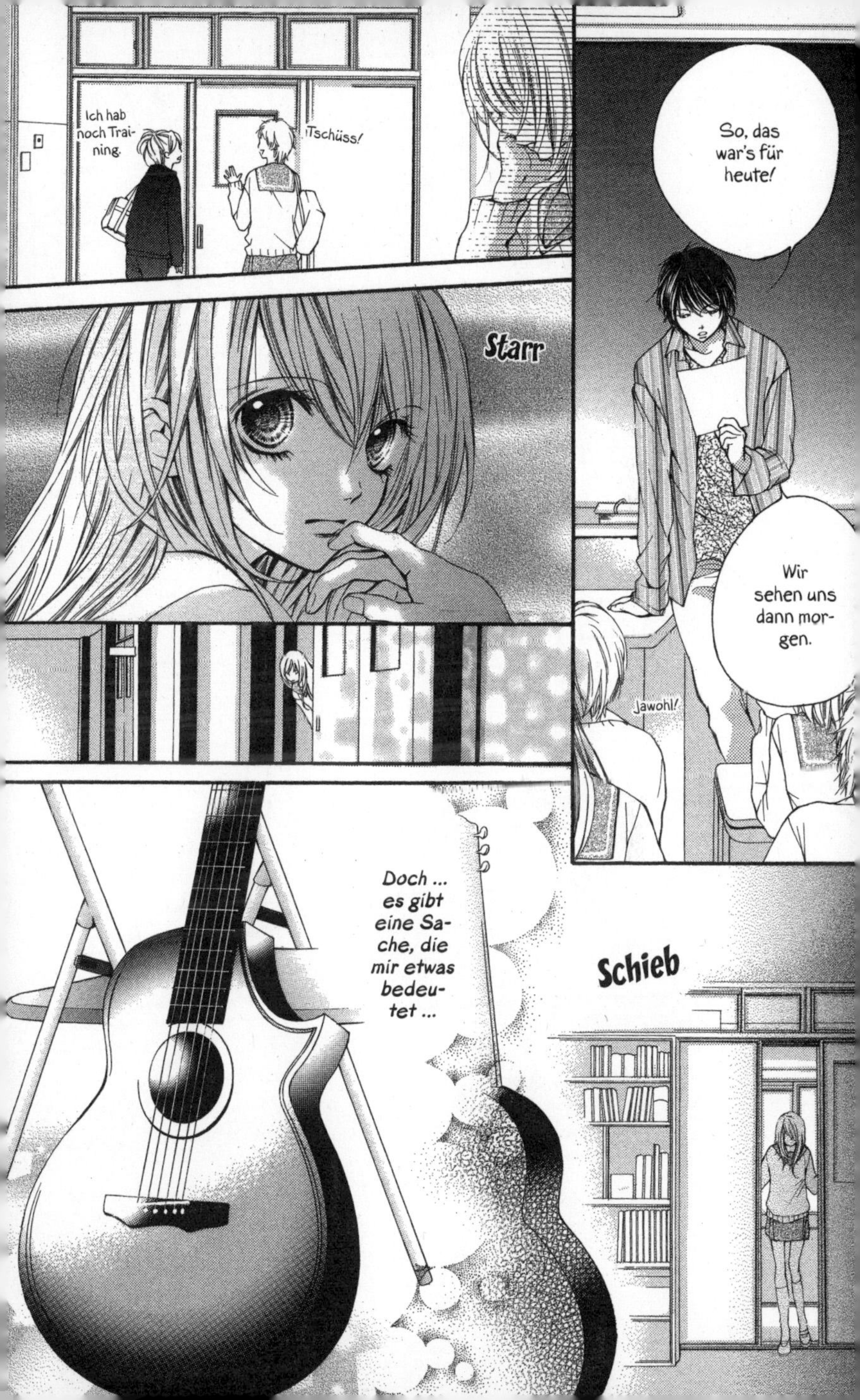
So, das war's für heute!
Wir sehen uns dann morgen.
Jawohl!
¡Tschüss!
Ich hab noch Training.
Starr
Schieb
Doch ... es gibt eine Sache, die mir etwas bedeutet ...

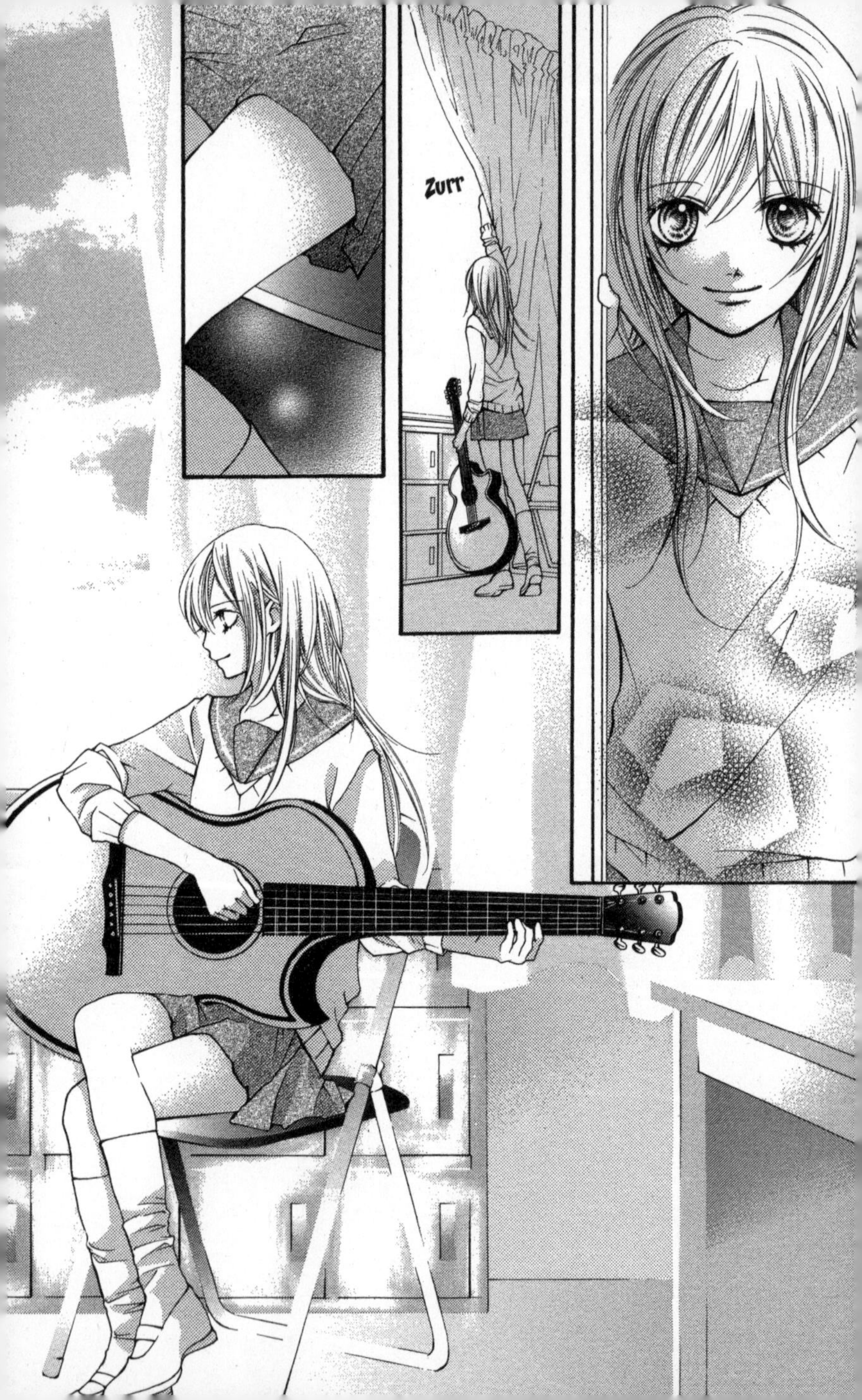
Zurr

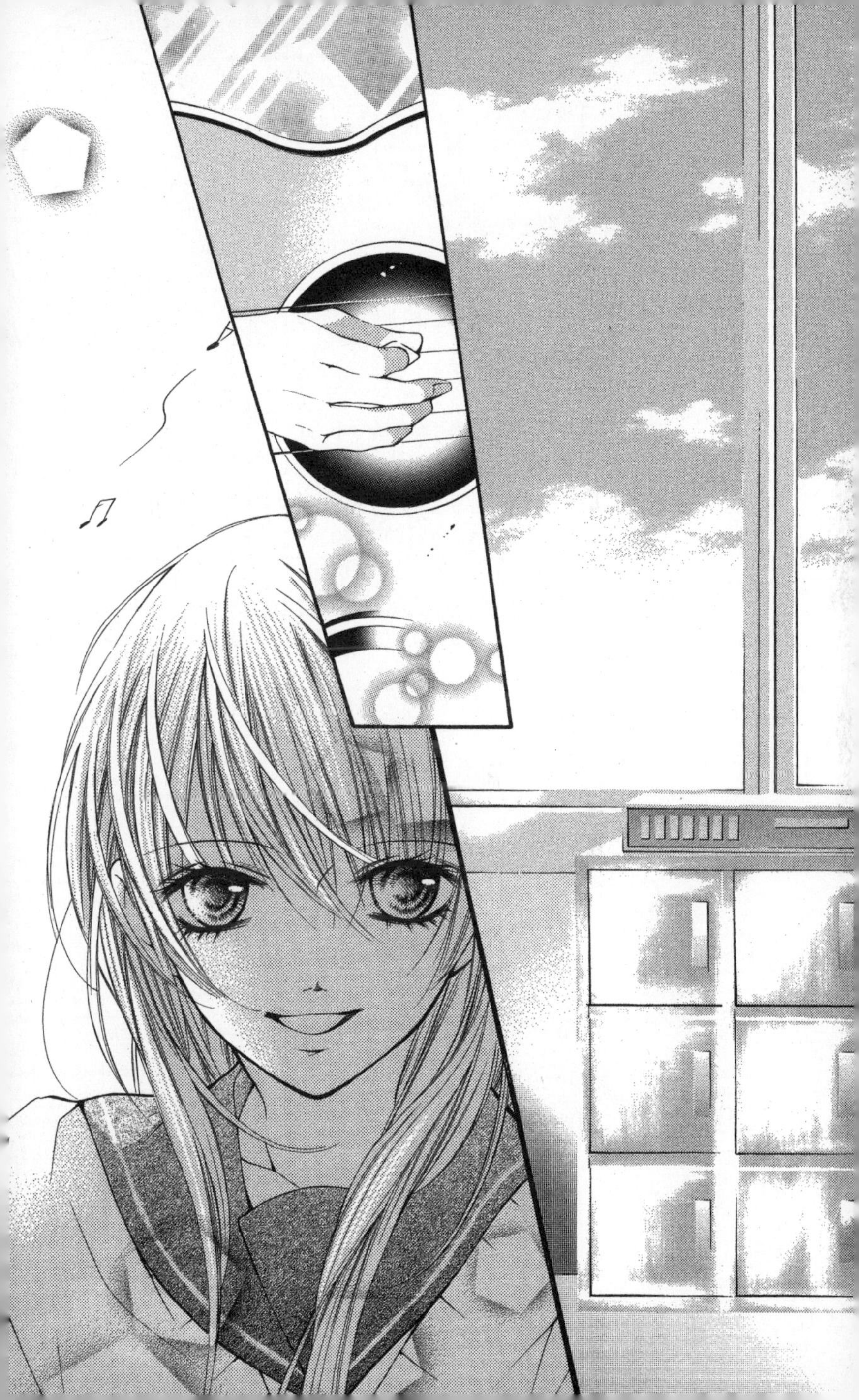

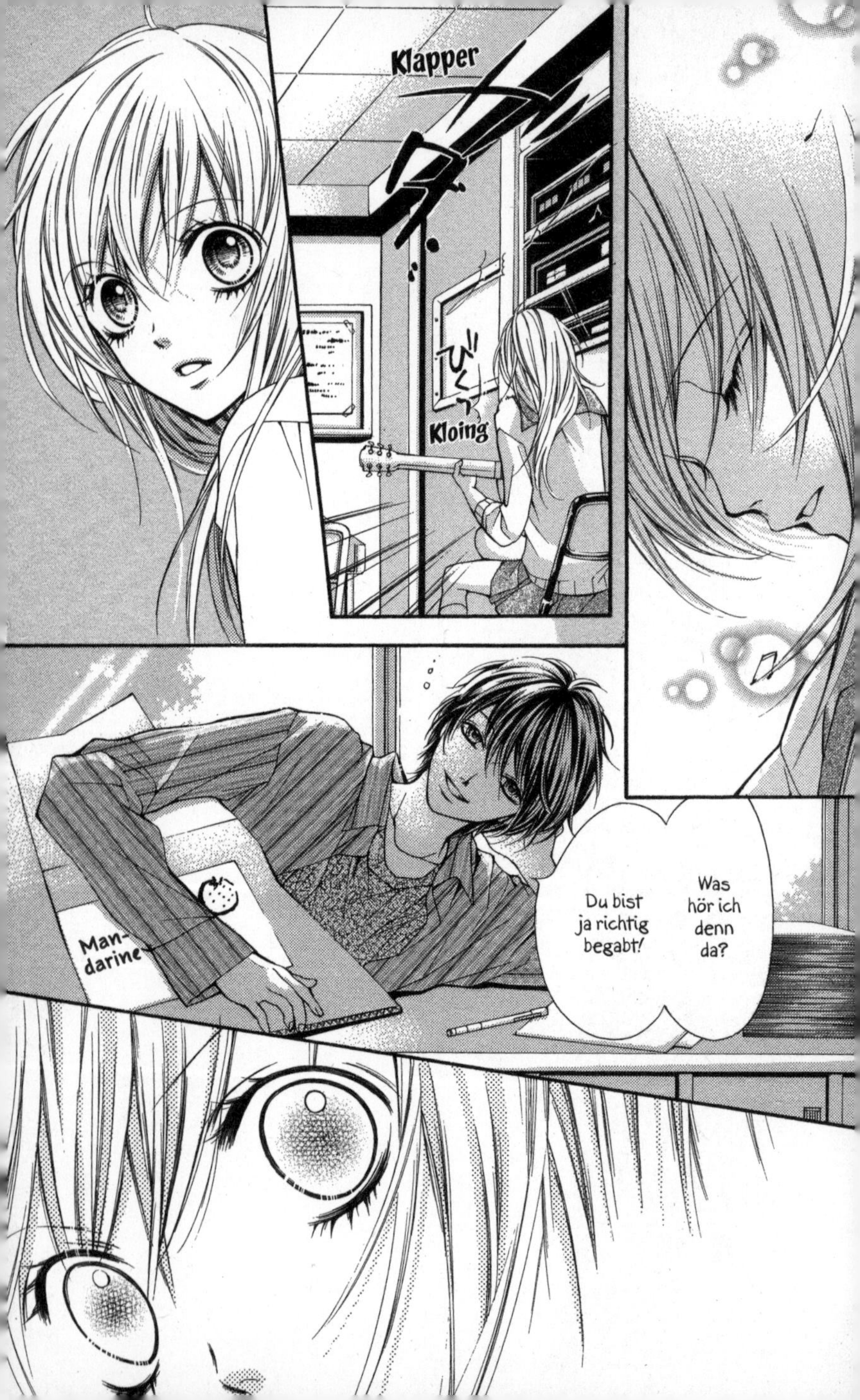
Klapper
びくっ
Kloing
Was hör ich denn da?
Du bist ja richtig begabt!
Man-
darine

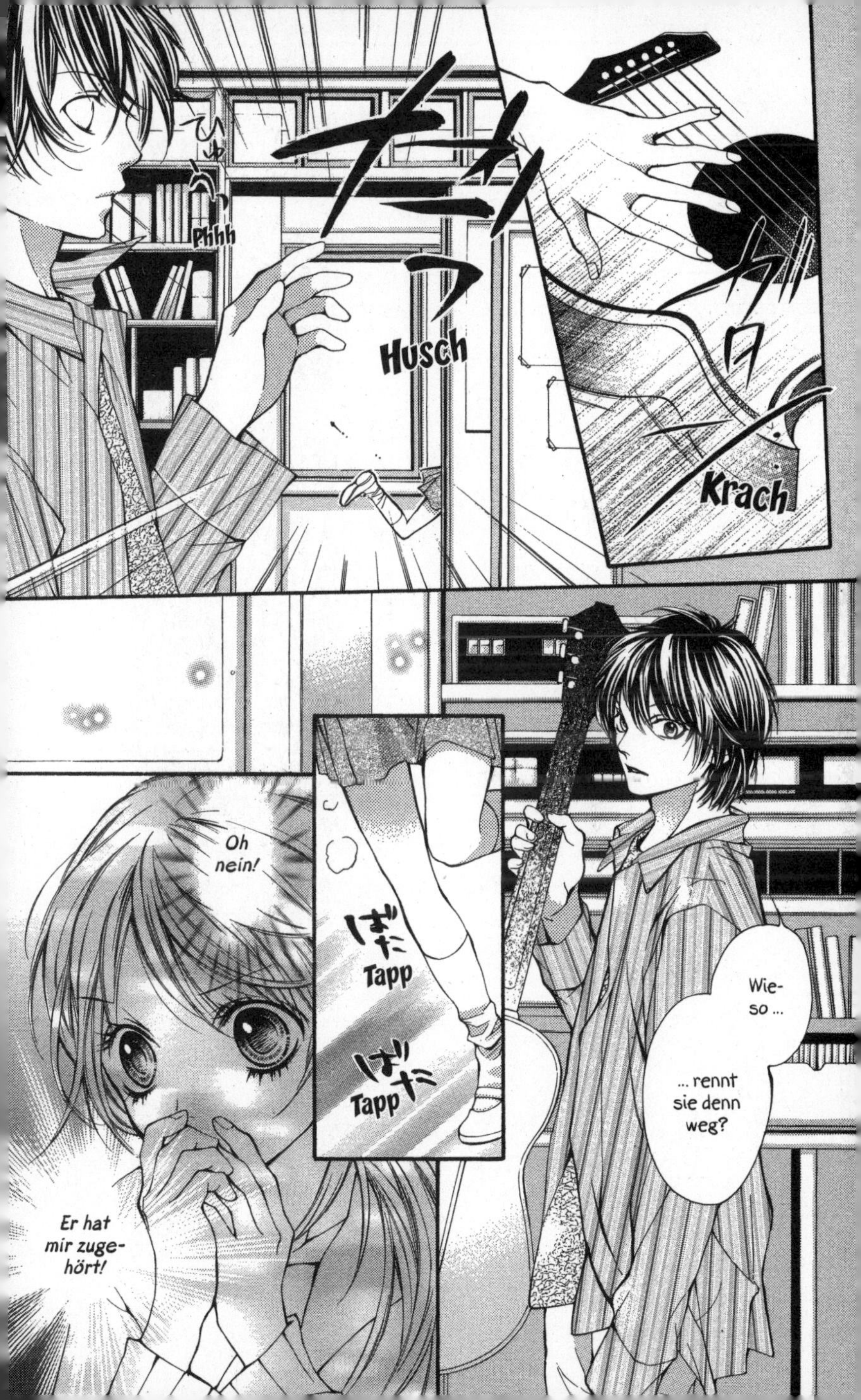
Krach
Husch
Phhh
Wie-so ...
... rennt sie denn weg?
Tapp
Tapp
Oh nein!
Er hat mir zuge-hört!

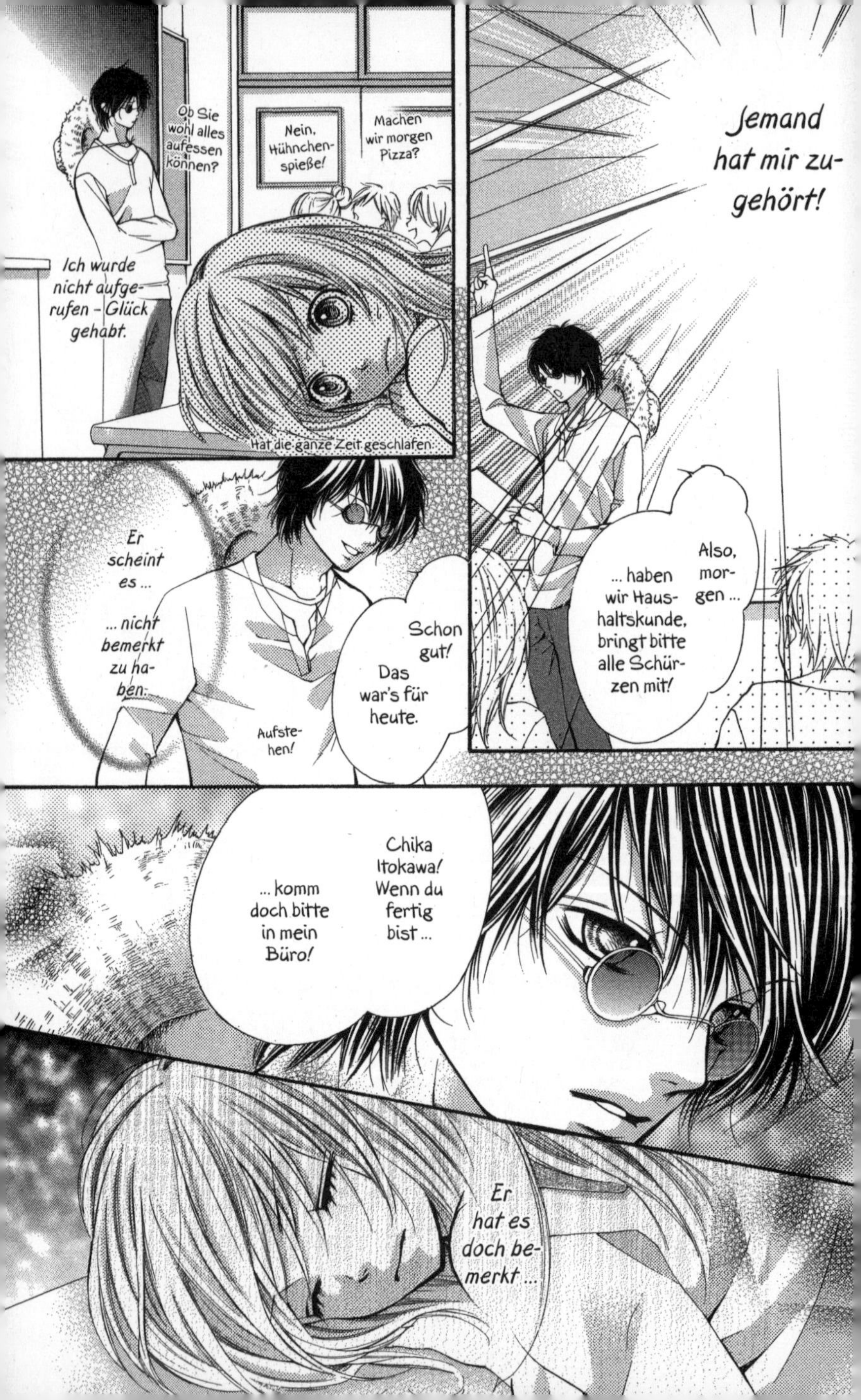
Ob Sie wohl alles aufessen können?
Nein, Hühnchenspieße!
Machen wir morgen Pizza?
Ich wurde nicht aufgerufen – Glück gehabt.
Hat die ganze Zeit geschlafen
Jemand hat mir zugehört!
Also, morgen ...
... haben wir Haushaltskunde, bringt bitte alle Schürzen mit!
Schon gut! Das war's für heute.
Aufstehen!
Er scheint es ...
... nicht bemerkt zu haben.
Chika Itokawa! Wenn du fertig bist ...
... komm doch bitte in mein Büro!
Er hat es doch bemerkt ...

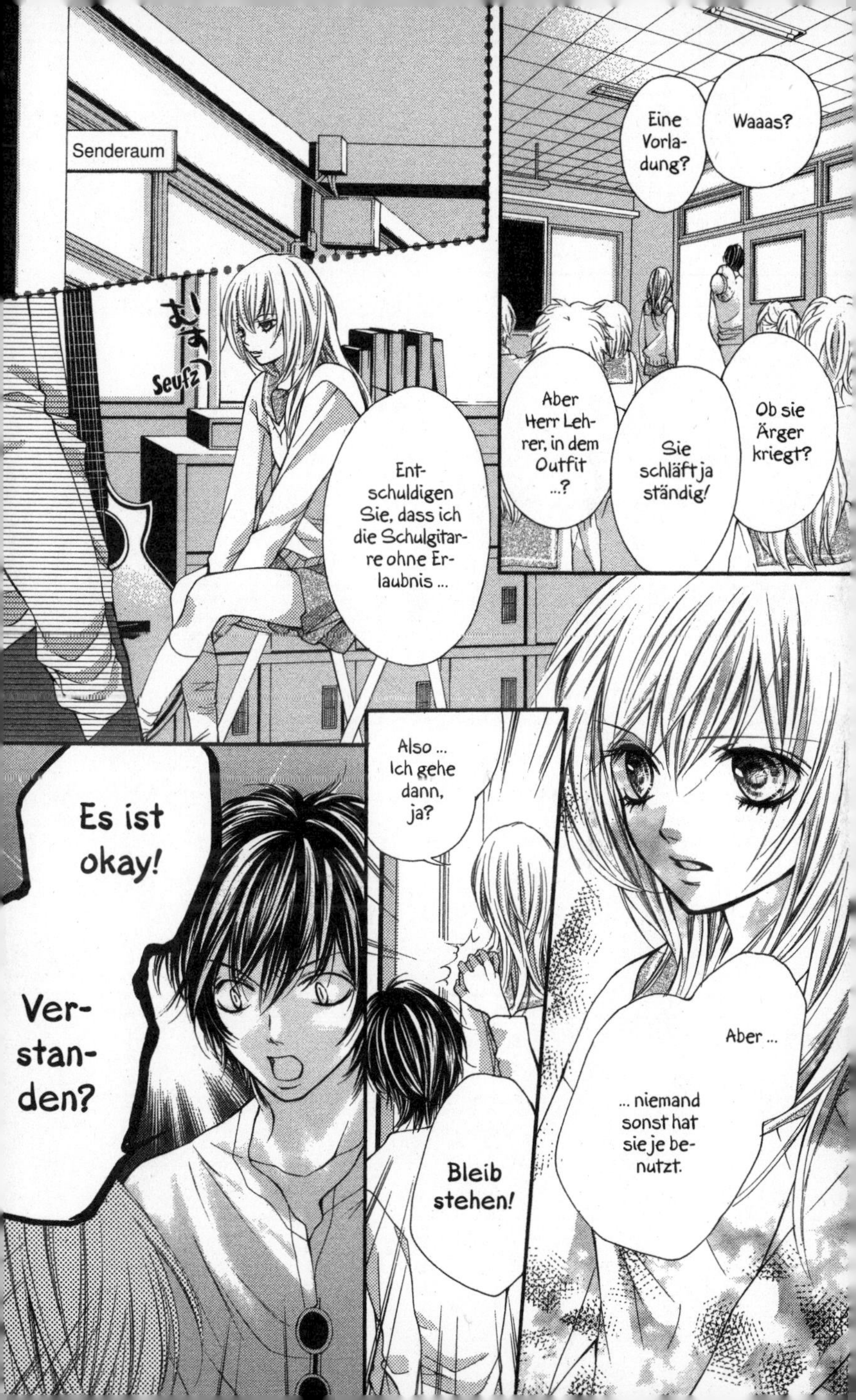
Waaas?
Eine Vorladung?
Ob sie Ärger kriegt?
Sie schläft ja ständig!
Aber Herr Lehrer, in dem Outfit ...?
Senderaum
Seufz
Entschuldigen Sie, dass ich die Schulgitarre ohne Erlaubnis ...
Aber ...
... niemand sonst hat sie je benutzt.
Also ... Ich gehe dann, ja?
Bleib stehen!
Es ist okay!
Verstanden?

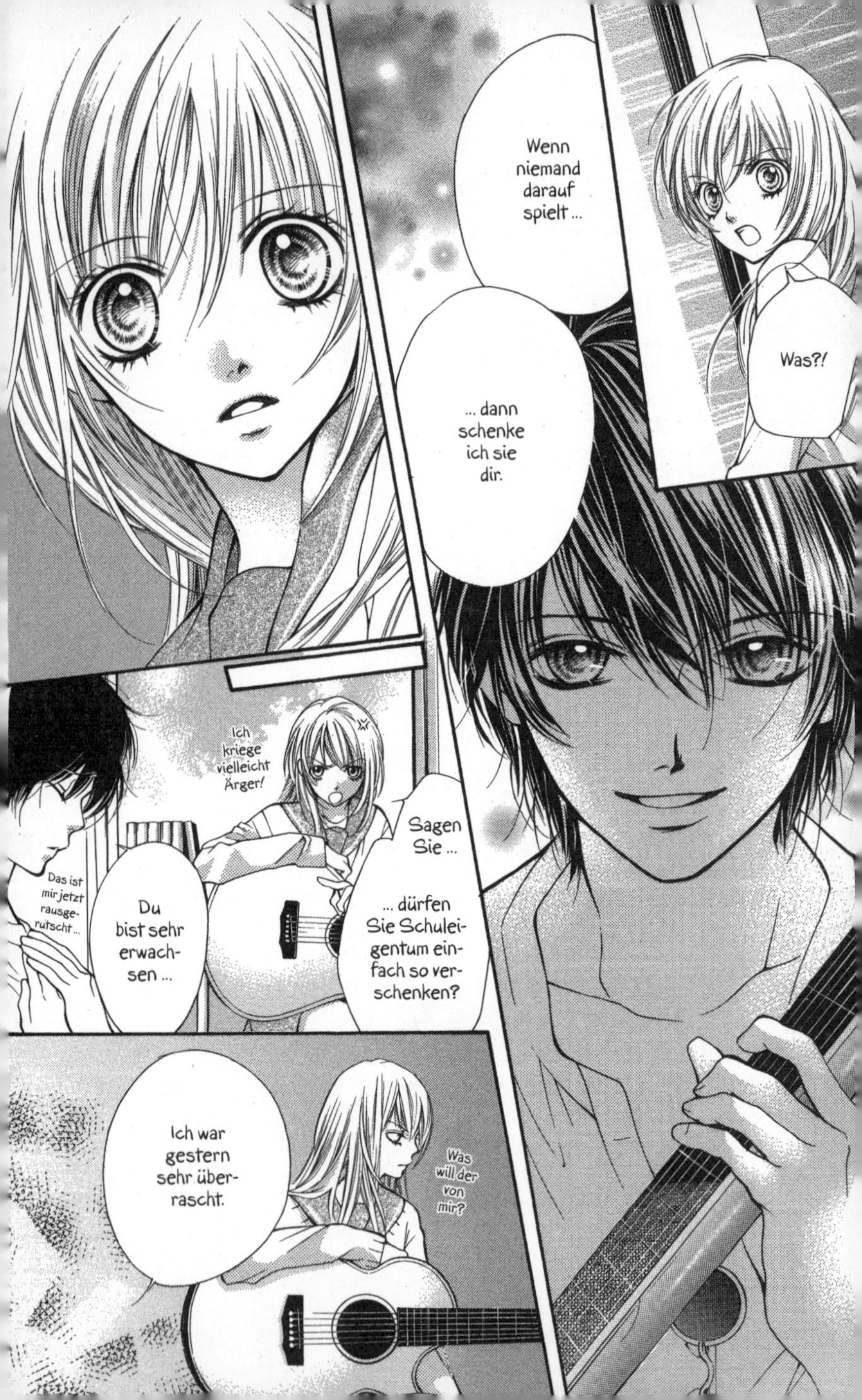
Wenn niemand darauf spielt ...
... dann schenke ich sie dir.
Was?!
Sagen Sie ...
... dürfen Sie Schuleigentum einfach so verschenken?
Ich kriege vielleicht Ärger!
Du bist sehr erwachsen ...
Das ist mir jetzt rausgerutscht...
Ich war gestern sehr überrascht.
Was will der von mir?

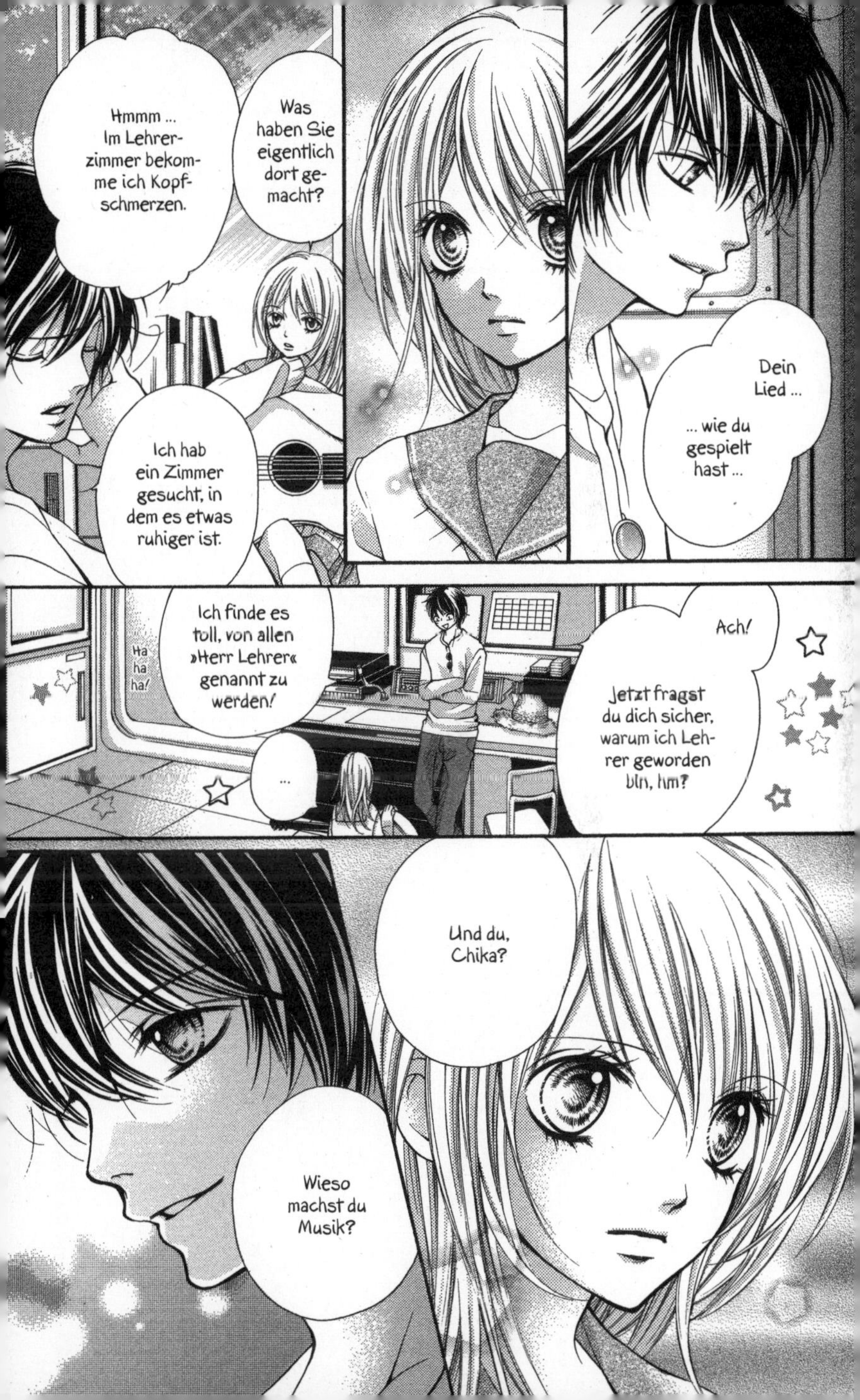
Dein Lied ...
... wie du gespielt hast ...
Was haben Sie eigentlich dort gemacht?
Hmmm ... Im Lehrerzimmer bekomme ich Kopfschmerzen.
Ich hab ein Zimmer gesucht, in dem es etwas ruhiger ist.
Ach!
Jetzt fragst du dich sicher, warum ich Lehrer geworden bin, hm?
Ich finde es toll, von allen »Herr Lehrer« genannt zu werden!
Ha ha ha!
...
Und du, Chika?
Wieso machst du Musik?

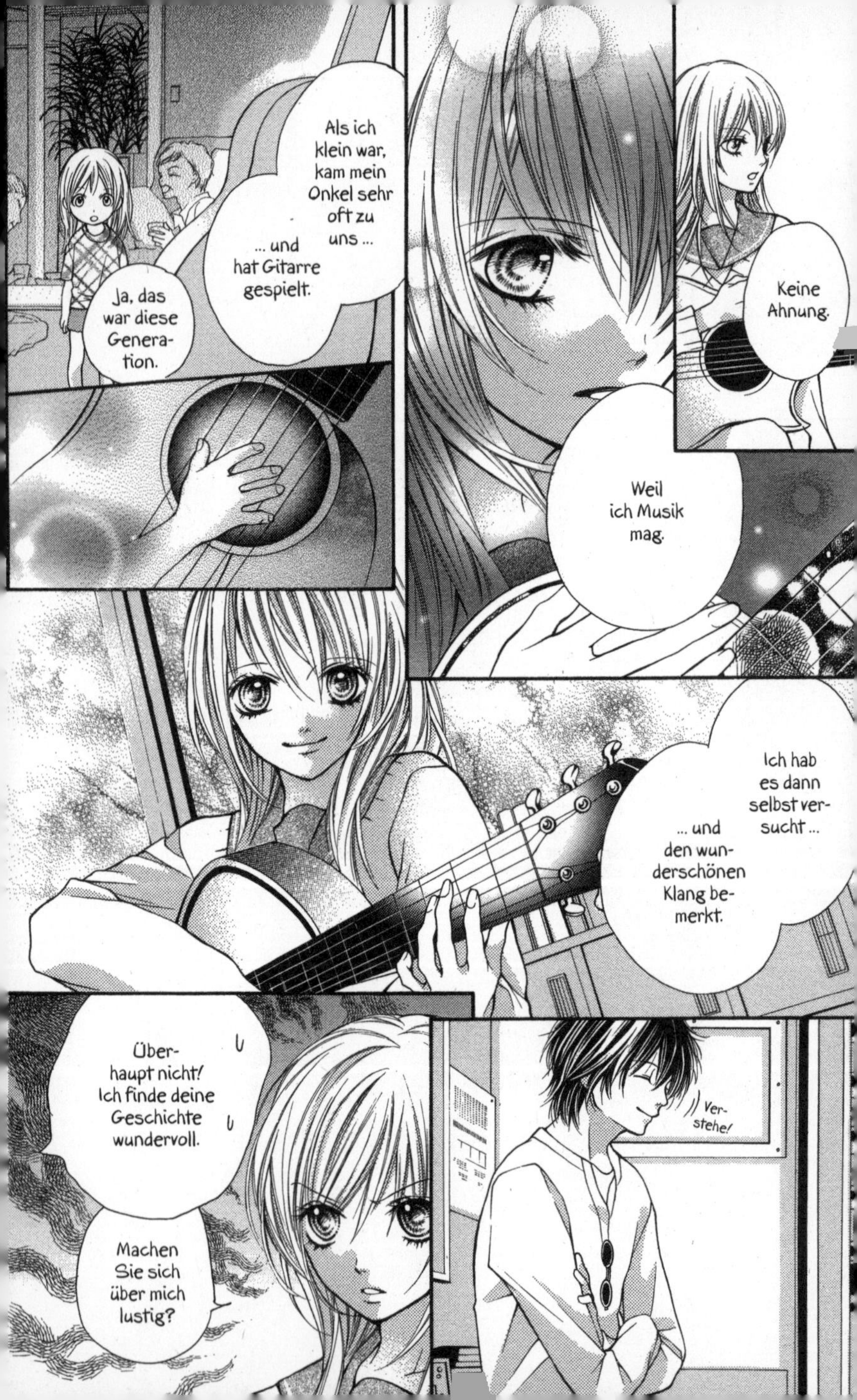
Keine Ahnung.
Weil ich Musik mag.
Als ich klein war, kam mein Onkel sehr oft zu uns ...
... und hat Gitarre gespielt.
Ja, das war diese Generation.
Ich hab es dann selbst versucht ...
... und den wunderschönen Klang bemerkt.
Verstehe!
Machen Sie sich über mich lustig?
Überhaupt nicht! Ich finde deine Geschichte wundervoll.

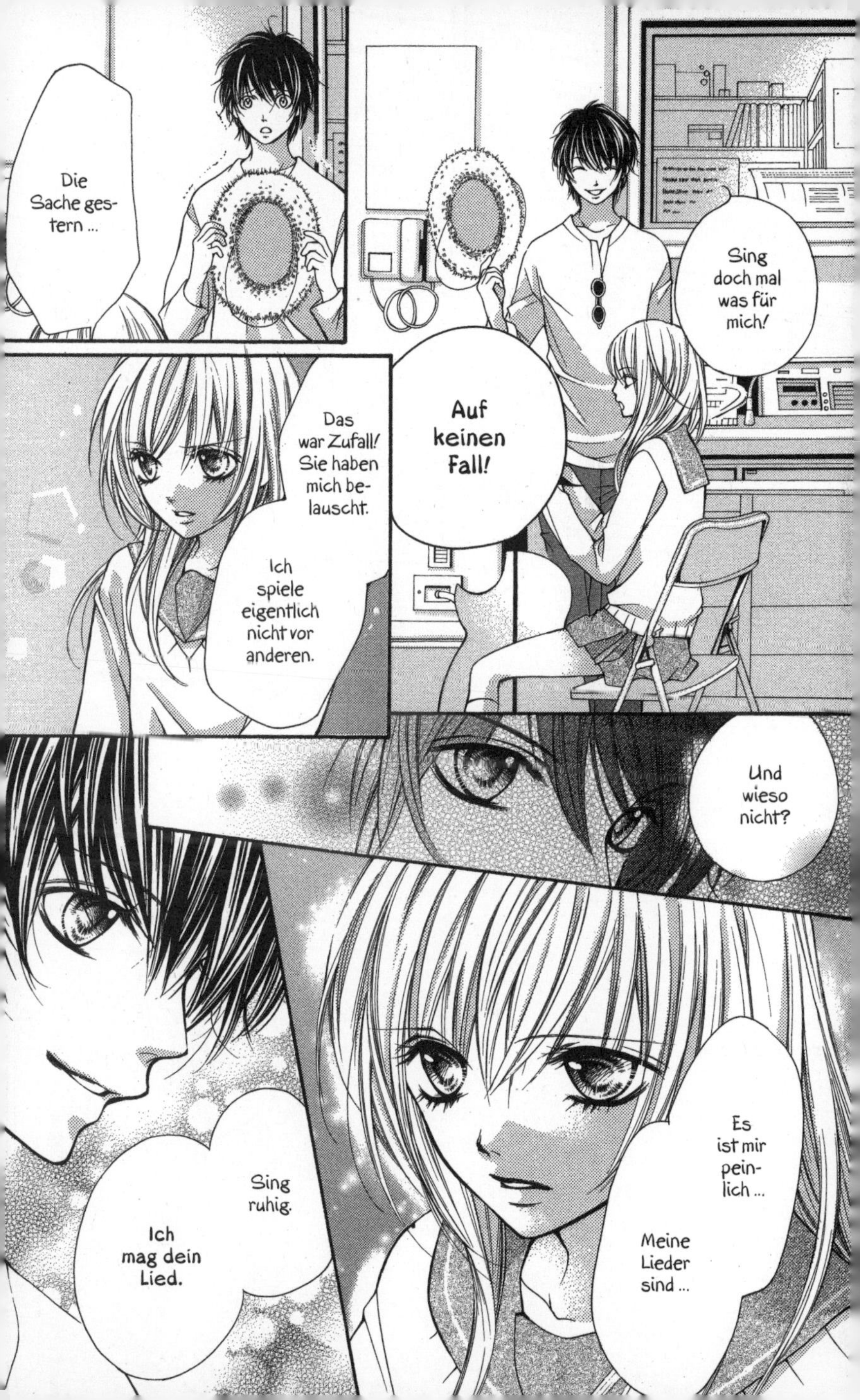
Sing doch mal was für mich!
Die Sache gestern ...
Auf keinen Fall!
Das war Zufall! Sie haben mich belauscht.
Ich spiele eigentlich nicht vor anderen.
Und wieso nicht?
Es ist mir peinlich ...
Meine Lieder sind ...
Sing ruhig.
Ich mag dein Lied.

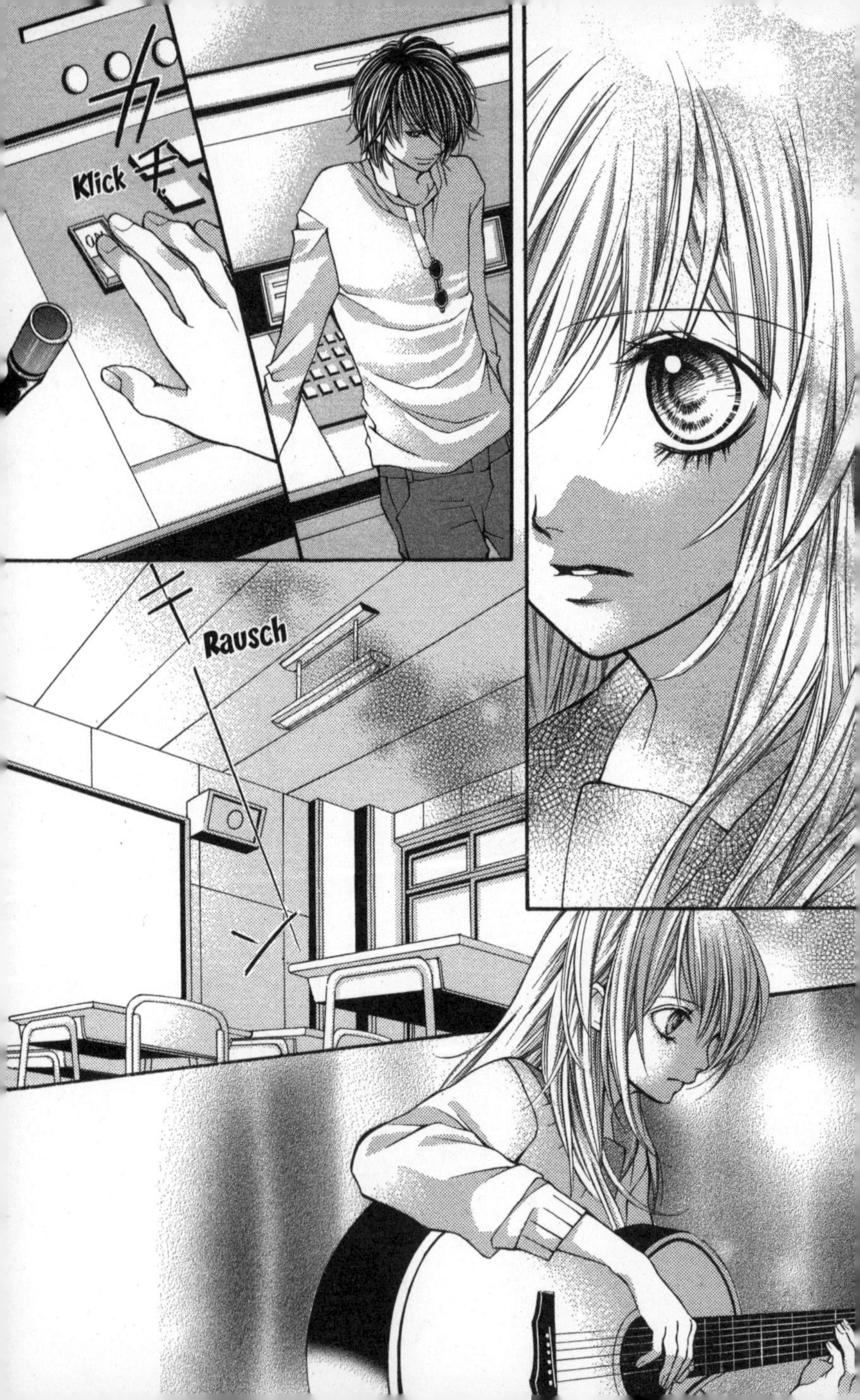
Klick
Rausch

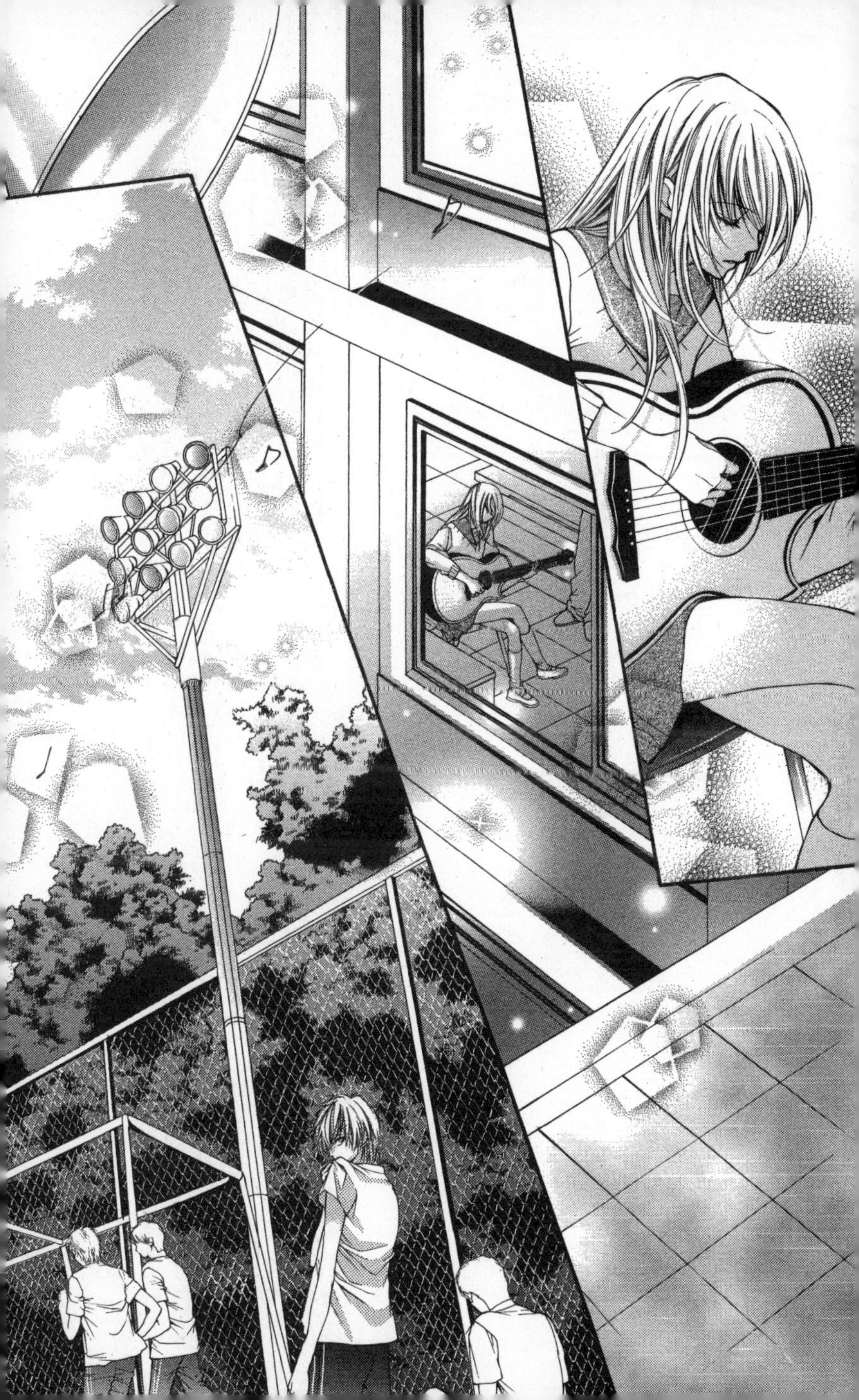

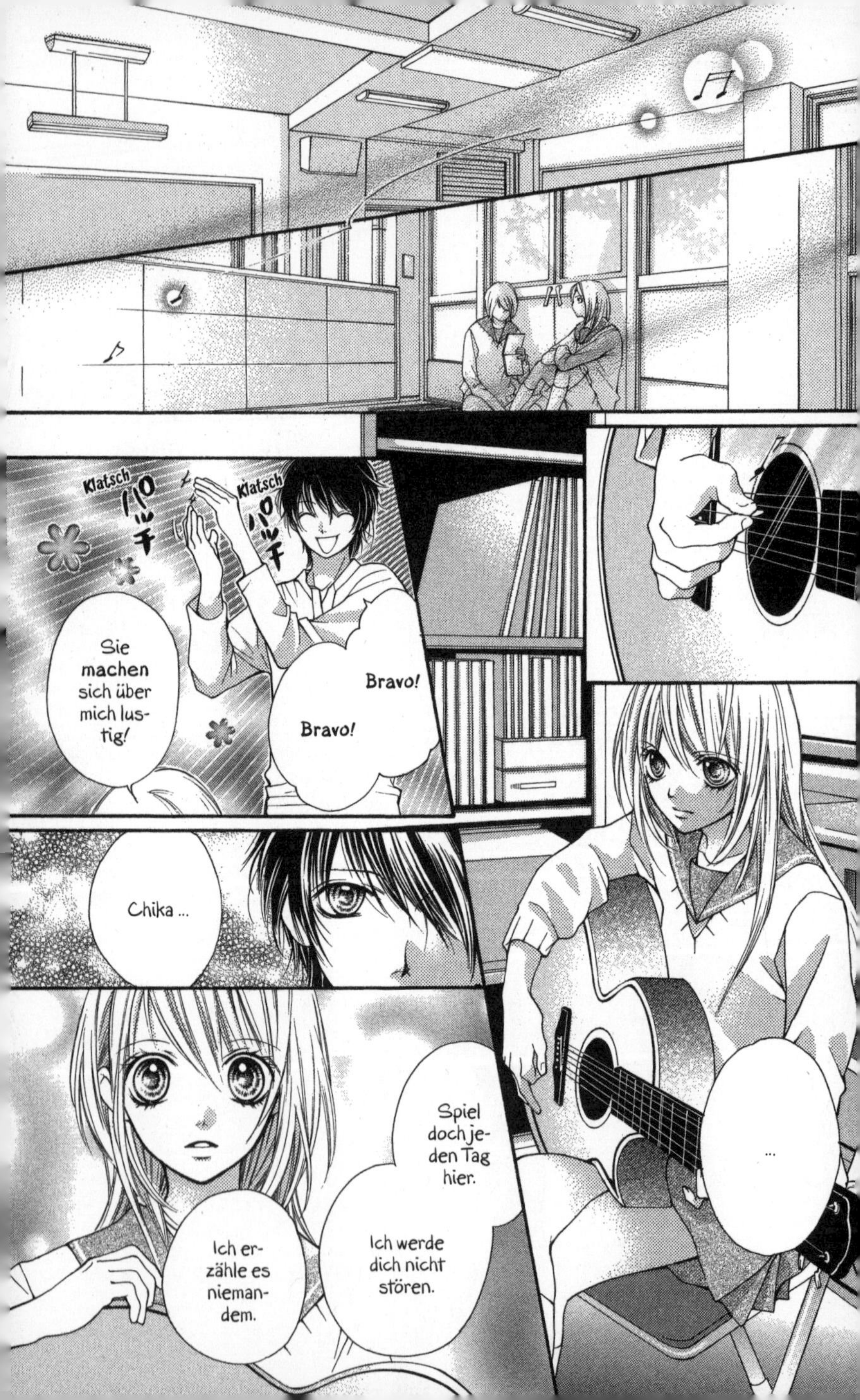
Klatsch
パッチ
Klatsch
パッチ
Bravo!
Bravo!
Sie machen sich über mich lustig!
Chika ...
...
Spiel doch jeden Tag hier.
Ich werde dich nicht stören.
Ich erzähle es niemandem.

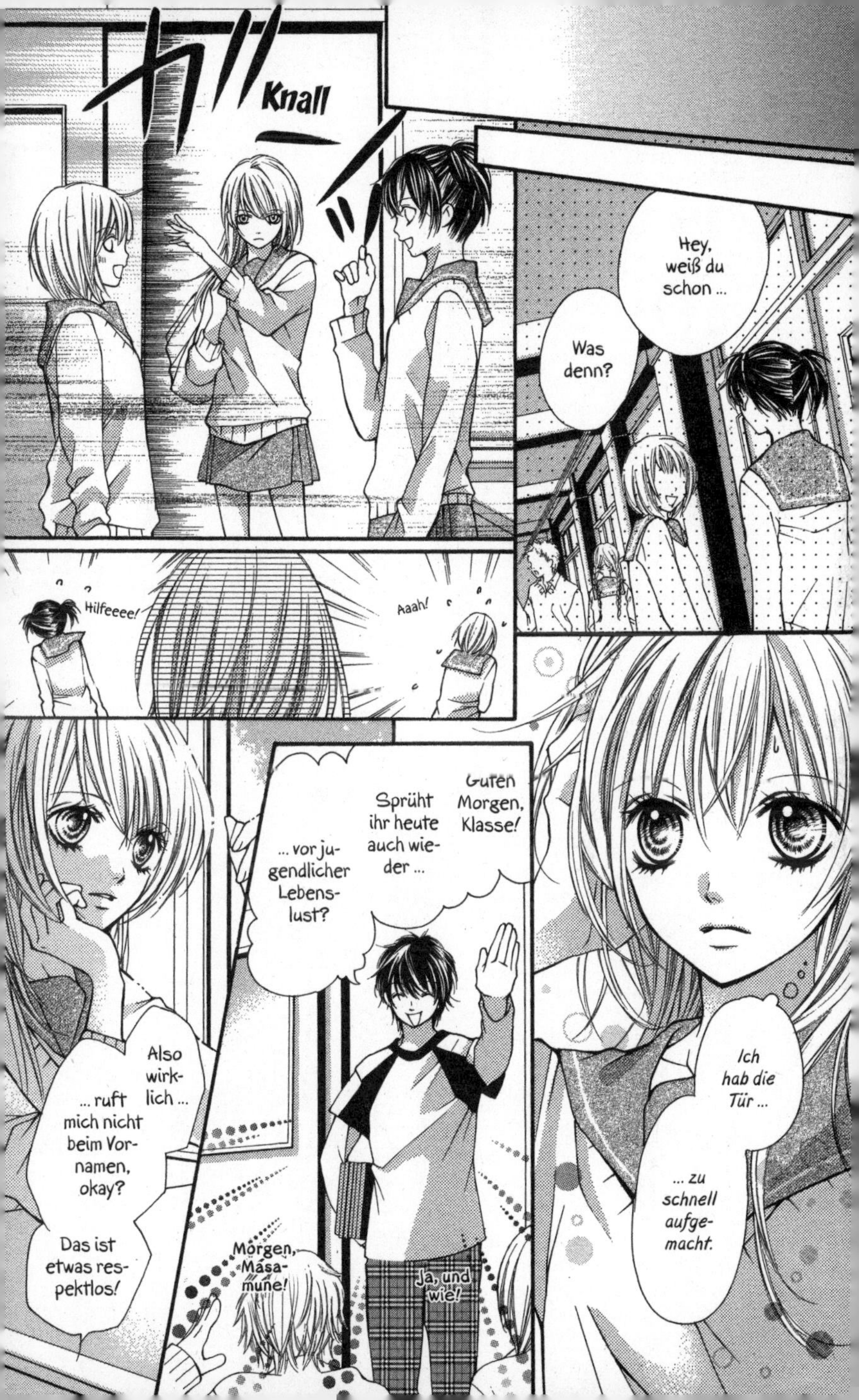
Knall
Hey, weiß du schon ...
Was denn?
Hilfeeee!
Aaah!
Ich hab die Tür ...
... zu schnell aufgemacht.
Guten Morgen, Klasse!
Sprüht ihr heute auch wieder ...
... vor jugendlicher Lebenslust?
Also wirklich ...
... ruft mich nicht beim Vornamen, okay?
Das ist etwas respektlos!
Ja, und wie!
Morgen, Masamune!

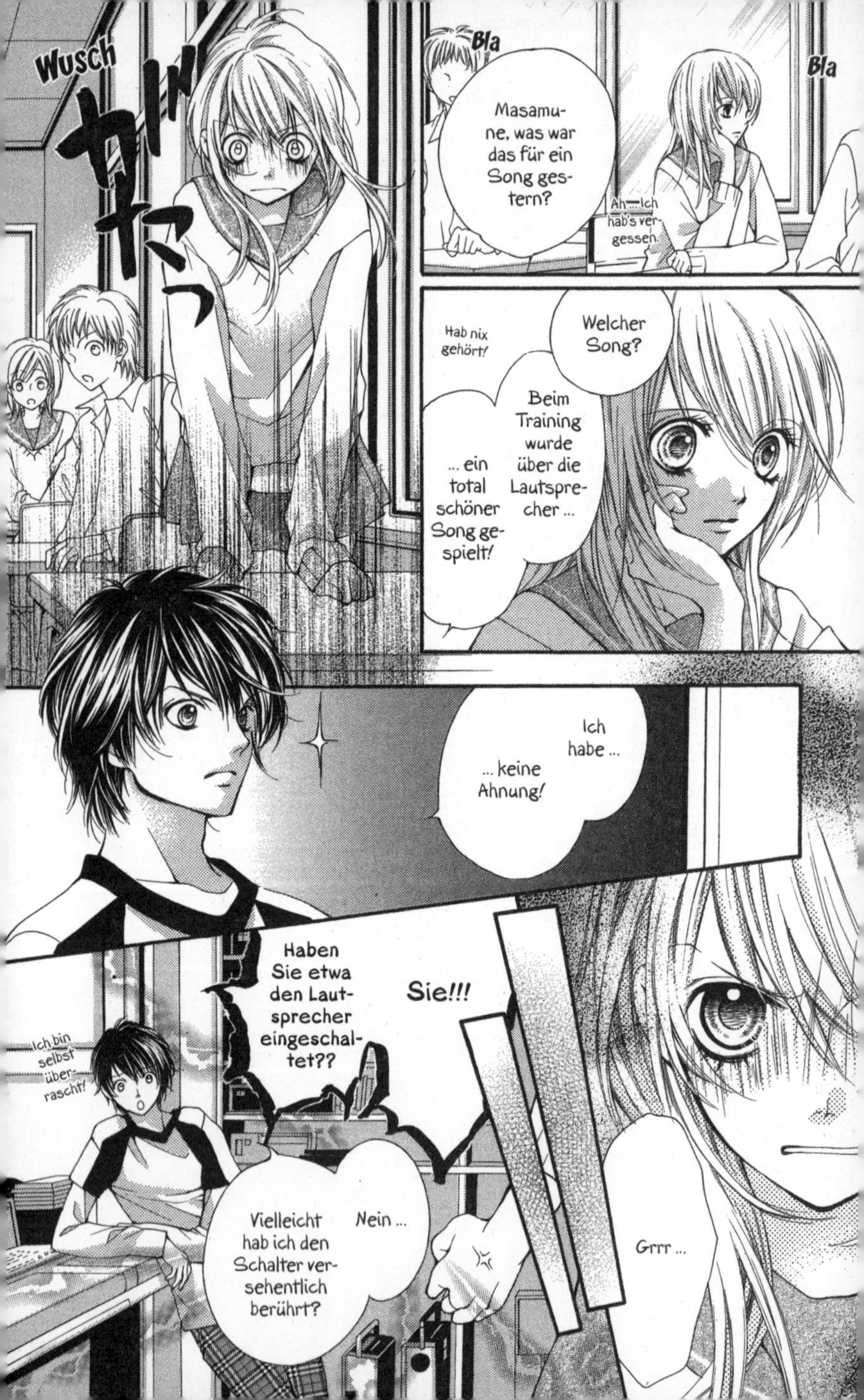
Bla
Bla
Masamune, was war das für ein Song gestern?
Ah – Ich hab's vergessen.
Wusch
Welcher Song?
Beim Training wurde über die Lautsprecher ...
... ein total schöner Song gespielt!
Hab nix gehört!
Ich habe ...
... keine Ahnung!
Sie!!!
Haben Sie etwa den Lautsprecher eingeschaltet??
Grrr ...
Nein ...
Vielleicht hab ich den Schalter versehentlich berührt?
Ich bin selbst überrascht!

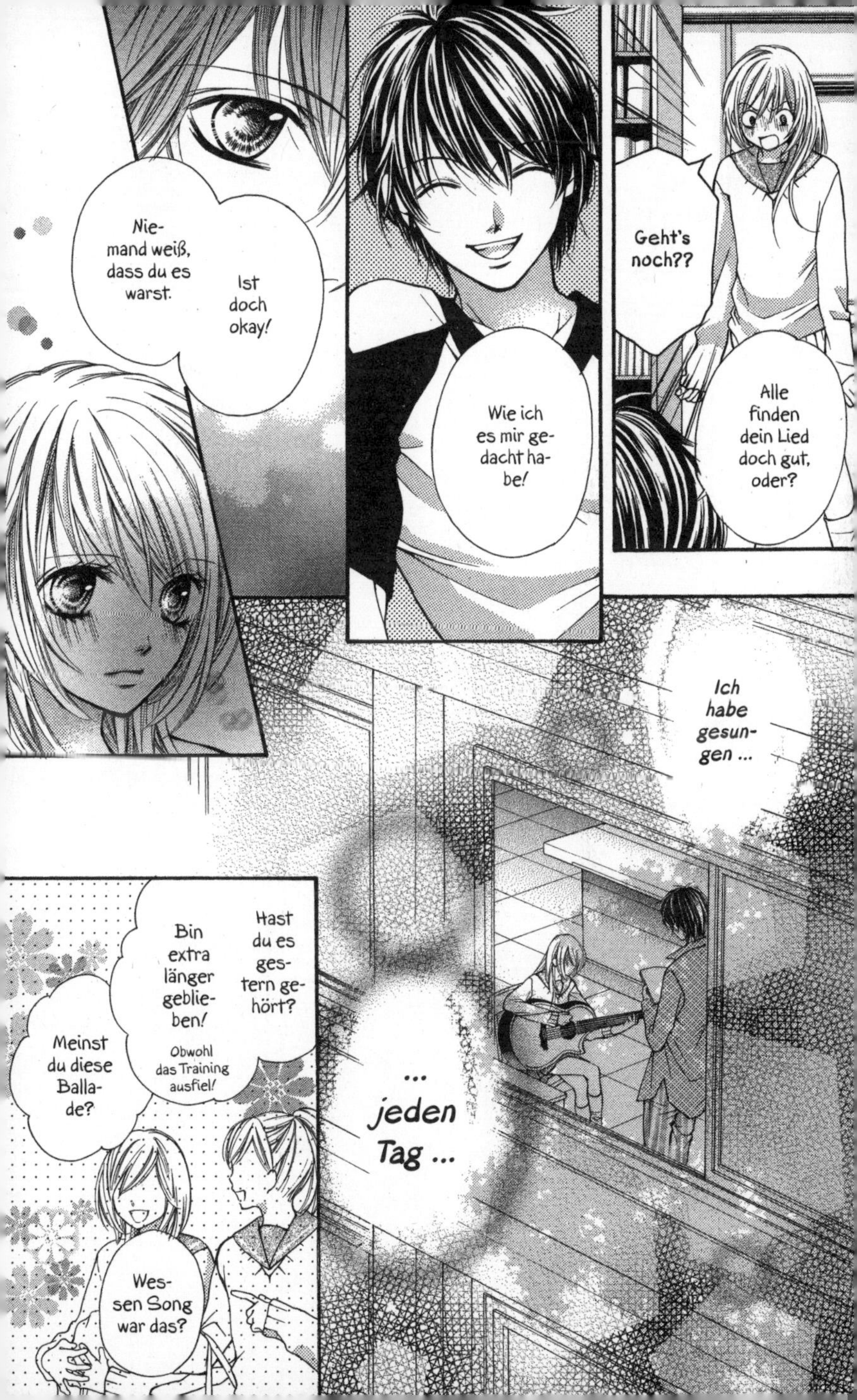
Geht's noch??
Alle finden dein Lied doch gut, oder?
Wie ich es mir gedacht habe!
Niemand weiß, dass du es warst.
Ist doch okay!
Ich habe gesungen ...
... jeden Tag ...
Hast du es gestern gehört?
Bin extra länger geblieben!
Obwohl das Training ausfiel!
Meinst du diese Ballade?
Wessen Song war das?

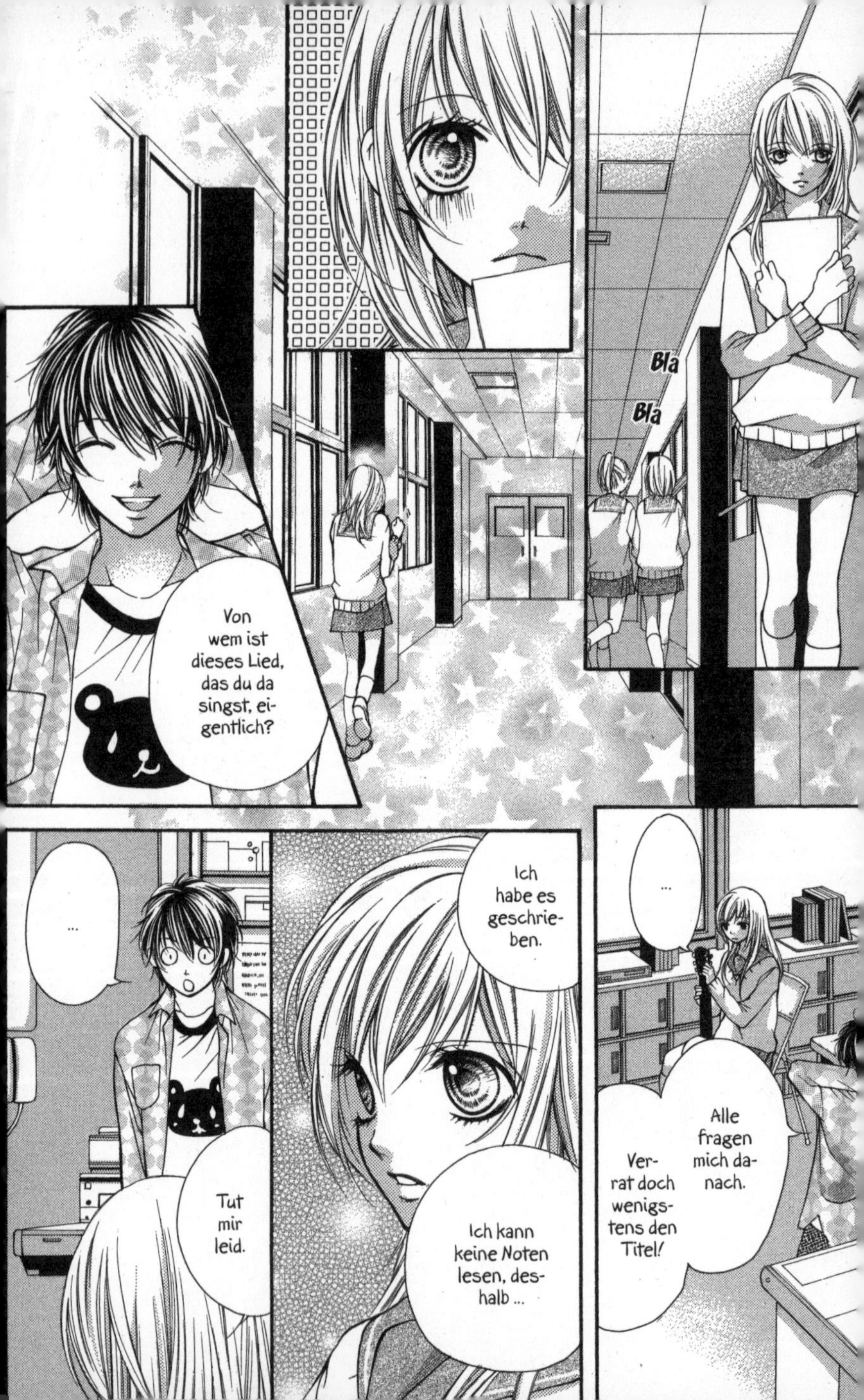
Bla
Bla
Von wem ist dieses Lied, das du da singst, eigentlich?
...
Alle fragen mich danach.
Verrat doch wenigstens den Titel!
Ich habe es geschrieben.
Ich kann keine Noten lesen, deshalb ...
...
Tut mir leid.

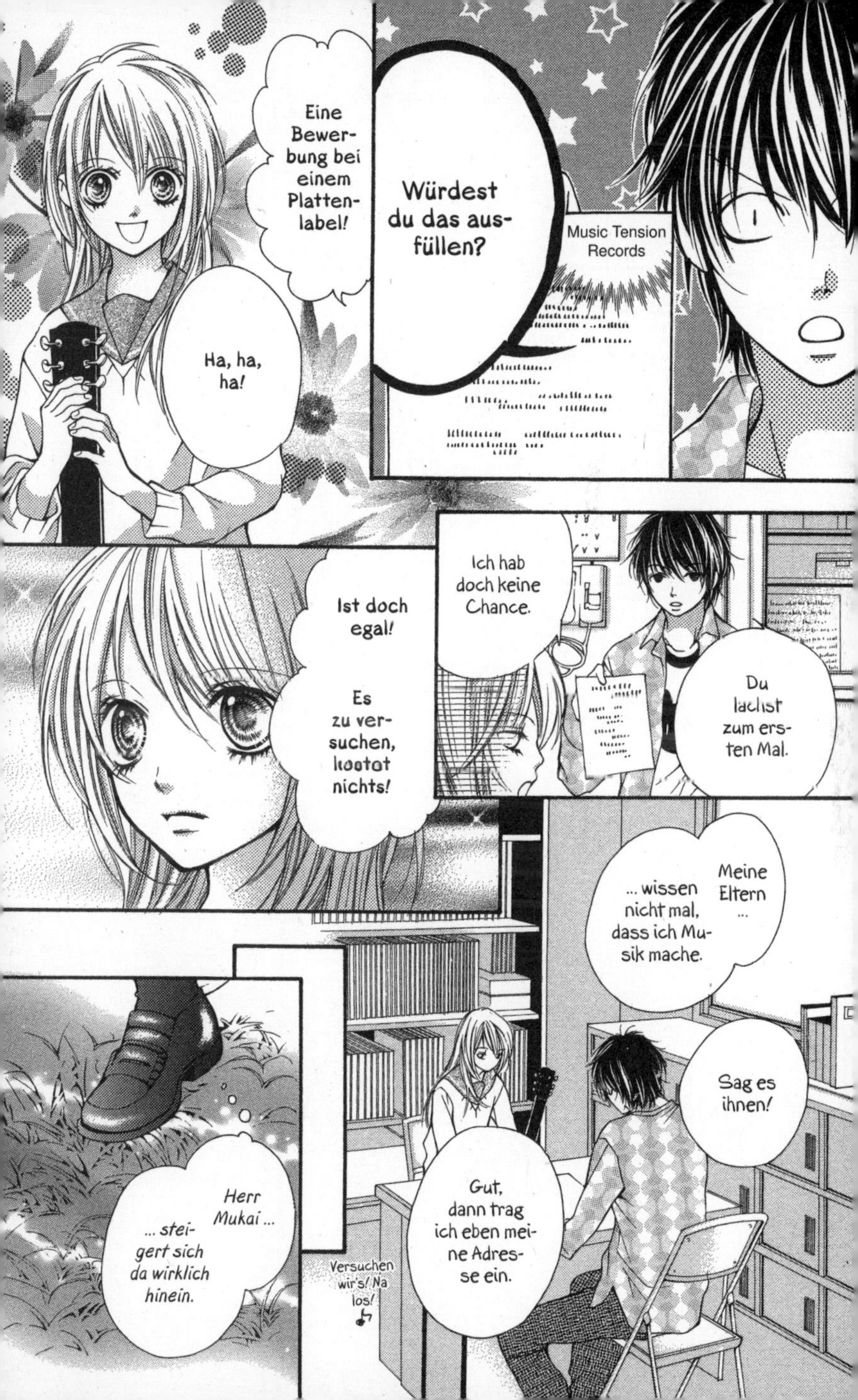
Würdest du das ausfüllen?
Music Tension Records
Eine Bewerbung bei einem Plattenlabel!
Ha, ha, ha!
Ich hab doch keine Chance.
Du lachst zum ersten Mal.
Ist doch egal!
Es zu versuchen, kostet nichts!
Meine Eltern ...
... wissen nicht mal, dass ich Musik mache.
Sag es ihnen!
Gut, dann trag ich eben meine Adresse ein.
Versuchen wir's! Na los!
Herr Mukai ...
... steigert sich da wirklich hinein.

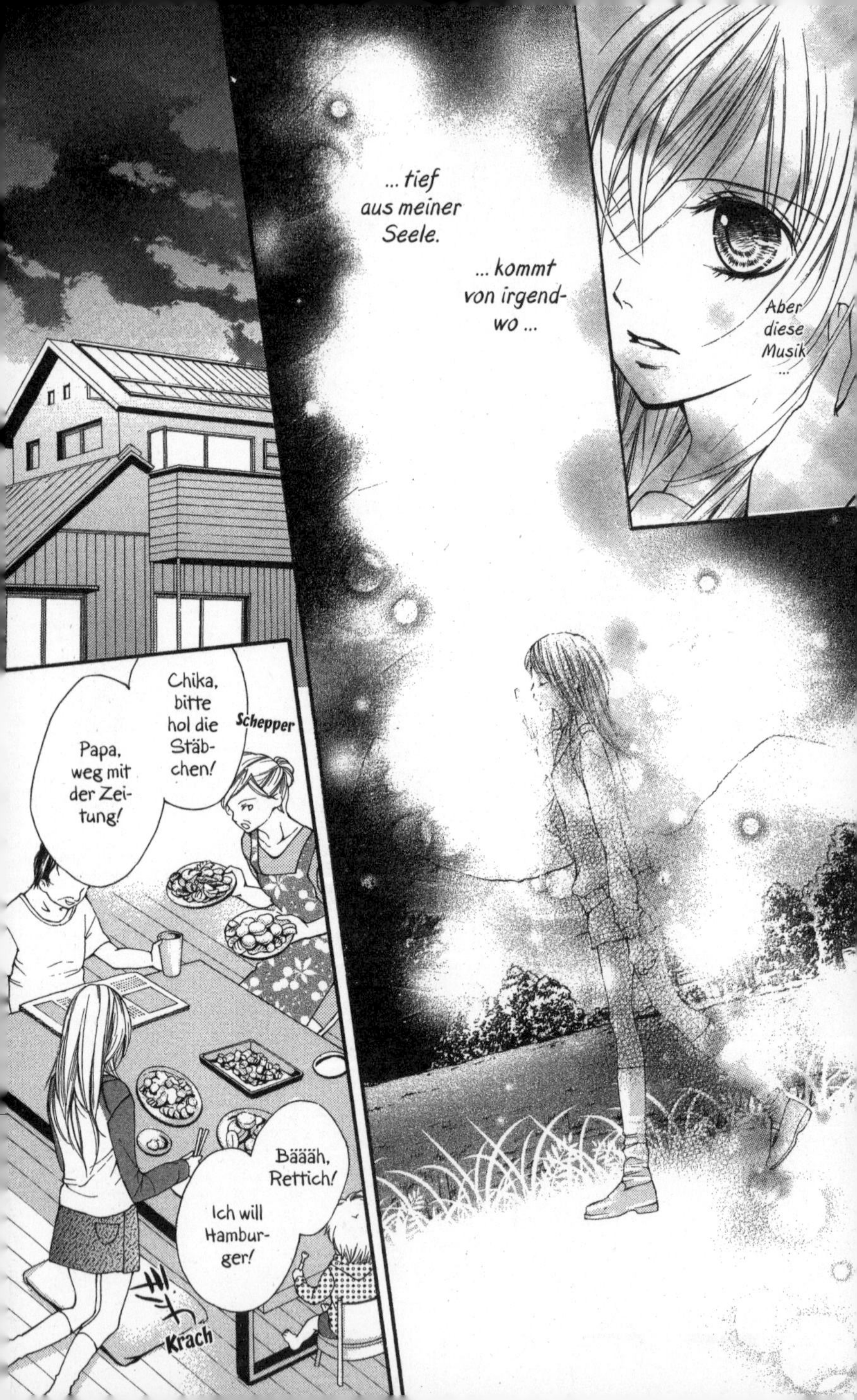

Aber diese Musik ...
... kommt von irgend-wo ...
... tief aus meiner Seele.
Chika, bitte hol die Stäb-chen!
Schepper
Papa, weg mit der Zei-tung!
Bäääh, Rettich!
Ich will Hambur-ger!
Krach

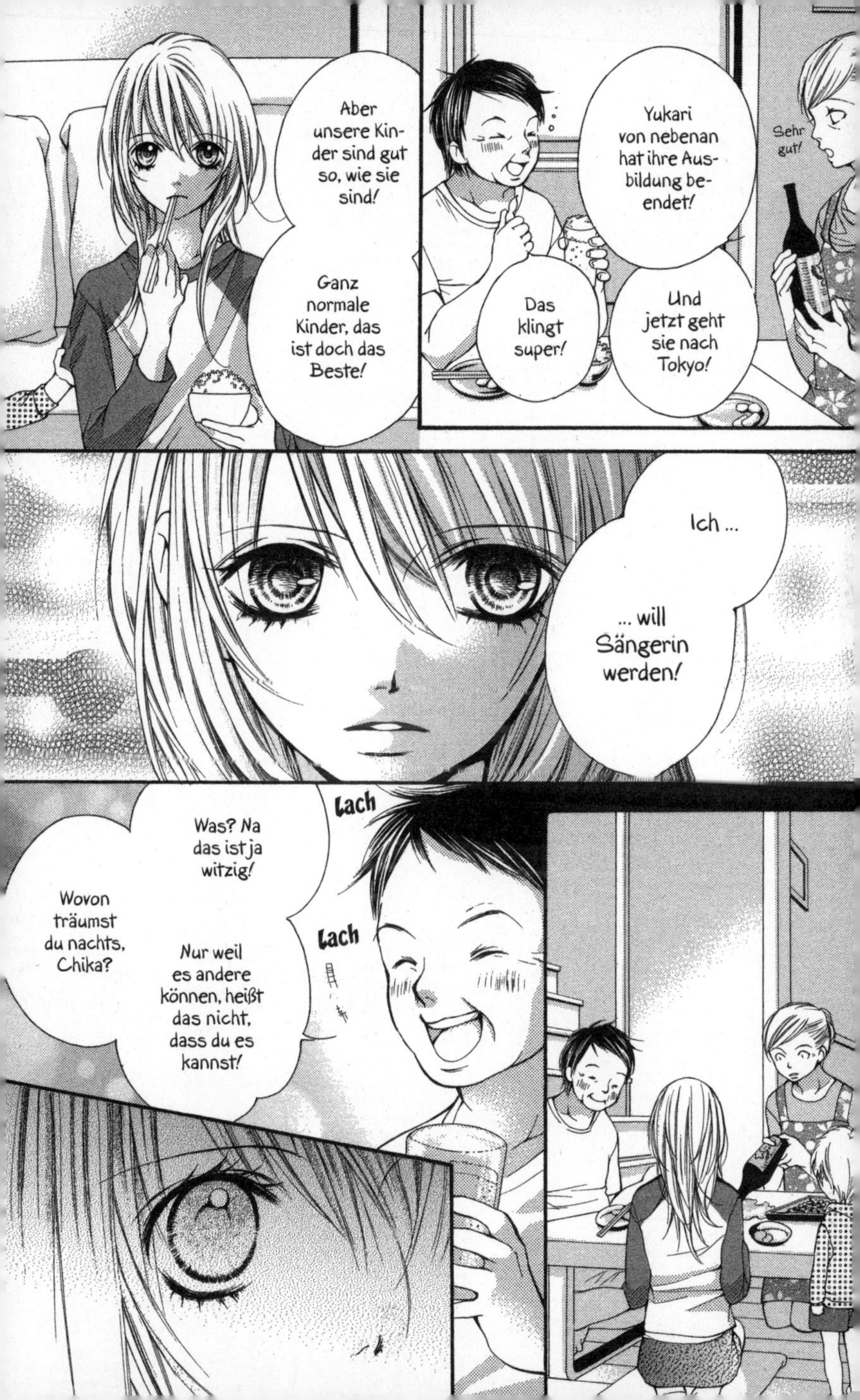
Yukari von nebenan hat ihre Ausbildung beendet!
Und jetzt geht sie nach Tokyo!
Sehr gut!
Das klingt super!
Aber unsere Kinder sind gut so, wie sie sind!
Ganz normale Kinder, das ist doch das Beste!
Ich ...
... will Sängerin werden!
Lach
Was? Na das ist ja witzig!
Lach
Nur weil es andere können, heißt das nicht, dass du es kannst!
Wovon träumst du nachts, Chika?

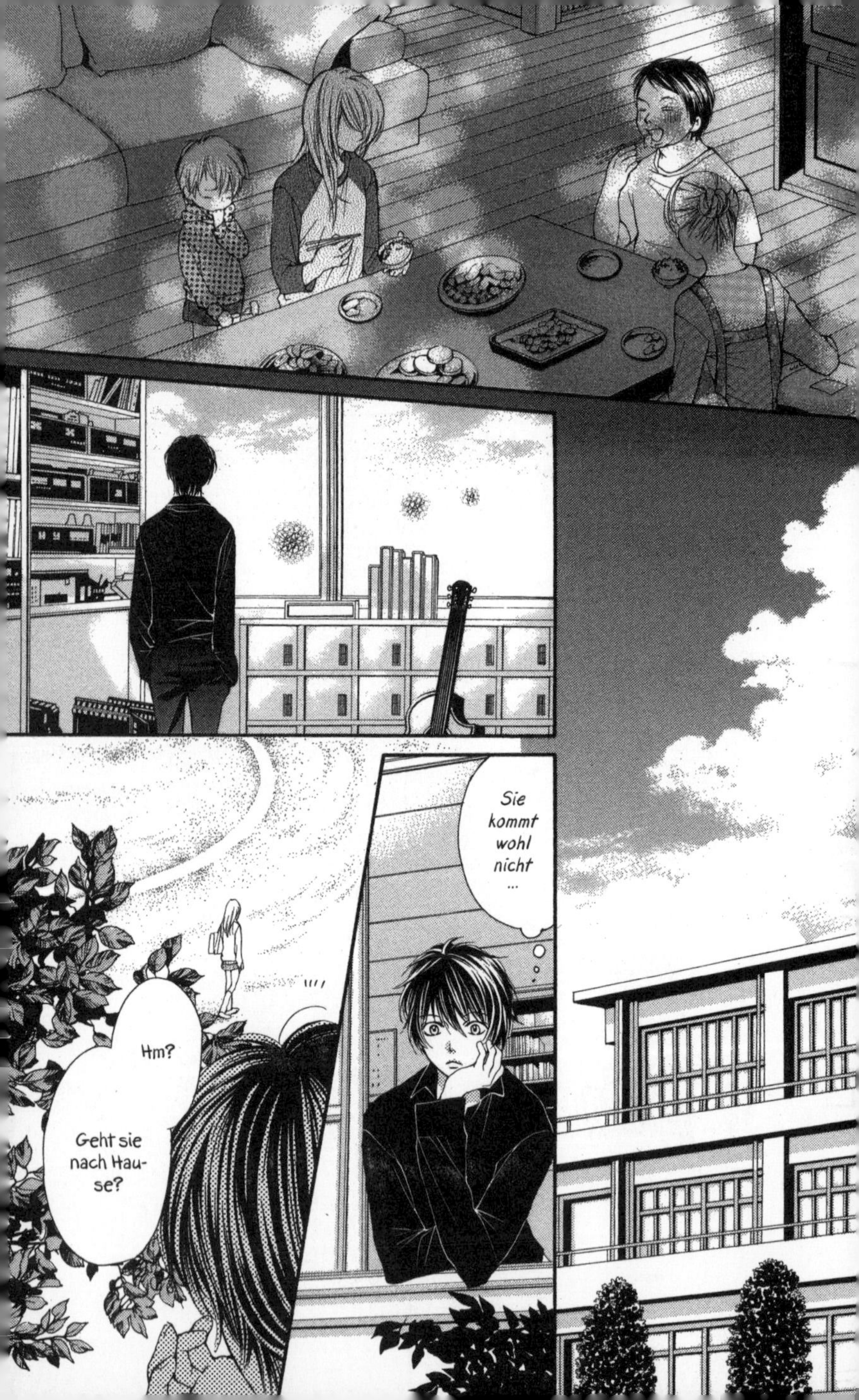

Sie kommt wohl nicht ...
Hm?
Geht sie nach Hau-se?

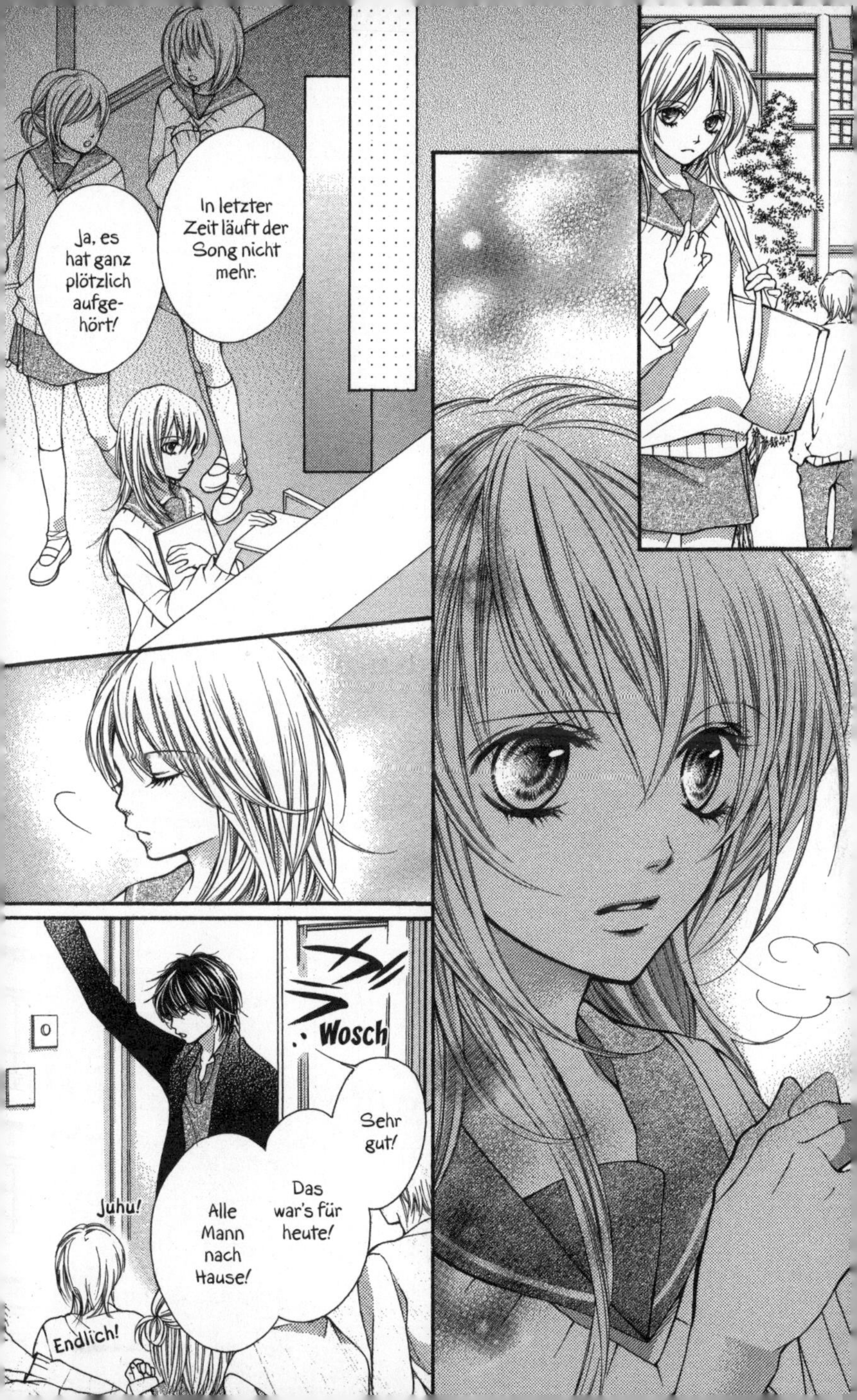
In letzter Zeit läuft der Song nicht mehr.
Ja, es hat ganz plötzlich aufgehört!
Wosch
Sehr gut!
Das war's für heute!
Alle Mann nach Hause!
Juhu!
Endlich!

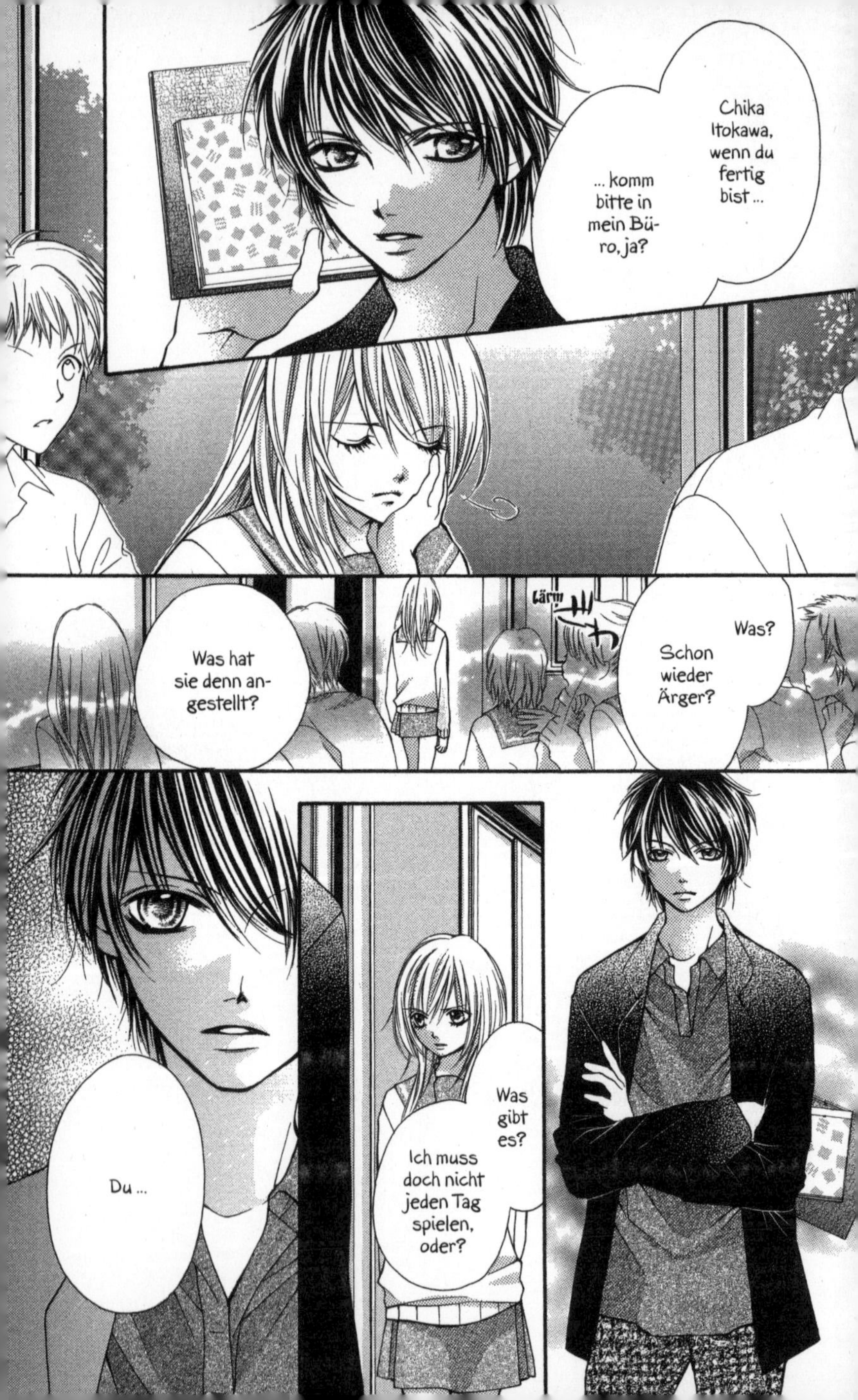
Chika Itokawa, wenn du fertig bist ...
... komm bitte in mein Büro, ja?
Lärm
Was? Schon wieder Ärger?
Was hat sie denn angestellt?
Was gibt es?
Ich muss doch nicht jeden Tag spielen, oder?
Du ...

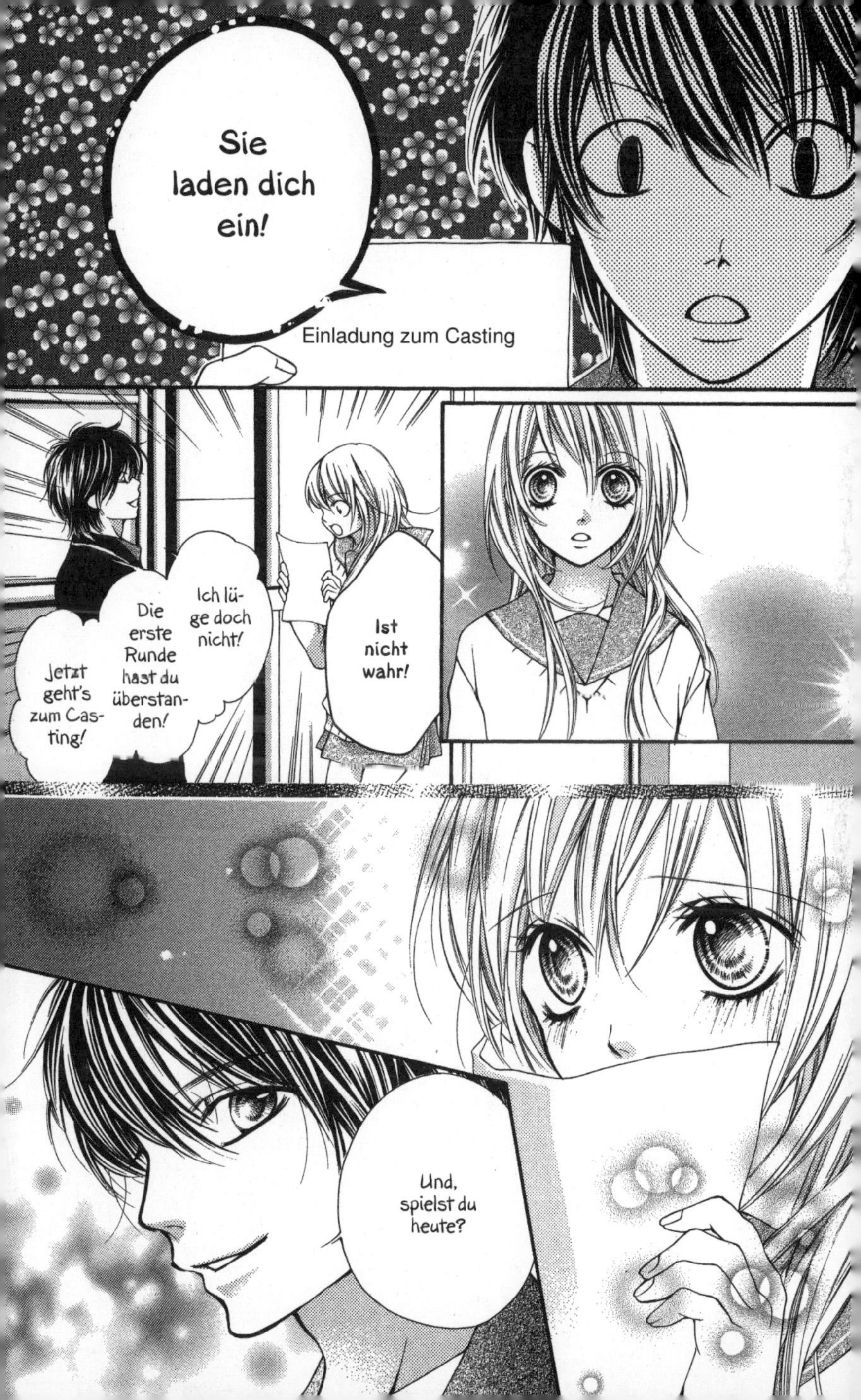

Sie laden dich ein!
Einladung zum Casting
Ist nicht wahr!
Ich lüge doch nicht!
Die erste Runde hast du überstanden!
Jetzt geht's zum Casting!
Und, spielst du heute?

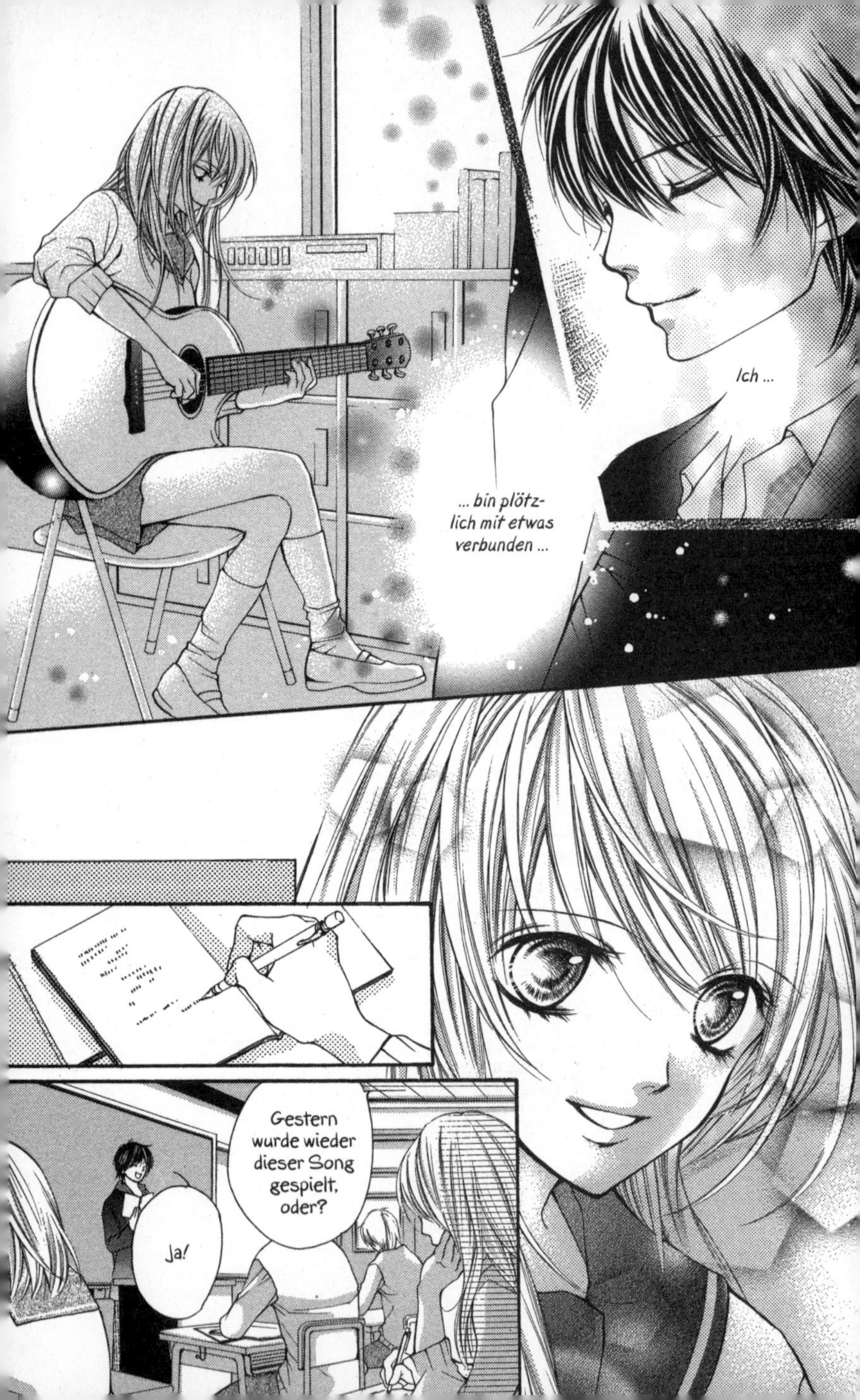
Ich ...
... bin plötz-
lich mit etwas
verbunden ...
Gestern wurde wieder dieser Song gespielt, oder?
Ja!

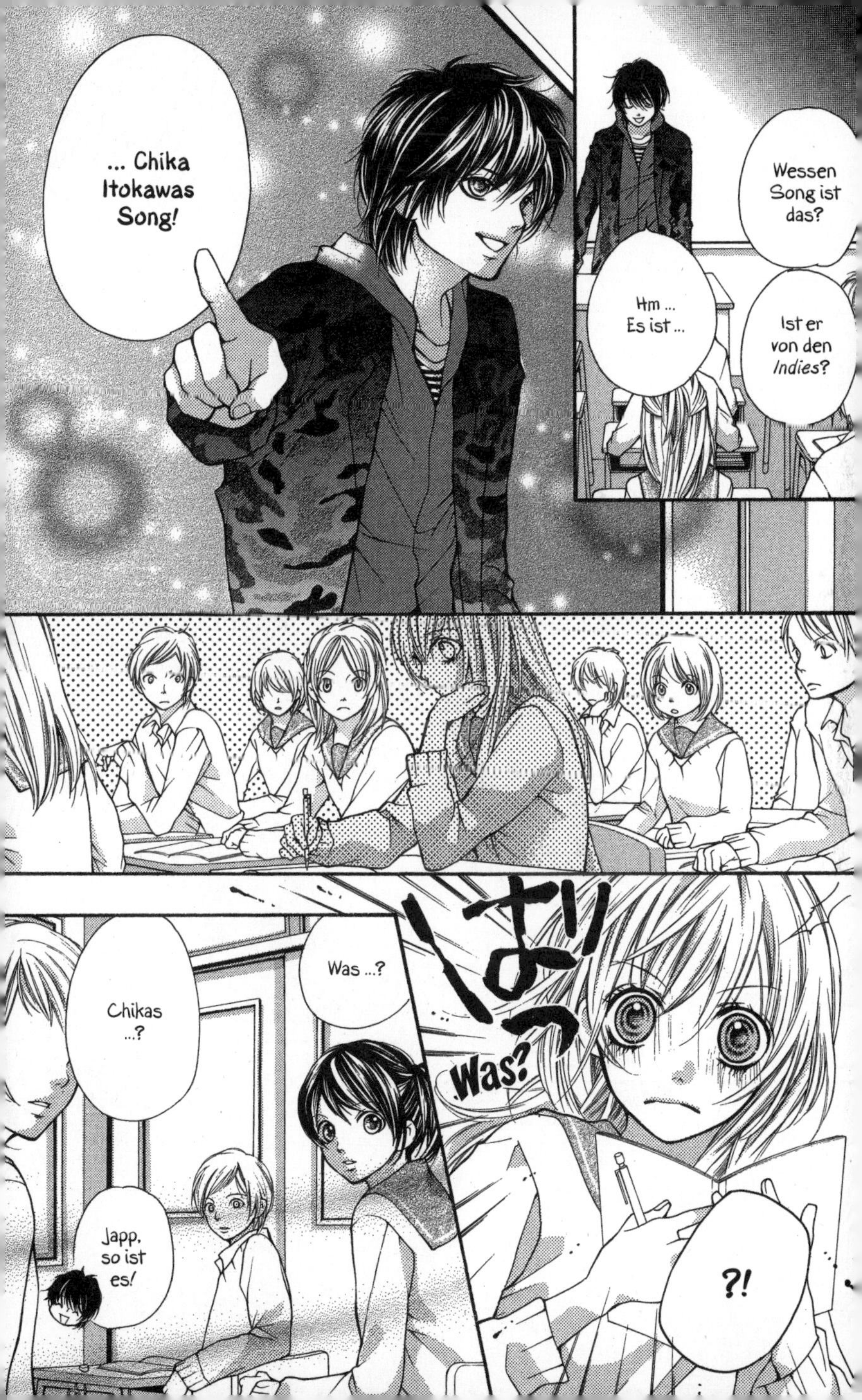

Wessen Song ist das?
Ist er von den *Indies*?
Hm ... Es ist ...
... Chika Itokawas Song!
はっ
Was?
?!
Was ...?
Chikas ...?
Japp, so ist es!

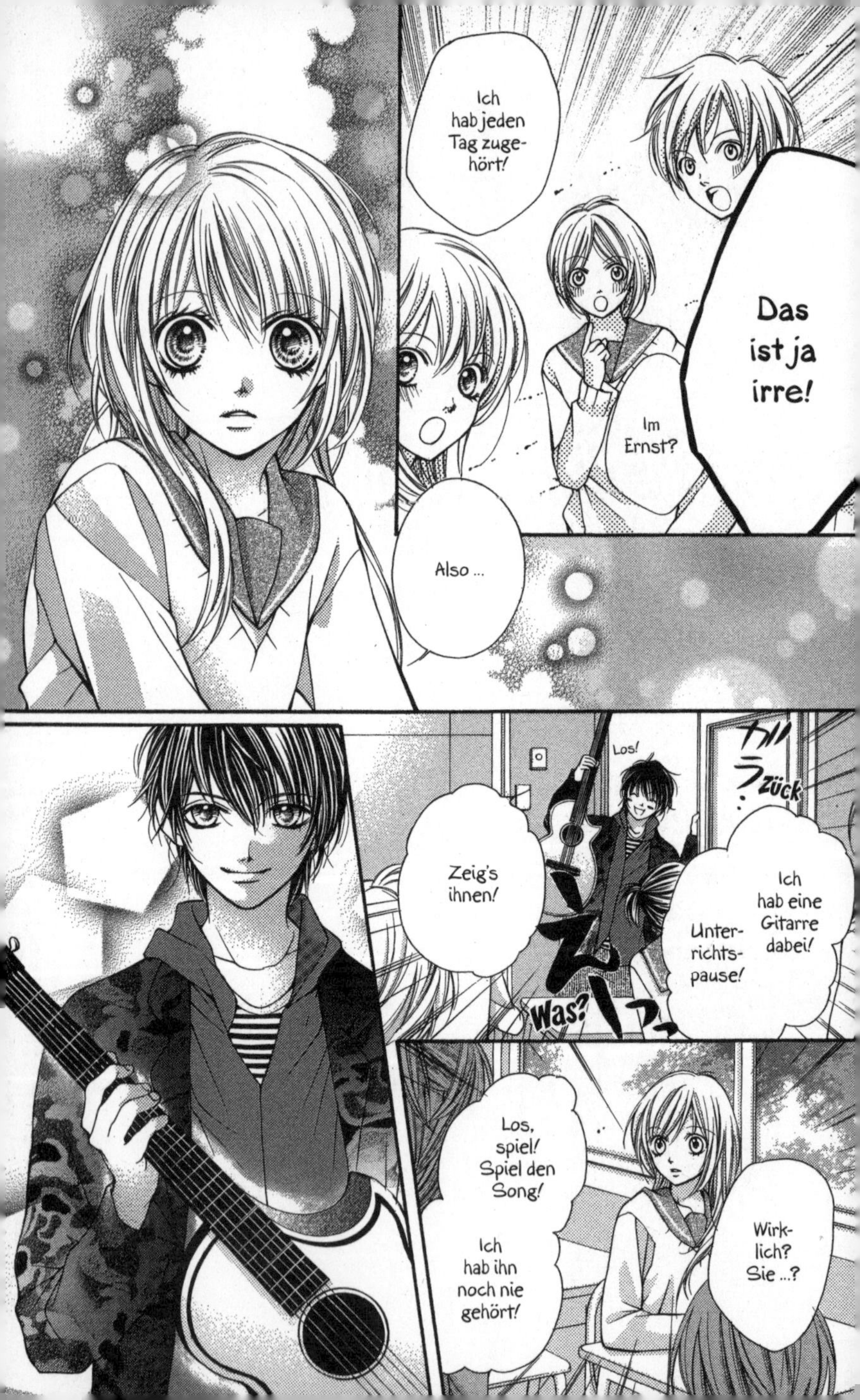
Ich hab jeden Tag zugehört!
Das ist ja irre!
Im Ernst?
Also ...
Ich hab eine Gitarre dabei!
Unterrichtspause!
ZÜCK
Los!
Zeig's ihnen!
Was?
Wirklich? Sie ...?
Los, spiel! Spiel den Song!
Ich hab ihn noch nie gehört!

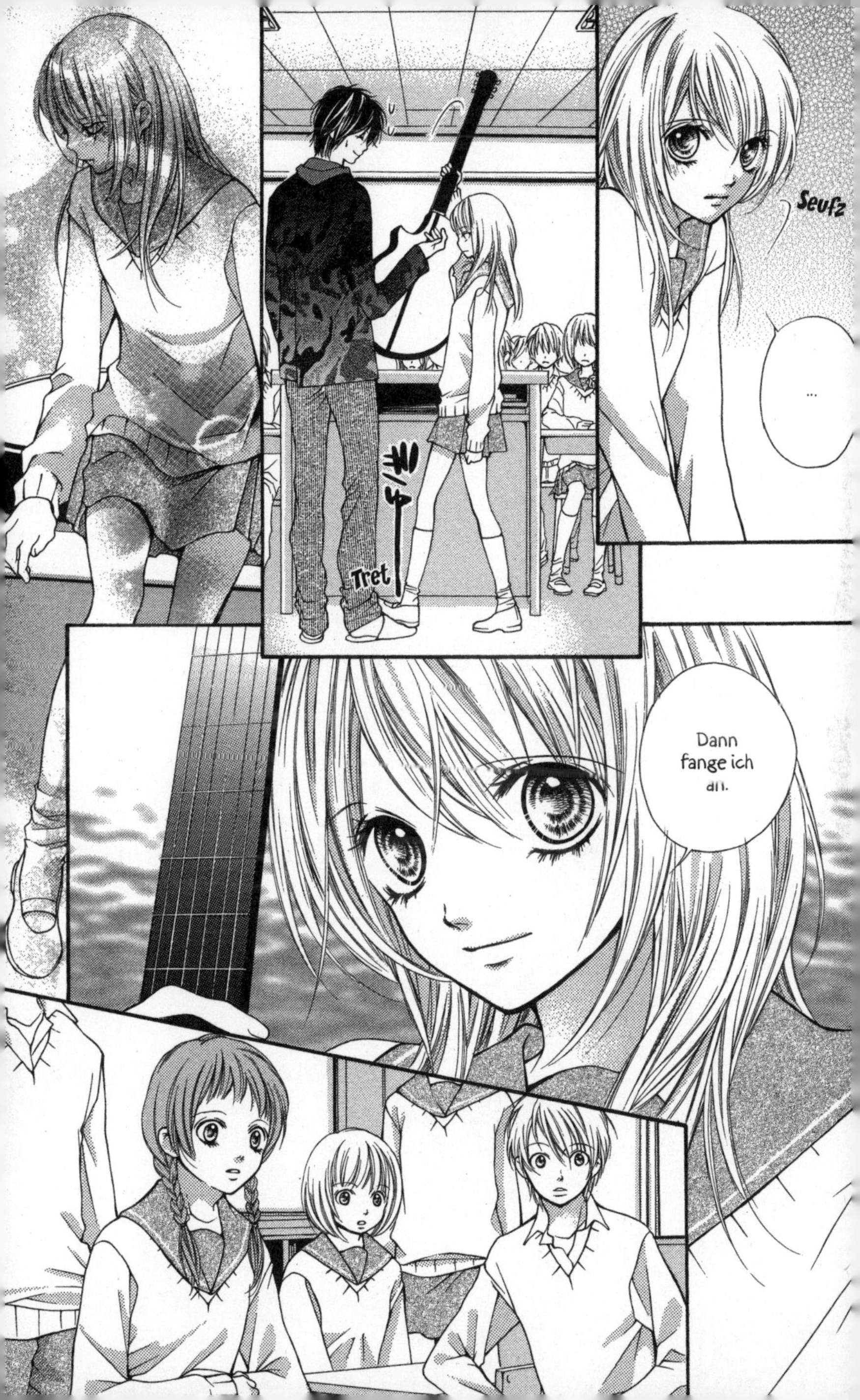
Seufz
...
ギュ
Tret
Dann fange ich an.

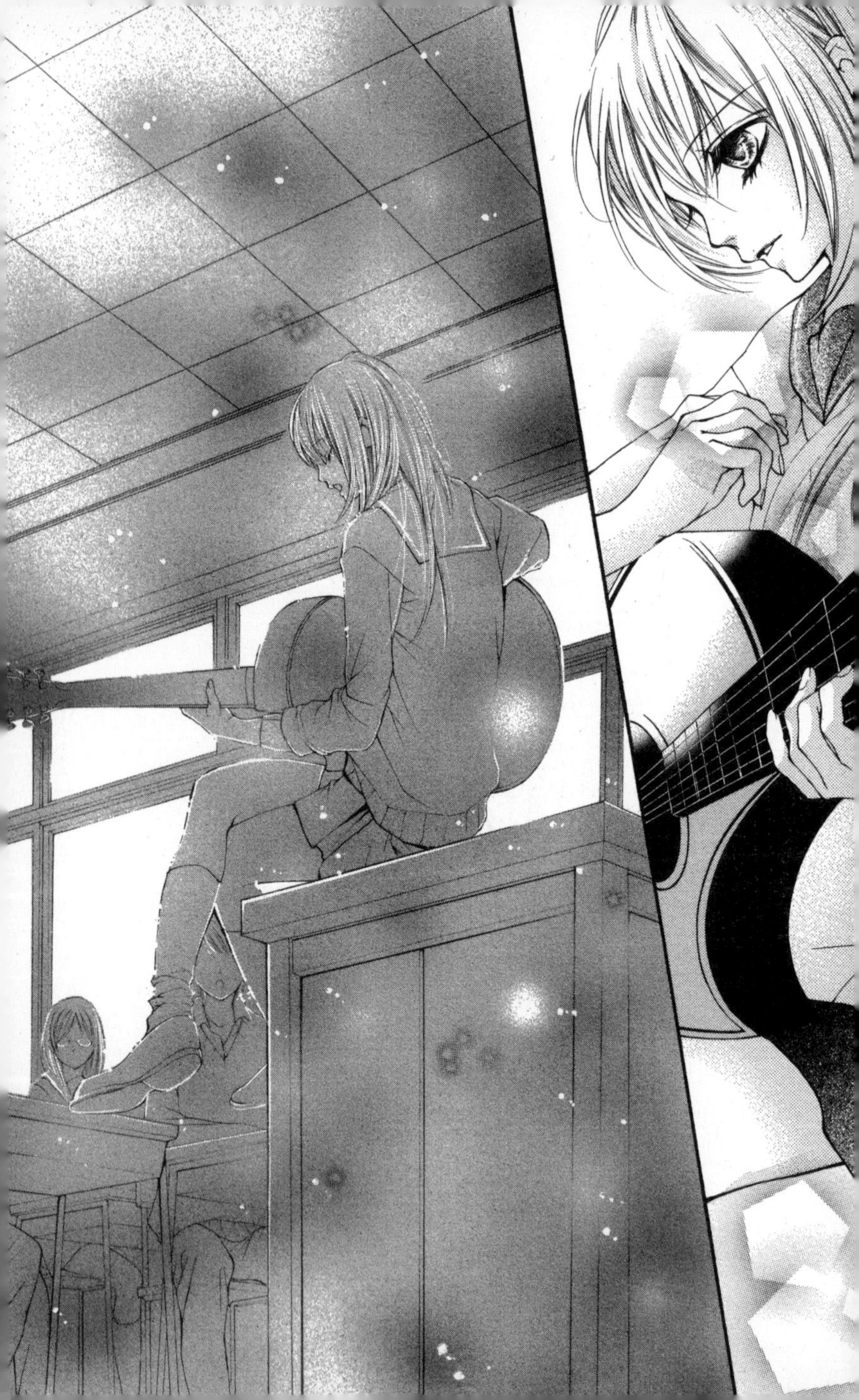

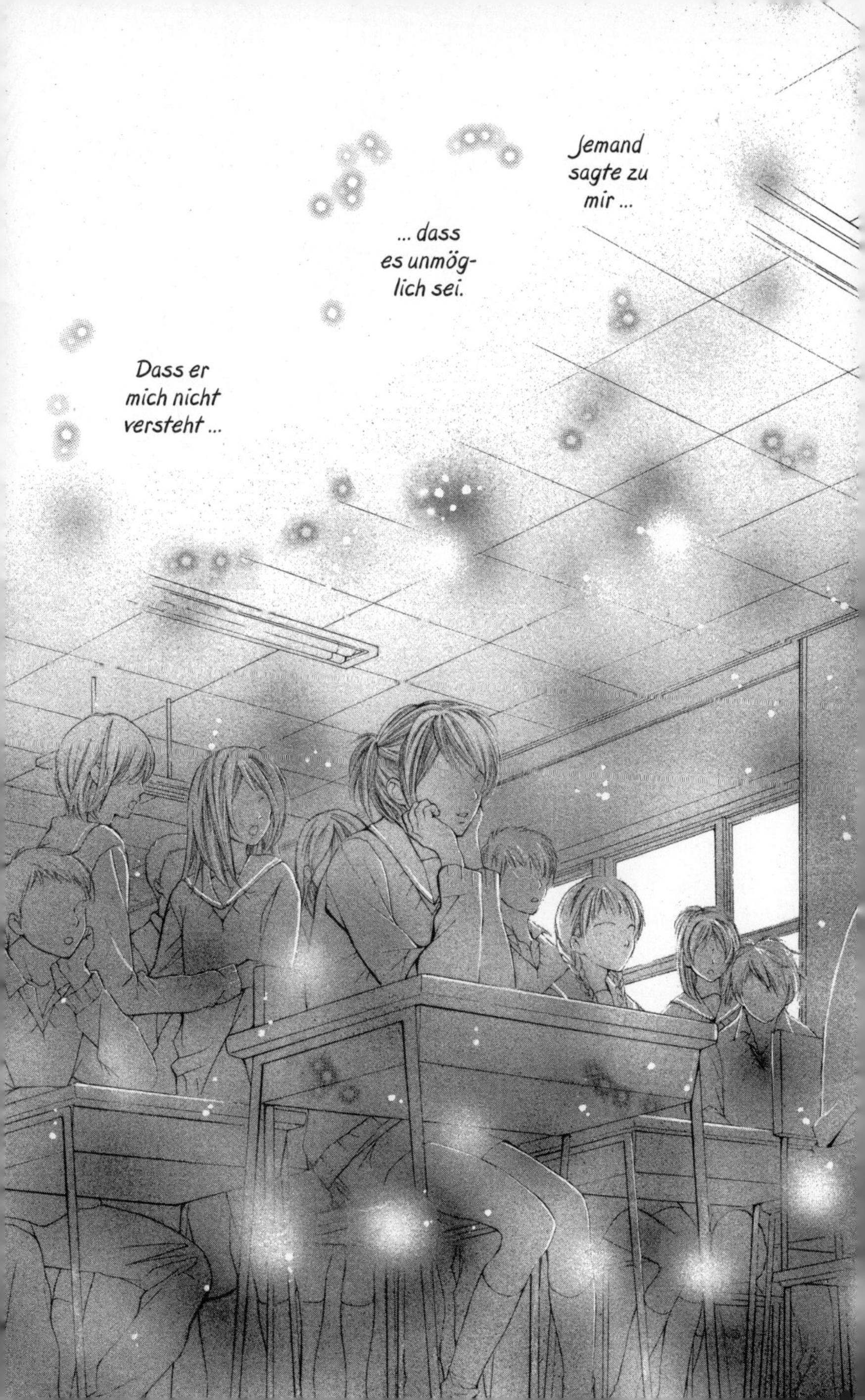
Jemand sagte zu mir ...
... dass es unmög-lich sei.
Dass er mich nicht versteht ...

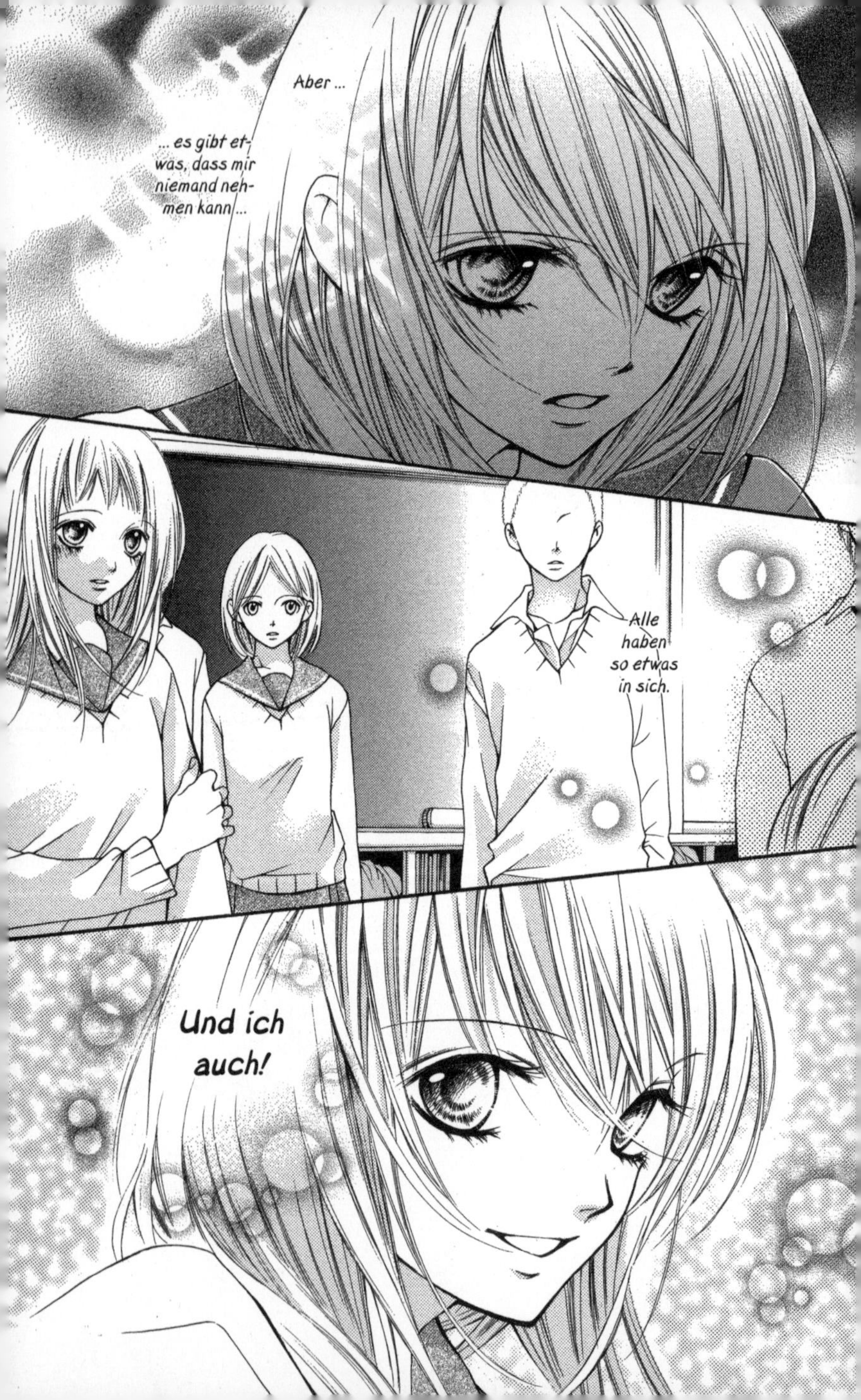
Aber ...
... es gibt et-was, dass mir niemand neh-men kann ...
Alle haben so etwas in sich.
Und ich auch!

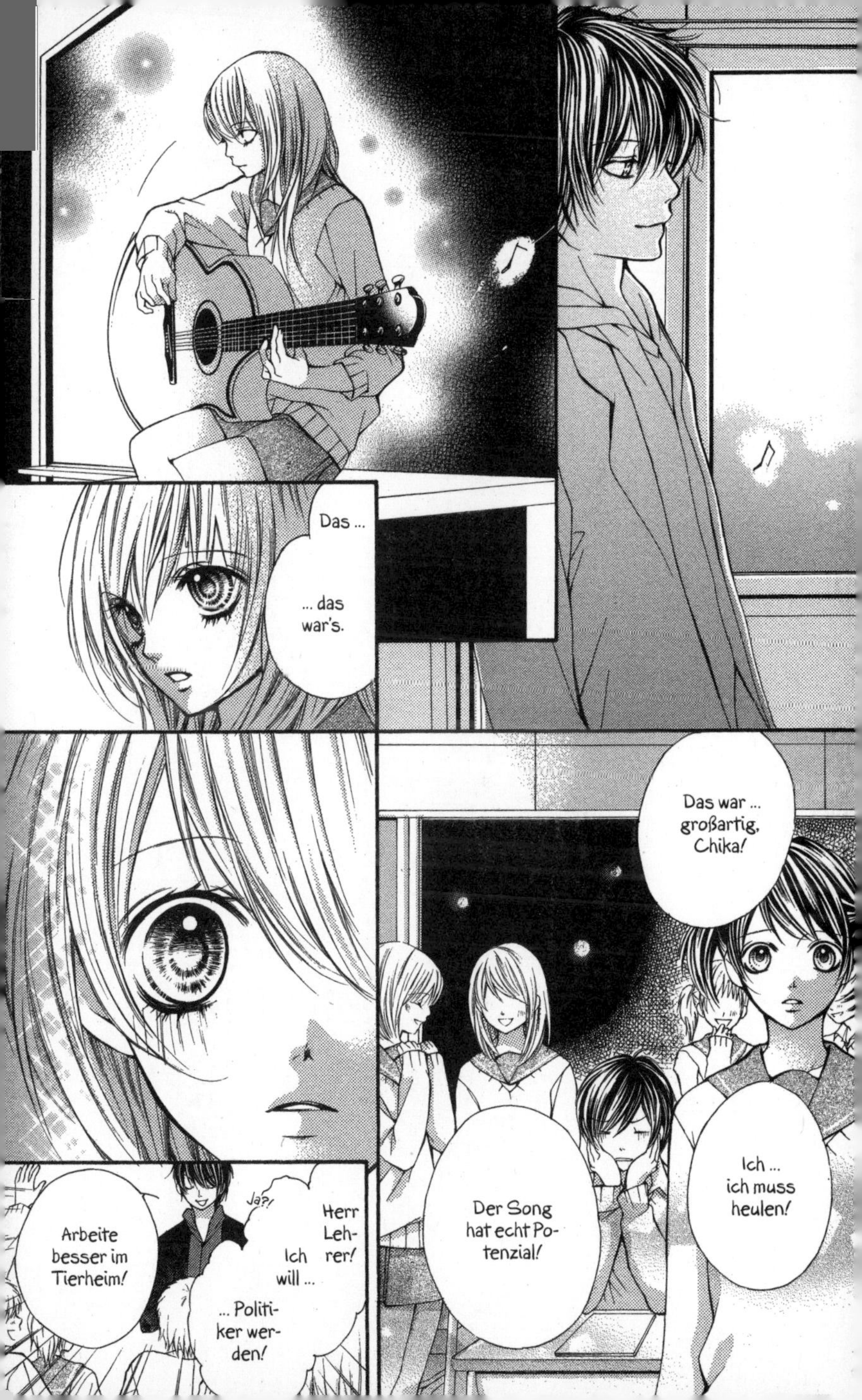
Das ...
... das war's.
Das war ... großartig, Chika!
Ich ... ich muss heulen!
Der Song hat echt Potenzial!
Herr Lehrer!
Ich will ...
... Politiker werden!
Ja?!
Arbeite besser im Tierheim!

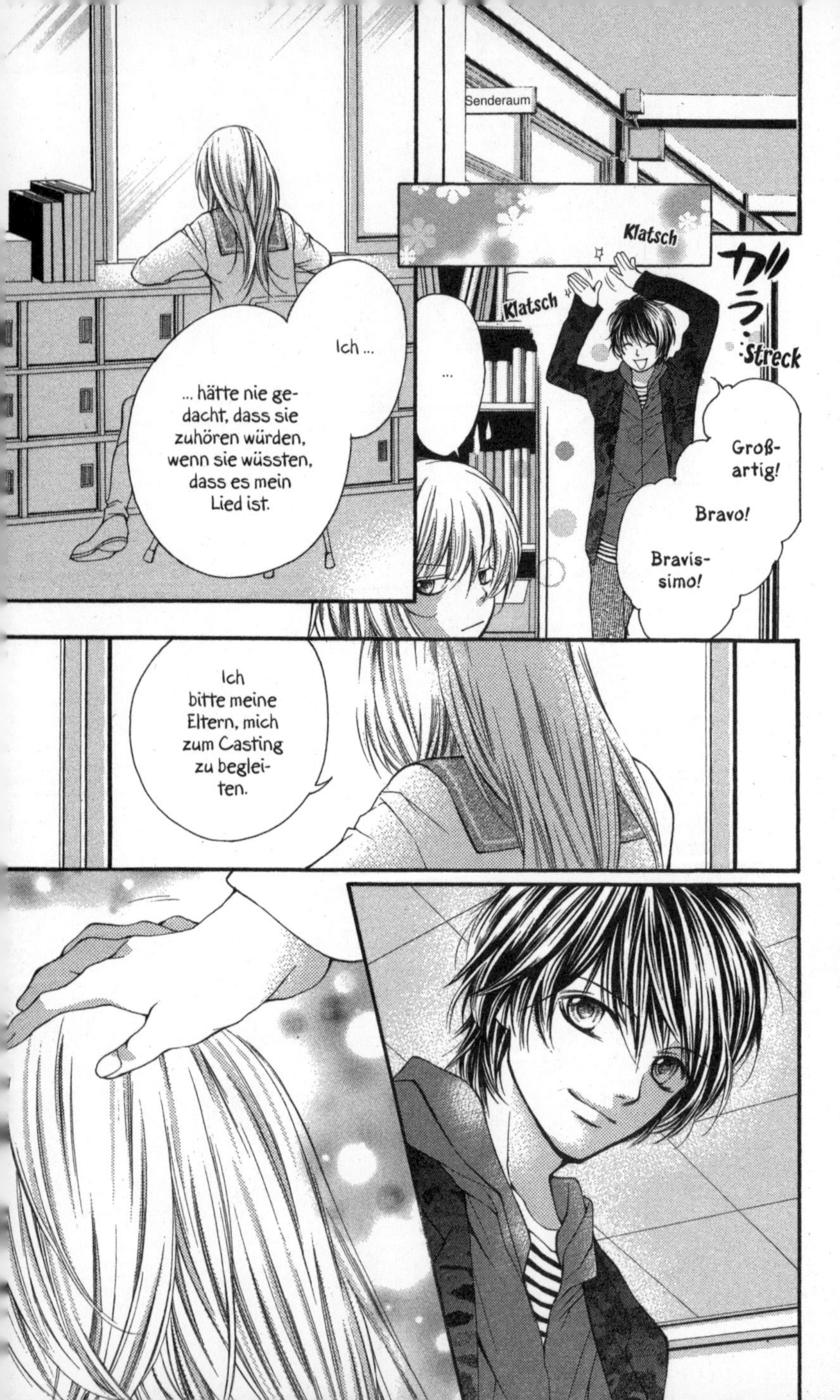
Senderaum
Ich ...
... hätte nie gedacht, dass sie zuhören würden, wenn sie wüssten, dass es mein Lied ist.
...
ガラ
Streck
Klatsch
Klatsch
Groß-artig!
Bravo!
Bravis-simo!
Ich bitte meine Eltern, mich zum Casting zu beglei-ten.

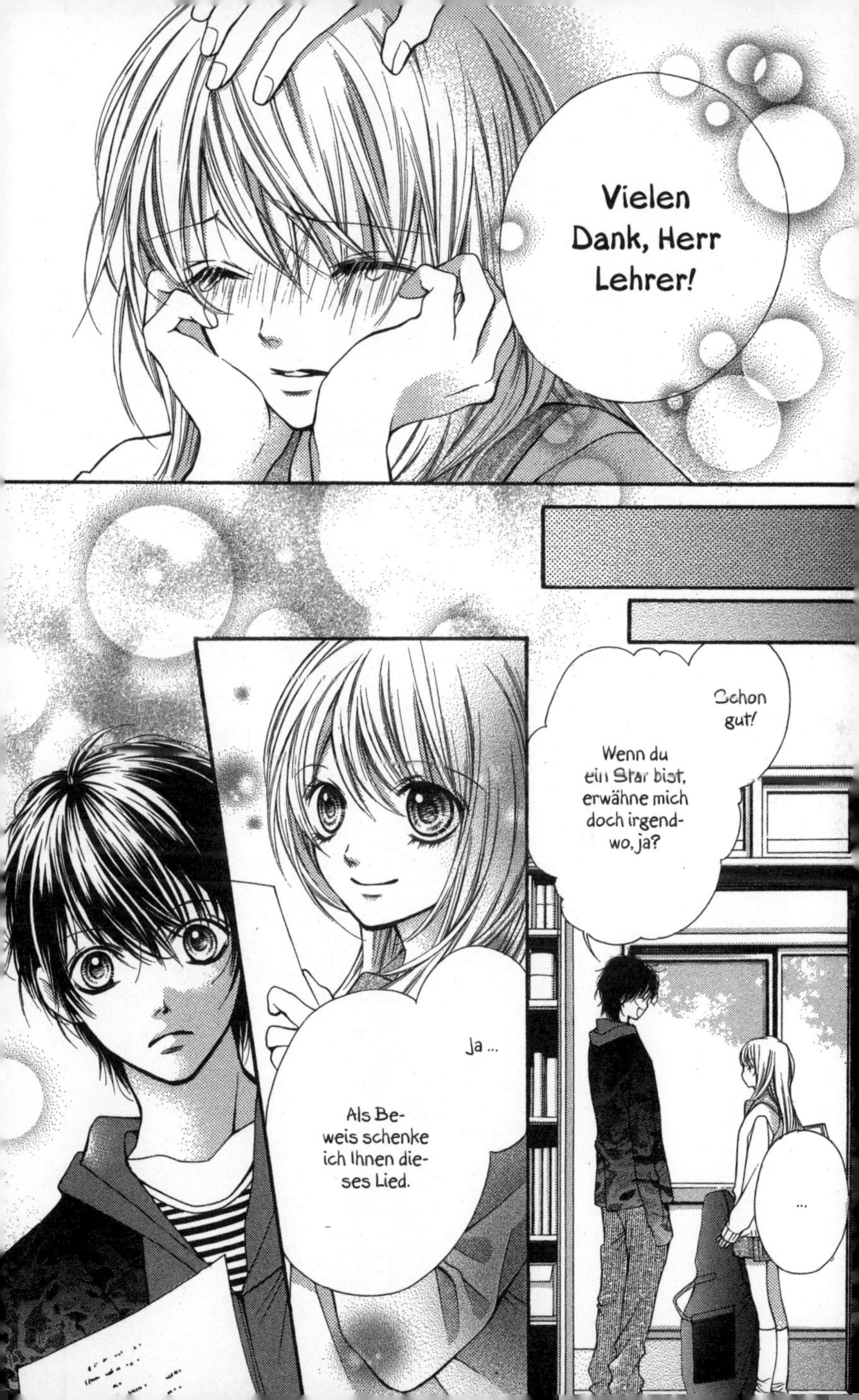
Vielen Dank, Herr Lehrer!
Schon gut!
Wenn du ein Star bist, erwähne mich doch irgendwo, ja?
Ja ...
Als Beweis schenke ich Ihnen dieses Lied.
...

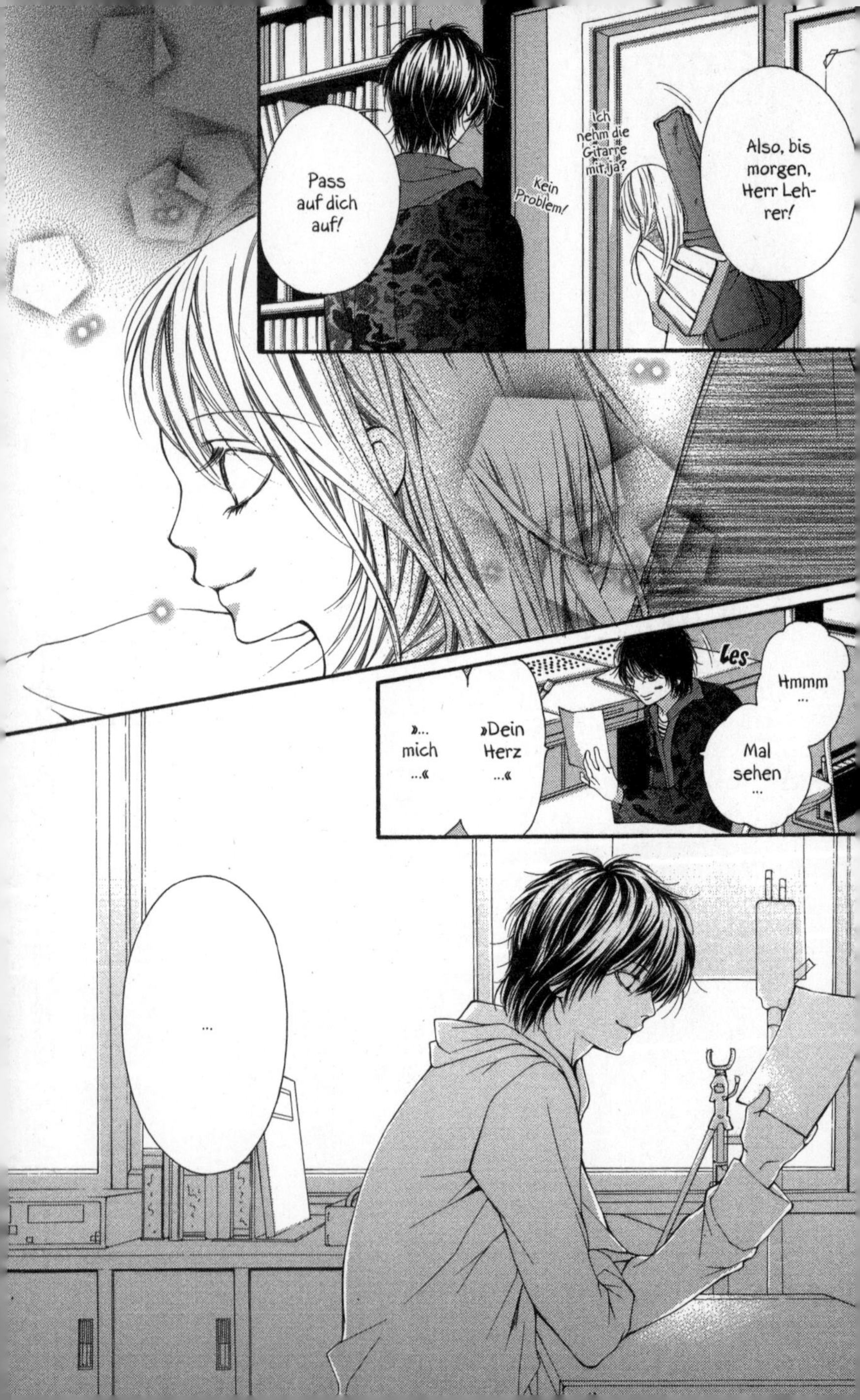
Also, bis morgen, Herr Lehrer!
Ich nehm die Gitarre mit, ja?
Kein Problem!
Pass auf dich auf!
Les
Hmmm ...
Mal sehen ...
»Dein Herz ...«
»... mich ...«
...

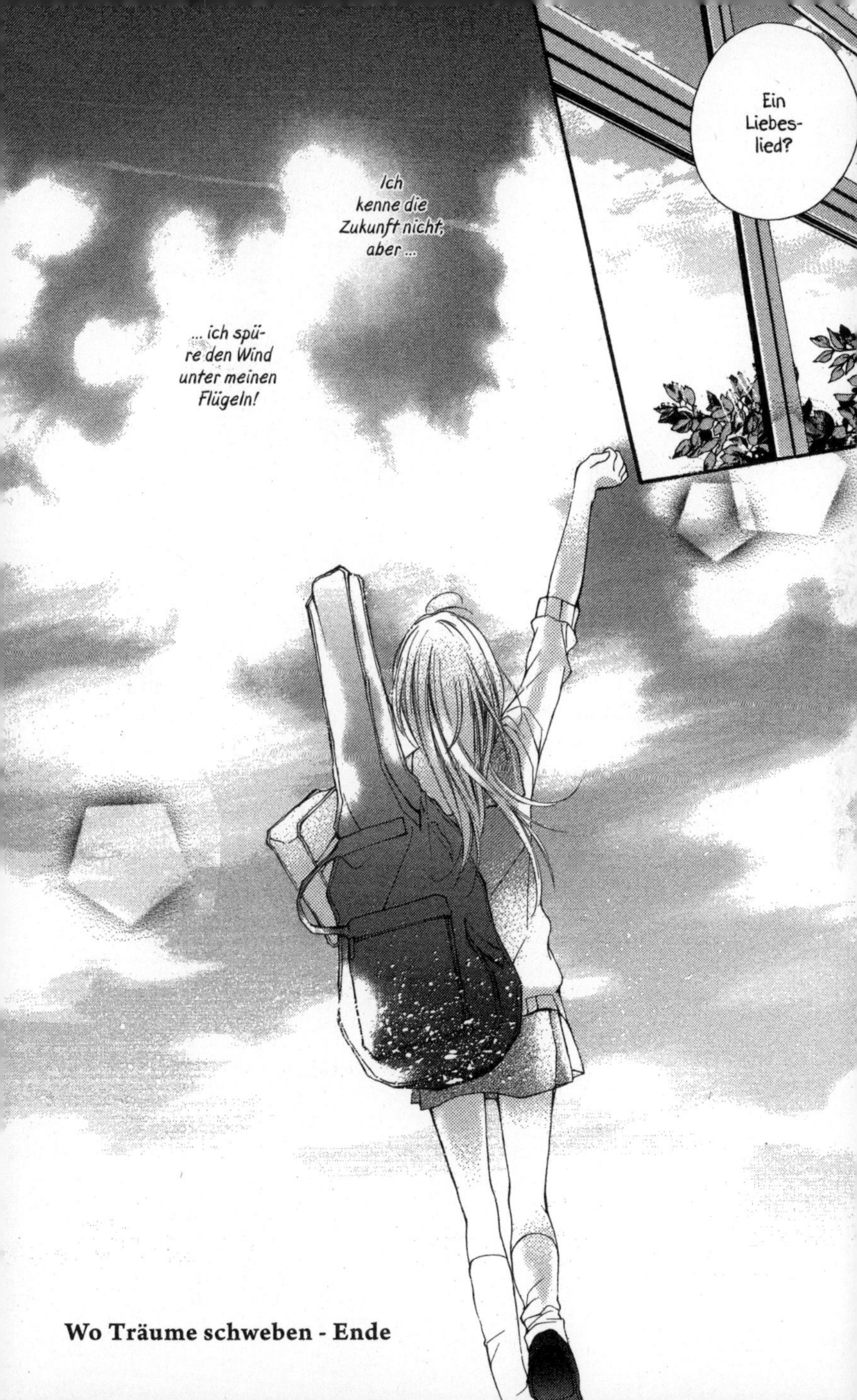

Wo Träume schweben - Ende

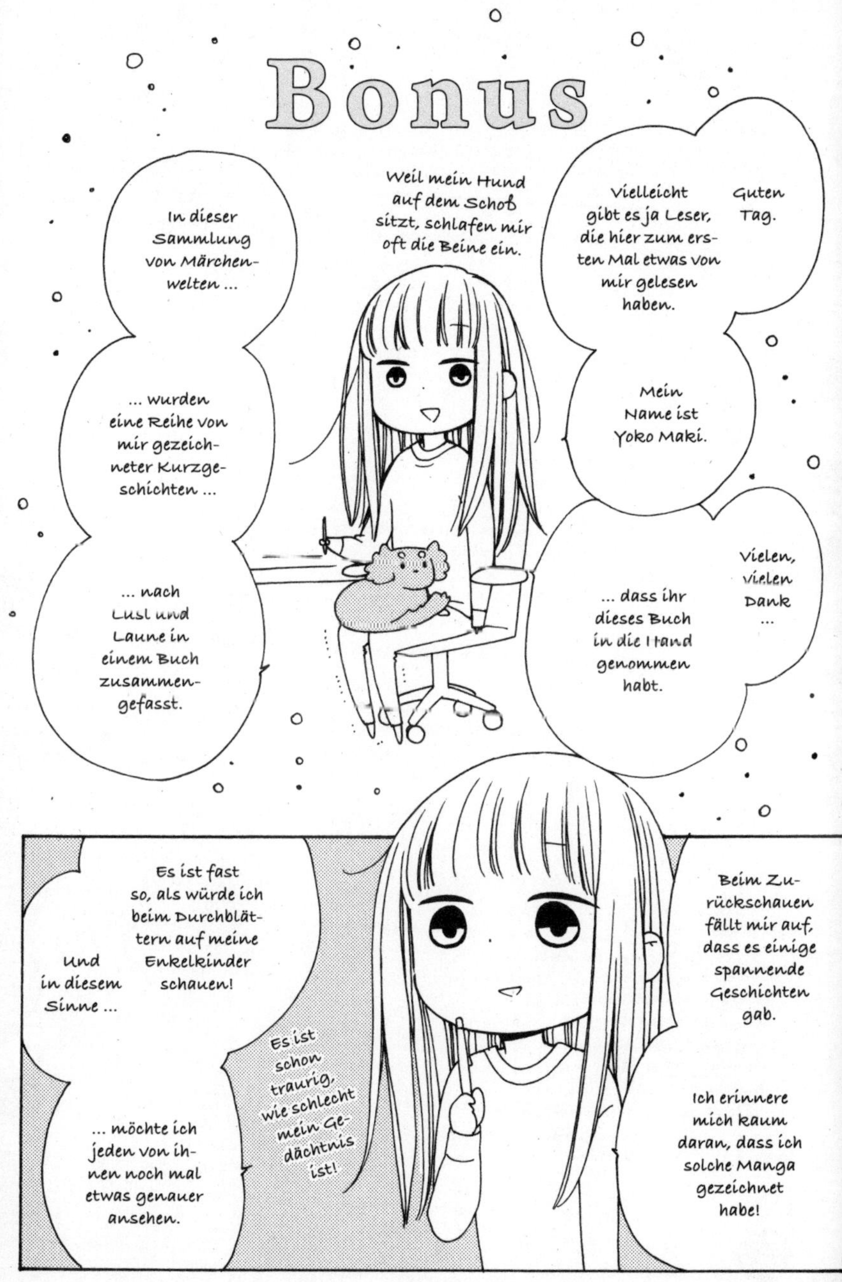
Bonus
Guten Tag.
Vielleicht gibt es ja Leser, die hier zum ersten Mal etwas von mir gelesen haben.
Mein Name ist Yoko Maki.
Weil mein Hund auf dem Schoß sitzt, schlafen mir oft die Beine ein.
In dieser Sammlung von Märchenwelten ...
... wurden eine Reihe von mir gezeichneter Kurzgeschichten ...
... nach Lust und Laune in einem Buch zusammengefasst.
Vielen, vielen Dank ...
... dass ihr dieses Buch in die Hand genommen habt.
Beim Zurückschauen fällt mir auf, dass es einige spannende Geschichten gab.
Ich erinnere mich kaum daran, dass ich solche Manga gezeichnet habe!
Es ist schon traurig, wie schlecht mein Gedächtnis ist!
Es ist fast so, als würde ich beim Durchblättern auf meine Enkelkinder schauen!
Und in diesem Sinne ...
... möchte ich jeden von ihnen noch mal etwas genauer ansehen.

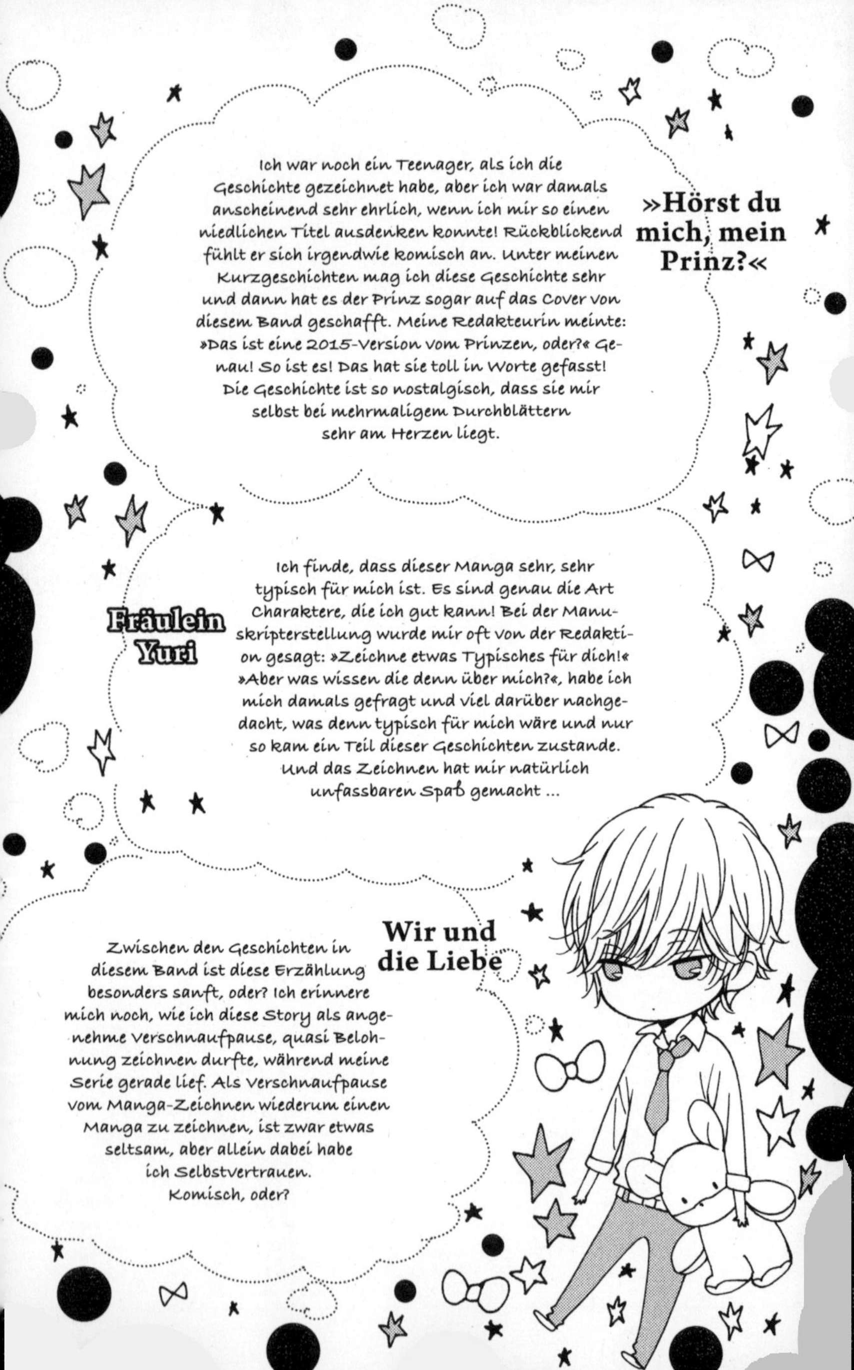
»Hörst du mich, mein Prinz?«
Ich war noch ein Teenager, als ich die Geschichte gezeichnet habe, aber ich war damals anscheinend sehr ehrlich, wenn ich mir so einen niedlichen Titel ausdenken konnte! Rückblickend fühlt er sich irgendwie komisch an. Unter meinen Kurzgeschichten mag ich diese Geschichte sehr und dann hat es der Prinz sogar auf das Cover von diesem Band geschafft. Meine Redakteurin meinte: »Das ist eine 2015-Version vom Prinzen, oder?« Genau! So ist es! Das hat sie toll in Worte gefasst! Die Geschichte ist so nostalgisch, dass sie mir selbst bei mehrmaligem Durchblättern sehr am Herzen liegt.
Fräulein Yuri
Ich finde, dass dieser Manga sehr, sehr typisch für mich ist. Es sind genau die Art Charaktere, die ich gut kann! Bei der Manuskripterstellung wurde mir oft von der Redaktion gesagt: »Zeichne etwas Typisches für dich!« »Aber was wissen die denn über mich?«, habe ich mich damals gefragt und viel darüber nachgedacht, was denn typisch für mich wäre und nur so kam ein Teil dieser Geschichten zustande. Und das Zeichnen hat mir natürlich unfassbaren Spaß gemacht …
Wir und die Liebe
Zwischen den Geschichten in diesem Band ist diese Erzählung besonders sanft, oder? Ich erinnere mich noch, wie ich diese Story als angenehme Verschnaufpause, quasi Belohnung zeichnen durfte, während meine Serie gerade lief. Als Verschnaufpause vom Manga-Zeichnen wiederum einen Manga zu zeichnen, ist zwar etwas seltsam, aber allein dabei habe ich Selbstvertrauen. Komisch, oder?

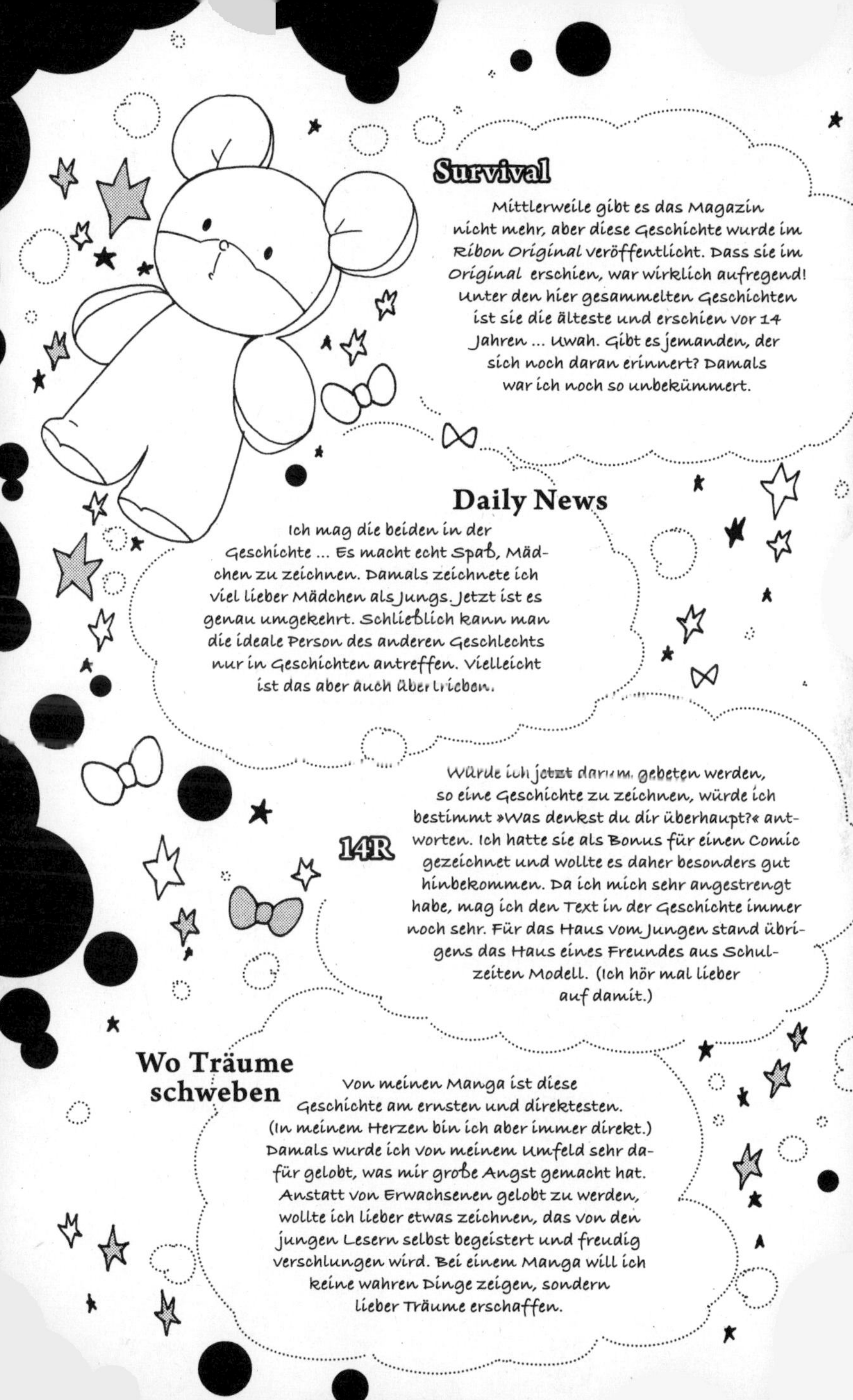
Survival
Mittlerweile gibt es das Magazin
nicht mehr, aber diese Geschichte wurde im
Ribon Original veröffentlicht. Dass sie im
Original erschien, war wirklich aufregend!
Unter den hier gesammelten Geschichten
ist sie die älteste und erschien vor 14
Jahren ... Uwah. Gibt es jemanden, der
sich noch daran erinnert? Damals
war ich noch so unbekümmert.
Daily News
Ich mag die beiden in der
Geschichte ... Es macht echt Spaß, Mäd-
chen zu zeichnen. Damals zeichnete ich
viel lieber Mädchen als Jungs. Jetzt ist es
genau umgekehrt. Schließlich kann man
die ideale Person des anderen Geschlechts
nur in Geschichten antreffen. Vielleicht
ist das aber auch übertrieben.
14R
Würde ich jetzt darum gebeten werden,
so eine Geschichte zu zeichnen, würde ich
bestimmt »Was denkst du dir überhaupt?« ant-
worten. Ich hatte sie als Bonus für einen Comic
gezeichnet und wollte es daher besonders gut
hinbekommen. Da ich mich sehr angestrengt
habe, mag ich den Text in der Geschichte immer
noch sehr. Für das Haus vom Jungen stand übri-
gens das Haus eines Freundes aus Schul-
zeiten Modell. (Ich hör mal lieber
auf damit.)
Wo Träume
schweben
Von meinen Manga ist diese
Geschichte am ernsten und direktesten.
(In meinem Herzen bin ich aber immer direkt.)
Damals wurde ich von meinem Umfeld sehr da-
für gelobt, was mir große Angst gemacht hat.
Anstatt von Erwachsenen gelobt zu werden,
wollte ich lieber etwas zeichnen, das von den
jungen Lesern selbst begeistert und freudig
verschlungen wird. Bei einem Manga will ich
keine wahren Dinge zeigen, sondern
lieber Träume erschaffen.

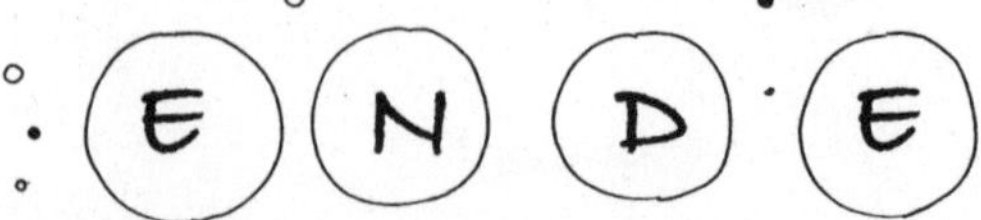

Nun gut. Auf meine eigene Art habe ich jetzt auf meine alten Werke zurückgeschaut, aber es war ganz schön schwierig, die Geschichten von damals erneut anzusehen und darüber zu schreiben, weswegen ich dabei mehrfach Bauchschmerzen bekommen habe. (Reiß dich mal zusammen!) Eigentlich habe ich alle Hände voll zu tun und hätte kaum die Zeit für sowas. Bei diesem Rückblick musste ich mich an viele Dinge erinnern, die ich hier aber nicht aufschreiben kann … War nur ein Scherz. Natürlich konnte ich nicht schon immer schön Manga zeichnen und daher würde ich am liebsten in eine Zeitmaschine hüpfen und meinem früheren Ich verraten, an was sie glauben und für was sie sich anstrengen soll, um ihr zu helfen.

Manchmal treffe ich aber Personen, die schon lange meine Geschichten lesen, die mir dann Dinge sagen wie: »Als ich die Geschichte gelesen habe, hat mir jene Textstelle großen Mut gemacht.« Wie? Wirklich?! Ich bin dann sehr überrascht aber wenn ich es dann erneut anschaue, verstehe ich es.

Dieser direkte, an Herz gehende, starke Zuspruch muntert mich dann sehr auf, mich beim Zeichnen weiter anzustrengen. Ich finde selbst, dass ich nicht besonders gut zeichnen konnte, aber wenn meine Geschichten damals jemanden emotional unterstützen konnten, dann ist das schon mal viel wert. Ich finde das sogar schön.

Ich freue mich schon sehr darauf, was ich wohl in Zukunft für Manga zeichnen werde.

Und ich würde mich sehr freuen, wenn sie auch in Zukunft jemanden emotional unterstützen könnten.

Vielen Dank an alle, die bis hierhin gelesen haben. Ich hoffe, wir treffen uns in einem anderen Manga wieder!

Yoko Maki

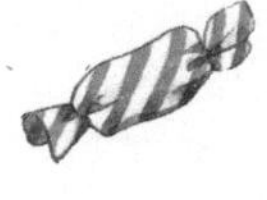
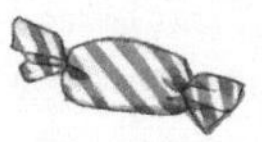
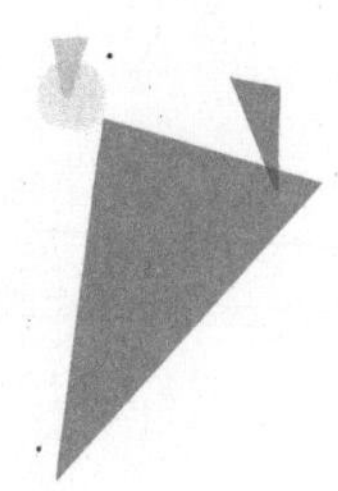
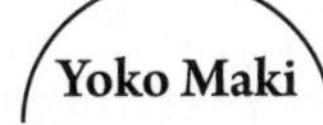

Yoko Maki

Yoko Maki wurde am 11. Juli in der Präfektur Kagoshima geboren. In der April-Ausgabe 1999 der *Ribon Original* gelang ihr ein fantastisches Debüt mit *Love Service!* Mit diesem lebhaften Werk gelang es ihr, das Zeitgefühl und die Herzen der Leser einzufangen, wodurch sie zu einer der Top-Autorinnen der *Ribon* wurde. Im weiteren Verlauf ihrer Karriere veröffentlichte sie auch in der *Cookie* und erweiterte so ihren Arbeitsbereich. Ausgewählte Werke von ihr sind *Aishiteruze Baby ★★, Atashi wa Bambi, Romantica Clock* und viele weitere.

Bisher sind bei TOKYOPOP
folgende Werke von ihr erschienen:
Aishiteruze Baby ★★, Between the Worlds, Romantica Clock, Sparkly Lion Boy.

SPARKLY LION BOY

Yoko Maki

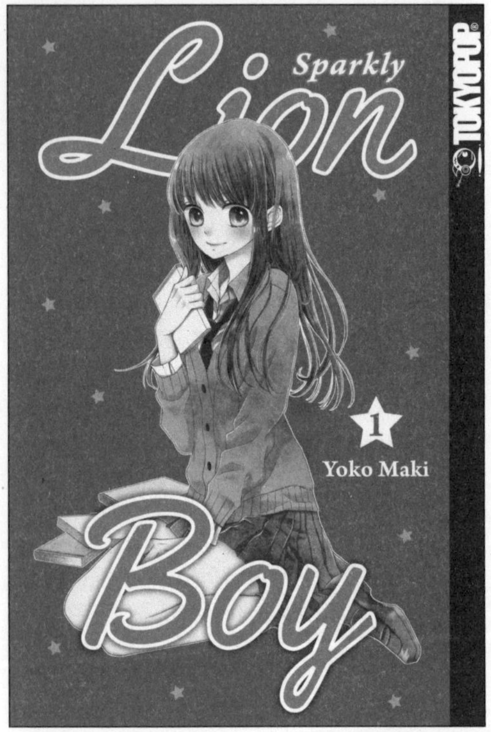

Gibt es die wahre Liebe wirklich?

Miwa ist begeisterter Fan des Shojo-Mangas *Twinkle Heart* und taucht so tief in dessen Geschichte ein, dass sie nicht mehr an die Liebe im realen Leben glaubt. Das ändert sich jedoch, als sie Kiriatsu kennenlernt: Er sieht Sei-sama aus ihrem Lieblingsmanga zum Verwechseln ähnlich! Sein Äußeres ist aber nicht das Einzige, das Miwa so faszinierend an ihm findet ...

ROMANTICA CLOCK

Yoko Maki

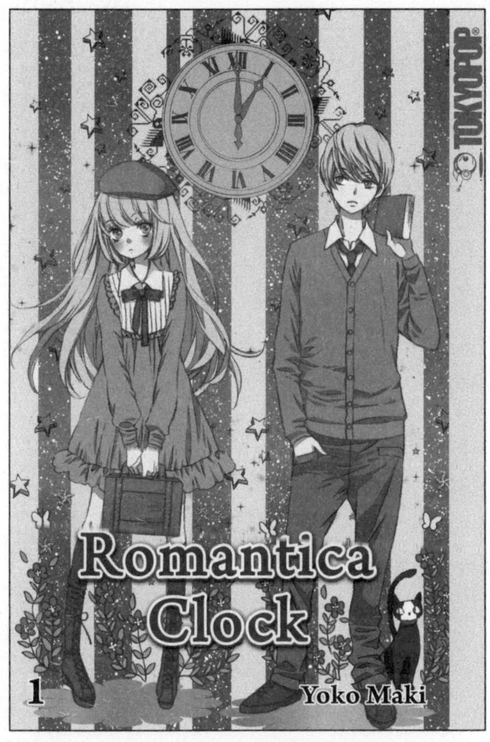

Jetzt schlägt's ... Liebe!

Die Zwillinge Akane und Aoi haben außer ihren Anfangsbuchstaben nichts gemeinsam! Aoi ist superintelligent, Akane sportlich, hat dafür aber miserable Noten. Ständig miteinander verglichen zu werden, hat die Geschwister entzweit. Doch als Aoi auf Akanes Schule kommt, bricht der alte Rivalitätskampf wieder los, dabei braucht Akane doch Aois Hilfe, um ihren Schwarm rumzukriegen ...

KLEINE SCHÄTZE

Nana Haruta

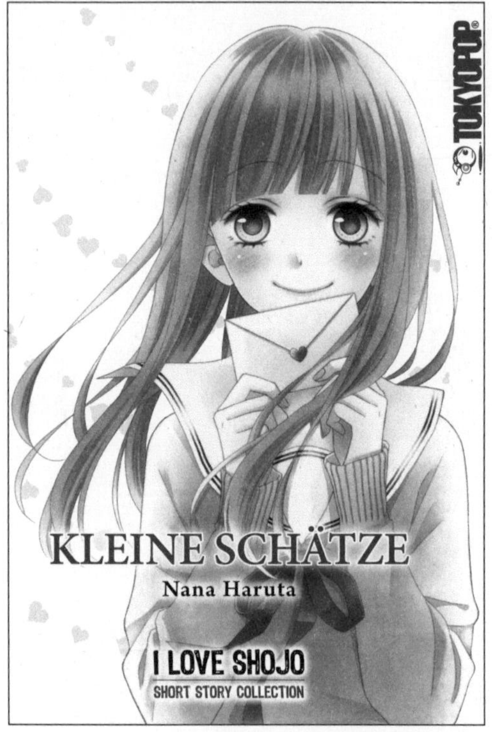

»Ich würde für meinen Freund sogar sterben«

Konomi liebt ihren Freund Hiro über alles, jedoch schenkt er ihr nur wenig Aufmerksamkeit. Ihrem Kumpel Hokuto geht es in seiner Beziehung ähnlich: Seine Freundin Sao zeigt ihm ständig die kalte Schulter. Konomi beschließt, bei Hokuto in die Offensive zu gehen, damit Hiro endlich erkennt, was er an ihr hat ... Diese und drei weitere entzückende Kurzgeschichten über die erste Liebe!

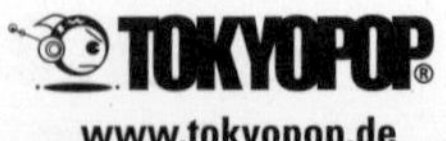

www.tokyopop.de

ERSTE KÜSSE
WENN DIE LIEBE ERBLÜHT
Mai Ando

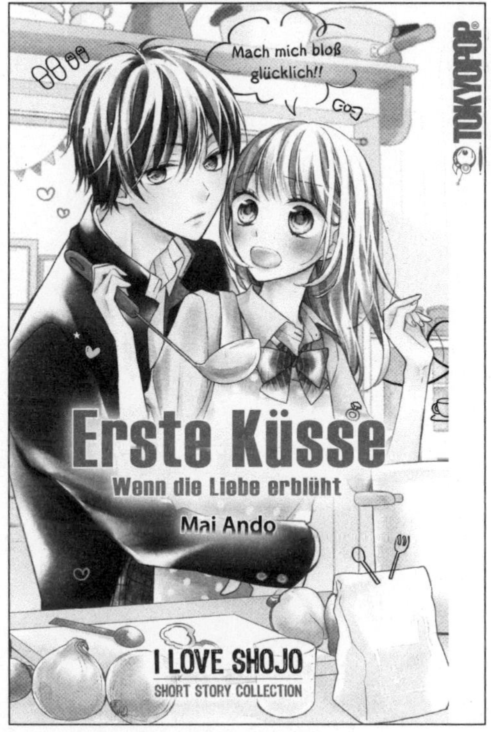

»Wenn man sich beim Tanabata-Fest küsst, wird die Liebe ewig währen ...«

Das glaubt zumindest Chisaki und hofft, dass diese Weissagung für sie und ihren Schwarm Junpei in Erfüllung geht. Aber stimmt dieser alte Aberglaube wirklich? Ob unter dem Sternenhimmel, heimlich mit dem Sandkastenfreund oder auf dem Fußballfeld: Der erste Kuss erwischt einen immer eiskalt und schlägt ein wie ein Blitz im Sommergewitter.

LIEBLINGSSTÜCKE

Nana Haruta

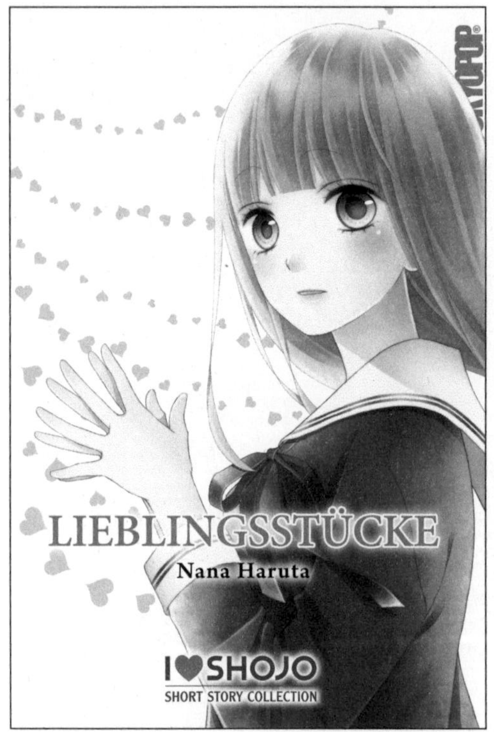

»In meinem Herzen ist gerade der Frühling erwacht«

Amiko und ihre beste Freundin Micchi schleichen sich auf das Schulfest einer gemischten Highschool, um endlich ein paar süße Jungs kennenzulernen. Dort trifft Amiko auf einen als Samurai verkleideten Jungen namens Setsu, der ihr sofort sympathisch ist. Als sie eine Chance wittert, ihn schon bald wiedersehen zu können, ist sie außer sich vor Freude ...

MASCARA BLUES

Io Sakisaka

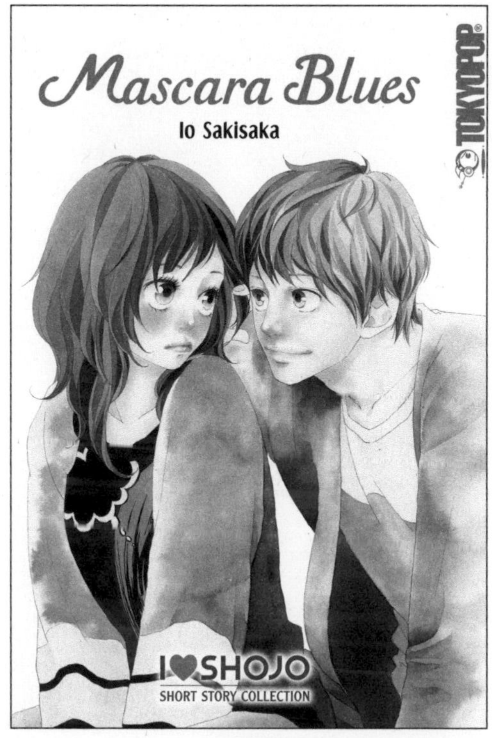

»Als ich ihn das erste Mal sah, klopfte mein Herz wie verrückt und er schien regelrecht zu funkeln!«

Mugino verliebt sich wahnsinnig schnell, doch sobald sie einem Jungen ihre Gefühle gesteht und er das Gleiche für sie empfindet, verliert sie genauso schnell wieder das Interesse. In der Hoffnung, dass ihre Gefühle dieses Mal von Dauer sind, fasst sie sich ein Herz, ihrem besten Freund Shuya eine Liebeserklärung zu machen ... Diese und vier weitere einfühlsame Kurzgeschichten über die Liebe in einem Band!

MY WORLD IS YOU

Io Sakisaka

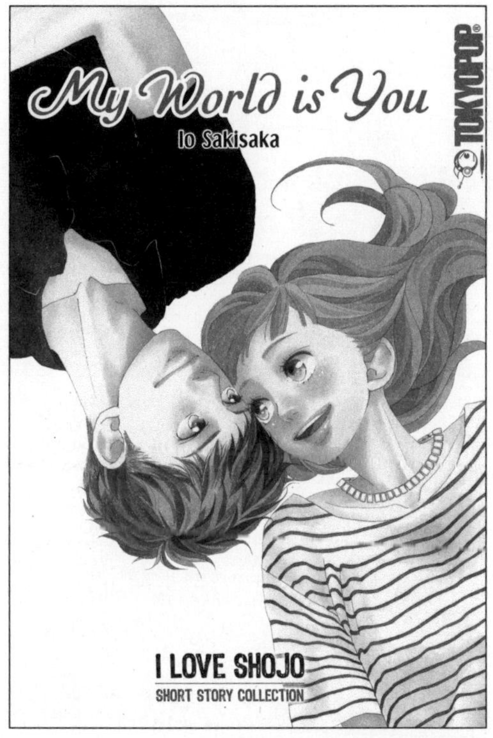

»Das war der Moment, in dem ich mich in ihn verliebte ...«

Takashi ist Baseballspieler in der Schulmannschaft und setzt sich mit Leib und Seele für sein Team ein. Yuriko kennt ihn schon seit der Mittelschule, doch ihre Gefühle für ihn sind neu. Lange überlegt sie, wie sie ihm am besten ihre Liebe gestehen kann. Doch als auch ihre beste Freundin Interesse an Takashi entwickelt, werden die Dinge kompliziert ... Diese und fünf weitere entzückende Kurzgeschichten über die erste Liebe in einem Band!

STOPP!

Dies ist die letzte Seite des Buches!
Du willst dir doch nicht den Spaß verderben und das Ende zuerst lesen, oder?

Um die Geschichte unverfälscht und originalgetreu mitverfolgen zu können, musst du es wie die Japaner machen und von rechts nach links lesen. Deshalb schnell das Buch umdrehen und loslegen!

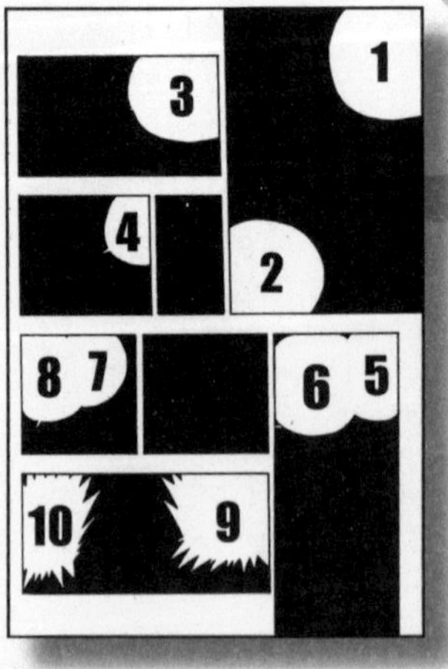

So geht's:

Wenn dies das erste Mal sein sollte, dass du einen Manga in den Händen hältst, kann dir die Grafik helfen, dich zurechtzufinden: Fang einfach oben rechts an zu lesen und arbeite dich nach unten links vor. Viel Spaß dabei wünscht dir TOKYOPOP®!